Schriftenreihe der Ludwig-Erhard-Stiftung e. V., Band III

Grenzen der Demokratie?

Probleme und Konsequenzen
der Demokratisierung von Politik,
Wirtschaft und Gesellschaft

Herausgegeben von
Ludwig Erhard
Kurt Brüß
Bernhard Hagemeyer

Schriftenreihe der Ludwig-Erhard-Stiftung e.V., Band III

Grenzen der Demokratie?

Probleme und Konsequenzen der Demokratisierung
von Politik, Wirtschaft und Gesellschaft

Herausgegeben von

Ludwig Erhard · Kurt Brüß · Bernhard Hagemeyer

Mit Beiträgen von

Ludwig Erhard · Paul Kevenhörster · Bruno Heck
Heinrich B. Streithofen · Wilhelm Weber · Warnfried Dettling
Manfred Hättich · Werner Kaltefleiter · Götz Briefs
Bernhard Hagemeyer · Kurt Brüß · Kurt Biedenkopf
Werner Heldmann · James M. Buchanan · Hans Maier
Ulrich Matz · R. A. Medwedew · A. D. Sacharow
W. F. Turtschin

Econ Verlag · Düsseldorf · Wien

1. Auflage 1973
Copyright © 1973 by Econ-Verlag GmbH, Düsseldorf und Wien
Alle Rechte der Verbreitung, auch durch Film, Funk, Fernsehen,
fotomechanische Wiedergabe, Tonträger jeder Art oder auszugsweisen
Nachdruck, sind vorbehalten.
Gesetzt aus der 10/12 Punkt Garamond der Monotype GmbH
Gesamtherstellung: Carl Ueberreuter, Wien
Printed in Austria
ISBN 3 430 12543 X

»Die heutige Mode, die Demokratie als den bedrohten Eckpfeiler unserer Zivilisation hinzustellen, hat ihre Gefahren. Sie ist weitgehend für den irreführenden und unbegründeten Glauben verantwortlich, daß keine Willkürherrschaft möglich ist, solange der Wille der Majorität für die Ausübung der Macht maßgebend ist. Die trügerische Sicherheit, in der sich viele Leute durch diesen Glauben wiegen lassen, ist eine Hauptursache der allgemeinen Sorglosigkeit gegenüber den uns drohenden Gefahren. Der Glaube, daß keine Regierung eine Willkürherrschaft sein kann, wenn sie nur ein Produkt des demokratischen Wahlverfahrens ist, ist ganz unbegründet und die darin liegende Gegenüberstellung vollkommen falsch: nicht der Ursprung, sondern die Begrenzung der Regierungsgewalt bewahrt sie vor Willkür. Es ist möglich, daß das demokratische Kontrollrecht eine Willkürherrschaft verhindert, aber dann nicht durch seine bloße Existenz. Wenn die Demokratie sich zu einer Aufgabe entschließt, die notwendigerweise eine Anwendung der Staatsgewalt voraussetzt, die sich nicht an festen Normen orientieren kann, muß sie zur Willkürherrschaft werden.«

F. A. Hayek

Inhalt

Vorwort

Wohl kaum ein Begriff ist in den letzten Jahren so sehr in den Vordergrund der öffentlichen Diskussion gerückt wie der der Demokratisierung. Obwohl lebhaft gefordert als die Vollendung der Demokratie und ebenso heftig bekämpft als das Ende der Demokratie, bleibt doch meistens im dunkeln, was mit Demokratisierung eigentlich gemeint ist. Die weitgehende Verschwommenheit des Begriffs läßt es zu, daß alle möglichen, zum Teil konträren Vorstellungen und Forderungen darunter subsumiert werden können: sie reichen von der Einführung demokratisch-freiheitlicher Grundrechte in totalitären Wirtschafts- und Gesellschaftssystemen über die Übertragung von Entscheidungsverfahren der parlamentarischen Demokratie aus dem politischen in andere soziale Bereiche bis hin zu dem Traum vom Ende der Herrschaft überhaupt.

Hinter dieser Begriffsvielfalt verbergen sich die unterschiedlichsten Zielsetzungen. Von Demokratisierung wird gesprochen, wenn von der Ausweitung der Mitbestimmung der Arbeitnehmer in den Unternehmen, von einer Mitwirkung der Gewerkschaften und Unternehmerverbände an der staatlichen Wirtschaftspolitik, von der Verbesserung der Chancengleichheit im Bildungsbereich, von einer gleichmäßigeren Vermögensstreuung, von der Einführung der Drittelparität in den Hochschulen und Universitäten, vom Abbau vermeintlicher Privilegien oder gar von der Überwindung des freiheitlich-pluralistischen Gesellschaftssystems die Rede ist. Keine Wortschöpfung wie »Demokratisierung« scheint so geeignet zu sein, unter dem Deckmantel »Demokratie« alle möglichen Forderungen, Ansprüche und ideologischen Zielsetzungen zu kaschieren und gegen Kritik zu immunisieren.

Der vorliegende Sammelband versucht, den Begriffsnebel zu

durchstoßen und den Blick für die Sachzusammenhänge zu eröffnen; in einem interdisziplinären Ansatz werden die unterschiedlichen Demokratisierungsvorstellungen analysiert, die dahinter stehenden ideologischen und politischen Zielsetzungen aufgezeigt und die praktischen Folgen für Staat und Gesellschaft erörtert.

Die Problematik soll in zwei Abschnitten untersucht werden: Im ersten Abschnitt wird zunächst versucht, die Demokratisierungsdiskussion in die allgemeine geistige Auseinandersetzung unserer Zeit einzuordnen. Demokratie und Demokratisierung werden gegeneinander abgegrenzt, Gemeinsamkeiten und Unterschiede herausgearbeitet; die den Demokratisierungsbestrebungen zugrunde liegenden Demokratisierungskonzeptionen werden analysiert sowie die geistigen Ursprünge der heutigen Demokratisierungsforderung erfaßt. Ferner wird versucht, die Frage zu beantworten, ob Gesellschaftskritik und die Forderung nach Demokratisierung aller Lebensbereiche zusammenfallen und ob Demokratisierung nicht als ein Begriff verstanden werden muß, der einer heute zu beobachtenden Ideologisierungstendenz entspricht. Der letzte Aufsatz des ersten Teiles ist politisch orientiert und fragt nach dem Demokratiebegriff der Parteien in der Bundesrepublik Deutschland.

Um die Untersuchung nicht ins Grenzenlose ausufern zu lassen, wurde für den zweiten Teil eine Beschränkung der Thematik notwendig. Ausgangspunkt ist hier die Frage, ob das in den politischen Bereichen angewandte demokratische Prinzip auch in den nichtpolitischen Bereichen anwendbar ist. Oder anders ausgedrückt: Müssen in einem demokratisch strukturierten, politischen System notwendigerweise auch die einzelnen sozialen Bereiche demokratisch strukturiert sein? Läßt sich das eine aus dem anderen logisch ableiten oder handelt es sich hierbei um reines Analogiedenken? Da aber letzten Endes diese Frage so nur normativ beantwortet werden kann, gehen die Beiträge einen anderen Weg. Sie untersuchen an Hand ausgewählter Beispiele, welche Probleme die Demokratisierung der gesellschaftlichen Teilbereiche mit sich bringt, welche Konsequenzen sie auf die Funktionsfähigkeit und die Zielsetzung der einzelnen Teilbereiche hat und welche Rückwirkungen sich auf das politische Gesamtsystem ergeben.

Im Zusammenhang mit der Demokratisierungsdiskussion ist ein

»anderer« Aspekt der Demokratisierung von besonderem Interesse; jener Aspekt nämlich, der die Einführung demokratischer Grundrechte in totalitären Herrschaftssystemen berücksichtigt. Der im Anhang wiedergegebene offene Brief der sowjetischen Professoren *Medwedew, Sacharow* und *Turtschin* an die sowjetische Führungsspitze erlaubt es, Demokratisierungsforderungen, wie sie in einem freiheitlich-pluralistischen Wirtschafts- und Gesellschaftssystem erhoben werden, mit denen in einem totalitären Herrschaftssystem zu vergleichen.

Wilhelm Hennis hat den Demokratisierungsbegriff als die »universalste gesellschaftspolitische Forderung unserer Zeit in einem Wort zusammengefaßt« bezeichnet. Die Ludwig-Erhard-Stiftung versucht mit diesem dritten Band ihrer Schriftenreihe, zur Klärung der Problematik, die mit dieser Forderung verbunden ist, beizutragen. Dieser Beitrag entsteht aus der Notwendigkeit, die der Zielsetzung der Ludwig-Erhard-Stiftung und ihrem Selbstverständnis entspricht: die sich ständig in demokratischen Gesellschaften stellenden Aufgaben zu lösen und die Grundsätze von Freiheit und Verantwortung in Politik und Wirtschaft immer neu zu verwirklichen.

Bonn, im September 1972

Ludwig Erhard
Kurt Brüß
Bernhard Hagemeyer

Teil I

Das Verhältnis von Demokratie
und Demokratisierung —
Versuch einer Einordnung
der Demokratisierungsdiskussion

LUDWIG ERHARD

Demokratie heißt Freiheit, Recht und Ordnung*

Ginge es nur darum, Sinn, Wesen und Inhalt der Demokratie auch in ihren Wandlungen nachzuzeichnen, dann stünden wir doch immer noch auf festem Boden und könnten uns auch auf eine breite wissenschaftliche Literatur und geschichtliche Erfahrungen stützen. Damit sei zugegeben, daß das, was Demokratie heißt, nicht als eine starre Staatsform oder Lebensordnung zu begreifen ist und so gesehen jede Korrektur oder Selbstkritik einer Sünde wider den Geist gleichkäme. Hier wird man vielmehr zwischen einer demokratischen Staatsordnung und demokratischen Lebensformen zu unterscheiden haben. Gerade diese letzteren waren entscheidenden Wandlungen unterworfen, aber diese Veränderungen waren noch bis vor kurzer Zeit nicht so revolutionär, um damit die These, daß die Häufung der Erscheinungen die Quantität von einer gewissen Schwelle an in die Qualität umschlagen läßt, begründen zu können, ebensowenig als bis dahin von einem Umbruch oder sogar Umsturz zu sprechen berechtigt gewesen wäre. Wenn sich uns so, wie gesagt, Demokratie sowohl als Staatsform wie auch als Lebensordnung darstellt und im Bereich der westlichen Zivilisation und Kultur die Umwelt prägte, so durfte damit zwar noch kein einheitliches Urteil oder eine gemeinsame Auffassung erwartet werden, aber es hat sich auch nichts ereignet, was den Begriff Demokratie bis zur Wesenlosigkeit zu denaturieren geeignet war. Die Erinnerungen an die ersten Begegnungen europäischer

---

* Den folgenden Darlegungen liegen ein Beitrag zu der leider nur in englischer Sprache erschienenen Festschrift zum 65. Geburtstag des früheren österreichischen Finanzministers Reinhard Kamitz (unter dem Titel: »Freiheit in der demokratisierten Demokratie«) sowie eine Festrede zur Begründung der Franz-Oppenheimer-Gesellschaft anläßlich seines 100. Geburtstages in jeweils veränderter und erweiterter Fassung zugrunde.

Staatsmänner auf dem Boden der OEEC (Europäische Organisation für wirtschaftliche Zusammenarbeit) sind mir eine wahre Labsal; denn zu jener Zeit, als noch keine »Jusos« geboren waren und sprechen konnten, stimmten alle europäischen Nationen darin überein, daß es unabhängig von ihrer innenpolitischen Struktur keine bedeutsamere politische Aufgabe gäbe, als die demokratische Ordnung neu zu beleben und zu straffen. Nach allem Unheil erschien eine europäische Gemeinschaft geradezu als Verheißung. Der Bedarf all dieser Länder an Diktaturen und totalitären Herrschaftsformen war offenkundig gedeckt. Das zur Erörterung gestellte Problem läßt sich dann auch nicht mehr in räumlicher oder nationaler Abgrenzung behandeln.

Die Zweifel am Wert der Demokratie sind auch nicht vom Himmel gefallen, noch sind sie aus der Hölle über uns gekommen; sie müssen trotz gar nicht zu leugnender Schönheitsfehler und auch berechtigter Kritik tiefer wurzeln und können deshalb auch nicht ausweichend durch einen angeblichen »Zeitgeist« erklärt werden. Das gilt um so mehr, als jede denkbare Gesellschaftsform der menschlichen Natur ihrem Freiheitswillen und Persönlichkeitsdrang in viel geringerem Maße gerecht wird als jene Ordnung, in der trotz aller Anfeindung uns glücklicherweise noch zu leben vergönnt ist. Eine Zeitspanne von kaum mehr als 25 Jahren (seit Kriegsende) ist aber zu kurz, um in der Flucht der Erscheinungen von einem »säkularen Prozeß« sprechen zu können, der auf »natürliche« Weise zu einer Aushöhlung bis zu einer Auflösung überkommener Wertvorstellungen zu führen droht.

Tatsächlich ist es wohl mehr der bewußten und gezielten Aktivität radikaler Minderheiten zuzuschreiben, wenn die Grundsätze der Demokratie — das sind unverrückbar: Freiheit, Recht und Ordnung — immer lauter und häufiger in Frage gestellt werden, ohne einen Ersatz geschweige denn eine Lösung anbieten zu können. Gerade diese Gruppen kämpfen nur selten mit der Waffe des Geistes, sondern mit den Mitteln der Gewalt — angefangen von der Verdammung Andersdenkender bis zu anarchistischen Exzessen. Erst auf den Trümmern einer zerstörten Ordnung maßen sie sich an, eine »Neue Gesellschaft« errichten zu können, die indessen gar nicht neu ist, sondern in Diktaturen und totalitären Herrschaftsgebilden unmittelbar lebendigen Anschauungsunterricht darbietet —

aber glücklicherweise auch Vergleiche ermöglicht. Wenn angeblich Unsinn bei Mehrheiten und Verstand nur bei wenigen zu finden sein soll, dann kann das doch nicht dahin umgekehrt werden, daß nur Minderheiten Verstand besitzen. Im besonderen können sich dann jene aggressiven Minderheiten, um die es hier geht, nicht legitimiert fühlen, durch Gewaltanwendung — nicht nur physischer, sondern auch psychischer Art — Macht auszuüben. Nein, deren geistige Intoleranz läßt sie zu einem abgewogenen Urteil gar nicht fähig sein, und ihre meist mit Radau zur Schau getragene Diskussionslust dient mehr der Einschüchterung besonnener Menschen als dem eigenen Verlangen nach tieferer Erkenntnis.

I. Die Konjugation: Ich demokratisiere ...

Ohne Voreingenommenheit darf füglich behauptet werden, daß es im ganzen doch eine relativ kleine Gruppe ist, die den demokratischen Mehrheitswillen zu einer Minderheitenherrschaft »umfunktionieren« möchte. Man schämt sich fast, diese modernen Wortprägungen selbst anzuwenden, aber leider ist es schon dahin gekommen, daß sich der »Sinn« oder besser »Unsinn« einer verschrobenen Denkungsart am leichtesten mit ihren eigenen Vokabeln ausdrücken läßt. An sich hat dieses moderne Schlagwort mit dem Begriff »Funktion«, ja selbst mit dem Wort »funktionieren« so wenig gemein wie »demokratisieren« mit »Demokratie«. Die fällige sprachliche Erweiterung müßte dann nämlich »umdemokratisieren« heißen. Derart modische Wortprägungen sollen den Eindruck vermitteln, als ob das »Ding an sich« erst der Aktivierung in einer Tätigkeitsform bedarf, um ihm Sinn und Inhalt zu verleihen. Diese vorgetäuschte Aktivität soll einen neuen Denkstil kennzeichnen, der alles, was sich nicht dauernd bewegt bzw. bewegt und verändert wird, als »Stillstand« abwertet, obwohl nichts so erstarrt und unbeweglich ist wie der Wahn der Weltverbesserer oder auch der Entdecker einer »neuen« Welt.

Wenn auf diese Weise das »in sich Ruhende« nichts mehr besagen und bedeuten soll, dann ist nur konsequent, allein noch die praktische Erfahrung und rationale Kenntnisse gelten zu lassen, demgegenüber aber ethische, sittliche und religiöse Werte als Maßstäbe menschlichen Tuns und Handelns zu verleugnen. Wer *Immanuel Kants* »Der gestirnte Himmel über mir und das Sittengesetz in mir« nur als philosophisches Bekenntnis zu begreifen vermag, hat *Kant* gewiß nicht widerlegt, wenn er durch eine primitiv anmutende Aktivität einen Freibrief für wertfreies, ja sogar wertwidriges Verhalten gewinnen will. Wer angesichts des gestirnten Himmels allerdings nur an Astronauten denkt und das Sittengesetz nur aus der Perspektive des Strafrechts begreift, hat von diesem großen Geist nichts erahnt. Welchen denkenden Menschen muß nicht Zorn erfassen, wenn er erlebt, daß mit lebendigem Inhalt erfüllte Begriffe wie z. B. Demokratie — gleich, ob er diese geschichtlich dokumentierte Staats- und Lebensform für sich selbst bejaht oder ablehnt — einer Sprachverzerrung oder Sprachverwilderung ausgeliefert werden, daß darunter der eigentliche Sinn völlig verlorengeht. Ja, Demokratie läßt sich neuerdings sogar konjugieren: Ich demokratisiere — Du demokratisierst — Er demokratisiert. Alles wird demokratisiert — aber wie ist es dabei um die Demokratie selbst bestellt?

Werturteile zu fällen ist (wie zugegebenermaßen auch vorstehend geschehen) gewiß nicht immer Ausdruck von Objektivität und Gerechtigkeit, aber dieses Tun muß logischerweise zur reinen Willkür werden, wenn ein seichter, nur noch zweckhafter Pragmatismus über Werte höherer Ordnung obsiegt. Kein menschliches Gewissen kann so verkümmert sein, daß es im letzten nicht über mehr »gut« oder mehr »böse« zu unterscheiden wüßte — es sei denn, man verneine überhaupt, daß es so etwas wie menschliches Gewissen gibt. Gewissen aber läßt sich vor allen Dingen nicht überzeugend als rückständig oder bürgerliches Vorurteil brandmarken. Das ist dann auch die Hoffnung der besonnenen Elemente aller Völker, daß die mit Überheblichkeit und Arroganz zur Schau getragene »Gedanken-losigkeit« an ihrer geistigen Leere zugrunde gehen muß; was beileibe nicht heißen soll, daß in den westlichen Demokratien alles zum Besten bestellt und keine Kritik angebracht sei. Der Hebel der Kritik aber bedarf eines archimedischen Punktes, der nicht in geistiger Verschwommenheit gefunden werden kann. Erwähnens- und bemerkenswert ist in diesem Zusammenhang auch das Verhalten der sogenannten Entwicklungsländer, die, was technisches Wissen und wirtschaftliche Rationalität anlangt, wohl an der westlichen Zivilisation teilhaben, aber ihr eigenes Kulturgut bewahren wollen. Sie schicken ihre Söhne an europäische Universitäten, um sie dort Mathematik, Physik, Chémie und anderes studieren zu lassen, aber sind doch nicht mehr so primitiv oder naiv, zu glauben, daß das Vorwort »marxistisch« Ausdruck des letzten und höchsten Standes der Wissenschaft sei. Selbst die sozialistisch strukturierten Länder unter ihnen scheinen nicht länger gewillt zu sein, sich mit den bei uns Ausgebildeten zugleich auch den Anarchismus in ihr Land zu holen. Daß das früher hohe Ansehen deutscher Universitäten allenthalben bereits Schaden erlitten hat, ist ein leider nicht mehr zu leugnender Tatbestand.

Der Leser mag der Meinung sein oder auch die Frage stellen wollen, ob diese lange Vorrede notwendig war, um zu dem eigentlichen Thema vorstoßen zu können. Dessen Behandlung aber ist ohne ein wertbezogenes Bekenntnis fast undenkbar. Wer z. B. Freiheit nicht als ein dem Menschen angeborenes Recht begreift, sondern nach seinem subjektiven Empfinden auslegen zu dürfen glaubt, stellt sich als schwankende Gestalt außerhalb menschlicher Gemeinschaft und Gesittung. Das innerste Wesen jeder Gemeinschaft kann ja zuletzt immer nur auf der Einordnung des Individuums in das Ganze, nicht aber auf dem selbst angemaßten Recht jedes einzelnen beruhen, die Umwelt für »alle« nach »seinem« Bild formen zu dürfen. Die sich so Gebärdenden meinen auch gar nicht »d i e Freiheit«, sondern »die *Freiheiten*«, die sie sich herausnehmen zu dürfen glauben, aber dabei wohl weniger auf das Verständnis ihrer Mitbürger rechnen können, sondern gewillt sind, Angst und Schrecken um sich zu verbreiten.

II. Freiheit, Freiheiten und das Verlangen nach Demokratisierung

Wenn gewiß auch die Freiheit durch das »Recht« zu schützen ist, kann das doch nicht besagen, daß jeder das — d. h. »sein« — Recht in Anspruch nehmen kann, die Freiheit in seinem Sinne zu nutzen und — wie die überhandnehmende öffentliche Unsicherheit beweist — z. B. fremdes Eigentum zu zerstören bzw. zu rauben. Es gibt zwar ein gesetzlich anerkanntes »Privatrecht«, aber kein »privates Recht« der gegeißelten Art. Offenkundig laufen neuerdings Einzelpersönlichkeiten wie auch soziale oder politische Gruppen Gefahr, in den Sog des Rechtsmißbrauchs zu geraten. Gedacht ist dabei an das sogenannte »imperative« Mandat oder ähnliche Formen der Beeinflussung frei gewählter Abgeordneter bzw. des Parlaments überhaupt. Wenn etwa eine Partei glaubt, einem Kandidaten zum Bundestag eine ehrenwörtliche Erklärung abfordern zu dürfen, daß er — entgegen der ihm im Grundgesetz auferlegten Pflicht, keine Weisungen entgegenzunehmen und nur nach seinem Gewissen zu handeln — strikten Aufträgen zu folgen oder im Falle seiner widerstrebenden Überzeugung sein Mandat niederzulegen habe oder schließlich gar noch keiner anderen Partei beitreten dürfe, dann hat die Demokratie zu bestehen aufgehört. Gleich grotesk ist die Vorstellung, daß jeder Abgeordnete einer wie der anderen Partei einen Fragebogen ausfüllen müsse und anschließend eine Prüfungskommission (welche?) darüber zu befinden habe, ob er nach ihren Maßstäben (welchen?) als würdig und linientreu genug erachtet wird. Um ein von dieser Gruppe selbst genanntes Beispiel zu nennen, darf er sich keinesfalls zu dem Bund »Freiheit der Wissenschaft« bekennen, sondern muß auf die betreffende Frage antworten, daß er mit Entschiedenheit nicht für dessen Prinzipien eintrete. Soweit sind wir gekommen — oder auch, wie tief sind wir gesunken, daß solcher Unsinn ausgesprochen und an ein so menschenunwürdiges Verhalten gedacht werden darf.

Würden solche antidemokratischen Zielsetzungen tatsächlich weiter verfolgt werden, dann könnte das Bundesverfassungsgericht kaum umhin, die rechtsstaatliche Ordnung durch ein klares Urteil zu schützen. Die Parteien selbst würden die moralischen Grundlagen ihrer Existenz zerstören und ihre Abgeordneten zu bloßen Befehlsempfängern ohne eigene Meinung und Verantwortung degradieren, die dann zwangsläufig in der Wertung der Öffentlichkeit in zunehmendem Maße nur noch ein Drohnendasein führten. Abgeordneten, die sich — gewiß nicht leicht — zu einem Fraktionswechsel entschließen, darf oft mehr Gesinnung zu- als abgesprochen werden. Mindestens wäre es ebenso gerechtfertigt, nach der Gesinnung oder dem Gesinnungswechsel der Parteien selbst zu fragen. Wer die Anwendung der Zuchtrute als Mittel zu erzwingender Gesinnungstreue empfiehlt, bekundet damit indirekt, daß er die Demokratie als ablösungsreif erachtet. Solange aber das Grundgesetz nicht mit Füßen getreten werden darf, bleibt jede erpreßte Unterschrift obiger Art sowohl rechtlich als auch moralisch völlig unverbindlich. Das gilt nicht zuletzt für eine Zeit, in der die politischen Überzeugungen und Vorstellungen wie nie zuvor ins Schwanken geraten sind.

Die Freiheit bedarf zwingend einer Verankerung im Recht, aber darüber hinaus nicht minder der Einfügung in eine gesellschaftliche Ordnung. In diesem Sinne verbinden sich Recht und Ordnung, den Lebensspielraum des einzelnen und eines Volkes sowohl zu schützen als auch abzugrenzen. Da sich aber im Bereich der Politik und der Gesellschaft auch ohne Gesetzesänderungen fortlaufend Wandlungen (oft kaum sichtbarer Art) vollziehen, können diesen auch hinsichtlich der politischen Auswirkung gestaltende Kraft nicht schlechthin abgesprochen werden. So stellt sich uns in mehr philosophischer Betrachtung die Frage, ob der Staat, der Recht und Freiheit gewährleisten soll, durch einen vielleicht gar nicht bewußt gewollten Zuwachs an Einfluß und Macht am Ende gar Gefahr läuft, die Rechte und Freiheiten seiner Bürger entgegen dem sittlichen Grundgesetz immer weiter einzuengen. An dieser Sachlage ändert sich auch dann nichts, wenn diese gleichen Bürger bereit sind, ja teils sogar den Wunsch hegen, sich dem Kollektiv unterzuordnen und dafür selbst den Preis des Verzichts auf freiheitliche Lebensäußerungen zu bezahlen. Wer sich indessen der Freiheit begibt und im Kollektiv Schutz sucht, darf zwar im Gestrüpp dieser Zwangsordnung noch »Ansprüche« gegenüber dem Staat und seinen Institutionen geltend machen, aber solche Ansprüche sind nicht mehr »Rechten« freier Bürger gleichzusetzen, die sich in einer Demokratie ihren Lebensrahmen und ihre Lebensordnung selbst abstecken wollen.

An dieser Stelle kann nicht darauf verzichtet werden, eine der ins Verderben treibenden Ursachen beim Namen zu nennen. Es ist die inflationäre Entwicklung, die immer weitere Volksschichten auch gegen ihren eigenen Willen hörig werden läßt. Der Staat kann sich der Verantwortung und Schuld vor allem dann nicht entziehen, wenn er in seiner Wirtschafts-, Finanz- und Haushaltspolitik Ideologien huldigt, die nicht nur nach theoretischer Ableitung, sondern auch nach weltweit praktischer Erfahrung einen fortlaufenden Geldwertschwund zur Folge haben müssen — aber dann auch fast naturnotwendig zur Auflösung einer freien Gesellschaft führen. Die Europäische Wirtschaftsgemeinschaft, als Stabilitätsgemeinschaft gedacht und gelobt, droht dabei immer mehr zu einer »Inflationsgemeinschaft« zu werden, in der sich alle Partner wechselseitig so lange den »Schwarzen Peter« zuschieben, bis sie sich in der »Solidarität« einer falschen Politik völlig einig geworden sind. Solange aber in einem umfassenden Wirtschaftsraum auf der inneren Front unterschiedliche Vorstellungen fortbestehen und jeweils andere Praktiken angewandt werden, solange bleibt der Gedanke einer europäischen Währungsunion eine Illusion — es sei denn, daß darunter eine Art »Notgemeinschaft« zwischen gebenden und nehmenden Ländern verstanden werden soll.

Bürger oder Untertan — Herr oder Knecht —; das ist hier die Frage! Soviel aber dürfte aus dem bisher Gesagten schon anschaulich geworden sein, daß die richtig verstandene demokratische Ordnung immer Gefahr läuft, entweder zuwenig oder auch zuviel Staat sichtbar und spürbar werden zu lassen. Totalitären Staaten sind solche Skrupel fremd. Vielleicht aber läßt gerade diese Gegenüberstellung erkennen, daß, wenn von Demokratie gesprochen wird, nur die allen Teilbereichen übergeordnete Staats-, Gesellschafts- und Lebensform gemeint sein kann. Die von der kommunistischen Gedankenwelt beeinflußten Gruppen sollten doch einmal eine ehrliche Antwort geben, was sich nach ihrer Meinung wohl ereignen würde, wenn in totalitären Staaten jede einzelne Gruppe es wagen sollte, in sich und für sich selbst eigene Maßstäbe und Normen zu setzen. Eine solche Frage dürfte füglich auch an hoch- und höchstangesehene deutsche Schriftsteller gestellt werden, von denen einer ein immerhin fragwürdiges demokratisches, staatsbürgerliches Privileg in Anspruch nehmen zu dürfen glaubte, wenn er ohne Anklage gegen langjährige Kerkerstrafen seiner russischen Kollegen, die der Wahrheit dienen wollten, für seine Person die Aussage wagte, daß er in einem der hinsichtlich jeder Meinungsäußerung freiheitlichsten Länder der Welt nicht mehr arbeiten und deshalb auch nicht leben könne. Wenn dem tatsächlich so sein sollte, kann jeder geistig oder künstlerisch Schaffende unabhängig von öffentlicher Zustimmung oder Ablehnung die Gewißheit hegen, als freier Bürger unter Garantie der Übertragung seiner Habe und seines Vermögens unser Land — und immerhin auch sein Vaterland — verlassen zu können. Ich gehe dabei davon aus, daß in Fragen unserer demokratischen Ordnung nicht nur »Auserwählte« zu sprechen berufen sind, sondern daß dieses gleiche Recht jedem Staatsbürger zusteht. Diese Entwicklung zwingt gerade zu der Fragestellung, was unter Demokratie gemeint sein soll und welche gesellschaftspolitische Verfassung mit der »Demokratisierung der Demokratie« am Ende dieses staatsauflösenden Prozesses stehen wird. Etwa die Verkrüppelung und Unterdrückung der die Meinung und den Willen des Volkes verkörperten Parteien, die allenthalben schon heute Gefahr laufen, durch Minderheiten im eigenen Lager verunsichert und damit immer handlungsunfähiger zu werden? Ist es z. B. denkbar, daß ein menschliches Einzelwesen in seiner Zuordnung zu vielfältigen Lebensbereichen jeweils unterschiedlichen Lebensmaximen unterworfen sein kann? Ist der Bürger in der Familie, im Beruf, in der Gesellschaft, im Staat und als Mitglied seiner Kirche jeweils ein völlig anderer Mensch und kann sein Leben im einzelnen völlig unterschiedlichen sittlichen Gesetzen unterworfen sein? Ist das, was wir »Treu und Glauben« nennen — individuell oder gruppenweise gebunden —, etwa frei auslegbar, wenn Demokratie nicht nur eine schematische Ordnung sein, sondern wesentlich auch den Geist der Zusammengehörigkeit atmen soll?

Wie im privaten Leben sich die Mitglieder eines Vereins eine für sie verbindliche Satzung geben, so sind die Bürger eines Staates ebenfalls an ihre Satzung — d. h. an die Verfassung — gebunden. Diese These zeigt über ihre rein staatsrechtliche Bedeutung hinaus auch die gültigen Normen menschlicher und sittlicher Verhaltensweisen auf. In diesem weiteren Rahmen ist unendlich viel Spielraum für die Entfaltung menschlicher Freiheit gegeben, daß jedermann den ihm gemäßen Standort finden kann. Wer damit allerdings nichts anzufangen weiß, darf sein Versagen nicht der demokratischen Gesellschaftsordnung zur Last legen wollen. Das aber kennzeichnet gerade die geistige Verworrenheit, die sich in der westlichen Welt immer weiter auszubreiten scheint. Diese kritischen Anmerkungen rechtfertigen gewiß nicht die Behauptung, daß jede Demokratie in ihrer spezifischen Ausprägung in sich auch schon vollkommen wäre. Man braucht auch nicht *Winston Churchill* zu zitieren, um solchem Irrtum zu verfallen. Nein, die Demokratie ist gerade umgekehrt als jene Institution zu begreifen, die die Grundlagen selbst für härteste Auseinandersetzungen abgibt, die unvereinbar erscheinen, aber dennoch einer Lösung bedürfen.

Wenn das Verlangen nach »Demokratisierung« nicht den hintergründigen Sinn einer gewollten Aufweichung der Demokratie haben soll, dann kann der Begriff »demokratisierte Demokratie« eigentlich nur als Pleonasmus bezeichnet werden. Mit gleicher Logik wäre dann etwa auch von einem »kapitalisierten Kapitalismus«, von »sozialisiertem Sozialismus« oder »liberalisiertem Liberalismus« zu sprechen. Die Doppel- oder Vieldeutigkeit solcher Wortprägungen sollte bei einigem Nachdenken Beweis genug dafür sein, daß diese Methode schlechthin unbrauchbar ist und jeden Sinn verfälscht. Die in sich aufgespaltene atomisierte Demokratie ist eben keine Demokratie mehr, so ihr nicht ein völlig neuer und anderer Inhalt unterschoben werden will. Mit Worten läßt sich bekanntlich trefflich streiten, mit Worten (auch) ein System bereiten — aber dann ist es eben ein anderes Gesellschaftssystem, eine andere Staatsordnung.

III. Schutz der Minderheiten

Wenn die Kritiker einer freiheitlichen Demokratie erkennbar von der Absicht geleitet wären, Unzulänglichkeiten zu verbessern oder eine bestehende Ordnung zu vervollkommnen, dann könnten sie auf breiter Grundlage der Zustimmung vieler Gleichgesinnter gewiß sein. Die lautesten Verfechter der Demokratisierung aber lassen durch ihr Gebaren und Gehaben nur zu deutlich werden, daß sie den Staatsbürger der Demokratie entfremden wollen; daß sie, wie schon gesagt, nicht Evolution, sondern Revolution, wenn nicht sogar Anarchie meinen und dann den Staat beschimpfen, der nach Gesetz und Recht diese freiheitliche Ordnung zu bewahren verpflichtet ist. Wer die Demokratie wirklich schützen und innerlich stärken will, soll sich Besseres einfallen lassen als die Demokratisierung als vermeintliches Heilmittel ständig im Munde zu führen. Wir leben als Volk immer nur in e i n e r demokratischen Rechts- und Gesellschaftsordnung, aber (nur) formal in vielen, jeweils unterschiedlichen Gesellungen. Wenn dazu gar noch zu berück- sichtigen ist, durch welche Methoden Minderheiten oft genug zur Herrschaft gelangen, dann ist dieser Verzerrung des Mehrheits- willens gerade um der Demokratie willen der Widerstand freiheit- licher Staatsbürger entgegenzusetzen. Scheinbar demokratische Abstimmungen in den verschiedensten Zirkeln, die lange nach Mitternacht erfolgen, wenn arbeitsame Menschen der Ruhe be- dürfen, während politisch revolutionäre Aktivisten den Tag ver- schlafen können, sind nicht als demokratisches Votum anzuer- kennen.

In dieser Richtung wären noch andere Beispiele anzuführen. Wo unsere Welt krank geworden ist, sind es fast immer Minder- heiten, die Mehrheiten unterdrücken wollen oder schon unterdrückt haben. So ist z. B. kaum zu leugnen, daß die Demokratisierung der Kirchen sicher nicht zur Stärkung oder Verinnerlichung des Chri- stentums beigetragen hat; und was die Demokratisierung im Bereich der Schulen aller Gattungen anbelangt, findet sie kaum Ausdruck in höherer Bildung und mehr Wissenschaft. Vielmehr hat sie zu einer Umfunktionierung der Wahrheit und zu einer Unter- drückung freier Geisteshaltung geführt. Was nicht zuletzt zu Fehl- leistungen und Entartungserscheinungen der Demokratie geradezu hindrängt, ist die verlorengegangene Einsicht, daß diese Ordnung dem Staatsbürger nicht nur Rechte einräumt, sondern auch Pflich- ten abverlangt. Diese Ordnung beruht aus sittlicher Haltung her- aus nicht zuletzt auch auf Nachsicht und Verständnis, während die »demokratisierte Demokratie« Gegensätze nur zu verschärfen ver- mag. Und noch etwas anderes ist zu bedenken: Wenn sich aus freien demokratischen Wahlen Mehrheiten herausbilden, kann es nicht zugleich demokratisch sein, im Widerspruch zu diesem Votum in anderen Einrichtungen (wie z. B. in Vorstellungen eines »Wirt- schafts- und Sozialrats«) den Grundsatz der Parität zu vertreten. Damit müßte vielmehr die echte demokratische Willensbildung grundlegend verfälscht werden — ja, man müßte zuletzt sogar fra- gen, warum der Bürger überhaupt noch wählt oder was ihm zu wählen übrigbleibt. Auf einem speziellen Sektor der Hochschulverfassung berichtet Professor *Watrin,* daß jeder eingefrorene paritätische Schlüssel mit Demokratie kaum noch vereinbar erscheint.

Setzte sich der heute an unseren Hochschulen übliche Wahlmodus allgemein durch, dann müßte diese Art von Demokratie folgerichtig in einer Funktionärsherrschaft enden; denn wer ist eigentlich zum Demokratisieren berufen? Der ruhige Bürger und politische Normalverbraucher wird jedenfalls keinen solchen Anspruch erheben — geschweige denn, daß seine Stimme gehört werden würde. Nein, es ist einfach nicht zu widerlegen, daß die »demokratisierte Demokratie« auf allen Ebenen eine neue Herrschaftsform begründet, die dem inneren Gesetz einer Demokratie zuwiderläuft. Sollte der Parlamentarismus auf solche Art dem Verfall oder sogar der Zerstörung preisgegeben werden, dann stellte sich der deutsche Bundestag selbst ein arges Armutszeugnis aus, wenn er die politische Elite eines Volkes repräsentieren will, aber gleichzeitig bekundet, daß er zu sachlichen Beurteilungen eines Gegenstands unfähig ist, sondern zur Beratung paritätischer Gremien aus Sachverständigen bedürfe.

Zwischen der Bejahung und Verneinung demokratischer Lebensformen kann es jedenfalls kein arithmetisches Mittel geben. In der Demokratie, wie wir sie verstehen, ist die menschliche Freiheit unteilbar und unantastbar — in der »demokratisierten Demokratie« hingegen wird dieser hohe Wert äußerst fragwürdig. Soviel ist jedenfalls klar, daß innerhalb einer demokratischen Ordnung der Bürger in seinen Willensäußerungen frei ist, während er im Zeichen der Demokratisierung mehr oder minder auferlegten Verpflichtungen unterworfen wird und in immer neue Abhängigkeiten gerät. Das bedeutet, daß jene falsch verstandene Demokratie Machtvollkommenheiten begründet, denen sich kein Bürger entziehen oder erwehren kann. Er ordnet sich in die Gesellschaft nicht freiwillig ein, sondern er wird zugeordnet. In dieser Frage scheiden sich die Geister nicht in solche nach bürgerlicher Gesinnung oder sozialistischer Überzeugung. Die Atomisierung — aber ebenso auch die willkürliche Vermischung aller Werte — führt tendenziell zu einer Gleichmacherei, denn wenn jeder auf das Gleiche Anspruch erheben zu können glaubt, mindert das den Rang der Persönlichkeit und verhindert dazu noch die gerechte Wertung der individuellen Leistung.

IV. Sozialpartnerschaftliche Parität und Kollektiveigentum als modischer Ausdruck einer demokratisierten Demokratie

Weil es sonst als Flucht aus der Gegenwart verstanden werden könnte, sei der besonderen Problematik der Mitbestimmung — und der paritätischen Mitbestimmung in Sonderheit — eine etwas ausführlichere Behandlung gewidmet. Bemerkenswert, aber auch charakteristisch ist dabei, daß die Mitbestimmung nach dem Betriebsverfassungsgesetz mehr als ein Element der inneren Ordnung und sozialen Zusammenarbeit zwischen Arbeitnehmern und Arbeitgebern verstanden wird, aber deshalb bisher auch nicht im Zeichen wiederauflebender klassenkämpferischer Auseinandersetzungen stand.

Der Gesetzgeber und beide Sozialpartner zogen aus praktischer Erfahrung die Konsequenz, daß es nützlich und für alle vorteilhaft ist, sich in innerwirtschaftlichen Fragen schiedlich und friedlich zu verständigen. Dafür wurde auch — ohne die unternehmerische Funktion durch volle Parität auszuhöhlen — die rechtliche Grundlage geschaffen. Soweit entsprach die Regelung demokratischer Gesinnung, wenn es auch nicht ausbleiben konnte, daß das Schlagwort von der Demokratisierung immer stärker in die Diskussion einbezogen wurde. Grundsätzlich aber wollte die Verwischung von Zuständigkeiten und Verantwortungen in den mehr politischen Bereichen außerhalb der produktiven Wirtschaft durchgesetzt werden. Von dort aus sollten dann allerdings Demokratisierung und Parität alle Bezirke des gesellschaftlichen Lebens erfassen und »umfunktionieren«. Der Mann, der der Sozialen Marktwirtschaft gegen Kollektivismus und Staatskapitalismus zum Durchbruch verholfen hat, macht aus seiner Ablehnung des jedem demokratischen Votum widersprechenden Paritätsprinzips nie einen Hehl, das, profan ausgedrückt, zu einem System führen muß, in dem niemand mehr weiß, wer Koch und wer Kellner ist. Aber was schließlich die Anwendung dieses Prinzips für eine ganze Volkswirtschaft bedeuten könnte, rechtfertigt gewiß nicht die Erwartung, daß sie dadurch gestärkt und innerlich gefestigt werden würde. Wer ist sich eigentlich bewußt, daß er als Staatsbürger Miteigentümer von Bahn und Post und somit Nutznießer staatlichen

Eigentums ist, und wer hat schon danach gefragt, welcher mittel-
oder unmittelbare Vorteil ihm daraus erwächst! Und welcher Normalverbraucher hat sich schon gefragt, was er durch den Rückzug
der privaten Verfügung über die Kohle und der dort vordringenden Staatswirtschaft gewonnen hat! Er hatte höhere Kohlenpreise
zu zahlen und trägt darüber hinaus als Steuerzahler noch einmal
zum Verlustausgleich bei. Derlei Beispiele ließen sich noch viele
anführen, die alle nur bestätigen, daß heute ein schon abgestan-
dener Kapitalismus vor den Augen der Öffentlichkeit zu neuem
Leben erweckt werden soll, während dieser Begriff im Zeichen des
deutschen Wiederaufbaus angesichts der sozialökonomischen Erfolge der Marktwirtschaft fast aus dem Bewußtsein geschwunden
war.

Daß u. a. radikale Strömungen die Institution des Privateigentums nicht nur in Frage stellen, sondern beseitigt wissen wollen,
mutet wie eine Groteske an, wenn gleichzeitig die politischen Bestrebungen dahin gehen, privates Eigentum gerade auch an Pro-
duktivgütern breiter zu streuen. Es gibt in unserer Zeit der Widersprüche leider nur zu viele, aber sie aufzuzeigen gilt in der westlichen Welt heute schon fast als Friedensstörung. Auch der neuerdings aufkommende Gedanke, einer breiteren Vermögensstreuung
in Arbeitnehmerhand zwar zuzustimmen, aber dem, der daraus in
seiner materiellen Lebensführung wie auch in seiner sozialen Geltung Nutzen ziehen möchte, die freie Verfügung über dieses
Pseudoeigentum dadurch zu entziehen, daß sein Besitz in einigen
großen Fonds durch Funktionäre verwaltet wird, ist bemerkenswert. Ein derart verfälschtes Eigentum ist in gesellschaftspolitischer
Sicht keinen Schuß Pulver wert, aber diese individuelle Ohnmacht
stärkt noch einmal die Macht des Kollektivs. Das sind die gleichen
Gruppen, die privaten Besitz automatisch mit Machtmißbrauch
verbinden, aber glauben machen wollen, daß sie selbst immer nur
das gute und gerechte Prinzip verkörpern. Als nicht auflösbarer
Widerspruch verdient auch der Gedanke verzeichnet zu werden,
daß den Arbeitnehmern, denen angeblich vor allem eine Beteili-
gung am Produktivkapital am Herzen liegt, von Staats wegen eine
Kurssicherung gewährt werden soll, um sie — den Sinn und das
Wesen der Aktie völlig verzerrend — jeden Risikos zu entheben.
Daß solche falsch verstandene Sozialpolitik mit Freiheit, Recht

und Ordnung nichts mehr gemein hat, bedarf wahrlich keiner näheren Begründung.

Tatsächlich treten die wirtschaftlichen Fehl- und Minderleistungen kollektiver Wirtschaftssysteme gegenüber marktwirtschaftlicher Ordnungsformen so überzeugend zutage, daß fast ein frecher Mut und ein Höchstmaß ideologischer Verblendung dazugehören, den freien Völkern die Preisgabe eben dieser Ordnung zu empfehlen. Eine so verstandene Modernität wird nur zu oft auch zur faden Ausrede für individuelles menschliches Versagen oder mangelnder Bereitschaft zur Bewährung im Wettbewerb dokumentiert und demonstriert. Es kann nicht oft genug ausgesprochen werden, daß immer mehr Gleichmacherei weder der menschlichen Natur noch dem Sinn der Schöpfung entspricht. So gerechtfertigt innerhalb einer Gemeinschaft die Notwendigkeit eines besseren sozialen Ausgleichs erscheint, so abwegig wäre es doch wiederum, jenes Prinzip der gewollten Einebnung aller Ungleichheiten trotz der vorhandenen Unterschiede zwischen Fleißig und Tüchtig auf der einen und Faul und Unfähig auf der anderen Seite als ein modernes Sittengesetz anerkennen zu wollen.

Es ist immer das Volk in seiner Gesamtheit, das den Schaden und den Verlust einer falsch verstandenen Sozialpolitik trägt. Daran kann auch die blühendste Phantasie nichts ändern, daß der immer neue Versuch einer »Umverteilung« des Volkseinkommens oder Volksvermögens an eine Grenze stößt, von der aus Vernunft Unsinn, aus Wohltat Plage wird. Ohne Ansporn und Leistungsanreiz wird jede auf Wettbewerb beruhende Marktwirtschaft auf die schiefe Bahn kollektivistischer Verödung abgedrängt. Gerade deshalb ist Sorge zu tragen, daß der Begriff der »Parität« als modischer Ausdruck einer »demokratisierten Demokratie« nicht zur Entartung und Entwertung der echten, das Ganze als Einheit erfassenden Demokratie führt. Nach dem Zusammenbruch hat uns die harte Not vor romantischem Überschwang bewahrt, insbesondere aber den Wert menschlicher Arbeit realistischer einschätzen und erkennen lassen. Wenn es damals galt, wieder zu Wohlstand zu kommen, plagt uns heute offenbar die Sorge, mit dem Wohlstand — nicht zuletzt auch moralisch — fertig zu werden. Dazwischen liegt allerdings fast eine Welt.

Wer, wie mein hochverehrter Lehrer *Franz Oppenheimer,* einen edlen Humanismus lebte, hätte Deutschland nie und schon gar nicht heute freiwillig verlassen, denn er fühlte sich trotz immer stärker aufkommender Barbarei seiner Heimat verbunden, deren Geist und Kultur ihn selbst prägten. Es ist ihm erspart geblieben, eine angeblich demokratische Universitätsverfassung noch zu erleben — er wußte und hat es mich gelehrt, was Demokratie heißt. Wer Armut, Unfreiheit und Unterdrückung in der eigenen Brust mit erfühlt, weiß, daß damit nicht zuletzt auch »Krankheiten« unserer Gesellschaft angesprochen sind, denen aber nicht mit wesenloser Schwärmerei beizukommen ist; am wenigsten allerdings können sie durch Aufruhr und Gewalt geheilt werden. Das Suchen nach Wahrheit und Gerechtigkeit hat leider nur zu oft der Phantasie statt der Vernunft Raum gegeben, die mit Kaltherzigkeit zu verwechseln eine Lüge ist. Wohl ist bekannt, daß Verstand und Herz nicht immer die gleiche Sprache sprechen, aber völlig falsch ist auch die Vorstellung, daß ein Zusammenklang und eine innere Harmonie auf unserer Erde wider die menschliche Natur verstoße. Auch in dieser Sache bestätigt sich wieder, daß der immer zu Kompromissen bereite Pragmatismus im einzelnen und im ganzen die Durchsetzung echter politischer Überzeugungen zwangsläufig verhindert.

Wer gesellschaftliche Versöhnung als eine ununterbrochene Folge von »Aktionen« um formaler Ausgleiche willen versteht, wird kein Verständnis für eine mehr an humanen Werten ausgerichtete Betätigung aufbringen, die die Versöhnung im vorstehenden Sinne als einen gesellschaftlichen »Zustand« in einer nicht mehr durch Unrecht, Unfreiheit und Unterdrückung zerrütteten Welt zu begreifen sucht. Dabei ist nicht so sehr an Auseinandersetzungen zwischen Nationen und Völkern gedacht, als vielmehr an eine den inneren Frieden sichernde Haltung der Bürger und ihrer gesellschaftlichen Gruppierungen.

V. »Formierte Gesellschaft« – ein Anruf an die Vernunft

Als ich im Jahre 1965 den Gedanken einer »formierten Gesellschaft« vortrug, wollte ich diese auch nicht institutionell oder organisatorisch aufgefaßt, sondern als einen Anruf an die Vernunft verstanden wissen, durch ein Um- und Neubesinnen dem faden Gesellschaftsspiel, einen materiellen Vorsprung vor anderen zu gewinnen, das verdiente Ende zu bereiten. Sicher läßt sich zwischen diesem Gedanken und der Konzertierten Aktion eine gewisse Parallele ziehen, aber während diese letztere vor allem durch Gruppengespräche und staatlich manipulierte Einflußnahmen auf das wirtschaftliche Geschehen einen Ausgleich zu finden suchte, wollte die formierte Gesellschaft über eine moralische und geistige Erneuerung zu einem veränderten, einem reiferen wirtschaftspolitischen Verhalten hinführen. Solange die bisher geübte simple Methode weiterhin Geltung hat, daß alle Gruppen reihenweise einen Nachholbedarf anmelden und solcherart das Übel der Inflation nähren, leisten wir zugleich der Zerstörung einer gesitteten Gesellschaft Vorschub. Wer den vordringenden kollektivistischen Lebensformen Widerstand entgegensetzen will, muß dem Eindringen des Staates in immer weitere private Lebensbereiche Widerstand entgegensetzen und nicht zuletzt aus diesem Grunde eine dirigistisch geplante Politik ablehnen. Ein wirklich humaner Sozialismus müßte die Menschen zu befreien suchen — nicht aber sie immer mächtiger werdender staatlicher Willkür überliefern. Daß Katastrophen und Kriege eine freie Gesellschaftsordnung zerstören, ist bekannt genug, aber gerade deshalb verdient das Wirtschaftssystem, das der Erhaltung des Friedens am besten dient, auch am lautesten gepriesen zu werden. Im allgemeinen und nur zu leicht wird es vergessen, daß die Wirtschafts- und Gesellschaftsordnung ein entscheidendes Element der Friedenspolitik ist. Während mit totalitären Herrschaften zumeist die Unterdrückung anderer Staaten und Völker verbunden ist, gedeiht die Marktwirtschaft nur in versöhnlichen zwischenstaatlichen Beziehungen. Unter geschichtlichem Aspekt mag man zu Recht das frühere Kolonialsystem (wenn auch oft in einer zu einseitigen Betrachtung) als ein Mittel der Ausbeutung gewertet sehen und darin auch einen Grund für die Auflehnung und das Drängen nach Unabhängigkeit der heutigen Entwicklungsländer erkennen.

Was indessen der Kommunismus nach dem Kriege an Unterdrückung und Gewalt kleineren Staaten gegenüber demonstrierte, verdient um so stärkerer Beachtung, als diese neuzeitige Form des

Imperialismus mit der Entlassung anderer Völker aus dem kolonialen System der westlichen Mächte einherging. Der sogenannten kapitalistischen Ausbeutung folgte in sozialistischen Wirtschaftssystemen die kommunistische Ausbeutung nicht nur durch die totale Usurpierung anderer Länder, sondern auch innerhalb der totalitär regierten Staaten gegenüber ihren eigenen Bewohnern. Da dort der Kapitalismus ausgerottet wurde, kann der relativ niedrige Lebensstandard und der unmenschliche Verlust an Freiheit nicht mehr, wie es noch manche blinden Ideologen verkünden, dem kapitalistischen System oder der demokratischen Ordnung zur Last gelegt werden. Die nur zu nahe liegende Beweisführung wird aber neuerdings auch in den westlichen Demokratien verzerrt und bewußt unterbunden.

VI. Die Soziale Marktwirtschaft und die »Qualität des Lebens«

Tatsächlich gibt es keine mehr auf friedliches Zusammenleben der Menschen und Völker abzielende Wirtschaftsverfassung als die Marktwirtschaft! Sie entzieht sich nach Maßgabe eines auf Leistung begründeten Wettbewerbs der Bevormundung durch den Staat und läßt wirtschaftliche Stärke nicht zu politischer Macht ausarten. Solange der Warenaustausch über die Grenzen privater Initiative obliegt, bleibt für eine staatliche Beherrschung dieses friedlichen Miteinanderlebens kein Raum. Wieviel Verblendung, ja Blindheit gehörte zu der wiederholten und auch heute noch gewagten Behauptung, daß die Soziale Marktwirtschaft wohl ein geeignetes System gewesen sein mag, um das deutsche Volk aus Not und Armut zu befreien oder auch unsere Wirtschaft und unsere Städte wieder aufzubauen. Die Soziale Marktwirtschaft wäre demgemäß eine Ordnung gewesen, die sich für eine verfallene oder völlig darniederliegende Volkswirtschaft bzw. auch für ein hungerndes Volk eigne — ein reiches Land aber mit hohem Volkseinkommen und hohem Lebensstandard bedürfe einer sozialistischen Planwirtschaft. Wenn jemals noch etwas Dümmeres gedacht wurde, hätten solche »Denker« doch mindestens eine gewisse Scheu aufbringen müssen, solchen widernatürlichen Unsinn auszusprechen. Im Zeichen offener Grenzen sind offenbar die Schranken des Geistes und der Besinnung noch nicht gefallen.

Aus gleicher Wurzel ist schließlich auch die feindselige Haltung gegenüber der Leistungsgesellschaft entsprungen. Ob die Künder dieser angeblich erstrebenswerten Lebensart von paradiesischen Vorstellungen träumen oder an ein Schlaraffenland glauben, so vergessen sie doch immer die Lebensvorstellungen und -erwartungen sowie die Ansprüche der Menschen unserer Zeit, die damit kaum in Einklang zu bringen sind. Die Ausstattung eines unserer Zivilisation gemäßen Haushalts, der Verkehr auf unseren Straßen oder auch das Verlangen von Millionen Urlaubern, die Welt kennenzulernen, zeugen jedenfalls nicht für die Sehnsucht nach einem einfachen Leben. Ein räumlich kleineres Land wie die Bundesrepublik, das nicht im Zustand einer Autarkie oder einer protektionistischen Handelspolitik leben kann und auch nicht leben will, kann auf Hochleistungen in Wissenschaft und Technik sowie deren ökonomische Anwendung gar nicht verzichten, wenn es sich nicht selbst dem Verderben preisgeben will. Man wird wohl noch lange auf einen Aufruf der »Apostel wider die Leistungsgesellschaft« an alle Völker der Welt warten müssen, bis diese zu hören und zu folgen bereit sind. Sollte aber gar an die kommunistische Praxis der Verallmachtung des Staates bei gleichzeitig niedrigem Lebensstandard in einem unfreien Leben der Bürger als die ideale Daseinsform gedacht sein, dann bliebe die Zukunft ohne Hoffnung. Mit fast absoluter Sicherheit würden dann die Staaten übereinander herfallen, um das zu rauben, was sie durch Verzicht auf Leistung entbehren müssen. Wir tauschten das völkerverbindende Prinzip freiheitlicher Demokratien mit der diesem Geist entsprechenden Wirtschaftsordnung gegen Macht und Gewalt ein.

Im übrigen bleibt es in freien Ländern jedem unbenommen, sich gemäß seinem Wesen und Geschmack der Bewährung durch Leistung zu entziehen, sofern er nicht Anspruch erhebt, daß arbeitsame, tüchtige und fleißige Menschen für ihn aufzukommen haben. Selbstverständlich gilt das nicht für die Ausbildung der Kinder bzw. für Kranke und Gebrechliche oder alte Menschen, denen gegenüber der Staat bzw. die Gesellschaft Pflichten und Opfer auf sich zu nehmen hat. Aber nicht das ist es, was die Leistungsgegner primär als ihre politische Aufgabe betrachten. Mögen deren Motive individuell auch noch unterschiedlicher Art sein, so bleibt das Rezept gesellschaftspolitisch doch völlig untauglich. Es ist in einer sozial befriedeten Welt einfach unvorstellbar, daß ein moderner *Diogenes* mit einem Faß vorlieb nimmt, wenn seine Nachbarn in schmucken Einfamilienhäusern leben. Wenn aber solche »Einfachheit« allen Bürgern aufgezwungen werden soll — und um diese grundsätzliche Entscheidung geht es letztlich —, dann ist das nicht mehr die Wirklichkeit, sondern leerer Wahn. Den Pharisäern geht es ja auch nicht darum, ihr Leben nach ihrem Geschmack zu führen, sondern sie verlangen geradezu, daß ihr blinder Eifer in einer für alle gültigen Lebensregel Ausdruck findet. Damit aber maßen sie sich das »Recht« von Tyrannen an, ein Volk seines Willens und seiner Freiheit zu berauben.

Es ist keine gute, sondern eine schlecht angelegte Sozialpolitik, die nicht heilen und helfen, sondern die Schöpfung korrigieren will, weil bei solcher Anmaßung zwangsläufig alle Maße verlorengehen müssen. Politiker, die da glauben, daß alles, was unser Leben an Erfahrung, Erkenntnis und Wissen, d. h. alles, was an Werten unsere Umwelt formte und unser Leben prägte, durch neue am Reißbrett entworfene Vorstellungen ersetzt werden könne, sind nicht ernst zu nehmen. Sie wollen uns die »Qualität des Lebens« lehren, was nur logisch sein kann, wenn darunter eine andere Welt und, wie sie glauben, höhere und reifere Qualität des Lebens, d. h. eine Ab- oder Umwertung aller uns überkommenen Werte, verstanden werden soll. Soviel arrogante Weisheit kann nur lebensfremder Einfalt entspringen. Werte gelten zu lassen ist ja ohnedies nicht modern, und so sind es denn in der Regel wieder die Pragmatiker, die jeweils kurzfristig — sozusagen auf täglich fällige Kündigung — immer wieder neue Grundsätze — nein, nur praktische Verfahrensregeln verkünden. Jährlich erscheint dann ein Handbuch über die neuesten Werte bzw. über die »neue Qualität des Lebens«. Das Ganze wird dann als Fortschritt und modern kreiert werden, aber läßt den Menschen den eigenen Kompaß verlieren. Es ist ja das Kollektiv, der Staat, der für den einzelnen denkt und handelt.

Daß je nach dem Stand der zivilisatorischen und kulturellen Entwicklung die einzelnen Länder unterschiedlichen Staatsauffassungen und gesellschaftspolitischen Vorstellungen zuneigen ist bekannt genug und gar nicht verwunderlich. Grundsätzlich werden sie demokratische Ordnungen um so entschiedener ablehnen, je mehr Usurpatoren in ihren jeweiligen Einflußbereichen über ein selbst angemaßtes Recht oder — noch schlimmer — über absolute Gewalt verfügen. Nichts kann einer ernsthaften Betrachtung ferner liegen, als etwa die Lebensformen in der Bundesrepublik Deutschland mit denen in der DDR, die sich noch dazu ausdrücklich »demokratisch« nennt, nach welchem Rang auch immer vergleichen zu wollen. Was wird da drüben eigentlich unter Demokratie verstanden? Freiheit, Recht und Ordnung können es jedenfalls nicht sein, wenn die Deutschen über ihr Schicksal nicht frei verfügen, sich nicht öffentlich äußern und sich auch nicht in freier, gleicher und geheimer Wahl entscheiden dürfen — schließlich auch deshalb nicht, weil unter diesem Regime Alternativen weder denkbar noch zulässig sind. Die durch unfreie Gewerkschaften kollektiv gegängelte und staatlich überwachte Freiheit ist kein Lebenselement, das den Namen Demokratie verdient. Gewiß verstehen auch wir unter Freiheit nicht ungebundene Zügellosigkeit, sondern die Einbindung in eine an sittliche, menschliche und gesellschaftliche Werte orientierte Lebensordnung. Mich wurde gelehrt — und ich habe es nicht vergessen —, daß Freiheit das Lebenselixier, das Heilmittel ist, denkende und fühlende Menschen nicht nur aus materieller Not, sondern auch aus der Entseelung in der Masse zu befreien.

Freiheit als eine Gefahr für die Gesellschaft zu empfinden oder sie schlechthin mit Mißbrauch gleichzusetzen — das ist der wahre Mißbrauch menschlichen Verstandes; denn wenn die Freiheit geschützt wird, kann sie auch nicht entarten. Der Kampf der *Eucken*-Schule gegen Monopole und Kartelle war von Anbeginn zugleich ein Kampf für die Freiheit und nicht zuletzt auch gegen den staatlich oder privatwirtschaftlich manipulierten, immer aber beengten oder sogar unterbundenen Wettbewerb. Ein Streit darüber, ob die Konkurrenz befruchtend oder zerstörend wirkt, wäre wohl schon beendet, wenn nicht die Schaffung von wirtschaftlichen Großräumen mit dem Hinweis auf die dadurch veränderten Dimensionen ein neues Scheinargument für diese abgestandenen Wirtschaftspraktiken geliefert hätte. Ja, die Verhältnisse liegen gerade umgekehrt, denn während ein nationalstaatlicher Egoismus oder Protektionismus von außen her aufzubrechen ist, gewinnen weiträumige internationale Kartelle fast unerschütterliche Machtpositionen, die sich nicht zuletzt auch auf politische Bereiche erstrecken können. Daß in jeder Wirtschaftsgesellschaft vereinzelt Mißstände in Erscheinung treten, ist kein Maßstab für die Qualität einer Ordnung schlechthin. Gott hat ja auch zehn Gebote gesetzt, ohne daß damit ein Strafgesetzbuch überflüssig geworden wäre. Die Einengung der Freiheit durch gelegentlichen Mißbrauch begründen zu wollen, kommt dem Treiben mancher anarchistischer Gruppen nahe, unsere Gesellschaft zugunsten zügelloser Freiheit aufzulösen.

VII. Von Recht und Gerechtigkeit

Das ist auch der Grund, warum sich Freiheit mit Recht paaren muß, um zu einer in sich geschlossenen festgefügten Ordnung zu gelangen. Rechtsauffassungen mögen sich während geschichtlicher und gesellschaftlicher Prozesse längerfristig wandeln. Auch kann Recht nicht beziehungslos im Raume stehen, denn es spiegelt sogleich die Vorstellungen des Volkes über das wider, was als Recht oder Unrecht empfunden wird und als Voraussetzung eines gesitteten Zusammenlebens der Menschen und Völker als unverzichtbar gelten muß. Das heißt, daß die jeweils gültigen Rechtsnormen in einem dynamischen Zeitgeschehen einer lebendigen Fortentwicklung unterworfen sind. So würde sich heute unser Gerechtigkeitssinn gegen das Unrecht einer Klassengesellschaft mit den dazugehörigen Privilegien auflehnen, die ja einmal im Recht verankert waren und nach deren Maßstäben auch Recht gesprochen wurde. Das ehemalige Drei-Klassen-Wahlrecht bietet dafür einen lebendigen Beweis. Aber auch viele soziale Neuerungen gehören der gleichen Kategorie an. Als Beispiel sei wiederholt, daß sich das Recht an der Freiheit und Freizügigkeit der Personen, aber nicht etwa an der Gleichheit aller Menschen auszurichten hat, oder auch, daß ein echter Wettbewerb auf der Anerkennung der Leistung in einer Gesellschaft der Freien und der Gleichen beruht. Ich zitiere meinen Lehrer *Franz Oppenheimer,* der es aussprach, daß »allein kühle Köpfe mit warmen Herzen, nicht aber schwüle Köpfe mit kalten Herzen« dem sozialen Fortschritt zu dienen berufen sind.

Schließlich sei an dieser Stelle auch noch das Wagnis unternommen, zur Beziehung von Recht und Gerechtigkeit Stellung zu nehmen. Der »Staat«, der sich geschichtlich gesehen oft mehr auf Gewalt denn auf Recht gründet, setzt und spricht gleichwohl Recht. So kann Recht auch Unrecht zu decken suchen. Auch der Versuch, Recht als das gelten zu lassen, was nach allgemeiner Übung als »Rechtens« empfunden wird, führt zu einer zu unbestimmten Aussage, als daß er geschriebenes Recht in einem verobjektivierten Sinne erklären und auch ersetzen könnte. Was wird in dieser Welt nicht alles als »Recht« verstanden, ohne daß wir die Tiefe seines Ursprungs immer aufzudecken in der Lage wären. Die Sicht wird etwas klarer, wenn Recht zu Unrecht in Beziehung gesetzt wird. So ist denn auch Unrecht leichter zu definieren als Recht. Der einzelne Mensch hat vor seinem Gewissen ein sehr viel sichereres Urteil über das, was Unrecht ist, als das, was uns Gesetzbücher zu sagen haben. Es ließe sich auch feststellen, daß staatliche Rechtsnormen mit sittlichem Rechtsempfinden nicht immer übereinstimmen und daß das wahrscheinlich der Grund für die Spannungen ist, daß Rechtsurteile oft nicht als gerecht empfunden werden.

Im Grunde genommen weiß wohl jedermann zwischen Gut und Böse recht klar zu unterscheiden, denn sonst wäre überhaupt kein geordnetes Miteinanderleben vorstellbar. Wenn Unrecht leichter auszulegen ist als Recht, dann doch nur deshalb, weil uns die Abweichung von dem positiven Wert des Rechts deutlicher bewußt wird, als der umfassende Begriff »Recht« zu beschreiben ist. Das will besagen, es gibt kein Unrecht ohne Recht, keine Unmoral ohne Moral, keine Untreue ohne Treue usw. — Erst aus den positiven sittlichen Werten und dem Wissen um das Recht verstehen wir das Böse und das Zerstörende. In bezug auf unser Thema kann folglich nur als Recht gelten, was dem Menschen die Freiheit in der Ordnung bewahrt.

Man möge mich der Subjektivität zeihen, wenn ich mit der Praktizierung der Sozialen Marktwirtschaft den Versuch unternahm, Freiheit mit Ordnung zu verbinden, um mehr Gerechtigkeit obwalten zu lassen. Dieser sich in der Praxis als richtig erwiesene Gedanke wurde allerdings in der Folgezeit nur zu oft als unbequem empfunden — das scheinbar soziale Kollektiv drängte immer mehr zur Herrschaft. Während heute manche Soziologen oder solche, die es sein möchten, bzw. auch Politologen, die noch nicht um den ihnen gemäßen Standort wissen, eine frei schwebende Gesellschaft ersinnen zu meinen glauben, wurzelt der heute oft verschriene und noch mehr verkannte Neoliberalismus in dem zuchtvollen Denken nationalökonomischer Klassiker, denen jede nur tagesbezogene Ideologie ein Greuel sein mußte. Allein ihre geistige Disziplin mußte jeglichen Entartungserscheinungen abhold sein. Gerechtigkeit mag immerhin subjektiv auslegbar sein; das Recht selbst aber unterliegt objektiven, wenn auch wandelbaren Normen.

In diesem Sinne liegt es auch hier nahe, das Problem der Mitbestimmung unter diesem Aspekt zu überdenken. Wäre es zum Beispiel gerecht zu nennen, daß die Arbeitnehmer über ihr gesetzlich festgelegtes Mitbestimmungsrecht in den Aufsichtsräten im Zuge breiterer Vermögensstreuung als »Kapitalisten« zusätzlichen Anspruch auf ein gewissermaßen »doppeltes Stimmrecht« erheben dürfen, und würde eine solche Entwicklung nicht die Erschütterung unserer Gesellschaftsordnung zur Folge haben müssen? Die Rechtsordnung in sich kann darauf keine gültige Antwort geben, denn sie bleibt im letzten immer die abhängige Dominante gesellschaftspolitischer Vorstellungen. Was indessen Recht oder Unrecht, Moral oder Unmoral ist, läßt sich nie allein aus Gegenwartsformen, sondern ebensosehr an gesetzten Zielen ableiten. So unterschiedlich sich also subjektives wie auch objektives Recht verstehen lassen, reicht zur Charakterisierung demokratischer Grundauffassung der individuelle Gerechtigkeitssinn nicht völlig aus. Recht für den einzelnen und Recht für alle beruhen zwar auf einer gemeinsamen sittlichen Grundlage, ohne sich indessen in der Norm völlig zu decken. In der Demokratie spricht zwar der Richter Urteil — die letzten Maßstäbe aber setzt die Geschichte.

VIII. Rechtsordnung als Lebensordnung einer Gemeinschaft

Das dritte der Demokratie zugehörige Element heißt Ordnung, und zwar nicht allein und nicht so sehr als Rechtsordnung in einem schematischen Sinne, sondern als Lebensordnung einer Gemeinschaft verstanden. Diese selbst kann enger oder weiter ausgelegt werden; sie reicht von der Familie bis zum Staat und wechselt dabei die Gestalt, im letzten aber nicht minder Gehalt und Inhalt. Das heißt, daß jedwede Form menschlicher Gesellung der Anerkennung gemeinverbindlicher Spielregeln bedarf. Jenes »Es kann der Frömmste nicht in Frieden leben, wenn es dem bösen Nachbarn nicht gefällt« gründet auf der Einsicht, daß der Verzicht auf Ordnung selbst im engen Raum Unfrieden, wenn nicht Chaos heraufbeschwören muß. Nun aber wird der eine oder andere fragen wollen, wie es denn um die Versöhnung von Recht und Ordnung bestellt ist. Ich darf mich hier selbst zitieren, wenn ich ausführte, »daß Ordnung ohne Freiheit nur zu oft den Zwang gebiert — Freiheit ohne Ordnung aber allzu leicht anarchistisch entartet. Die Geschichte bietet für beide Thesen Beispiele genug dar.«

Wenn Diktaturen behaupten, daß in ihrem Raum »Ordnung herrsche«, reife Demokratien aber darauf verweisen, daß in ihrem Geltungsbereich Ordnung als selbstverständliche Ein- und Unterordnung freier Menschen in Gesellschaft und Staat zu verstehen ist, wird uns erst bewußt, daß Zwangsordnungen jede Demokratie zerstören müssen, während der bewußt bejahte positive und konstruktive Ordnungswille die Stärke einer wahrhaft vom Volk getragenen Demokratie ausmacht. E i n Einwand scheint dabei allerdings berechtigt zu sein. Wenn nämlich der Staatsbürger — meist sogar schuldlos — in kollektivistische Lebensformen gezwungen wird oder sich in eigener Blindheit darin verstrickt, gerät die Demokratie als Staatsform in immer größere Bedrängnis bis hin zu tödlicher Gefahr. Wenn der einzelne Staatsbürger aus Furcht, daß ihm daraus Schaden erwachsen könnte, vor einem offenen Bekenntnis zurückschreckt, wenn — kurz gesagt — die Zivilcourage verlorengeht, dann muß auch in einer formalen Demokratie die Freiheit auf die Dauer Schaden nehmen. Vergessen wir nicht, daß der Mut und auch Übermut radikaler Gruppen wesentlich auf der Furcht allzu vieler Bürger beruht.

Die Verdienste der »Freiburger Schule« beschränken sich nicht allein auf den ökonomischen Bereich, sondern wirken auch politisch fort, wenn *Euckens* Lehre zufolge viele Länder einem geistlosen Pragmatismus die Zucht geistiger Ordnung entgegensetzten. Pragmatismus bedeutet im Regelfall Kapitulation vor der Wahrheit oder Feigheit vor der Wirklichkeit. Den Pragmatikern folgen dann auf dem Fuße die bloßen Opportunisten und am Ende die überhaupt gesinnungslosen Konformisten. Unter Ordnung ist immer auch die innere Zucht, aber bei aller auch berechtigten Kritik weder Unterwerfung noch offener Aufruhr zu verstehen. Der Kraft der Idee ist zuletzt immer mehr zu vertrauen als der Demonstration organisierter Massen, die meist fühllos, geblendet und verblendet irgendwelchen seichten Parolen folgen zu müssen glauben. Das, was einmal Proletariat genannt wurde, ist weniger als materiell primitive Daseinsform, viel mehr als das Unvermögen jener Armen zu verstehen, ihr trostloses Schicksal vom Geistigen her ermessen zu können. Daß dem gegenüber heute der soziale Fortschritt, der teilweise sogar die Grenzen materieller Möglichkeiten zu überschreiten droht, gering erachtet wird, kennzeichnet die Wandlung bis zur Umkehrung der gesellschaftlichen Werte einprägsam genug.

Kapital und Arbeit, die heute, völlig entpersönlicht, als tönerne Gartenzwerge vor dem Eingang unserer Wirtschaft aufgebaut werden, ringen — wie wir wissen — um ihren Standort und ihre Geltung. Die Wahrheit liegt aber wohl in der Mitte, denn Kapital ohne Arbeit bleibt fruchtlos, wie denn auch Arbeit ohne Kapital im Nichts versanden müßte. Ist es aber wirklich nur ein Streit um des Kaisers Bart oder — ist es nicht auch schon ein Wetterleuchten, das Kapital nicht länger als privates Eigentum gelten lassen möchte. Auf längere Sicht hin mag auch hier gegebenenfalls eine andere Gesinnung Platz ergreifen, wenn die Interessen der Arbeitnehmer in einen inneren Zwiespalt zwischen ihrer Position als Lohn- und Gehaltsempfänger einerseits und Anteilseigner (= Kapitalisten) andererseits geraten. Daß im Verlaufe eines solchen bereits angestoßenen Prozesses auch die gesellschaftlichen Ordnungsvorstellungen andere Züge annehmen müßten, darf als eine fast zwangsläufige Folge angesehen werden.

Mit gutem Bedacht habe ich meinem Thema drei Begriffe, »Freiheit, Recht und Ordnung«, vorangestellt und sie als untrennbare Einheit darzustellen versucht. Obwohl jedes Element seinen Rang in sich selbst besitzt, verkörpern sie doch erst zusammen jene glückliche Dreieinigkeit, die, sich gegenseitig stützend und absichernd, erst das Sein einer geläuterten Demokratie ausmacht.

PAUL KEVENHÖRSTER

Demokratiekonzeptionen und Demokratisierungsbestrebungen

Kaum ein anderes politisches Problem wird gegenwärtig mit einem derart vagen Begriffsapparat diskutiert wie die Forderung nach Demokratisierung von Wirtschaft und Gesellschaft. Die in dieser Diskussion verwandten Demokratiebegriffe haben zugleich eine gesamtgesellschaftliche Ausweitung und eine inhaltliche Entleerung erfahren: nicht Aussagen *über*, sondern *für* politische Wirklichkeit, deren Voraussetzungen, Intentionen und Konsequenzen im dunkeln bleiben. Darüber, daß unter Demokratisierung die Übertragung von Entscheidungsverfahren der Demokratie aus dem politischen in andere soziale Bereiche zu verstehen sei, herrscht Einvernehmen. Um so weniger Klarheit kennzeichnet das begriffliche Verständnis »der« Demokratie. Lehnt man es ab, »Demokratie« und »Demokratisierung« als Chiffren einer herrschaftsfreien Gesellschaft zu deuten, drängt sich ein anderes Begriffsverständnis auf: Demokratie als *kontrollierte* Herrschaft, eine Form der Entscheidungsfindung, in der die Inhaber von Machtpositionen soweit wie möglich von den Betroffenen kontrolliert werden.

Diese Definition macht es möglich, das Demokratisierungsproblem umzuformulieren. Wer den Demokratiebegriff — und damit auch den der Demokratisierung — nicht nur formal, sondern auch inhaltlich bestimmen will, muß konkrete Ordnungsentwürfe zur Diskussion stellen. Erst dann kann die empirische Politikwissenschaft überprüfen, welche Entwürfe am ehesten in der Lage sind, Herrschaft wirksam zu kontrollieren. Demokratisierung in diesem Sinne bedeutet somit nicht Abbau, sondern Kontrolle von Machtpositionen. Dieser Maßstab ist freilich nicht das einzige Kriterium zur Überprüfung von Demokratisierungsstrategien. Denn Demokratisierung kann ebenso verstanden werden als eine Form der Konfliktregelung, die dezentrale Entscheidungen ermöglicht und die

Innovationsfähigkeit eines sozialen Systems erhöht. »Demokratie« und »Demokratisierung« sind dann keine Leerformeln mehr, sondern sollen bestimmte Problemsituationen kennzeichnen: Kontrollmechanismen von Organisationen, Verfahren der Konfliktregelung, Dezentralisation von Entscheidungen und Fähigkeit zu Innovationen.

Auf dieser Grundlage kann auch die Theorie organisationsinterner Demokratie zu Aussagen gelangen, die intersubjektiv überprüfbar und prinzipiell widerlegbar sind. Denn mit der Forderung nach Demokratisierung von Organisationen ist zugleich die Frage aufgeworfen, welche Konzeptionen organisationsinterner Demokratie am ehesten in der Lage sind, die Ziele der Demokratisierungsbestrebungen zu fördern, und welche organisatorischen Entwürfe ihnen am meisten zuwiderlaufen. Die mangelhafte Transparenz der Entscheidungprozesse und die geringe Effektivität der Kontrollorgane in politischen und sozialen Organisationen legen es nahe, die in der sozialwissenschaftlichen Diskussion bereits entwickelten alternativen Demokratiekonzeptionen[1] daraufhin zu überprüfen, ob sie der Komplexität und Differenzierung moderner Industriegesellschaften Rechnung tragen, die Effektivität der Kontrollmechanismen erhöhen, eine integrative Konfliktregelung gewährleisten, eine dezentrale Entscheidungsfindung sichern, die Innovationsfähigkeit politischer und sozialer Organisationen (Parteien, Verbände) steigern und das Partizipationspotential an Entscheidungsprozessen vergrößern. Konzeptionen organisationsinterner Demokratie sind vor allem danach zu beurteilen, ob sie Organisationen in die Lage versetzen, bestimmte Funktionen (Selektion von Führungspersonal, Regelung von Konflikten, Innovationen) wirksamer wahrzunehmen und zugleich die Interessen der Organisationsmitglieder durch effektive Kontrolle der Führungsgruppen und erweiterte Chancen der Partizipation im Prozeß der Entscheidungsfindung stärker zu berücksichtigen. Dies ist nur dann zu erwarten, wenn die Wirkungsweise dieser Konzeptionen der Zielvorstellung »Demokratisierung« entspricht. Zielkompatibilität und Funktionsfähigkeit sind daher entscheidende Kriterien zur Beurteilung von Konzeptionen organisationsinterner Demokratie.

I. Demokratiekonzeptionen

Die neuere sozialwissenschaftliche Diskussion um gesamtgesellschaftliche Demokratisierungsstrategien und um Konzeptionen organisationsinterner Demokratie orientiert sich an sechs Organisationsmodellen: der direkten Demokratie, dem Rätesystem, dem demokratischen Zentralismus, der innerorganisatorischen Öffentlichkeit, der repräsentativen organisationsinternen Demokratie und der Konzeption des innerorganisatorischen Parteienwettbewerbs in unterschiedlichen Varianten, Verfeinerungen und Weiterentwicklungen. Diese Konzeptionen beruhen auf zwei verschiedenen Demokratievorstellungen: der Theorie der direkten und der Theorie der repräsentativen Demokratie. Mit der wachsenden Anerkennung der Demokratie als Norm sozialer und politischer Systeme verstärkt sich die Forderung nach direkter Beteiligung von Mitgliedern wirtschaftlicher, sozialer und politischer Organisationen an Entscheidungen, eine Forderung, der die Kritik an der geringen Kontrolleffektivität repräsentativer Organe zugrunde liegt und die zu einer Renaissance direktdemokratischer Ordnungsentwürfe geführt hat[2].

Die Konzeption der direkten Demokratie, auf der diese Vorschläge beruhen, ist eine radikaldemokratische Variante der traditionellen Demokratietheorie, die sich bis zur politischen Theorie der griechischen Polis zurückverfolgen läßt und von dem jungen *John Stuart Mill* sowie Marxisten und Anarchisten des 19. Jahrhunderts ebenso vertreten wurde wie von neomarxistischen Strömungen der Gegenwart und den Vertretern einer »participatory democracy« in den angelsächsischen Ländern[3]. Normative Grundlage dieser Konzeption ist das Postulat einer möglichst umfassenden Partizipation als Mittel sozialer und politischer Selbstbestimmung[4]. Vor allem von den sozialistischen Strömungen, die diese Demokratiekonzeption vertreten, wird eine möglichst breite und möglichst intensive Beteiligung der Bürger an Entscheidungen in Wirtschaft und Gesellschaft bei einem weit ausgedehnten Bereich des Politischen gefordert.

Durch die radikale Kritik der Neuen Linken an repräsentativen Demokratien im allgemeinen und parlamentarischen Regierungssystemen im besonderen hat auch der Rätegedanke erneut an Aktualität gewonnen[5]. Dies gilt für Rätesysteme als Organisationsmodelle für Gesamtsysteme und als Konzeptionen organisationsinterner Demokratie. Ablehnung der Parteienkonkurrenz, der Interessenpluralität und repräsentativer Organisationsprinzipien ist die normative Grundlage radikaler Parlamentarismuskritik[6]. Diese Kritik geht mit *Agnoli*[7] von der These eines in allen westlichen Industriegesellschaften vorherrschenden Interessendualismus aus. Nur eine Änderung der Produktionsverhältnisse könne die Voraussetzung für den Abbau von Herrschaft und die Errichtung einer »wirklichen« Demokratie schaffen. Das Parlament fungiere nur noch als »Transmissionsriemen der Entscheidungen politischer Oligarchien[8]« und als Instrument zur Integration der abhängigen Klassen in das kapitalistische System[9]. Auch Parteien und Verbände seien Instrumente zur Domestizierung sozialer Antagonismen.

Diesen Thesen ist mit Recht entgegengehalten worden[10], daß die Annahme eines eindeutigen Klassenantagonismus in westlichen Industriegesellschaften nicht nachgewiesen werden könne, das parlamentarische System im Gegensatz zu *Agnolis* Auffassung nicht auf der strengen Trennung, sondern auf der engen Verbindung von Regierung und Parlamentsmehrheit beruhe und daß in der radikalen Parlamentarismuskritik die Frage offenbleibe, inwieweit das parlamentarische System bei einer funktionsgerechten Ausgestaltung des Parteiensystems, bei einer offenen Chance des Machtwechsels und auf Grund des »Gesetzes der antizipierten Reaktionen[11]« der Wählerschaft durch Regierung und Parlament die Interessen der Bevölkerung nicht doch hinreichend in den politischen Prozeß integrieren könne.

Während *Agnoli* keine Alternative an der von ihm kritisierten repräsentativen Demokratie aufzeigt und dabei offensichtlich von der Vermutung ausgeht, daß die revolutionäre Änderung bestehender Produktions- und Eigentumsverhältnisse zwangsläufig zur Institutionalisierung direktdemokratischer Ordnungsmodelle führt, werden von anderen Vertretern der Neuen Linken zwei alternative Modelle zur parlamentarischen Demokratie vorgeschlagen: die *Leninsche* Konzeption der Diktatur des Proletariats auf der Grundlage eines »demokratischen Zentralismus« und der Vorherrschaft der Kommunistischen Partei und die Ersetzung repräsentativer

Demokratien durch in Kommunen organisierte Rätesysteme. Während sich die Befürworter der ersten Alternative an den traditionellen verfassungspolitischen Vorstellungen der kommunistischen Parteien Europas orientieren und Räte allenfalls als Instrumente zur Revolutionierung der Bevölkerung ansehen, die nach der Revolution vom politischen Monopol der Kommunistischen Partei mediatisiert werden, tritt die Mehrheit der Neuen Linken grundsätzlich für das Rätesystem als Form direkter Demokratie ein.

Demgegenüber versuchen die orthodoxen Anhänger des Marxismus-Leninismus, in Anlehnung an die *Leninsche* Konzeption des »demokratischen Zentralismus[12]«, Rätesysteme in postrevolutionären Konsolidierungsphasen zu zentralisieren und durch die Vorherrschaft der Kommunistischen Partei zu mediatisieren. Die Konzeption des »demokratischen Zentralismus« weicht daher von der direktdemokratischen, auf Dezentralisierung ökonomischer, sozialer und politischer Entscheidungsprozesse zielenden Intention der Rätetheorie erheblich ab und ist letztlich nur eine ideologische Verbrämung kommunistischer Einparteiensysteme[13].

Als radikaldemokratische Konzeption beruht die Rätetheorie auf den gleichen Annahmen wie die Konzeption direkter Demokratie: die Mitgliedschaft von Organisationen verfügt über die gleiche Kapazität zur Verarbeitung von Informationen wie die Führungsgruppe, die Mitglieder selbst sind eher in der Lage, ihre Interessen zu artikulieren, als übergeordnete Organe, und die zur Diskussion stehenden Probleme können nicht durch Experten, sondern nur durch die unmittelbare Beteiligung der Mitgliederschaft gelöst werden. An die Stelle der vorherrschenden Zentralisierungstendenzen in Staat und Wirtschaft und der Verfestigung von Repräsentativsystemen sollen Föderationen von Selbstverwaltungsorganen treten. Ziel des Kommunenstaates ist vor allem eine wirksamere Wahrnehmung der Mitgliederinteressen durch die Mitglieder selbst. Voraussetzung hierfür sind weitgehende Kompetenzen der Urwählerschaft.

Theoretische Grundlage der Rätebewegung ist die marxistische Gesellschaftstheorie[14]: Die Emanzipation der Arbeiterschaft ist nur auf dem Wege des Klassenkampfes durchzuführen; damit wird zugleich die Voraussetzung für die Emanzipation der Gesamtbevölkerung geschaffen. Die Zielvorstellung des Rätesystems ist anspruchsvoll: permanente, unbedingte Verantwortlichkeit der Gewählten gegenüber ihren Wählern, permanente Beteiligung der Wähler an Sach- und Personalentscheidungen, Entbürokratisierung von Entscheidungsprozessen, Aufhebung von Partei- und Fraktionsbildungen, Beseitigung der Entfremdung der Wählerschaft vom Staat. Diese Zielvorstellungen sollen durch mehrere organisatorische Regelungen verwirklicht werden: Die Wähler organisieren sich in Basisgruppen (Betriebs-, Wohn- oder Verwaltungseinheiten), wobei die meisten Rätetheoretiker der Betriebsgruppe den Vorzug geben. Die Basisgruppen artikulieren politische Vorstellungen und treffen auch die politischen Entscheidungen. Alle öffentlichen Positionen werden durch direkte Wahlen besetzt. Den Wählern wird eine umfassende Kompetenz für alle Fragen zugesprochen; eine Politisierung der gesamten Gesellschaft erscheint erstrebenswert. Alle Mandatsträger sind ihren Wählern auch in Einzelfragen voll verantwortlich; denn sie haben ein an die Ausführung bestimmter Entscheidungen gebundenes Mandat (imperatives Mandat), unterliegen ständiger Kontrolle und können von der Wählerschaft jederzeit abberufen werden (Recall). Die Delegierten sind ehrenamtlich tätig; ihr Durchschnittseinkommen soll nicht höher sein als das ihrer Wähler, damit eine wirtschaftliche Verselbständigung der Führungsgruppen vermieden wird. An der Verwaltung des Staates werden alle Arbeitnehmer abwechselnd beteiligt. Die Möglichkeit der Wiederwahl wird drastisch eingeschränkt, Ämterrotation soll Ämterhäufung und Korruption verhindern, das traditionelle Berufsbeamtentum wird abgeschafft. In einem Staat, dessen Wählerschaft sich selbst politisch und gesellschaftlich organisiert, verliert die institutionelle Gewaltenteilung ihren Sinn. Gewaltenfusion tritt an ihre Stelle. In den direktdemokratischen Konzeptionen sind intermediäre Gewalten zwischen Bevölkerung und politischer Führung nicht vorgesehen, da sie dem Ziel der Identität von Führern und Geführten widersprechen würden. Im Gegensatz zu den direktdemokratischen Ansätzen sehen die repräsentativdemokratischen Konzeptionen einen Prozeß vor, ». . . durch den der einem Teil oder der Gesamtheit der Staatsbürger zustehende Einfluß auf die Staatsgeschäfte mit ihrer ausdrücklichen Zustimmung durch eine kleinere Anzahl von ihnen in ihrem Namen und verpflichtend für sie ausgeübt wird[15].« Drei repräsentativdemokratische Konzeptionen stehen im Mittelpunkt der gegenwärtigen Diskussion um die Demokratisierung von Industriegesellschaften: Öffentlichkeit, Parteienwettbewerb und repräsentative organisationsinterne Demokratie.

Die Konzeption der organisationsinternen Öffentlichkeit beruht auf der *Habermas'schen* Öffentlichkeitskonzeption, deren Anspruch darin besteht, Herrschaftsbeziehungen in Wirtschaft, Politik und Gesellschaft durch Diskussion transparent zu machen und durch kritische Publizität auf rational fundierte und demokratisch legitimierte Autorität zu reduzieren[16]. Diese Konzeption war ursprünglich für Gesamtgesellschaften entwickelt worden und wurde von *C. W. Mills* auf Organisationen übertragen[17]. In zahlreichen wirtschaftlichen und sozialen Organisationen (Unternehmen, Verbände, Parteien) konnten bisher Bemühungen um erweiterte Öffentlichkeit auf seiten der Organisationsmitglieder beobachtet werden, Bestrebungen freilich, die im offenen Gegensatz zu Zentralisierungstendenzen in eben diesen Organisationen standen. Ob das Modell der organisationsinternen Öffentlichkeit überhaupt in der Lage ist, Machtpositionen durch kritische Publizität transparent zu machen und dadurch wirksam zu kontrollieren, bleibt zu prüfen. Zwischen Öffentlichkeit und Parteienwettbewerb besteht jedenfalls ein enger Zusammenhang; denn ohne ein Mindestmaß an Transparenz ist ein funktionsfähiger Parteienwettbewerb auch innerhalb von Organisationen nicht denkbar.

Eine Reihe von Verbändestudien (*Truman, Kerr, Blau, Goldstein, Barber, Garceau*) hat immer wieder die diesen Untersuchungen zugrunde liegende These von der zwangsläufigen Oligarchisierungstendenz in komplexen Organisationen bestätigt[18]. Die Befunde dieser Analysen schienen zumindest tendenziell die Auffassung zu erhärten, daß repräsentative Organe allein zur Sicherung innerorganisatorischer Demokratie nicht ausreichen. Erst die Untersuchung der amerikanischen Druckergewerkschaft durch *Lipset* und seine Mitarbeiter führte als »deviant case analysis« zu einer neuen Fragestellung (»Gibt es Fälle, die vom offensichtlich dominierenden elitären Typ sozialer Organisationen abweichen?«) und zum Demokratiemodell des organisationsinternen Parteienwettbewerbs[19]. Aus der Untersuchung von *Lipset, Trow* und *Coleman* ergab sich, daß in der amerikanischen Druckergewerkschaft (ITU) auf Grund bestimmter historischer und struktureller Faktoren ein stabiles, funktionsfähiges Zweiparteiensystem vorhanden ist.

Inwiefern dieses Modell auch auf andere Organisationen übertragen werden kann, hängt von den empirischen Voraussetzungen des organisationsinternen Parteienwettbewerbs ab. Zu den wichtigsten Voraussetzungen zählen interne soziale Differenzierungen oder interne ideologische Konflikte, vor allem aber die allgemeine Akzeptierung bzw. die faktische Legitimität einer organisationsinternen Opposition, der die Chance eingeräumt wird, unter bestimmten Voraussetzungen selbst die Organisationsführung zu übernehmen. Die Basis für die Rekrutierung des Führungspersonals muß breit sein.

Von einem funktionsfähigen Zweiparteiensystem[20] kann nur dann die Rede sein, wenn auch die Oppositionspartei Führungspersonal gewinnen kann. Die Niederlage einer Gruppe darf keinen sozialen Abstieg für ihre Mitglieder mit sich bringen. Der soziale Zusammenhalt muß trotz der organisationsinternen Parteienbildung so stark sein, daß eine »Verketzerung« der Mitglieder der jeweils anderen Gruppe ausgeschlossen ist und ein breiter Konsens über die Verfahren der Selektion der Führungsgruppe und alle organisationsrelevanten Entscheidungsprozesse besteht.

Die gleichen Voraussetzungen gelten auch für die Konzeption der repräsentativen organisationsinternen Demokratie, das am meisten verbreitete und auch am weitesten akzeptierte Demokratiemodell. Ursprünglich für das politische System repräsentativer Demokratien entwickelt[21], wurde es nach und nach auch auf die organisationsinternen Strukturen von sozialen und politischen Organisationen (Verbänden, Parteien) übertragen und ist dadurch zum dominierenden Typ organisationsinterner Demokratie geworden[22]. Nach dieser Konzeption gibt es in den meisten Organisationen Verfahren, die eine Repräsentation der Mitglieder in einem abgestuften System von Repräsentationsorganen auf Grund periodischer Wahlen vorsehen. Diese Organe sollen eine Artikulation der Mitgliederinteressen und einen engen Kontakt zwischen Organisationsführung und Mitgliederschaft gewährleisten, zugleich aber eine gewisse Selbständigkeit der Führungsgruppen ermöglichen. Von der Frage, ob damit eine organisatorische Verselbständigung der Führungsspitze und eine Abkapselung der Führungsgruppen von der Mitgliederschaft unausweichlich sei, hängt die Beurteilung aller repräsentativdemokratischen Entwürfe ab.

II. Vereinbarkeit mit Demokratisierungsbestrebungen

Dezentralisation der Entscheidungen

Die Konzeption der direkten organisationsinternen Demokratie und das Rätesystem erstreben eine dezentralisierte Machtbildung, Machtausübung und Machtkontrolle, während die Konzeption des demokratischen Zentralismus von der entgegengesetzten Zielvorstellung ausgeht. Wird in der letzten Konzeption eine zentrale Koordination der Einzelentscheidungen der Individuen und Gruppen auf Kosten des Prinzips demokratischen Artikulationsvermögens gefordert, so postulieren die ersten beiden, im engeren Sinne direktdemokratischen Konzeptionen unmittelbare Interessenartikulation und direkte Entscheidungsfindung ohne Rücksicht auf die hierdurch hervorgerufenen Koordinationsprobleme: In direktdemokratisch konzipierten Organisationen erzwingt die konsequente Durchführung des Dezentralisationsprinzips die Einsetzung professioneller Beraterstäbe für Betriebs- und Regionalräte. Wie die damit verbundene Gefahr technokratischer oder bürokratischer Vorformung von Entscheidungen vermieden werden kann, bleibt offen. Denn eine Koordination dezentraler Einzelentscheidungen bedeutet zwangsläufig Zentralisierung und damit Durchbrechung der direktdemokratischen Konzeption. Die Mehrstufigkeit des Entscheidungssystems (Betriebsräte — Bezirksräte — Regionalräte — Zentralrat) hat zwangsläufig einen Kompetenzverlust der Basisgruppen zur Folge; die Wirksamkeit direktdemokratischer Kontrollen wird dadurch erheblich eingeschränkt.

Eine Dezentralisation von Kommunikations- und Entscheidungsabläufen ist ohne eine Verringerung der Kommunikationsintensität nur dann durchzuführen, wenn leistungsfähige horizontale Informationskanäle geschaffen werden. Entprofessionalisierung ökonomischer und politischer Entscheidungen ist nur bei starrem zentralem Reglement zu verwirklichen; denn Dezentralisation erfordert

einen hohen Professionalisierungsgrad. Die von den direktdemokratischen Konzeptionen geforderte Dezentralisierung *und* Entprofessionalisierung von Entscheidungsprozessen schließen sich gegenseitig aus. Direktdemokratische Organisationsmodelle sind daher zwangsläufig instabil. Sie vermeiden zwar die Nachteile star-
rer Zentralismuskonzeptionen, ohne die aus der Autonomie der
Basisgruppen resultierenden Koordinationsprobleme lösen zu können. Die Notwendigkeit zweckrational organisierter Apparate wird
zwar zugegeben, die damit verbundene Durchbrechung direktdemokratischer Ordnungsprinzipien jedoch geleugnet.

Auch die Ablehnung institutioneller oder funktionaler Gewaltenteilung durch die Theorie der direkten Demokratie und die
Rätetheorie stellen die angestrebte Machtdezentralisation in Frage;
denn in einem System der Machtkonzentration bedeutet Aufgabe
der Gewaltenteilung Politisierung der Judikative, Unterordnung
der Rechtsprechung unter politische Entscheidungen und plebiszitäre Willensbildungsprozesse. Machtkumulation durch Gewaltenfusion hebt jede Dezentralisation von Entscheidungskompetenzen
zwangsläufig auf und verstärkt die Gefahr der Korruption: »In
kaum einer anderen Staatsform ist Korruption so gefährlich und
dabei so wahrscheinlich wie in der egalitären Republik[23].« Aus diesem Grunde sind Rätesystem und direkte Demokratie untaugliche
Instrumente zur Demokratisierung betrieblicher Einflußstrukturen.
Denn »the democratic organizational model differs from the hierarchical specially in separating those several aspects of power
which are fused in the hierarchy[24].«

Die von den direktdemokratischen Konzeptionen angestrebte
plebiszitäre Entscheidungsfindung kann nicht daran vorbei, daß
im Regelfall doch Exekutivorgane die Gesetzesentwürfe ausarbei-
ten, vorlegen und durchsetzen, so daß den Basisgremien (Volks-
versammlung, Betriebsräten) allenfalls die Möglichkeit verbleibt,
zuzustimmen oder abzulehnen[25]. Das Fehlen intermediärer Organe
verstärkt somit keineswegs die tatsächliche Partizipation an Entscheidungen.

In den repräsentativdemokratischen Konzeptionen ist der Grad
der Machtdezentralisation zunächst offen. Auf der einen Seite
sehen diese Organisationsvorschläge eine leistungsfähige Zentral-
gewalt vor, andererseits wird aber nicht auf dezentrale Organisa-

tionselemente verzichtet. Zudem bietet institutionelle oder funktionale Gewaltenteilung als entscheidende Voraussetzung dieser Konzeptionen die Chance, daß Macht auf verschiedene Institutionen aufgeteilt und dadurch eher dezentralisiert werden kann. Notwendige Voraussetzung dieser Dezentralisation ist eine Pluralität von Machtbasen, wie sich an der Konzeption des organisationsinternen Parteienwettbewerbs verdeutlichen läßt.

Ein funktionsfähiger Parteienwettbewerb in Organisationen setzt voraus, daß eine Vielzahl relativ selbständiger lokaler und regionaler Organisationseinheiten vorhanden ist, die die Machtbasis der verschiedenen Gruppierungen bilden können. Interne Oppositionsgruppen müssen von den Organisationsmitgliedern als nützlich und legitim angesehen werden, ein hohes Maß an Toleranz muß vorhanden sein. Nur dann kann diese Konzeption zugleich die Leistungsfähigkeit der Gesamtorganisation sichern und eine wirksame Kontrolle der Organisationsführung durch die jeweilige organisationsinterne Opposition gewährleisten. Insofern ermöglicht die Konzeption des Parteienwettbewerbs einen wesentlich höheren Grad an innerorganisatorischer Demokratie als direktdemokratische Entwürfe. Eine angemessene Artikulation und Aggregation von Mitgliederinteressen ist eher möglich, eine starke Beteiligung der Organisationsmitglieder an den organisationsrelevanten Entscheidungen eher wahrscheinlich als bei den direktdemokratischen Konzeptionen. In Großorganisationen wie Verbänden und Parteien sind fraktionelle Gliederungen, wie sich etwa am Beispiel der Sondervereinigungen in der CDU zeigen läßt, notwendige Voraussetzungen einer breiten Interessenartikulation und ihre Konkurrenz ein wichtiges Instrument der Personalselektion und Konfliktregelung.

Effektivität der Kontrolle

Umfang und Intensität der Kontrolle wirtschaftlicher und politischer Macht sind ein entscheidender Aspekt der gegenwärtigen Diskussion um die Demokratisierung von Industriegesellschaften. Während die repräsentativdemokratischen Konzeptionen diese Kontrolle durch die Einsetzung spezifischer Kontrollorgane sichern wollen, suchen die direktdemokratischen Konzeptionen das Kontrollproblem durch ein Maximum direkter Partizipation zu lösen. Dieser Lösungsvorschlag wirft eine Reihe von Problemen auf, die mit der Institutionalisierung direktdemokratischer Kontrollmechanismen zusammenhängen.

Eine ständige Anwendung der in direktdemokratischen Konzeptionen vorgesehenen Kontrollinstrumente (imperatives Mandat, Recall) muß bei heterogenen Präferenzen zu einer völligen Blockierung des Entscheidungsprozesses führen, sofern die Delegierten keinen Verhandlungsspielraum für Kompromisse besitzen. Verfügen sie über einen solchen Ermessensspielraum, sind ihre Entscheidungen aber schwerer kontrollierbar. Diese Beeinträchtigung der Entscheidungsfähigkeit von Organisationen wird zugleich den wirtschaftlichen Wohlstand verringern.

Effektive Kontrolle von Entscheidungen setzt Unteilbarkeit der Verantwortlichkeit, Übereinstimmung von Befugnis und Verantwortlichkeit und die Anwendung genau umrissener Beurteilungsstandards voraus. Die kollegiale Entscheidungsstruktur der Räte ermöglicht zwar Unsicherheitsabsorption durch Konsensbildung und Verdrängung von Informationslücken, verhindert aber individuelle Zurechenbarkeit und Verantwortlichkeit für Entscheidungen. Eine wirksame Kontrolle der Kollektiventscheidungen von Räten ist daher unmöglich. Diese diffuse Verantwortlichkeit macht Räteorganisationen zu wenig leistungsfähigen Instrumenten zur Kontrolle wirtschaftlicher und politischer Macht.

Unabhängige Kontrollorgane dagegen würden dem den direktdemokratischen Konzeptionen zugrunde liegenden Prinzip der Gewaltenfusion widersprechen. Aufgabe der Gewaltenteilung aber bedeutet Politisierung der Rechtsprechung und Machtkumulation, die jede Dezentralisation von Entscheidungskompetenzen in ihr Gegenteil verkehrt und die Gefahr der Korruption verstärkt. Auch aus diesem Grunde sind direktdemokratische Entwürfe untaugliche Instrumente zur Demokratisierung von Einflußstrukturen in größeren Organisationen[26]. Im Gegenteil: Statt effektiver Kontrolle politischer und wirtschaftlicher Entscheidungen ist eine totalitäre Kontrolle des Individuums zu erwarten. Denn totale Partizipation ermöglicht totale Zurechnung, totale Zurechnung wiederum totale Kontrolle des Individuums auf der Basis eines inhumanen Integralismus *(Hättich)*. Der in Räteorganisationen zu erwartenden

Machtzentralisation steht keine parallele Zentralisierung der Machtkontrolle gegenüber, die durch den Mangel individueller Verantwortlichkeit von vornherein ausgeschlossen wird.

Zu einem entscheidenden Punkt wird die Gewaltenfusion jedoch wieder rückgängig gemacht — durch die bürokratische Verselbständigung der Exekutivorgane. Selbsterhaltung ist auch für Verwaltungsapparate in Rätesystemen entscheidende Voraussetzung zur Erfüllung spezifischer Zwecke. Der Zwang zum permanenten Nachweis eigener Leistungsfähigkeit gegenüber den Räten veranlaßt die Exekutivorgane, ihre Handlungsautonomie zu sichern und die Rätedelegierten in diesem Sinne zu beeinflussen[27]. Im Gegensatz zu Repräsentativsystemen hat diese Bürokratisierung aber totalitäre Konsequenzen; denn es fehlt eine Pluralität der Machtbasen als entscheidendes Korrektiv gegen totalitäre Machtausübung[28].

Unmittelbare Folge unzureichender Kontrolle expandierender Exekutivorgane ist eine Zielverschiebung: Die tatsächlichen Entscheidungen der Führungsorgane entfernen sich noch weiter von den Präferenzen der Wählerschaft. Eine Stabilisierung bürokratischer Macht und eine Tendenz zu unkontrollierter Expansion sind nach allen historischen Erfahrungen mit Räteorganisationen — von der Pariser Kommune bis zur jugoslawischen Arbeiterselbstverwaltung[29] — unvermeidlich. Wie die postrevolutionären Entwicklungsphasen von Rätesystemen (Beispiel: Sowjetunion) zeigen, wird bürokratische Herrschaft durch Räte nicht beseitigt, sondern ausgeweitet und stabilisiert[30].

Die mit der Stabilisierungs-, Autonomie- und Expansionstendenz bürokratischer Apparate verbundene Abkapselung der Exekutive hat eine weitgehende Zielverschiebung zur Folge, die den gesamten Entscheidungsprozeß von der Meinungsbildung der Urwählerschaft in den Basisräten abtrennt und eine weitere Machtverfestigung der Exekutivorgane begünstigt. Ursache dieser Zielverschiebung ist im Unterschied zu Repräsentativsystemen nicht die Ineffektivität, sondern das völlige Fehlen von Inter-Organkontrollen. Von vornherein verzichten die direktdemokratischen Konzeptionen darauf, den Exekutivorganen leistungsfähige Kontrollorgane gegenüberzustellen. Wären sie dazu bereit, müßten sie das Prinzip der Gewaltenfusion aufgeben und die Gewaltenteilung zumindest im

Ansatz anerkennen. Bei Gewaltenfusion aber bedeutet die zu erwartende Expansion der Verwaltungsapparate auf Grund des Fehlens von Inter-Organkontrollen nichts anderes als unkontrollierte politische, ökonomische und soziale Macht.

Eine Richtungs- und Leistungskontrolle[31] der Exekutivorgane, wie sie im Repräsentativsystem durch das Parlament gewährleistet wird, kann von Räten, Basisgruppen und Vollversammlungen nicht ausgeübt werden, da die Richtungskontrolle von der Herausbildung eines klar strukturierten Parteiensystems und die Leistungskontrolle von der Existenz leistungsfähiger Kontrollorgane abhängt, die den Effizienzgrad der Verwaltungsarbeit beurteilen können. Weder die hierzu erforderliche Trennung zwischen Kontrollierenden und Kontrollierten, die Inkompatibilität zwischen exekutiver Funktion und parlamentarischem Mandat noch die Etablierung eines Parteiensystem ist in den direktdemokratischen Konzeptionen vorgesehen[32]. Damit erweisen sich diese Entwürfe als untaugliche Lösungen des Bürokratieproblems. Denn die »Entbürokratisierung« von Organisationen ». . . ist nicht gleichbedeutend mit der Beseitigung gesellschaftlich bedingter Interessenkonflikte, sondern könnte auch lediglich darauf hinauslaufen, die unverhüllte Herrschaft von Menschen über Menschen durch den Mechanismus der Innensteuerung zu ersetzen[33]«.

Mangels klarer Zurechenbarkeit von Entscheidungen kollektiver und mehrfach miteinander verschachtelter Beschlußorgane fehlen die grundlegenden Voraussetzungen für eine effektive Machtkontrolle[34]. Die jugoslawische Arbeiterselbstverwaltung hat diesen Mangel durch eine Zentralisierung der Kommandostrukturen zu beseitigen versucht, dadurch aber zugleich die Mitentscheidungsrechte der Arbeiterkollektive erheblich geschmälert. Die Institutionalisierung unabhängiger Kontrollorgane würde jedoch gegen das Prinzip der Gewaltenfusion verstoßen und keine Lösung des Kontrollproblems darstellen, die den Konzeptionen der direkten Demokratie und des Rätesystems adäquat wäre.

Tendenzen zu irrationaler Meinungsbildung und nichtrepräsentativer Entscheidungsfindung können sich daher um so ungehemmter entfalten, als die Separierungsneigung und der Informationsvorsprung der Führungsorgane die direktdemokratischen Kontrollinstrumente zusätzlich entschärfen. Irrationale Gruppenentscheidung und die Formulierung intransitiver Rangskalen werden durch die Organisationsstruktur der direktdemokratischen Konzeptionen geradezu provoziert, da institutionelle Regelungen für rationale Kollektiventscheidungen nicht vorgesehen sind und den Strukturprinzipien dieser Konzeptionen widersprechen würden. Diese Erscheinungen ließen sich nur dann vermeiden, wenn das Kommunikationsnetz sehr stark zentralisiert wäre — eine Bedingung, die dem direktdemokratischen Ansatz zuwiderliefe.

Ob dagegen die Konzeption der organisationsinternen Öffentlichkeit in der Lage ist, wirtschaftliche, soziale und politische Machtpositionen durch kritische Publizität transparent zu machen und dadurch wirksam zu kontrollieren, hängt von mehreren Voraussetzungen ab[35]. Zunächst ist die Annahme fraglich, die Interessen der Organisationsmitglieder seien einer umfassenden rationalen Argumentation zugänglich, die ihrerseits einen allgemeinen Konsensus herbeiführen könne. Organisationsinterne Öffentlichkeit beruht auf der Annahme eines allseitigen Informationsnetzes, so daß ein Kommunikationsprozeß möglich wird, der eine kritische Überprüfung der Aktionen der Führungsgruppe mit allen wichtigen zur Verfügung stehenden Informationen garantiert. Dieser Prämisse widersprechen jedoch die Befunde der neueren theoretischen und empirischen Kommunikationsforschung[36]. Kommunikationsprozesse aller Organisationen sind strukturiert und in der Regel asymmetrisch. Eine Informations- und Kommunikationshierarchie, die eine schrittweise Vereinfachung und Strukturierung von Problemen ermöglicht, scheint eine notwendige Voraussetzung von Kommunikationsprozessen in komplexen Organisationen zu sein.

Diese Einwände zeigen, daß die geläufige Operationalisierung der normativen Konzeption der Öffentlichkeit zu einfach ist. Dennoch ist nicht zu leugnen, daß Transparenz eine wichtige Voraussetzung organisationsinterner Demokratiemodelle ist. Wird die normative Konzeption der Öffentlichkeit als verstärkte Transparenz von Meinungsbildungs- und Entscheidungsprozessen interpretiert, so zeigt sich zugleich die Unzulänglichkeit dieses Demokratiemodells: Transparenz ist zwar eine *notwendige*, aber noch *keine hinreichende* Bedingung leistungsfähiger Kontrollmechanismen innerorganisatorischer Demokratie. Insbesondere ist zu fragen, inwieweit und in welcher Form eine verbesserte Transparenz eine wirksamere Kontrolle der Führungsgruppen ermöglicht.

Daß repräsentativdemokratische Organisationsmodelle keine intensive Kontrolle der Inhaber von Machtpositionen gewährleisteten, wird vielfach behauptet. Unbestritten ist, daß in vielen Organisationen, die nach repräsentativdemokratischen Organisationsprinzipien aufgebaut sind, eine weitgehende Verselbständigung von Führungsgruppen beobachtet werden kann. Ob aber repräsentative Organisationsstrukturen ihrer Konzeption nach »auf Oligarchisierung angelegt«[37] sind, muß bezweifelt werden. Sofern dieser Behauptung kein extrem weit gefaßter und rein formaler Oligarchiebegriff zugrunde liegt, ist zu beachten, daß es sich bei dem Repräsentativmodell gewissermaßen um den »Verfassungsrahmen« einer Organisation handelt. Auch die amerikanische Druckergewerkschaft ist nach dem Repräsentativmodell organisiert. Im übrigen zeigt die gesamte Mitbestimmungsdiskussion in der Bundesrepublik, daß die Repräsentativorgane sehr verschieden zusammengesetzt sein können und die Demokratisierungsbestrebungen vor allem auf eine veränderte Zusammensetzung dieser Organe zielen, wobei das Repräsentationsprinzip überwiegend nicht in Frage gestellt wird. Mit anderen Worten: Demokratisierungsbestrebungen lassen sich in komplexen Organisationen durchaus im Rahmen von repräsentativdemokratischen Konzeptionen durchführen und brauchen diese selbst nicht in Frage zu stellen. »Oligarchisierung« ist keine zwangsläufige Konsequenz repräsentativer Strukturen.

Die Kritik an der empirischen Demokratietheorie und damit an der Konzeption der repräsentativen organisationsinternen Demokratie kann nicht voll überzeugen. Dieser Konzeption eine Reduktion der Partizipationsnorm zum Vorwurf zu machen ist nur möglich, wenn die Beteiligung an politischen und gesellschaftlichen Entscheidungsprozessen als Selbstzweck betrachtet und die dysfunktionalen Konsequenzen erhöhter Partizipation — Krisensituation des Gesamtsystems, wachsende Instabilität, zunehmende Irrationalität und Dogmatisierung des sozialen und politischen Verhaltens — stillschweigend außer acht gelassen werden. Die politische Rolle ist nur eine von mehreren[38]. Daß die empirische Demokratietheorie Bestandsprobleme des politischen und sozialen

Systems ihre besondere Aufmerksamkeit schenkt, braucht dann
noch keine »Perspektivenverengung[39]« zu bedeuten, wenn die
Fähigkeit zu sozialen und politischen Innovationsimpulsen als eines
der Hauptkriterien der Stabilität politischer und sozialer Systeme
angesehen wird.

Eine Interpretation politischer Partizipation als Rollenverhalten
verzichtet bewußt auf eine explizite oder implizite Bewertung des
gesamten Rollenverhaltens. Insofern ist eine höhere Bewertung der
politischen Rolle gegenüber anderen Rollen lediglich Ausdruck
einer persönlichen normativen Orientierung, die die empirischen
Implikationen dieses Orientierungssystems für Gesamtgesellschaften
und politische Systeme aus den Augen verliert. Die teilweise durchaus berechtigte Kritik an der empirischen Demokratietheorie
sollte daher nicht zu einem sozialwissenschaftlichen Dogmatismus[40] bzw. zu einer Dogmatisierung der Partizipationsnorm
verleiten, die den gegenwärtigen Kenntnisstand der international
vergleichenden empirischen Sozialforschung ignoriert.

Unterstellt man ein begrenztes Partizipationspotential der Organisationsmitglieder, so stellt sich das Problem einer Verbesserung
der Effizienz der Kontrollorgane in organisationsinternen Repräsentativsystemen; denn die Effizienzkriterien gelten für die Kontrollinstanzen ebenso wie für die amtierenden Führungsgruppen
einer Organisation. Allgemein läßt sich aber beobachten — und
diese Aussage gilt für politische, wirtschaftliche und kulturelle
Führungsgruppen —, daß die Exekutivorgane ihre Effizienz zu erhöhen suchen, während die Kontrollinstanzen auf eine parallele
Effizienzsteigerung zu verzichten scheinen. Daher ist die massive
Kritik an Repräsentativsystemen nicht zuletzt darauf zurück-
zuführen, daß sich die jeweiligen Kontrollinstanzen nicht die Instrumente zu einer eingehenden Überprüfung der mit Effizienz-
argumenten vorgetragenen Programme der Organisationsführung
aneignen[41].

Dazu ist erforderlich, daß sich die Kontrollorgane mit der Arbeitsweise, der Leistungsfähigkeit und den Techniken der Exekutivorgane stärker als bisher vertraut machen. Dabei kommt es nicht
darauf an, die Arbeitsweise dieser Organe zu kopieren, sondern
eine analytische Kapazität zu gewinnen, die es ermöglicht, den
gesamten Entscheidungsprozeß etwa an Hand einzelner Stich-

proben zu kontrollieren. Eine erhebliche Beeinträchtigung der Funktionsfähigkeit der Organisation auf Grund extrem extensiver Kontrollmechanismen ist bei der gegenwärtigen Struktur der Kontrollinstanzen ohnehin kaum möglich.

Die Institutionalisierung des Repräsentativmodells in wirtschaftlichen und sozialen Organisationen schließt eine Übernahme einzelner Elemente anderer Demokratiemodelle keineswegs aus. Im Gegenteil: Die Kontrolleffektivität von Repräsentativmodellen ließe sich erheblich erhöhen, wenn in diese Organisationsmodelle Sicherungen eingebaut würden, die eine stärkere Transparenz von Entscheidungsprozessen gewährleisten und einen funktionsfähigen Parteienwettbewerb ermöglichen.

Integrative Konfliktregelung

Soll in Organisationen, die durch eine plurale Interessenstruktur gekennzeichnet sind, eine regellose Anwendung von Macht vermieden und eine Berücksichtigung der Interessen unterschiedlicher Mitgliedergruppen bei der Formulierung von Entscheidungen gesichert werden, so sind für die Austragung von Interessengegensätzen Regeln zu entwickeln, deren Einhaltung sanktioniert wird. Nur wenn diese Regeln allgemein akzeptiert werden, ist eine integrative Regelung der Konflikte zwischen sozialen Gruppen möglich. Integration meint dabei »... nicht Erhaltung des Status quo sozialer Strukturen, sondern bedeutet vielmehr kontrollierten Wandel ...[42]«

Eine integrative Konfliktregelung hängt darüber hinaus von der internen Differenzierung sozialer Systeme und der Zuordnung zu spezifischen Rollen ab[43]. Beide Voraussetzungen sind in den direktdemokratischen Konzeptionen nicht erfüllt. Denn die interne Differenzierung, die durchgehende Konfliktfronten verhindert und Konfliktlinien mehrfach bricht, widerspricht der egalitären Homogenitätsvorstellung der Theorie der direkten Demokratie, und die Übertragung der Funktion der Konfliktregelung auf spezifische Institutionen verstößt gegen das Prinzip der Gewaltenfusion.

Wegen der Ausrichtung wirtschaftlicher Räteorganisationen am Berufsgruppenprinzip ist zudem eine überproportionale Interessenartikulation privilegierter Erwerbsgruppen und eine mangelhafte

Artikulation der Interessen latenter Gruppen (Verbraucher, Steuer-zahler) zu erwarten[44]. Interessenpolarisation, nicht Konfliktrege-lung, ist die Folge. Imperative Mandate führen bei polarisierten Interessen entweder zu inkonsistenten Entscheidungen auf den ver-schiedenen Ebenen oder zur völligen Ausschaltung der Interessen von Minderheiten. Die antipluralistischen direktdemokratischen Konzeptionen sind daher letztlich totalitär, zumal Bargaining-Prozeduren als strukturelle Voraussetzung des Interessenausgleichs nicht vorgesehen sind.

Zwischen der Zielfunktion und der organisatorischen Struktur direktdemokratischer Systeme besteht ein Spannungsverhältnis. In Räteorganisationen beruht die funktionale Repräsentation sozialer Gruppen auf archaischen Kategorien (Arbeiter, Bauern usw.) und steht damit im Gegensatz zur komplexen Sozialstruktur von Indu-striegesellschaften. Da sich die Relation zwischen den Erwerbs-gruppen ständig ändert, konservieren Rätesysteme ebenso wie kor-porative Wirtschafts- und Gesellschaftssysteme überholte soziale und ökonomische Interessenstrukturen[45].

Ohne einen rationalen Prozeß kollektiver Entscheidungsfindung ist ein langfristig stabiler Interessenausgleich nicht möglich. In direktdemokratischen Systemen lassen sich irrationale Gruppen-entscheidungen, die zu intransitiven kollektiven Rangskalen füh-ren, grundsätzlich nicht vermeiden, da institutionelle Sicherungen für rationale Kollektiventscheidungen fehlen[46]. Solche Regelungen, die einen *ständigen* Wechsel von Mehrheiten durch einen *periodi-schen* Wechsel der Führungsgruppen ersetzen, wären mehrheits-bildende Wahlsysteme oder relativ stabile Koalitionsbildungen[47]. Diese Regelungen sind aber nur in repräsentativen Demokratien denkbar und nicht mit den Konstruktionsprinzipien direktdemo-kratischer Systeme zu vereinbaren. In diesen ist daher die Tendenz zu irrationalen Gruppenentscheidungen stärker als in Repräsen-tativsystemen[48].

Daß repräsentativdemokratische Konzeptionen eher als direkt-demokratische in der Lage sind, eine integrative Konfliktregelung herbeizuführen, ergibt sich auch aus folgendem Zusammenhang: Je mehr infolge heterogener Präferenzen und intransitiver Rang-skalen auf den verschiedenen Entscheidungsebenen direktdemo-kratischer Systeme immer neue Mehrheitsbildungen erforderlich sind, um so stärker weicht die kollektive Rangskala der Führungsgruppe von der Präferenz der Basiseinheiten ab: Der irrationale Entscheidungsprozeß ist zugleich nichtrepräsentativ und wird dem direktdemokratischen Anspruch in keiner Weise gerecht. Unter diesen Bedingungen werden Konflikte nicht gelöst, sondern institutionalisiert. Da institutionell anerkannte Methoden der Konfliktregelung und Prozeduren der Einflußregelung zwischen den verschiedenen Gruppen fehlen, sind direktdemokratische Konzeptionen eher *bürokratische* als *demokratische* Modelle von Autoritätsstrukturen[49].

Im Gegensatz zu diesen Konzeptionen bedürfen repräsentativdemokratische Systeme einer weit geringeren Homogenitätsbasis und sind daher eher in der Lage, politische, ökonomische und soziale Konflikte zu regeln. Während die mangelhafte Transparenz informeller Kommunikation und Gruppenbildung in direktdemokratischen Systemen eine wirksame Kontrolle der Inhaber von Herrschaftspositionen erheblich erschwert, wenn nicht sogar völlig ausschließt, wird diese Kontrolle durch eine intensive Parteienkonkurrenz in Repräsentativsystemen eher ermöglicht. Damit sind aber auch die Chancen einer integrativen Konfliktregelung in repräsentativdemokratischen Organisationen bei einer entsprechenden institutionellen Ausgestaltung höher als in direktdemokratischen.

Dennoch: Auch in denjenigen Organisationen, in denen sich Personalselektion und Entscheidungsfindung nach repräsentativdemokratischen Prinzipien vollziehen, ist eine integrative Regelung von Interessengegensätzen nur bei strukturierten, »echten« Konflikten möglich. Bei diffusen Konflikten dagegen — »unechten« Konflikten im Sinne L. *Cosers* — herrscht eine bestimmte Frustration vor, eine diffuse Unzufriedenheit mit allen gesellschaftlichen Erscheinungen. Funktionale Alternativen bestehen dann nur noch in der Wahl der Objekte, an denen die Frustration abreagiert wird. Wie das Beispiel der Universitäten zeigt, versagen Paritätsregelungen als Grundlagen einer gruppenspezifischen Repräsentation und Konfliktaustragung immer dann, wenn diffuse Konflikte wie strukturierte, »unechte« Konflikte wie »echte« behandelt werden. Denn Konflikte können nur dann geregelt werden, wenn Konsens über Regelungsmechanismen besteht. Demokratisierung ist daher unmöglich in und zwischen Gruppen, die jede Institutionalisierung

von Regeln der Konfliktaustragung ablehnen und deren Gültigkeit
in Frage stellen. Für diese Gruppen ist damit auch jede Diskussion
von Konzeptionen organisationsinterner Demokratie irrelevant.

Innovationsfähigkeit

In der gegenwärtigen Diskussion um Demokratisierungskonzeptionen werden gerade direktdemokratische Lösungsvorschläge als
geeignet angesehen, Verfahrensweisen zur Bewältigung neuer
Situationen zu entwickeln und die einzelnen Informationselemente
besser zu neuen Orientierungsmustern zusammenzufügen. Die in-
formatorischen und innovativen Leistungsmöglichkeiten direktdemokratischer Organisationsmodelle, d. h. ihre Lernfähigkeit, auf
von außen kommende Reize mit einer systeminternen Struktur-
änderung zu reagieren, und ihre Innovationsfähigkeit zur Verwirklichung neuer Lösungen[50] müssen jedoch skeptisch beurteilt werden.
Innovations- und Krisenentscheidungen erfordern eine differenzierte Organisationsstruktur mit einer leistungsfähigen Organisationsspitze und sind wegen der geringen Zeitbudgets mit den
Kontrollverfahren direktdemokratischer Systeme nicht in Einklang
zu bringen. Der in Krisensituationen erforderliche Zentralisierungs-
grad der Entscheidungs- und Kommunikationsstruktur steht im
Gegensatz zur Zielvorstellung direktdemokratischer Konzeptionen.
Die Partizipationsnorm, die diesen Entwürfen zugrunde liegt, ist
eine untaugliche Lösung des Innovationsproblems. Denn direkte
Entscheidungsbeteiligung allein ist nicht in der Lage, die Innovationsfähigkeit einer nach direktdemokratischen Prinzipien verfaßten Organisation zu erhöhen. Innovationsentscheidungen setzen
interne Informationsverarbeitungsprozesse voraus. Daher sind
große, undifferenzierte Entscheidungsgremien wie Basisgruppen,
Vollversammlungen usw. lediglich dazu in der Lage, bereits vor-
formulierte, ausgearbeitete Alternativpläne zu diskutieren, zu befürworten oder abzulehnen. Such- und Lernprozesse gehen der
Diskussion der Alternativen voraus und beeinflussen die Formulierung der Alternativen bereits in der *Konzeptionsphase*. In dieser
Phase, die differenzierte, stark arbeitsteilige Meinungsbildungs-
prozesse voraussetzt, können Vollversammlungen aber kaum Inno-
vationsimpulse vermitteln.

Hierzu bedarf es eines komplexen und tief gestaffelten Systems von jeweils selbständigen, aber miteinander verknüpften Such-, Lern- und Meinungsbildungsprozessen[51]. Da eine solche strukturelle Lösung mit den Organisationsprinzipien der direktdemokratischen Konzeptionen inkompatibel ist, muß die Partizipationsnorm dieser Systeme zusammen mit den entsprechenden organisatorischen Regelungen als ein untauglicher Ansatz zur Lösung des Innovationsproblems angesehen werden. Mit anderen Worten: Permanente direkte Partizipation an Entscheidungsprozessen in unstrukturierten Gremien wie Vollversammlungen erschwert Innovationsprozesse und beeinträchtigt die Flexibilität der jeweiligen Organisation. In komplexen Gesellschaften hängen Diffusions- und Innovationsprozesse wegen der erheblichen Distanzen zwischen den sozialen Gruppen von der Kapazität der Kommunikationsnetze ab[52]. Andererseits bieten aber hohe Kommunikationskapazität und hohe Kommunikationsdichte noch keine Gewähr für Innovationen, wie agrarsoziologische Untersuchungen gezeigt haben[53].

Im Gegensatz zu den repräsentativdemokratischen Konzeptionen übersehen die direktdemokratischen Entwürfe, daß in einer funktional differenzierten Gesellschaft Partizipation nur eine von mehreren Möglichkeiten ist, Problemlösungen zu finden, Partizipationsforderungen, die von objektiven Zielvorgaben ausgehen, das Entscheidungspotential einschränken und direkte Partizipation an allen Entscheidungen die Kapazität der Informationsverarbeitung vermindert und letztlich nur »...zur Dauerstabilisierung des Status quo führt[54]«.

»Entscheidungsprozesse sind Prozesse der Selektion, des Ausscheidens anderer Möglichkeiten. Sie erzeugen mehr Neins als Jas, und je rationaler sie verfahren, je umfassender sie andere Möglichkeiten prüfen, desto größer wird ihre Negationsrate. Eine intensive, engagierende Beteiligung aller daran zu fordern, hieße Frustrierung zum Prinzip machen[55].« Direktdemokratische Entscheidungsmechanismen auf der Grundlage permanenter direkter Partizipation der Mitglieder an Entscheidungsprozessen in undifferenzierten Entscheidungsgremien erschweren Innovationsprozesse, beeinträchtigen dadurch die Funktionsfähigkeit und Flexibilität komplexer Organisationen und begünstigen tendenziell konservative Entscheidungen.

Die an direktdemokratischen Vorstellungen orientierten Partizipationsforderungen stellen die Folgen sozialen Handelns nicht ausreichend in Rechnung und sind ebenso durch fehlenden Realitätsbezug wie durch die Ausklammerung der Zeitdimension gekennzeichnet. Insbesondere ist zu fragen, wie konkret vorgegangen werden soll, »... um ein Gegengewicht zu den bei einer unvermittelten Ausweitung der Partizipation unvermeidlichen Faschisierungstendenzen zu schaffen[56]«. Die verhaltensrelevanten Voraussetzungen direktdemokratischer Partizipationsnormen stehen zudem im Gegensatz zu den Untersuchungsergebnissen der empirischen Wahlforschung: Zwar sind die Wähler mit einer hohen Bereitschaft zu politischer Aktivität durch ein überdurchschnittlich großes politisches Interesse gekennzeichnet; auf der anderen Seite sind aber gerade die politisch besonders aktiven und stark interessierten Wähler am wenigsten für eine Änderung des Systems zu gewinnen: Extrem hohe Partizipationsgrade sind vielfach mit dogmatischen, rigiden Verhaltenspositionen gekoppelt, während eine geringere Intensität politischen Interesses und politischer Partizipation in einer Periode rapiden sozialen Wandels den politischen Kräften einen Manövrierraum für politische Veränderungen und für politische Kompromisse verschafft[57]. Gerade diese in allen politischen und sozialen Systemen erforderlichen Kompromisse werden durch rigide Einstellungssysteme erschwert, die nicht selten mit hoher politischer Partizipation verbunden sind. Für innovationsfähige demokratische Systeme ist daher kein homogenes Kollektiv »idealer« Bürger erforderlich, sondern ein Gleichgewicht zwischen hohen und niedrigen Graden politischer Partizipation und politischen Interesses: Potentielle Partizipation muß ständig (oder zumindest in bestimmten Zeitintervallen) aktualisiert werden können[58].

Dieser Zusammenhang wird von den Vertretern der »Partizipationsdemokratie« außer acht gelassen und die Gefahr der Transformation politischer Beteiligung in ein Vehikel pathologischer Bedürfnisse zur Entfaltung von Frustrationen und Aggressivität verharmlost[59]. Die Hoffnung, diese dysfunktionalen Folgen politischer Partizipation seien ein Übergangsproblem, das durch eine totale Transformation der Gesellschaft und die Herausbildung eines »neuen Menschen« gelöst werde, verrät einen utopischen

Denkansatz, der einer Überprüfung der Voraussetzungen und Folgen politischer Beteiligung ausweicht und die Partizipationsnorm von konkreten Realisierungsverfahren abtrennt. Damit schrumpft diese Norm aber zu einer Leerformel zusammen. Ihre Beziehung zu anderen Normen wie Freiheit, sozialer Gerechtigkeit und Schutz vor Willkür wird erst gar nicht thematisiert: »Partizipation wird als Norm gesetzt, ohne Reflexion, Auf- oder Abwägung der vielfältigen und zum Teil konfligierenden Werte, die innerhalb normativer Demokratietheorien zur Diskussion stehen[60].«

Die der »Partizipationsdemokratie« immanenten Probleme zeigen sich besonders deutlich bei Innovations- und Krisenentscheidungen, die eine hohe Informationsverarbeitungs- und Kalkulationskapazität der Organisationsspitze voraussetzen und durch eine so knappe Bemessung des Zeitbudgets gekennzeichnet sind, daß der Entscheidungsprozeß direktdemokratischen Zielvorstellungen nicht entsprechen kann. Im Gegensatz zu den repräsentativdemokratischen Systemen, die ein Minimum an Führungskontinuität institutionell sichern, fehlen in den direktdemokratischen Konzeptionen entscheidende Voraussetzungen wirtschafts- und gesellschaftspolitischer Planung. Die hierzu erforderliche Institutionalisierung von Dauerregelungen engt den Entscheidungsbereich der Basisgruppen ein und verringert die Zahl der Handlungsalternativen. Die Folgen sind Zielinkompatibilität der Organisationsstruktur oder Ineffizienz des Systems. Wegen unzureichender Kontrolle hat die Expansion der Exekutivorgane eine Zielverschiebung zur Folge, die die Entscheidungsgremien noch weiter von den Präferenzen der Urwählerschaft entfernt. Eine Stabilisierung bürokratischer Machtpositionen und eine Tendenz zu unkontrollierter Expansion sind — auch nach allen historischen Erfahrungen mit Räteorganisationen — unvermeidlich. Bürokratische Herrschaft wird durch Räte keineswegs beseitigt, sondern ausgeweitet und stabilisiert, wie die postrevolutionären Entwicklungsphasen von Rätesystemen zeigen. Die Innovationsfähigkeit wird somit durch direkte Entscheidungsbeteiligung nicht gesteigert, durch Bürokratisierungstendenzen aber noch weiter vermindert.

Daß auch repräsentativdemokratische Systeme Bürokratisierungstendenzen unterworfen sind, die die Innovationsfähigkeit beeinträchtigen, ist nicht zu bestreiten. Andererseits erzwingt gerade in diesen Systemen der institutionalisierte Parteienwettbewerb, insbesondere die Frontstellung zwischen Regierung und Opposition, ein Minimum an Flexibilität und Reaktionsfähigkeit — eine Wechselwirkung, die bei einer entsprechenden institutionellen Ausgestaltung auch die Innovationsfähigkeit von Organisationen kennzeichnen dürfte.

Interessengegensätze und Konflikte in Organisationen veranschaulichen das zentrale Dilemma der direktdemokratischen Konzeptionen. Ihr Überparteilichkeitsprinzip setzt homogene Interessenstrukturen voraus. Diese Homogenität ist auch in sozialistischen Gesellschaften nicht zu verwirklichen. Eine Strukturierung des Entscheidungsfeldes durch informelle Kommunikation, Wahrnehmungskonflikte, Rollenverteilung, Rollenerwartung und selbstselektive Tendenzen bei der Auswahl von Führungspersonal sind unvermeidlich[61]. Strukturierung aber bedeutet Fraktionsbildung und Fraktionsbildung die Wiederherstellung repräsentativer Strukturen. Werden demokratische Organisationsprinzipien beibehalten, wandeln sich direktdemokratische Systeme in Repräsentativsysteme um. Das Rätesystem wird im günstigsten Fall zu einer Scheinalternative[62], im ungünstigsten (aber wahrscheinlicheren) Fall zu einer totalitären Konzeption.

Dieser Nachweis ließe sich auch unter der Voraussetzung homogener ökonomischer und sozialer Interessen erbringen: Da hohe Beteiligung von ausreichender Transparenz politischer Alternativen abhängt, wären die Intensität des politischen Wettbewerbs und das Ausmaß politischer Partizipation bei völliger Interessenhomogenität äußerst gering. Die Zielfunktion der direktdemokratischen Konzeptionen (Homogenisierung der Präferenzen) steht damit im Gegensatz zu ihren verhaltensrelevanten Voraussetzungen (permanente Partizipation).

Diese Widersprüche und Mißverständnisse beruhen auf einer Fehleinschätzung von Konfliktursachen. In komplexen, hochdifferenzierten Organisationen ist einer der wichtigsten Gründe für Konflikte, das Auseinanderfallen von formeller und informeller Organisation, funktional notwendig. Konflikte besitzen eine Signalfunktion für Spannungen in Organisationen und ergänzen dadurch normale Rückkoppelungsprozesse[63]. An diesem Zusammenhang gehen alle Homogenitäts- und Kooperationsutopien vorbei und beeinträchtigen dadurch das Erkennen von Konfliktursachen und die Funktionsfähigkeit von Organisationen. Unkritisch gegenüber dem Realisierbarkeitsproblem, sind direktdemokratische Konzeptionen nichts anderes als Konstruktionen im sozialen Vakuum[64] und mit konkreten Demokratisierungsanforderungen nicht in Einklang zu bringen.

III. Konkordanz- und Konkurrenzmodell

Repräsentativdemokratische Konzeptionen organisationsinterner Demokratie dagegen übertragen das Prinzip des Pluralismus von sozialen und politischen Gesamtsystemen auch auf die Binnenorganisation von Subsystemen, um eine höhere Flexibilität der Führungsgruppen herbeizuführen, die Partizipationschancen der Organisationsmitglieder zu erweitern, alternative Entscheidungsmöglichkeiten bereitzustellen und eine größere Transparenz sowie eine effektivere Kontrolle von Entscheidungsprozessen zu ermöglichen. Dabei kommt einer verbesserten Transparenz als Kontrollinstrument erhöhte Bedeutung zu: »Erste Voraussetzung für die Kontrolle von Macht in Großorganisationen ist nicht die Kontrolle über eine vorgeblich allein wichtige Quelle von Macht . . ., sondern die Herstellung von Durchsichtigkeit der Einflußnahmen und die Zurechnung von Verantwortlichkeit. Die bloße Konstruktion von Gremien der Machtbeteiligung an formellen Prozessen der Entscheidung bedeutet für die effektive Kontrolle der Macht nur wenig, ja kann der weiteren Verschleierung von Verantwortlichkeit Vorschub leisten[65].«

Daraus ergibt sich, daß repräsentativdemokratische Konzeptionen organisationsinterner Demokratie vom Konkurrenz- und nicht vom Konkordanzmodell politischer Willensbildung ausgehen sollten. Während das Konkordanzmodell Konflikte durch »gütliches Einvernehmen« zu regeln sucht (»kooperative Konfliktregelung«), Führungspositionen nach starren Paritäts- und Proporzgrundsätzen verteilt und Kompromisse in strittigen Fragen durch eine Koppelung und gleichzeitige Regelung kontroverser Entscheidungen (Junktim) zu lösen versucht, sieht das Konkurrenzmodell

eine Verteilung von Positionen und eine Ausrichtung der Entscheidungen nach dem Resultat des Wettbewerbs zwischen konkurrierenden Gruppen (Wahlen) vor[66]. Die bisherige Diskussion um die
Funktionsfähigkeit der beiden Modelle legt die Schlußfolgerung
nahe, daß das Konkurrenzmodell wichtigen Zielen der Demokratisierungsbestrebungen eher entgegenkommt als das Konkordanzmodell: Im Unterschied zum Konkurrenzmodell unterbleiben
Innovationen im Konkordanzmodell schon allein deshalb, weil sie
auf Kosten der etablierten Gruppeninteressen gehen würden, werden Koordination und Planung dadurch verhindert, daß sich die
Gruppen nicht auf gemeinsame Ziele einigen können, entfällt die
Kontrolle, weil Opposition als Institution nicht vorhanden und
eine Ablösung der Führungsgruppen daher unmöglich ist[67].

Nicht nur für politische Systeme, sondern auch für einzelne
Organisationen vermögen aus dem Konkurrenzmodell entwickelte
organisatorische Entwürfe Innovationen eher zu fördern als andere Konzeptionen.

Demokratie als Konkurrenzmodell weist auch noch auf eine
andere Bedingung der Demokratisierung von Organisationen hin:
Von einer demokratischen Herrschaft kann auch innerhalb der
Institutionen eines Regierungssystems nur dann die Rede sein,
wenn sich die Führungsgruppen nicht im Besitz allein gültiger
Lösungen und definitiver Wahrheiten wähnen. Der Absolutheits-
anspruch, mit dem Demokratisierungsforderungen gelegentlich
vorgetragen werden — ungeachtet der Tatsache, daß jede Organisation in einem Austauschverhältnis mit anderen steht und daß
eine demokratische Gesellschaft ein Recht darauf hat, über ihre
politischen Institutionen bestimmten Organisationen (Verwaltung,
Universitäten) konkrete Leistungen abzuverlangen —, zeigt nur,
daß das konfliktfeindliche Denken der Konservativen, die Konflikte als pathologische Erscheinungsformen einer prästabilisierten
sozialen Harmonie ansehen, durch konfliktfeindliche, revolutionäre Utopien abgelöst wird. Beide Ideologien kennzeichnen in er-
heblichem Umfang die konfliktfeindliche politische Kultur in
Deutschland, mit beiden ist das Konkurrenzmodell als Struktur-
prinzip des Gesamtsystems und seiner Organisationen nicht zu
vereinbaren. Denn gerade diese Demokratiekonzeption will den um
politische und gesellschaftliche Machtpositionen ringenden Grup-

pen zu Bewußtsein bringen, »... daß die in ihren Ideologien enthaltenen Tatsachenbehauptungen nicht endgültig, sondern jederzeit revidierbar sind und die in diese Ideologien eingegangenen Lebensansprüche keinen prinzipiellen Vorrang vor konkurrierenden Lebensansprüchen besitzen[68]«. Demokratisierungsbestrebungen müssen sich daher in das allgemeine Bezugssystem pluralistischer Demokratie einfügen: demokratische Herrschaft und offene Gesellschaft.

Fußnoten

[1] Vgl. *Naschold, F.*, Organisation und Demokratie. Untersuchung zum Demokratisierungspotential in komplexen Organisationen,Stuttgart - Berlin - Köln - Mainz 1969, S. 17 ff.

[2] Vgl. *Naschold, F.*, Organisation und Demokratie, a. a. O., S. 19.

[3] Vgl. *Naschold, F.*, Die systemtheoretische Analyse demokratischer politischer Systeme. Vorbemerkungen zu einer systemanalytischen Demokratietheorie als politischer Wachstumstheorie mittlerer Reichweite, in: Politische Vierteljahresschrift, Sonderheft 2/1970, Probleme der Demokratie heute, Opladen 1971, S. 5.

[4] Vgl. *Pitkin, H.*, The Concept of Representation, Berkeley 1967.

[5] Vgl. *Ritter, G. A.*, Der Antipluralismus und Antiparlamentarismus der Rechts- und Linksradikalen, in: *Sontheimer, K. — Ritter, G. A. — Schmitz-Hübsch, B. — Kevenhörster, P. — Scheuch, E. K.*, Der Überdruß an der Demokratie. Neue Linke und alte Rechte — Unterschiede und Gemeinsamkeiten, Köln 1970, S. 67.

[6] Vgl. *Newman, K. J.*, Wer treibt die Bundesrepublik wohin? Köln 1968, 2. Aufl., S. 104, 119 ff.

[7] Vgl. *Agnoli, J.*, Die Transformation der Demokratie, in: *Agnoli, J. — Brückner, P.*, Die Transformation der Demokratie, Frankfurt am Main 1968, S. 7 bis 87.

[8] *Agnoli, J.*, a. a. O., S. 68.

[9] Vgl. *Agnoli, J.*, a. a. O., S. 69 ff.

[10] Vgl. *Ritter, G. A.*, Der Antiparlamentarismus und der Antipluralismus der Rechts- und Linksradikalen, a. a. O., S. 63 f.

[11] *Friedrich, C. J.*, Man and His Government, New York 1963, S. 203 f.

[12] Vgl. *Lenin, W. I.*, Über die Doppelherrschaft, in: *W. I. Lenin*, Werke, Bd. 24, Berlin 1959, S. 20 ff.; ders., Staat und Revolution. Die Lehre des Marxismus vom Staat und die Aufgaben des Proletariats in der Revolution, in: *W. I. Lenin*, Werke, Bd. 25, Berlin 1960, S. 397.

[13] Vgl. *Herrmann, P.*, Die verfassungspolitischen Vorstellungen der russischen Emigration, Köln 1968 (Diss.), S. 29 f.

14 Vgl. *Tschudi, L.*, Kritische Grundlegung der Idee der direkten Rätedemokratie im Marxismus, Basel 1950, S. 111.

15 *Friedrich, C. J.*, Der Verfassungsstaat der Neuzeit, Berlin - Göttingen - Heidelberg 1953, S. 307.

16 Vgl. *Habermas, J.*, Strukturwandel der Öffentlichkeit, Neuwied 1962.

17 Vgl. *Mills, C. W.*, The Power Elite, New York 1956, S. 303 f.

18 Vgl. *Truman, D. B.*, The Governmental Process. Political Interests and Public Opinion, New York 1957; *Blau, P.*, Bureaucracy in Modern Society, New York 1956; *Goldstein, J.*, The Government of a British Trade Union, Glencoe 1952; *Barber, B.*, Participation and Mass Apathy in Associations, in: *Gouldner, A.* (Hrsg.), Studies in Leadership, New York 1950; *Kerr, C.*, Unions and Union Leaders of their own Choosing, New York 1967.

19 Vgl. *Lipset, S. M. — Trow, M. — Coleman, J.*, Union Democracy. The Internal Politics of the International Typographical Union, New York 1962.

20 Vgl. hierzu auch *Downs, A.*, Ökonomische Theorie der Demokratie, Tübingen 1968, S. 50 ff., S. 111 ff.

21 Vgl. *Fraenkel, E.*, Deutschland und die westlichen Demokratien, Stuttgart 1968, S. 81 ff.

22 Vgl. *Glaser, W. — Sills, D.* (Hrsg.), The Government of Associations, Totowa 1966; *Eckstein, H.*, Pressure Group Politics, Stanford 1960.

23 *Arendt, H.*, Über die Revolution, München 1963, S. 322. *Hannah Arendts* optimistische Auffassung, Rätesysteme würden bei zunehmender Konsolidierung »... das Prinzip der Teilbarkeit der Macht und damit die Institutionen der Gewaltenteilung und der Föderation ganz von selbst entdecken« (*Arendt, H.*, a. a. O., S. 344), findet dagegen in der geschichtlichen Entwicklung von Räteverfassungen nicht eine einzige Stütze.

24 *Katz, D. — Kahn, R. L.*, The Social Psychology of Organizations, New York 1966, S. 212.

25 Vgl. *Fijalkowski, J.*, Demokraten als Bürokraten — Statussorgen und Funktionsgehorsam gegen politisches Bewußtsein, in: *Hartfiel, G.* (Hrsg.), Die autoritäre Gesellschaft, Köln und Opladen 1969, S. 160 ff.; *Däumig, E.*, Der Rätegedanke und seine Verwirklichung, in: *Schneider, D. — Kuda, H.*, Arbeiterräte in der Novemberrevolution, Ideen, Wirkungen, Dokumente. Frankfurt am Main 1968, S. 75.

26 Vgl. *Katz, D. — Kahn, R. L.*, a. a. O., S. 212.

27 Vgl. *Bermbach, U.*, Rätesystem als Alternative?, in: Politische Vierteljahresschrift, Sonderheft 2/1970, S. 116 ff.

28 Vgl. *Scheuch, E. K.*, Ist ein nicht totalitärer Sozialismus möglich?, in: Wirtschaftswoche — Der Volkswirt, 24. Jg., Nr. 52, 23. Dezember 1970, S. 55 f.

29 Vgl. *Kevenhörster, P.*, Zwischen Etatismus und Selbstverwaltung — Management und Arbeiterschaft in jugoslawischen Unternehmen, in: Aus Politik und Zeitgeschichte. Beilage zur Wochenzeitung Das Parlament, B 45/71.

30 Vgl. *Anweiler, O.*, Die Rätebewegung in Rußland 1905—1921, Leiden 1958, S. 67, 132 ff.

[31] Zum Begriff siehe *Eschenburg, Th.*, Staat und Gesellschaft in Deutschland, Stuttgart 1962, S. 608 ff.

[32] Dieses organisatorische Defizit des Rätesystems wird im übrigen auch von prinzipiellen Anhängern der Rätetheorie gesehen: »Eine Räteorganisation ist jedoch in einer hochtechnisierten Gesellschaft ohne das Korrelat einer zentral übergeordneten und damit die Kommunikation vermittelnden politischen und ökonomischen Institutionswelt undenkbar.« (*Wolfgang Abendroth* in einem Interview mit dem »Volkswirt«: »Auch heute führt die Unterklasse den Klassenkampf, wenn auch mit falschem Bewußtsein«, in: Der Volkswirt, 24. Jg., Nr. 16, 17. April 1970, S. 38.)

[33] *Mayntz, R.*, Bürokratische Organisation, Köln - Berlin 1968, S. 18.

[34] Gerade Rätesysteme sind aus diesem Grunde »Transmissionsriemen der Entscheidungen politischer Oligarchien«, ein Vorwurf, den *Agnoli* gegenüber dem modernen Parlamentarismus erhebt (*Agnoli, J.*, Die Transformation der Demokratie, a. a. O., S. 68).

[35] Vgl. *Naschold, F.*, Organisation und Demokratie, a. a. O., S. 29.

[36] Vgl. *Simon, H. A.*, The shape of automation for men and management, New York 1965; *Blau, P. — Scott, W.*, Formal organizations, San Francisco 1962.

[37] *Naschold, F.*, Organisation und Demokratie, a. a. O., S. 24.

[38] Vgl. *Dahl, R. A.*, Modern Political Analysis, Englewood Cliffs 1963, S. 55 ff.

[39] *Naschold, F.*, Die systemtheoretische Analyse demokratischer politischer Systeme, a. a. O., S. 7.

[40] Vgl. hierzu *Zapf, W.*, Theorien des sozialen Wandels (Einleitung), Köln - Berlin 1969, S. 19.

[41] Vgl. *Böhret, C.*, Effizienz der Exekutive als Argument gegen Demokratisierung?, in: Politische Vierteljahresschrift, Sonderheft 2/1970, Probleme der Demokratie heute, Opladen 1971, S. 263.

[42] *Daheim, H.*, Integration durch Konflikt: Zu einigen Aspekten der Soziologie des industriellen und des universitären Konflikts, Regensburg 1969, S. 2.

[43] Vgl. *Luhmann, N.*, Funktionen und Folgen formaler Organisation, Berlin 1964, S. 240.

[44] Vgl. *Olson, M.*, Die Logik des kollektiven Handelns. Kollektivgüter und die Theorie der Gruppen, Tübingen 1968, S. 48 ff., 125 ff.

[45] Vgl. *Scheuch, E. K.*, Zum Wiedererstehen der Erlösungsbewegungen, in: *Sontheimer, K. — Ritter, G. A. — Schmitz-Hübsch, B. — Kevenhörster, P. — Scheuch, E. K.*, Der Überdruß an der Demokratie. Neue Linke und alte Rechte — Unterschiede und Gemeinsamkeiten, Köln 1970, S. 141.

[46] Vgl. *Arrow, K. J.*, Social Choice and Individual Values, New York - London - Sydney 1963, 2. Aufl., S. 2 f., 80 ff.

[47] Vgl. *Külp, B.*, Von Rationalität kann nicht die Rede sein, in: Der Volkswirt, Nr. 38, 18. September 1970, S. 50.

[48] Vgl. hierzu auch *Schumpeter, J. A.*, Kapitalismus, Sozialismus und Demokratie, Bern 1950, 2. Aufl., S. 453 ff.; *Downs, A.*, Ökonomische Theorie der Demokratie, Tübingen 1968, S. 85 f.; *Gäfgen, G.*, Theorie der wirtschaft-

lichen Entscheidung. Untersuchungen zur Logik und ökonomischen Bedeutung des rationalen Handelns, Tübingen 1968, 2. Aufl., S. 284 f., 417.

⁴⁹ Vgl. *Ziegler, H.*, Strukturen und Prozesse der Autorität in der Unternehmung. Ein organisationssoziologischer Beitrag zur Theorie der betrieblichen Organisation, Stuttgart 1970, S. 263 f.

⁵⁰ Vgl. hierzu *Deutsch, K. W.*, Politische Kybernetik. Modelle und Perspektiven, Freiburg im Breisgau 1970, 2. Aufl., S. 234 f.

⁵¹ Vgl. *Naschold, F.*, Organisation und Demokratie, a. a. O., S. 75.

⁵² Vgl. *Naschold, F.*, Systemsteuerung, a. a. O., S. 101.

⁵³ Vgl. *Lionberger, H.*, Adoption of New Ideas and Practices, Ames 1960.

⁵⁴ *Rammstedt, O.*, Partizipation und Demokratie, in: Zeitschrift für Politik, Jg. 17, Heft 4, November 1970, S. 356.

⁵⁵ *Luhmann, N.*, Komplexität und Demokratie, in: Politische Vierteljahresschrift, 10. Jg., Heft 213, September 1969, S. 319.

⁵⁶ *Kaase, M.*, Demokratische Einstellungen in der Bundesrepublik Deutschland, in: Sozialwissenschaftliches Jahrbuch für Politik, hrsg. von *Rudolf Wildenmann*, München - Wien 1971, Bd. 2, S. 131.

⁵⁷ Vgl. *Berelson, B. R. — Lazarsfeld, P. F. — Mc Phee, W. M.*, Voting. A Study of Opinion Formation in a Presidential Campaign, Chicago - London 1966, S. 314 f.

⁵⁸ Vgl. *Dettling, W.*, Demokratie in der modernen Gesellschaft, in: *Wunschel, S.* (Hrsg.), Tyrannei der Minderheit? Zur Demokratie in Kirche, Staat, Gesellschaft, Stuttgart 1970, S. 35.

⁵⁹ Vgl. *Oberndörfer, D.*, Demokratisierung von Organisationen? Eine kritische Auseinandersetzung mit *F. Nascholds* »Organisation und Demokratie«, in: *Oberndörfer, D.* (Hrsg.), Systemtheorie, Systemanalyse und Entwicklungsländerforschung. Einführung und Kritik, Berlin 1971, S. 584.

⁶⁰ *Oberndörfer, D.*, a. a. O., S. 586.

⁶¹ Vgl. *Mills, Th. M.*, Soziologie der Gruppe, München 1969, S. 85 ff.

⁶² Vgl. *von Beyme, K.*, Parlamentarismus und Rätesystem — eine Scheinalternative, in: Zeitschrift für Politik, Jg. 17, Heft 1, April 1970, S. 27 bis 39.

⁶³ Vgl. *Scheuch, E. K.*, Konflikt in Organisationen, in: *Grochla, E.* (Hrsg.), Handwörterbuch der Organisation, Stuttgart 1969, S. 866 ff.

⁶⁴ Vgl. *Albert, H.*, Traktat über kritische Vernunft, Tübingen 1969, 2. Aufl., S. 177.

⁶⁵ *Scheuch, E. K.*, Soziologische Aspekte der betrieblichen Mitbestimmung, in: *Rauscher, A.* (Hrsg.), Mitbestimmung, Köln 1968, S. 194.

⁶⁶ Vgl. hierzu *Lehmbruch, G.*, Proporzdemokratie, Tübingen 1967; *ders.*, Konkordanzdemokratien im internationalen System, in: Die anachronistische Souveränität, Sonderheft der Politischen Vierteljahresschrift, Opladen 1969, S. 139 bis 161; *ders.*, Strukturen ideologischer Konflikte bei Parteienwettbewerb, in: Politische Vierteljahresschrift, 1969, S. 285 bis 313.

⁶⁷ Vgl. *Naßmacher, K. H.*, Politikwissenschaft I. Politische Systeme und politische Soziologie, Düsseldorf 1970, S. 80 f.

⁶⁸ *Topitsch, E.*, Die Freiheit der Wissenschaft und der politische Auftrag der Universität, Neuwied und Berlin 1968, S. 50.

BRUNO HECK

Demokratisierung — Überwindung der Demokratie?

Am Abend seines politischen Lebens, als er eben aus dem Amt des Ersten Bürgermeisters geschieden war, sprach Professor *Weichmann* vor dem Deutschen Städtetag, um sich von seinen Kollegen aus der Kommunalpolitik zu verabschieden; er sprach über seine Sorgen, die er in den Ruhestand mitnehme, und über seine Gedanken zu diesem und jenem, das noch weiter ernsthaft bedacht werden müsse — wohl von uns, von all denen, die künftighin politische Verantwortung tragen. »Ich«, so fuhr er fort, »der ich schon einmal eine Republik habe zugrunde gehen sehen, sehe mit einer gewissen Sorge der Tatsache entgegen, daß Exekutive und auch die Legislative einem Verwässerungsprozeß, einer Art Schwächungsprozeß ausgesetzt sind unter dem Stichwort der weitergehenden Demokratisierung. Entscheidungen werden heute immer mehr von den politischen Willensträgern verlagert in einen außerparlamentarischen Raum über Stimmung, Vorabstimmung, Mitbestimmung, Abstimmung, und ich fürchte sehr, daß es möglich werden könnte, eines Tages durch eine Art Überdemokratisierung die Demokratie funktionsunfähig zu gestalten.«

Dieses Wort, das Vermächtnis eines erfahrenen und geachteten Demokraten, verbunden mit der bescheidenen, doch ernsten Mahnung, weiter darüber nachzudenken, steht in merkwürdigem Gegensatz zu der unbekümmerten Gewißheit jener politischen Missionare, die sich der Demokratisierung verschrieben haben. Ich meine hier nicht jene, die, wo sie von Demokratisierung reden, weder über den Staat noch über die Gesellschaft, geschweige denn darüber lange nachgedacht haben oder nachdenken, in welchem Verhältnis Staat und Gesellschaft zueinander stehen; ihnen geht es nicht um Grundsätzliches. Sie meinen Reformen im Bereich des Staates und der Gesellschaft, die bewirken sollen, daß die Grundwerte der Demokratie in der Gesellschaft wirksamer werden; sie meinen mehr Freiheit, mehr Gerechtigkeit und mehr Solidarität. Das ist das Feld des politischen Wettstreits in der Demokratie, ohne den sie schnell ihre Lebenskraft verlöre; denn wir werden immer auf dem Wege sein, mehr Raum und mehr Kraft für unsere Freiheit zu gewinnen, uns um mehr Gerechtigkeit zu bemühen und Solidarität zu verwirklichen. Dieser Wettstreit kann zur Gefahr werden, wenn mit diesem Streben, die Verhältnisse unserer personalen und sozialen Existenz zu verbessern, ein ganz anderes Ziel verbunden wird, nämlich, das System unserer Demokratie zu überwinden, wobei dann eine ganz andere Demokratie gemeint ist. Es sollte deswegen niemanden überraschen, daß der Begriff der Demokratisierung in erster Linie von den Sozialisten geprägt wurde und in erster Linie von ihnen in Anspruch genommen wird. Man kann sich nur wundern, wie arglos er von Nichtsozialisten übernommen wurde.

Ich meine jene Apostel der Demokratie, die aus der Ordnung des Staates und der Gesellschaft eine Heilslehre zu machen versuchen, die sich für die Sprecher eines unaufhaltsamen, eines »geschichtlich notwendigen« demokratischen Prozesses halten, der deswegen keiner weiteren Rechtfertigung durch Erfahrung und Reflexion bedarf. Diese Haltung muß um so mehr überraschen in einer Zeit, in der fast alles für raisonabel und diskutabel gehalten wird und sich letzte wie vorletzte Werte ganz allgemein auf die Null-Linie der Wirkungslosigkeit hin bewegen. Demokratie indessen als Lebensform überhaupt, so wie sie nicht selten in der politischen Bildung vorgestellt wird, soll als einziger Wert unbestritten sein, offensichtlich, weil sie allein als Methode, Werte zu stiften, gerechtfertigt erscheint. So orientieren sich denn diese Weltverbesserer mit ganzer Energie hin auf dieses einzig sichere Gestade der untergehenden Welt; deswegen proklamieren sie nicht nur eine Vermehrung der Demokratie im allgemeinen; sie verallgemeinern die Demokratie in alle Bereiche der Gesellschaft hinein und das nicht nur moralisch, sondern vielmehr politisch.

Der gute Wille dieser demokratischen Missionare ist im allgemeinen so stark, daß sie meinen, auf eine theoretische Stütze verzichten zu können. Wer die umfangreiche Literatur zum Thema »Demokratisierung« durchblättert, dem muß auffallen, daß es an klugen und abgewogenen Darlegungen gerade der Seite nicht mangelt, die, wie Prof. *Weichmann,* eine Überdemokratisierung für das Ende der Demokratie hält und mit der Vergesellschaftung des Staates zwangsläufig die Verstaatlichung der Gesellschaft kommen sieht. Aber nirgendwo ist eine Schrift auszumachen, die als eine positive Theorie der Demokratisierung oder wenigstens als ein Beitrag zu ihr gewertet werden könnte. Wer den politischen Gehalt, der hinter der programmatischen Forderung nach Demokratisierung steht, durchleuchten will, stößt sofort auf Weltanschauliches, das den Glauben und das Bekenntnis erfordert und nicht den Verstand und die Sachgesetzlichkeit. Eine theoretische Darstellung dessen, was unter Demokratisierung zu verstehen ist, fehlt.

Uns bleibt von der Sache her als Anhaltspunkt zunächst lediglich ein vages Verständnis, das sich von der ursprünglichen Bedeutung des Wortes leiten läßt. Und das könnte man so formulieren: Jedermann weiß, was Demokratie ist, und deswegen sollte auch jedermann wissen, was unter Demokratisierung verstanden werden muß — nämlich die fortschreitende Anwendung von Demokratie auf immer weitere Bereiche. Demokratie wird nicht als etwas Konkretes, geschichtlich Gewachsenes vorausgesetzt; ihr wird eine Idealität zugrunde gelegt, die im Allgemeinen bleibt; aber dessen ungeachtet werden daraus von Fall zu Fall konkrete Forderungen abgeleitet und gerechtfertigt. Demokratie, wie wir sie kennen, ist von Verfassungen, in denen sie eine geschichtlich konkrete Gestalt angenommen hat, nicht zu trennen. Diese Verfassungen beziehen sich auf den Staat; Demokratisierung dagegen leitet sich von einer theoretisch gewonnenen Idealität, von einem Abstraktum ab. Dabei bleibt dann offen, welche Elemente der komplexen Wirklichkeit mit Priorität in den Rang des Allgemeinen erhoben werden sollen: die Mehrheitsentscheidung? der Gleichheitsgrundsatz? die Freiheit? oder — der Schutz der Minderheiten? die politische Willensbildung und der Entscheidungsprozeß? Es gehört zum theoretischen Defizit der Demokratisierer, daß sie dies nirgendwo dargelegt haben; wahrscheinlich, weil sie kein durchdachtes Modell haben; vielleicht auch, weil sie es nicht für nützlich halten, das, was sie wollen, offen zu sagen; weil sie im Grunde unsere Verfassung verändern wollen — ich erinnere an das Wort von den systemüberwindenden Reformen —, aber der Wähler wegen den Schleier des Verfassungsgemäßen für unentbehrlich halten.

Wie immer freiheitliche Demokratie konkret verfaßt ist, sie stößt immer und zwangsläufig in der Gesellschaft auf das Prinzip der Freiheit, das sich nur mit dem Prinzip der Gleichheit der Chancen, nicht aber mit der Fiktion der tatsächlichen Gleichheit verwirklichen läßt. Vom Staat her hat es die Demokratie immer mit der Freiheit und der Gerechtigkeit für alle und damit der Solidarität um des persönlichen wie um des allgemeinen Wohles willen zu tun. In der Gesellschaft aber wird Freiheit in vielfältiger Weise, individuell, persönlich und sozial, in Gruppen und Gemeinschaften, in Vereinen und Verbänden, in Betrieben und Institutionen verwirklicht. In der Gesellschaft lebt die Freiheit aus verschiedenen Überzeugungen, die mehr oder weniger im Wettstreit miteinander sich bewahren wollen; sie lebt aus der Verschiedenheit und der Konkurrenz der Interessen, die sich durchsetzen wollen; sie lebt von dem Prinzip des Willens zur Bewährung und zur Leistung. Deswegen wird in der Gesellschaft die Gleichheit aller um der Freiheit willen und damit auch die Freiheit aller fortlaufend in Frage gestellt. Wo in einem Gemeinwesen die Grundwerte der Demokratie als ethische Prinzipien nicht anerkannt sind, ist die Demokratie als Staatsform nicht möglich, weil sonst der Antagonismus zwischen Staat und Gesellschaft nicht zum Ausgleich kommen kann. Diese Auseinandersetzung zwischen Staat und Gesellschaft ist oft zum Anlaß genommen worden, um an Hand von extrem gelagerten Beispielen das, was gerade unter Demokratisierung verstanden wurde, ins Absurde zu konjugieren — Demokratie in der Familie, im Krankenhaus, in der Pilotenkanzel? Die Angegriffenen haben daraufhin regelmäßig dagegen erklärt, daß solche Extreme selbstverständlich nicht gemeint seien. Aber wo liegt die Grenze, und wer bestimmt sie? Wir haben genug Beispiele dafür, daß politische Feldzüge im Namen einer höheren Idee geführt worden sind und ihre Feldherren und Offiziere keineswegs davor zurückschreckten, um dieser höheren Idee willen selbst Absurditäten mit äußerster Konsequenz zu praktizieren. Im übrigen widerspricht es aller Erfahrung, daß, wenn Ideologen im Blick auf die Verwirklichung ihrer Ideologie eine Chance wittern, dann ihre äußersten Folgen durch die praktische Vernunft noch in Grenzen gehalten würden.

Wir können es diesen demokratischen Ideologen nicht schenken:

Sie sind uns eine Aufklärung darüber schuldig, was sie wollen und wie ihr Begehren konkret zu verstehen ist.

Die Kritik hat sich bislang unterschiedlicher Ansatzpunkte bedient. Mehrfach ist dargelegt worden, daß die Gesellschaft auf Effektivität und damit auf Ungleichheit angelegt sei, während Demokratie grundsätzlich die Gleichheit aller voraussetze. *Horkheimer* hat dieses Argument zugespitzt und darauf hingewiesen, daß Freiheit der Gleichheit antagonistisch entgegengesetzt sei, so daß eine Egalisierung bei Illiberalität enden müsse. Andere wieder argumentieren so: Die Demokratie sei ein politisches Prinzip, dessen Anwendung im nichtpolitischen Bereich zu totalitären Fehlentwicklungen führen müsse.

Zu beiden Argumentationsreihen ließe sich manches kritisch anmerken. Eines möchte ich hier noch einmal festhalten: Staat und Gesellschaft sind nicht so voneinander geschieden, daß sie nichts miteinander zu tun hätten — vor allem nicht in der Demokratie. Sie sind aber auch nicht so identisch, daß über die gemeinsamen Grundwerte hinaus die Organisationsprinzipien der Demokratie ohne weiteres vom Staat auf die Gesellschaft übertragen werden könnten; sie haben in der Demokratie viel miteinander zu tun und sind in vielfältiger Weise aufeinander angewiesen. Aber auch in der Demokratie gibt es eine Grenze zwischen Staat und Gesellschaft, die nach keiner Seite hin überschritten werden darf, um des Staates und um der Gesellschaft, d. h. um der Freiheit und der Sicherheit der Bürger willen. Im übrigen werden die Verfechter der Demokratisierung keines dieser Argumente gegen sie gelten lassen; sie brauchen dies auch nicht, da sie sich selbst begrifflich nie festgelegt haben. Sie beziehen auf sich nur die Hoffnung, aber niemals die Widersinnigkeit und die Gefahren.

Versuchen wir deswegen von der Erfahrung her auszumachen, was alles unter der Flagge der Demokratisierung segelt.

Wilhelm Hennis hat drei Bedeutungen voneinander unterschieden, die sich im allgemeinen Gebrauch des Begriffs Demokratisierung voneinander abheben lassen. Da gibt es einmal die gedankenlose, ungefähre Verwendung im Sinne einer allgemeinen Liberalität. Alles soll freiheitlicher werden, Zwänge und obrigkeitliche Verhaltensweisen sind zu beseitigen. In einer zweiten Bedeutung geht es darum, die Herrschaftsverhältnisse in Staat und Gesellschaft so umzugestalten, daß sie allein auf den Prinzipien der politischen Demokratie basieren. Die dritte und radikalste Version schließlich hat eine Abschaffung jeglicher Herrschaft überhaupt im Auge; im Zuge des emanzipatorischen Prozesses soll die Menschheit zur vollkommenen Selbstbestimmung geführt werden. Man sollte wohl eine weitere Bedeutung anfügen, die sich in letzter Zeit zunehmend in den humanistisch-utopischen Kontext hineingeschoben hat. Danach bedeutete Demokratisierung die Überführung jeglicher Macht in die Hand der bislang angeblich ausgebeuteten Bevölkerungsmehrheit. Auf diese Weise wird das humane Pathos der Jugendrevolte in die Funktionärsstrategie des dogmatischen Marxismus einbezogen.

Diese von *Hennis* zutreffend beschriebenen und behandelten Bedeutungen von Demokratisierung haben eines gemeinsam: sie beziehen sich auf das, was zweite Jugendbewegung, Wiedertäufertum oder »Gegenaufklärung« genannt worden ist. Sie kennzeichnen somit eine Kampfvokabel des vorparlamentarischen Raums. Tatsächlich hat aber der lange Marsch dieses Begriffs vor der Bannmeile des Parlaments nicht haltgemacht. Der heutige Bundeskanzler und SPD-Vorsitzende hat Demokratisierung zum grundlegenden Postulat seiner Partei erklärt. Er versteht darunter den »zielstrebigen Abbau der Privilegien auf allen Gebieten«. Auch diese Interpretation wird nicht näher ausgedeutet, aber sie läßt einiges anklingen, was zu ihrem Verständnis beiträgt. So fällt auf, daß *Brandt* durch seine Wortwahl aus der Demokratisierung ein negatives Prinzip macht. Ihm geht es darum, etwas abzubauen, einigen etwas wegzunehmen, um das Glück der großen Zahl zu erreichen. Das darf nicht als Zungenschnitzer gewertet werden. Es gehört zum jakobinischen Erbe im Sozialismus, das ihn immer der Gefahr aussetzt, Gleichheit mehr als Beschneidung und weniger als Verallgemeinerung von Rechten, aber auch von Pflichten anzubieten. Das hat immer wieder den Verdacht aufkommen lassen, die Sozialisten lebten, obwohl von der Wirklichkeit längst überholt, weniger von der Hoffnung derer, die zu kurz gekommen sind oder die sich für zu kurz gekommen halten, als vielmehr von deren Mißgunst und Neid. In Wirklichkeit haben wir es in der Regel mit einer seltsamen Mischung von sozialem Idealismus und psychologischem Opportunismus zu tun. *Brandt* jedenfalls versteht unter Privilegien nicht allein Bevorzugungen im rechtlich-formalen Sinne. Privileg ist jeder Besitz, jeder Vorsprung, den einer vor dem anderen voraus hat. Es würde sich lohnen, diese Rede von den Privilegierten auf ihren psychologischen Ursprung und ihren Realitätsgehalt hin zu untersuchen. Hier soll nur soviel angemerkt werden: Selbstverständlich können die Unterschiede der Natur nicht mit politischen Mitteln beseitigt werden, wenn man jene makabre Vision in ein genetisch manipulierbares Zeitalter einmal beiseite läßt. Aber auch die Berufs- und Bildungschancen, die zur Verfügung stehen, dürfen nicht, auch dem Niveau nach nicht, eingeschränkt, sie müssen vielmehr der Chance nach verallgemeinert werden. Das klingt nach barer Selbstverständlichkeit, ist es aber nicht. Das sehen wir, sobald wir einmal einen Blick werfen auf die Bildungspolitik des vergangenen Jahrzehnts. Um einer möglichst großen Zahl nicht unbedingt eine höhere Bildung, aber doch einen höheren Abschluß zu garantieren, ist das Leistungsniveau abgesunken. An manchen Hochschulen ist man dabei, den Nachweis der Leistung durch den Nachweis der Überzeugung zu ersetzen. Was da unter dem Schlagwort der Demokratisierung der Bildung im Gange ist, trägt die Tendenz in sich, die Demokratie in ihr Gegenteil zu verkehren, die Ideologie aktiver Minderheiten zum Maßstab von allem und jedem zu machen und mit dieser Demokratisierung einen weitgehenden Verzicht auf Bildung zu verbinden. Übrigens schwärmen dieselben Leute, die einen solchen Leistungsverfall um ihrer »Freiheit« willen sogar propagiert und gerechtfertigt haben, andererseits für eine Erziehungsdiktatur marcusischer Machart. Ein besonders eindrucksvolles Beispiel für den Abbau von Privilegien auf dem Bildungssektor hat die DDR 1945 geliefert, als sie für Kinder der sogenannten privilegierten Schichten besondere Barrieren vor den höheren Bildungseinrichtungen errichtete.

Wie sieht es in einem anderen, dem für unsere freiheitliche Gesellschaft wohl wichtigsten Bereich aus, in der Wirtschaft? Bedeutet nicht auch Sozialisierung auf andere Weise eine Beseitigung von Privilegien, nämlich der Privilegien des Besitzes von Produktionsmitteln? Ist der Versuch, etwa durch konfiskatorische Steuern das »Privileg« eines hohen Einkommens oder eines großen Vermögens einzuebnen, nicht auch ein Beleg für Demokratisierung solcher Machart? Hier steht ein Problem zur Lösung an. Unsere Wirt-

schaftsordnung muß, gerade weil sie das Kernstück unserer freiheitlichen Gesellschaftsordnung ist, nicht nur von der Beteiligung
am Konsum, sondern ebenso von der Beteiligung am Eigentum her
die Wirtschaftsordnung aller werden, der Arbeiter, der Angestellten und der Unternehmer. Der Weg, der sich anbietet, ist die Ver-
mögensbildung, die Beteiligung möglichst vieler am Produktions-
vermögen und am sonstigen Kapitalbesitz. Auf diese Weise würden Privilegien oder das, was dafür ausgegeben wird, relativiert,
ohne daß ihre wichtige Funktion zerstört würde. Es gibt aber eine
starke Gruppe in der SPD, die sich offensichtlich auch auf diesem
Felde, in der Eigentumsordnung, für Abbau statt für Aufbau entschieden hat.

Damit ist nur einiges über Bedeutung und Gebrauch des Schlag-
wortes »Demokratisierung« zusammengetragen. Woher die Faszination, die magische Wirkung dieser Parole stammt, ist noch nicht
erörtert. Gewiß, Demokratie bildet einen zweifelsfreien Wert, der
von links bis rechts unbestritten ist, zumal, wenn sie in einer idealen Verallgemeinerung verstanden wird, wobei die Linke den Blick
auf die ideale Gesellschaft richtet, die den Staat weitgehend überflüssig machen soll, und die Gesellschaft hinaus auf die ganze
Menschheit bezogen wird. Nichts scheint ja unserem modernen
Erleben mehr zuwider zu sein als der Gedanke, mit anderen durch
Schicksal und Geschichte zu verantwortlichem Handeln verbunden zu sein — auch und gerade im Blick auf die Periode des deutschen Nationalismus, des Nationalsozialismus und seiner verheerenden Folgen. Eine höhere Subjektivität als das eigene Ich, ein
Gemeinschaftssubjekt, welches auf das Gesamt der Gesellschaft
übergreift, wird abgelehnt. Dementsprechend ist jener Teil der politischen Nomenklatur, der ein Element Geschichte enthält, verdrängt oder schemenhaft umgedeutet worden. Die Nation ist nicht
mehr die geschichtlich gewachsene Wirklichkeit, in der wir stehen
und die es weiter und neu zu gestalten gilt. Was Nation künftighin
sein kann, wird ausschließlich oder doch dominant gesellschaftlich
bestimmt: Die moderne deutsche Nation soll ihre neue Weihe
von der gesellschaftlichen Wirklichkeit des Sozialismus her erhalten. Wo man in diesem Sinne von Demokratie und von Demokratisierung spricht, wird nicht ein historischer Tatbestand,
eine politische Formation der Gegenwart und eine konkret an

unseren Staat gebundene Aufgabe für die Zukunft verstanden, wie dann z. B., wenn außerhalb der Ideologie etwa von der deutschen Demokratie gesprochen wird. Diese neue Demokratie grenzt sich nicht nur in ihren Formen, sondern auch in ihrer Geschichte von der englischen oder französischen oder der amerikanischen Demokratie ab, Spielarten nicht nur der Form, sondern auch den nationalen Eigenarten nach. Demokratie in diesem Sinne wird im historischen Vollzug, in der geschichtlichen Konkretion einer Nation gedacht.

In der Ideenwelt der Demokratisierer trägt sie dagegen den Charakter einer idealen Geschäftsordnung, von deren Befolgung eine Heilswirkung für die Menschheit zu erwarten steht. Für sie ist Demokratie nicht das Ergebnis einer langen und mühevollen Entwicklung. Was sie unter Demokratie verstehen, ist das objektiv von der Geschichte Geforderte, das geschichtlich Notwendige, das Ergebnis einer geschichtlichen Kalkulation, ausgeklügelt im Rechtsausschuß der Weltvernunft. Sie denken und handeln durchaus von ihrer Vorstellung aus konsequent weiter, wenn sie die von ihnen für richtig gehaltenen Funktionsformen über das soziale Material mehr oder weniger auch mit Gewalt verhängen wollen. Jene bescheidene Meinung, daß man der deutschen Demokratie nicht nur zwei, sondern mehrere Jahrzehnte zubilligen müsse, ehe sie sich zu ihrer erwachsenen Gestalt ausgeformt habe, stößt bei solchem Vorurteil auf pures Unverständnis. Da Demokratie in dieser Abstraktion für eine ähnliche Wahrheit gehalten wird wie der Satz des *Pythagoras*, muß sie in theoretischer Strenge auch vom Moment der Erkenntnis an gelten. Die Apostel der Demokratisierung bieten uns heute an der Null-Linie der mangelnden Wirkkraft überkommener Werte dieses neue Glaubensmodell an — als objektiv gegebene Notwendigkeit des Ganzen der Geschichte.

Aus solchen Ansprüchen und Mißverständnissen nährt sich die zweifelhafte Sympathie, die dem Begriff Demokratisierung jenseits aller Rationalität zuteil wird. Seine verführerische Faszination erhält er offensichtlich, weil man sich von der Demokratisierung eine Leistung verspricht, für die Staatstheorie und Gesellschaftswissenschaft ansonsten ohne Rezept sind. Durch Demokratisierung sollen Macht und Herrschaft im Staat wie in der Gesellschaft auf einheitliche Weise unter Kontrolle genommen werden. Damit soll die mündige Bestimmung des Menschen über sich selbst gegenüber jeglichem Herrschaftsanspruch nach gleichem Prinzip gesichert werden. So wie der Absolutismus im Staat durch einen Konstitutionalismus abgelöst wurde, so soll gesellschaftliche »Willkür« durch Demokratie überwunden werden.

Seit langem schon weiß man, daß sich mit fortschreitender Industrialisierung und Arbeitsteilung die Macht immer mehr vom Staat in die Gesellschaft verlagert. Diese Gefahr hat im übrigen schon *Rousseau* gesehen und besorgt gemacht; er hoffte, durch ein Verbot gesellschaftlicher Organisationen die Basis für gesellschaftliche Macht vernichten zu können; doch die neuzeitliche Massengesellschaft in ihrer arbeitsteiligen Existenzweite ist nicht mehr allein durch das Prinzip des Staates strukturierbar; auf alle Fälle nicht durch das Prinzip des demokratischen Staates. Von damals bis heute haben sich die Verhältnisse erheblich verändert. Der Staat muß sich heute als Diener gesellschaftlicher Macht hergeben; gelegentlich, etwa in der Konzertierten Aktion, tritt er nur noch als Veranstalter und allenfalls als Schiedsrichter auf. Wir dürfen dabei nicht übersehen, daß der Staat in der Auseinandersetzung mit der Gesellschaft auch durch ungleiche Gegebenheiten behindert ist. Jahrhunderte haben Mittel und Wege gefunden, staatliche Macht zu teilen und zu kontrollieren, während gesellschaftliche Macht ungehindert ins Kraut schießen kann. So schützt uns das Grundgesetz gegen Dreistigkeiten der Staatsmacht; gegen die vielfach ausgeübten Pressionen der Gesellschaft sind wir dagegen nicht auf analoge Weise gesichert. Es fehlt nicht an Klagen über diesen Zustand, es fehlt indessen an brauchbaren Vorschlägen, wie ihm beizukommen wäre.

Hier will nun die Demokratisierung ansetzen. Ihr Ziel ist es, auch die gesellschaftliche Macht denselben Restriktionen zu unterwerfen, denen sich staatliche Macht fügen muß, und damit gleichzeitig die Herrschaftsstrukturen unter Kontrolle zu bringen, die sich aus den gesellschaftlichen Machtverhältnissen ergeben. Der Wirkungsmechanismus der Gesellschaft ist so vielfältig zusammengesetzt und ineinander verwoben, daß ihn der einzelne weder zu durchschauen noch zu überblicken vermag. Und es ist bis heute nicht einmal der Soziologie, der Wissenschaft von der Gesellschaft, gelungen, auch nur eine einheitliche Theorie der Gesellschaft zu entwickeln. Obwohl die Gesellschaft die unmittelbare Umgebung des Menschen ausmacht, in der er selbst wirkt und von der immer wieder offene und heimliche Einflüsse in seine Existenz hineinwirken, steht sie ihm bedrohlicher gegenüber als der Staat. Demokratisierung will deswegen nicht nur als Versuch verstanden werden, gesellschaftliche Macht zu konstitutionalisieren, sondern auch, ihr begreifbare Formen zu verleihen oder, wie es im Neudeutschen heißt, sie transparent zu machen. Es bleibt jedoch zu untersuchen, ob sie das Übel, das sie überwinden will, nicht in Wirklichkeit nur noch verstärkt.

Mehrfach ist versucht worden, die Unterscheidung zwischen einer privaten und einer politischen Sphäre herauszuarbeiten, um zugleich darzulegen, daß demokratische Herrschaft nur im politischen Bereich möglich und sinnvoll sei. Doch so einfach geht es nicht. Der unpolitische Raum schmilzt immer mehr zusammen und ist schon heute nicht mehr eindeutig abzugrenzen. Die Diskussion wird damit also nur auf eine andere Unbekannte, nämlich auf die Frage verschoben, was noch politisch ist und was nicht mehr, und dabei wird dem Ermessen ein weiter Spielraum eröffnet. Immerhin geht ein international angesehener politischer Denker wie *Bertrand de Jouvenel* in seiner »Reinen Theorie der Politik« davon aus, daß eine Urform von Politik schon immer dann vorliege, wenn eine Person eine andere veranlaßt, eine Handlung auszuführen. Das ist sicherlich überzogen, aber seine Meinung steht als Argument zur Verfügung; wir können zudem nicht übersehen, daß auch der Marxismus davon ausgeht, daß es im Prinzip keine Reservate gibt, die von Politik in seinem Sinne frei sind. In der Demokratisierungsdebatte hat man es aber im allgemeinen mit marxistischen oder neomarxistischen Ideologen zu tun. Insofern ist mit der richtigen und unverzichtbaren Unterscheidung zwischen polis und oikos für die Auseinandersetzung möglicherweise nicht allzu viel gewonnen.

Die Forderung der Reformer richtet sich auf die Gesellschaft. Obwohl für viele von ihnen das Absterben des Staates eine ausgemachte Sache ist, unterscheiden sie für die Gegenwart dennoch zwischen einem unzulänglich demokratisch organisierten Staat und einer noch zu demokratisierenden Gesellschaft. Dabei spielt es keine Rolle, ob die Demokratisierung gerade das Mittel sein soll, mit dessen Hilfe die Unterscheidung zwischen Staat und Gesellschaft für die Zukunft aufgehoben werden soll; für die Gegenwart wird sie jedenfalls noch festgestellt. Die Ansicht also, die Trennung von Staat und Gesellschaft sei das Kennzeichen einer kurzen und bereits beendeten historischen Epoche gewesen, bleibt auf die Theorie beschränkt. Im übrigen unterscheidet man im allgemeinen Sprachgebrauch und in der öffentlichen Meinung auch heute noch sehr klar zwischen Staat und Gesellschaft. Das Volk hat immer noch eine eindeutige Vorstellung vom Staat, wobei zwar die politischen Parteien — insofern drücken Grundgesetz und Verfassungsgericht nur eine verbreitete Meinung aus —, aber nicht Gewerkschaften, Kirchen oder gar der Deutsche Fußballbund damit gemeint werden. Im einfachen Verständnis des Volkes bedeutet Staat weder ein pathetisches »Wir alle« noch eine überpersönliche Wesenheit im Sinne einer Wirklichkeit der sittlichen Idee — wie etwa bei *Hegel*. Für das Volk ist Staat soviel wie Ämterordnung, Vollmacht zur Ordnung der allgemeinen Belange, öffentliche Angelegenheit; Staat ist immer noch die res publica. Sicher läßt sich Staatlichkeit tiefer begründen; für den politischen Gebrauch jedoch empfiehlt es sich, die Begriffe des Volkes nicht außer acht zu lassen. Der Staat ist heute zum wichtigsten Garanten der sozialen Sicherheit geworden; trotzdem hat es den Anschein, daß nicht diese überhandnehmende soziale Komponente sein Bild im öffentlichen Bewußtsein allein beherrschend prägt; der Staat wird auch immer noch als fordernde und verpflichtende Instanz empfunden. Dagegen wird die Gesellschaft eindeutig nur als System der Ansprüche, der Interessen und der Bedürfnisse gesehen. Während die Mehrheit der Bürger den Staat immer noch in hoheitlicher Distanz von sich selbst erlebt, nimmt sie die Gesellschaft im allgemeinen zwar als undurchsichtiger, aber kaum als ein von der eigenen Sphäre geschiedenes Element wahr, da sie mitten in der Familie und im Privatleben beginnt. Die vegetative Fülle der Erscheinungen, in denen sich die Gesellschaft darbietet, ihre verschlungenen, sich vielfach überlappenden Strukturen verhindern eine geschlossene Vorstellung, die dem Begriff Gesellschaft entsprechen könnte. Der Staat dagegen ist faßbar, ihn vermag der Bürger noch als Einheit zu sehen. Nach wie vor ist daher der Staat der Horizont der Gemeinschaft als Ganzes, in dem sich der einzelne begreift. Der Staat repräsentiert die Gemeinschaft, mit der eine höhere und umfassendere Möglichkeit, sich zu identifizieren, gesehen wird.

Bislange ist nicht dargelegt worden, ob und wie eine demokratisierte Gesellschaft die gleichen Identifikationsmöglichkeiten bieten könnte. Es läßt sich vielmehr vorhersagen, daß eine in vielfältige demokratisierte Institution zersplitterte Gesellschaft als Ganzes für den einzelnen noch weniger vertrauenerweckend und noch weniger überschaubar sein würde; wahrscheinlich würde der Bürger hinter ihr erst recht die große Manipulation vermuten. Die durch Demokratisierung geadelten Interessen würden ihre Autonomie vom Staat leichter durchsetzen können, sich ihm auf jeden Fall nicht mehr unterordnen wollen. Der Staat würde somit aufhören, der alleinige geometrische Ort für das Allgemeinwohl zu sein. Er würde zur Vorratskammer, aus der sich die autonomen Ansprüche befriedigen würden. In welche Richtung sich die Verhältnisse weiter entwickeln würden, läßt sich unschwer dem Stand entnehmen, den wir schon heute in der Bundesrepublik erreicht haben.

Bei uns ist doch der Staat schon der Gesellschaft gegenüber Schritt für Schritt zurückgewichen. Wir leben in einer praktizierten Marktwirtschaft, aus der die Elemente der Rechtsordnung zurückgenommen wurden zugunsten einer ungebundenen Beweglichkeit der Tarifpartner, für die in erster Linie ökonomische Entscheidungen den Ausschlag geben, die im Krisenfall unter Umständen unübersehbare Folgen für das allgemeine Wohl haben können. Ähnliches ließe sich für den ganzen Bereich der Gesellschaftspolitik darlegen. Der Staat wird für die Verbände vor allem dann bedeutungsvoll, wenn es gilt, sich aus ihm zu bedienen. Bedürfnisse jeder Art werden heute unter Berufung auf Grundgesetz und Menschenrechte als objektive Rechtsforderungen dargestellt. Gleichheitsgrundsatz, Garantie der Meinungsfreiheit oder Sozialstaatsklausel werden in immer neue Ansprüche umgedeutet. Es ist bereits weitgehend gelungen, das Recht als Funktion der gesellschaftlichen Interessen erscheinen zu lassen. Dabei verstärkt sich gemäß dem egoistischen Charakter gesellschaftlicher Handlungen die Neigung, den Spielraum des Rechts maximal auszuschöpfen, ohne gleichzeitig die notwendigen Dienstleistungen gegenüber der Rechtsordnung, die Pflichten gegenüber der Allgemeinheit, zu steigern. Während dem Staat immer umfangreichere soziale Leistungen abverlangt werden, sinkt umgekehrt die Bereitschaft, sich für die Belange des Gemeinwohls zur Verfügung zu stellen; die zunehmende Wehrdienstverweigerung ist nur ein Symptom für eine allgemein verbreitete Tendenz. Käme es nun noch zu einer konstitutionellen Aufwertung der gesellschaftlichen Interessengruppen, dann würde der Ausbeutung des Rechtssystems dazu noch eine hohe Legitimität verliehen. Für eine demokratisierte Hochschule stellt staatliche Aufsicht nachgerade eine Zumutung dar. Demokratisierte Verbände fordern eine eigene Souveränität gegenüber dem Allgemeinwohl. Wenn das Sonderinteresse erst einmal allgemein scheindemokratisch auftritt, dürfte es noch schwerer in seine Schranken zu verweisen sein. Obwohl die gesellschaftlichen Verbände und Organisationen immer häufiger im Gewand eines Mentors und Ausdeuters der Rechtsordnung auftreten, muß gerade deshalb eine weitere Verselbständigung der einzelnen Interessen gegenüber dem, was der Staat zu verbürgen hat, zur allgemeinen Rechtsunsicherheit führen. Wo bleibt denn in einem von gesellschaftlichen Sonderorganisationen zerfaserten Staat noch der Schiedsrichter, der im Feld des Wünschenswerten und des Gewünschten die Prioritäten setzt oder zumindest die demokratisierten gesellschaftlichen Systeme zu koordinieren vermöchte? Und vor allem: Wer schützt den einzelnen vor den Organisationen? Wer schützt die Freiheit vor den Konsequenzen einer Ordnung, die nicht wie der Staat durch Verantwortung, sondern über die Gesellschaft durch Effektivität strukturiert wird?

Wie früher von den Ämtern, so hängt heute das Schicksal des einzelnen in vielfacher Weise von den Organisationen und Verbänden ab, wobei die Bürokratie sich über die Gesellschaft erst richtig durchgesetzt zu haben scheint. Doch während es gegen Maßnahmen und Entscheidungen von Behörden und Ämtern erprobte Rechtsmittel gibt, ist ein Einspruch gegen gesellschaftliche Maßnahmen im allgemeinen nur schwer anzubringen; *Kafka* hat in seinem »Prozeß« für die Verlorenheit des Menschen vor den Instanzen der Gesellschaft ein zwingendes Bild gefunden. Eine überzogene Demokratisierung würde nicht der Selbstbestimmung des Menschen dienen, sondern seine Abhängigkeit nur verstärken und verallgemeinern; sie würde der Rechtssicherheit nicht dienen, sondern sie in Frage stellen. Im Interesse der Gewißheit und der Sicherheit des Rechts darf der Unterschied zwischen Staat und Gesellschaft nicht eingeebnet werden. Wir müssen uns unseren Staat nicht als Funktion, sondern als Widerpart der Gesellschaft erhalten und entsprechend ausstatten. Das bedeutet auch, daß Kontrolle der Macht, wo immer sie auftritt, zunächst einmal Sache des demokratischen Staates sein muß.

Hier ist auf eine Besonderheit im demokratischen Staat zu verweisen. Die Demokratie ist nicht allein durch Verteilung der Macht und durch Anwendung des Majoritätsprinzips gekennzeichnet. Zur liberalen Demokratie gehört in gleichem Maße der Schutz der Minderheit. Diese Funktion könnte eine Gesellschaft, die aus dem Interesse organisiert ist, nicht übernehmen. Im System der Bedürfnisse ist kein Platz für Mäßigung und Altruismus. Die großen Verbände würden das Feld untereinander aufteilen und Sonderinteressen, die sich heute unter dem vom Staat garantierten Schutz der Grundrechte artikulieren können, rasch zum Schweigen bringen. Es ist daher ein Irrtum, zu glauben, durch Demokratisierung würde sich das Recht auf Selbstbestimmung für den einzelnen zwangsläufig erhöhen. Die Gesellschaft agiert nicht im Interesse des einzelnen, sondern im Interesse seiner sozialen Gruppe. Auch eine durch und durch demokratisierte Gesellschaft — und d. h. eine Gesellschaft, die sich staatlicher Kontrolle enthoben fühlen würde — wäre dem Gruppeninteresse verpflichtet. Ein Beispiel mag die Divergenzen verdeutlichen, die dabei auftreten können. Die Gewerkschaften haben die paritätische Mitbestimmung in einer Weise zum Gruppeninteresse deklariert, die es identisch macht mit dem Gewerkschaftsinteresse. Der einzelne Arbeitnehmer läßt sich jedoch, wie Umfragen ergeben haben, für diese Forderung nicht leicht engagieren. Ihm liegt mehr daran, daß sein Einkommen, sein Arbeitsplatz und seine soziale Sicherheit gewährleistet bleiben. Das erwartet er von den Gewerkschaften in erster Linie; das erwartet er aber auch von einer leistungsfähigen Unternehmensführung. Insofern vertreten die Gewerkschaften, die in erster Linie ihre Mitbestimmung wollen, nicht sein Interesse, sondern allenfalls eine »höhere« Einsicht von seinem Interesse; sie vertreten seine vorgebliche Rolle im geschichtlichen Prozeß gegen seine noch »bürgerlichen« Bedürfnisse. Mitbestimmung, in erster Linie verstanden als

Verstärkung gesellschaftlicher Macht, würde den Gewerkschaften eine Konzentration von Macht einbringen, der niemand mehr, auch der Staat nicht, ernsthaft zu widerstehen vermöchte.

Aber der Staat gerade ist es, der allein das Gemeinwohl, die Rechtssicherheit und eine geordnete Entwicklung gewährleisten kann. Diese ihm aufgetragenen Pflichten jedoch vermag er nur zu erfüllen, wenn die Gesellschaft, der er gegenübersteht, ihre Dignität nicht mit der seinen gleichzustellen versucht. Damit sind der Demokratisierung die Grenzen gewiesen. Allerdings ist damit noch nicht die Frage beantwortet, wie gesellschaftliche Macht in ihre Schranken gewiesen und wie gesellschaftliche Herrschaft menschenwürdig gestaltet werden kann. Nachdem die Staatstheorie dafür keine umfassenden Lösungen anbietet, kann auch hier keine endgültige Antwort gegeben werden. Es muß vor dem Mythos gewarnt werden, daß ein Höchstmaß an Freiheit durch ein Höchstmaß an Kontrolle gewährleistet werden könnte. Auch wer Freiheit will, muß Macht respektieren; es ist lediglich darauf zu achten, daß das Verhältnis von gesellschaftlicher Macht und persönlicher Freiheit sich nicht heimlich oder offen zuungunsten der Freiheit verschlechtert. Dieses Aufgabe kann nicht die Gesellschaft wahrnehmen, da sie ihrer Natur nach immer zugunsten der gesellschaftlichen Macht plädieren würde, sondern nur ein souveräner, machtvoller und von Autorität getragener Staat. Ein funktionsfähiger demokratischer Staat allein vermag eine liberale Entwicklung auch für die Zukunft zu gewährleisten. Das Konzept einer Demokratisierung dagegen, das dazu führen soll, den Staat gegenüber der Gesellschaft zu relativieren, müßte konsequenterweise zum Terror der Interessen führen. In dieser Alternative fällt die Entscheidung.

HEINRICH BASILIUS STREITHOFEN

Gesellschaftskritik und die Forderung nach Demokratisierung aller Lebensbereiche

Die Forderung nach Demokratisierung aller Lebensbereiche ist ein gesamtgesellschaftliches Phänomen. Familie, Kindergarten, Schule, Universität, Betrieb und Unternehmen, Presse, Rundfunk, Fernsehen, die Kirchen und die Bundeswehr sollen in der Bundesrepublik demokratisiert werden. »Demokratisierung« ist die magische Chiffre für das Lebensgefühl vieler nach 1935 Geborener. Sie fasziniert die Jugend. Formt das politische Bewußtsein und Handeln. Schafft neue gesellschaftliche Ordnungsstrukturen.

In der Gesellschaftskritik entfaltete sich die Idee der Demokratisierung schrittweise. Diese Entfaltung gleicht dem Wachsen eines Flusses, der sich von einer kleinen Gebirgsquelle allmählich zu einem reißenden Strom mit tückischen Untiefen entwickelt. Wird er nicht eingedämmt, dann zerstört er die Landschaft, bringt den Menschen Unheil. Versteht der Mensch es jedoch, die Wasserkraft sich nutzbar zu machen, dann kann dies für Menschen und Land ein Segen sein. Ähnliches gilt für den geistigen Strom von Demokratisierungsideen, der die politische Landschaft der Bundesrepublik überflutet.

Die Geschichte der Demokratisierungsideen in der Gesellschaftskritik und ihre konkrete Entfaltung in Zeit und Raum lassen sich nicht in eine Formel bannen. Dafür ist das Leben zu mannigfaltig. Auch das gesellschaftspolitische Leben, dessen Wesen geradezu Komplexität ist. Wenn im folgenden verschiedene Entwicklungen aufgezeigt werden, so ist das so zu verstehen, daß die hervorstechendsten Tendenzen bezeichnet werden sollen.

Gesellschaftskritik vollzieht sich in einem zeiträumlichen Rahmen. Es ist nicht das gleiche, ob die Demokratisierung von militanten Marxisten in Prag, München, Berlin oder von engagierten Demokraten, die eine freiheitliche Rechtsordnung bejahen, gefordert wird. Jedesmal kann der gleiche Gedanke andere Voraussetzungen und andere Zielsetzungen haben.

I. Demokratisierung als „Tendenz- und Bewegungsbegriff"

Der Begriff »Demokratie« war seit der Aristoteles-Rezeption in der Hochscholastik ein Wort der Gelehrtensprache. In der theoretischen Erörterung bezeichnet es einen Herrschaftstyp. Bis zum achtzehnten Jahrhundert liegt schwerpunktmäßig die Bedeutung noch im aristotelischen Sinne der Staatsformenlehre. Für das moderne Verständnis von Demokratie sind die Jahre 1780 bis 1800 von entscheidender Bedeutung. Damals entwickelten sich unter dem Einfluß der Französischen Revolution die heutigen Wortbedeutungen von Demokratie. Aus einem Wort der Gelehrtensprache wurde ein politischer Begriff. Er diente der Selbstdarstellung bestimmter politischer Richtungen, Kräfte und zur Kennzeichnung bestimmter Verfassungsinstitutionen. Im neunzehnten Jahrhundert wird dieser Sprachgebrauch allgemein. Kennzeichnend im deutschen Sprachraum für den Bedeutungswandel ist das Aufkommen des Zeitwortes »demokratisieren«, das 1813 in Kampes Verteutungsbuch auftritt[1].

Die Politisierung des Begriffs »Demokratisierung« wurde durch die Gesellschaftskritik nach dem Zweiten Weltkrieg außerordentlich gefördert. Der Freiburger Professor für politische Wissenschaften *Wilhelm Hennis* unterscheidet einen dreifachen politischen Sprachgebrauch:

1. Demokratisierung »als Synonym für mehr Liberalität, Offenheit, besseres ›Betriebsklima‹, hier und da im Sinne von ›demokratischer machen‹ gleich ›besser, freiheitlicher machen‹«;

2. Demokratisierung unter dem Gesichtspunkt der Herrschaftsverhältnisse als Machtkontrolle, Machtverteilung, Machtverantwortung und Interessenausgleich;

3. Demokratisierung als Prozeß, in dessen Folge Herrschaft und Autorität überhaupt abgeschafft werden[2].

II. Die ideengeschichtlichen Wurzeln
der sozialistischen Demokratisierungsformeln

Hegel

Die *Hegelsche* Philosophie ist gekennzeichnet durch das Streben, alle Bereiche des Lebens und der Kultur zur Einheit zu führen[3]. Bereits *Fichte* (1796 bis 1879) und *Schelling* (1775 bis 1854) hatten versucht, alles von einem Prinzip abzuleiten. Das höchste Prinzip für *Fichte* war das Ich, für *Schelling* das Absolute. Dieses verstand *Schelling* also absolute Indifferenz, aus der alle Verschiedenheit und Vielfalt hervorgeht. Da aber das Absolute, als Indifferenz aufgefaßt, nicht alle Verschiedenheit, die von ihm ausgehen soll, erklären kann, bemühte sich *Hegel* (1770 bis 1831), den Begriff des Absoluten neu zu fassen.

Das Absolute bei Hegel

Hegel versteht das Absolute als konkrete Idee, als Begriff, der sich auf Grund der inneren Entfaltung entwickelt. Alle konkreten Bestimmungen sind nur Stufen und Augenblicke, die das Absolute in seinem Selbstentwicklungsprozeß durchläuft. In seiner Logik beschreibt *Hegel* die Selbstverwirklichung des Absoluten, seine Selbstbestimmung durch die Prädikate, die »Kategorien«, wobei er mit der allgemeinsten und zugleich leersten, mit dem reinen Sein, beginnt. Von dieser ersten Kategorie schreitet das Absolute in seinem Selbstbestimmungsprozeß durch Verneinung zur ersten Synthese fort, welche die Identität des Seins mit dem Nichts ist. Im Absoluten erscheint damit schon eine Bestimmung, die dann zum Beginn eines neuen dialektischen Fortschreitens wird. So bereichert sich das Absolute nach und nach durch immer höhere Bestimmungen, bis es schließlich die höchste Stufe der dialektischen Stufe erreicht, auf der es sich als absolute Idee verwirklicht. Als solche enthält und umfaßt das Absolute den ganzen Prozeß, durch den es sich in den unteren Kategorien verwirklicht und bestimmt. Dieser Prozeß ist indes kein zeitlicher, sondern nur die Entfaltung dessen, was in der Wirklichkeit gleichzeitig ist. Er ist die Enthüllung der inneren Struktur des Absoluten selbst, wie es vor der Erschaffung der Natur und eines endlichen Geistes war.

In seiner Naturphilosophie, dem zweiten Element des *Hegelschen* Systems, wird die Idee in seinem Außer-sich-Sein, Anderssein gezeigt. Aber dieser, in der Natur außer sich seienden Idee verbleibt die Tendenz, ihre eigene Einheit zurückzuverlangen. Deshalb wird in der Natur das Aufsteigen zu einer immer höheren Einheit, Zusammenfassung und Innerlichkeit gesehen. Mechanik, Physik und Organik sind Stufen, über welche die Idee in der Natur jene Einheit wiederzuerlangen sucht. Schließlich erreicht die Idee dieses Ziel. Sie kehrt von ihrem Außersichsein in der Natur zu sich selbst zurück.

In der Phänomenologie, dem dritten Element des *Hegelschen* Systems, wird die Entfaltung des Geistes dargestellt, die sich in drei Stufen vollzieht. Den ersten Teil der Phänomenologie bildet die Lehre vom subjektiven Geist. Im zweiten Teil entwickelt *Hegel* die Lehre vom objektiven Geist, der sich im Recht, in der Moralität und schließlich in ihrer Synthese, der Sittlichkeit, äußert. Die höchste Verwirklichung der Sittlichkeit sieht *Hegel* im Staat. Die Lehre vom absoluten Geist bildet den Abschluß von *Hegels* System. Der objektivuniversale Geist ist noch nicht die höchste Stufe, welche die Idee bei ihrer Rückkehr zu sich selbst erreichen kann, denn der universale Geist ist sich seiner selbst nicht bewußt. Das Zusich-Kommen geschieht erst in der Synthese von objektivem und subjektivem Geist, wie sie der absolute Geist darstellt. Auf dieser Stufe ist der Geist nicht nur »an sich«, sondern auch »für sich«. Er erlangt den vollen Besitz seiner selbst. Auf dreifachem Wege kommt er zu diesem Wissen um sich: in der Kunst ist er der sein Wesen schauende, in der Religion der sein Wesen durch Bilder verstellende und in der Philosophie der sein Wesen auf adäquate Weise im Begriff begreifende. Religion und Philosophie haben nach *Hegel* denselben Inhalt. Doch kommt er auf verschiedene Weise zum Ausdruck: in der Religion in der Form des Bildes und des geschichtlichen Ereignisses, in der Philosophie in der Form des Begriffes. Die höchste Stufe der Entwicklung des Geistes stellt die Philosophie dar, weil in ihr der Geist auf eine ihm adäquate Weise zu sich selbst kommt in der Form des Begriffes.

Hegel und Marx

Zwei Elemente der *Hegelschen* Philosophie übten einen besonderen Einfluß auf *Marx* (1818 bis 1883) aus, die *dialektische Methode* und das *Verständnis der Arbeit.*

Die dialektische Methode. — Erfunden hat *Hegel* die dialektische Methode nicht. *Heraklid* (etwa 535 bis 465), *Proklos* (410 bis 485), *Nikolaus Cusanus* (1401 bis 1461), *Fichte und Schelling* beschäftigte schon diese Methode. *Hegel* beherrschte sie am vollkommensten. Er knüpfte an *Fichtes* »Grundlagen der gesamten Wissenschaftslehre« (1794), an dessen Sätzen, Aufheben und die Limitation des »absoluten Ich« an, der seinerseits von *Kants* Kategorien der Qualität (Realität, Negation, Limitation) ausging. Gegensatz und Widerspruch machen das Wesen der Wirklichkeit aus. Im realen Prozeß werden sie aber ausgeglichen. Alle Wirklichkeitsgebiete sind dem dialektischen Dreitakt von Thesis, Antithesis und Synthesis unterworfen. *Hegel* nun faßt, wie bereits erwähnt, das Absolute als konkrete Idee auf, als Begriff, der sich auf Grund einer inneren Entwicklung entfaltet. Das Absolute bedient sich dabei der Dialektik als Mittel. Im *Hegelschen* Sinn ist die Dialektik ein Prozeß, der von einem ersten Glied durch dessen Negation zu einem zweiten, ihm entgegengesetzten, und dann zur Negation dieses zweiten, also durch die Negation der Negation zu einem dritten gelangt, das eine Synthese des ersten und zweiten darstellt und in der die beiden ersten aufgehoben, d. h. zugleich verneint und in höherer Seinsweise bewahrt sind. Die dritte Stufe erscheint dann wiederum als die erste eines neuen Prozesses. Neben der dialektischen Methode spielt das *Hegelsche* Verständnis der Arbeit im Denken von *Marx* eine entscheidende Rolle.

Das Hegelsche Verständnis der Arbeit. — *Hegel* begreift den Menschen als »subjektiven Geist«. »Geist« ist für ihn eine Verhaltensstruktur, die durch die Fähigkeit gekennzeichnet wird, im anderen bei sich selbst zu bleiben und den fremden Gegenstand als Erscheinung des eigenen Wesens zu erfassen. »Geist« unterscheidet sich damit grundlegend von der bloß daseienden Natur. Naturüberlegenheit und Geistigkeit erscheinen als ein und dasselbe. Der Mensch bewährt sich aber als Mensch, d. h. in der Sprache *Hegels* als »subjektiver Geist«, wenn er in seinem Tun seine Naturüberlegenheit zeigt. In der Dialektik von Herr und Knecht hat *Hegel* diesen Vorgang beschrieben[4]. Auf zwei Wegen kann dies geschehen, indem er als Kämpfer sein eigenes Leben für einen natürlichen Wert, nämlich die Anerkennung durch einen anderen Menschen, einsetzt oder indem er arbeitend der toten Natur ihre Selbständigkeit nimmt, um in ihrem Material sich selbst, d. h. den menschlichen Entwurf, zu vergegenständlichen. Daher erblickt der Mensch im Produkt seiner Arbeit nicht mehr ein ihm Fremdes, Gegenüberstehendes, sondern vielmehr seinen eigenen, gegenständlich gewordenen Plan, d. h. sich selbst[5]. Durch die Arbeit kommt der Mensch so zum Bewußtsein seiner Naturüberlegenheit, d. h. seiner Geistigkeit. Er wird durch die Arbeit selbstbewußt. Der Mensch wird dadurch vollkommener, daß er in der Arbeit sich vergegenständlicht, entäußert[6].

Die Hegelsche Linke. — Die *Hegelsche* Philosophie übte eine mächtige Anziehungskraft aus. Nach dem Tode *Hegels* spalteten sich seine Schüler in zwei Lager, in die *Hegelsche* »Rechte« und »Linke«. Die *Hegelsche* »Linke« — dazu zählten u. a. *David Strauß* (1808 bis 1874), *Bruno Bauer* (1809 bis 1882), *Ludwig Feuerbach* (1804 bis 1872), *Max Stirner* (1806 bis 1856) und *Karl Marx* — suchte der Philosophie *Hegels* einen neuen Sinn zu geben, indem sie diese zur bewußten Kritik der schlechten Wirklichkeit umgestaltete. *Marx,* der durch den Einfluß *Feuerbachs* zu den Junghegelianern kam, benutzte die dialektische Methode und interpretierte auf seine Weise das Hegelsche Verständnis der Arbeit.

Marx und die Entfremdung des Menschen

Marx, der sich selbst als einen umgestülpten Hegelianer bezeichnete, kehrte die Philosophie *Hegels* um. Diese Umkehrung bestand darin, daß er von *Hegel* das dialektische Schema des Sich-selbst-Verwirklichens auf dem Wege der Selbstentäußerung übernahm. Doch für *Marx* war es nicht mehr die Idee, sondern der »wirkliche, leibliche, auf der festen wohlgerundeten Erde stehende, alle Naturkräfte aus- und einatmende *Mensch*«, der in der Arbeit sich selbst erzeugt[7].

Die ökonomische und soziale Entfremdung[8]

Marx erkannte, daß *Hegel* die Arbeit »als das sich bewährende Wesen des Menschen« erfaßte. Schöpferische, die Natur vermenschlichende Arbeit zu leisten, gilt ihm als die Menschen auszeichnende Gattungseigenschaft im Unterschied zum Tier, das an seine vorgegebene Umwelt gefesselt bleibt[9]. Die vergegenständlichte Arbeit, die Welt der menschlichen Produkte, ist daher der Widerspiegel menschlicher Wesenskräfte. Nur durch die doppelte Teilhabe, sowohl am Prozeß dieser Vergegenständlichung wie an der Aneignung der so vergegenständlichten Welt, kann der Mensch menschlich leben und sich entfalten. Beides aber wird in der arbeitsteiligen Produktion und durch die Trennung von Produktionsmittelbesitz und Arbeit zunehmend unmöglich. Die Gattungstätigkeit des Menschen, nämlich die Arbeit, wird in ihrer gesellschaftlichen Vielfalt dem einzelnen fremd, und ebenso sind den meisten Menschen die Möglichkeiten zum Erwerb universaler Genußfähigkeit menschlicher Produkte verwehrt.

In der Selbsterzeugung des Menschen durch die Arbeit auf dem Wege einer Selbstentäußerung im Produkt seiner Arbeit sieht *Marx* eine dialektische Entwicklung. Diese das Wesen des Menschen selbst konstituierende Dialektik überlagert im Denken von *Marx* »eine zweite Form von Dialektik, die nicht mehr das Wesen des Menschen selbst ausmacht, sondern in einem kontingenten historischen Faktum ihren Ursprung hat[10]«. Es ist die aus der Arbeitsteilung und dem Privateigentum resultierende »Entfremdungs«-Dialektik[11].

Die auf Privateigentum beruhende Sozial- und Wirtschaftsordnung ist die Ordnung der entfremdeten und entäußerten Arbeit, in der das Wesen des Menschen, das er in dem Produkt seiner Arbeit entäußert hat, nicht zurückgenommen wird, sondern entäußert bleibt[12]. »In der Bestimmung, daß der Arbeiter zum *Produkt seiner Arbeit* als einem *fremden* Gegenstand sich verhält, liegen alle diese Konsequenzen. Denn es ist nach dieser Voraussetzung klar: Je mehr der Arbeiter sich ausarbeitet, um so mächtiger wird die fremde, gegenständliche Welt, die er sich gegenüber schafft, um so ärmer wird er selbst, seine innere Welt, um so weniger gehört ihm zu eigen ... Der Arbeiter legt sein Leben in den Gegenstand; aber nun gehört es nicht mehr ihm, sondern dem Gegenstand. Je größer also diese Tätigkeit, um so gegenstandsloser ist der Arbeiter. Was das Produkt seiner Arbeit ist, ist er nicht. Je größer also dieses Produkt, je weniger ist er selbst. Die *Entäußerung* des Arbeiters in seinem Produkt hat die Bedeutung, nicht nur, daß seine Arbeit zu einem Gegenstand, zu einer *äußeren* Existenz wird, sondern daß sie *außer ihm,* unabhängig, fremd von ihm existiert und eine selbständige Macht ihm gegenüber wird, daß das Leben, was er dem Gegenstand verliehen hat, ihm feindlich und fremd gegenübertritt[13].«

In der auf Privateigentum und damit auf Lohnarbeit und Kapitalbesitz beruhenden Gesellschaftsordnung ist die wirtschaftliche und soziale Entfremdung auf die Spitze getrieben.

Marx unterscheidet dabei vier Formen dieser Entfremdung:

1. Die Entfremdung des Arbeiters vom Produkt seiner Arbeit: »Der Gegenstand, den die Arbeit produziert, ihr Produkt, tritt ihr als ein *fremdes Wesen,* als eine von dem Produzenten *unabhängige Macht* gegenüber[14].« Diese Entfremdung des Arbeiters von seinem Arbeitsprodukt ist für *Marx* die Grundlage aller Übel im Leben der gegenwärtigen Gesellschaft[15]. Aus ihr entstehen die weiteren Formen der Entfremdung.

2. Die Entfremdung des Arbeiters von seiner Tätigkeit: Deren »Fremdheit tritt darin hervor, daß, sobald kein physischer oder sonstiger Zwang existiert, die Arbeit als eine Pest geflohen wird. Die äußerliche Arbeit, die Arbeit, in welcher der Mensch sich entäußert, ist eine Arbeit der Selbstaufopferung, der Kasteiung[16].«

3. Die Entfremdung des Arbeiters von sich selbst: Dadurch, daß dem Arbeiter das Produkt seiner Arbeit und seine Tätigkeit fremd sind, ist er zugleich der menschlichen Gattungseigenschaft, nämlich schöpferische Arbeit zu vollbringen, entfremdet. Denn dem Menschen erscheint die Arbeit als die »*Lebenstätigkeit, das produktive Leben* selbst nur als ein *Mittel* zur Befriedigung eines Bedürfnisses«, nämlich zur Erhaltung der physischen Existenz[17].

4. Die Entfremdung des Menschen vom Menschen: Was von dem Verhältnis des Menschen zum Produkt seiner Arbeit, zu seiner Arbeit und zu sich selbst gilt, »das gilt auch vom Verhältnis des Menschen zum anderen Menschen[18]«. So sind in der auf der entfremdeten Arbeit beruhenden Wirtschafts- und Sozialordnung alle

menschlichen Verhältnisse »pervertiert und erhalten einen un-
menschlichen Charakter[19]«. Der Mitmensch interessiert nur als
Mittel. Der Kapitalist ist für den Arbeiter nichts anderes als ein
Mittel zur Erlangung des Lebensunterhaltes[20].

Diese Modi der sozialen und wirtschaftlichen Entfremdung gelten für den Arbeiter und für den Kapitalisten, da nach *Marx* durch
die entfremdete Arbeit der Mensch »nicht nur sein Verhältnis zu
dem Gegenstand und dem Akt der Produktion als fremden und
ihm feindlichen Menschen« erzeugt, sondern auch »das Verhältnis,
in welchem andere Menschen zu seiner Produktion und seinem
Produkt stehen, und das Verhältnis, in welchem er zu diesen anderen Menschen steht[21]«. Doch fühlt sich die besitzende Klasse in
der Selbstentfremdung wohl, während der Arbeiter sich in dieser
Selbstentfremdung vernichtet fühlt.

Die wirtschaftliche und soziale Entfremdung ist nach *Marx* zugleich die Ursache für die politische Entfremdung des Arbeiters.

Die politische Entfremdung

Der wahre Mensch, d. h. der Mensch als Gemeinwesen, ist in der
Demokratie nur als abstrakter Staatsbürger erkannt. Er ist zwar
als vergeistigter, alle seine materiellen Interessen hinter sich lassen-
der Staatsbürger eins mit der politischen Gemeinschaft, dem Staat.
Jedoch wird von dieser Identität sein reales Sein, seine Existenz
als »Mensch« der bürgerlichen Gesellschaft, nicht betroffen. Als
Bürger ist er zwar wirklicher, aber unwahrer, an sein partikuläres
Interesse gebundener Mensch und steht zu seinen Mitbürgern in
vielfachen Gegensätzen. Die politische Entfremdung wird erst aufgehoben, wie *Marx* in seiner Abhandlung »Zur Judenfrage«
schreibt, »wenn der wirkliche individuelle Mensch den abstrakten
Staatsbürger in sich zurücknimmt und als individueller Mensch in
seinem empirischen Leben, in seiner individuellen Arbeit, in seinen
individuellen Verhältnissen *Gattungswesen* geworden ist, erst wenn
der Mensch seine ›forces propres‹ als *gesellschaftliche* Kräfte erkannt und organisiert hat und daher die gesellschaftliche Kraft
nicht mehr in der Gestalt der *politischen* Kraft von sich trennt, erst
dann ist die menschliche Emanzipation vollbracht[22]«.

Die Aufhebung der menschlichen Selbstentfremdung

Die Aufhebung der wirtschaftlich-sozialen und politischen Selbstentfremdung ist allein in jener Gesellschaft möglich, in der das
Privateigentum beseitigt und die Abhängigkeit des Arbeiters von
fremden ökonomischen Gesetzen aufgehoben ist. Die »positive Aufhebung des *Privateigentums*, als die Aneignung des *menschlichen*
Lebens«, ist zugleich die »positive Aufhebung aller Entfremdung«,
die Rückkehr des Menschen in sein »*menschliches, d. h. gesell-
schaftliches* Dasein[23]«.

Marx sieht die Aufhebung der Entfremdung und die Aneignung
aller menschlichen Güter und Lebenskräfte als eine gesellschaftliche
Bewegung[24]. »Wie die Gesellschaft selbst den *Menschen* als *Menschen* produziert, so ist sie durch ihn *produziert*. Die Tätigkeit und
der Genuß, wie ihrem Inhalt, sind auch der *Existenzweise* nach
gesellschaftlich, gesellschaftliche Tätigkeit und *gesellschaftlicher*
Genuß. Das *menschliche* Wesen der Natur ist erst da für den
gesellschaftlichen Menschen; denn erst hier ist sie für ihn da als
Band mit dem *Menschen,* als Dasein seiner für den anderen und
des anderen für ihn ... Die *Gesellschaft* ist die vollendete Wesens-
einheit des Menschen mit der Natur, die wahre Resurrektion der
Natur, der durchgeführte Naturalismus des Menschen und der
durchgeführte Humanismus der Natur[25].« Die politisch-soziale
Bewegung, durch welche die »*positive* Aufhebung des *Privateigentums* als *menschlicher Selbst*entfremdung und darum als wirkliche
Aneignung des menschlichen Wesens durch und für den Menschen«
sich vollzieht, ist der »*Kommunismus*[26]«.

Der Kommunismus ist die politische Form der »*Arbeiteremanzi-
pation*«, in der sich die Emanzipation der Gesellschaft vom Privateigentum usw., von der Knechtschaft ausspricht[27]. Für *Marx* ist die
Aufhebung der Entfremdung des Arbeiters verbunden mit der
Emanzipation von der Knechtsituation des Arbeiters, »weil die
ganze menschliche Knechtschaft in dem Verhältnis des Arbeiters
zur Produktion involviert ist und alle Knechtschaftsverhältnisse
nur Modifikationen und Konsequenzen dieses Verhältnisses sind[28]«.

Im Kommunistischen Manifest hat dann *Marx* ausführlich beschrieben, wie die Emanzipation sich vollziehen wird: Konzentration des Kapitals in den Händen weniger Kapitalisten, Revo-

lution der Proletarier und durch die damit verbundene Zerschlagung des Privateigentums die Aufhebung der Selbstentfremdung des Menschen.

Der revisionistische Sozialismus

Die Entwicklung der kapitalistischen Industriegesellschaft verlief indes nicht gemäß der *Marxschen* Voraussage. Daher sahen sich die Theoretiker des Sozialismus gezwungen, die *Marxschen* Thesen den gewandelten Verhältnissen entsprechend neu zu durchdenken und zu formulieren. *E. Bernstein* (1850 bis 1932) folgerte, daß *Marx* zwar eine vorbildliche Methode der Geschichtsdeutung entwickelt habe, daß aber nicht diese, sondern der ethische Impuls, das Streben nach einer gerechten Sozialordnung das Wesen des Sozialismus ausmache. Die Revision der *Marxschen* Lehre erstreckte sich aber nicht nur auf die Philosophie von *Marx*. Sie griff auch auf das Gebiet der politischen Tätigkeit über. Für die deutsche Sozialdemokratie und den sozialistischen Allgemeinen Deutschen Gewerkschaftsbund wurde charakteristisch, daß sie nicht auf dem Wege des revolutionären Umsturzes, sondern auf dem parlamentarischen Weg ihr Ziel zu erreichen strebten. Das theoretische Durchdenken und damit die Entwicklung der sozialistischen Theorie fand weniger in der Sozialdemokratischen Partei als mehr im sozialistischen ADGB statt.

Die Theorie der Wirtschaftsdemokratie

Dieser Prozeß des Umdenkens und der Neuorientierung fand im ADGB seinen Ausdruck in der Forderung nach Verwirklichung der Wirtschaftsdemokratie. Auf Veranlassung des ADGB entwickelten führende sozialistische Praktiker und Theoretiker die Theorie der Wirtschaftsdemokratie. Sie fand ihren Niederschlag in dem von *F. Naphtali* im Auftrag des ADGB herausgegebenen Buch »Wirtschaftsdemokratie, Ihr Wesen, Weg und Ziel«[29]. An der Abfassung dieses Gemeinschaftswerkes wirkten u. a. mit: *H. Arons, F. Baade, B. Broecker, G. Decker, A. Ellinger, L. Erdmann, F. Lesche, J. Marschak, F. Naphtali, H. Sinzheimer, G. Warburg, Th. Leipart, W. Eggert, R. Hilferding, E. Nölting, C. Nörpel, F. Tarnow.*

Die Unvollkommenheit der »bürgerlichen Demokratie«

In ihrer Forderung nach Demokratisierung der Wirtschaft gehen die Autoren aus von der geschichtlichen Erfahrung, daß die Arbeiterschaft ohne gewaltsamen Umsturz die politische Gleichberechtigung erlangen könne und daß »die Struktur des Kapitalismus selbst veränderlich« sei[30]. In der sogenannten »bürgerlichen« oder »politischen« Demokratie könnten die Arbeiter zwar frei und gleichberechtigt die Regierung wählen, aber auf die Wirtschaftspolitik hätten sie keinen Einfluß. Im Gegenteil. Der »organisierte Kapitalismus«, d. h. Großkonzerne, Trusts und Kartelle, übte eine monopolistische Marktbeherrschung aus[31]. Die wirtschaftlich-soziale Lage der Arbeiter aber sei unverändert wie zur Zeit des »individualistischen Kapitalismus«, den *Marx* kritisierte. Die kapitalistische Minderheit herrschte dank ihrer wirtschaftlichen Übermacht, ihrer Besitzprivilegien und ihrer Bildung. Daher leide das Proletariat nach wie vor unter der *wirtschaftlichen Autokratie,* der »kapitalistischen Despotie«, der »wirtschaftlich uneingeschränkten Selbstherrschaft[32]«. Die Herrschaft der kapitalistischen Minderheit solle, bevor sie »gebrochen« werde, »gebogen« werden.

Der revisionistische Gewerkschaftssozialismus lehnt das Beispiel der russischen Kommunisten, die Ergreifung der »Macht durch die aufgeklärte Minderheit des Proletariats« und die »wirtschaftliche Befreiung unter der Herrschaft eines neuartigen aufgeklärten Absolutismus«, ab[33]. Für ihn bleibt die Demokratie »ein notwendiger Ausgangspunkt und eine unerläßliche Voraussetzung für eine Reihe von Kämpfen und für die unermüdliche vielseitige Arbeit« zur Verwirklichung der Wirtschaftsdemokratie[34].

Wege zur Demokratisierung der Wirtschaft

Bereits in der »bürgerlichen Demokratie« bilden sich »mannigfache Lebensformen«, welche zur Wirtschaftsdemokratie führen, so die »wirtschaftlichen Selbstverwaltungskörper«, »öffentliche Betriebe«, »Konsumgenossenschaften«, »gewerkschaftliche Eigenbetriebe«. Sie zeigen, daß »die Wirtschaftsdemokratie nicht nach einem einheitlichen Rezept in Akten der Gesetzgebung entsteht, sondern in mannigfaltiger Lebensfülle heranwächst[35]«. Sie sind bereits »greifbare Ansätze für eine Demokratisierung der Wirtschaft[36]«, die im Interesse der Arbeiterschaft erweitert und ausgebaut werden müssen[37].

Der Kampf um die Verwirklichung der Wirtschaftsdemokratie wird sich auf zwei Wegen vollziehen: durch Staatskontrolle und Teilnahme der Gewerkschaften »an der Führung der großen kapitalistischen Monopolorganisationen[38]«. Der Staat wird sukzessive die »Handlungsfreiheit der großen wirtschaftlichen Organisationen unter den Gesichtspunkten des Gemeinwohls« beschränken[39]. Die »Mitführung« der Wirtschaft durch die Gewerkschaften soll sich indessen nicht »über einzelne Betriebe, nicht über Betriebsräte« vollziehen, sondern dort, »wo sich marktbeherrschende, Produktion, Absatz und Preis regulierende Organisationen bilden[40]«.

Wirtschaftsdemokratie als vollendete Demokratie und verwirklichter Sozialismus

Erst die Wirtschaftsdemokratie ist nach *Naphtali* die vollendete Demokratie, weil sie die »Beseitigung jeder Herrschaft und die Umwandlung der leitenden Organe der kapitalistischen Interessen in solche der Allgemeinheit« bedeutet[41]. Über die Demokratisierung der Wirtschaft strebt der ADGB zur Verwirklichung des »Sozialismus, d. h. zu einer neuen Wirtschaftsordnung und zu einem neuen gesellschaftlichen Aufbau«, dessen Grundrisse schon sichtbar werden[42]. Die Grundlage der erstrebten neuen sozialistischen Wirtschafts- und Gesellschaftsordnung wird »auf der Anerkennung des gleichen Rechts der Menschen beruhen, an der Gestaltung und Beherrschung der Wirtschaft teilzunehmen[43]«. Wirtschaften wird sich dann »nicht mehr in der Form der Herrschaft einer Gruppe von Menschen über die andere vollziehen; die Herrschaft wird nicht vom Besitz oder von einem durch die Geburt bedingten Vorsprung des einzelnen ausgeübt werden, sondern nur von der Gemeinschaft, der unter Auslese der Führer auf freier demokratischer Grundlage die Oberhoheit über die Arbeitskraft und über den Verbrauch des einzelnen zusteht. Auf diesem Fundament werden sich vielgestaltige Formen der Gemeinwirtschaft aufbauen. Planmäßiges Erzielen der höchsten Leistung wird bestimmend sein für die Gestaltung der Wirtschaft im einzelnen. Dem Wandel der Wirtschaftsformen werden der Wandel der Einkommensverteilung und der Wandel der Eigentumsverhältnisse entsprechen[44].« Eine fortschreitende Einschränkung der Verfügungsfreiheit der Eigentümer über den Produktionsapparat und schließlich die »Aufhebung des Privateigentums an den Produktionsmitteln« sind nach *Naphtali* »Voraussetzung für Sozialismus und Wirtschaftsdemokratie[45]«. Die Wirtschaftsdemokratie wird erst erreicht sein, wenn der »freiheitsrechtlichen Entwicklung der Arbeit auch eine *gemeinheitsrechtliche Entwicklung des Eigentums* entspricht[46]«.

Der ADGB und die deutschen Sozialdemokraten konnten die Idee der Wirtschaftsdemokratie nicht mehr realisieren. Erst nach dem Zweiten Weltkrieg konnten die Gewerkschafter des alten sozialistischen ADGB, die sich mit den Christlichen und Hirsch-Dunckerschen Gewerkschaften zu einer Einheitsgewerkschaft zusammenschlossen, an die Verwirklichung der Wirtschaftsdemokratie denken. Sie übten auch einen maßgeblichen Einfluß auf das Demokratisierungsverständnis der SPD aus.

Diese Einflüsse lassen sich verfolgen bis hinein in das Godesberger Programm der SPD, in dem es heißt: »Wir streiten für die Demokratie. Sie muß die allgemeine Staats- und Lebensordnung werden.« Und auch das Wort von *Erich Ollenhauer,* das von *Brandt* mehrmals abgewandelt wurde, bekommt einen neuen Sinn: »Erst im Sozialismus wird die Demokratie endgültig gesichert sein und zur vollen Entfaltung kommen.« Dies bedeutet: Nur die vom demokratischen Sozialismus erstrebte Gesellschafts- und Wirtschaftsordnung wird die wahre Demokratie herbeiführen.

Die Neue Linke

Unter dem Einfluß der sogenannten »Neuen Linken« wird der Ruf nach Demokratisierung aller Gesellschaftsbereiche unüberhörbar. Zur »Neuen Linken« gehören neomarxistische Richtungen verschiedenster Art, neutralistische und pazifistische Gruppen. Teilweise überschneiden sich die Gruppenzugehörigkeiten. Die sogenannte »Neue Linke« entwickelte sich Ende der fünfziger Jahre in England, den USA — der »New Left« — und im Ostblock. Dort versuchten sie eine Revision des Marxismus einzuleiten. Das Experiment scheiterte mit dem Einmarsch russischer Truppen in Prag.

In Westeuropa, und besonders in der Bundesrepublik, wirken die Ideen der »Neuen Linken« nach wie vor fort. Die wichtigsten Gesellschaftskritiker dieser Richtung sind *Max Horkheimer, Theodor W. Adorno, Herbert Marcuse und Jürgen Habermas.*

Max Horkheimer (geboren 1895), seit 1930 Direktor des Instituts für Sozialforschung in Frankfurt, emigrierte 1933 in die Vereinigten Staaten. 1950 wurde das Institut in Frankfurt neu gegründet. Seit 1932 veröffentlichte er die »Zeitschrift für Sozialforschung«, die später in New York als »Studies in Philosophy and Social Science« erschien.

In seinen zahlreichen Arbeiten, die an *Marxsche* Gedanken und an wesentliche Elemente der *Hegelschen* Philosophie anknüpfen, entwickelte *Horkheimer* eine neue Theorie, die er in einem frühen Stadium als »Materialismus« darstellte. Später nannte er sie »Kritische Theorie«. Den Materialismus im Sinne *Horkheimers* machen nicht abschließende Sätze aus etwa von der Art: Alles ist Materie. Entscheidend ist für ihn der Ausgang von konkreten Situationen, die Bestimmung durch die »jeweils zu bewältigenden Aufgaben«, die Verbindung mit gesellschaftlicher Praxis. Materialismus bedeutet: Theorie der Gesellschaft. *Horkheimer* folgt der Geschichtsauffassung von *Marx* und *Engels* in den wesentlichsten Punkten: der dynamischen Struktur der Geschichte und ihrer ökonomischen Determination. Wesentlich für die einzelnen Geschichtsabschnitte der Menschheit sind die Weisen des Produktionsprozesses. Das ständige Wachstum der produktiven menschlichen Fähigkeiten macht immer wieder neue Weisen der Produktion möglich, die sich in Spannungen und Kämpfen gegen die Alten durchsetzen müssen. Das Mißverhältnis zwischen Organisation der Gesellschaft einerseits und den Bedürfnissen und Kräften andererseits führt nach seiner Auffassung zum kapitalistischen Irrationalismus.

Horkheimer entwickelt den Begriff »kritische Theorie« in seinem großen Aufsatz »Traditionelle und kritische Theorie«. Die »Kritische Theorie« setzt sich von »traditioneller Theorie« ab. Damit meint *Horkheimer*, daß diese Theorie gesellschaftskritisch ist. Zugleich ist sie für ihn auch eine Erkenntnistheorie. Die Wirkungen von Tatsachen auf die Erkenntnis darf nicht ohne gesellschaftliche Zusammenhänge gedacht werden. »Die Tatsachen, welche die Sinne uns zuführen, sind in doppelter Weise gesellschaftlich prä-

formiert: durch den geschichtlichen Charakter des wahrgenomme-
nen Gegenstandes und den geschichtlichen Charakter des wahr-
nehmenden Organs[47].« *Horkheimer* geht hier von *Hegel* aus:
dessen Überwindung der Subjekt-Objekt-Spaltung als Schein erhält durch die Akzentuierung des gesellschaftlich-geschichtlichen
Moments neuen Sinn.

Die Grund- und Zielvorstellungen der *Marxschen* Theorie bleiben bei *Horkheimer* bestehen. Dies sind: Freiheit, Gleichheit, Gerechtigkeit, Glück. Das sind nach seiner Ansicht nicht die schlechtesten Ideale, sondern sie bleiben eben nur »unverwirklicht«. Voraussetzung für die Verwirklichung aber wäre, die »Wirtschaft
wirklich den Menschen unterzuordnen[48]«. Dann erst sei die »Selbstbestimmung des Menschengeschlechts« möglich, nämlich in jener
»Gemeinschaft freier Menschen«, von der *Marx* sprach. *Horkheimer* glaubte in den dreißiger Jahren an den Nachweis einer
realen Möglichkeit einer solchen Gesellschaft. Die »Kritische
Theorie« machte ernst mit der Aufhebung von Philosophie, die
nach *Marx* die Welt ja immer nur interpretiert hat. Philosophie ist
aufgehoben in der Kritik der politischen Ökonomie und in der
Kritik an jeweils auf das Ganze zurückbezogenen Einzelphäno-
menen der Gesellschaft sowie an der noch ungeübten Philosophie.
Ganz gerecht wird die »Kritische Theorie« der elften *Marxschen*
These über *Feuerbach*. — »Die Philosophen haben die Welt nur
verschieden *interpretiert,* es kommt darauf an, sie zu *verändern*« —
naturgemäß nicht. Denn sie ist ja nicht Praxis, sondern kritische
Theorie. Zur Theorie, die sich nicht in Praxis auflöst, tendiert
Horkheimer.

In den Vorworten zu den Neuausgaben seiner Schriften distan-
zierte *Horkheimer* sich von seinem früheren Optimismus und
fragte zweifelnd, »ob nicht das Reich der Freiheit, einmal verwirklicht, sich notwendig als sein Gegenteil, die Automatisierung der
Gesellschaft wie des menschlichen Verhaltens, erweisen müßte[49]«.
Ausdrücklich betonte er: Die Lehre von *Marx* und *Engels* sei immer noch unerläßlich zum Verständnis gesellschaftlicher Dynamik,
reiche zur Erklärung der inneren Entwicklung der Nationen aber
nicht mehr aus und »die fragwürdige Demokratie sei bei allen
Mängeln immer noch besser als die Diktatur, die einen Umsturz
heute bewirken müßte[50]«.

Hier dürften sich kaum noch Ansätze finden lassen für die Demokratisierungstendenzen der »Neuen Linken«.

Anders verhält es sich mit der Konzeption von Gesellschaft, die
bei *Adorno* und *Horkheimer* in etwa gleich sein dürfte. Sie läßt
sich folgendermaßen skizzieren. Gesellschaft ist wesentlich ein Prozeß. Mit der Gesamtheit aller Gruppen ist sie nicht zu identifizieren, weil das Gesellschaftliche gerade im Übergewicht von Verhältnissen über die Menschen besteht. Alle einzelnen sind von der
»Totalität«, die sie bilden, abhängig. Das Ganze erhält sich durch
die Erfüllung von Funktionen durch die einzelnen. Alle sozialen
Tatsachen sind durch die Gesellschaft bestimmt. Man darf nicht
dem Teil zurechnen, »was nur im Ganzen seinen Stellenwert hat«.
Theorie der Gesellschaft ist notwendig, sie muß etwa »die zur Undurchsichtigkeit verselbständigten Verhältnisse aus Verhältnissen
zwischen Menschen« ableiten.

Für *Adorno* ist der Begriff der »Rolle« ungenügend. Man brauche, so meint er, einen kritischen Begriff der Gesellschaft. In der
modernen Gesellschaft ist ein Grundbestand der Tausch, in dem
»objektiv abstrahiert« wird. Das Bedürfnis wird beim Tausch nur
»als Sekundäres befriedigt«. »Primär ist der Profit.« Alle müssen
sich dem Tauschgesetz unterwerfen. Hinter dieser Reduktion des
Menschen »versteckt sich die Herrschaft von Menschen über Menschen«. Das Tauschverhältnis setzt auch die Antagonismen, die
nach wie vor maßgebend sind. »Alle Gesellschaft ist nur Klassengesellschaft.« Das »subjektive Klassenbewußtsein« mag abgeschwächt sein, aber es war immer »der Theorie zufolge erst von
dieser hervorzubringen«. Der Klassenunterschied wächst durch
Konzentration des Kapitals. Die Selbständigkeit der übermächtigen
sozialen Prozesse und Institutionen ist Schein, Ideologie; Warenangebot und zahlreiche Kontrollmechanismen halten diese Ideologie mit aufrecht. Aber die Menschen sind auch bereits innerlich
integriert; die Menschen selbst sind so die Ideologie. Helfen kann
nur noch die richtige Erkenntnis der Gesellschaft.

In diesem Gesellschaftsbild von *Adorno* kehren die kritischnegativen, aber auch die positiven marxistischen Leitideen wieder,
wie die Idee einer »rational durchsichtigen, wahrhaft freien Gesellschaft«.

Hier ergibt sich ein Ansatzpunkt für die politisch engagierte

»Neue Linke«. Eine rational durchsichtige und wahrhaft freie Gesellschaft kann für sie, wie noch aufgezeigt wird, nur durch Demokratisierung hergestellt werden.

Ein anderer einflußreicher Gesellschaftskritiker der »Neuen Linken« ist *Herbert Marcuse* (1898 bis 1971). Das Denken des früheren *Heidegger-Schülers* ist weitgehend von *Hegel* und *Marx*
geprägt. Als sein Hauptwerk gilt »Der eindimensionale Mensch«[51].
Dieses Werk zählt zu den wichtigsten theoretischen Grundlagen
der »Neuen Linken«.

Eindimensionalität ist für *Marcuse* das Kennzeichen der fort-
geschrittenen Industriegesellschaft, d. h.: eine Tendenz zur Integration aller Gegensätze, so daß sich Bourgeoisie und Proletariat
in solchen Gesellschaften vereinigen im gemeinsamen Interesse an
der Erhaltung bzw. bloßen Verbesserung des Status quo. Haupt-
tendenz der Gesellschaft ist es, Änderungen zu unterbinden. Dazu
ist sie imstande. Der gegenwärtige Kapitalismus und Kommunismus
wollen sich verewigen. Die letzte Ursache der gesellschaftlichen
Tendenzen zur Vereinheitlichung und Beharrung ist nicht ganz
sicher festzustellen. *Marcuse* spricht davon, daß der technische
Produktions- und Verteilungsapparat ein System bilde. Diese technologische Gesellschaft, dieses Herrschaftssystem geht zuletzt aus
einem »Entwurf« hervor, dem Entwurf der Herrschaft des Menschen über die Natur. Die Frage, wer zur Zeit herrscht, ist nach
Marcuse nicht eindeutig zu beantworten: die Organisatoren und
Verwalter der Gesellschaft sind von ihrer eigenen Maschinerie abhängig und werden umgekehrt dabei sogar »immer abhängiger[52]«.
Wichtiger als die genaue Beschreibung der Herrschenden, mit der
sich die »Neue Linke« schwer tut, ist die Bestimmung der Herrschaftsweise. Die Menschen werden verwaltet, ihre Bedürfnisse und
Wünsche sind gelenkt, »manipuliert«.

Die gesellschaftskritische Theorie von *Marcuse* ist pessimistisch.
Die dialektische Theorie kann gegenüber den Zuständen nicht helfen. Auf das Proletariat setzt er keine Hoffnungen mehr. Er hofft
noch schwach auf die Schicht der »Geächteten und Außenseiter«.

Die Verfestigung der Herrschaftsstrukturen, die *Herbert Marcuse*
feststellt, kann nach Auffassung der politischen »Neuen Linken«
nur durch Demokratisierung verflüssigt werden. Bevor wir dies

darstellen, sind noch kurz die Thesen von *Jürgen Habermas* zu erwähnen.

J. Habermas, Professor für Philosophie und Soziologie in Frankfurt, gehört teilweise noch zur Schule der »Kritischen Theorie«. Sein Werk »Strukturwandel der Öffentlichkeit«[53] ist kaum noch als Grundlage für den Neomarxismus anzusehen. In seiner Untersuchung kritisiert er die schweren Mängel der gegenwärtigen Demokratie. Damit liefert er der politischen »Neuen Linken« Anregungen.

Der Autor geht von der bürgerlich-liberalen Idee der »Öffentlichkeit« aus. In der öffentlichen Konkurrenz der privaten Argumente wurde früher eine Übereinstimmung über das, was im allgemeinen Interesse liegt, hergestellt[54]. Eine solche Öffentlichkeit wurde auch von der Idee der Grundrechte bedingt: Öffentlichkeit muß das Prinzip der Staatsorgane im bürgerlichen Rechtsstaat sein. *Habermas* sieht nun einen Strukturwandel der Öffentlichkeit, der schon im letzten Jahrhundert einsetzte. Heute geht die Entwicklung nun in Richtung auf wirtschaftliche Machtkonzentration im Oligopol, auf Intervention des Staates in den Wirtschaftsablauf. Öffentliche Sphäre und Privatbereich gehen ineinander über. Im Parlament treffen sich weisungsgebundene Parteibeauftragte; die Entscheidungen werden in Gremien getroffen, im Parlament wird nicht mehr diskutiert, sondern für das Volk gleichsam demonstriert[55]. Das Verhältnis des Bürgers zum Staat wandelt sich mehr und mehr: An Stelle politischer Betätigung kommt er zu einer allgemeinen »Forderungshaltung« gegenüber dem Sozialstaat. Die Parteien müssen politische Öffentlichkeit immer periodisch vor den Wahlen herstellen. Wichtige Entscheidungen, getroffen durch Organisationen und Bürokratien, haben häufig, wie besonders vor Wahlen, manipulative Zwecke. Publizität überhaupt ist demonstrativ und manipulativ. Das Ergebnis der Überlegungen von *Habermas* ist optimistisch: »Die Dimension der Demokratisierung sozialstaatlich verfaßter Industriegesellschaften ist nicht von vornherein limitiert durch eine, sei es theoretisch einsehbar, sei es empirisch erwiesene Undurchdringlichkeit und Unauflösbarkeit der irrationalen Beziehungen sozialer Macht und politischer Herrschaft[56].«

In einer neueren Arbeit, »Technik und Wissenschaft als ›Ideologie‹«[57], setzt sich *Habermas* kritisch mit der Frage auseinander, was technologische Rationalität als Lebensform bedeute. In seinem Ansatz gründet er sich auf den alten Begriff »Arbeit« und einen neuen: »Interaktion«. Interaktion oder kommunikatives Handeln richtet sich nach geltenden Normen und herrscht vor in Hochkulturen mit einem zentralen Weltbild und starken institutionellen Rahmen; zweckrationale Handlungen sind untergeordnet. Der Kapitalismus erschüttert dieses System. Er findet seine »Legitimationsgrundlage« in der Rationalität des Marktes. Die Lehre von *Marx* zerstörte wiederum das Scheinhafte an dieser Legitimation. *Marcuse* sehe richtig: Im veränderten Kapitalismus dienten Technik und Wissenschaft als Legitimation, im übrigen habe man ja nur noch eine »Ersatzprogrammatik«, der es um das weitere Funktionieren des Systems gehe, zum Beispiel die Wohlfahrtspolitik. »Die private Form der Kapitalverwertung und ein loyalitätssichernder Verteilerschlüssel für soziale Entschädigungen bleiben als solche der Diskussion entzogen[58].« *Habermas* sieht eine »Konfliktvermeidungspolitik« im Kapitalismus vorherrschen; die Klassengegensätze aber bleiben latent; die Unterprivilegierten haben wenig Chancen. Er glaubt, daß die These von der Herrschaft der Technologen und der Technik als eine Art Hintergrundideologie auch in das Bewußtsein der breiten Bevölkerungsschicht eingedrungen sei. Zugleich erhalte das zweckrationale Handeln in der Tat ein starkes Übergewicht. Er weist die These von autoritärem Staat und autoritären Persönlichkeiten entschieden zurück: »Die manifeste Herrschaft des autoritativen Staates weicht den manipulativen Zwängen der technisch-operativen Verwaltung ... Die sozial-psychologische Signatur des Zeitalters wird weniger durch die autoritäre Persönlichkeit als durch Entstrukturierung des Über-Ich charakterisiert[59].« Die *Marxsche* Lehre von den Produktivkräften, die emanzipatorisch wirken sollen, es aber keineswegs tun, lehnt *Habermas* ab. Die Produktivkräfte sind heute nicht durch den Kapitalismus »gefesselt«, selbst wenn sie es wären, würde eine Entfesselung zu keiner Veränderung führen. Diese hält *Habermas* für möglich nur auf der Ebene der Interaktion: durch Rationalisierung im Sinne von »herrschaftsfreier Diskussion über die Angemessenheit und Wünschbarkeit von handlungsorientierten Grundsätzen und Normen«, was schließlich wiederum »Chancen einer weitergehenden Emanzipation und einer fortschreitenden Individuierung« erbringen würde.

Zu den Gesellschaftskritikern, die einen mehr oder weniger großen Einfluß auf Grund ihrer Übersetzungen in Deutschland ausüben, sind zu zählen aus den Vereinigten Staaten: *Ch. Wright Mills, Paul Goodman, Barrington Moore, P. A. Baran und P. M. Sweezy;* die Franzosen *Sartre, Roger Garaudy, Louis Althusse, Henri Lefèbvre, André Gorz, Ernest Mandel.* Einen großen Einfluß übt auch *Mao Tse-tung* mit seinen Schriften über politische Theorie und Praxis aus, ebenfalls *Che Guevara.*

Zusammenfassung: Die gesellschaftskritischen Beiträge der führenden Köpfe der »Neuen Linken« trugen entscheidend bei zur Bildung eines kritischen Bewußtseins der jungen Generation. Soweit diese politisch engagiert war und ist, verharrte sie aber nicht nur in theoretischen Reflexionen und bei der Bildung eben des kritischen Bewußtseins, sondern sie gingen von der Theorie zur Praxis über. Dabei überholten sie ihre geistigen Mentoren weit links. Deren Kernthesen jedoch übernahmen sie: Die Gegenwart und die gegenwärtige Gesellschaft werde bestimmt durch die Herrschaft des Prinzips Technologie, tendenziell greife das Prinzip technologischer Herrschaft auf alle Bereiche der Gesellschaft und der menschlichen Praxis über; aus der Universalisierung des technologischen Prinzips folge, daß die westlichen Demokratien verkappte Formen politisch-totalitärer Herrschaft seien; daher könne diese Gesellschaft in ihren politischen Konsequenzen, auch in ihren demokratischen Erscheinungsformen als faktisch totalitär entlarvt werden; die Menschen würden verwaltet, ihre Bedürfnisse und Wünsche seien gelenkt, »manipuliert«.

In den politischen Aktionsprogrammen der »Neuen Linken« bekommt dann der »Prozeß der Demokratisierung« einen neuen Stellenwert: »Die Demokratie« soll »zum relativierenden Faktor jeder Moral und jedes Herrschaftsanspruchs« werden[60].

Demokratisierung bedeutet die Schaffung systemfreier Bereiche. »Die Herrschaft von Produktivität und Leistung als Lebensprinzipien muß abgelöst werden, Tugenden wie Fleiß, Ordnung, Pünktlichkeit, Sauberkeit müssen relativiert, ihr Rigorismus ein Gegenstand der Heiterkeit werden[61].« Hier wird Demokratisierung als Prozeß verstanden, in dessen Folge Herrschaft und Autorität abgeschafft werden sollen.

Fußnoten

[1] Vgl. *Hans Maier*, Demokratie, in: Historisches Wörterbuch der Philosophie, Bd. 2, Basel - Stuttgart 1972, S. 54.

[2] Vgl. *Wilhelm Hennis*, Demokratisierung — Zur Problematik eines Begriffs, Köln - Opladen 1970, S. 15 f., 19.

[3] Für die Darstellung der Philosophie von *Hegel* und *Marx* wurden folgende Werke benutzt: *G. A. Wetter*, Der dialektische Materialismus, seine Geschichte und sein System in der Sowjetunion, Wien 1952; *ders.*, Die Umkehrung Hegels, Köln 1963.

[4] Vgl. *G. W. F. Hegel*, Phänomenologie des Geistes, hrsg. von *G. Lasson*, Philosophische Bibliothek, Bd. 114, Leipzig 1921, S. 126.

[5] Ebenda, S. 130.

[6] Vgl. *G. A. Wetter*, Die Umkehrung Hegels, Köln 1963, S. 16.

[7] *Karl Marx*, Frühe Schriften, Bd. I, hrsg. von *Hans-Joachim Lieber* und *Peter Furth*, Darmstadt 1962, S. 649; vgl. a. a. O., S. 653, 655.

[8] Zur ökonomischen und sozialen Entfremdung vgl. *J. Y. Calvez SJ*, Karl Marx. Darstellung und Kritik seines Denkens, Olten - Freiburg 1964, S. 48 bis 52, 167 bis 171, 208 bis 210, 211 bis 216, 221 bis 231, 258, 272.

[9] Vgl. *Karl Marx*, a. a. O., S. 646.

[10] *G. A. Wetter*, a. a. O., S. 20.

[11] Vgl. ebenda, S. 20.

[12] Vgl. *Karl Marx*, a. a. O., S. 571 bis 573, 586.

[13] Ebenda, S. 561.

[14] Ebenda, S. 561.

[15] Vgl. *G. A. Wetter*, a. a. O., S. 25.

[16] *Karl Marx*, a. a. O., S. 564.

[17] Ebenda, S. 567.

[18] Ebenda, S. 569.

[19] Vgl. *G. A. Wetter*, a. a. O., S. 21.

[20] Vgl. *Karl Marx*, a. a. O., S. 570 bis 572; *G. A. Wetter*, a. a. O., S. 21.

[21] *Karl Marx*, a. a. O., S. 571.

[22] Ebenda, S. 479.

[23] Ebenda, S. 595.

[24] Vgl. ebenda, S. 595.

[25] Ebenda, S. 596.

[26] Ebenda, S. 593; vgl. S. 608.

[27] Vgl. ebenda, S. 573.

[28] Ebenda, S. 573.

[29] *F. Naphtali*, Wirtschaftsdemokratie. Ihr Wesen, Weg und Ziel. Hrsg. im Auftrage des Allgemeinen Deutschen Gewerkschaftsbundes, Berlin 1928, 192 S. Hier wird zitiert nach der Neuausgabe: *F. Naphtali*, Wirtschaftsdemokratie. Ihr Wesen, Weg und Ziel. Mit einem Vorwort von *Ludwig Rosenberg* und einer Einführung von *Otto Brenner*, Sammlung »res novae«, Bd. 42, Stuttgart 1966.

[30] Vgl. *F. Naphtali,* a. a. O., S. 14 f., 20 f.
[31] Vgl. ebenda, S. 17.
[32] Vgl. ebenda, S. 17.
[33] Vgl. ebenda, S. 15.
[34] Ebenda, S. 15.
[35] Vgl. ebenda, S. 22, 41 f., 62 f., 82, 98, 183 f.
[36] Ebenda, S. 183.
[37] Vgl. ebenda, S. 183.
[38] Ebenda, S. 40.
[39] Ebenda, S. 39.
[40] Ebenda, S. 40.
[41] Ebenda, S. 21.
[42] Ebenda, S. 186.
[43] Ebenda, S. 186.
[44] Ebenda, S. 186 f.
[45] Ebenda, S. 56.
[46] Ebenda, S. 152.
[47] *Max Horkheimer,* Kritische Theorie II, Frankfurt am Main 1968, S. 149.
[48] *Max Horkheimer,* Kritische Theorie I, Frankfurt am Main 1968, S. 7.
[49] *Max Horkheimer,* Zur Kritik der instrumentellen Vernunft, Frankfurt 1967, S. 9.
[50] *Max Horkheimer,* Kritische Theorie I, XII.
[51] *Herbert Marcuse,* Der eindimensionale Mensch, Neuwied - Berlin, S. 281.
[52] Ebenda, S. 3, 53.
[53] *Jürgen Habermas,* Strukturwandel der Öffentlichkeit, Untersuchungen zur Kategorie einer bürgerlichen Gesellschaft, Politica IV, Neuwied 1962, S. 291.
[54] Vgl. ebenda, S. 94 ff.
[55] Vgl. ebenda, S. 224.
[56] Ebenda, S. 256.
[57] *Jürgen Habermas,* Technik und Wissenschaft als Ideologie, Frankfurt am Main 1968, Edition Suhrkamp 287, S. 169.
[58] Ebenda, S. 80.
[59] Ebenda, S. 83.
[60] Bonner Manifest, in: Deutsche Jungdemokraten — Zur Strategiediskussion, Bonn o. J., S. 6.
[61] Ebenda, S. 6.

WILHELM WEBER

Demokratisierung — ein ideenpolitischer Begriff im Dienste zunehmender Ideologisierung und Utopisierung praktischen Handelns

In den Gesellschaftswissenschaften und in der gesellschaftspolitischen Diskussion gibt es heutzutage keine unschuldig-theoretischen
Begriffe mehr. Jeder Begriff scheint geeignet und in Gefahr, zu
einem Programm mit massiven ideologischen und (oder) utopischen
Einschlägen zu geraten. Selbst so anfänglich scheinbar unverbind-
liche Begriffe wie »Rolle«, »Status«, »Schichtung«, »System« und
ähnliche, mit denen soziale Strukturen und Beziehungen theoretisch
eingefangen werden sollten, verwandeln sich unter der Hand in
politische Kampfparolen[1], von Begriffen wie Freiheit, Gleichheit,
Gerechtigkeit und anderen ganz zu schweigen.

Man kann in dieser jüngsten Entwicklung einen dialektischen
Gegenzug zu der politischen Abstinenz sehen, die sich auf das Wis-
senschaftsideal von *Max Weber* verpflichtet fühlte, der seinerseits
— durch die Weltanschauungskämpfe insbesondere des neunzehnten Jahrhunderts verschreckt — eine dialektische Position zu den
zahlreichen Epigonen des deutschen Idealismus linker und rechter
Observanz einnahm. Die Freiheit der Theorie zu retten, damit die
Wissenschaft nicht durch ideologische und utopische Engagements
korrumpiert werde, erschöpfte sich für *Max Weber* freilich nicht
in der Sorge um die Wissenschaft als solche, sondern implizierte
— dafür war sein politischer Ethos allzu hellwach — auch die
existenzielle Sorge um die Erhaltung gesellschaftlicher und politischer Freiheit, weil er sehr wohl um die »Einheit von Theorie und
Praxis« wußte, wobei er — allerdings im umgekehrten Sinne wie
Karl Marx — der Theorie den Primat vor der Praxis einräumte.
Die Unterscheidung zwischen Orthodoxie und Orthopraxie hatte
für *Max Weber* keine Bedeutung, da für ihn feststand, daß unklar
Gedachtes sehr bald auch in unklar Getanes umschlagen würde.

Ein weiterer Grund für die heutige Politisierung der Wissenschaft dürfte darüber hinaus allerdings auch in der »Basis« unserer Gesellschaft mit der »Eindimensionalität« und Immanenz ihrer technisch-wissenschaftlichen Zivilisation liegen, in der kein Platz mehr für »Ideale« vorhanden zu sein scheint. Um dieser vor allem die Jugend bedrückenden Immanenz zu entkommen, scheint sich als einziger Ausweg die Flucht in idealistische Selbstverpflichtungen anzubieten, die die Eigengesetzlichkeit der wissenschaftlich-technischen Zivilisation transzendieren. Sollten sie dabei diese Eigengesetzlichkeit stören — tant mieux[2]!

Die Situation nach dem Zweiten Weltkrieg war mit der nach dem Ersten Weltkrieg nicht zu vergleichen. Den Ersten Weltkrieg hatte Deutschland verloren, den Zweiten Weltkrieg dagegen hatten die Zerstörer des europäisch-abendländischen Rechtsbewußtseins verloren. So ergab sich fast wie von selbst eine an den Traditionen des geschundenen Rechtsbewußtseins orientierte längere konstruktive Phase des Wiederaufbaus, während der eher völkerrechtliche »Unglücksfall« des Ersten Weltkrieges keine einschneidende Zäsur für die Entwicklung des Rechtsbewußtseins darstellte. Er entließ nur jene ideologischen Kräfte in die gesellschaftspolitische Arena, die sich bereits während der Kriegsjahre deutlich zu formieren und zu profilieren begonnen hatten.

Aus diesem Grunde erfüllte sich die Vision, die *Max Weber* in einem Vortrag bald nach dem Ende des Ersten Weltkrieges vor studentischen Kriegsheimkehrern in München für die kommenden Jahre entwickelt hatte, nach dem Zweiten Weltkrieg erst mit einer Verspätung von fünfzehn bis zwanzig Jahren: »Die vielen alten Götter . . . entsteigen ihren Gräbern, streben nach Gewalt über unser Leben und beginnen untereinander wieder ihren ewigen Kampf[3].« — Was *Max Weber* fürchtete, war die »Tyrannei der Werte[4]« *(Carl Schmitt)*, die mit einem totalitären Anspruch die Freiheit des Menschen bedrohen.

Die »alten vielen Götter« waren allerdings längst zu dem geworden, was *Max Weber* in anderem Zusammenhang als »Säkularisate« bezeichnet hatte, d. h. als Begriffshülsen ehemals religiös-metaphysischer Inhalte. Im Zuge eines langen Säkularisierungsprozesses waren aus den metajuridischen Begriffen der Freiheit, der Gerechtigkeit, der gleichen Würde aller Menschen politische Tagesparolen geworden, ja Schlagwörter, von denen der bekannte italienische

Sozialkritiker *Ignazio Silone* sehr treffend sagt, sie seien »herunter-
gekommene Ideen«.

Wir wissen heute sehr gut, »daß Begriffe nicht zeitlos-ewige
Größen, sondern Momente kategorialer Kontexte sind, die sich
ändern[5]«. Deshalb wird man auch ohne weiteres zustimmen — durch
die jüngsten Erfahrungen unserer öffentlichen Auseinandersetzungen gerade an den Universitäten und Hochschulen darin nur noch
bestärkt —, wenn *Hermann Lübbe* in der Philosophie »nicht immer
und überall jene reine Theorie [sieht], die keinem anderen als dem
esoterischen Interesse an ihrer eigenen Richtigkeit dient. Der Wille,
der die Praxis des Philosophierens trägt, ist nicht regelmäßig auf
das Ziel, Einsichten zu gewinnen, beschränkt. Nicht selten ist er
ein praktischer Wille, der die Philosophie dienstleistungshalber be-
treibt und das Interesse an der Theorie zur Funktion des Interesses
an ihren vermeintlichen oder erhofften praktischen Konsequenzen
macht. Ihre Ideologisierung oder Verweltanschaulichung sind nur
die krassesten Fälle solcher Subsumtion der Philosophie unter
politisch- oder moralisch-praktische Zwecke[6].«

Was *Lübbe* hier von der Philosophie sagt, gilt mutatis mutandis
mindestens im gleichen Maße von den sogenannten modernen
Humanwissenschaften, insbesondere von der Soziologie, nachdem
diese, wie *Helmut Schelsky* in seiner »Ortsbestimmung der deutschen Soziologie« dem Sinne nach etwa schreibt, die Philosophie
vergangener Zeiten abgelöst und ersetzt habe. Gerade die modernen
Humanwissenschaften erweisen sich in ihren aggressiven Varianten als Dienstleistungsgewerbe für die Praxis[7], mit den entsprechenden Handlungsmustern der Polemik, der gruppenpsychologi-
schen Beeinflussung, der Konkurrenz der Schulen und Parteiun-
gen untereinander — ein Kampf, in dem es, »im Bereich der Wissenschaft nicht anders als überall sonst, um Selbstbehauptung, Einfluß, ja um Herrschaft geht[8]«. »Nur zum Teil ist Philosophie
[und Soziologie, Politologie; Verf.] die seriöse Theorie, welche
im Sinne der *Hegelschen* ›Anstrengung des Begriffs‹ jenen kategorialen Fortschritt im menschlichen Wirklichkeitsverständnis
vollbringt, in den die begriffsgeschichtliche Forschung Einblick gewährt. Zum anderen, nicht kleinen Teil ist die Praxis des Ringens um Werte im Geisteskampf: Ideenpolitik[9].«

Wirklichkeit wird so zur Matrize, der Begriff zur Parole, zum politischen Feldzeichen, um das sich die Sturmtruppen zum Angriff auf den Gegner scharen.

Am handlichsten für den ideenpolitischen Kampf sind alle jene Begriffe, die auf »-ierung« enden, wie beispielsweise »Entmythisierung«, »Enttabuisierung«, »Säkularisierung« und neuerdings die Parole von der »Demokratisierung« aller Lebensbereiche. Sie sind deswegen für die ideenpolitische Auseinandersetzung so bequem, weil sie, als typische Grenzgänger zwischen Theorie und Praxis, sich je nach Bedarf in ihrer deponential-passivischen Funktion als neutrale historische Prozeßkategorien einerseits und in ihrer transitivisch-aktivischen Funktion als ideenpolitisches Programm andererseits jederzeit gegenseitig vertreten können.

So kann der Begriff der Demokratisierung oder der »fortschreitenden« Demokratisierung jederzeit als unschuldig-neutrale rein deskriptive historische Prozeßkategorie zur Beschreibung eines säkularen Entwicklungsvorganges verwendet werden, innerhalb dessen der einzelne und gesellschaftliche Gruppen sich gegenüber herrschaftsständisch-obrigkeitlichen Zwängen nach und nach immer mehr Freiheitsräume erkämpfen konnten. Die *Magna Charta libertatum* vom 15. Juni 1215, die *Unabhängigkeitserklärung* der Vereinigten Staaten von Amerika vom 4. Juli 1776 in Verbindung mit der *Bill of Rights* (1791) sowie die *Déclaration des droits de l'homme et du citoyen* vom 26. August 1789 wären besonders leuchtende Wegmarken in diesem historischen Prozeß. Es besteht aber auch jederzeit die Möglichkeit, diesen Prozeß ins Normative zu wenden und den Endpunkt einer durch und durch »demokratisierten Gesellschaft« als politisches Programm zu antizipieren, ohne im Sinne der »Anstrengung des Begriffs« die Möglichkeiten und Grenzen einer Volldemokratisierung rational zu diskutieren und so gegen den Vorwurf einer utopistischen Ideologie abzusichern.

Damit haben wir uns nach einem längeren, aber notwendigen Umweg an den Kern unserer Fragestellung herangearbeitet: Inwiefern handelt es sich bei der programmatischen Forderung nach »Demokratisierung« (aller Lebensbereiche) um die Verwendung eines ideenpolitischen Begriffs im Dienste zunehmender Ideologisierung und Utopisierung praktischen Handelns?

Die vier hier verwendeten Termini: *ideenpolitischer Begriff* —

Ideologisierung — Utopisierung — praktisches Handeln bilden eine geschlossene Sinneinheit. Praktisches Handeln nährt sich nämlich aus »interessegeleiteten Erkenntnissen«, als die wir ideologisches und utopisches Denken in einer ersten Annäherung bezeichnen können. Ideologisches und utopisches Denken wiederum kleiden sich in ideenpolitische Begriffe als Kampf- oder Propagandaparolen.

Nachdem wir bereits unsere einleitenden Überlegungen der Erläuterung dessen gewidmet haben, was unter ideenpolitischen Begriffen zu verstehen ist, wenden wir uns nunmehr den Begriffen der Ideologie und der Utopie näher zu. Hierüber ist schon so viel geschrieben und geredet worden, daß wir nicht in den Ehrgeiz verfallen wollen, noch Neues und Bedeutendes hinzufügen. Das ist hier auch weder gefragt noch notwendig. Es genügt, wenn wir die für unser Thema entscheidenden Aspekte ideologischen und utopischen Denkens herausarbeiten. Die rein erkenntnistheoretische Fragestellung nach dem Geltungs*grund* von Inhalten des Erkennens ist wenig ergiebig und auch weniger interessant. Auch und gerade an Vorstellungen ideologischer und utopischer Natur interessiert nicht in erster Linie die Frage nach dem *Grund* ihres Geltens, sondern ihre *Geltung* selbst als (partielles oder totales) Sozialbewußtsein, mag es im Sinne des kritischen Rationalismus falsch oder richtig sein.

Ideologie können wir unter einer zweifachen Hinsicht betrachten:

1. als eine Vorstellung, die unrichtig oder realitätsfern ist, weil sie entweder als bewußte Täuschung oder als halb oder gänzlich unbewußte Selbsttäuschung auf Grund eines sozialen Interesses oder eines sozialen Zustandes produziert wird (»falsches Bewußtsein«);

2. als eine Vorstellung oder Doktrin, die zwar nicht falsch sein muß, die aber nicht ihres Inhaltes oder immanenten Wertes willen produziert oder angenommen wird, sondern nur als offener Ausdruck gesellschaftlicher Kräfte (»interessegeleitete Erkentnise« zur Produktion von »Handlungswissen«).

Beiden Ideologiebegriffen ist ein Wesentliches gemeinsam: In beiden verflüchtigen sich die ihnen unterworfenen Vorstellungs-

inhalte in eine Welt des Scheins (Epiphänomene; »Überbau«) oder aber zumindest in eine Wirklichkeit zweiten Grades, indem sie nicht mehr um ihrer selbst willen gelten, sondern auf einen Sozialwert, wenn nicht gar auf einen Kampfwert reduziert werden.

Bevor wir dem Begriff der Ideologie noch weiter nachgehen, empfiehlt es sich, im Anschluß an *Theodor Geiger* vorweg noch zwischen Mentalität und Ideologie zu unterscheiden. Diese Unterscheidung erscheint deswegen angebracht, weil es erkennbare Unterschiede im Ausmaß der reflexen Durchdringung und Formulierung des »falschen Bewußtseins« oder der »interessegeleiteten Erkenntnis« bzw. der »Irrealität der sozialen Leitbilder[10]« gibt. *Geiger* versteht Mentalität eher als geistig-seelische Disposition, als eine unmittelbare, aber wenig reflektierte Prägung des Menschen durch seine soziale Umwelt[11], während die Ideologie einen stark voluntaristisch-reflektierten Einschlag hat. *Rüschemeyer* unterscheidet folgendermaßen: »Mentalitäten sind vergleichsweise wenig reflektierte Komplexe von Meinungen und Vorstellungen ... Ideologien können wir als ausdrückliche, mehr oder weniger systematische Formulierungen vorgegebener Mentalitätsinhalte auffassen[12].« Ideologien finden in Mentalitäten einen guten Nährboden, da sie nie völlig im leeren Raum schweben, sondern Bezug auf Wirklichkeit haben, auch wenn sie diese nie adäquat erreichen, ja oft nicht einmal erreichen wollen[13].

Eine weitere Unterscheidung zwischen Mentalität und Ideologie kann darin gesehen werden, daß gegenüber der Mentalität die Frage »richtig oder falsch« logisch unzulässig ist. Mentalitäten sind soziale »Daten«, die man als »geltend« zur Kenntnis nehmen muß, während die Ideologie sich auf ihren Richtigkeitsgehalt, auf ihren Wahrheitsgehalt befragen lassen muß, wenngleich auch bei ihnen, wie wir sahen, nicht der Wahrheitsgehalt, der *Grund* ihres Geltens, sondern ihre *Geltung* selbst sozialrelevant ist. Was an Ideologien in erster Linie interessiert, sind ihre jeweiligen sozialen Funktionen.

In diesem Sinne eines funktionalen Ideologiebegriffs können wir im Anschluß an *Talcott Parsons* etwa folgende, gewissermaßen »idealtypisch« entwickelten Bedeutungen von Ideologie unterscheiden:

»Einmal solche Ideologien, die einen Status quo sanktionieren und die sich darstellen als zweckhafte Idealisierungen der tatsächlichen Verhältnisse und als Bagatellisierung oder Nichtbeachtung der Konflikte zwischen den Normen und Werten, die diesem Status quo zugrunde liegen. — Zum anderen Ideologien, die einen bestehenden Zustand ablehnen und ihn darum zweckhaft polemisch oder pessimistisch diagnostizieren. Für diesen zweiten Typ kann weiter unterschieden werden zwischen einer Orientierung an veralteten Leitbildern, die idealisiert oder sakralisiert werden, und einer Orientierung an irrealen, illusionären oder utopischen Zukunftserwartungen[14].«

In der bisherigen Ideologiediskussion wurde dem ersten der beiden soeben dargelegten Ideologiebegriffe der Vorrang eingeräumt, indem vor allem die Legitimation und Sicherung eines gesellschaftlichen Status quo als Funktionen der Ideologie bezeichnet wurden. Das Grundmuster der Ideologie ist konservativer Natur. Doch gibt es »in den zur Rechtfertigung sozialer Ordnungen dienenden Ideologien sehr oft Elemente, die geeignet sind, in ganz anderer Weise verwendet zu werden, nämlich zur Legitimierung sozialer Massenbewegungen, die sich die Revolutionierung der bestehenden Verhältnisse zum Ziel gesetzt haben[15]«. — Dies ist die progressive oder utopische und heute wohl dominierende Variante ideologischen Denkens — utopisch hier verstanden als sozialkritisches Stilelement.

Ob man nun die Ideologie konservativen oder progressiven Schnittmusters betrachtet, immer ist Ideologie — Doxologie auf Zwecke, meist auf »letzte« Zwecke, ausgerichtet. In ihrer progressiven Variante ist sie »ein vorgreifender Gedanke, der sich mit Bestreben, Begierde und Fiktion verknüpft, gleichviel aus welchem Motive, dem des Ressentiments, des Heimwehs, der Hoffnung oder des Interesses. In diesem Sinne enthält jede Ideologie etwas Utopisches, weil sie, wie die Utopie, etwas im Leben zu rationalisieren sucht. Das Verführerische in ihr erklärt sich aber daraus, daß sie die Rationalisierung mit instinktartigem Triebe im Menschen verbindet. Die Ideologie ist daher kein Erkenntnis-, Erläuterungs- oder Darlegungsgedanke, sondern ein Handlungs- und Wirkungsgedanke. Es kommt ihr nicht darauf an, logisch konsequent und zusammenhängend zu sein — meistens ist sie aus sich widersprechenden Elementen zusammengesetzt —, denn sie zählt auf die Begeisterung und die Leichtgläubigkeit von allen denen, die sich zu ihr bekennen. Ihr Ziel ist nicht zu urteilen, Zweifel zu wecken, sondern so viele Geister wie möglich aktiv oder passiv in einen Kampf mitzureißen[16].«

Die Ideologie setzt sich mit Vehemenz gegen die *Hegelsche* »Anstrengung des Begriffs« zur Wehr, gegen die Erörterung von realen künftigen Möglichkeiten durch die rationale Analyse des Gegenwärtigen. Künftige Möglichkeiten werden als Wunschträume dezisionistisch antizipiert. »Der Dominanz des utopischen Elements [in den Ideologien; Verf.] ... entspricht eine *totale Kritik*, die im Namen einer in bezug auf Details notwendigerweise ziemlich unbestimmten Utopie die bestehenden Verhältnisse radikal und pauschal verdammt, ohne sich auf rationale Alternativanalysen einzulassen[17].«

Diesem Dezisionismus entsprechen die Taktiken und Strategien des ideologisch-utopischen Wollens. Da ihm in erster Linie an Legitimation, an Anerkennung durch die Massen gelegen sein muß, muß es auf Sicherung bedacht sein, im positiven Sinne durch Propaganda — heute mit Hilfe der massenpsychologischen Manipulation —, im negativen Sinne durch Abschirmung. Abschirmung gegen »bedrohliche« Information oder ideologie-kritische Diskussion ist eines der untrüglichsten Kennzeichen ideologisch-utopischen Handelns. Dabei sind Ideologen in der Wahl ihrer Mittel im allgemeinen nicht kleinlich oder zimperlich. Offene Diffamierung jener, die eine rationale Diskussion wünschen, als »Fachidioten« ist ja sattsam bekannt. »Das antiliberale Freund-Feind-Denken *Carl Schmittscher* Prägung ist ... Gemeingut aller Auffassungen, die sich im sicheren Besitz politisch relevanter Wahrheit zu befinden und daher zu solch radikaler Praxis berechtigt glauben[18].«

Betrachtet man die vehemente Forderung nach »Demokratisierung aller Lebensbereiche«, dann ist es nicht schwer, hier ideologisch-utopische Elemente in buntem Wirbel in Aktion zu sehen.

Zunächst einmal kann man im Sinne der weiter oben getroffenen Unterscheidung vom Vorhandensein einer recht weit verbreiteten demokratischen Mentalität ausgehen, mit der sich Politik gut verkaufen läßt. (»Wir wollen mehr Demokratie wagen.« So Bundeskanzler *Brandt* in seiner Regierungserklärung im Herbst

1969.) Eine solche Mentalität ist weder »falsch« noch »richtig«, sie ist da, sie ist ein Datum, mit dem politisch gerechnet werden muß. Das demokratische Prinzip zeigt in der Diskussion der Gegenwart — vor allem im Westen — die Tendenz, im Syndrom der selbstverständlichen Bewußtseinsinhalte unterzutauchen. Selbstverständlichkeiten aber, das sollte beachtet werden, verlieren auf die Dauer an Elastizität.

Von dieser Mentalität streng zu unterscheiden ist der ideenpolitische Begriff der Demokratie oder Demokratisierung. Er muß es sich gefallen lassen, daß er rationaler Diskussion in bezug auf Richtig oder Falsch unterzogen wird. Die Reaktion der Verfechter dieses Begriffs im (gesellschafts-)politischen Kampf und die Art ihrer Argumentation werden uns Anhaltspunkte dafür liefern müssen, wieweit Ideologie und Utopie im Spiel sind.

Zunächst einmal sollte man unter ernsthaften Gesprächspartnern relativ schnell sich im Urteil über jene einigen können, die mit ihrer Forderung nach Demokratisierung aller Lebensbereiche nur allzu schnöde und leicht durchschaubare persönliche Interessen zu kaschieren suchen. Das Wort von der »Allianz zwischen Radikalen und Faulenzern« taucht hier besonders im Zusammenhang mit den Demokratisierungsbestrebungen an den Hochschulen auf. Verschiedene Erfahrungen mit der Demokratisierung der Hochschule sind geeignet, das berechtigte Anliegen ad absurdum zu führen und schließlich zum Scheitern zu bringen. Zum Beispiel zeigt eine »demokratisch« erzwungene Herabsetzung des Leistungsniveaus bis zur Verweigerung von Leistungsnachweisen doch nur dies, daß »eine von Selbstbegrenzung entbundene und sich selbst überlassene Freiheit nicht imstande [ist], einen Zug zum Zusammenwirken zu vermitteln[19]«. Soziales Parasitentum als unvermeidliche Begleiterscheinung einer anstrengungslosen Freiheit ist heute und in der Zukunft eine besondere Gefahr, die aus der »Demokratisierung« aller Gesellschaftsbereiche erwächst. Diese Art von Demokratisierung zielt auf die Beherrschung jener politischen und gesellschaftlichen Schlüsselpositionen des Sozialstaates, von denen aus er am sichersten und schnellsten zum totalen Versorgungsstaat umfunktioniert werden kann.

Die jeder quantitativen und qualitativen Selbstbegrenzung entbehrende, sich aber dennoch »demokratisch« nennende Freiheit, wie sie von den parasitären Existenzen unserer Gesellschaft proklamiert und in Anspruch genommen wird, ist zutiefst ungesellig und unsozial. Daß sie sich des Sozialstaats als ihres Mediums und Hebels bedient, beweist nur einmal mehr, wie anfällig und empfindlich der Sozialstaat ist, trotz seines Namens zum ungesellligsten Sozialgebilde zu werden, das man sich denken kann. »Sich der Leistung versagen (›sich dem Leistungsdruck entziehen‹) heißt, sich der Gesellschaft und der Menschlichkeit versagen, sei es aus Schwäche oder Feigheit, sei es aus Verzweiflung oder ideologischer Verbohrtheit. Wer Leistungsdruck nicht als Zwang empfinden will, braucht nichts als Einsicht in das Notwendige. Das ist zwar nicht die ganze Freiheit, wie marxistische Dialektiker sagen, aber in der Tat ein gutes Stück davon[20].«

»Das Ich und das Soziale sind die beiden Götzen« *(Simone Weil).* — »In der Tat: Weil die Freiheit der Person und die soziale Gerechtigkeit die Fundamente unseres gesellschaftlichen Systems sind, braucht man sie nur zu vergötzen, um die von ihnen getragene menschliche Wirklichkeit unglaubhaft erscheinen zu lassen. Dahinter eröffnet sich dann ein weites Feld für eine neue Priesterherrschaft[21].«

Der Sozialstaat, »das Soziale«, steht im Dienste des »Ich«. Das ist unbestreitbar das Credo, das hinter einem Großteil der heutigen Demokratisierungsbestrebungen steht. Aufstand in die subjektive, jeder Verpflichtung und jeder sozialen Begrenzung entbehrende Freiheit als Ausdruck »demokratischer« Lebensführung wird zum Mittel, um auf Kosten anderer zu schmarotzen. Denn »soziales Schmarotzertum ist die Existenz so vieler Revoltierer gegen das System. Denn jeder Apfel, den ein Gammler zur Befriedigung vitaler, von *Marcuse* erlaubter Bedürfnisse ißt, wurde im ›Ausbeutersystem‹ erzeugt, durchlief ›entfremdete Produktion‹ und ›profitsüchtigen Handel‹, ist also Erzeugnis der Gesellschaft, wie sie ist und wie sie den Gammler miterhält. Jede Wohnung, die eine Kommune vergammelt, wurde von diesem gleichen System gebaut, jede Sandale, die ein Hippie trägt, von diesem System produziert. Indem sich die Gammler ihm verweigern, sich aber von ihm erhalten lassen, werden sie zu Parasiten an seiner Leistungskraft[22].«

Interessant ist, wie sich bei den radikalen Demokratisierern die

Extreme berühren. Während man etwa im Bereich des Sittenstraf-
rechts (Pornographie, Abtreibung usw.) durch einen Aufstand in
den Subjektivismus und Individualismus den Begriff der »Freiheit«
bis zum Exzeß durchexerziert, propagieren dieselben Leute Gleichheit vor Freiheit im gesellschaftlich-politischen Bereich, also den
Aufstand ins Kollektiv, aber auch wieder nur im Dienste individua-
listischer Interessen, um an den Segnungen des Kollektivs möglichst ausgiebig zu partizipieren, wobei die Frage nach den Verpflichtungen gegenüber dem Sozialen völlig in den Hintergrund
tritt[23].

Unklar Gedachtes, zunächst nur als »Denkansatz« begriffen,
dann aber zur Mentalität in der Massengesellschaft verdichtet,
wird unweigerlich zur idée-force, die über kurz oder lang auch unklar Getanes hervorbringen wird. Unsere Aufmerksamkeit muß
sich daher von den parasitären Nutznießern der Sprachverwirrung
nunmehr denen zuwenden, die nicht wenig zu dieser Sprachverwirrung beigetragen haben, indem sie die dem demokratischen
Prinzip zugrunde liegenden »metajuridischen« Werte der »Freiheit, Gleichheit, Brüderlichkeit« nicht auf ihre immanenten Grenzen und Spannungen untersucht haben. Durch den unwissenschaftlichen Gebrauch ideenpolitischer Begriffe, nicht zuletzt durch Wissenschaftler, können in einer trotz allen Enttäuschungen noch
immer wissenschaftsgläubigen Gesellschaft schwere politische
Rauschzustände hervorgerufen werden. *Alexis de Tocqueville*
spricht von den »fausses idées claires«, den zwar klaren (d. h. der
Menge einleuchtenden), aber nichtsdestoweniger falschen Ideen,
die gerade deshalb, weil sie so einleuchtend sind, die Menschen in
einen Rausch versetzen können. »Ne faciles simus in verbis« —
»Laßt uns nicht leichtfertig mit den Begriffen umgehen«, so warnt
Carl Schmitt; und *Wilhelm Hennis* schreibt seinen Fachkollegen
der Politologie ins Stammbuch, sie müßten doch eigentlich wissen,
»daß man mit falschen Begriffen nicht folgenlos umgehen kann.
Nutznießer ist einzig jener ... radikaldemokratische Sprachgebrauch, dem man nützliche Kulissen errichtet[24].«

An der Wiege des demokratischen Gedankens stand die Überzeugung von der Freiheit und Gleichheit aller Menschen — zwei
Grundwerte, die in der Programmatik der Französischen Revolution noch überhöht und in ihrer Spannung untereinander durch

das Prinzip der Brüderlichkeit zusammengehalten werden sollten. Allerdings ist der Gedanke der Brüderlichkeit — ursprünglich ein genuin christlicher Gedanke, zum Teil amalgamiert mit der philia-Lehre, der These von der natürlichen Freundschaft aller Menschen untereinander, wie sie von der klassischen Philosophie Griechenlands entwickelt worden war — sehr bald zurückgetreten[25]. Wer spricht heute in den Demokratisierungsdebatten noch von Brüderlichkeit?

Rousseau erklärte gleich im ersten Kapitel seines *Contract Social,* der Mensch werde frei und gleich geboren. *Hennis* weist mit Recht darauf hin, hier werde von *Rousseau* die schlichte Tatsache der Natur geleugnet, »nach der der Mensch zwar durchaus mit der Befähigung, es zu werden, geboren wird, im Zustande der Geburt jedoch alles andere als frei und gleich ist[26]«.

In dieser *Rousseau*schen Leugnung oder Ignorierung der Conditio humana als eines im »Naturzustand« unfreien und ungleichen Wesens ist die Leugnung oder Ignorierung des Prinzips der Brüderlichkeit impliziert, weil Freiheit und Gleichheit »von Geburt an« den natürlichen Vorsprung des Vaters in Frage stellen. Aber nur, wo der Vater noch eine gesellschaftlich relevante Gestalt ist, kann es Brüder als Söhne des Vaters geben.

Das »Elend der Demokratie« beginnt notwendigerweise mit einer falschverstandenen Freiheit und Gleichheit, die nicht mehr durch das Prinzip der Brüderlichkeit zusammengehalten werden. Freiheit und Gleichheit waren die Feldzeichen, um die sich die »Bürger« im Kampf gegen das Ancien régime sammelten. Die bürgerliche Gesellschaft, die sich als demokratisch verstand, hat sich revolutionär etabliert, das Bürgertum tritt als solches revolutionär in die Arena der Weltgeschichte.

Damit wird bereits deutlich, daß »bürgerlich« und »revolutionär« keine Gegensätze und »bürgerlich« und »konservativ/reaktionär« keineswegs Synonyme sind. Das hat erst der Marxismus einer späteren Zeit unter dem Eindruck eines spezifischen (»sekundären«) Bürgertyps daraus gemacht. Es gibt nämlich zwei verschiedene Typen von »Bürgern«, und beide sind Ergebnis, Resultat der Aufklärung und der Französischen Revolution. Die beiden Typen streiten miteinander wie feindliche Brüder, und da beide Typen in der »bürgerlichen« Gesellschaft nebeneinander leben, ist »die Geschichte der bürgerlichen Gesellschaft die Geschichte des Kampfes des Bürgers gegen den Bürger[27]«.

Auf der einen Seite steht der »Philister« (amerikanische Symbolfigur: »Babbitt«), also der konkrete Bürger, den wir den »sekundären« Bürger nennen wollen, in seiner institutionell-juristisch-positiven Begrenztheit, mit den bekannten bürgerlichen Statussymbolen des Vermögens, der »bürgerlichen« Bildung und Kultur, der »bürgerlichen« Familie, kurz des »bürgerlichen« Lebensstils. — Dagegen »behauptete sich immer auch der sich auf das Allgemeine, auf den Menschen beziehende Bürger: als Genie oder Bohemien, als Weltverbesserer oder Revolutionär oder als kritischer oder protestierender Intellektueller. Dieser Gegensatz entspricht dem Gesetz, nach dem die bürgerliche Gesellschaft angetreten ist. Die bürgerliche Gesellschaft hatte sich revolutionär etabliert; das Selbstverständnis, mit dem die feudale Privilegiengesellschaft revolutionär überwunden wurde, war das Selbstbewußtsein des Bürgers als Allgemeines: Der Bürger machte seine Revolution als Mensch[28].« — Es ist dies der Bürger in seinem »primären« Typ, wie wir ihn nennen wollen. — »Die Privilegiengesellschaft wurde mit dem Instrument einer Theorie überwunden, die dem Menschen schon als Menschen bestimmte natürliche Rechte zuschrieb. Aber damit stellte sich die bürgerliche Gesellschaft unter das Gesetz dieses Anfangs: Der Bürger als allgemeiner, als Mensch also, blieb immer die Negation des Bürgers und seiner Gesellschaftsform als besonderer. Die bürgerliche Gesellschaft befindet sich stets in einer Spannung in Richtung des allgemeinen Anspruchs, den die bürgerlichen Prinzipien der Freiheit und der Gleichheit bedeuten[29].«

Wir erleben heute in unserer Gesellschaft eine spektakuläre Wiedergeburt des Bürgers in seinem primären Typ, des Bürgers als Protestanten, als Revolutionär, als Verneiner des Gewordenen und sogar als Verneiner einer geplanten oder programmierten Zukunft. Zukunft muß offen sein; konkret programmierte Zukunft ist bereits wieder Einschränkung des Allgemeinen, des kosmopolitischen Gehalts von Freiheit und Gleichheit. Das Konkrete, als dem Allgemeinen widersprechend, die gegenwärtigen Verhältnisse müssen negiert werden, während die Forderungen für die Zukunft völlig abstrakter Natur zu sein haben. Ein Programm für die Zukunft ist immer etwas, was nur unter Einsatz von Macht die Chance hat, verwirklicht zu werden, und zwar von denen, die das Programm entworfen haben. Programm und Establishment gehören zusammen. Dem würde übrigens haargenau ein Diktum entsprechen, das *Karl Marx* im Jahre 1869 gegenüber dem Engländer *Beesley* formuliert haben soll: »Wer ein Programm für die Zukunft verfaßt, ist ein Reaktionär[30].« — Hier käme — nach dem Erscheinen des ersten Bandes des »Kapitals« — noch einmal der »bürgerliche« *Marx* der Frühschriften zum Ausdruck.

Der zeitgenössische Protest gegen die staatlichen und gesellschaftlichen Institutionen (*Rudi Dutschke* forderte »den langen Marsch durch die Institutionen«), der sich in der reinen Negation oder Negativität erschöpft, ist Ausdruck dessen, was *Hanno Kesting* als »Aufstand in die Subjektivität« bezeichnet, ist Ausdruck negativer bürgerlicher Existenz.

Herbert Marcuse und ein Großteil seines Anhangs, der »Neuen Linken«, sind Musterexemplare »negativer bürgerlicher Subjekte« *(Bernard Willms),* ihr Protest ist bürgerlicher Provenienz und bürgerlicher Qualität im Sinne des primären Bürgertyps[31].

Die Scheu vor Programmen, die Abstraktheit der Ideale und die pure Negativität des Protestes sind Ausdruck einer »Flucht aus der Gegenwart in die Zukunft« und daher im Grunde Verzicht auf politisches Handeln. Wo Vertreter der Linken zu »handeln« beginnen, auf ihre Art, da werden sie womöglich von ihren eigenen Ziehvätern nicht mehr verstanden. Das war ja die Tragik von *Theodor W. Adorno,* der in den letzten Monaten seines Lebens die »enttäuschende« Erfahrung machen mußte, daß einige seiner Schüler das ernst genommen hatten und nun auf ihre Art in die Praxis umzusetzen suchten, was er sie in der Theorie gelehrt hatte. Das, so erklärte *Adorno* dem Sinne nach, habe er nicht gewollt.

Darin zeigt sich das Auseinanderklaffen von revolutionärer Theorie und politischer Praxis bei Teilen der Neuen Linken. Im Gegensatz dazu ist der Sowjet-Marxismus (nach Abstreifen seiner utopischen revolutionären Ideale und Zurückbleiben einer fast reinen Establishment-Ideologie) durchaus »realistisch« im Sinne von politisch; und deshalb ist er seinerseits wieder Zielscheibe von Angriffen der Neuen Linken. Für diese ist — wie für *Mao Tse-tung,* dem sie nicht zufällig sich viel näher zugehörig fühlen — der Sowjet-Marxismus reaktionär.

Für den primären Bürgertyp, den Bürger des »Aufstands in die Subjektivität«, den frühliberalen Bürger, gibt es nicht die Spannung zwischen Freiheit und Gleichheit; er will vor allem und für alle »die gleiche Freiheit«. Das aber ist ein rein emanzipativer Freiheitsbegriff ohne politisches Konzept, allenfalls brauchbar für eine Revolution, nicht aber für Politik, die immer erst nach einer Revolution gefragt ist und nötig wird. *Hans Maier* weist dies auch für die neuerdings so in Mode gekommene theologische Rezeption des Demokratiebegriffs nach. »Einen politischen Ordnungsbegriff von Demokratie hat sie nicht aufzuweisen. Ein gestörtes Institutionenbewußtsein läßt sie Demokratie nur aus der verengten Perspektive individueller Emanzipation und personeller Autonomie sehen — in einer frühliberalen Perspektive also, in der Freiheit vornehmlich als naturhaftes Ausgegrenztsein aus der potentiellen All-Verfügung des Staates erschien[32].«

Aber schon kündigt sich der Aufstand des Bürgers (sekundären Typs) gegen den Bürger (primären Typs) in der Brust der »Demokratisierer« mächtig an. Läßt man einerseits Amt, Institutionen und »Herrschaft des Menschen über den Menschen« unter einer pausenlosen Kritik konturenlos verdampfen, so wird andererseits die emanzipative Freiheit flugs und sozusagen unter der Hand in massiver Weise individuell verräumlicht und verzeitlicht und damit wieder vom Ideenhimmel des Allgemeinen ins Erdhaft-Konkrete gewendet wie nur eh und je in den Denkweisen und Attitüden des liberalen Besitzbürgers, d. h. des sekundären Bürgertyps. Die Zauberformel heißt: *Partizipation!* Wie Emanzipation und Partizipation zusammenpassen, auf diese Frage verwenden die »Demokratisierer« wenig Mühe, wie ja überhaupt die »Anstrengung des Begriffs« nicht ihre stärkste Seite ist. Mit Recht bemerkt daher *Hans Maier:* »Wer Freiheit emanzipativ versteht, kann im Grunde nur eine unpolitische Freiheit wollen — sei es nun Freiheit im ›grünen Gemütswinkel‹ *(Lessing),* im anarchistischen ›Ohnemich‹ oder in der Leberecht-Hühnchen-Idylle weltabgewandter Beschaulichkeit. Wer dagegen auf politische Beteiligung hinaus will, muß sich und anderen Abstriche von der idyllischen Freiheit zumuten: Schon der Wahlakt kann den Sonntagsausflug kosten. Im Gegenüber von Emanzipation und Partizipation steckt der alte Gegensatz von bourgeoiser und politischer Freiheit...; und es ist doch wohl Schwarmgeisterei, wenn uns bedeutet wird, der Gegensatz sei gar keiner, und man könne beides, Partizipation und Emanzipation, zur gleichen Zeit haben[33].«

Was *Hans Maier* hier den alten »Gegensatz von bourgeoiser und politischer Freiheit« nennt, ist der Gegensatz oder der Kampf »des Bürgers gegen den Bürger« *(B. Willms)*, des Allgemeinen gegen das Konkrete, wobei das Allgemeine, nämlich die »Idee« der Freiheit, die »Idee« der Gleichheit, die »Idee« der Gerechtigkeit im platonischen Himmel der reinen Vernunft angesiedelt ist, während seine politische Konkretion im dunklen Reiche der irdischen Niederungen erfolgen muß. Letzteres ist das harte Brot des Politikers, der von den engagierten Verfechtern des emanzipativen Demokratiegedankens schnöde im Stich gelassen wird und sich noch obendrein dem Spott und der pausenlosen Kritik ausgesetzt sieht, wenn er sich um das entsprechend den Verhältnissen Erreichbare müht. »Denn daß man nicht zugleich für den konkreten Nächsten, für das politisch hic et nunc Erreichbare sorgen und gleichzeitig alles Bestehende hoffnungsfroh im Feuer der Eschatologie untergehen lassen kann, ist klar[34].«

Der emanzipative Freiheitsbegriff will »die gleiche Freiheit« aller. Indem er sich jedoch mit dem Begriff der Partizipation verbindet, wird der Keim zum Kampfe des Bürgers gegen den Bürger gelegt. Denn Partizipation kann immer nur konkret und daher politisch verstanden werden. In der Konkretion aber eines verräumlichten und verzeitlichten Freiheitsraumes liegt die Möglichkeit von Ungleichheit wesensmäßig impliziert. Das Konkrete gelangt zum Triumph über das Allgemeine, und das ist die Sünde wider den Geist des Gewissens des primären Bürgertyps, das auch im sekundären Bürgertyp nie mehr ganz zum Schweigen kommt. Den völlig gewissensruhigen Besitzbürger, wie es den im Gewissen unangefochtenen Herrscher in der »enttäuschungsfesten« Gesellschaft des Mittelalters gab, gibt es nicht mehr, und die Politik, das praktische Handeln, ist heute danach. Das Allgemeine erhält in der Politik immer mehr den Primat vor dem Besonderen, dem Konkreten, dem Privaten.

Die problematische Grundlage dieser Politik »ist das Dogma von der Überlegenheit des Allgemeinen über das Besondere, ein vorbürgerlicher Denkbestand, den die bürgerliche Revolution auf ihre Weise transformiert und erfolgreich legitimiert hatte[35]. Das bürgerliche Subjekt, das sich gegenüber den konkreten Verhältnissen negativ bestimmte, konnte als fortschrittlicher, als dem Allgemein-Menschlichen näher sich verstehen als der Rest der zurückgebliebenen Menge. Wer also in den immanenten Auseinandersetzungen der bürgerlichen Gesellschaft überlegen bleiben wollte, mußte die größere Allgemeinheit für sich nachweisen, daraus resultierte immer schon die Arroganz der Intellektuellen [»Die Intelligenz steht links«; Verf.], aber ... auch der klassische Klassenkampf. Waren die Proletarier nicht die besseren, die eigentlichen Menschen? Beriefen sie sich nicht gegen die Perversion der konkreten bürgerlichen Gesellschaft im Kapitalismus auf das allgemeine Prinzip dieser Gesellschaft, das Freiheit und Gleichheit des Menschen hieß[36]?«

Nun übersieht jedoch die politische Praxis, die dem Allgemeinen den Vorrang vor dem Konkreten, dem Privaten einräumt, daß sich emanzipative Freiheit und Gleichheit im Sinne der Ausschaltung des Konkreten und Partikulären nur in analoger Weise im Allgemeinen treffen, wie sich zwei Parallelen im Unendlichen berühren, nämlich als *ens rationis cum fundamento in re,* d. h. in gedanklicher Vorstellung, jedoch mit einem realen Fundament. Das reale Fundament liegt für die Begründung des Allgemeinen in der gleichen fundamentalen Würde aller Menschen. Die gleiche fundamentale Würde aller Menschen ist ein *Metajuridicum,* d. h. ein aller konkreten juristisch-politischen Gesellschaftsgestaltung voraus und zugrunde liegender Sachverhalt. Wie für den Bereich des Denkens das Allgemeine im Gegensatz und in der Spannung zum Konkreten oder Besonderen, wie für die Mathematik das Unendliche im Gegensatz zum Endlichen steht, so steht für die Politik das Metajuridische im Gegensatz und in der Spannung zum Konkret-Juristisch-Positiven. So wie man aus der gedanklichen Annahme einer Berührung zweier Parallelen im Unendlichen nicht darauf schließen kann, daß sie sich im Endlichen jemals treffen können, so kann man aus einem metajuridischen prinzipiellen Sachverhalt nicht einfach juristisch-politische Alltagslösungen durch bloße Konklusion abfolgern[37]. Genau das aber bestimmt heute einen Großteil unserer politischen Auseinandersetzungen und unserer politischen Praxis[38]. Aus der unbestrittenen (metajuridisch) gleichen Würde aller Menschen wird eine zunehmende konkrete Egalitätspolitik abgeleitet (und zwar nicht nur im Sinne der Schaffung gleicher Lebenschancen, was richtig ist, sondern durch politische Egalisierung der Resultate persönlicher Anstrengungen), wie wenn gleiche Würde schon konkret-historische Gleichheit direkt und unmittelbar implizieren müßte. Gerade das letztere steht in Frage und ist seit eh und je Gegenstand starker ideologischer Auseinandersetzungen zwischen liberal-individualistischer Politik einerseits und sozialistisch-kollektivistischer Politik andererseits gewesen.

Der politische individualistische Liberalismus (der Liberalismus des sekundären Bürgertyps) neigt, geschichtlich erwiesen, der These zu, Unterschiede im Einkommen, im Vermögen, im sozialen Status beruhten primär auf unterschiedlicher Leistung und diese wieder auf unterschiedlicher Begabung, Neigung, Talenten, Fleiß und ähnlichem. Gegen derlei könne man nichts machen, das sei »natürlich«, ein »Naturgesetz[39]«. Starke Bundesgenossen des Liberalismus sind die biologische und die psychologische Anthropologie. Es ist bezeichnend, daß *Adam Smith* (gestorben 1790) längst vor seinem bekannten Wirtschaftsbuch »Über den Reichtum der Nationen« (1776) ein psychologisch-anthropologisches Buch mit dem Titel »Theory of Moral Sentiments« (Theorie der sittlichen Empfindungen; 1759) geschrieben hat. Grundthese dieses Buches, die sich im liberal-individualistischen Denken bis heute sehr stark durchhält, ist dies, daß die Menschen mit verschiedenen Anlagen, Begabungen, Neigungen, Trieben und Talenten ausgestattet sind (»von Natur« aus dominierende Alpha-Typen, ebenso »von Natur« aus total fremdgesteuerte Omega-Typen, dazwischen das breite Spektrum der teils dominierenden, teils beherrschten Beta- bis Psi-Typen) und daß eine möglichst unbehinderte Entfaltung dieser Anlagen »das größte Glück der größten Zahl« (*Jeremy Bentham*) herbeiführen werde.

Gegen diese Auffassung setzte und setzt sich der Sozialismus als Idee (der Sozialismus des primären Bürgertyps) und als politische Bewegung zur Wehr. Wie für den Liberalismus die (biologische und psychologische) Anthropologie die Hauptwaffe im ideenpolitischen Kampf war und ist, so war und ist es für den Sozialismus die Soziologie (beide sind synchrone Erscheinungen), als Sozialpathologie begriffen und daher den sozialkritisch engagierten emanzipativen Varianten von Soziologie besonders zugetan. Im Gegensatz zu der Grundthese des Liberal-Individualismus, wonach alle individuellen Unterschiede aus angeborenen Begabungen, Neigungen usw. zu erklären seien, suchte und sucht der Sozialismus nunmehr die Unterschiede primär und zum Teil ausschließlich in soziologischer Manier aus Fehlkonstruktionen der Gesellschaft zu begreifen. (Junge Wissenschaften neigen immer etwas zu intellektuellem Imperialismus, indem sie vorgeben, endlich den Stein der Weisen gefunden zu haben.) Unterschiede im Einkommen, im Vermögen und im sozialen Status haben nur scheinbar etwas mit Leistung und diese wieder mit Begabung zu tun; vielmehr erzeugen fehlkonstruierte soziale Verhältnisse die Unterschiede überhaupt erst, indem sie darüber entscheiden, ob Begabungen und Talente zur Entfaltung kommen.

Ganz offensichtlich haben wir es hier mit massiven Einschlägen von Ideologie und Utopie zu tun, und zwar auf beiden Seiten, indem ein an den jeweiligen politischen Interessen orientiertes Menschenbild fabriziert wird. Alle sozialen Unterschiede primär oder gar ausschließlich aus individuellen existenziellen Veranlagungen erklären zu wollen, wie es der individualistische Liberalismus gern tut, ist unzulässig. Richtig ist daher an der Kritik des Sozialismus ohne Zweifel so viel, daß Leistung, leistungsbedingtes Einkommen, Vermögen und sozialer Status *wesentlich* auch durch die sozialen und wirtschaftlichen Umweltverhältnisse mit bedingt werden. Selbst der begabteste Ingenieur, der in unserer Gesellschaft ein Spitzeneinkommen erzielt, kann überhaupt nur etwas leisten, weil ihm eben diese Gesellschaft mit qualifizierten Facharbeitern zur Seite steht, die in der Lage sind, seine kühnen Projekte auch zu realisieren. Man schicke denselben Ingenieur zu den Südseeinsulanern, und mit seiner Leistung wird es dann nicht mehr weit her sein. Leistung kann nie nur vom einzelnen her definiert werden, Leistung ist gerade in einer hoch arbeitsteiligen Gesellschaft immer nur im sozialen Leistungsgefüge denkbar. Andererseits ist die Grundthese des Sozialismus, wonach alle Unterschiede primär oder gar ausschließlich aus fehlkonstruierten gesellschaftlichen Verhältnissen abzuleiten wären, ebenso falsch und einseitig. Solange es noch Menschen gibt, die nicht aus der Retorte oder aus typisierten

Gebärflaschen stammen, wie makabre Gegenutopien es voraussehen wollen, wird es unterschiedliche Primärbegabungen, unterschiedliche Interessen, unterschiedliche Initiativkraft geben, die in sich bereits Ungleichheiten sind[40]. Daß daraus Ungleichheit im Vermögen und im sozialen Status resultieren werden, liegt auf der Hand, es sei denn, man egalisiere die Resultate ungleicher individueller Bemühungen ganz radikal durch rein techno-politische Maßnahmen.

Die techno-politische Offensivität ist eine spezifische Signatur sozialistischer politischer Praxis. Sie tarnt sich mit besonderer Vorliebe mit dem Begriff der »Demokratie« oder der »Demokratisierung« der Gesellschaft, wobei Demokratie in einem egalitären Sinne verstanden wird[41]. Das »Pathos des Allgemeinen« (allgemeine und gleiche Würde aller Menschen) als Erbe der Aufklärung und der *Rousseau*schen Gesellschaftsphilosophie verbindet sich im sozialistischen Denken mit emanzipativen Varianten von Soziologie und Politologie zu einem politisch äußerst eindrucksvollen und wirksamen Interpretament für konkretes Handeln, für politische Praxis.

Einer politischen Praxis, die dem »Pathos des Allgemeinen« verfallen ist, sind verständlicherweise alle jene Realfaktoren und Institutionen innerhalb der Gesellschaft ein Dorn im Auge, die dem Prozeß der Egalisierung im Wege stehen, die ihn hemmen. Kurzgesprochen sind das jene Enklaven, jene Inseln, jene Mikrogruppen und Institutionen innerhalb der Gesellschaft, die nach anderen Gesetzen als denen der Gesamtgesellschaft strukturiert sind. Die Gesamtgesellschaft, das Allgemeine, soll »demokratisch« eine Vertragsgesellschaft von Gleichen sein; in ihr soll es keine Geheimnisse geben, keine geheimen Kabinettsbeschlüsse, sie soll offen und öffentlich sein (ein besonders beliebtes Schlagwort ist die »Öffentlichkeit aller Vorgänge«); sie soll jedem die gleiche Chance bieten, nicht nur formal-rechtlich, sondern auch tatsächlich; in ihr soll es keinen geben, der Herrschaftsgewalt über andere ausübt, es sei denn per Mandat.

Diesem Konzept stehen die Mikrogruppen und Institutionen innerhalb der Gesellschaft im Wege, die den einzelnen aus der Gesellschaft herausheben, die ihm eine gewisse Herrschaftsbefugnis verleihen, die ihn mit einer gewissen Macht ausstatten, die es ihm erlauben, ein Leben zu führen, das privat ist, kurzum: die ihm eine wie auch immer geartete Sonderstellung gestatten und damit das Allgemeine in Frage stellen.

Mikrogruppen dieser Art, Institutionen dieser Art sind vor allem die Familie, der entgegengehalten wird, sie trage durch ihren Kleingruppenegoismus zur Zerklüftung der Gesellschaft bei, ferner das private Eigentum und die auf dem Privateigentum ruhende Ordnung unserer Gesellschaft und Wirtschaft mit ihrer Zentralfigur, dem privaten Unternehmer. Aber auch jede andere Sonderstellung eines Menschen oder einer Gruppe wird attackiert, wie z. B. die des Amtsträgers innerhalb der hierarchisch strukturierten Kirche. Damit gerät jede Autorität unter Beschuß — nicht nur die, die sich auf juristische Titel abstützen will, sondern auch die, die sich aus der Leitungsnotwendigkeit, aus der Direktionsbedürftigkeit der Mikrogruppen wie der Kirche, der Familie und des Unternehmens ableitet.

Die konsequente Forderung daraus ist, wie es die Deutschen Jungdemokraten — Landesverband Nordrhein-Westfalen — erst kürzlich formuliert haben, die »demokratische Gestaltung der Herrschafts- und Machtverhältnisse in allen (!) Bereichen der Gesellschaft. Demokratie ist dabei nicht einfach als das Prinzip der Entscheidung durch eine Mehrheit aufzufassen, sondern als die Forderung, daß Herrschafts- und Machtausübung auf der Delegation durch die Betroffenen (!) beruht und von den Betroffenen kontrolliert wird und diese Delegation der Macht[42] im Prinzip jederzeit (!) eingeschränkt und zurückgenommen werden kann. Eine Festlegung auf genau ein technisches Modell zur Verwirklichung von Demokratie ergibt sich aus dem Grundsatz liberaler Politik nicht[43]«.

Hier sind unsere vorausgegangenen Analysen noch einmal kaleidoskopartig zusammengefaßt. In der Forderung nach Demokratisierung aller Bereiche der Gesellschaft wird der Primat des Allgemeinen vor dem Besonderen, dem Partikulären, deklariert, ohne daß man sich Gedanken über das mögliche und zu respektierende Eigengewicht des Besonderen macht. — Indem angeblich nicht die Mehrheit, sondern »die Betroffenen« das Herrschaftsmandat verleihen und kontrollieren, wird die *Rousseau*sche Idee der »volonté générale« kolportiert, die auch die Minderheit mit einschließt, indem die »volonté générale« — das ist die ideelle List *Rousseaus* — die Gesamtheit der Betroffenen, Mehrheit und Minderheit, unter ihrem alles egalisierenden Mantel birgt. Indem *Rousseau* selbst zwischen »volonté générale« und »volonté de tous« unterschied, die keineswegs identisch sind, wollte er deutlich machen, daß nicht die Freiheit, sondern die Gleichheit der Fundamentalbegriff der Demokratie sei.

Daß man sich nicht auf ein technisches Modell zur Verwirklichung von Demokratie festlegen will, entspricht angeblich dem Grundsatz liberaler Politik. Dies wird noch bekräftigt durch die Selbstabgrenzung zum Sozialismus — wobei man gern wissen möchte, welche Spielart von Sozialismus die Jungdemokraten hier im Auge haben: »Ein wesentlicher Unterschied zwischen Liberalismus und Sozialismus liegt in der Festlegung des Sozialismus auf ein bestimmtes Wirtschaftssystem und Gesellschaftssystem, die für den Liberalismus aus prinzipiellen Gründen nicht akzeptabel ist. Liberalismus vermeidet damit eine erhebliche Gefahr der Verselbständigung politischer Mittel[44].«

Hier taucht wieder der emanzipative, völlig autonome Freiheits- und Demokratiebegriff auf, für den es typisch ist, daß die politischen »Formprobleme, das Juridische mit einer unwilligen Geste weggeschoben [werden] — ebenso wie die Theorien, die sich an der Faktizität ›des heutigen, sich demokratisch nennenden Staates‹ orientieren... Daß gerade in den *Formen* der — oft hauchdünne — Unterschied zwischen freiheitlichen und unfreiheitlichen Gestaltungen dieser Staatsform liegt [worüber uns nicht nur die letzten Jahre belehrt haben], kommt kaum in den Blick[45].«

Es ist durchaus richtig gesehen, wenn man in der Gleichheit den demokratischen Fundamentalbegriff erblickt. Die bürgerliche Freiheit hat andere Wurzeln als demokratische, sie ist das Prinzip des klassischen Rechtsstaates, das modifizierend zum demokratischen Prinzip hinzutritt. Nur so wird es ja erklärbar, weshalb auch sozialistische Diktaturen, die Gleichheit besonders laut propagierend, sich durchaus als Demokratien, sogar als »Volksdemokratien« verstehen.

Wenn Gleichheit der demokratische Fundamentalbegriff ist, dann basieren das demokratische Denken und das demokratische Handeln definitionsgemäß auf der Homogenität und Identität einer Gruppe mit sich selbst. Gleichartigkeit der Gruppe ist die Voraussetzung der demokratischen Gleichheit. Dies ist jedoch sofort dahingehend einzuschränken, daß Gleichheit nicht bedeuten kann, daß alle Gruppenmitglieder einander tatsächlich gleich *sind,* sondern nur, daß sie von einem übergeordneten Gesichtspunkt aus und unter gewissen Aspekten als (relativ) gleichartig *angesehen werden können.* Das bedeutet aber: Die Mehrheit hat nicht deshalb die größere Bedeutung, weil sie die Mehrheit ist, sondern weil die Gleichartigkeit der Gruppe, die fundamentale politische *Gleichgerichtetheit* der Gruppe, so groß ist, daß aus der gleichen Grundsubstanz heraus wenigstens im Prinzip alle das Gleiche wollen. Hier liegen dann auch die Grenzen des vielberufenen Pluralismus, der nicht so weit gehen darf, daß er die demokratisch gleiche Grundgerichtetheit in Frage stellt, weil sich damit die Demokratie selbst in Frage stellte.

Wenn also Demokratie nur unter einem beträchtlichen Mindestmaß an Gleichheit bzw. Gruppenhomogenität funktionieren kann, dann ergibt sich daraus logisch, daß sie — wenn sie freiheitliche (!) Demokratie sein will — nur auf einer relativ hohen Ebene der Gesellschaft als politisches Gestaltungsprinzip praktikabel ist, d. h. dort, wo die individuellen Besonderheiten und gesellschaftlichen Ungleichheiten der Gruppenmitglieder immer stärker hinter ihrer allgemeinen Staatsbürgerqualität zurücktreten. Deshalb hat man das demokratische Prinzip mit Recht in erster Linie als politisch-staatliches Prinzip bezeichnet, weil unterhalb des Staates, im gesellschaftlichen Bereich, allerdings mit erheblichen Abstufungen, einfach jene notwendige Homogenität (z. B. zwischen Unternehmer/Arbeitgeber und Arbeitnehmer, Lehrenden und Lernenden), aus welchen Gründen auch immer, nicht gegeben ist, die aber für das Funktionieren von Demokratie nun einmal unbedingte Voraussetzung ist.

Das ist übrigens wohl einer der Gründe, weshalb — historisch erwiesen und in der Gegenwart leicht erweisbar — nicht eine Vielzahl von Weltanschauungs- oder Richtungsparteien bis hin zu kleinen und kleinsten Splittergruppen einer gedeihlichen Politik am besten zu dienen imstande sind, sondern zwei oder drei größere »Volksparteien«, die ein solches Mindestmaß an Gruppenhomogenität garantieren, daß unter ihrem breiten Dach sehr viele Interessen, Meinungen, Anschauungen und dergleichen Platz finden können. Lähmende Richtungskämpfe werden so aus dem Parlament (als »Volksvertretung« Symbol für fundamentale Gruppenhomogenität) in die Parteien und deren Gremien vorverlagert. Ferner können sich nur bei einer solchen Lage der Dinge für anstehende Wahlen einigermaßen genau kalkulierbare Alternativen anbieten. Das alles ist in einem Tohuwabohu von Richtungs- und Interessenparteien nicht der Fall, einer der Gründe, warum Weimar auf die Dauer nicht funktionieren konnte, und auch einer der Gründe, weshalb unter ganz anderen Voraussetzungen es in der Bundesrepublik — wenigstens bis heute — politisch einigermaßen gelaufen ist, von den großen traditionellen Demokratien mit ihren meist zwei oder wenigen großen Volksparteien ganz zu schweigen.

Dies alles aber gibt bereits mehr als genug Anlaß zum Zweifel, ob das demokratische Prinzip (dessen Wesenskern die Gruppenhomogenität ist) auf gesellschaftliche nichtstaatliche Bereiche einfach übertragen werden kann. Im Gegensatz zu demokratisch gewählten Gesamtvolksvertretungen mit ihrem breiten Spektrum von sich oft einander widersprechenden, aber auch gegenseitig balancierenden Interessen und Meinungen, sitzen in den Gremien der Hochschulen und Universitäten oder in den Aufsichtsorganen von Unternehmungen nach bestimmtem Proporz mehr oder weniger geschlossene quasi-ständische und sehr inhomogene Gruppenblöcke einander gegenüber. Wie Weltanschauungsparteien unseligen Andenkens tragen sie die Auseinandersetzungen in die Entscheidungsgremien hinein und lassen die Sitzungen oft zu einer Qual werden. Altbundeskanzler *Ludwig Erhard* hat diese Art von Demokratie mit einem sehr treffenden Vergleich als »Strickmuster-Demokratie« (»zwei rechts, zwei links«) bezeichnet[46].

Außerdem ist die Repräsentanz der *allgemeinen* Bürgerinteressen durch Abgeordnete in einem Parlament völlig anders zu werten als die Repräsentanz der *konkreten* und *gruppenspezifischen* Interessen der »Stände« in den Hochschulen oder der Interessen von »Kapital« und »Arbeit« in den Aufsichtsräten von Unternehmungen. In einem politischen Parlament sitzen sich zwei Kontrahenten gegenüber, auf der einen Seite die »regierende« oder — in einer Koalition — die »regierenden« Parteien, die in aller Regel über die Mehrheit verfügen und die Regierung stellen, auf der anderen Seite die Opposition, die in der Minderheit ist. Ein Wechsel der Regierung kann in aller Regel nur durch Änderung der Mehrheitsverhältnisse im Parlament und daher meist nur auf Grund von Neuwahlen erfolgen. Dann stellt eine neue oder die neue alte Mehrheit die neue Regierung.

Die Möglichkeit des Wechsels ist gerade für Repräsentativorgane wesentlich, und zwar nicht nur ein Auswechseln in den Personen, sondern gerade auch ein Wechsel der Mehrheitsverhältnisse (Wahlslogan: 20 Jahre XYZ-Mehrheit sind genug!). Aber gerade das fehlt ja bei allen Varianten von »Strickmuster-Demokratien«, da hier Minderheiten und Mehrheiten nicht auf Grund demokratischer Wahlen zustande kommen, sondern durch Festsetzung von Paritäten kraft Gesetzes oder Satzung. Man könnte höchstens von »quasi-ständischer« oder »klassenmäßiger« statt demokratischer Vertretung sprechen.

Der Gedanke der ständischen oder klassenmäßigen Repräsentation widerspricht dem demokratischen Prinzip der Identität einer Gruppe mit sich selbst als politischer Einheit. Ein imperatives Mandat mittelalterlichen Stils, d. h. die Abhängigkeit eines Delegierten von Weisungen ständischer oder anderer Organisationen, wie es in »Strickmuster-Demokratien« durchweg der Fall ist, widerspricht sowohl dem Gedanken der politischen Einheit als auch der demokratischen Grundvoraussetzung, nämlich der substantiellen Homogenität der Gruppe, die nur auf einer hohen, d. h. politischen und staatsnahen Ebene der Gesellschaft erwartet werden kann, nicht aber in den gesellschaftlichen Bereichen unterhalb der politischen Ebene. Die Konsequenz des demokratischen Prinzips postuliert ein (unerläßliches) Minimum von Repräsentation.

Versuchen wir, die Ergebnisse zusammenzufassen.

Wir hatten uns vorgenommen, das Schlagwort von der »Demokratisierung aller Lebensbereiche« in seiner Funktion für eine zunehmende Ideologisierung und Utopisierung praktischen (politischen) Handelns zu hinterfragen. Für Ideologien und Utopien ist ihr Ideenhaushalt nicht vom Inhaltlichen her wichtig, wie wir sahen — die Frage nach »richtig« oder »falsch« ist für sie minderen Gewichts —, sondern in seiner Funktion als »geltender« Sozialwert, wenn nicht gar als Kampfwert. Ein solcher Sozial- oder Kampfwert ist die Forderung nach »mehr Demokratie« (so Bundeskanzler *Brandt* in seiner Regierungserklärung im Herbst 1969), nach »Demokratisierung aller gesellschaftlichen Bereiche«. Er wird zu diesem Kampfwert durch verschiedene inhaltliche Manipulationen:

○ durch die dezisionistisch kurzgeschlossene, d. h. aber nicht rational vermittelte, Transformation *metajuridischer* Werte (fundamentale Freiheit und fundamentale gleiche Würde aller Menschen) in konkrete *politisch-juristische* Handlungsmaximen; konkret gesprochen

○ durch die inhaltliche Engführung des Begriffs der Freiheit als einer rein *emanzipativen Freiheit*, wodurch das Bestehende kritisch — zum Teil radikal — in Frage gestellt wird; die emanzipative Freiheit zielt auf die Schaffung von »Freiheitsräumen« innerhalb der Gesellschaft und außerhalb der Kontrolle des Parlaments (»außerparlamentarische Opposition«, »Autonomie der Hochschulen« usw.);

○ da die emanzipative Freiheit vor allem die »*gleiche* Freiheit« aller bedeutet, muß bei der Verräumlichung und Verzeitlichung, d. h. bei der konkreten juristischen oder satzungsmäßigen Ausgestaltung der Freiheitsräume, vor allem darauf geachtet werden, daß die »Partizipation« aller Individuen, »Stände« oder »Klassen« im Sinne egalitärer Paritäten erfolgt;

○ »*gleiche* Freiheit« wird vor allem durch Gleichheit erzielt; da aber Gleichheit der Fundamentalbegriff der Demokratie ist, ist die Forderung nach »Demokratisierung« der Freiheitsräume nur logisch, unabhängig davon, ob die egalitäre Gleichheit mit den Funktionsbedingungen der Freiheitsräume vereinbar ist oder nicht, denn es kommt ja nicht in erster Linie auf das Funktionieren an, sondern auf die »Demokratisierung«. Der Begriff einer »funktionsgerechten Mitbestimmung« ist daher verpönt, weil er nicht zur Ideologie paßt. Die »Thesen gegen den Mißbrauch der Demokratie« des Zentralkomitees der Deutschen Katholiken[47] haben den Finger auf den utopischen Charakter dieser Ideologie gelegt: »In solchen Ideologien wurzelt die ebenso utopische wie falsche Vorstellung, daß durch die Organisierung absoluter Gleichheit nicht nur in der Politik, sondern in allen gesellschaftlichen Bereichen ein Zustand vollkommener Freiheit für alle erreicht werden kann« (Einführung).

In Wirklichkeit kann die Zwangsegalisierung, statt zur Freiheit, nur zur totalitären Vergewaltigung des Privaten, des Partikulären, des aus der Menge Herausragenden führen. Die Frustrationen, zu denen eine egalitaristische Politik zwangsläufig führt, sind noch unüberschaubar. Was meist völlig übersehen wird ist dies, daß eine solche Politik, eine Politik gleicher *Chancen* für alle, aber dann notwendigerweise auch gleicher *Erwartungen* (!) an alle, nicht nur den Begabten, sondern mindestens ebenso und vielleicht noch stärker den Unbegabten in die Enttäuschung treiben muß. »Die Ungerechtigkeiten, die den Begabten widerfahren, sind nicht geringer als jene, die die Unbegabten erleiden. Das Streben nach Gleichheit, eine naturbedingte Unmöglichkeit, verdammt den Begabten zur Mittelmäßigkeit. Die Erwartung eines bestimmten Status verdammt den Unbegabten zur Frustration[48].«

Wilhelm Hennis hat sehr einleuchtend und überzeugend dargelegt, daß Despotismus, Absolutismus und Totalitarismus durch die ihnen allen gemeinsame Subsumtion des gesamten Lebens unter ein einziges politisches Prinzip definiert sind. Die Unterstellung des gesamten Lebens unter ein einziges politisches Prinzip verwischt ex definitione die Unterschiede zwischen dem politischen und dem gesellschaftlich/privaten Bereich und würgt damit in der Konsequenz die private Freiheit ab. Der fürstliche Absolutismus des siebzehnten und achtzehnten Jahrhunderts würde eine nicht weniger die Freiheit des Menschen bedrohende Fortsetzung in einem »absolutistischen Demokratismus« finden.

Hennis sieht in der emanzipativen Forderung nach Demokratisierung nicht bloß eine Ideologie, »sondern eine Revolte gegen die Natur. Da wir nicht imstande sind, die Natur zu verändern, werden mit dem Begriff der Demokratisierung von Sozialtatbeständen Hoffnungen geweckt, die unerfüllbar sind. Die Erwartungen, die mit diesem Begriff verbunden sind, sind nicht einlösbar. Da illusionäre Erwartungen nicht eingelöst werden können, könnte am Ende auch dieser illusionären Erwartung hier wie immer nur stehen: die Agonie der Freiheit[49].«

Fußnoten

[1] »Außerdem könnte man zu einem Hinauskomplimentieren des Rollenbegriffs aus der Soziologie neigen..., weil er vorzüglich dazu geeignet erscheint, das Prozeßhafte der soziologischen Analyse auf der einen Seite und das Institutionelle, Strukturelle auf der anderen Seite zu verdecken. Man könnte sagen, der Rollenbegriff verschleiere, daß hinter der ›Rolle‹ die Position steht und daß hinter der Position sich das Gefüge der sozialen Struktur befindet, dessen Kreuzungen eben diese sozialen Positionen sind.« *Dieter Claessens*, Rolle und Macht. Grundfragen der Soziologie (hrsg. v. D. Claessens), Bd. 6, München 1968, S. 67 f. — Hier wird der Rollenbegriff eindeutig unter Ideologieverdacht gesetzt, indem ihm Legitimations- und Sicherungsfunktionen für bestehende soziale Strukturen angelastet werden. — Zum Systembegriff vgl. *Jürgen Habermas*, Theorie der Gesellschaft oder Sozialtechnologie? Eine Auseinandersetzung mit Niklas Luhmann, in: *Jürgen Habermas, Niklas Luhmann*, Theorie der Gesellschaft oder Sozialtechnologie — Was leistet die Systemforschung? Frankfurt am Main 1971, S. 142 ff., bes. S. 239 ff.

[2] Nach einem mehrwöchigen Industriepraktikum mit anschließender intensiver und fachkundiger Auswertung für Theologiestudenten im Spätsommer 1971, zeigten sich die Teilnehmer, wenn auch zum Teil etwas widerstrebend, beeindruckt durch den relativ engen Gestaltungsspielraum im betrieblichen Leben, wenn man gewisse Vorgaben einer marktwirtschaftlich-freiheitlichen Ordnung akzeptiert. Bezeichnend sind aber die Schlußsätze eines von fünf Teilnehmern verfaßten Erfahrungsberichts, wo es heißt: »Wenn die Wirtschaft, die es scheinbar nur mit den Produkten zu tun hat, dauernd den Störfaktor Mensch spürt, dessen Vorstellungen hinsichtlich Arbeitszeit und -bedingungen, dessen empfindliche Konstitution Sand im Getriebe der Wirtschaft sind, dann hat sie es auch mit der Theologie zu tun ... Wir sollten froh sein, daß der Mensch ein so mächtiger Störfaktor ist, denn es beweist, daß der Mensch Herr ist über die Wirtschaft, daß die Wirtschaft an dem Menschen nicht vorbeigehen kann, etwas, was das Gerede vom System uns schon fast hat vergessen lassen« (Aus einem unveröffentlichten Manuskript).

[3] *Max Weber*, Wissenschaft als Beruf (1919), in: Gesammelte Aufsätze zur Wissenschaftslehre, Tübingen 1922; 2. durchgesehene und ergänzte Auflage, besorgt von J. Winckelmann, 1951, S. 566 bis 597; hier S. 589.

[4] Vgl. *Carl Schmitt*, Die Tyrannei der Werte. Überlegungen eines Juristen zur Wertphilosophie. Privatdruck Stuttgart 1960; wiederabgedruckt in: Säkularisation und Utopie. Ebracher Studien. Ernst Fortshoff zum 65. Geburtstag. Stuttgart 1967, S. 51 bis 62. Hier warnt *Carl Schmitt* seine Mitbürger, »Werter, Umwerter, Aufwerter oder Abwerter zu werden« (Wiederabdruck, S. 62), eine Warnung, die man aus der Feder dieses Mannes besonders aufmerksam und interessiert zur Kenntnis nimmt.

[5] *Hermann Lübbe*, Säkularisierung — Geschichte eines ideenpolitischen Begriffs, Freiburg - München 1965, S. 15 f.

[6] *Ders.*, Ebenda, S. 18.

[7] »Schaffung eines kritischen Bewußtseins«, »Weckung von Problembewußtsein«, immer letztlich im Dienste »systemverändernder« Praxis!

[8] *H. Lübbe*, a. a. O., S. 19.

[9] Ebenda, S. 21.

[10] *Helmut Schelsky*, Wandlungen der deutschen Familie in der Gegenwart, Stuttgart 1955, S. 235 f.

[11] *Theodor Geiger*, Die soziale Schichtung des deutschen Volkes, Stuttgart 1932, S. 77.

[12] Fischer-Lexikon, Art. »Soziologie« (hrsg. v. René König), Frankfurt am Main 1958, S. 181.

[13] Eine gute Definition von Ideologie unter Einbeziehung des Mentalitätsbegriffs verdanken wir *Karl-Wilhelm Dahm:* »Als ›Ideologien‹ wollen wir verstehen: reflex sich verdichtende gedankliche Kristallisationen einer Mentalität; wirklichkeitsinkongruente Leitbilder also, denen eine Tendenz zur Verabsolutierung eigen ist«, in: Pfarrer und Politik. Soziale Position und politische Mentalität des deutschen evangelischen Pfarrerstandes zwischen 1918 und 1933, Köln und Opladen 1965, S. 24.

[14] Ebenda, S. 23.

[15] *Hans Albert*, Traktat über kritische Vernunft, Tübingen 1968, S. 161.

[16] *Julien Freund*, Das Utopische in den gegenwärtigen politischen Ideologien, in: Säkularisation und Utopie (s. Anm. 4), S. 95 f.

[17] *H. Albert*, a. a. O., S. 162 f.

[18] Ebenda, S. 163.

[19] *Herbert Krüger*, Brüderlichkeit — das dritte, fast vergessene Ideal der Demokratie, in: Festgabe für Theodor Maunz zum 70. Geburtstag am 1. September 1971, hrsg. v. Hans Spanner (u. a.), München 1971, S. 263.

[20] *Anton Böhm*, Leistungsdruck (Sprüche und Widerspruch), in: Rheinischer Merkur Nr. 8 vom 25. Februar 1972, S. 10.

[21] *Helmut Schelsky*, Die Strategie der »Systemüberwindung«, Sonderdruck aus der Frankfurter Allgemeinen Zeitung vom 10. Dezember 1971, S. 8. — Die »Priesterherrschaft« der neuen »demokratischen« Eliten ist des gleichen »Priesterbetrugs« fähig, wie ihn die französischen Aufklärer den Religionsdienern der christlichen Kirchen vorwarfen. Indem sie für »soziale Gerechtigkeit«, für den weiteren Ausbau des Sozialstaates eintreten, kaschieren sie ihre partikulären Sonderinteressen. — Ein bezeichnendes Beispiel: Als in den Studentenwohnheimen eines westdeutschen Studentenwerks eine sogenannte 6-Semester-Klausel in die Mietverträge eingeführt werden sollte, um angesichts des geringen Angebots an (subventionierten) Wohnheimplätzen (im vorliegenden Falle nur für ca. 5% aller Studierenden) auch anderen Studierenden eine größere Chance zu geben, einmal in den Genuß eines solchen Platzes zu kommen, wehrten sich die beati possidentes mit Händen und Füßen gegen eine solche Klausel. Wo die eigenen Interessen berührt werden, hört das soziale Denken auf.

[22] *Roland Nitsche,* Die Überdrußgesellschaft. Zwischen Reaktion und Anarchie, München 1971, S. 196 f.

[23] Sehr bezeichnend für die »soziale« Haltung eines Teiles der »sozialistischen« Jugend, die das Wort von der Demokratie besonders großzügig im Munde führt, ist die Vorlage für den 3. Bundeskongreß der »Sozialistischen Deutschen Arbeiterjugend« zu Ostern 1972 in Stuttgart zu den (fünf) »Grundrechten der jungen Generation«. Diese Grundrechte umfassen: »Das Recht der Jugend auf demokratische und fortschrittliche Bildung und Berufsausbildung« — »Das Recht der Jugend auf Arbeit, soziale Sicherheit und Gleichberechtigung« — »Das Recht der Jugend auf Mitbestimmung und Demokratie« — »Das Recht der Jugend auf sinnvolle Freizeitgestaltung, Erholung, Sport und Gesundheit« — »Das Recht der Jugend, in Frieden zu leben und zu arbeiten — ohne Militarismus und Neonazismus«. — Erstaunlich ist, abgesehen von dem recht umfangreichen ideologiestrotzenden Kontext zur Erläuterung dieser Grundrechte, deren berechtigten Kern niemand bestreiten wird, daß von einer solidarischen Verpflichtung der Jugend gegenüber Staat und Gesellschaft auch nicht an einer einzigen Stelle die Rede ist. Würde man darauf aufmerksam machen, würde man wahrscheinlich ein homerisches Gelächter ernten. Das ist »Demokratie«, die »ich« meine.

[24] *Wilhelm Hennis,* Demokratisierung. Zur Problematik eines Begriffs, Köln und Opladen 1970, S. 34, Anm. 45.

[25] Vgl. *H. Krüger,* a. a. O.; s. oben Anm. 19.

[26] *Wilhelm Hennis,* a. a. O., S. 37.

[27] *Bernard Willms,* Planungsideologie und revolutionäre Utopie. Die zweifache Flucht in die Zukunft, Stuttgart 1969, S. 9.

[28] Ebenda.

[29] Ebenda.

[30] *G. Sorel,* Über die Gewalt, Frankfurt am Main 1969, S. 158 f.; zit. bei *B. Willms,* a. a. O., S. 105, Anm. 74.

[31] Dies hat der etablierte Kreml-Marxismus natürlich längst erkannt, und das ist auch der Grund, weshalb er die »Neue Linke« ablehnt. Höchstens als Störfaktor im kapitalistischen System gehört sie zu den »nützlichen Idioten« *(Lenin).* Andererseits ist eine gewisse Affinität und die zum Teil offen zur Schau getragene Sympathie vieler Linker zur chinesischen Spielart des Kommunismus und zur (allerdings bezeichnenderweise inzwischen wieder abgeblasenen »permanenten Kulturrevolution«) auffällig, aber — nach unseren bisherigen Erörterungen — für kundige Thebaner nicht verwunderlich.

[32] *Hans Maier,* Vom Ghetto der Emanzipation. Kritik der »demokratisierten« Kirche, in: *Joseph Ratzinger, Hans Maier,* Demokratie in der Kirche — Möglichkeiten, Grenzen, Gefahren, Limburg 1970, S. 59.

[33] Ebenda, S. 63 f.

[34] Ebenda, S. 64 f.

[35] *B. Willms* spricht hier mit Recht von einem »vorbürgerlichen Denkbestand«. Denn der Primat des Allgemeinen vor dem Konkreten ist nicht nur bei

Platon und den in seinen Spuren wandelnden utopischen Schriftstellern (*Morus, Campanella, Bacon* u. a.) deutlich ausgesprochen, sondern auch in der Sozialphilosophie des *hl. Thomas von Aquin* († 1272).

36 *B. Willms,* a. a. O., S. 10.

37 *Oswald von Nell-Breuning* hat dafür den anschaulichen Satz geprägt: »Prinzipien kann man nicht melken.«

38 Hier sei nur an den politischen Topos der »Gleichberechtigung von Kapital und Arbeit« im Zusammenhang mit der Mitbestimmungsdiskussion der letzten zwei Jahrzehnte erinnert. Abgesehen davon, daß wir im Unternehmen niemals abstraktes »Kapital« und abstrakte »Arbeit«, sondern Unternehmer/Arbeitgeber und Arbeitnehmer, also Menschen mit ihren persönlichen Rechten, vor uns haben, muß »Gleichberechtigung« (im Sinne der aus der allgemeinen und gleichen Menschenwürde erfließenden Gleichberechtigung aller Menschen, nicht nur der Arbeitgeber und Arbeitnehmer) doch keineswegs logisch implizieren, daß beide Seiten gleich*artige* Rechte haben, sondern daß die relativen Rechte beider gleich*wertig* sind, d. h., daß sie denselben Rang und dieselbe Würde haben. So sind beispielsweise die Rechte eines Anteilseigners und (oder) Unternehmers/Arbeitgebers gegenüber dem Unternehmen von gleicher Dignität wie die Rechte eines Arbeitnehmers im Betrieb, und insofern gilt unbestritten — aber auch nur insofern — der in der Mitbestimmungsdiskussion so sehr hochgespielte Grundsatz der »Gleichberechtigung von Kapital und Arbeit«; aber daraus ergibt sich doch noch keineswegs schlüssig, daß die beiderseitigen Rechte auch gleichartig wären in dem Sinne, daß die spezifischen Rechte des Unternehmers/Arbeitgebers auch die des Arbeitnehmers wären. Es ist gerade der Kardinalfehler des politischen Egalitarismus, daß er diese Überlegungen einfach vom Tisch fegt. Indem er meint, der (abstrakten und allgemeinen) Gleichheit dienen zu müssen, verstößt er gegen den Grundsatz, daß gerade aus demselben Prinzip heraus, nach dem Gleiches gleich behandelt werden muß, Ungleiches ungleich zu behandeln ist. Sonst verstößt man wieder gegen den Gleichheitsgrundsatz. So wird, wie jemand sehr treffend bemerkt hat, der Egalitarismus in Wirklichkeit zum Affen der Gleichheit, der Gleichheit nachäfft, sie aber nie erreichen kann.

39 So erst jüngst *Robert Ardrey* in seinem Buch: Der Gesellschaftsvertrag. Das Naturgesetz von der Ungleichheit der Menschen, Wien - München - Zürich 1971; Titel des engl. Originals: The Social Contract, dt. von Ilse Winger.

40 Es geht nicht an, alle seriösen Versuche zur Erklärung für gesellschaftliche Ungleichheit mit der verächtlichen Bemerkung »Veterinäranthropologie« (*D. Claessens*) abzutun. Jedenfalls wird man, so man nicht ideologisch verblendet ist, nicht so leichtfüßig über das hinweggehen können, was *R. Ardrey* in seinem eben zitierten Buch »Der Gesellschaftsvertrag« (s. Anm. 39) unter dem Titel: Das Individuum und sein Lebensraum, S. 243 ff., zur Kenntnis bringt.

41 Auch die »Thesen gegen den Mißbrauch der Demokratie«, hrsg. vom Beirat für politische Fragen des Zentralkomitees der Deutschen Katholiken (Bonn-

Bad Godesberg, Hochkreuzallee 246, August 1971), weisen mit Recht dar-
auf hin, daß eine der Hauptgefahren für unsere Gesellschaft heute die
Neigung bildet, »den Begriff der Demokratie auf das Prinzip der Gleichheit
einzuengen, das — ausgehend von der Lehre *Rousseaus* — Kernstück radikaler politischer Lehren des 19. und 20. Jahrhunderts war«. — Aus der
»Einführung« zu den Thesen. — Nun haben auch wir die Gleichheit als den
Fundamentalbegriff der Demokratie bezeichnet, aber daraus nur die logische
Konsequenz gezogen, daß dann eben der Begriff der Demokratisierung nicht
auf alle Bereiche angewendet werden kann. Wahrscheinlich war das auch
das Anliegen des oben zitierten Satzes aus den »Thesen gegen den Mißbrauch der Demokratie«.

[42] Nur nebenbei sei hier bemerkt, daß Macht gar nicht delegierbar ist, sondern höchstens Herrschaft. Macht hat man, sie kann eingeschränkt werden.

[43] Zielsetzung liberaler Politik. Beschluß der Deutschen Jungdemokraten —
Landesverband Nordrhein-Westfalen vom 8./9. Januar 1972, Ziffer 5.

[44] Ebenda, Ziffer 8.

[45] *Hans Maier,* a. a. O., S. 57 f.

[46] In: DIALOG, Magazin für Politik und Wirtschaft, Dezember 1971, S. 50.

[47] S. Anm. 41.

[48] *R. Ardrey,* a. a. O., S. 280.

[49] *W. Hennis,* a. a. O., S. 39.

WARNFRIED DETTLING

Demokratisierung als Alternative?
Zum Demokratiebegriff der CDU und SPD

Die Revolution der späten sechziger Jahre[1] vermochte die politischen und sozialen Strukturen unserer Gesellschaft nicht zu erschüttern. Keine Regierung wurde gestürzt, kein »Kapitalist« enteignet. Wohl aber hat sie die politische Sprache, unser politisches Denken, kurz: das Selbstverständnis der Bundesrepublik Deutschland gründlich an der Wurzel, radikal revolutioniert. Die zentralen Begriffe taugen nicht mehr, eine babylonische Sprachverwirrung trennt nun nicht nur DDR und Bundesrepublik Deutschland, sie geht mitten durch unsere Gesellschaft, durch Kirchen, Universitäten und Parteien. Keine Frage: Wir stehen am Beginn einer Krise unseres demokratischen Selbstverständnisses.

Nach dieser Revolution, die sich für einige Jahre spektakulär auf Straßen und Märkten ereignete, in einer Phase, da sich die »Strategie der Systemüberwindung[2]« nun lautloser, aber wirkungsvoller vollzieht, ist es wohl an der Zeit, eine Zwischenbilanz zu ziehen, die demokratischen Normen und Verfahren auf ihre Tauglichkeit für die Zukunft zu überprüfen. Diese Aufgabe stellt sich der Wissenschaft wie der Politik. Dabei obliegt es der Wissenschaft, die empirischen Konsequenzen bestimmter Postulate und Zielvorstellungen so nachdrücklich, konsequent und einfach wie möglich zu verdeutlichen. Die Politik aber, im besonderen die politischen Parteien, kann Ideen zum Sieg oder zum Scheitern verhelfen. Ideen *an sich* bewirken wenig, finden sie aber eine Organisation, welche sie aufgreift und sich zu eigen macht, dann können sie die Geschichte verändern. Der Marxismus ist dafür nur ein Beispiel.

Diese Beobachtung trifft auch für *die* Idee unserer Tage zu: *Demokratisierung* der Demokratie[3]. Was immer man darunter verstehen mag: Es hängt nicht zuletzt von den politischen Parteien ab, ob und in welcher Richtung diese Idee die politische Wirklichkeit verändert — ob »Demokratisierung« die Prinzipien der Demokratie »nur« aus dem politischen Bereich in andere soziale Bereiche (sprich: Organisationen) überträgt, wo immer dies möglich ist, oder aber ob »Demokratisierung« auf die Beseitigung der demokratischen Verfahren auch im politischen Bereich zielt, unter Berufung auf eine bestimmte Theorie und in der Absicht, eine »herrschaftsfreie Gesellschaft« zu verwirklichen[4]. Dies ist die für viele unbequeme Alternative, vor die uns die Diskussion um das Für und Wider einer Demokratisierung heute stellt. Diese Alternative stellt eine Herausforderung dar auch an die politischen Parteien. Sie haben diese Herausforderung angenommen: Im Wahlkampf des Jahres 1969 präzisierte *Bruno Heck* für die CDU und *Willy Brandt* für die SPD die Haltung der Parteien: Demokratisierung als Wahlkampfthema, erörtert unter der Überschrift: die Alternative[5].

Diese Auseinandersetzung zwischen *Bruno Heck* und *Willy Brandt* demonstrierte auch mit Nachdruck, daß viele das Ende der Ideologie zu früh eingeläutet hatten. Das Godesberger Programm der SPD aus dem Jahre 1959 galt lange Jahre als sichtbarer Beweis für die Entideologisierung der Parteien, eine Interpretation ihres Grundsatzprogrammes, der die SPD nicht nur nicht entgegentrat, die sie vielmehr verbal und politisch förderte. Erst als *Willy Brandt* »die Demokratisierung unserer Gesellschaft« als *die* »politische Richtlinie« der SPD für die siebziger Jahre ausgab[6] und *Herbert Wehner* den entscheidenden Satz des Godesberger Programmes dahingehend »präzisierte«:

»Sozialdemokratie und demokratischer Sozialismus bedeuten — ich möchte es so sagen —: So viel Sozialismus wie nötig, um Demokratie für alle zu verwirklichen, und so viel Sozialismus wie möglich, ohne die Demokratie für alle zu ersticken. Auf diese Dosierung kommt es an[7].«

war deutlich geworden, was schon eine sorgfältige Lektüre des Programmes *und* der Protokolle von Godesberg hätte zeigen können: daß die ideologische Dimension sozialdemokratischer Programmatik immer vorhanden war und nur aus politisch-taktischen Gründen für etwa zehn Jahre in den Hintergrund trat.

»Demokratisierung« nämlich ist ein typisch ideologischer Begriff. Aussagen, die ideologische Begriffe enthalten, verbinden ungeschieden *Information* über die soziale Wirklichkeit, deren Erklärung und Analyse, mit einer *Bewertung* eben dieser Wirklichkeit, die meist auch einen moralischen Appell, entsprechend zu handeln, zum Ausdruck bringt. Oder es werden einfach politische Postulate oder Präferenzen als objektive Sachverhalte ausgegeben. Es liegt auf der Hand, daß auf diese Weise deren Überzeugungskraft erheblich gesteigert werden kann[8]. Darin liegen die Faszination und das agitatorische, ja demagogische Potential ideologischer Aussagen begründet. Dieser Wirkung tut die inhaltliche Unbestimmtheit und diffuse Wertbesetztheit ideologischer Begriffe keinen Abbruch. Im Gegenteil; sie sind gerade deren Voraussetzung. Der ideologische Gehalt solcher Aussagen und der agitatorische sind nur zwei Seiten ein und derselben Medaille. Mit der bloßen Bezeichnung wird schon über die Bewertung entschieden und die Handlungsanweisung gleich mitgeliefert. »Der agitatorische Begriff erlaubt die Moralisierung nicht analytisch bewältigter Sachverhalte auf Grund der Scheingewißheit von Totalerklärungen[9].«

Der Begriff »Demokratisierung« läßt sich also verstehen als ein sprachliches Symbol oder Zeichen, dessen designative Dimension zugunsten der normativen bzw. präskriptiven Dimension erheblich zurücktritt[10]. Solche Symbole sind Zeichen *von etwas* — sie stehen für etwas anderes als sie selbst. Symbole können bewußt als Mittel eingesetzt werden, um bestimmte Emotionen hervorzurufen, d. h., sie haben eine expressive und keine instrumentale Bedeutung[11]. Solche Symbole sind natürlich auswechselbar: »Demokratisierung« etwa statt »Sozialismus«, ohne daß sich deshalb die Sachverhalte bzw. das Zielbündel, für das diese Symbole stehen, ändern müssen.

Symbole können sich verselbständigen, Begriffe und Wirklichkeit miteinander verwechselt werden. Die Diskussion verliert dann den Bezug zur Realität[12]. Die Ideen bewegen auf abstrakt-begrifflichem Niveau nichts außer sich selbst[13]. Auf dieser Ebene sind sie in ihrer Idealität weniger umstritten als diffus, können aber, da der Bezug zur Realität verloren ist, eine ganz andere Wirklichkeit legitimieren oder sie durch einen begrifflichen Nebel einfach verhüllen[14]. Solche Begriffe halten die Flucht aus der Analyse von Sachverhalten *und* der oft mühsamen Reform konkreter Mißstände offen[15].

I. Demokratie und Demokratisierung im Verständnis der SPD

Kritik der »formalen« Demokratie

Ralf Dahrendorf weist zurecht darauf hin, daß die »Marxsche Denunziation des liberalen Freiheitsbegriffs als bloß formal und die Forderung nach einem material gefaßten« Freiheitsbegriff ein »Eckstein sozialdemokratischer Programme« bis heute geblieben sei: »Freiheit ist nicht genug, sie muß ergänzt werden durch Gerechtigkeit; Demokratie ist nicht genug, sie muß erfüllt werden durch Sozialismus; Liberalität ist nicht genug, sie muß ersetzt werden durch Moralität[16].«

Diese Ablehnung der »formalen« Demokratie finden wir ständig in Programmen wie in programmatischen Erklärungen. Nur sehr selten ist bei der SPD einfach von »Demokratie« die Rede, fast immer von einer »wahren«, »echten«, »gesicherten«, »lebendigen« Demokratie. Der Adjektive sind da viele. Doch dies ist nicht nur eine sprachliche Eigentümlichkeit; darin kommt zum Ausdruck, daß Demokratie an sich, in ihrer unqualifizierten Form, noch keinen eigentlichen Wert darstellt[17]. Der Kernsatz des Godesberger Programmes lautet: »Sozialismus wird nur durch die Demokratie verwirklicht, die Demokratie durch den Sozialismus erfüllt[18].« Nach der Logik dieses Satzes kommt alles auf die Verwirklichung des Sozialismus durch die Demokratie und deren Erfüllung durch den Sozialismus an[19].

Diese beiden Begriffe sind logisch so ineinander verzahnt, daß keiner ohne den anderen einen Sinn ergibt. So wird eine Bedeutungsidentität zwischen »Demokratie« und »Sozialismus« suggeriert, beide Begriffe können synoym verwendet werden[20]. Die SPD hat Demokratie nie verstanden als Methode und Verfahren von Machtverteilung, Herrschaftskontrolle und Konfliktlösung, sondern sie immer vom (aktuell oder potentiell sozialistischen)

Inhalt her legitimiert. So wird Sozialismus unter der Hand zu einem konstitutiven Bestandteil der Demokratie. Wer dann etwa Sozialismus grundsätzlich ablehnt, muß nach der Logik dieser Identifizierung uno actu auch der Demokratie ihre legitimierende Basis entziehen . . .

Das sind beklemmende Perspektiven. Viele Kritiker der »formalen« Demokratie sind sich ihrer vermutlich nicht bewußt. Das ändert nichts daran, daß wir hier die grundsätzliche Alternative vor uns haben: Legitimation der Demokratie durch Inhalte oder durch Verfahren? Beiden Denkfiguren liegen unterschiedliche philosophisch-anthropologische Prämissen zugrunde, beide führen sie zu unterschiedlichen politischen Konsequenzen[21].

Die Kritik der »formalen« Demokratie, wie sie auch von der SPD vorgebracht wird, übersieht durchweg den fundamentalen Unterschied zwischen einem Regierungs*system* und einer konkreten *Politik*. Die Möglichkeit für eine Partei, eine sozialistische Politik anzubieten, ist in einer Demokratie ebenso selbstverständlich wie deren Legitimation durch Sozialismus problematisch, ja gefährlich[22].

Zwischen objektiver Vernunft und subjektiven Interessen

Der von der SPD abgelehnten »formalen« Demokratie liegt eine Anthropologie zugrunde, die den Menschen so akzeptiert, wie er ist: mit seinen Interessen und Vorurteilen, seinem begrenzten Wissen, aber auch seiner Fähigkeit, durch kritische Vernunft den Fortschritt in Wissenschaft und Politik zu fördern[23]. Eben weil im Bereich des Politischen objektiv wahre und richtige Lösungen unwahrscheinlich, ja unmöglich sind, soll die Revision einer verfehlten Politik institutionell offengehalten und die Tabuisierung politischer Bereiche verhindert werden.

Es fällt nun auf, daß Sozialdemokraten häufiger als andere von den »objektiven Geboten der Vernunft«, »historischen Gesetzmäßigkeiten« sowie »objektiven Interessen« sprechen[24]. Der Ursprung dieses Denkens liegt in der Neuzeit bei *Hegel* und *Marx*.

So beginnt etwa der Schlußabschnitt des Godesberger Programms »Unser Weg«: »Die sozialistische Bewegung erfüllt eine geschichtliche Aufgabe.« Die SPD versteht sich also weniger als

Partei, die Interessen aggregiert und politische Ziele zu verwirklichen sucht, sondern als Teil einer »Bewegung«, die eine offensichtlich vorgegebene »geschichtliche Aufgabe« zu erfüllen hat. Diese Aufgabe erfüllt sie »in Gemeinschaft mit allen, die guten Willens sind«, wird dabei freilich gehindert durch die »alten Kräfte« im Dienste »anonymer Mächte« . . .[25]

Schon diese Hinweise — sie ließen sich beliebig fortsetzen — enthüllen wesentliche Topoi sozialdemokratischen Denkens: Zustimmung oder Ablehnung des Sozialismus als Ausdruck des guten oder schlechten Willens, die Verwechslung von Politik und Moral, das Selbstverständnis als Träger einer historischen Entwicklung, der sich entgegenzustellen ohnehin zweck- und sinnlos ist, das Sicherheit und Orientierung stiftende Bewußtsein, Vernunft und Notwendigkeit auf seiner Seite zu haben, schließlich, wenn auch mehrfach verdünnt, die Verfalls- und Verschwörungstheorie[26]. Die fehlende Zustimmung zu diesen doch so menschlichen und vernünftigen Zielen führt man weitgehend auf das falsche Bewußtsein oder die ideologische Verblendung der Menschen zurück: »Der Traum von unserer sozialistischen Gesellschaft« scheitert an dem »fehlenden Bewußtsein«. Vordringliche Aufgabe ist deshalb »das rationale Aufräumen des ideologischen Trümmerfeldes«. Das Ziel rückt in greifbare Nähe. »Wir können den Traum von zwei Jahrtausenden in Jahrzehnten zur Wirklichkeit werden lassen.« Dazu müssen »wir die humane Vernunft zur Macht werden lassen«. Sie ist die »Vermittlungsstelle zwischen unseren Zielen und der Zustimmung des Volkes[27]«.

Es ist kaum zu fassen: Ein historisch gebildeter und politisch erfahrener Sozialdemokrat spricht von der Verwirklichung der humanen Vernunft durch politische Macht in einer Unschuld, als hätten *Rousseau* und *Robespierre* nie gelebt . . .[28]

Die Kehrseite dieses optimistischen Vernunftglaubens und Menschenbildes ist die politische und moralische Abwertung von persönlichen oder Gruppeninteressen gegenüber den Interessen der Gesamtheit. Der pluralistischen Demokratie liegt die Auffassung zugrunde, daß eben dieses »Gesamtinteresse« oder »Gemeinwohl« nur sehr schwer auszumachen ist und sich überdies als Leerformel zur Legitimation jeder Politik eignet, woraus sich dann die Berücksichtigung möglichst vieler Interessen und deren Organisation in Gruppen und Verbänden ergibt[29]. Diese Skepsis hat die SPD nie geteilt. Auch im Godesberger Programm ist von Interessen, Gruppen und Verbänden immer im abwertenden Sinne die Rede; Verbände werden lediglich als »notwendige Einrichtungen der modernen Gesellschaft« akzeptiert[30].

Das Menschenbild der SPD ist weniger un- als idealdemokratisch. Der sozialdemokratische Mensch ist gewiß ein äußerst sympathischer Mensch. Er denkt selten an sich, immer nur an die »Gemeinschaft«, als deren »dienendes Glied« er seine Erfüllung findet zum Wohle der Menschheit. Seine Absichten sind gut und vernünftig, er bedarf bestenfalls der Aufklärung, Bildung, Bewußtseinsbildung, und sie werden sich wie von selbst durchsetzen. Herrschaft und Macht, gar »Herrschaftsmacht[31]« sind ihm auf allen Gebieten zutiefst verdächtig. Der sozialdemokratische Mensch ist der befreite Mensch, der ausgeglichene Mensch[32] — der gute Mensch schlechthin: in den bukolischen Gefilden Arkadiens möchte man sich gerne von ihm regieren lassen ...

Ordnung und Gemeinschaft

Obwohl die deutsche Sozialdemokratie von Anfang an in Konflikt mit Politik und Gesellschaft lebte, ein Konflikt, den man damals zu Recht als Klassenkonflikt bezeichnen konnte[33], fand sie zur Tatsache des sozialen Konflikts ebensowenig ein natürliches oder positives Verhältnis wie zum Phänomen der politischen Herrschaft. Es gehört zweifellos zu den erstaunlichen, ja paradoxen Zügen der SPD, daß ausgerechnet jene Partei, die es wie keine andere zuerst auf Revolution, immer aber auf sozialen Wandel angelegt hatte, ständig den Konflikt verabscheute. »Ordnung« ist eine Lieblingsvokabel der SPD, ständig ist in den verschiedensten Verbindungen davon die Rede. Sozialdemokraten stehen hier nicht hinter den konservativsten Denkern der deutschen Rechten zurück — ein Zeichen für die Konfliktfeindlichkeit der politischen Kultur in Deutschland. Die »Lebensordnung«, sogar die »gesunde Ordnung[34]« wird beschworen, und immer wieder: die neue Ordnung der sozialistischen Gesellschaft[35]. An der Möglichkeit ihrer Verwirklichung hält die SPD nach wie vor fest, wenngleich Struktur und Organisation dieser Gesellschaft nie präzisiert werden. Jedenfalls ist der eigentümlich statische Charakter der künftigen Ordnung nicht zu verkennen: Die Bewegung gelangt an ihr Ziel, der Traum geht in Erfüllung — die ärgerliche Tatsache der Gesellschaft ist aufgehoben. *Im Ziel* einer möglichen neuen Ordnung ist der statische Charakter sozialdemokratischer Programmatik, *im Weg* zu diesem Ziel ihr dynamischer Impuls begründet. Darin liegt kein Widerspruch[36].

Wohl aber kann bald das Ziel, bald der Weg stärker betont werden. Fast alle innerparteilichen Auseinandersetzungen der SPD lassen sich von diesem Dilemma zwischen Weg und Ziel erklären, von den Eisenachern und Lassalleanern über den Revisionismusstreit bis hin zu den jüngsten Auseinandersetzungen zwischen dem Bundesvorstand der SPD und den Jungsozialisten[37].

Diese Ordnungs-Philosophie der SPD begegnet uns in verschiedenen Variationen und Brechungen. Die SPD versteht sich selbst weniger als Partei im modernen Sinne des Wortes, sondern als Bewegung oder einfach als »Gemeinschaft[38]«. Dieses ihr Selbstverständnis projiziert sie auf die Umwelt, in der sie agiert: Nicht die Gesellschaft, in der nach bestimmten Regeln Interessen verfolgt, Konflikte ausgetragen, Herrschaft ausgeübt und kontrolliert wird, sondern die Gemeinschaft, in der sich jeder auf die in Primärbeziehungen üblichen guten Absichten des anderen verlassen kann, ist das soziale Leitbild der SPD[39]. Es ist dies ein eigentümlich vormodernes Selbst- und Weltverständnis[40].

Derart gemeinschaftsorientiert und jedem Individualismus abhold, versteht die SPD denn auch die Grundrechte nicht als Individualrechte, die dem Schutz des einzelnen, seiner persönlichen Freiheit und Entfaltung dienen, sondern als »gemeinschaftsbildende Rechte«, die »den Staat mitbegründen[41]« sollen. Immer und überall denkt die SPD von der Gemeinschaft, vom Ganzen, vom Staat her. Aber immerhin darf und soll »das Volk« an »seiner Organisation«, ja »am Staat teilhaben[42]«. Hier spätestens offenbart sich ein zutiefst illiberales, im Grunde undemokratisches Denken über Politik; der Teilhaber-Gedanke verrät außerdem dessen metaphysisch-religiösen Ursprünge[43].

Demokratischer Sozialismus durch Demokratisierung

Weg und Ziel der deutschen Sozialdemokraten werden in der Regel mit »demokratischer Sozialismus« oder »sozialer Demokratie« umschrieben. Sie überwinden die bloß »formale« Demokratie und verwirklichen die »neue Ordnung«. Sozialismus ist nun nicht nur ein recht vager, sondern gerade in Deutschland ein außerordentlich negativ besetzter Begriff. Von ihm geht für die meisten Deutschen keine Attraktivität aus, er ist denkbar ungeeignet, Zustimmung zu wecken, Wähler zu gewinnen. Doch darauf muß es auch der SPD ankommen, sonst kann sie den Traum von einem demokratischen Sozialismus nie verwirklichen[44]. Darin lag ihr Dilemma in den letzten zwanzig Jahren. Ihm versuchte sie 1959 in Godesberg dadurch zu entrinnen, daß sie in einem neuen Programm Abschied von *einigen marxistischen Positionen* nahm und diesen Wandel als *Entideologisierung schlechthin* ausgab[45]. Diesen Eindruck verstand die SPD mit großem Erfolg zu verbreiten — eine hervorragende Leistung der Öffentlichkeitsarbeit dieser Partei —, verstärkt durch eine Politik der Anpassung und des Verzichts auf parlamentarische Opposition in den nächsten Jahren. In Wirklichkeit fand die Entideologisierung nie statt, schon eine oberflächliche Lektüre des Programmes *und* des Protokolles des Parteitages hätte dies zeigen können.

Das Godesberger Programm war innerparteilich nicht ausdiskutiert, es war das Werk einer konsequenten und entschlossenen Parteiführung — zu erwähnen sind im besonderen die leidenschaftlichen Appelle *Herbert Wehners*[46] — und einer »gekonnten« Regie des Parteitages, die offensichtlich auch Manipulationen nicht scheute[47]. Zu der überstimmten Minderheit, die schon vor der Schlußabstimmung resignierte, gehörten später so einflußreiche SPD-Politiker wie *Walter Möller, Heinz Ruhnau, Peter von Oertzen*[48]. *Erich Ollenhauer* mußte seinen marxistischen Kritikern in den eigenen Reihen entgegenhalten: »Wir demokratischen Sozialisten sind gerade in der Anwendung dieser Marxschen Methode ... zu dem Entwurf unseres heutigen Grundsatzprogrammes gekommen[49].« Und *Herbert Wehner* versuchte Befürchtungen bezüglich einer künftigen SPD-Regierungspolitik durch den Hinweis zu zerstreuen, daß dieses Programm keine »Riegel« vorschiebe[50].

Nach alledem wäre es ein Wunder gewesen, wenn die Grundsatz-diskussion in der SPD nicht zu gegebener Zeit, spätestens unter einer SPD-Regierung, wieder entflammt wäre. Schließlich sind selbst für die SPD Programme keine papierenen Päpste[51]. Heute wissen wir, daß die Exegese des Godesberger Programms der letzten zehn Jahre *nur eine* und *nicht die einzige* mögliche *Interpretation* war. Deshalb kommt auch der Beschwörung des Godesberger Programmes — wie übrigens auch der Berufung auf *Kurt Schumacher* — eher rituelle denn politische Bedeutung zu. *Schumacher* und Godesberg müssen auch noch die gegensätzlichsten Positionen in der SPD legitimieren. Der künftige Weg der deutschen Sozialdemokraten hängt viel weniger vom Godesberger Programm *an sich* als von dessen Perzeption und Interpretation und damit von der Machtstruktur innerhalb der SPD ab[52].

Die gegenwärtige Grundsatzdiskussion innerhalb und außerhalb der SPD konzentriert sich weniger um den Begriff »Sozialismus« — aus einsichtigen Gründen. Demokratisierung heißt die Zauber-formel unserer Tage. *Willy Brandt* selbst hat sie zur politischen Richtlinie für die SPD der siebziger Jahre ausgegeben. »Demokratisierung« ist zunächst nur ein Begriff, ein neues Symbol, das für die gleichen Ziele stehen kann wie etwa »Sozialismus« — und in der Tat werden wir oft genug ex cathedra darüber belehrt, daß *Demokratisierung einen Prozeß meint, im Verlaufe dessen sich der demokratische Sozialismus verwirklicht*[53].

In sozialdemokratischer Perspektive ist es außerordentlich rational, »Demokratisierung« für »Sozialismus« zu substituieren. Die semantische und pragmatische Dimension des Begriffes »Demokratisierung« enthält jene des Begriffs »Sozialismus« in sich, ist selbst aber umfassender als diese[54].

So läßt sich die klassische Bedeutung von Sozialismus, die Verstaatlichung der Produktionsmittel, mühelos als Demokratisierung der Wirtschaft ausgeben[55]. Die nüchterne Frage, ob eine solche Verstaatlichung ökonomisch sinnvoll ist und der Streuung und Kontrolle von Macht dient oder umgekehrt deren Konzentration fördert, wird dank des »moralischen« Postulates meist gar nicht erst gestellt. Demokratisierung versteht und rechtfertigt sich von selbst.

Demokratisierung meint ferner Abbau von Macht und Herrschaft auf allen Gebieten, soziale Gerechtigkeit verstanden als Egalisierung der Gesellschaft, d. h. Gleichheit nicht nur der Chancen, sondern auch der sozialen Ergebnisse — ohne die menschlichen, wirtschaftlichen und politischen Kosten zu bedenken, die damit verbunden sind[56]. Da für deutsche Sozialdemokraten nicht nur die Gesellschaft, sondern immer auch der Staat ein Ärgernis war und ist, zielt die Forderung nach Demokratisierung auf eine »Vergesellschaftung des Staates«, wenn nötig durch eine »Verstaatlichung der Gesellschaft[57]«.

Man sieht: Der Bedeutungsgehalt von »Demokratisierung« deckt sich mit jenem von »Sozialismus«. Aber sie ist auch noch in anderer, mehr taktischer Hinsicht recht nützlich. Demokratisierung hebt das alte Dilemma von Weg und Ziel der Arbeiterbewegung auf in einem Prozeß, der gleichsam Sinn und Wert in sich selbst trägt. Dies ist die nicht instrumentale, sondern expressive Bedeutung dieses Begriffes: Der Mensch bewährt und verwirklicht sich, indem er sich aktiv an diesem Prozeß beteiligt[58]. Jeder kann sich so auf Demokratisierung berufen, der eine denkt dabei an konkrete Reformen, der andere an die eschatologische Hoffnung auf eine Gesellschaft von absolut Freien und Gleichen[59]. So eignet sich Demokratisierung vorzüglich als manipulative Formel, die Konsens vorgibt und Konflikte verdeckt — in der Gesellschaft *und in der SPD*.

Endlich meint heute »Demokratisierung« mehr als früher »Sozialismus«. Es steht als Kürzel für alles Schöne, Gute und Wahre[60]. Oder man weist im Gegensatz zu dieser allgemeinen Bedeutung recht technokratisch daraufhin, daß monokratisch strukturierte Organisationen sehr rasch die Grenze ihrer Leistungsfähigkeit erreichen können, daß sich also Delegation und Dezentralisation auszahlen, kurz: daß sich Effizienz und »Demokratisierung« nicht unbedingt widersprechen müssen[61]. Schließlich erklären einige Sozialdemokraten mit Recht, Demokratisierung bedeute ja nicht die schematische Übertragung parlamentarischer Spielregeln, sondern nur bestimmter Prinzipien vom politischen auf andere soziale Bereiche. Dagegen ist a priori wenig einzuwenden[62]. Nur geht es schon aus rein logischen Gründen nicht an, von diesen möglichen Konsequenzen oder Ausprägungen der Demokratisierung auf die Richtigkeit der Prämissen zurückzuschließen, von denen sie vielleicht deduziert sind. Die Neue Linke etwa hat im Anschluß an die »kritische« Theorie der Frankfurter Schule zahlreiche zutreffende Beobachtungen gemacht und sie als Beweis für die Richtigkeit und Wahrheit der Theorie ausgegeben. Dies ist ein logischer Trugschluß[63]. Er wird aber mit Erfolg und in verschiedener Variation als plausible Argumentation ausgegeben. Die Tatsache, daß Demokratisierung *auch* eine realistische Strategie angeben kann, soll die Zulässigkeit des umfassenden sozialistischen Demokratisierungsverständnisses beweisen[64].

Demokratisierung bedeutet also im Verständnis der deutschen Sozialdemokratie Verwirklichung der sozialen Demokratie bzw. des demokratischen Sozialismus. Im Laufe dieses Prozesses soll das »kapitalistische« System seine »unmenschlichen« Auswirkungen verlieren — menschlicher werden. Unter »Demokratisierung« verstehen Sozialdemokraten und andere aber auch die Transformation des totalitären Kommunismus in einen »menschlichen Sozialismus« — eine für viele unausweichliche Entwicklung[65]. Eine vordergründige und unpräzise Rede von der Demokratisierung faßt somit völlig verschiedene, ja konträre Tatbestände in einem Begriff zusammen, der zugleich die Vision eines dritten Modells zwischen dem »Kapitalismus« amerikanischer und dem Kommunismus sowjetischer Prägung entwirft, eines Modells, das wohl die Vorzüge, nicht aber die Nachteile beider Systeme optimal in sich vereint. Von der Denunziation der liberalen als einer bloß »formalen« Demokratie führt ein gerader Weg zur Konvergenztheorie. Dies ist der Punkt, in dem sich die aktuelle Innen- und Außenpolitik der Bundesrepublik Deutschland schneiden[66].

II. Demokratie und Demokratisierung im Verständnis der CDU

Willy Brandt hatte den Demokratiebegriff der SPD gültig und bündig umrissen: als »Prinzip, das alles gesellschaftliche Sein der Menschen durchdringen und beeinflussen muß[67]«. Der Prozeß, durch den diese Beeinflussung sich vollzieht, heißt Demokratisierung. *Willy Brandt* steht damit in der Tradition der deutschen Arbeiterbewegung. Gleichzeitig konnte er an eine nur undeutlich artikulierte Grundströmung der letzten Jahre anknüpfen: »Demokratisierung« als die aufgeklärt-fortschrittliche Atmosphäre, in der die »besseren Männer« »das modernere Deutschland« schaffen, wie es ja damals überall plakativ verheißen wurde. Schließlich klang die Phrase harmloser, als sie ist: Die Rede von dem »gesellschaftlichen Sein der Menschen« schien ja auch ein individuelles Sein zu implizieren, das nicht von dem Prinzip der Demokratie »beeinflußt und durchdrungen« werden müsse — man übersah dabei aber die fundamentale Tatsache, daß Menschen *nur* in sozialen Beziehungen leben können[68].

Brandts Plädoyer für die Demokratisierung brachte die SPD, unterstützt von einer weithin unkritischen öffentlichen Meinung, in die ideologische Offensive. Die CDU, vor allem deren damaliger Generalsekretär Dr. *Bruno Heck,* reagierte zwar schnell[69], aber sie blieb doch weitgehend in der Defensive: Jedermann wußte, *wogegen* die CDU war, nur wenige aber *wofür.* Dies allein beweist noch wenig. Eine Utopie durch Kritik zum Platzen zu bringen, bevor sie die Köpfe verwirren und Unheil stiften kann, das ist schon Leistung und Erfolg genug. Ein emotional aufgeladenes Demokratieverständnis, das die Befreiung von Abhängigkeit und Herrschaft verheißt, findet leichter Zustimmung als der nüchterne Hinweis, daß politische Mißstände und soziale Ungerechtigkeiten nur durch stückweise Reform, nicht durch eine »neue Ordnung« zu beheben sind — und daß die Gesellschaft eine »ärgerliche Tatsache« *(R. Dahrendorf)* bleibt, mit ungleichen Einflußchancen, vielfachen Abhängigkeiten, politischen Machtstrukturen[70].

Insofern war die Situation für die CDU ungünstig. Wer nur reagiert, läßt sich leicht Begriffe und Argumentation vom »Gegner« aufzwingen; nur die Vorzeichen ändern sich. Die CDU beantwortete die unqualifizierte Forderung nach Demokratisierung mit einer unqualifizierten Ablehnung[71]. Die Auseinandersetzung drehte sich mehr um Begriffe denn um Sachverhalte — die politische replizierte brav die wissenschaftliche Debatte[72]. Die CDU hätte die Chance gehabt, das Bündel möglicher Bedeutungen des nebulosen Begriffes »Demokratisierung« aufzuschnüren, mit ihrer Kritik an der einen das Plädoyer für die anderen unter »Demokratisierung« laufenden Zielvorstellungen zu verbinden. Das hätte zum einen die Diskussion von Begriffen weg — und auf Probleme hingelenkt und ihr zum anderen die Initiative bei dieser Auseinandersetzung zugespielt. Die CDU hat diese Chance nicht genutzt.

Bruno Hecks Position, den Begriff »Demokratie« im wesentlichen dem Staat vorzubehalten, und die Haltung des damaligen Bundesvorstandes der CDU, in der Forderung nach Demokratisierung der Gesellschaft schlichtweg eine Politisierung privater Bereiche zu vermuten[73], ging an der Perzeption dieses Begriffes durch viele Zeitgenossen vorbei und ist außerdem auch aus sachlichen Gründen anfechtbar. Das für die CDU gültige Programm, die vom 25. bis 27. Januar 1971 in Düsseldorf verabschiedete zweite Fassung des Berliner Programms, modifiziert denn auch die Position *Bruno Hecks* in bemerkenswerter Weise.

Das hohe »C« der CDU

Bei der SPD hängen deren Verständnis von Sozialismus und Demokratie sehr eng zusammen; das eine ist nicht ohne das andere zu verwirklichen — und zu erklären! Nicht so bei der CDU. Dem hohen »S« und dem hohen »C« kommt nur in der Buchstabenfolge des Parteinamens der gleiche Stellenwert zu. Dies ist ein entscheidender Unterschied zwischen den Parteien[74].

Das hohe »C« ist heute, im Gegensatz zur Gründungsphase dieser Partei, kaum mehr umstritten[75]. Die Diskussion darüber hat sich in Akademien zurückgezogen. Wenn ein führender Politiker der Union sich Gedanken darüber macht, warum er Christ sei, dann in Form und Inhalt eher als persönliches Bekenntnis denn als programmatische Aussage für die Partei[76].

In dieser Tatsache spiegelt sich nun keineswegs ein Konsens über den positiven Gehalt des »C« im politischen Kontext. Kein CDU-Politiker kann präzis sagen, wie »christliche« Politik im konkreten Fall aussieht. Das ist weder möglich noch nötig. Viel wichtiger für das Selbst-, Politik- und Demokratieverständnis der Union als jeder Versuch einer *positiven* Eingrenzung ist die *negative* Abgrenzung, die das »C« leistet — eine Abgrenzung, über die sich die CDU weitgehend einig ist: aus dem Christentum lassen sich Lösungsvorschläge für politische Probleme nicht schlüssig deduzieren. Die Union hat in ihrem Selbstverständnis eine wichtige Unterscheidung längst getroffen, die sich auch sonst für Po-

litik wie Wissenschaft empfiehlt: die Unterscheidung zwischen Ent-
stehungs- und Begründungszusammenhang politischer Problemlösungen: zwischen Genese und Begründung einer konkreten Politik. Dies ist der Sinn der Rede von einer Politik »aus christlicher
Verantwortung« oder »auf christlicher Grundlage«. Sie verweist
auf das *Motiv* des politischen Engagements. Über Sinn oder Unsinn politischer *Resultate* kann argumentativ entschieden werden.
Über Fragen des Glaubens hingegen kann weder politisch noch
wissenschaftlich entschieden werden.

Das alles beweist nicht, daß die CDU/CSU sich das hohe »C«
zu Unrecht angemaßt habe oder nur aus historischen oder werbe-
psychologischen Gründen an ihm festhalte. Dieses Selbstverständnis
deutet nicht auf eine Geringschätzung der christlichen Religion
durch die CDU/CSU hin, sondern ist im Gegenteil Zeugnis dafür,
daß die Union den qualitativen Unterschied zwischen Politik und
Religion, Partei und Kirche erkennt und anerkennt[77]. Eine Verwischung dieses Unterschieds korrumpiert die Politik und pervertiert das Christentum. Nicht daß die christlichen Kirchen auf dem
Rückzug, sondern daß Pseudoreligionen auf dem Vormarsch sind,
ist das politisch brisante Problem unserer Tage, auch für die Kirchen selbst. Durch eine Kritik dieser Entwicklung wird die CDU/
CSU dem »C« mehr gerecht als durch den Versuch einer »christlichen« Politik, denn auf diese Weise hält sie den Kirchen *den*
sozialen Raum frei, den zu bewohnen ihr freilich keine Politik
abnehmen kann.

Die Konsequenzen für das Politikverständnis liegen auf der
Hand. Die Bindung, so vorhanden, an das christliche »Sittengesetz« ist im Gewissen des einzelnen verankert und gibt deshalb
die Politik frei für Alternativen, bei deren Erörterung dann *nicht*
letzte christliche Werte zur Diskussion stehen. Bei der SPD kann
man zwar von allen Seiten — Humanismus, Geist der Bergpredigt,
Marxismus et cetera — zum Sozialismus gelangen, dieser Sozialismus ist dann aber politisch verbindlich und rückt den Problemen
gleichsam hautnah auf den Leib. Demokratie aber setzt voraus,
daß nicht bei jedem Problem — von der Stadtsanierung über
Steuerreform bis zur Außenpolitik — immer wieder eine in sich
geschlossene Weltanschauung zur Diskussion steht[78].

Der Demokratiebegriff der CDU

Auf dem Düsseldorfer Parteitag hat die CDU verbindlich nieder-
gelegt, was sie unter Demokratie und Demokratisierung verstehen
will. Die beiden entscheidenden Passagen lauten:

»Die CDU versteht die Demokratie als eine dynamische, fortzu-
entwickelnde politische Ordnung, die die Mitwirkung der Bürger
gewährleistet und ihre Freiheit durch Verteilung und Kontrolle
der Macht sichert.« (Präambel)
und:
»Die Grundwerte der Demokratie gelten nicht nur für den staatlichen Bereich; die schematische Übertragung der Strukturprinzipien parlamentarischer Demokratie auf den gesellschaftlichen
oder privaten Bereich ist aber nicht möglich[79].«

Diese beiden Sätze enthalten folgende Aussagen:
    a) Demokratie wird nicht von irgendwelchen Inhalten her de-
finiert, sondern als Verfahren, das in erster Linie die Kontrolle
politischer Herrschaft zu sichern hat — im Interesse der Freiheit
des Bürgers. Bestimmte politische Inhalte werden durch den bloßen Begriff »Demokratie« weder postuliert noch tabuisiert[80].
    b) Die CDU deutet, wenn auch vorsichtig, Möglichkeiten und
Grenzen einer Demokratisierung der Gesellschaft an. Die Grundwerte der Demokratie sollen auch in anderen sozialen Bereichen
zur Geltung kommen. Dieser Forderung liegt die Erkenntnis zugrunde, daß wir uns aus guten Gründen im politischen Bereich für
bestimmte Werte — Freiheit, Verteilung von Macht, Kontrolle politischer Herrschaft, Mitbestimmung der Bürger — entschieden haben, nicht wegen der abstrakten Idealität dieser Werte, sondern
wegen ganz konkreter Konsequenzen, die nach allem, was wir
wissen, mit ihnen verbunden sind. Wenn das zutrifft, ist es a priori
nicht einzusehen, warum diese Werte nur im politischen Bereich
wertvoll sein sollen. Eine schematische Übertragung bestimmter
Prinzipien könnte aber zu gegenteiligen Konsequenzen als ursprünglich erwünscht führen und obendrein die demokratische
Kontrolle im politischen Bereich aushöhlen. Deshalb der Hinweis
auf die Grenzen der Demokratisierung.

Der Demokratiebegriff der CDU geht aus den zitierten Passagen ihres Programms mit hinreichender Deutlichkeit hervor. Sie unterscheidet zwischen Demokratie als *System* und der *Politik,* die sie in den anderen Teilen des Programms anbietet. So bekennt sich die CDU direkt und indirekt zu einem Demokratieverständnis, in dessen Zentrum die Idee des *politischen Wettbewerbs* und des gesellschaftlichen *Pluralismus* steht. Gruppen und organisierte Interessen werden nicht nur als notwendig akzeptiert, sondern auch in ihrer positiven Funktion für den einzelnen wie für die Gesellschaft gewürdigt[81]. Daran vermögen auch bestimmte Wendungen nichts zu ändern, die offensichtlich in keinem deutschen Parteiprogramm fehlen dürfen[82]. Nur selten freilich finden sich Sätze wie: »Der Staat... muß dem Mißbrauch gesellschaftlicher und politischer Macht wirksam entgegentreten« (Ziffer 107). Man stelle sich die Situation vor: Hier der Staat, mächtig und entschlossen, dort gesellschaftliche und politische Macht, die er bändigt: Vorstellungen wie diese passen in die Märchenlandschaft einer vordemokratischen Kinderstube, sie gehören aber nicht in das Programm einer modernen demokratischen Partei. Solch sinnlose Sätze — sein »Sinn« liegt ja in der Aussage, politische Macht solle politische Macht kontrollieren[83] — stellen sich aber notwendig dann ein, wenn der Dualismus von Staat und Gesellschaft als Problem und nicht als Scheinproblem erkannt wird[84].

Die CDU hat bisher ihren Begriff von Demokratisierung nicht in eine Demokratisierungsstrategie für unsere Gesellschaft umgesetzt. In ihrem Programm weist sie die Richtung, auf den Weg hat sie sich noch nicht gemacht. Die Kritik an der SPD steht im Vordergrund, die eigene Konzeption bleibt undeutlich. Das erscheint zuwenig. Gerade wenn man der Überzeugung ist, daß es »um Bestand oder Wechsel der politischen Grundsätze« geht, kann man sich kaum mit dem Hinweis auf die »strukturelle Ungleichheit unter den Menschen« und die »Eigengesetzlichkeit der Kultursachgebiete« begnügen[85]. Die Menschen sind nicht *schlechthin* gleich oder ungleich, sondern immer beides zugleich, aber in *verschiedener Hinsicht.* Die ontologisch-metaphysische Schau vom *Wesen des Menschen* sieht nicht die konkrete Vielfalt von Funktionen und Rollen, die eine differenzierte Demokratisierungsstrategie möglich und nötig macht. Desgleichen sind die verschiedenen

»Kultursachgebiete« nicht bis zum Rand mit »Eigengesetzlichkeit«
gefüllt. Sie müssen eine Vielzahl anderer Aufgaben erfüllen, um
ihrer eigentlichen Bestimmung gerecht werden zu können. Einfache
Alternativen sind auch hier meist falsche Alternativen[86].

Demokratisierung oder: Die Modernität der politischen Parteien

Der Demokratiebegriff von CDU und SPD offenbart den Unterschied in der politischen Philosophie beider Parteien. Die deutsche
Sozialdemokratie kann dabei auf eine ehrwürdige Tradition verweisen, deren Väter *Hegel* und *Marx* sind. Beide erlebten in den
sechziger Jahren in der »kritischen« Theorie der Gesellschaft der
Frankfurter Schule eine neue Renaissance, welche die Forderung
nach einer Demokratisierung der Gesellschaft spekulativ begründete und ihr auf diese Weise erst zu einer theoretischen und dann
auch politischen Faszination verhalf[87].

Diese kritische Theorie unterscheidet sich durch ihre Erkenntnis-
weisen der Dialektik und Hermeneutik bewußt von jenem Denken, das in der Neuzeit sich sowohl in den Natur- wie in den Sozialwissenschaften durchgesetzt, unser Wissen vermehrt und die
moderne Technik und Zivilisation überhaupt erst ermöglicht hat.
Wenigstens in dieser Hinsicht kann man in ihr ein spätes Beispiel
für *vormodernes* Denken sehen, dessen mythologische und theologische Reste noch deutlich auszumachen sind.

Dieses Denken bestimmt die Programmatik der SPD im allgemeinen und deren Demokratiebegriff im besonderen. Die größte
Partei Deutschlands leistet sich zur Erörterung ihrer Grundfragen
einen Denkstil, der auf allen Gebieten im Rückzug begriffen ist.
So verstanden kann man die SPD *nicht als eine moderne Partei*
bezeichnen[88].

Die politische Philosophie der CDU läßt sich nicht so einfach
und einheitlich umreißen. Ihr Demokratiebegriff steht wissenschaftstheoretisch in der Nähe jener Theorien, die man gewöhnlich
als empirisch-analytische Demokratietheorie und ökonomische
Theorie der Demokratie bezeichnet[89].

Beide Theorien versuchen, auch auf den Bereich der Politik
jene Kriterien strenger Wissenschaftlichkeit anzuwenden, die auf
anderen Gebieten zum Erfolg geführt haben: logische Konsistenz

und empirische Kontrolle der Aussagen. Diese Theorien sagen uns, was ist *und* was möglich ist, nicht aber, was sein *soll*: darüber muß politisch entschieden werden.

Der Demokratiebegriff der CDU läßt sich durch die empirische Theorie der Demokratie, nicht aber durch die Frankfurter Sozialphilosophie erklären. So gesehen, kann man die CDU eine *moderne Partei* nennen. Sie erschleicht nicht durch die bloße Definition der Demokratie eine bestimmte Politik[90]. Vielmehr ist ihre Politik nicht einfach aus ihrem Demokratiebegriff abzuleiten, weder theoretisch noch praktisch.

Das aber bedeutet: Der moderne Demokratiebegriff der CDU garantiert nicht unbedingt eine »moderne« Politik – was immer das heißen mag. Und die SPD *kann* trotz ihres altertümlichen Demokratieverständnisses eine zukunftsorientierte Politik betreiben. Es gibt hier keinen einfachen und direkten Zusammenhang[91]. Allerdings sind Politik und der Begriff von Demokratie in zweifacher Hinsicht miteinander verbunden:

a) Bezüglich des sachlichen und personellen Umfangs einer Ideologie. Die ideologischen Positionen innerhalb der CDU sind sachbezogen und an Personen gebunden. Es gibt keine einheitliche Ideologie, die sich über die gesamte Partei und die gesamte Politik legt. Dadurch werden Kritik erleichtert, Revision ermöglicht, Meinungsverschiedenheiten akzeptiert. Aus diesem Grunde ist die CDU bei allem Konservatismus im einzelnen eine im ganzen liberale Partei, während die SPD bei aller möglichen Progressivität im einzelnen eine im ganzen konservative und illiberale Partei ist[92].

b) Bezüglich der Lernfähigkeit einer politischen Partei. Eine Partei läßt sich auffassen als ein soziales System, das ständig Probleme lösen muß. Sie kann lernen, wie sie mit diesen Problemen in Zukunft besser fertig wird, d. h. sie kann das Lernen lernen – oder verlernen. Kreatives Lernen erhöht ihre Kapazität, Probleme zu lösen, pathologisches Lernen mindert sie[93].

Wir vermuten nun, daß der Sozialismus selbst dann, wenn er einige Probleme besser löst, manche ärgerliche Ungerechtigkeiten schneller beseitigt, die Lernfähigkeit einer Partei bzw. einer Gesellschaft reduziert und damit die Chance, mit künftigen Problemen, die ein Sozialismus möglicherweise erst schafft, sinnvoll fertig zu werden. Dies wäre dann die *Pathologie des Sozialismus*. Und die *Kreativität der Demokratie* bestünde nicht darin, daß sie alle Probleme zu aller Zufriedenheit löst — sie wird immer »problematisch« bleiben —, sondern daß sie die Lernfähigkeit des Systems erhöht, so daß es in Zukunft mit mehr Problemen besser fertig werden kann[94].

III. Demokratisierung — Regression oder Progression der Demokratie?

Erst in unseren Tagen wurde Demokratisierung zu einer Formel, die das politische Denken auf einen gemeinsamen Nenner bringt, auch wenn die politischen Inhalte gegensätzlich und in einer vor zehn Jahren kaum für möglich gehaltenen Grundsatzdebatte umstritten sind. Aber man kann auch im Blick auf frühere historische Transformationen von »Demokratisierung« sprechen. Die politischen Regime entwickelten sich ja in der Geschichte entlang zwei Dimensionen zu jenen Regierungssystemen, die wir heute Demokratie nennen[95]:

1. Sie entwickelten nach und nach eine Form des politischen Wettbewerbs, d. h., sie erlaubten politische Opposition gegenüber der Regierung.

2. Sie dehnten dieses Recht der Kritik, Opposition und Partizipation auf immer weitere Teile der Bevölkerung aus: der politische Wettbewerb wurde immer umfassender.

Diese beiden Phasen der historischen Entwicklung kann man im Rückblick als Demokratisierung bezeichnen. Sie lassen sich, auch in zeitlicher Reihenfolge, etwa an der neueren Geschichte Englands deutlich ablesen: der Wandel zu einer kompetitiven Oligarchie im neunzehnten und zu einer partizipatorischen Demokratie (hier im präzis-historischen Sinne!) im zwanzigsten Jahrhundert. Wenn man will, kann man in der Gegenwart von einer dritten Phase der Demokratisierung sprechen: die Übertragung bestimmter Annahmen und Spielregeln der Kritik, des Konflikts und der Kontrolle aus dem politischen Bereich auf andere soziale Institutionen. Es spricht vieles dafür, daß diese dritte Phase so wichtig, aber auch so umstritten sein wird wie die früheren. Sie wird mit Sicherheit die Zukunft prägen.

Diese dritte Phase der Demokratisierung führt nur dann zu einer Progression der Demokratie, wenn sie die beiden ersten voraussetzen, auf ihnen aufbauen kann und ihre Resultate erhalten will. Ist das nicht der Fall, führt sie zu einer Regression der Demokratie, d. h., sie wirft die Entwicklung zurück auf ihren Ausgangspunkt. Ob in den Ländern der Dritten Welt und des Ostblocks die beiden ersten Phasen der Demokratisierung übersprungen und gleich die dritte realisiert werden kann, braucht hier nicht entschieden zu werden. Jedenfalls bedeutet Demokratisierung für sie zunächst durchweg das Erringen jener Rechte, Chancen und Freiheiten, die wir als Ergebnisse der beiden ersten Phasen genießen dürfen. Demokratisierung im Sinne der dritten Phase — sie ist überhaupt nur für wenige Staaten dieser Welt aktuell — setzt bei entwickelten Industrienationen die beiden ersten Phasen definitiv voraus, oder sie wird die Ziele der dritten Phase nicht erreichen, sondern in ihr Gegenteil umschlagen.

Das Dilemma der Demokratisierung besteht nun in der Bundesrepublik Deutschland darin, daß Demokratisierung im Sinne der dritten Phase gefordert und die Resultate der beiden ersten Phasen in Frage gestellt oder eindeutig abgelehnt werden.

Der *politische Wettbewerb* wird als vordergründig oder ganz illusorisch bezeichnet, eine marxistische politische Ökonomie liefert die Lehre von der *einen* Elite, die die Macht auf allen Gebieten in Händen habe. Das Geheimnis des Erfolgs dieser »Kritik« liegt wohl in der Tatsache begründet, daß sie sich selbst gegen jede Kritik immunisiert.

Was die politische Partizipation betrifft, so wird sie durch den Hinweis auf das geringe Interesse der Bürger für Politik, die »Manipulationstechniken« einer »spätkapitalistischen« Gesellschaft und überhaupt das »falsche Bewußtsein« der Menschen entwertet; gefordert wird Partizipation im emphatisch-normativen Sinne — Selbstverwirklichung des Menschen durch Politik —, und das eben erfordere eine »Fundamentaldemokratisierung« unserer Gesellschaft[96].

In dieser Auseinandersetzung nehmen die Parteien eine unterschiedliche Stellung ein. Die SPD steht nicht im Verdacht, die dritte Phase der Demokratisierung nicht zu wollen. Aber sie hat in ihren Reihen Alt- und Jungsozialisten, die die Resultate der beiden früheren Demokratisierungsphasen gering schätzen. Die Beschlüsse der Jungsozialisten lassen es hier an Eindeutigkeit wahrlich nicht fehlen — Diagnose und Therapie sind marxistisch[97].

Sie können dabei auf die gleichen Begriffe und Wertvorstellungen wie die SPD im ganzen zurückgreifen — diese Partei distanziert sich zwar eindeutig von den Konsequenzen, nicht aber von den Prämissen der reinen Lehre der Jungsozialisten[98]. Außerdem bietet sie ihnen durch ihren Demokratiebegriff eine ideologisch offene Flanke. Nur eine Revision ihres Demokratieverständnisses, die an Sozialismus als (kontrollier- und revidierbarer) Politik festhält und ihn als Systemeigenschaft der Demokratie verabschiedet, kann die innerparteilichen Auseinandersetzungen der SPD beenden. Kurz gesagt: Die Wirklichkeit der Ideologie muß das Image von Godesberg '59 einholen.

Die CDU steht nicht im Verdacht, die pluralistische Demokratie als »formale« Demokratie zu disqualifizieren. Aber sie hat bisher die Bedeutung der neuen Demokratisierung eher unterschätzt. Würde sie, statt wie früher Demokratisierung einfach abzulehnen, *konkrete* Demokratisierungs*strategien,* etwa für die Universität oder das Unternehmen, *entwerfen* und *andere* unter Verweis auf bestimmte Konsequenzen *kritisieren,* könnte sie auch zur Versachlichung der Politik beitragen. Die Parteien würden in einer Weise konkurrieren, die zu mehr führt als nur zu Schattengefechten und ideologischem Schlagabtausch.

Das ist bei uns noch nicht der Fall. Als Demokratisierung verkleidet, ist wiederum eine »Stimmungsdemokratie« eingezogen, wie man sie in einem aufgeklärt-rationalen Zeitalter nicht für möglich gehalten hätte[99]. Die Symptome dieser Stimmungsdemokratie sind zahlreich: zunächst ein politisches Moralisieren, für bestimmte Intellektuelle ebenso typisch wie für manche Politiker, das Hochstilisieren persönlicher Gefühle und guter Absichten zu objektiven Sachverhalten, ein »kollektiver Wertkultus[100]«, der durch Beschwörungsformeln und -riten glaubt, die Welt verändern zu können, schließlich, alles in allem, eine romantische Jugendbewegung —

sie beschränkt sich ja keineswegs auf Jugendliche im engeren Sinne —, die ihren Vorläuferinnen alle Ehre macht.

Die Gründe für diese Stimmungsdemokratie liegen freilich tiefer. Philosophie und »Geistes«wissenschaften bereiten ihr durch ihre Vorliebe für Spekulation und Intuition und durch ihre Verachtung für Rationalität und Empirie einen fruchtbaren Boden. Wer die großen »Schulen« auch nur Revue passieren läßt — von *Hegel* über den Idealismus und die Romantik bis hin zum Existentialismus —, der wird unschwer in deren Ganzheitsdenken und Wesenserkenntnis die philosophischen Wurzeln der heutigen Stimmungsdemokratie erblicken. Das ganze Elend von Demokratie und Demokratisierung *und* der Diskussion darüber läßt sich in Wissenschaft und Politik auf die Tatsache zurückführen, daß man sich von »wesentlichen« Begriffen und falschen Dualismen täuschen ließ. Am bekanntesten und folgenschwersten ist zweifellos der Dualismus von Staat und Gesellschaft. Es ist kaum zu fassen, wieviel Zeit und Energie in Theorien investiert wurde, die sich an diesen hohlen Begriffen aufhängen. Um es kurz und deutlich zu sagen: Es gibt nicht *den* Staat, *die* Gesellschaft oder *das* Volk als Wesenheiten von eigener Dignität[101]. Was es allein gibt sind *Menschen* (im Plural!) mit ihren Interessen und gemeinsamen Problemen, die verschiedene Ziele erfolgen und sich dabei an verschiedenen Werten orientieren, Menschen, die oft gemeinsam entscheiden *müssen*, aber dabei immer verschieden entscheiden können; daher die Ubiquität der Politik, deshalb die Notwendigkeit der Demokratie — sie ermöglicht Fortschritt in Freiheit.

Sieht man die Probleme so, in ihrer von begrifflicher Mystik nicht verstellten Konkretheit, dann erscheint auch die bisher weithin ergebnislos diskutierte Demokratisierung in einem neuen Licht. Es geht weder um die Grenze zwischen Staat und Gesellschaft noch um jene zwischen dem Politischen und dem Unpolitischen.

Die Entscheidung, bestimmte soziale Bereiche — etwa Universitäten, Kirchen — dem direkten politischen Zu- und Eingriff zu entziehen, ist selbst eine eminent politische Entscheidung. Sie gründet weniger in einer blassen Wert- und Wesensphilosophie als in dem informierten Willen der Bürger und Politiker. Kritik ist notwendig, Konflikte sind natürlich, Kontrolle ist erforderlich keineswegs nur im politischen System, sondern in allen sozialen

Systemen. Deren Demokratisierung findet ihre Grenzen in *dem* Punkt, jenseits dessen diese sozialen Systeme ihre Leistung für die Gesellschaft nicht mehr erbringen können, eine Leistung, die die Gesellschaft über ihre politischen Institutionen (Parlament, Regierung) festsetzt und kontrolliert. Und sie findet natürlich ihre Grenze dort, wo die demokratischen Verfahren der Gesellschaft nicht auf Subsysteme übertragen, sondern gerade von ihnen her in Frage gestellt werden.

Ähnlich differenziert wird das Problem der Demokratisierung selten aufgefächert. Ob Anhänger oder Gegner der Demokratisierung — beide argumentieren sie auf der gleichen wissenschaftstheoretischen Grundlage: einem normativ-essentialistischen Verständnis der Sozialwissenschaften. Von links und rechts werden auf dem »Schlachtfeld der Idealisten[102]« schwere philosophische Geschütze aufgefahren, die allerhand Lärm verursachen und viel Staub aufwirbeln, so daß einem Hören und Sehen vergehen kann — und am Ende, wenn der Lärm verstummt und der Rauch verweht ist, bleibt alles wie zuvor, nichts hat sich geändert. Die Situation trägt unverkennbar tragikomische Züge: Professoren ziehen als Einzelkämpfer wider die Demokratisierung in die politische Arena, um auf dem Katheder ebenso engagiert jenes Wissenschaftsverständnis zu verkünden, von dem Studenten und Politiker ihre Forderung nach Demokratisierung ableiten — das jeweilige Vorzeichen tut wenig zur Sache. Bisweilen wird die Tragikomödie zur reinen, auch menschlich ergreifenden Tragödie von klassischem Zuschnitt: Ein junger Professor für Politikwissenschaft entbirgt von *Aristoteles* über den jungen *Marx* bis *Husserl* und *Heidegger* sämtliche Schätze einer großen Philosophie, schmiedet aus ihnen die Forderung einer »emanzipatorischen« Wissenschaft und einer »demokratisierten« Universität, die dank SPD auch Wirklichkeit werden, steht einige Jahre später, was ein »positivistischer« Kollege ihm mühelos hätte prognostizieren können, vor dem Scherbenhaufen zerbrochener Ideale, fordert mutig und engagiert von der gleichen SPD die »Reform der Reform«, für deren Programm, welches dieser Variante von Demokratisierung Tür und Tor öffnet, er unter Rückgriff auf besagte Philosophie eine subtile, sympathische Exegese liefert . . .[103]

Demokratisierung — ein Kapitel deutscher, ein Stück faustischer

Tragik. Demokratisierung — ein würdiges Beispiel für der Deutschen Unfähigkeit zur Politik. Die Ursache der augenblicklichen Misere sitzt tief, mit einem Kurieren an Symptomen ist es deshalb nicht getan. Man kann sich nicht länger um die Einsicht drücken: *Aus einer schlechten Philosophie folgt notwendig eine schlechte Politik*[104]. Selten haben Wissenschaftler weniger Verantwortung für die Gesellschaft gezeigt als jene, die mit adorneskem Pathos ständig die Rede von der »gesellschaftlichen Verantwortung der Wissenschaft« im Munde führten. Was not tut ist eine neue Art, über Politik zu denken. Politische Philosophie und Metaphysik in allen Ehren, aber deren Substitution für eine empirisch-theoretische Sozialwissenschaft kann nicht ohne Folgen bleiben. Wir müssen, um es kurz zu sagen, das Erbe der *naiven* Aufklärung mitsamt ihrem optimistischen Vernunftglauben und der eitlen Hoffnung, politische Wahrheit diskursiv ermitteln zu können, gründlich verabschieden und das Erbe der *kritischen* Aufklärung ebenso gründlich reaktivieren[105].

Helmut Schelsky, der die Strategie der Systemüberwindung zutreffend analysierte, sieht deren Gefährlichkeit vor allem darin, daß im Zeichen von Demokratisierung die Institutionen zur *Vermittlung von Sinn* immer mehr zur *Vermittlung von Unsinn* beitrügen. *Schelsky* kommt nicht auf den Gedanken, daß man es auch ganz anders sehen kann. Diese Institutionen können nur deshalb so erfolgreich umfunktioniert werden, weil Lehrer und Schüler, Professoren und Studenten in einer langen Tradition die Kunst, *Unsinn als Tiefsinn* anzubieten, zu einiger Perfektion entwickelt haben. Eine vorrangige Aufgabe der Pädagogik und der politischen Bildung dürfte deshalb darin bestehen, überall einen sechsten *Sinn für Unsinn* zu entwickeln. Ein solcher Sinn zahlt sich aus — politisch und menschlich. Wege dazu wären eine neue Askese des Gefühls und eine Formalisierung des Denkens, die die Inflation der Werte und Moralen verhindern.

Diese Demokratie hat nur Zukunft, wenn wir endlich deren *drei große »K«* in die Mitte rücken: *Kritik, Konflikt, Kontrolle:* Kritik von Theorien und Politiken statt deren Rechtfertigung; ein natürliches Verhältnis zu Konflikten, wo immer sie auftauchen, an Stelle des Traumes von Harmonie und Gemeinschaft; Kontrolle von Herrschaft statt der Utopie vom Ende aller Herrschaft[106].

Dann werden sich auch die meisten Probleme, die bisher unter Demokratisierung liefen, als Scheinprobleme enthüllen und sich neue Perspektiven öffnen. Dann werden die politischen Parteien darin konkurrieren können, die dritte Phase der Demokratie zu verwirklichen. Zwischen Revolution und Apathie[107] werden sie konkrete Probleme in einer Weise lösen, die das Engagement lohnend und interessant erscheinen lassen. Das vermochten sie bisher, mit der bloßen Rede von Demokratisierung, ob pro oder contra, nicht[108].

Fußnoten

[1] Vgl. *R. A. Dahl*, After the Revolution? Authority in a Good Society, New Haven - London 1970.
[2] *H. Schelsky*, Die Strategie der »Systemüberwindung«. Der lange Marsch durch die Institutionen, in: Frankfurter Allgemeine Zeitung vom 10. Dezember 1971.
[3] Dazu allgemein: *W. Hennis*, Demokratisierung: Zur Problematik eines Begriffs, Köln - Opladen 1970.
[4] Auf beide Möglichkeiten bin ich in einem am 25. September 1971 in der Politischen Akademie Eichholz über das Thema »Demokratisierung — Anfang oder Ende der Demokratie?« gehaltenen Vortrag eingegangen (abgedruckt im Eichholz-Brief 3/1971).
[5] *Willy Brandt*, Die Alternative, in: Die Neue Gesellschaft, Sonderheft Mai 1969, S. 3 f.; *Bruno Heck*, Demokraten oder Demokratisierte? Eine notwendige Auseinandersetzung, in: Die Politische Meinung, Heft 3/1969,

S. 11 bis 18; *ders.*, Demokratie — was ist das? Fragen an die Regierung, in: Die Politische Meinung, Heft 1/1970, S. 3 bis 5.

[6] Auf dem Parteitag in Saarbrücken vom 11. bis 14. Mai 1970 (Protokoll, hrsg. vom Vorstand der SPD, S. 455 f.). *Willy Brandt* präzisierte: »Und Demokratisierung heißt hier — damit es keine Unklarheiten gibt — zielstrebiger Abbau von Privilegien auf allen Gebieten.« Der dies sagte, genießt aus gutem Grunde als Bundeskanzler Privilegien wie wenige in diesem Lande ...

[7] Ebenfalls auf dem Parteitag in Saarbrücken (Protokoll, S. 97); vgl. auch das Interview *L. Bauers* mit *Herbert Wehner*, in: Die neue Gesellschaft, Januar 1971, S. 4 ff.

[8] Um ein Beispiel zu geben: »Ich ziehe den Kommunismus dem Kapitalismus vor. Ich lehne die westliche Demokratie ab.« Das ist eine politische Aussage. »Die Verwirklichung der wahren Demokratie setzt die Zerstörung des Kapitalismus voraus.« Dies ist eine ideologische Aussage, deren objektiver Wahrheitsanspruch erschlichen ist. Dazu allgemein: *E. Topitsch*, Sprachlogische Probleme der sozialwissenschaftlichen Theoriebildung, in: *ders.* (Hrsg.), Logik der Sozialwissenschaften, Köln - Berlin 1965, S. 17 bis 36.

[9] *E. K. Scheuch*, Der »Demokratisierungsprozeß« als gesamtgesellschaftliches Phänomen, in: *A. F. Utz — H. B. Streithofen* (Hrsg.), Demokratie und Mitbestimmung, Stuttgart 1970, S. 76.

[10] So *M. Schmitz*, Die symbolische Dimension des Ideologieproblems (unveröffentlichtes Manuskript), S. 14.

[11] Vgl. ebenda, S. 23 f.

[12] Vgl. *E. K. Scheuch* (Anm. 9), S. 75 f.

[13] Das kritisierte schon *Karl Marx* an *Hegel*; vgl. dazu *W. L. Bühl*, Evolution und Revolution. Kritik der symmetrischen Soziologie, München 1970, S. 275, 241 ff.

[14] Vgl. dazu etwa *K. Acham*, Wissenschaftliche Politikberatung aus der Sicht der analytischen Philosophie, in: *H. Maier — K. Ritter — U. Matz* (Hrsg.), Politik und Wissenschaft, München 1971, S. 53 bis 138, besonders S. 72 ff.

[15] Vgl. *E. K. Scheuch* (Anm. 9), S. 80.

[16] *R. Dahrendorf*, Gesellschaft und Demokratie in Deutschland, München 1965, S. 215; das Kapitel »Die Tragödie der deutschen Arbeiterbewegung« (S. 209 bis 225) ist überhaupt wieder von hoher Aktualität.

[17] Diese Auffassung kommt im Godesberger Programm (im folgenden: GP) und in fast jeder Rede eines beliebigen SPD-Politikers zum Ausdruck. »Nur formal-demokratisch strukturierte Staatsorgane als verhüllendes Mäntelchen, das eine undemokratische Gesellschaft vor neugierigen Blicken abschirmt — das ist keine Demokratie.« (*H. J. Wischnewski* im SPD-Pressedienst vom 4. August 1969.)

[18] GP, S. 8; *Bruno Heck* hat diese These von Anfang an scharf kritisiert: vgl. seinen Artikel: Zum Godesberger Programm der SPD — SPD meldet Totalitätsanspruch auf die Demokratie an, in: Politisches Jahrbuch der CDU/CSU, 4. Jg. 1960, S. 127 bis 132.

[19] Darauf haben auf dem Godesberger Parteitag der damalige Parteivorsitzende *Erich Ollenhauer* u. a. eigens hingewiesen. Vgl. Protokoll des Außerordentlichen Parteitags in Bad Godesberg vom 13. bis 15. November 1959 (Hrsg.: Vorstand der SPD), S. 57 ff.

[20] Hier liegt auch der Grund für den inflationären Gebrauch von »Demokratie«, »demokratisch« usw. und die Tendenz, Nichtsozialismus und Faschismus gleichzusetzen; vgl. dazu auch das Interview des Flensburger Tagesblatt mit *Jochen Steffen* vom 26. Februar 1971: »Steffen über ›Kommunisten‹ und ›Faschisten‹«.

[21] Diese beiden Denkfiguren sind schon bei *Platon* bzw. *Aristoteles* deutlich ausgeprägt; in der Neuzeit haben sie über *Rousseau* und *Locke* Theorie und Praxis der Politik bis auf den heutigen Tag entscheidend beeinflußt. Sie liefern die Rechtfertigung für die totalitäre bzw. die pluralistische Demokratie. Keine noch so rhetorisch brillante Philosophie kann darüber hinwegtäuschen. Es ist das Verdienst u. a. *R. Dahrendorfs* und *E. Fraenkels,* Ursachen und Konsequenzen beider Denkfiguren immer wieder herausgestellt zu haben.

[22] Zur Notwendigkeit einer Unterscheidung von System und Politik bzw. Regierungssystem und jeweiliger Regierung vgl. allgemein die Ausführungen von *D. Easton,* A Systems Analysis of Political Life, New York - London - Sydney 1965, S. 190 ff.

[23] *E. Fraenkel — K. Sontheimer — B. Crick,* Beiträge zur Theorie und Kritik der pluralistischen Demokratie (Schriftenreihe der Bundeszentrale für politische Bildung), Bonn 1970.

[24] Vgl. dazu etwa *Willy Brandt,* in: Bundeskanzler Willy Brandt. Reden und Interviews, Hamburg 1971, S. 279; *ders.,* Die Alternative (Anm. 5).
Wer in den Protokollen des deutschen Bundestages die Beiträge *Willy Brandts* in der ersten Lesung der Ostverträge nachliest, wird ebenfalls auf diese »Argumente« stoßen.

[25] Vgl. GP, S. 26 f., S. 14 f.

[26] Diese Topoi klingen an in *W. Brandts* Rede auf dem Außerordentlichen Parteitag der SPD 1971 in Bonn: »Wir wollen die Erneuerung der Gesellschaft aus moralisch-geistigen Kräften« (Sonderdruck, hrsg. vom Vorstand der SPD, S. 19); vgl. auch *Willy Brandt,* Der Wille zum Frieden, Hamburg 1971, S. 177 ff., sowie GP, S. 26: »Die Vorrechte der herrschenden Klassen zu beseitigen . . ., das war und das ist der Sinn des Sozialismus.« S. 27: Die »Kräfte, die die kapitalistische Welt aufgebaut haben, versagen« vor den Aufgaben unserer Zeit. Ein paar Sätze später ist von den »alten Kräften« die Rede. Überhaupt ist ständig von irgendwelchen »Kräften« die Rede: »demokratische Kräfte des Volkes« (S. 12), »kulturwillige Kräfte« (S. 21), »formende Kräfte des gesellschaftlichen Lebens« (S. 21) usw. Eine genaue Analyse der Sprache des Godesberger Programms würde überhaupt zeigen, daß es weitgehend aus empirischen und normativen Leerformeln besteht, die keine Aussagen enthalten. Das gilt auch für die Sprache von Politikern. *Willy Brandt* hat recht: Sprache und Demokratie hängen

zusammen, eine Schludrigkeit der Sprache ist oft ein Zeichen eines politischen Niveauverlustes (vgl.: Bundeskanzler Brandt. Reden und Interviews, Hamburg 1971, S. 249).

[27] So *J. Steffen* auf dem Parteitag in Nürnberg im März 1968 (zitiert nach dem vom Vorstand der SPD herausgegebenen Protokoll, S. 379 ff.). Die elitäre Arroganz des Steffenschen Sozialismus kommt auch in der Gegenüberstellung von »kritischer Intelligenz« und der »Masse des Volkes« zum Ausdruck (ebenda).
Auch auf dem Parteitag in Bonn sprach *J. Steffen* am 18. November 1971 in der gleichen Weise von »kurzfristigen Gruppen- und Klasseninteressen« und »langfristigen objektiven Interessen« (unkorrigiertes Protokoll, hrsg. vom Vorstand der SPD, S. 88).

[28] Darauf weist auch *K. Steinbuch* in seinem offenen Brief an Bundeskanzler Brandt hin. Der Wortlaut dieses Briefes ist abgedruckt in: Die Welt vom 21. Februar 1972.

[29] Damit wird nicht für ein naives Pluralismuskonzept plädiert. Vgl. *W. Dettling*, Grenzen des Pluralismus, in: *G. Langguth*, Aspekte zur Reformpolitik, Mainz 1971, S. 49 bis 65.

[30] GP, S. 11.

[31] GP, S. 14; »Sie usurpieren Staatsgewalt«, die »Bändigung der Macht der Großwirtschaft« ist deshalb zentrale Aufgabe, »Staat und Gesellschaft dürfen nicht zur Beute mächtiger Interessengruppen werden.« Die Unternehmer werden zu Ungeheuern hochstilisiert, die Sprache erweckt unwillkürlich Assoziationen zu anderen Lebewesen . . .; auf S. 15 wird den Unternehmern »Anspruch auf staatliche Förderung« zugestanden, aber nur, wenn sie sich »nicht am privaten Erwerbsstreben orientieren . . .«

[32] So *Willy Brandt* in einer Rede in Frankfurt. Vgl. SPD-Pressemitteilungen und Informationen vom 13. September 1969, S. 4.

[33] Dazu *R. Dahrendorf*, Bürger und Proletarier. Die Klassen und ihr Schicksal, in: *ders.*, Gesellschaft und Freiheit, München 1961, S. 133 ff.

[34] GP, S. 8, S. 27.

[35] GP, S. 5, S. 26 f.

[36] Dazu *W. Eichler*, Sozialdemokratische Programmatik und praktische Politik, in: Die Neue Gesellschaft, November 1971, S. 773 bis 778; *ders.*, Grundwerte und Grundforderungen im Godesberger Grundsatzprogramm der SPD. Beitrag zu einem Kommentar, Bonn 1962, S. 14 ff.; *W. Hoegner*, Die Programme der SPD seit Eisenach, in: Die Neue Gesellschaft, Jg. 7, 1960, S. 61 bis 68; zu den Programmen selbst *W. Mommsen* (Hrsg.), Deutsche Parteiprogramme, München 1960, S. 253 ff., 453 ff.

[37] Vgl. dazu *E. Bandholz*, Zwischen Godesberg und Großindustrie oder: Wo steht die SPD, Reinbek bei Hamburg 1971, sowie die Sondernummer des JS-Magazins: Die Jusos in Saarbrücken, Heft 5/6, 1970.

[38] GP, S. 7; *Willy Brandt* auf dem Parteitag in Saarbrücken: »Sozialdemokratie ist ja . . . auch eine geistig-politische Strömung. Als solche kann sie, wie wir wissen, unter manchem Namen auftreten« (S. 475). Zum modernen

Parteiverständnis: *G. A. Almond — G. B. Powell, Jr.,* Comparative Politics. Al Developmental Approach, Boston 1966, S. 98 ff. Ähnlich auch *R. Löwenthal,* Demokratie und Leistung, in: Die Neue Gesellschaft, Dezember 1971, S. 892 ff.

[39] GP, S. 7 f., S. 15. In diesem Zusammenhang finden wir ständig den Glauben ausgedrückt, daß sich alle Probleme lösen lassen, wenn die Menschen es nur wirklich wollen, genügend selbstlos und verantwortungsbewußt sind. Diese Vorstellung liegt auch *Schillers* »konzertierter Aktion« zugrunde. Vgl. dazu *Chr. Watrin,* Geldwertstabilität, konzertierte Aktion und autonome Gruppen, in: Konzertierte Aktion. Kritische Beiträge zu einem Experiment, Frankfurt am Main 1972, S. 203 bis 228.

[40] Vgl. dazu *Th. Geiger,* Demokratie ohne Dogma. Die Gesellschaft zwischen Pathos und Nüchternheit, München 1963, S. 115 ff. Dieses Buch, vor mehr als zwanzig Jahren geschrieben, liest sich wie ein Kommentar zu den jüngsten Ereignissen.

[41] GP, S. 10.

[42] So *Willy Brandt* (Anm. 32), S. 2; Demokratie gewährt nicht gnädig »Teilhabe am Staat«, sie institutionalisiert Kritik und Kontrolle!

[43] Man denke etwa nur an den Methexis-Gedanken in der Ethik und Metaphysik des *Aristoteles.*

[44] Darauf hat *H. Wehner* in Bad Godesberg 1959 mit allem Nachdruck hingewiesen: vgl. Protokoll, S. 101: »Jeder Schritt wirklicher Bewegung... ist wichtiger als noch so präzis ausgedachte Programmformulierungen.« Auch *H. Schmidt* muß die Funktionäre im Lande gelegentlich darauf hinweisen, daß man in einer Demokratie auch Wahlen gewinnen müsse; vgl. seine Rede in der Sitzung des Parteirates am 26. Februar 1971 (in: p 2, zur Diskussion in der SPD, hrsg. vom Vorstand der SPD, S. 34).

[45] Ideologische Positionen einer Partei sind nicht deshalb »verschwunden«, weil sie eine Zeitlang nicht mehr aktualisiert wurden. Sie gehören gleichsam zum »Gedächtnis« der Partei, auf das sie jederzeit zurückgreifen kann. Das aktuelle Verhalten einer Partei (wie jedes Menschen und jeder Organisation) hängt ab von den aktuellen Stimuli *und* dem »Gedächtnis« (Wertsystem, Ideologie usw.). Für die SPD dürfte die These zutreffen, daß der in den letzten zehn Jahren »evoked set« des Godesberger Programmes sich von dem in den nächsten Jahren aktualisierten Satz an Wertvorstellungen unterscheiden wird. Sie wird sich weiter auf das Godesberger Programm berufen, es aber anders lesen und interpretieren. Vgl. zu diesem Gedanken allgemein: *J. G. March — H. J. Simon,* Organizations, New York - London 1968, S. 9 ff.; *K. E. Boulding,* Economics as a Science, New York 1970, S. 53 f.

[46] »Glaubt einem Gebrannten!« rief er den Delegierten zu (Protokoll, S. 100).

[47] Die Vorschläge des Parteivorstandes für die Besetzung der Redaktionskommission wurden einstimmig angenommen. Der Vorsitzende des Parteitages, *Fritz Steinhoff,* informierte die Delegierten, es gehe in dieser Kommission ohnehin nur um »sprachliche« Redaktion, »damit niemand auf den Gedanken kommt, daß die Berücksichtigung verschiedener Strömungen bei der

Besetzung dieser Kommission Pate stehen müßte« (S. 109). Der Delegierte *Werner Stein,* Berlin, legte aus Protest gegen eine Manipulation sein Mandat nieder (S. 323 f.). Diese Protokolle bieten überhaupt eine spannende und aufschlußreiche Lektüre.

48 Protokolle, S. 89 ff. *H. Ruhnau* monierte, daß man nicht mehr »klar und offen« vom Klassenkampf spreche, *Peter von Oertzen* kritisiert die Anpassung des Programms an dem »elenden Bewußtseinszustand vieler Menschen« (S. 94).

49 Protokoll, S. 55 f. Diese Rede *Ollenhauers* gibt einen guten Einblick in die damalige Situation der Partei.

50 S. 101: Das Programm verbiete noch erschwere der SPD, zu tun, »was sie als Sozialdemokraten für das Allgemeinwohl und für das Wohl des Volkes schlechthin zu tun für notwendig halten, wenn sie die Macht haben. Unser Programm enthält keinen solchen Riegel.«

51 So *Willy Brandt* auf dem Parteitag in Saarbrücken vom 11. bis 14. Mai 1970 (Protokoll, hrsg. vom Vorstand der SPD, S. 452).

52 Neben der ideologischen Auseinandersetzung sollte man deshalb auch sorgfältig beobachten, welche Kandidaten die SPD für die Wahlkreise und die Landeslisten im Herbst 1972 nominierte.

53 Vgl. etwa *W. Brandt,* Der Wille zum Frieden. Perspektiven der Politik, Hamburg 1971, S. 177 ff., sowie die Ausführungen *W. Brandts* und *H. Wehners* auf den Parteitagen in Nürnberg 1968 und Saarbrücken 1970; außerdem *H. Apel* auf dem Außerordentlichen Parteitag der SPD in Bonn am 18. November 1971 (unkorrigiertes Protokoll, S. 90), *ders.,* Zum Demokratieverständnis der SPD, in: Gesellschaftspolitische Kommentare, 16. Jg., 1969, S. 281 bis 283. Zugrunde liegt die Vorstellung von einem Prozeß, im Verlaufe dessen das, was durch den Prozeß realisiert werden soll, auch erst erkannt und sichtbar wird. Deshalb müssen Auskünfte über Verlauf und Ziel des Prozesses auch unklar bleiben.

54 Die Lehre von den sprachlichen Zeichen, die Semiotik, gliedert sich in die drei Bereiche Syntaktik, Semantik, Pragmatik. Die Semantik untersucht die Bedeutung von sprachlichen Zeichen oder Zeichenreihen, die Pragmatik deren Wirkung auf das Verhalten von Menschen.

55 Vgl. *H. Wehner* auf dem Außerordentlichen Parteitag der SPD am 17. und 18. Dezember 1971 in Bonn - Bad Godesberg (unkorrigiertes Protokoll, S. 12); dazu allgemein: *Chr. Watrin,* Die Demokratisierung der Wirtschaftspolitik in der Bundesrepublik Deutschland, in: *Utz — Streithofen* (Anm. 9), S. 124 bis 147.

56 Vgl. *R. A. Dahl,* Modern Political Analysis, 2. ed., Englewood Cliffs N. J. 1969, S. 77 ff.

57 Durch »Vergesellschaftung des Staates« soll die »Herrschaft des Staates« über die Gesellschaft abgebaut werden. Durch eine »Verstaatlichung der Gesellschaft« soll die »Usurpation von Staatsgewalt« *(H. Wehner)* durch »wirtschaftliche Macht« verhindert werden. Vgl. dazu u. a. *H. Wehner,* Die SPD wird regieren und nicht resignieren, in: Die Neue Gesellschaft, 19. Jg.,

Februar 1972, S. 83 bis 90. Dieser Beitrag *Wehners* beleuchtet noch einmal das Demokratieverständnis der SPD und bestätigt unsere Interpretation des Godesberger Programmes, das »nicht Bestehendes festgeschrieben, sondern ... Startmöglichkeiten geschaffen« hat.

[58] Diese Selbstverwirklichungshypothese wird auch in der Politikwissenschaft immer stärker vertreten: so z. B. *F. Naschold*, Organisation und Demokratie, Stuttgart 1969. Diese These übersieht zweierlei: daß sich der Mensch nicht nur durch Politik verwirklicht und daß politische Partizipation auch zum Vehikel pathologischer Bedürfnisse werden kann.

[59] Vgl. GP, S. 13.

[60] Vgl. mit weiteren Angaben *W. Hennis* (Anm. 3).

[61] Vgl. dazu die zahlreichen Literaturhinweise bei *F. Naschold* (Anm. 58) und die Kritik von *D. Oberndörfer*, Demokratisierung von Organisationen? Eine kritische Auseinandersetzung mit *Frieder Nascholds*: Organisation und Demokratie, in: *ders.* (Hrsg.), Systemtheorie, Systemanalyse und Entwicklungsländerforschung, Berlin 1971, S. 577 bis 607.

[62] So z. B. *H. Apel* auf dem Außerordentlichen Parteitag der SPD in Bonn vom 18. bis 20. November 1971 (unkorrigiertes Protokoll vom 18. November 1971, S. 94).

[63] Vgl. *K. R. Popper*, Logik der Forschung, Tübingen 1968.

[64] So weicht *Willy Brandt* durchweg in Unverbindlichkeiten oder Selbstverständlichkeiten aus, wenn er seine Vorstellungen von Demokratisierung zu präzisieren sucht. Vgl. etwa: Bundeskanzler Brandt. Reden und Interviews, Hamburg 1971, S. 133 f.

[65] Als Beispiel für diese Entwicklung wird der »Prager Frühling« im Jahre 1968 angeführt.

[66] Die Konvergenztheorie wird nicht offiziell als Begründung für die deutsche Ostpolitik angeführt. Nur Wissenschaftler können offen vorschlagen, Deutschland solle der Welt ein drittes Ordnungsmodell bescheren — eine neue Variante eines spezifisch »deutschen Berufs« (so *Christian Graf von Krockow*, Nationalismus als deutsches Problem, München 1970).
Hier ist nicht der Ort für eine Erörterung der Ostpolitik der Regierung Brandt. Nur so viel: Dieser Politik liegt *Egon Bahrs* Theorie von dem »Wandel durch Annäherung« zugrunde. Diese Theorie besagt, daß der soziale und politische Wandel der DDR durch eine aktive Deutschland- und Ostpolitik der Bundesregierung beschleunigt werden könnte. Ich halte diese Theorie für falsch, ohne das hier im einzelnen aus Raumgründen beweisen zu können. Der Ursprung des Wandels wird in der DDR selbst oder in der Sowjetunion liegen. Eine aktive, diplomatisch-offensive Deutschlandpolitik der Bundesrepublik muß zu einer Abgrenzung der DDR durch deren Regierung führen, ganz einfach deshalb, weil ein solches Verhalten für die DDR-Regierung *subjektiv rational* ist. Diese Abgrenzungspolitik ist für die DDR so lange rational, so lange auf verschiedenen Gebieten — menschlich, politisch, wirtschaftlich — ein »Gefälle« zwischen ihr und der Bundesrepublik besteht, das es den Menschen in der DDR lohnend erschei-

nen läßt, die DDR zu verlassen. Nun kann eine Bundesregierung sehr wohl auf eine politische Konstellation hinarbeiten, in der dieses Gefälle wenigstens auf einigen Gebieten reduziert und minimiert wird und damit die Voraussetzungen für die Rationalität der Abgrenzungspolitik wegfallen — sei es durch eine Wirtschaftspolitik, die sich weniger an Wachstum und Leistung als an anderen, u. U. sehr »moralischen« Werten orientiert, ergänzt etwa durch verstärkte und über eine Europäische Sicherheitskonferenz abgewickelte »Wirtschaftsbeziehungen« mit der DDR. *Erst wenn der Pegelstand auf beiden Seiten gleich ist, kann die DDR die Schleusen öffnen.* Ich behaupte nun keineswegs, daß die sozialliberale Regierung die beiden Systeme nivellieren will. Willy Brandts gute Absichten sind ohnehin über jeden Zweifel erhaben. Gute Absichten verbürgen aber weder eine zutreffende Analyse, noch garantieren sie, daß die durch sie ausgelösten Konsequenzen ihnen nicht davonlaufen. Ich behaupte aber, daß der Deutschlandpolitik Willy Brandts eine falsche Theorie zugrunde liegt. Möglicherweise vermögen andere Theorien diese Politik zu erklären — dann soll er sie offen darlegen und demokratisch diskutieren lassen, wie es *Richard von Weizsäcker* in der ersten Lesung der Ostverträge gefordert hat. Der ständige Hinweis auf die »Gebote der Vernunft« und die »Notwendigkeiten der Geschichte« gehören in den Bereich der Mythologie und sind einer »mündigen Gesellschaft« *(W. Brandt)* unwürdig. Unter Willy Brandts Kanzlerschaft orientieren sich Politik und deren Beurteilung auf allen Gebieten immer mehr an »moralischen« Kriterien, guten Absichten usw.; werden sie von Dritten nicht erwidert, zeigt man sich überrascht und führt es auf die Borniertheit der SED-Politiker zurück statt auf die Logik des Systems der DDR.

[67] *W. Brandt* (Anm. 5); diese Wendung kehrt bei *W. Brandt* im gleichen Wortlaut immer wieder, so in einem Interview mit dem Südwestfunk am 16. August 1969; hier ist in diesem Zusammenhang auch wieder von den »Erfordernissen der Zukunft« und den »Notwendigkeiten des Tages« die Rede. Vgl. SPD-Pressemitteilungen und Informationen vom 16. August 1969, S. 6 ff.

[68] Dazu *Th. Geiger* (Anm. 40), S. 75 ff.

[69] Vgl. Anm. 5, Anm. 18, außerdem *B. Hecks* Beitrag für den Südwestfunk vom 3. Mai 1970 (abgedruckt in den CDU-Pressemitteilungen vom 2. Mai 1970); *ders.*, Demokratisierung? Sozialisierung! in: Deutschland-Union-Dienst Nr. 142, 23. Jg., vom 30. Juli 1969, S. 3: »Für uns ist Demokratie unsere Form der politischen Herrschaft im Staat.«

[70] Vgl. u. a. *E. K. Scheuch* (Anm. 9), S. 89 ff.; *R. A. Dahl* (Anm. 56), S. 14 ff.

[71] *B. Heck* hat zwar gegen bestimmte Varianten der Demokratisierung nichts einzuwenden, aber an dem Gesamteindruck ändert dies wenig. (Vgl. *B. Heck*, Demokraten oder Demokratisierte, S. 15).

[72] Dabei ist vor allem an *K. Buchheim, J. Habermas, W. Hennis, H. Marcuse* zu denken.

[73] »Eine Politisierung privater Bereiche unter dem Vorwand der Demokrati-

sierung lehnen wir ab«, hieß es in der Vorlage des Bundesvorstandes der CDU — entgegen dem Programmentwurf der *Kohl*-Kommission — für den Düsseldorfer Parteitag; dieser lehnte allerdings Formulierung und Inhalt dieser These ab. Vgl. ferner die Rede *B. Hecks* vor dem Düsseldorfer Parteitag der CDU vom 25. bis 27. Januar 1971 (Niederschrift hrsg. von der CDU, S. 37 ff., S. 42 f.).

[74] Jeder kann sehr leicht die Probe aufs Exempel machen: Er wähle drei beliebige Politiker der CDU aus und setze ihre Politik und ihre Position in der Partei in Beziehung zu ihrer christlichen Überzeugung. Der Unterschied zur SPD springt ins Auge. Einige SPD-Minister werden gut daran tun, sich schon jetzt auf die Gretchen-Frage zu präparieren: »Wie hältst du's mit dem Sozialismus.« Vgl. in diesem Zusammenhang: *H. Schmitt-Vockenhausen,* Die »Herausforderung« des Leo Bauer, und *Leo Bauer,* Das »Mißverständnis« des Hermann Schmitt-Vockenhausen, in: Die Neue Gesellschaft, November 1971, S. 828 ff. *H. Schmitt-Vockenhausen* hat die »Thesen gegen den Mißbrauch der Demokratie«, herausgegeben vom Beirat für politische Fragen des Zentralkomitees der deutschen Katholiken, verteidigt (vgl. die »Informationen der Sozialdemokratischen Fraktion im deutschen Bundestag« vom 13. August 1971). Darauf erwiderte *Leo Bauer* im Oktober 1971 in einem auch sonst bemerkenswerten Beitrag: Die Herausforderung oder: Wie schwach ist die Sozialdemokratie? (in: Die Neue Gesellschaft, Oktober 1971, S. 685 ff.).

[75] Vgl. dazu *H. Pütz,* Die Christlich-Demokratische Union, Bonn 1971, S. 21 ff.

[76] Vgl. *Bruno Heck,* Wozu noch Christ sein?, in: Die Politische Meinung, Heft 136, Mai/Juni 1971, S. 9 bis 18; vgl. außerdem die Reden von *K. G. Kiesinger* und *B. Heck* auf dem Parteitag der CDU in Saarbrücken vom 4. bis 5. Oktober 1971 (Niederschrift, S. 16 ff., 32 ff.).

[77] Dieser Unterschied verbietet gerade eine »Partnerschaft«, von der im Godesberger Programm die Rede ist (S. 21).

[78] Dazu ausführlicher *Th. Geiger* (Anm. 40), S. 335 ff.

[79] Ziffer 107 der 2. Fassung des Berliner Programms, verabschiedet auf dem 18. Bundesparteitag der CDU vom 25. bis 27. Januar 1971 in Düsseldorf; auch abgedruckt in: *H. Pütz* (Anm. 75), S. 187 ff.

[80] Das geschieht bei der CDU natürlich auch im Programm, aber nicht wie bei der SPD als konstitutiver Bestandteil der Demokratie, sondern als wandelbare Politik.

[81] So in Ziffer 107 (vgl. Anm. 79).

[82] In der Präambel wird etwa an die Opferbereitschaft der Bürger appelliert. Das ist den Parteien natürlich unbenommen. Ihre Aufgabe besteht aber doch wohl vor allem darin, die sozialen und politischen Daten so zu setzen, daß aus »private vices« »public benefits« werden.

[83] An dieser Stelle bricht der »Mythos des Staates« in das CDU-Programm ein, vgl. dazu allgemein *R. Dahrendorf* (Anm. 16), S. 225 ff.

[84] Die Programm-Kommission der CDU soll den Auftrag erhalten haben, etwas Grundsätzliches zum Thema »Staat und Gesellschaft« zu erarbeiten. Es

spricht für die Intelligenz der Mitglieder dieser Kommission, daß ihnen dazu nichts einfiel — auf falsche Probleme kann man keine richtigen Antworten geben.

[85] So *B. Heck* (Anm. 5) im Rückgriff auf *W. Hennis* (Anm. 3).

[86] Vgl. Anm. 4. Dort bin ich ausführlicher auf diesen Sachverhalt eingegangen.

[87] Vgl. *E. Topitsch*, Die Freiheit der Wissenschaft und der politische Auftrag der Universität, Neuwied 1968.

[88] Vgl. zur Genese dieses Denkstils: *E. Topitsch*, Mythos, Philosophie, Politik. Zur Naturgeschichte der Illusion, Freiburg 1969.

[89] Deren wichtigste Vertreter sind:
R. A. Dahl, Who Governs? Democracy and Power in an American City, Yale University Press 1966; *R. A. Dahl — Ch. E. Lindblom*, Politics, Economics and Welfare, New York 1953; *Ch. E. Lindblom*, The Intelligence of Democracy, New York - London 1965; *J. A. Schumpeter*, Kapitalismus, Sozialismus und Demokratie, 2. Aufl., München 1950; *A. Downs*, Ökonomische Theorie der Demokratie, Tübingen 1968; *Ph. Herder-Dorneich* (Hrsg.), Politik als Stimmenmaximierung, Köln 1968; *ders.*, Politisches Modell zur Wirtschaftstheorie, Freiburg im Breisgau 1959.

[90] Durch Definitionen sich Inhalte zu erschleichen ist ein beliebter Trick in Wissenschaft und Politik. Sowenig in der Wissenschaft logische und empirische Wahrheit verwechselt werden dürfen, sowenig auch Demokratie und Politik. Logik allein informiert nicht über die Wirklichkeit, aber ohne logische Regeln lassen sich wissenschaftliche von unwissenschaftlichen Aussagen nicht unterscheiden. Demokratie *ist* noch keine Politik, sie garantiert auch keine gute Politik — aber ohne demokratische Regeln kann Politik ständig in ein gefährliches Abenteuer umschlagen. In Wissenschaft wie in der Politik liegt es *an uns*, welchen Fortschritt wir mit formalen Regeln erzielen.

[91] Damit sind auch Kriterien angedeutet, nach denen die eine Partei einer anderen vorgezogen werden kann. Ich kann Mitglied der Partei A werden, weil ich eine konkrete Politik unterstütze, oder ich kann in Partei B eintreten, weil ich dort in noch unabsehbaren Situationen dank flexibler Strukturen Politik besser beeinflussen kann.

[92] Das ließe sich auch an den Schwierigkeiten sozialistischer Parteien zeigen, sich rasch an veränderte Konstellationen anzupassen.

[93] Dazu *K. W. Deutsch*, Politische Kybernetik. Modelle und Perspektiven, Freiburg 1969, S. 233 ff.; sowie: *Wolfgang Gessenharter*, Die Bedeutung der Kybernetik für das Studium politischer und sozialer Systeme. Eine Studie zu *Karl W. Deutsch,* The Nerves of Government, in: *D. Oberndörfer* (Anm. 61), S. 247 bis 316.

[94] Das politische System der Demokratie wie das ökonomische System der Sozialen Marktwirtschaft lassen sich also begreifen als sich selbst steuernde kybernetische Systeme, die die Informationen über das eigene Verhalten wie über die Veränderungen der Umwelt in einer Weise verarbeiten, daß sie

ihr künftiges an ihrem vergangenen Verhalten — auch an den Fehlern! — orientieren, ändern, d. h. *lernen* können, während dem Sozialismus, ob als politisches oder ökonomisches System verstanden, diese Fähigkeit gerade abgeht. Unter diesem Aspekt verdient die Diskussion über die Rezeption der Kybernetik in der DDR Beachtung. Vgl. dazu *P. Chr. Ludz,* Parteielite im Wandel, 3. Aufl., Köln - Opladen 1970, S. 294 ff.

[95] Zum folgenden: *R. A. Dahl,* Polyarchy. Participation and Opposition, New Haven - London 1971, S. 4 ff.

[96] Dazu statt vieler: *W. D. Narr — F. Naschold,* Theorie der Demokratie, Stuttgart 1971, S. 11 bis 163.

[97] Wer das bezweifelt, sehe sich die Thesen und Beschlüsse der Jungsozialisten auf ihren Bundeskongressen in München (1969), Bremen (1970) und Hannover (1971) an. Sie sprechen zwar eine langweilig-stereotype, aber erfreulich klare Sprache. Siehe dazu: J1. Stellungnahmen des SPD-Parteivorstandes zu den Beschlüssen des Bundeskongresses der Jungsozialisten in München vom 5. bis 7. Dezember 1969, Herausgeber: Vorstand der SPD, Reihe Jugend, Heft 1, Bonn o. J.; die Beschlüsse selbst findet man u. a. in: GK-Informationen, Dokumenten-Dienst vom 15. Januar 1970; JS-magazin, Sondernummer vom Bremer Bundeskongreß 1970, Januar 1971; Thesen zur politischen Ökonomie und Strategie — Außerordentlicher Bundeskongreß der Jungsozialisten in Hannover vom 11. bis 12. Dezember 1971, Herausgeber: Bundesvorstand der Jungsozialisten in der SPD, Bonn o. J.; zur Entwicklung der Jungsozialisten siehe die »Vertrauliche Denkschrift des ehemaligen Bundessekretärs der Jungsozialisten, *Ernst Eichengrün,* ›Zur Lage der Jungsozialisten‹«, in: Express — International, Jg. VII, Nr. 90, vom 6. Februar 1970. — Zur Kritik u. a. *E. K. Scheuch,* Zu den Aktivitäten der Jungsozialisten, im Zweiten Deutschen Fernsehen am 2. Januar 1972: »Die Umfunktionierung der Demokratie Bundesrepublik zur Volksdemokratie West geht nicht in einem Schritt, sondern nur über die Zwischenschritte der Eroberung von Teilbereichen ... Unter dem Namen Demokratisierung soll ohne Befragung der Wähler ... diese Republik umfunktioniert werden«; ferner *W. Schönbohm,* Das Demokratie- und Gesellschaftsverständnis der Jungsozialisten, in: Die Jungsozialisten und ihre Argumente. Diskussionsbeiträge der Jungen Union zum Programm der Jungsozialisten, Herausgeber: Der Bundesvorstand der Jungen Union Deutschlands, Bonn 1971, S. 4 bis 15.

[98] Das verdeutlichen etwa die Reden von *Willy Brandt* und *Herbert Wehner* auf dem Bremer Kongreß (vgl. SPD-Pressemitteilungen und Informationen vom 11. Dezember 1970) und vor dem Parteirat der SPD am 26. Februar 1971 (vgl. p 2, zur Diskussion in der SPD, hrsg. vom Vorstand der SPD, Bonn o. J.) sowie die Stellungnahmen des SPD-Parteivorstandes zu den Beschlüssen des Bundeskongresses der Jungsozialisten in Bremen vom 11. bis 13. Dezember 1970 (J2. Herausgeber: Vorstand der SPD, Reihe Jugend, Heft 2, Bonn o. J.).
Helmut Schmidt hat in seiner Rede vor dem Parteirat der SPD wie auch in seiner Schrift »Zwischenbilanz« (Herausgeber: Vorstand der SPD, Abteilung

Öffentlichkeitsarbeit, Bonn o. J.) noch die deutlichsten Grenzlinien gegenüber den Jungsozialisten gezogen.

[99] *Th. Geiger* (Anm. 40), S. 358.

[100] Ebenda, S. 237.

[101] Man wird natürlich diese Begriffe auch in Zukunft als sprachliche Kürzel behalten müssen. In der Regel merkt man aber sehr schnell, wie sie gemeint sind.

[102] *Th. Geiger* (Anm. 40), S. 212.

[103] *Alexander Schwan*, Freiheit, Gerechtigkeit und Solidarität. Über die geistigen Grundlagen des Godesberger Programms, in: Berliner Stimme vom 30. Oktober 1971.

[104] Ähnlich auch *K. Steinbuch*, Mensch — Technik — Zukunft, Stuttgart 1971, S. 11 ff.

[105] Vgl. *Th. Geiger* (Anm. 40), S. 240 ff.

[106] Dazu ausführlicher in meinen Beiträgen: Demokratie in der modernen Gesellschaft, in: *S. Wunschel* (Hrsg.), Tyrannei der Minderheit, Stuttgart 1970, S. 22 bis 46, und: Lob der Kritik. Zur Rolle der Intellektuellen, in: *G. Langguth*, Offensive Demokratie. Versuch einer rationalen Orientierung, Stuttgart 1972.

[107] Wie Revolution in Apathie umschlagen kann, dafür liefert die Radikalismus-Bewegung der Vereinigten Staaten gegenwärtig ein Beispiel. Beides sind unpolitische Haltungen, welche die Möglichkeiten konkreter Reform nicht ergreifen. Eine Illustration dieses Sachverhalts gab *Edmund Wolf* in seinem Bericht »Der Bürgerkrieg findet nicht statt« (ARD am 27. Februar 1972).

[108] (Dezember 1972) Der zurückliegende Wahlkampf war der erste seit Verabschiedung des Godesberger Programms im Jahre 1959, in dem die SPD die Verwirklichung des demokratischen Sozialismus offen als ihr politisches Ziel erklärte (vgl. die Schumacher-Gedächtnisrede *Willy Brandts* vom 20. August 1972 sowie mehrere Beiträge *Erhard Epplers*). Sozialismus — als Vollendung der Demokratie und Voraussetzung zur Verbesserung der »Qualität des Lebens« für alle — ist hierzulande wieder ein positiv besetzter Begriff. Er projiziert eine Vision und bündelt Hoffnungen. Die SPD wird auch von Nicht-Sozialdemokraten erlebt als eine Partei, die politische Macht zur Verwirklichung einer realen Utopie erstrebt. Nicht so die CDU/CSU. Sie hat es nicht verstanden, das in ihrem Demokratieverständnis angelegte liberale Potential in eigene politische Strategien umzusetzen. So konnte der verbreitete Eindruck entstehen, daß die Kritik an und die Konfrontation mit der Regierung nicht natürliche Resultate der eigenen, positiv entwickelten Konzeption, sondern eher ein schlechtes Alibi für die eigene programmatisch-konzeptionelle Dürftigkeit ist. Die Wahlkampf-Aussagen der Union blieben weit hinter ihren Programm-Aussagen und erst recht hinter der innerparteilichen Diskussion der CDU/CSU zurück. Was der Union jetzt nottut ist eine unbefangene empirische Analyse des sozialen, politischen und ökonomischen Wandels in der Bundesrepublik Deutschland seit den für die CDU/CSU »goldenen Fünfzigern«. Erst auf dieser empirisch-ana-

lytischen Grundlage lassen sich politisch-normative Zielvorstellungen überzeugend vortragen. Dann wird auch die grundsätzliche Alternative zum *demokratischen Sozialismus* deutlich, welche diesem an intellektueller und politischer Faszination in nichts nachsteht: *die liberale Demokratie in einer offenen Gesellschaft.*

Teil II

Probleme und Konsequenzen
der Demokratisierung der gesellschaftlichen
Teilbereiche, dargestellt an ausgewählten
Beispielen

Manfred Hättich

Innerparteiliche Demokratie und politische Willensbildung*

Die politischen Parteien sind so sehr wesentlicher Bestandteil der modernen Demokratie geworden, daß sie gelegentlich geradezu zur Charakterisierung dieser modernen Demokratie benutzt werden, indem diese als Parteienstaat oder Parteiendemokratie bezeichnet wird. Tatsächlich scheint eine Demokratie unter den Bedingungen der heutigen Gesellschaft ohne politische Parteien nicht mehr vorstellbar. Trotz dieser allseits gesehenen Entwicklung bereitet die verfassungsrechtliche und institutionelle Einordnung der politischen Parteien in das politische System nach wie vor Schwierigkeiten. Werden in diesem System staatliche Organe im engeren Sinne, wie etwa Parlament, Regierung, Verwaltung und Gerichte auf der einen Seite von nichtstaatlichen gesellschaftlichen Einrichtungen und Organisationen, wie Verbänden und Massenmedien andererseits, unterschieden, dann können die politischen Parteien nicht eindeutig einer dieser Kategorien zugeordnet werden. Einerseits sind sie unter dem Gesichtspunkt der Gründungsfreiheit, der Freiheit der Mitgliederschaft und der eigenen sachlichen Entscheidungsfreiheit gesellschaftliche freie Vereinigungen. Andererseits münden sie mit ihren Fraktionen in das Regierungssystem im engeren Sinne und werden dadurch zu wesentlichen Herrschaftszentren des heutigen politischen Systems. In dieser »Zwischenlage« dürfte aber gerade ihre eigentliche Funktion liegen. Sie erweisen sich als Vermittler zwischen dem Regierungssystem und der Gesellschaft. Und zwar spielen sie diese Mittlerrolle in beiden Richtungen: von der Gesellschaft zur Regierung und von der Regierung zur Gesellschaft. Dies wird gerade im Zusammenhang der Diskussion über innerparteiliche Demokratie nicht selten über-

* Wiederabdruck mit freundlicher Genehmigung des Verfassers.

sehen. Eine Modellvorstellung von innerparteilicher Demokratie, welche die Parteien nur einseitig als Transformationsriemen von der Gesellschaft zur Regierung hin sieht, ist irreal. Solche Vorstellungen ignorieren Tatsächlichkeit und Notwendigkeit von Regierung in allen politischen, auch noch so freiheitlichen Systemen.

Die Diskussion über die politischen Parteien leidet nach wie vor teilweise darunter, daß ihr Demokratievorstellungen zugrunde liegen, in denen Regierung im weitesten Sinne des Wortes ausschließlich mit der Assoziation der Vollstreckung eines Volkswillens verbunden ist. Das führt dann entweder zur Ablehnung der politischen Parteien, weil sie das utopisch-plebiszitäre Modell stören, oder zu einer einseitigen Sicht ihrer Funktionen, indem sie als Transportmechanismen dieses, wie auch immer bestimmten, in der Regel aber eben sehr unbestimmt gefaßten Volkswillen betrachtet werden. Aber selbst da, wo solche Vorstellungen nicht den Bewußtseinshintergrund abgeben, fällt die Diskussion über die innerparteiliche Demokratie häufig doch auf sie zurück. Innerparteiliche Demokratie wird gerne mit Willensbildung von unten nach oben gleichgesetzt. Es gibt aber kein System der reinen Willensbildung von unten nach oben, ganz abgesehen davon, daß die Kategorien unten und oben eigentlich gar nicht in den demokratischen Sprachschatz passen.

Ein weiterer Gesichtspunkt ist für die Thematik von Bedeutung. Das Postulat nach innerparteilicher Demokratie wird meistens ohne ausreichende Reflexion seiner Argumentationsbasis formuliert. Eine Partei wird mehr oder weniger als geschlossenes System betrachtet, welches in sich demokratisch strukturiert sein soll. Es wird von der Tatsache der Parteien in der modernen Demokratie ausgegangen und nun per Analogieschluß gefolgert, daß solche Institutionen in einer Demokratie auch in sich demokratisch organisiert sein müßten. Diese These ist auf solchem Abstraktionsgrad nicht falsch; aber sie beruht auf unzulänglicher Begründung und hat einen unzureichenden Informationsgehalt im Hinblick auf die realen Formen dieser innerparteilichen Demokratie. Neben der bereits angedeuteten Auffassung, daß politische Parteien innerhalb des politischen Systems funktional nicht nur in einer Richtung gesehen werden dürfen, versuchen die folgenden Ausführungen auch die Prämisse zu erhärten, daß innerparteiliche Demokratie kein

Selbstzweck ist, weil die politischen Parteien selbst nur in ihrer Funktion innerhalb des Gesamtsystems gesehen werden können. Die Argumentation, hier handele es sich um Vereinigungen innerhalb einer Demokratie, deshalb müßten sie in sich dieselben Strukturen dieser Demokratie aufweisen, ist nicht nur verkürzt, sondern je nach Konkretisierung dieser Forderung sogar falsch. Innerparteiliche Demokratie muß auf den Zweck der Organisationen, auf die sie sich bezieht, ausgerichtet sein. Das aber heißt, daß die innerparteiliche Demokratie als Postulat aus den Funktionen der politischen Parteien im politischen System deduziert werden muß.

I. Kriterien der innerparteilichen Demokratie

Die in diesen Vorbemerkungen enthaltene Kritik an einer verbreiteten Diskussionsstruktur läßt sich auch folgendermaßen formulieren: Die Frage nach der innerparteilichen Demokratie wird gleichgesetzt mit der Frage nach der politischen Willensbildung. Würde das Thema so aufgefaßt, dann wäre der Titel dieser Abhandlung tautologisch. Unter politischer Willensbildung wird aber die Willensbildung im politischen Gesamtsystem verstanden. An ihr wirken die Parteien mit. Damit ist deutlich, daß die Kriterien für die innerparteiliche Demokratie nicht einfach aus einem, wie auch immer bestimmten Normenbestand zu gewinnen sind, sondern daß sie sich aus der Funktion der Parteien im Sinne ihrer Mitwirkung an der politischen Willensbildung im Gesamtsystem ergeben müssen. Daran wären die in der Literatur zu diesem Thema vorherrschenden Kriterien und Postulate zu messen.

Die Diskussion um die innerparteiliche Demokratie ist naturgemäß dominant kritisch. Damit ist sie auch weitgehend normativ, weil sie mit Postulaten an die politische Wirklichkeit herangeht. Das ist allerdings nur eine der möglichen Betrachtungsweisen. Eine andere wäre die empirisch-historische, die einfach danach' fragt, wie die Innenstruktur der Parteien heute aussieht und wie sie sich entwickelt hat. Und nur für die systematisch-normative Betrachtung gilt, daß die Kriterien für die Innenstruktur der Parteien aus ihrer Umwelt, d. h. aus der Struktur des politischen

Systems, zu gewinnen sind. Bei der empirisch-historischen Untersuchung sind beide Bewegungsrichtungen möglich und sinnvoll.
Es ist zu fragen, wie die Innenstruktur der politischen Parteien
sich entwickelt hat und welche Wirkungen dies für die Funktionen
und Rollen der Parteien im konkreten System hat. Es kann und
muß aber auch die umgekehrte Frage gestellt werden, inwieweit
ein etwa zu konstatierender Funktions- und Rollenwandel der
Parteien im Rahmen des politischen Systems deren Innenstruktur
beeinflußt. Tatsächlich bestehen Wechselbeziehungen zwischen
der Innenstruktur und der Umwelt der Parteien. Für eine umfassende Theorie der politischen Parteien, von der übrigens gesagt
werden muß, daß sie nach wie vor in den Anfängen steckt, sind
beide Betrachtungsebenen konstituierend. Aus dem empirischen
Befund lassen sich keine Kriterien für die ordnungspolitische Praxis gewinnen; es sei denn, die reine Faktizität wird zur Norm gemacht. Auf der anderen Seite aber bedürfen die aus Modellvorstellungen des politischen Systems für die innerparteiliche Demokratie deduzierten Kriterien des empirischen Korrektivs, wenn sie
ordnungspolitisch praktikabel sein sollen.

Ich beschränke mich in diesen Ausführungen auf die systematisch-normative Perspektive. Das bedeutet allerdings nicht, daß
ich lediglich einen Normenkatalog, der etwa verfassungsrechtlich
formuliert werden könnte, aufstelle, um mit seiner Hilfe die Wirklichkeit des heutigen Parteilebens zu überprüfen. Der Akzent soll
vielmehr darauf liegen, daß nach sinnvollen Möglichkeiten innerparteilicher Demokratie mit Blick auf die Funktionen der Parteien im politischen System gefragt wird.

Zunächst aber muß eine knappe Bestandsaufnahme der wichtigsten Gesichtspunkte, die in der Diskussion um die innerparteiliche
Demokratie eine Rolle spielen, erfolgen. Dabei lassen sich vor
allen Dingen zwei größere Bereiche mit ihren entsprechenden Fra-
gengruppen unterscheiden. Einmal wird die Innenstruktur der
Parteien mehr unter dem Aspekt der materialen politischen Willensbildung, also auf Sachentscheidungen bezogen, gesehen. Der
andere Aspekt ist der mehr personelle: die Entscheidungen über
Führungspositionen in der Partei. Aber unter beiden Gesichtspunkten läßt sich die verbreitete Kritik an ungenügend verwirk-
lichter innerparteilicher Demokratie auf die einfache Formel brin-

gen, die Mitgliedschaft der Parteien sei unzureichend an der Willensbildung in der Partei beteiligt. So gesehen stellt sich innerparteiliche Demokratie als ein Partizipationsproblem dar. Es geht also vor allem um die Rolle, die das einzelne Parteimitglied in der Partei spielt.

Die Mitgliedschaft in einer politischen Partei wird in der politischen Verhaltenslehre als eine Möglichkeit der aktiven Mitwirkung des einzelnen am politischen Leben gesehen. Die Mitwirkungsmöglichkeiten im politischen Gesamtsystem sind unter den Bedingungen der modernen Massendemokratie für den einzelnen beschränkt. Institutionell hat er als Wahlbürger nur die Möglichkeit, in regelmäßigen Abständen seine Wählerstimme einer politischen Partei oder bestimmten Führungsgruppen zu geben. Fragt der Bürger nach weiteren Möglichkeiten der politischen Mitwirkung, wird er vor allem auf die politischen Parteien verwiesen. In ihnen soll er auch während der Legislaturperioden die Chance der aktiven Beteiligung am politischen Prozeß haben. Dieser optimistischen Sicht steht nun jene Kritik an den Parteien gegenüber, die darauf hinausläuft, die Parteimitglieder ohne Führungspositionen hätten in den politischen Parteien nichts zu sagen, ihr Einfluß sei minimal. Es ist nun aber zu fragen, wie denn der Einfluß des einzelnen Parteimitgliedes konkret aussehen könnte. Zunächst ist hier jene allgemeine Möglichkeit der Teilnahme an Entscheidungsprozessen zu nennen, die darin besteht, daß man über den Mehrheitsentscheid einem Vorschlag, sei er sachlicher oder personeller Natur, seine Zustimmung geben oder versagen kann. Dieser Einfluß ist normalerweise als Einfluß des einzelnen nicht wirksam, sondern nur zusammen mit anderen. Immerhin ist der Erfolgswert einer einzelnen Stimme größer, je kleiner der Kreis der Abstimmenden ist. Insofern ist für ein Parteimitglied die Chance, in der Ortsgruppe der Partei eine Entscheidung zu beeinflussen, größer als etwa bei einer Volksabstimmung.

Eine weitere Art von Einflußnahme besteht in der Gewinnung von Anhängerschaft durch die Vertretung der eigenen Meinung in formellen Diskussionen. Auch hier kann von wirklichen Chancen für den Durchschnitt der einzelnen Bürger nur im kleineren Kreis, also etwa wieder in der Ortsgruppe einer Partei, die Rede sein. Dabei ist die Möglichkeit einzubeziehen, daß jemand ohne

Funktion in der Partei dennoch in der Parteiorganisation zu einem Meinungsführer wird, weil er außerhalb der Partei entsprechende Positionen in der Gesellschaft einnimmt.

Schließlich kann aktive Teilnahme am politischen Prozeß mit wirklichem Einfluß darin bestehen, daß jemand als einzelner die Initiative für bestimmte Diskussionen und Entscheidungen ergreift. Auch solche Initiative wird in der Regel auf untere Einheiten der Parteiorganisation zu beziehen sein. Aber die Politik der Partei wird nicht in den Ortsgruppen gemacht. Und normalerweise endet der unmittelbare Einfluß des einzelnen Parteimitgliedes auf jener Ebene, auf der die Delegation und die Repräsentation beginnen. Im repräsentativen System erhält so die Frage nach der innerparteilichen Demokratie die Wendung, daß nach dem Einfluß nicht nur des einzelnen Parteimitgliedes, sondern vor allen Dingen auch der einzelnen Parteieinheiten gefragt werden muß. Wenn es sich bei der innerparteilichen Demokratie nicht um eine plebiszitäre, sondern um eine repräsentative Demokratie handelt, dann stellt sich doch die Frage, ob das Problem der innerparteilichen Demokratie sich nicht reduziert auf das Problem der Bestellung der Repräsentanten auf den verschiedenen Ebenen des Parteilebens. Wenn es sich nicht um gebundene Mandate handelt, dann bedeutet Einfluß unterer Parteigliederungen zunächst einmal Einfluß der Führungsgruppen in diesen Gliederungen. Über die erhöhte Partizipation der Mitglieder ist zunächst noch nichts ausgesagt. Diese Feststellung wird hier ohne jegliche abwertende Absicht getroffen. Man kann es für sehr gut und für sehr demokratisch halten, daß diese Positionen auf Ortsgruppen- oder Kreisebene aufgewertet werden. Es ist wahrscheinlich auch zuzugeben, daß damit die prinzipiellen Chancen der Einflußnahme einzelner Mitglieder erhöht sind, obwohl dies im einzelnen dann doch sehr von den jeweiligen Machtstrukturen in diesen Parteieinheiten abhängig sein dürfte. Worauf es hier ankommt ist die Feststellung, daß ein verstärkter Einfluß dieser unteren Einheiten im Sinne der innerparteilichen Demokratie noch nicht gleichzusetzen ist mit der Partizipationsmöglichkeit der einzelnen Mitglieder. Über die Bedeutung solcher Machtstreuung wird weiter unten noch zu sprechen sein. Zu zeigen war hier, daß diese Frage nicht schlechthin identisch ist mit dem Partizipationsproblem der einzelnen Mitglieder. Die Unterschei-

dung ist notwendig, weil im Zusammenhang mit der innerparteilichen Demokratie gelegentlich der Eindruck entsteht, jede Dezentralisierung der Parteistruktur bedeute auch schon automatisch
eine erhöhte Partizipation der Mitglieder. In Wahrheit sind im
Bereich kleinerer Parteieinheiten zumindest ebensosehr »Oligarchi-
sierungstendenzen« möglich wie an der Parteispitze. Jedenfalls ist
es trotz der engen Verflechtungen beider Probleme nützlich, die Partizipation der Parteimitglieder und die dezentralisierte Struktur
der Parteiorganisation als getrennte Kriterien innerparteilicher
Demokratie zu behandeln.

II. Die Interessenlage

Wenn einmal ohne weitere Prüfung unterstellt wird, die Partizipation der Mitglieder am politischen Prozeß und die dezentralisierte Organisationsstruktur der Parteien seien normative Kriterien, die zur Überprüfung der innerparteilichen Demokratie
an die Wirklichkeit der Parteien anzulegen seien, dann müssen
diese Forderungen mit den wahrscheinlichen tatsächlichen Interessen der Beteiligten konfrontiert werden. Das soll gleichzeitig die
vorläufigen Ausführungen über die Kriterien präzisieren und deren
Formulierung konkretisieren.

Wie läßt sich die Interessenlage der Parteimitglieder umschreiben? Zur Beantwortung dieser Frage fehlt es an ausreichen-
dem empirischen Material. Aber es kann jedenfalls so viel gesagt
werden, daß das Verlangen nach Mitbestimmung im politischen
Entscheidungsprozeß keineswegs das einzige Motiv der Zugehörig-
keit zu einer politischen Partei darstellt. Ein weiteres Motiv ist
sicherlich häufig der Wunsch, in der Partei oder durch die Partei
Vorteile zu erlangen oder in bestimmte Positionen zu gelangen.
Ein weiteres, nicht zu unterschätzendes Motiv dürfte das Bedürfnis sein, sich einem Kreis von Gleichgesinnten anzuschließen und
Kontakte zum Zwecke der Umweltbestätigung der eigenen politischen Meinung zu pflegen. Im Zusammenhang damit, oder auch
gesondert, muß das Bedürfnis nach Führung als mögliches Motiv
genannt werden. Und schließlich kann der Beitritt zu einer politi-

schen Partei Bekenntnis- oder Unterstützungscharakter haben, ohne daß damit die Intention einer spezifischen politischen Aktivität verbunden ist. Man will eine bestimmte Richtung unterstützen, oder man will sich durch den Beitritt offen zu einer solchen bekennen. Es ist nun hier nicht zu untersuchen, wie solche Motive zu beurteilen sind. Besondere Probleme ergeben sich in diesem Zusammenhang nicht, weil die Forderung nach der Möglichkeit der aktiven Mitwirkung von der Tatsache, daß vielleicht gar nicht alle Parteimitglieder nach solcher Mitwirkung streben, prinzipiell unberührt bleibt.

Demgegenüber stellt sich die Interessenlage der Führungsgruppen der Partei und der Parteifunktionäre im Zusammenhang mit dem Postulat nach innerparteilicher Demokratie anders dar. Deren Ziel ist es, auf Herrschaftspositionen im politischen System zu gelangen oder bereits besetzte Positionen zu behalten. Dies ist aber auch gleichzeitig das Interesse der Partei; seine Wahrnehmung wird normalerweise von den Mitgliedern auch erwartet.

Fundamentales Prinzip der Demokratie ist es nun, daß in diesem System die faktische Machtbasis mit der Legitimitätsbasis identisch sein soll. Dieses Prinzip verlangt eine Organisation des Systems, in der sich die faktisch jederzeit mögliche Auseinanderentwicklung von Machtbasis und Legitimitätsbasis immer wieder in Richtung auf die Identität einpendelt. Welche persönlichen und sozialen Umstände auch immer der Erreichung einer Machtposition dienlich gewesen sein mögen, sie können auf die Dauer in einem funktionierenden demokratischen System dem Amtsinhaber nicht nützen, wenn seine Position nicht seitens der Regierten durch ihre Zustimmung legitimiert wird. Die Machtbasis des politischen Amtes in der Demokratie ist die Zustimmung durch die Wählerschaft. Jemand der nach einer Machtposition strebt, orientiert sein Verhalten am Verhalten jener, die ihm diese Machtposition verschaffen können. Machtpositionen im demokratischen politischen System beruhen auf der Zahl der Wählerschaft, nicht auf der Zahl der Parteimitgliedschaften. Führungsgruppen politischer Parteien orientieren sich naturgemäß in erster Linie am Wählerverhalten, erst in zweiter Linie am Mitgliederverhalten. Für die Legitimation von Herrschaftspositionen sind Wählerstimmen ausschlaggebend, die Mitgliederzahlen der Parteien dagegen praktisch bedeutungslos.

Aus diesem Sachverhalt darf nun nicht auf einen unbedingten Gegensatz der Interessenlagen zwischen den Parteiführungen und den Parteimitgliedern geschlossen werden. Auch die Mitglieder erwarten von der Parteiführung, daß sie der Partei zum Siege verhelfe. Das heißt aber nichts anderes, als daß sie von der Führung erwarten, sie möge möglichst viele Wählerstimmen gewinnen. Insofern besteht ein gemeinsames Interesse. Außerdem benötigt die Führungsgruppe im Normalfalle zunächst eine Machtposition innerhalb der Partei, um von dort aus in Herrschaftspositionen des Staates zu gelangen. Das wiederum bedeutet, daß sie zunächst der Legitimation innerhalb der Partei durch die Parteimitglieder bedarf. Trotzdem können Spannungen entstehen, die auf faktische Grenzen innerparteilicher Demokratie hinweisen. Bei der Beurteilung des Zustandes des Gesamtsystems ist der Horizont der Parteiführung ein anderer als der einzelner Mitglieder. Die Einschätzung der Chancen, neue Wählerstimmen zu gewinnen, kann von diesen beiden Beobachtungspositionen aus unterschiedlich sein. Zumindest was Strategie und Taktik der Partei angeht, wird die Parteiführung nach eigenem Ermessen handeln und sich bestenfalls nachträglich das Plazet der Parteimitglieder einholen. Wollte sie die Zustimmung vorher einholen, würde sie sich dem Risiko aussetzen, daß es nicht zu einem effektiven, einigermaßen geschlossenen Handeln der Partei kommt. Die nachträgliche Zustimmung ist risikoloser, da sie diese in der Regel in dem Maße erhalten wird, in dem ihre Politik der Partei tatsächlich zum Erfolg verholfen hat.

Damit sind wir aber an Hand eines einzelnen Gesichtspunktes nur auf die allgemeine Struktur repräsentativer Willensbildung gestoßen. Diese beruht darauf, daß gewählte Repräsentanten auf Grund einer wie auch immer zustande gekommenen Erwartungs- und Vertrauensbasis gewisse Vollmachten erhalten, für die Gruppe zu handeln und zu sprechen. In bestimmten Abständen können die Repräsentierten erneut darüber entscheiden, wer sie repräsentieren soll. Dabei wird die Politik der Repräsentanten seitens der Repräsentierten sanktioniert, positiv durch Wiederwahl oder negativ durch Austausch. In Art und Weise und Effektivität dieser Kontrolle kann ein Kriterium innerparteilicher Demokratie gesehen werden. Inwieweit ist die Parteiführung tatsächlich gezwungen, ihre Politik vor der Parteimitgliedschaft zu erklären und zu rechtfertigen? Mit dieser Kontrolle würden die Parteimitglieder eine bedeutsame Funktion auch für das politische Gesamtsystem wahrnehmen. Wie die Entwicklung in allen modernen Massendemokratien zeigt, ist es schwierig, die allgemeine Rechtfertigung des Handelns der Regierung gegenüber dem Volk in der Form möglichst rationaler Erklärung und Information zu halten. Die Strukturen der Werbung und der Propaganda, der Schlagworte und Kurzformeln überwiegen. Hier kann innerparteiliche Kontrolle ein wirksames Korrektiv im Dienste am Gesamtsystem darstellen. Sie wird in dem Maße nicht wirksam, indem das innerparteiliche Verhältnis zwischen Parteiführung und Mitgliedschaft sich dem allgemeinen Verhältnis zwischen Regierung und Volk anpaßt. Das provoziert allerdings die Frage, inwieweit die Kategorie des Erfolgs als Bestimmungsfaktor der Legitimierung ausreicht. Als alleiniger Faktor löst sie eine Tendenz zur Machtkumulation aus. Solche Machtkumulation entsteht, wenn Amtsinhaber auf Grund des allgemeinen Erfolges, in diesem Falle also auf Grund des Erfolges der Partei, immer wieder neu mehr oder weniger akklamatorisch in ihren Ämtern bestätigt werden, ohne daß der Inhalt ihrer Politik einer rationalen Kritik unterzogen wird.

Zweifellos können institutionelle Strukturen der Partei solche Kontrolle fördern oder hemmen. Man muß sich aber darüber im klaren sein, daß Funktionen nicht allein durch Organisationsformen gewährleistet werden. Der funktionale Sinn von Organisationsformen kann prinzipiell immer wieder durch das Verhalten der Agierenden überspielt werden. Das Verhalten kann langfristig durch pädagogische Aktionen beeinflußt werden. Trotzdem wird man sich von dem Appell an die Parteimitglieder, ihre Kontrollfunktionen möglichst intensiv wahrzunehmen, nicht allzuviel versprechen können. Wirksame Kontrollimpulse gehen von konkurrierenden Interessenlagen aus. Deshalb können parteiinterne Kontrollen durch die Dominanz der gemeinsamen Interessenlage erstickt werden. Auch hierin ist eine Grenze innerparteilicher Demokratie zu sehen. Die Frage ist also, wie unterhalb der Gemeinsamkeit partielle Interessenkonkurrenz entstehen kann, so daß einerseits Kontrollimpulse ausgelöst werden, andererseits die Gemeinsamkeit der Partei nicht gesprengt wird.

Im Normalfall kommen die Mitglieder, die keine Parteifunktionen innehaben, nicht spontan in ihrer Gesamtheit zum Handeln. Es bedarf auch hier der Meinungsführer und der Initiatoren. Initiativen ergreifen vor allem die Leute, die nach irgendeiner herausgehobenen Position streben. Zwar ist diese generalisierende Behauptung nur bedingt richtig. Es darf daraus nicht geschlossen werden, daß das Motiv jeglicher Initiative in solchem Streben zu suchen ist. Der Satz könnte auch so formuliert werden, daß Initiativen derjenige ergreift, der bereit ist, das Risiko einer Machtposition einzugehen. Der hier konstatierte Zusammenhang zwischen Initiativen und Machtpositionen wird ja auch durch eine nicht selten zu machende gewissermaßen umgekehrte Erfahrung bestätigt: Manche Initiative unterbleibt, weil der einzelne weiß, wenn ich jetzt in dieser Sache aktiv werde, laufe ich Gefahr, zur Übernahme eines Amtes gedrängt zu werden. Trotzdem kann gesagt werden, daß partiell entgegengesetzte Interessenlagen dadurch entstehen können, daß Parteimitglieder nach Führungspositionen auf den verschiedenen Ebenen der Parteiorganisation streben und damit in eine gewisse Konkurrenz zu den derzeitigen Inhabern und zu anderen Bewerbern treten. Allerdings trifft dies auch nur in dem Maße zu, in dem die Mitgliedschaft tatsächlich an der Besetzung von Positionen beteiligt ist. Je hierarchischer und je bürokratischer nämlich die Struktur der Partei aufgebaut ist, um so mehr vollzieht sich die Bewerbung auf Positionen in der Form der Anpassung an die Führungskräfte, die bereits Positionen innehaben. Jedenfalls erweist sich das Rekrutierungsproblem für Führungspositionen als ein entscheidendes Kriterium für innerparteiliche Demokratie.

III. Ein undemokratisches Modell innerparteilicher Demokratie

Ein theoretisches Verfahren, um mögliche und sinnvolle Organisationsformen herauszuarbeiten, besteht darin, daß reine und gegebenenfalls extreme Modelle gebildet und diese auf ihre Konsequenzen und auf ihre Durchführbarkeit getestet werden, um so den Bereich der Möglichkeiten einzugrenzen. Zu diesem Zweck wollen wir uns kurz eine extreme Form innerparteilicher Demokratie vorstellen, die — bezogen natürlich auf »das Parteivolk« — plebiszitäre innerparteiliche Demokratie genannt werden kann. Sie würde darin bestehen, daß alle politischen Entscheidungen der Partei der Mitgliedschaft zur Urabstimmung vorgelegt würden. Bei Fragen der Praktikabilität dieses Verfahrens brauchen wir uns nicht aufhalten. Entscheidend ist in diesem Zusammenhang vielmehr die Tatsache, daß eine solche Bindung der Politik der Partei an den jeweiligen Mehrheitswillen der Parteimitglieder nicht der Funktion der Partei im politischen System entsprechen würde.

Politische Entscheidungen politischer Parteien führen über die Parteien hinaus. Ihr Zweck ist es, die Regierungspolitik des Gesamtsystems zu bestimmen oder wenigstens zu beeinflussen. Institutionell zielt die Parteientscheidung entweder auf die Regierung (im engeren Sinne) oder auf die Parlamentsfraktion der Regierungsmehrheit oder der Opposition. Nun sind die Parlamentsfraktionen in der Regel de jure keine Gliedeinheiten der Parteiorganisationen. Dasselbe gilt für das Kabinett. Dessenungeachtet aber kann im modernen Parteienstaat von der engen Verflechtung dieser Gremien mit der Partei nicht abgesehen werden. Eine plebiszitäre innerparteiliche Demokratie hätte nur einen Sinn, wenn die Parlamentsfraktion der Partei und die Regierungsmitglieder an die Parteibeschlüsse gebunden wären. Damit erhielten die Mitglieder von Parteien eine Entscheidungskompetenz, die durch kein Mandat legitimiert wäre. Die Voraussetzung für diese direkte Mitbestimmung wäre einzig und allein die Parteizugehörigkeit, die im eigenen individuellen Ermessen liegt. Es wäre, bezogen auf das Gesamtsystem, eine pseudoplebiszitäre Demokratie, weil nur eine kleine Minderheit der Bevölkerung kraft Entscheidungskompetenz herrschen würde. Es wäre dann zu fragen, ob die Wahl der Parlamentarier durch die gesamte Wahlbürgerschaft überhaupt noch sinnvoll wäre. Die Parlamentarier würden nicht mehr Entscheidungen in eigener Verantwortung, die sie gegenüber den Wählern zu rechtfertigen hätten, fällen, sie würden lediglich als Ausführungsorgane des Parteiwillens fungieren. Unter Beibehaltung der allgemeinen Wahlen stellte dieses Modell ein Extrem des Parteienstaates insofern dar, als die Wähler dann ausschließlich Parteien in ihrer Gesamtheit wählen würden. Die Wähler würden damit die Entscheidungskompetenz einem kleinen Teil ihrer Mitbürger überlassen, wobei sie aber auf Umfang und personelle Zusammensetzung dieses Teils keinerlei Einfluß hätten.

Diese Modellkonstruktion zeigt somit, daß konsequente innerparteiliche Demokratie in Spannung geraten kann zu der Rolle des Wählers im repräsentativen System. Innerparteiliche Demokratie kann somit nicht gleichbedeutend sein mit der absoluten Bindung der in den Entscheidungsgremien des politischen Systems agierenden Parteivertreter an Vorentscheidungen innerhalb der Partei. Das bleibt auch bestehen, wenn das extreme Modell der plebiszitären innerparteilichen Demokratie abgewandelt wird in ein abgestuftes System der Entscheidungskompetenzen. Innerparteiliche Demokratie kann nicht in einem von unten nach oben abgestuften imperativen Mandat bestehen. Eine solche Konstruktion würde grob skizziert etwa folgendermaßen aussehen: Die untersten Parteieinheiten würden die ersten Beschlüsse fassen. An ihnen wären alle Mitglieder unmittelbar beteiligt. Diese Einheiten, also die Ortsgruppen, würden ihre Delegationen mit gebundenem Mandat auf die nächsthöhere Ebene, also etwa in den Kreisverband, entsenden. Diese würden wiederum über die Angelegenheit entscheiden und entsprechend Delegierte mit gebundenem Mandat in den Landesverband usw. entsenden. Regierungsmitglieder und Parlamentarier der Partei wären dann schließlich an diese Beschlüsse der Parteigremien gebunden. Diese Bindung der in den Entscheidungsgremien des Systems agierenden Parteivertreter an die Beschlüsse der Parteiorganisationen könne auch auf jede Ebene bezogen werden. Die Fraktion im Gemeinderat wäre an die Beschlüsse der Ortsgruppe, die im Kreistag an den Kreisverband, die Landtagsfraktion an den Landesverband und die Bundestagsfraktion an den Parteikongreß gebunden. Diesem Modell gegenüber würde das gleiche Argument gelten wie bei der unmittelbaren Mitbestimmung der Parteimitglieder im vorigen Beispiel. In der repräsentativen Demokratie kann innerparteiliche Demokratie nicht bedeuten, daß alle politischen Entscheidungen des politischen Systems auf verbindliche Weise zuerst innerhalb der Parteiorganisation vorentschieden werden müssen.

Solche Modelle stehen normalerweise bei der Forderung nach

mehr innerparteilicher Demokratie nicht zur Diskussion. Sie sollten hier nur dazu dienen, eine äußere Grenze innerparteilicher Demokratie zu markieren. Und sie sollten weiterhin die Ausgangsthese bekräftigen, daß auch die Innenstruktur der Parteien im Zusammenhang mit deren Funktionen im politischen Gesamtsystem zu sehen ist. Es wurde allerdings zunächst nur von Entscheidungen der Partei gesprochen, die unmittelbar in den politischen Entscheidungsprozeß des Gesamtsystems eingehen sollen. Soweit es sich um Parteientscheidungen handelt, die programmatischer und richtungweisender Art sind, trifft vorige Argumentation nicht zu. Hier ist eine stärkere Beteiligung der Mitgliedschaft auch im Sinne der Beschlußfassung jederzeit ohne Funktionsstörungen im Gesamtsystem möglich. Darüber hinaus ist auch jener Fall nicht auszuschließen, daß etwa ein Parteikongreß eine bestimmte wichtige Entscheidung, die im Gesamtsystem ansteht, an sich zieht und durch Beschlußfassung seine Vertreter in Regierung und Parlament festlegt. Solche Vorgänge können sich in beiden Richtungen abspielen. Die Initiative kann aus der Parteiorganisation kommen und den Zweck haben, die Führungsgremien eben in dieser Weise zu binden. Ebenso kann aber die Parteiführung dem Kongreß selbst eine solche Entscheidungsfrage vorlegen, um von der Partei damit eine ausgesprochene Unterstützung in dieser Frage zu erlangen. Wiederum sagen aber solche Vorgänge nur partiell etwas über innerparteiliche Demokratie aus, da auch im Parteikongreß in der Regel eben Delegierte und nicht schlechthin alle Parteimitglieder sitzen. Ein Beschluß eines Parteikongresses gibt zunächst nicht zu erkennen, inwieweit diese Frage tatsächlich innerhalb der Partei bis in ihre kleinsten Einheiten hinein ausführlich diskutiert wurde.

*IV. Innerparteiliche Diskussion als Funktion
der politischen Willensbildung*

Der Begriff der politischen Willensbildung wird oft sehr unpräzise gebraucht. Für die Analyse ist es wichtig, daß er vom Begriff der Entscheidung abgesetzt wird. Die eigentliche verbindliche politische Entscheidung in einer Sache ist ein Herrschaftsakt. Der Begriff der Willensbildung ,bezieht sich auf die der eigentlichen Entscheidung vorangehende Phase. Der Verlauf der Willensbildung gibt Antwort auf die Frage, wie es zu einer Entscheidung gekommen ist. Es gibt auch Entscheidungen ohne Willensbildungsvorgänge. Wenn ein Alleinherrscher ohne jegliche Mitwirkung anderer eine Entscheidung trifft, dann fehlt der Prozeß der Willensbildung in dem hier gemeinten Sinne. Eine bestimmte Form solcher Willensbildung ist aber bereits vorhanden, wenn dieser Alleinherrscher sich vorher mit anderen berät. Willensbildungsprozesse finden auch dort statt, wo keine unmittelbare Entscheidung fällt. So können Willensbildungsprozesse auch in Institutionen stattfinden, die keine verbindliche Entscheidungskompetenz für das Gesamtsystem haben. Natürlich können Willensbildungsvorgang und Entscheidungsakt sehr nahe beieinander liegen. Das trifft etwa zu für das Parlament, das ein Problem zunächst diskutiert und dann über seine Lösung entscheidet.

Die politische Willensbildung kann nun prinzipiell entweder monopolisiert sein, oder sie kann konkurrierend vor sich gehen. Im ersten Falle hat eine Gruppe oder eine Institution das alleinige Monopol der Willensbildung. In der Regel fällt solches Monopol der Willensbildung zusammen mit einem Entscheidungsmonopol. Das muß aber nicht unbedingt so sein. Denn wenn, um ein Beispiel zu konstruieren, eine einzige Gruppe in der Gesellschaft das Recht und die Möglichkeit hätte, an die Regierung mit Wünschen heranzutreten, dann hätte sie ein solches Monopol der Willensbildung, ohne Entscheidungskompetenz zu haben. Bei der konkurrierenden Willensbildung können mehrere Gruppen miteinander um die Durchsetzung ihrer Vorstellungen konkurrieren. Die konkurrierende Willensbildung entspricht der Demokratie. Diese Bestimmung muß aber noch ergänzt werden um die Offenheit der konkurrierenden Willensbildung. Offenheit bedeutet, daß der Kreis derjenigen, die an der Willensbildung teilnehmen können, prinzipiell nicht beschränkt ist. Es dürfen keine Privilegierungen hinsichtlich der Teilnahme am Willensbildungsprozeß institutionalisiert sein. Offene konkurrierende Willensbildung bedeutet also vor allen Dingen Möglichkeit der Diskussion der anstehenden Entscheidungsprobleme. Wir würden nun als weiteres wichtiges Kriterium innerparteilicher Demokratie eben Möglichkeit und Tatsächlichkeit solcher Diskussionen herausstellen.

Zu solcher Diskussion gehört nicht nur die Möglichkeit des Meinungsaustausches, es ist vor allen Dingen auch die Information hinzuzurechnen. Die politischen Parteien stellen die geeigneten Institutionen dar, um die Kommunikation zwischen politischer Führung und politisch interessierten Bürgern ständig aufrechtzuerhalten. Unter den Bedingungen der modernen Massenkommunikationssysteme spielt sich in der Gesamtgesellschaft diese Kommunikation meistens in einseitiger Richtung ab. Den Politikern stehen Möglichkeiten zur Verfügung, die Bevölkerung öffentlich und in großen Massen anzusprechen, ihre Politik zu erklären und um Wählerstimmen zu werben. Die Rolle des Bürgers ist dabei aber mehr oder weniger die des Konsumenten. Hier haben die Parteien eine wichtige Kompensationsfunktion. Wenn innerhalb der politischen Parteien wirklich offene Diskussionen geführt werden, kann der Bürger als Parteimitglied aus seiner passiven Rolle heraustreten und zum aktiven Diskussionspartner werden. Für die Aktivierung der Bürgerschaft ist nicht so sehr entscheidend, daß sich in den Parteien formale Entscheidungsvorgänge häufen, sondern vielmehr die Gelegenheit zu Kontakt und Austausch mit den Führungsgruppen. Wenn wirkliche Diskussion in allen Parteigremien stattfindet, dann dient die Parteiorganisation nicht mehr einseitig der Führungsgruppe als Instrumentarium zum nachträglichen Einholen der akklamatorischen Zustimmung. Während also eine verbindliche Entscheidungskompetenz der Parteimitglieder gegenüber Parlament und Regierung in Konflikt geraten würde mit dem repräsentativ-demokratischen Gesamtsystem, stellt sich die innerparteiliche Diskussion als eine wichtige Ergänzung der minimalisierten Möglichkeiten der offenen konkurrierenden Willensbildung des Gesamtsystems dar. Das gilt auch für die Kandidatenauslese bei Parlamentswahlen. In der Parteiendemokratie werden die Parlamentarier zwar von der Wahlbürgerschaft gewählt, über die Kandidatur zur Wahl aber entscheiden die Parteien. Auch ohne die Parteien in der heutigen Form benötigten Kandidaten für die Parlamente Gruppen aus der Wählerschaft, die ihre Kandidatur unterstützen und die für sie werben würden. Es kann nur als eine Verstärkung der demokratischen

Strukturen betrachtet werden, wenn nun jene Wähler, die auch Parteimitglieder sind, bei der Kandidatenauslese effektiv mitbestimmen können.

V. Die Funktionen der Parteien und die innerparteiliche Demokratie

Die Aufgabe der politischen Parteien wird sehr allgemein umschrieben, wenn mit Artikel 21 des Grundgesetzes der Bundesrepublik Deutschland gesagt wird, daß sie bei der politischen Willensbildung des Volkes mitwirken. Es wurde im vorigen Abschnitt auf Zusammenhänge zwischen dieser Willensbildung und der innerparteilichen Demokratie hingewiesen. Diese Beziehungen sollen nun noch etwas systematischer erörtert werden, indem die allgemeine Aufgabenstellung der Parteien als Mitwirkung bei der politischen Willensbildung des Volkes in einzelne Funktionen konkretisiert wird.

Die Parteien präsentieren der Bevölkerung die politischen Führer

Diese Funktion wird in der modernen Demokratie von den Parteien allgemein wahrgenommen. Im Prinzip ist eine Anwartschaft auf politische Führungspositionen heute nur noch möglich mit Hilfe der Unterstützung einer politischen Partei. Dies gilt auch für die sogenannten Außenseiter, die nicht unmittelbar aus einer Parteiorganisation kommen. Um Führungspositionen in den politischen Organen zu erlangen, bedürfen sie der Unterstützung einer politischen Partei. Es kann gesagt werden, daß das politische Parteiensystem hierin ein Monopol hat. Das gilt aber nur für das Parteiensystem. Zwischen den einzelnen Parteien besteht auch hierin Konkurrenz, weshalb besser von einem Oligopol gesprochen wird. Nur in besonderen Ausnahmesituationen mag es noch möglich sein, daß jemand gewissermaßen »auf eigene Faust« sich um ein politisches Amt bewirbt und als Individuum Anhänger sucht. In dem Maße, in dem ihm dies gelingt, wird zumindest im Hinblick auf diese Kandidatur seine Anhängerschaft der Natur nach so etwas wie eine Partei. In der modernen Massendemokratie gibt es wahrscheinlich außer der oligopolistischen Struktur der Führungspräsentation keine andere Möglichkeit*. Es ist wenig sinnvoll, zu beklagen, daß die Bevölkerung in der Führungsauswahl nur die Möglichkeit habe, zwischen Alternativen, die von politischen Parteien festgelegt sind, zu entscheiden. Es ist im allgemeinen gar nicht anders vorstellbar, als daß die Präsentation von Führungskräften durch Gruppen geschieht. Eine andere Frage ist nun, wie die Willensbildung hinsichtlich solcher Präsentation innerhalb der präsentierenden Gruppen vor sich geht. Hier kommt das Postulat nach innerparteilicher Demokratie ins Spiel.

Wenn die politischen Parteien Gruppen auf der Basis freier Mitgliedschaft sind, dann bieten sie jenem Teil der Bevölkerung, der bereit ist, in solchen Gruppen mitzuarbeiten, die Möglichkeit, bereits vor der offiziellen Präsentation von politischen Führern an der Rekrutierung derselben aktiv mitzuwirken. Ob dies tatsächlich der Fall ist, hängt davon ab, ob der Mitgliedschaft ein effektives Mitspracherecht in dieser Sache zugestanden ist oder ob die Rekrutierung von Führungspersonal durch die bereits etablierten Führungsgruppen oder durch die Parteibürokratie monopolisiert ist. Die Mitwirkung der Parteien an der Willensbildung des Volkes hinsichtlich der Rekrutierung des Führungspersonals besteht nicht nur darin, daß die Parteien die Führungspersönlichkeiten der Öffentlichkeit präsentieren, sondern auch darin, daß sie den Bürgern, die gleichzeitig Parteimitglieder sind, die Möglichkeit der unmittelbaren Mitwirkung bei der Rekrutierung einräumen. Das Postulat nach Mitwirkung bei der Führungsauslese durch die Mitglieder bezieht sich also nicht nur ·auf die parteiinternen Führungspositionen, sondern im Zusammenhang mit der politischen Willensbildung des Gesamtsystems gerade auch auf die Auslese des Führungspersonals, das dann letzten Endes von der Wählerschaft legitimiert wird.

Die Sicherstellung der effektiven Mitwirkung der Mitglieder

---

* Vielleicht ist es nützlich, an dieser Stelle einmal festzuhalten, daß der Begriff der Massendemokratie hier nicht in abwertendem Sinne verwendet wird. Er hat im Gegenteil einen positiven Wertakzent, weil er zum Ausdruck bringt, daß die Gesamtheit der Gesellschaft an den politischen Prozessen partizipiert, daß es hierin keine prinzipiellen Privilegierungen mehr gibt.

geschieht einmal durch die satzungsgemäßen Kompetenzverteilungen. Zum anderen aber ist hier für die innerparteiliche Demokratie das Phänomen der Ämterkumulation entscheidend. Die Chance der effektiven Mitwirkung der Mitgliederschaft ist dann am größten, wenn die politischen Ämter innerhalb der Partei personell möglichst gestreut sind. Die Ämterhäufung ist eines der Mittel, um innerhalb einer Organisation möglichst viel Macht zu gewinnen. Deshalb wird tendenziell immer mit ihr gerechnet. Die innere Ordnung einer Partei ist also vor allem auch daraufhin zu überprüfen, inwieweit sie Ämterhäufung zuläßt oder gar begünstigt. Im Sinne der innerparteilichen Demokratie wäre es, wenn die Parteisatzungen in dieser Hinsicht Monopolisierung möglichst verhindern würden. Das gilt sowohl in horizontaler Hinsicht (Ämterhäufung auf derselben Ebene) wie in vertikaler (Ämterhäufung auf verschiedenen Ebenen). Vor allem beim Aufrücken in eine Führungsposition der nächsthöheren Ebene besteht die Neigung, die bisher auf der unteren Ebene innegehabte Position beizubehalten und mit ihr gewissermaßen eine »Hausmacht« in die Position einzubringen. Damit fallen nicht nur Kontrollen weg, sondern es wird auch die Rekrutierungsbasis für Führungspersonal in den Parteien geschmälert. Eben die Rekrutierung von Führungspersonal ist aber eine der wichtigsten Funktionen der politischen Parteien im Hinblick auf das Gesamtsystem.

Die Parteien werben für die von ihnen präsentierten
politischen Führer

Die Parteien haben eine Propagandafunktion; sei es, daß sie für die bisherigen Führer und deren Politik, sei es, daß sie für neu präsentierte Führer und deren voraussichtliche Politik werben. Das Ziel dieser Werbung ist die Legitimierung des präsentierten Führungspersonals durch die Wählerschaft. Im Regelfall treten die Parteien in der Werbungsphase geschlossen auf. Das heißt, daß die Konkurrenz der innerparteilichen Faktoren bei der Bestellung dieses Führungspersonals im Stadium der Präsentation im Prinzip beendet ist. Da der Legitimierungsvorgang in den allgemeinen Wahlen geschieht und damit die Legitimation durch die Wählerschaft vollzogen wird, wird nicht gesagt werden können, daß eine breite Mitwirkung der Parteimitglieder bei der Rekrutierung und Präsentation des Führungspersonals deren Legitimation noch etwas hinzufügt. Der von der Wählerschaft ins Parlament Berufene besitzt dieselbe Legitimation, ob er nun durch einen breiten Willensbildungsvorgang in der Partei oder durch einen Machtspruch einer Parteiinstanz zur Kandidatur gekommen ist. Eine andere Frage wäre, ob durch möglichst demokratische innerparteiliche Verfahren bei der Kandidatenrekrutierung die Werbung der Partei nicht dadurch verstärkt und überzeugender wird, daß die Parteimitglieder diese Kandidaten wirklich als die ihrigen nach außen vertreten. Da sich auch die politische Propaganda immer mehr der industriellen Werbemethoden bedient, kann die persönliche informelle Werbung durch die Parteimitglieder als eine gewisse Kompensation angesehen werden. Jedenfalls dürfte es das Ansehen der politischen Parteien in der Gesellschaft verstärken, wenn die Wähler das Bewußtsein haben, daß diese Kandidaten nicht nur von Leuten, die bereits Machtpositionen besetzt haben, sondern von einem größeren Kreis von Mitbürgern präsentiert werden.

Die Parteien haben eine Vermittlungsfunktion

Es wird immer wieder mit negativem Wertakzent von der Mediatisierung des Volkswillens durch die politischen Parteien gesprochen. Das ist eine sehr ungenaue Ausdrucksweise. Zunächst einmal gibt es diesen Volkswillen als vorgegebenen einheitlichen Willen gar nicht. Es gibt in der Bevölkerung eine Vielzahl von Meinungen, Wünschen und Interessenrichtungen. Wenn diese in einen Entscheidungsprozeß eingehen sollen, dann geht dies gar nicht ohne Mediatisierung. Aus der Vielzahl von miteinander konkurrierenden Willensrichtungen und deren Gegenüberstellung ergibt sich noch keine Entscheidung. Wo es zu einer Entscheidung kommt und wo solche Willensrichtungen in die Entscheidungen eingehen, erfahren sie immer eine Umformung. Das werden die nachfolgenden Thesen noch genauer zeigen. Hier soll ein anderer Gesichtspunkt im Vordergrund stehen. Solche Umformung vollzieht sich auf mehreren Stufen. Ein Kriterium für die Partizipation der Bürger am politischen Prozeß ist nun auch die Häufigkeit der mediatisierenden Institutionen oder der Mediatisierungsmechanismen. Um die politischen Willensrichtungen aus der Bevölkerung in den politischen Prozeß zu vermitteln, müssen die Parteien diese zunächst sammeln. Solche Sammlung geschieht aber gleichzeitig außerhalb der Parteien auch durch die Verbände und Organisationen der verschiedensten Art. Auch diese haben Mediatisierungsfunktionen, was gelegentlich übersehen wird, weil eine gewisse Neigung besteht, die homogenisierte Interessenformulierung der Verbandsspitze eher unmittelbar den Verbandsmitgliedern zuzurechnen, als dies bei den Parteien geschieht. Realistischer dürfte es aber sein, auch bei den Interessenverbänden anzunehmen, daß es sich um einen Prozeß der Sammlung und Umformung verschiedener Interessenakzentuierung bis zur einheitlichen Willensgabe des Verbandes handelt.

Die Verbände wirken nun ihrerseits unter anderem auch auf die Parteien in verschiedenster Weise ein. Sie tun dies naturgemäß auf der für sie effektivsten Ebene der Parteiorganisation. In dem Maß, in dem die Sammlung von Interessen durch die Partei auf diesem Wege vor sich geht, werden die Interessen in bereits mediatisierter Form gesammelt. Die Mediatisierung wird gewissermaßen multipliziert. Demgegenüber stellt die innerparteiliche Demokratie als permanente ausführliche und offene Diskussion mit den Mitgliedern ein Moment der Unmittelbarkeit bei der Sammlung dar. Gleichzeitig hat sie eine Kontrollfunktion auch gegenüber der Willensbildung in den Verbänden. Es ist nicht gleichgültig, ob eine Parteispitze ihre Information über die Interessenlage einer bestimmten Bevölkerungsgruppe ausschließlich über deren Interessenverband oder auch gleichzeitig aus der Diskussion der dieser Gruppe zugehörenden Parteimitglieder erhält. Mediatisierung hat nämlich auch immer diesen Aspekt, daß auf dem Wege der Sammlung und Formulierung gemeinsame Interessen der Gruppenmitglieder eine Verbindung eingehen mit den speziellen Interessen des Führungspersonals; das gilt natürlich sowohl für Verbände wie für die Parteien. Innerparteiliche Demokratie bedeutet somit auch Informationssammlung an der Basis gegenüber einer Informationssammlung, die sich nur auf Stufen vollzieht, in denen bereits mediatisierte Informationen in das System eingehen.

Die Parteien haben eine Integrationsfunktion

Oben wurde gesagt, daß sich aus der bloßen Gegenüberstellung von vielen Meinungen und Interessen noch keine Entscheidung ergebe. Die Verfahrensweise, um zu Entscheidungen zu kommen, ist in der Demokratie die Mehrheitsentscheidung. Bei ihr gibt es immer zwei Möglichkeiten: entweder besteht im Hinblick auf eine Problemlösung bereits eine so große Übereinstimmung, daß diese übereinstimmende Gruppe durch ihre Mehrheit die Entscheidung durchsetzen kann, oder aber die Differenzierung ist zunächst so groß, daß keine der konkurrierenden Willensrichtungen eine entsprechende Mehrheit hat. Im letzteren Falle kommt entweder keine Entscheidung zustande, oder aber diejenigen Gruppen, die sich mit ihren Vorstellungen noch am nächsten stehen, schließen sich zusammen. Das geht in der Regel nur, indem jede Gruppe an ihren Vorstellungen gewisse Abstriche vornimmt, indem der gemeinsame Kern der an der Peripherie divergierenden Vorstellungen zum gemeinsamen Programm erhoben wird. Dieser Integrationsvorgang ist ein wesentliches Merkmal demokratischer Entscheidungsverfahren. Mit Recht wird den politischen Parteien solche Integrationsfunktion zugeschrieben.

Integration möglicher Entscheidungsinhalte bedeutet aber immer auch Selektion. In den seltensten Fällen kann Integration so verlaufen, daß am Ende des Prozesses alle Informationen, die in ihn eingegangen sind, auch in der homogenisierten Formulierung enthalten sind. In der Regel sind immer Wünsche, Meinungen, Interessen und Willensbestandteile im Verlauf des Prozesses ausgeschieden worden. Personell bedeutet dies, daß im Verlaufe des Integrationsprozesses nicht oder nur teilweise berücksichtigte Minderheiten entstehen. Für den Status solcher Minderheiten und damit für das Selbstbewußtsein der Mitglieder ist es nicht gleichgültig, ob ihre Minderheitenrolle gewissermaßen durch den Machtspruch einer Parteiinstanz vorweg entschieden wurde, oder ob sie ausreichend Gelegenheit gehabt haben, ihre Vorstellungen in die parteiinterne Diskussion einzubringen. Parteiinterne Diskussion unter größtmöglicher Beteiligung der Mitgliedschaft bedeutet, daß man sich nicht nur mit den Parteiinstanzen auf den verschiedenen Ebenen auseinandersetzt, sondern auch horizontal mit den anderen Mitgliedern der Partei. Letzteres ist für eine demokratische Atmosphäre in einer Partei von größter Wichtigkeit. So notwendig und nützlich die Diskussion mit den Inhabern von Führungspositionen ist, so wenig darf die Diskussion zwischen den Parteimitgliedern und ihren verschiedenen Gruppierungen unterschätzt werden. Nur dort wird die für die Akzeptierung demokratischer Einrichtungen so wichtige Erfahrung gemacht, daß es auch andere Auffassungen und Interessenlagen gibt, die nicht schon mit Machtpositionen kombiniert sind. Und deshalb ist solche innerparteiliche, offene und nicht von vornherein beschnittene Diskussion auch für die Integration der Partei selbst ein wesentlicher Faktor.

Die Parteien haben eine Öffentlichkeitsfunktion

Die Funktionen der politischen Parteien können in verschiedenen Weisen formuliert werden. Auch wird hier nicht Wert darauf gelegt, einen vollständigen Katalog dieser Funktionen zu erstellen. Es wird nur nach wichtigen Funktionen gefragt, die für diese Erörterungen über die innerparteiliche Demokratie von besonderer Bedeutung sind. Und da diese innerparteiliche Demokratie vornehmlich in ihrer Beziehung zum Willensbildungsprozeß im Gesamtsystem betrachtet wird, soll das Problem der Öffentlichkeit am Schluß noch angesprochen werden. Die vielbeklagte Abneigung gegen die politischen Parteien hat verschiedene allgemeine und auf die deutsche Situation spezifisch bezogene Gründe. Eine Ursache dafür, daß über die politischen Parteien und auch über die Vorgänge in ihnen sehr falsche und verzerrte Vorstellungen verbreitet sind, liegt sicherlich auch in ihrem geringen Öffentlichkeitscharakter. Sie treten in der Regel als Partei durch die Sprecher der Parteiorganisation in die Öffentlichkeit. Eine effektive Mitwirkung am Willensbildungsprozeß des Volkes könnte auch darin bestehen, daß die Öffentlichkeit, d. h., daß auch Nichtparteimitglieder stärker in die oben angesprochene innerparteiliche Diskussion der politischen Probleme des Gesamtsystems an der Basis einbezogen werden. Was über die Vorteile dieser Diskussion mit Blick auf die Parteimitglieder gesagt wurde, gilt auch für die Wählerschaft. Es geht jetzt nicht um die Öffentlichkeit von Parteikongressen und ähnlichen Veranstaltungen. Es geht vielmehr um die Kommunikation der politischen Parteien mit der übrigen Gesellschaft an der Basis. Natürlich muß es parteiinterne Entscheidungsprozesse geben, an denen die freie Entscheidung gerade auch der Parteimitglieder gesichert ist, und solche Sicherung bedarf immer wieder auch eines gewissen Ausschlusses der Öffentlichkeit. Aber die innerparteiliche Diskussion über die im politischen Gesamtsystem anstehenden Probleme würde die Rolle der politischen Parteien im Prozeß der Willensbildung für die Umwelt deutlicher machen. Am Anfang wurde gesagt, daß die politischen Parteien eine Zwischenstellung einnehmen zwischen den eigentlichen staatlichen Institutionen und der Gesellschaft. Das führt am Ende dieser Betrachtung zu der These, daß innerparteiliche Demokratie nicht nur eine Öffnung der Parteiorgane zu ihren Mitgliedern hin, sondern auch eine Öffnung der Parteien zur Gesellschaft hin bedeuten sollte. Die Durchlässigkeit der politischen Parteien im gesamtgesellschaftlichen Kommunikationssystem erscheint so als eine Konsequenz auch der innerparteilichen Demokratie.

Werner Kaltefleiter

Zur Frage der Demokratisierung der Massenmedien*

I. Fragestellung

»Demokratisierung« ist zu einem der meistverwandten Schlagworte der ordnungspolitischen Diskussion der letzten Jahre geworden. Die Häufigkeit der Verwendung dieses Begriffes aber steht in keinem Verhältnis zur Präzision seiner Definition. Einerseits erscheint die »Demokratisierung« — der Wortbildung entsprechend — als ein Prozeß, andererseits als Ziel einer Entwicklung, als anzustrebender Endzustand[1]: Reorganisation der Universitäten im Sinne ständestaatlicher Ordnungsformen wird ebenso als »Demokratisierung« verstanden[2] wie eine Ausweitung der betrieblichen Mitbestimmung, die allgemeine Verbesserung der Chancengleichheit im Bildungssystem[3], eine ausgeglichenere Vermögensverteilung, die Abschaffung von sogenannten Privilegien, wobei nicht immer unterschieden wird, ob diese status- oder leistungsbegründet sind, wie auch die Veränderung kirchlicher Willensbildungsprozesse: all das fällt unter den weiten Begriff »Demokratisierung[4]«.

Diese Vielfalt in der Begriffsverwendung wirft die Frage auf, ob es sich hier schlicht um terminologische Verwirrung oder um taktisches Geschick handelt. Vielfach scheint sich diese Wortbildung als Oberbegriff für sehr unterschiedliche Tatbestände und Zielsetzungen anzubieten, erhält doch gerade vor dem Hintergrund deutscher politischer Vergangenheit jede mit dem Begriff

* Für kritische Anregungen und Hilfe bei der Materialbeschaffung bin ich Achim Hellwig sowie den Mitarbeitern des Arbeitsbereiches Massenkommunikationsforschung des Sozialwissenschaftlichen Forschungsinstituts der Konrad-Adenauer-Stiftung dankbar.

Demokratie assoziierte Forderung die Plakatierung des Lobens-
werten[5].

Versucht man die vielfältigen Demokratisierungsforderungen
zu systematisieren, so lassen sich mindestens vier Gruppen heraus-
filtern:

1. Demokratisierung als nichtdefinierter Endzustand einer gesellschaftlichen Entwicklung (wobei häufig hinzugefügt wird, daß
dieser Endzustand noch gar nicht definierbar sei, die Fähigkeit zu
einer Definition könne erst in dem Prozeß der Veränderung der
bestehenden Strukturen erlernt werden[6]).

2. Demokratisierung als Veränderung der sozialen Grundlagen
des politischen Systems im Sinne von mehr Gleichheit, mehr Beteiligung, mehr Mitverantwortung.

3. Demokratisierung als die Veränderung des politischen Systems durch die Übernahme direktdemokratischer, rätedemokrati-
scher oder ähnlicher Elemente[7], deren Vereinbarkeit mit dem
System repräsentativer Demokratie und den normativen Zielsetzungen dieses Systems zumindest zweifelhaft ist[8].

4. Demokratisierung als die Anwendung der Regeln demokratischer Willensbildung auf soziale Subsysteme.

Die Frage der Demokratisierung der Massenmedien fällt formal in
die letzte Gruppe. Daraus ergeben sich zwei Fragen zur Analyse
des Konzeptes:

a) Bedeutet die konkrete Ausgestaltung der Demokratisierungsforderung die Anwendung der Regeln der Demokratie auf die
Organisation der Massenmedien, und

b) welche Rückwirkungen sind von einer derartigen Organisation dieses Subsystems auf das gesamte politische System zu erwarten, und wie wird damit die Funktionsfähigkeit dieses Systems
berührt?

Die Fragestellung zielt also auf eine funktionale Analyse von
politischen Institutionen[9].

Was verbirgt sich hinter der Forderung nach Demokratisierung
der Massenmedien im einzelnen?

Von den verschiedenen Massenmedien sind insbesondere einerseits die Zeitungen und andererseits Hörfunk und Fernsehen mit

dieser Forderung konfrontiert, d. h. jene Massenmedien, die an der regelmäßigen und häufigen Informationsvermittlung beteiligt sind und inhaltlich von einer großen Zahl von Mitarbeitern gestaltet werden. Bei den Massenmedien im weiteren Sinne wie Büchern, Filmen, Flugblättern und ähnlichen mehr stellt sich dagegen diese Forderung nicht, ihre Gestaltung unterliegt zu sehr der individuellen Organisation[10]. Die massenhafte, regelmäßige Produktion verlangt dagegen eine verfestigte institutionelle Ausgestaltung der Organisation, die die Ansätze für Forderungen zur Reorganisation bietet.

Trotz dieser Parallelität zwischen Hörfunk und Fernsehen einerseits und den Zeitungen andererseits ergeben sich zum Teil unterschiedliche Probleme, die vor allem in der bestehenden Organisation und den technischen Möglichkeiten begründet sind. Verallgemeinert kann man dennoch unter Demokratisierung zunächst die Forderung nach mehr Mitbestimmungsmöglichkeiten der Redakteure an der Gestaltung des jeweiligen Mediums verstehen[11].

Diese Mitbestimmungsforderung ist abzugrenzen von den Regelungen, die sich für Fragen der innerbetrieblichen Sozialpolitik ergeben haben, das ist nicht Gegenstand der Demokratisierungsforderung, vielmehr geht es um die inhaltliche Ausgestaltung des Mediums, und damit verbunden ist folgerichtig die Reorientierung der Personalpolitik primär im Sinne von Kooptationsformen (bei den privatwirtschaftlich organisierten Zeitungen sind damit gelegentlich auch verschiedene Überlegungen der Gewinnbeteiligung verbunden). Es geht um die »innere Pressefreiheit«, um die »Verwirklichung eines Mehr an Demokratie auch in den Massenmedien[12]«. Diese recht allgemeine Forderung konkretisiert sich in verschiedenen Plänen, die auf weniger Macht für die Aufsichtsgremien, Abbau der Hierarchie in den Redaktionen und mehr Verantwortung für die einzelnen Redakteure abzielen[13]. Auch diese noch immer recht allgemeine Absichtserklärung wird präzisiert in den verschiedenen Entwürfen für Redaktionsstatute, in denen stets eine Redaktionsversammlung und ein von ihr gewählter Redaktionsausschuß die wesentlichen Gremien darstellen, die ihrerseits entweder in einem differenzierten Willensbildungsprozeß mit dem Verleger oder Intendanten oder allein die zentralen

Fragen der Gestaltung des Mediums und der Personalpolitik entscheiden[14].

Die Stellungnahmen der Verfechter der Demokratisierung zeichnen sich durch eine außerordentliche Vielfalt und teilweise mangelnde Präzision der Forderungen aus. Es erscheint deshalb zweckmäßig, zwei Gruppen von Forderungen zu unterscheiden: die
ersten, die ein System von Konsultationsmechanismen aufbauen
wollen, die ebenfalls Mitbestimmung genannt werden, die aber die
zentrale Entscheidungsfreiheit des Verlegers bzw. des Intendanten
nicht berühren[15]. Bei aller formaler Parallelität im Aufbau der
Organisationsmodelle sind davon jene Forderungen grundsätzlich zu unterscheiden, die gerade diese Entscheidungsfreiheit auf
ein Kollektivorgan, sei es Redaktionsversammlung oder Redakteurausschuß, übertragen[16]. Die zahlreichen Forderungen der ersten
Gruppe können mit betriebswirtschaftlichen und betriebssozialo-
gischen Argumenten behandelt werden. Diese reichen von einer
erhöhten Leistungsbereitschaft bis hin zu solchen über die Würde
der Mitarbeiter. Politisch-strukturell sind die Veränderungen jedoch von sekundärer Bedeutung. Sie werden deshalb im folgenden
nicht weiter behandelt. Eine effektive Veränderung der bestehenden Strukturen stellen dagegen die Forderungen der zweiten
Gruppe dar, auf die der begrifflichen Klarheit wegen die Forderung nach Demokratisierung beschränkt wird. Zentraler Punkt
dieser Forderung ist die Bestimmung der inhaltlichen Ausgestaltung des Mediums durch die jeweiligen Redakteure. Nicht mehr
einer oder eine kleine Gruppe — der Verleger, der Chefredakteur,
der Intendant, der Verwaltungsrat usw. —, sondern die Gruppe der
Redakteure, die tatsächlich das Medium gestalten, sollen bestimmen (in verschiedenen Forderungen wird diese Mitbestimmungs-
funktion unterschiedlich quantifiziert[17] und teilweise auch auf die
nichtredaktionellen Mitarbeiter ausgedehnt). Die Zahl der formal — ob inhaltlich ist eine zweite Frage — den Entscheidungsprozeß Prägenden wird vergrößert, das ist die Substanz der Demokratisierungsforderung.

II. Demokratie und Demokratisierung der Massenmedien

Die erste Frage, die an dieses Konzept zu stellen ist, lautet, ob diese Vergrößerung der Zahl der die Entscheidung Treffenden die Anwendung der Regeln demokratischer Willensbildung auf die Medien bedeutet.

Diese Frage zu stellen verlangt nach einer kurzen Kennzeichnung der demokratischen Prozesse. Diese zeichnen sich durch mannigfache Erscheinungsformen aus, und die theoretische Vielfalt ist kaum geringer als die der politischen Gestaltung[18].

Dennoch lassen sich die verschiedenen Modelle und ihre Verwirklichung auf ein einfaches Prinzip reduzieren, das allen gemeinsam ist: Die Demokratie wie jede Staatsform ist ein Organisationsmodell, mit dessen Hilfe die Aufgaben, die vom Individuum nicht allein, sondern nur durch Organisation der Gesellschaft erfüllt werden können, befriedigt werden. Die Organisation eines Staates ist nicht Selbstzweck, sondern dient der Befriedigung von Bedürfnissen der Gesellschaft. Bei allem Streit über die verschiedenen Theorien zur Entstehung des Staates ist dieser an sich banale Tatbestand nicht umstritten[19]. Das bedeutet auch, daß die Anwendung des Demokratiemodelles instrumentalen Charakter hat, es dient der Realisierung einer Staatsform, die bestimmten qualitativen Ansprüchen genügt. Das gilt wie für jedes Subsystem auch für die Organisation eines Mediums, sie ist nicht Selbstzweck, sondern dient der Erfüllung seiner Aufgabe[20]. Das demokratische Regelsystem zeichnet sich gegenüber anderen dadurch aus, daß diejenigen, für die diese »Staatsaufgaben« erfüllt werden, durch Wahlakte darüber bestimmen, in welcher Rangfolge und von welcher der konkurrierenden Eliten sie erfüllt werden: Der Wähler ist Konsument der Staatsaufgaben und bestimmt zugleich durch die verschiedenen Wahlakte die politische Führung, deren Aufgabe die Gestaltung dieser Aufgaben ist. Diese Wahlakte werden in regelmäßigen Abständen wiederholt, wodurch eine langfristige Übereinstimmung zwischen Regierung und Regierten erzielt wird[21].

Bei der Auswahl der politischen Führung ist jeder Wähler grundsätzlich gleichberechtigt; von allgemeinen Qualifikationen wie Alter, Geisteszustand usw. abgesehen, hat jeder eine Stimme.

Versucht man dieses einfache Modell auf die Massenmedien zu übertragen, so stellt sich zunächst die Frage nach den Aufgaben der Medien. An dieser Stelle mag der Hinweis auf die Aufgabe der Information über Fakten und Meinungen und der Artikulation von Meinungen als erste Hypothese ausreichen[22].

Geht man von diesen Aufgaben der Massenmedien aus, so stellt sich die Frage, für wen diese erfüllt werden. Sie ist schnell beantwortet: die Wählerschaft oder zumindest jener Teil der Wählerschaft, die das jeweilige Massenmedium konsumiert. Die Anwendung demokratischer Ordnungsform auf die Organisation der Massenmedien würde also verlangen, den jeweiligen Konsumenten, d. h. Lesern, Hörern, Zuschauern, die Möglichkeit zur inhaltlichen Gestaltung des von ihm konsumierten Mediums zu verschaffen. Daß es an Überlegungen[23] in diesem Bereich nicht fehlt, bedarf keiner Betonung. Allein dieses Bestreben wird nicht »Demokratisierung« genannt. Die Forderung der »Demokratisierung« zielt nicht auf eine Einflußvermehrung der Konsumenten, sondern auf die der redaktionellen Mitarbeiter[24]. Das gilt für Zeitungen und Rundfunk gleichermaßen.

Zentraler Bestandteil des Demokratiemodells ist die Gleichheit der Regierten. Das führt zu der Frage, ob diese Gleichheit bei den Konsumenten der Massenmedien besteht und ob die Anwendung des Demokratiemodells unter diesem Aspekt überhaupt möglich ist. Dabei ist zwischen den privatwirtschaftlich organisierten Zeitungen und den öffentlich-rechtlichen Rundfunkanstalten zu unterscheiden. Bei den privatwirtschaftlich organisierten Zeitungen sind es zunächst die Leser, die durch Kauf oder Nichtkauf über die Existenz der Blätter entscheiden. Der am unternehmerischen Risiko orientierte Verleger versucht sein Blatt entsprechend den Vorstellungen der Leser unter Einschluß der potentiellen Leser zu gestalten. Der Leser übt seine Wahlfunktion auf dem Wege von Kauf oder Nichtkauf der Zeitungen aus[25].

Eine Abweichung von dieser Voraussetzung demokratischer Ordnungsform besteht darin, daß nicht jeder Leser über das gleiche Stimmrecht, sprich in diesem Falle Kaufkraft, verfügt. Das gilt nicht so sehr im unmittelbaren Sinne: daß ein Wähler über die Kaufkraft zum Erwerb mehrerer, ein anderer nur über die zum Erwerb weniger oder gar keiner Zeitungen verfügt, ist angesichts der Konsumgewohnheit gegenüber Zeitungen und dem Wohlstandsniveau einer Gesellschaft wie die der Bundesrepublik kein reales Problem. Wesentlicher erscheint die Tatsache, daß für die Existenz der Blätter die Placierung von Anzeigen, insbesondere von großen Werbeanzeigen, mindestens ebenso bedeutsam ist wie die verkaufte Auflage. Damit aber — so kann weiter argumentiert werden — kommt denjenigen, die Werbeanzeigen placieren (das sind vergleichsweise wenige), ein zusätzlicher, dem demokratischen Modell widersprechender Einfluß auf die Gestaltung und Ausrichtung des Blattes zu[26].

Dieser Einwand ist theoretisch richtig. Er übersieht jedoch, daß die für eine Zeitung ökonomisch relevante Placierung von Werbeanzeigen in der Regel von der Auflage des Blattes, die wiederum von dem Erfolg der Zeitung bei ihren Konsumenten bestimmt wird, abhängt. Der einer konspirativen Oligarchietheorie entlehnten Annahme, Wirtschaftsgruppen könnten Zeitungen durch die Placierung oder Nichtplacierung von Anzeigen unter Druck setzen, steht die Tatsache entgegen, daß in jedem Blatt mit einer nennenswerten, d. h. für die Werbung interessanten Auflage entsprechende Anzeigen zu finden sind, auch wenn dieses Blatt Ordnungsmodelle vertritt, die den Interessen der Wirtschaftsgruppen widersprechen.

Dieses aus der praktischen Beobachtung entstandene Gegenargument vermag jedoch den theoretischen Einwand, daß die Chancengleichheit der Konsumenten bei der Gestaltung des Blattes über den Markt nicht besteht, grundsätzlich nicht zu widerlegen. Jedoch scheint die Relevanz dieses Argumentes eingeschränkt. Sie stellt sich in der Verfassungswirklichkeit für jede Zeitung unterschiedlich und ist generell für nur regional verbreitete Blätter größer als für überregionale. Es bleibt aber festzuhalten, daß die Anwendung des Demokratiemodells auf die Organisation der Massenmedien die Verbesserung dieser Chancengleichheit verlangt — dazu sind Maßnahmen der Ordnungspolitik denkbar, die aus den Erfahrungen des Kampfes gegen Formen der Wettbewerbsbeschränkung gewonnen werden können[27]. Die Übertragung der Entscheidung über die Gestaltung des Blattes an eine Versammlung der Redakteure aber bedeutet nicht die Anwendung des Demokratiemodells auf die Organisation der Zeitung.

Wird die Verantwortung für die Zeitung mit allen ökonomischen Chancen und Risiken vom Verleger auf die Redakteurversammlung bzw. den Redakteurausschuß übertragen — eine Konsequenz, die allerdings in der Regel nicht vollzogen wird —, so ändern sich grundsätzlich die Entscheidungskriterien für die Gestaltung des Blattes nicht: die verkaufte Auflage, die ökonomische Existenz des Blattes ist die zentrale Voraussetzung für die Möglichkeit der Meinungsartikulation[28]. Es ist eine Frage der innerbetrieblichen organisatorischen Zweckmäßigkeiten, welche Entscheidungsfindungsprozesse gewählt werden. Dabei sind eine Vielzahl von Beurteilungskriterien zu berücksichtigen. Den Erfahrungen, daß Kollektivorgane, wie z. B. Redakteurversammlungen oder Ausschüsse, sich als unzureichend handlungsfähig erweisen können, stehen die Rückwirkungen auf die Motivation der Beteiligten gegenüber. Für die hier diskutierte Frage erscheint es zunächst wesentlich, daß eine solche innerbetriebliche Verlagerung von Entscheidungsprozessen, so zweckmäßig oder unzweckmäßig sie im einzelnen sein mag, nichts mit der Anwendung des Demokratiemodells zur Organisation der Massenmedien gemein hat.

Was die Chancengleichheit der Konsumenten betrifft, so zeigt sich ein etwas anderes Bild bei den öffentlich-rechtlichen Anstalten für Rundfunk und Fernsehen. Die Finanzierung erfolgt durch Gebühren und zeitlich begrenzte Werbesendungen, damit ist die Chancengleichheit der Kosumenten weitgehend gesichert. Hinzu kommt die Kontrolle durch Gremien mit unterschiedlicher Gruppenvertretung, die einerseits zum Ziel hat, zu verhindern, daß eine Gruppe einen dominierenden Einfluß auf die Gestaltung der Sender gewinnt, und damit zugleich anstrebt, die inhaltliche Gestaltung der Programme insgesamt vom Publikumsgeschmack unabhängig zu machen.

Daß dies weitgehend gelungen ist, zeigt eine Untersuchung des Sozialwissenschaftlichen Forschungsinstitutes der Konrad-Adenauer-Stiftung, die die Häufigkeit und Beliebtheit von Fernsehsendungsinhalten und Formen gegenüberstellt. Dies zeigt deutlich, daß auf den Publikumsgeschmack nur punktuell Rücksicht genommen wird[29]. Die bestehende Organisationsform strebt also — mit Erfolg — das Gegenteil einer demokratischen Ordnungsform in den Rundfunkanstalten an, nicht die Abhängigkeit, sondern die

Unabhängigkeit vom Konsumenten wird angestrebt und realisiert. Während bei den Zeitungen zwar eine grundsätzliche Orientierung am Leser erfolgt, diese aber durch ungleiche Beeinflussungschancen verzerrt werden kann, ist und soll der Rundfunk von seinen Konsumenten unabhängig sein.

An dieser Stelle ist eine erste Zwischenbilanz zu ziehen. Zunächst kann festgestellt werden, daß die Demokratisierungsforderungen nicht die Anwendung des Demokratiemodells auf die Massenmedien zum Gegenstand haben. Die Realisierung dieses Modells würde eine verbesserte Chancengleichheit für die Konsumenten der Zeitungen und mehr Rücksichtnahme des Rundfunks auf die Hörerwünsche verlangen. Ob derartige Maßnahmen zweckmäßig erscheinen, hängt von der Aufgabenstellung der Medien ab. Die Mitbestimmungsforderung aber, die dem Postulat nach Demokratisierung entspricht, ist strukturell etwas anderes als die Anwendung des Demokratiemodells zur Organisation der Massenmedien. Zu ihrer Beurteilung sind ebenfalls weitere Kriterien heranzuziehen.

III. Funktion und Organisation der Medien

Aus dieser Zwischenbilanz folgt, daß für die weitere Diskussion zunächst eine Bestimmung der Aufgaben der Massenmedien innerhalb eines demokratischen politischen Systems notwendig ist. Die Begründung des demokratischen Ordnungsmodells beruht auf der Anerkennung bestimmter Werte: die Erfüllung von Staatsaufgaben in möglichst großer Übereinstimmung zwischen Wählern und politischer Führung, wobei die Wähler grundsätzlich gleichberechtigt sind und über möglichst viele Partizipationschancen verfügen sollen. Die gleichzeitige Realisierung von Zielen wie Freiheit und Autorität, Macht und Kontrolle usw. ist die Aufgabenstellung, die diesem Organisationsmodell Demokratie gesetzt ist[30] und dem es grundsätzlich — bei aller Verbesserungsfähigkeit in der konkreten Ausgestaltung — gerecht wird.

Innerhalb dieses Systems gibt es verschiedene Subsysteme, denen einzelne Funktionen zugewiesen sind, ohne deren Erfüllung das

gesamte Organisationssystem nicht oder nur unzulänglich, unter
Verstoß gegen eine der vorgegebenen Zielsetzungen, arbeitet. Dazu
gehören auch die Massenmedien. Ihre Organisation wie die eines
jeden Subsystems muß sich an der jeweiligen Aufgabenstellung
innerhalb des Gesamtsystems orientieren. Die Beurteilung ihrer
Organisationsform hängt davon ab, ob sie der Funktionserfüllung
dient oder nicht, ob sie die Organisation zum Selbstzweck oder zu
einer Serviceinstitution für das Gesamtsystem werden läßt[31].

Die Funktionen der Massenmedien liegen im Bereich der Information über Fakten, Wissen und Meinungen sowie der Artikulation von Meinungen, Lebensformen, Wertsystemen in informie-
render und unterhaltender Form[32]. Ihre Funktion erhalten die
Massenmedien aus dem demokratischen Prozeß derart zugeordnet,
daß die Entscheidung der Wähler in den Wahlen über die Rangfolge der politischen Aufgaben und über die konkurrierenden politischen Eliten, die diese realisieren, auf der Grundlage eines pluralistischen Willens- und Meinungsbildungsprozesses erfolgt[33].

Das gilt für die verschiedenen Stufen des repräsentativen Systems. Die Mehrheitsentscheidung schließt diesen Prozeß der pluralistischen Meinungs- und Willensbildung ab. Zur Aufhellung
dieses Prozesses bedarf es in einer quantitativ großen und flächen-
artig verteilten Gesellschaft der Massenmedien[34]: Ihre Aufgabe
ist die Kommunikation zwischen Wählergruppen untereinander,
zwischen Wählern und rivalisierenden politischen Eliten und zwischen den rivalisierenden Eliten untereinander vor Augen und
Ohren der Wählerschaft[35].

Zentrale Voraussetzung für die Erfüllung dieser Funktion ist
zunächst die Vielfältigkeit der Medien. Es muß institutionell
sichergestellt werden, daß erstens ein möglichst vollständiges Bild
über Fakten, Meinungen, Wertvorstellungen usw. vermittelt wird
und daß möglichst viele divergierende Meinungen, Werte usw.
artikuliert werden können und daß zweitens ein ausgewogenes
Verhältnis zwischen den Artikulationschancen der verschiedenen
Meinungen besteht. Dieser Modellforderung steht in der Verfassungswirklichkeit eine Vielzahl von Einschränkungen gegenüber,
die bewirken, daß dieses Ziel stets nur annäherungsweise erreicht
werden kann[36]. Schon aus Gründen technischer Begrenzung kann
nie vollkommene Pluralität erzielt werden, und der Forderung

nach Ausgewogenheit steht die Frage der Relevanz von Fakten und Meinungen, die artikuliert werden sollen, gegenüber[37]. Die Diskussion um die sinnvolle und mögliche Form der Realisierung dieser und zum Teil anderer konkurrierender Prinzipien kann nicht vertieft werden. Es bleibt aber festzuhalten, daß der institutionelle Gestaltungsspielraum im Sinne von Kriterien wie Pluralität, Ausgewogenheit und Relevanz zu nutzen ist. Die Forderung nach Demokratisierung der Massenmedien geht dem gegenüber vielfach von einer anderen Funktionszuweisung aus: der Erziehungsfunktion. Diese fällt den Massenmedien grundsätzlich im politischen Prozeß ebenfalls zu, sie umfaßt das Aufgreifen von Problemen, die noch nicht in die politische Diskussion eingegangen sind, die Behandlung der Fragen auf einem hohen Reflexionsniveau und in stilprägender Form. Aus dieser Definition der Bildungs- bzw. Erziehungsfunktion folgt die Verwendung von differenzierten Beurteilungskriterien, die in der politischen Alltagssprache nicht oder kaum zu finden sind[38]. Als Voraussetzung für die Erfüllung dieser Funktion wird eine größere Unabhängigkeit vom Publikumsgeschmack gesehen. Dabei fehlt es nicht an Stimmen, die die Orientierung am Konsumenten mit der Realisierung eines qualitativ hohen Niveaus der Sendungen für unvereinbar halten.

Bei dieser Diskussion sind erneut zwei Probleme zu unterscheiden. Die dem demokratischen Modell entwachsene Forderung nach einer Orientierung der Gestaltung der Medien an den Vorstellungen der Konsumenten ist *inhaltlich* begründet und besagt nichts über die *qualitative Form* der Sendungsgestaltung und das Abstraktionsniveau der Argumentation im einzelnen. Das gilt für Zeitungen wie für Rundfunkanstalten. Die vielverbreitete Vorstellung von »Lieschen Müller« als Orientierungsmaßstab der Programmgestaltung übersieht, daß das Niveau der Konsumenten zu einem erheblichen Teil Folge der bisherigen Gestaltung der Medien ist. Wer sich an »Lieschen Müller« orientiert, schafft »Lieschen Müller«. Außerdem ist die Verwendung differenzierter Beurteilungskriterien nicht mit sprachlicher Unverständlichkeit gleichzusetzen. So erscheint es zumindest zweifelhaft, ob für viele Zeitungen die Orientierung am Publikumsgeschmack mit einem Verzicht auf differenzierte Beurteilungskriterien einhergehen muß.

Für die öffentlich-rechtlichen Rundfunkanstalten stellt sich dieses Problem in dieser Form nicht. Die am Beispiel der Verwendung von Sendungsformen und Sendungsinhalten gezeigte Unabhängigkeit der Anstalten vom Publikumsgeschmack verdeutlicht einen Entscheidungsspielraum, der auch zur Berücksichtigung differenzierter Beurteilungskriterien in der Darstellung und Bewertung von sozialen Tatbeständen benutzt werden könnte. Häufig ist es dementsprechend auch nicht die Orientierung am Publikumsgeschmack, sondern die an den technischen Anforderungen der Medien — »das Fernsehen lebt vom Bild« —, die zu der Vernachlässigung der Erziehungsfunktion führt. Der Verzicht auf solche Kriterien beruht somit entweder auf einem Perzeptionsfehler der Redakteure oder gar auf ihrem Unvermögen zur Anwendung solcher Kriterien — ein Problem der Curriculumforschung. Die Verwendung differenzierter Beurteilungskriterien zu sichern ist eine der Aufgaben, die in einer Diskussion über die Reorganisation der Massenmedien zu untersuchen ist und zu deren Verbesserung verschiedene ordnungspolitische Maßnahmen beitragen können.

Demgegenüber wird von verschiedenen Anhängern der »Demokratisierung« die Erziehungsfunktion anders verstanden, sie sehen darin die Möglichkeit, durch Massenbeeinflussung die Grundlagen für gesellschaftliche Strukturveränderungen zu schaffen[39]. Diese Forderung zielt nicht auf ein qualitativ gehobenes Niveau der ausgestrahlten Sendung, sondern auf die möglichst einseitige inhaltliche Ausrichtung. Eine derartig »umdefinierte Bildungsfunktion« ist jedoch mit den vielfältigen Informations- und Artikulationsfunktionen der Medien in einem demokratischen System nicht vereinbar, dementsprechend steht ihr häufig auch die Festlegung der Anstalt auf die durch das Grundgesetz definierte politische und soziale Ordnung entgegen.

Fragt man nach den Rückwirkungen dieser Funktionszuweisung auf die Organisation der Medien, so ist wiederum zwischen der Situation eines grundsätzlich privatwirtschaftlich organisierten Zeitungsmarktes und der der öffentlich-rechtlich organisierten Hörfunk- und Fernsehanstalten zu unterscheiden. Auf dem privatwirtschaftlich organisierten Zeitungsmarkt hat in den letzten Jahrzehnten primär aus technischen Gründen ein Konzentrationsprozeß stattgefunden, der insgesamt zu einer Reduktion der selbständigen Zeitungen — definiert als Zeitungen mit eigenständiger politischer Redaktion — in der Bundesrepublik auf ca. 150 geführt hat[40]. Regional hat dieser Konzentrationsprozeß zu Einseitigkeiten in diesem Teil der Massenmedien geführt, aber für das Bundesgebiet generell besteht noch ein grundsätzlich vielfältiges Angebot. Welche Probleme in den einzelnen Regionen bestehen, bedarf noch eingehender Untersuchungen, wobei die übrigen Massenmedien zum Teil eine gewisse Vielfalt des Meinungsangebotes auch dort erhalten, wo sie auf dem Zeitungsmarkt allein nicht mehr besteht. Dabei ist jedoch die Frage näher zu prüfen, ob die unterschiedlichen Medien Einseitigkeiten wechselseitig zu korrigieren vermögen, eine noch unbeantwortete Frage an den Bereich der Wirkungsforschung. Hinzu kommt, daß diese Vielfalt, wenn sie besteht, nur eine Vielfalt des Angebots, nicht so sehr des Konsums ist: ca. 80% der deutschen Bevölkerung lesen nur eine Tageszeitung, und zwar schwerpunktmäßig die, die ihren eigenen politischen Vorstellungen nahekommt. Auf Grund dieser Konsumgewohnheiten muß die Frage der Vielfalt auf dem Zeitungsmarkt ohnehin als eingeschränkt betrachtet werden. Bei den Rundfunkanstalten ist eine Vielfalt aus technischen Gründen der begrenzten Verfügbarkeit von Sendefrequenzen schon nicht möglich. Daraus folgt, daß insgesamt die Sicherung eines vielfältigen Meinungs- und Informationsangebots an den einzelnen Konsumenten nur durch den gleichzeitigen Konsum *unterschiedlicher* Medien und bei den Rundfunkanstalten durch die Artikulation unterschiedlicher Meinungen *innerhalb* eines Mediums gesichert werden kann. Wesentlicher als die Frage der organisatorischen Pluralität auf den verschiedenen Medienmärkten erscheint somit die Frage nach der wechselseitigen Korrekturfähigkeit von Einseitigkeiten bei den einzelnen Medien durch andere und die der internen Meinungsvielfalt innerhalb der Rundfunkanstalten.

Für diese Funktionserfüllung erscheint die Frage wesentlich, ob eine Demokratisierung der Medien, d. h. der Übertragung der Gestaltungsfreiheit auf die Redakteure, die Chance der größeren individuellen Unabhängigkeit des einzelnen Journalisten und damit die Vielfältigkeit der vertretenden Meinungen und Wertvorstellungen steigern wird. Dabei sind zwei Probleme zu unterscheiden:

a) welches Organisationsprinzip führt zu einer Personalpolitik mit heterogenen Wertvorstellungen, und

b) bei welchem Organisationsprinzip können im Einzelfall divergierende Meinungen besser artikuliert werden?

Die Personalpolitik eines Verlegers kann auf Meinungshomogenität wie auf Meinungsheterogenität seines Redakteurstabs gerichtet sein. Es gibt Beispiele für beide Hypothesen. Sie hängt ab von der jeweiligen Einschätzung der Marktchancen von politisch homogenen und heterogenen Blättern und dem persönlichen politischen Engagement des Verlegers. Die Personalpolitik von Kooptationsverfahren tendiert in der Regel zu einer Vergrößerung der Mehrheitsmeinung und damit tendenziell zu einer Homogenisierung der Gruppe — wobei die Möglichkeit von Ausnahmeentscheidungen auf Grund spezifischer Kriterien ausdrücklich erwähnt werden sollte. Die »Abweichungschance« hängt bei dem ersten Modell von der individuellen Liberalität des Verlegers, im zweiten Fall von der der Kollektivmehrheit ab[41]. Die Eigendynamik von Gruppenwillensbildungsprozessen läßt zumindest eine gewisse Skepsis begründet erscheinen, ob die Abweicherchance im zweiten Falle größer ist. Allerdings bemühen sich verschiedene Redaktionsstatute darum, die Möglichkeit für die Artikulation einer »dissenting opinion« zu verbessern[42].

Die Verfassungswirklichkeit wird jedoch nicht von dem formalen Recht, sondern von Art und Umfang der Sanktionen gegenüber Dissidenten bestimmt. Die funktionale Analyse kann somit beide Fragen nicht entscheiden, empirisches Material fehlt noch im ausreichenden Umfang. Es kann jedoch festgestellt werden, daß diese Art der »Demokratisierung« kaum eine institutionelle Vergrößerung von zeitungsinterner Pluralität erwarten läßt.

Von zentraler Bedeutung ist diese Frage der internen Pluralität beim Rundfunk und Fernsehen, bei jenen Medien, die über ein technisch bedingtes Quasimonopol in ihrem Bereich verfügen, bei denen also vom Angebot her generell und nicht nur wie bei den Zeitungen regional oder auf Grund der Konsumgewohnheiten eine institutionelle Vielfalt nicht gegeben sein kann. Die bestehenden Ordnungen versuchen diese Pluralität durch heterogene Gruppenrepräsentanz in den entsprechenden Aufsichtsgremien zu sichern.

Diese mag unzureichend sein, weil einerseits die Gruppenrepräsentanten nur eine quantitativ begrenzte Pluralität sichern und weil zweitens die Aufsichtsmöglichkeiten durch die weitgehende Unabhängigkeit der redaktionellen Gremien begrenzt sind[43]. Unbestritten ist aber, daß dieses Ordnungsmodell zumindest eine gewisse proportionale Verteilung der Schlüsselpositionen auf die wichtigsten politischen und sozialen Gruppen sichert.

Die dadurch erzielte Pluralität wird vielfach als unzureichend empfunden. Das beruht u. a. auf der Tatsache, daß die verschiedenen Hörfunk- und Fernsehprogramme in der Bundesrepublik grundsätzlich gleich organisiert sind und somit die gleichen Einseitigkeiten und Unzulänglichkeiten in ihren Programmen widerspiegeln. Es kann an dieser Stelle nicht diskutiert werden, welche Organisationsform für die wenigen Rundfunk- und Fernsehanstalten optimal ist. Wahrscheinlich ist, daß es die optimale Organisationsform nicht gibt, weil die Kummulation einer Organisationsform bei verschiedenen Anstalten die Kummulation der Fehler dieser Organisationsform bedeutet. Daraus wiederum folgt die Forderung nach unterschiedlichen Organisationsformen für die wenigen verschiedenen Anstalten.

Ein wesentliches Instrument zur Sicherung dieser begrenzten Vielfältigkeit innerhalb der Rundfunkanstalten stellt die Personalpolitik dar. Die Übertragung dieses Rechts auf eine durch Kooptation entscheidende Redaktionsversammlung würde diese Vielfalt kaum vergrößern. Wie schon erwähnt, bewirken Kooptationsverfahren in der Regel die Vergrößerung der Mehrheitsmeinung und damit langfristig die Homogenisierung der Redaktionsmeinung. Darüber hinaus würde eine solche Reorganisation auch die Unabhängigkeit der einzelnen Redakteure beeinträchtigen. Diese verfügen zur Zeit in den proportional zusammengesetzten Gruppenvertretungsorganen über einen recht effektiven Schutz ihrer Unabhängigkeit. In Konflikten, in denen sie von einer Gruppe wegen ihrer Programmgestaltung angegriffen werden, werden sie in der Regel von einer anderen Gruppe verteidigt, und sei es nur, weil diese sich in Opposition zu der die Redaktion angreifenden Gruppe befindet. Was die Rundfunkräte in ihrer Entscheidungsfindung lähmt, stärkt zugleich die individuelle Unabhängigkeit der Redakteure[44]. An die Stelle dieser zumindest teilweise recht effektiv gesicherten Unabhängigkeit würde bei Demokratisierung die Abhängigkeit von der Toleranzbereitschaft der Mehrheit der Redaktionsversammlung treten.

IV. Schlußfolgerung

Die Aufgabenstellung der Massenmedien im politischen System verlangt nach einer Verbesserung ihrer Organisation im Sinne größerer Vielfältigkeit, eine Vielfältigkeit, die auch gegen die sozialen Sanktionen von Mehrheitsredaktionen schützt. Das bestehende System auf diesem Gebiet ist verbesserungsbedürftig. Die vorgeschlagene »Demokratisierung« dient diesem Ziel jedoch nicht.

Im Bereich der Massenkommunikationsforschung bedürften viele Fragen noch eingehender empirischer Prüfung. Das führt auch im Bereich der funktionalen Analyse von organisatorischen Strukturen zu gewissen Unsicherheiten. Dennoch haben die Überlegungen zu zwei Ergebnissen geführt, die als gesichert betrachtet werden können. Die Forderung nach Demokratisierung der Massenmedien kann in diesem Sinne als beispielhaft für die lange Kette der Demokratisierungsforderungen angesehen werden. Erstens stellt sie einen Etikettenschwindel in dem Sinne dar, daß sie nichts gemein hat mit der Übertragung der Organisationsform des Demokratiemodells zur Gestaltung des Subsystems. Zweitens trägt sie nicht dazu bei, die Funktionserfüllung dieser Institutionen innerhalb des demokratischen Prozesses zu verbessern. Sie hat andere Wirkungen, die man positiv oder negativ bewerten kann, das hängt von der angestrebten Zielsetzung ab. Die sogenannte Demokratisierung der Massenmedien bedeutet weder einen Ausbau noch eine Verfestigung der Demokratie in Deutschland.

Fußnoten

[1] Vgl. W. *Hennis*, Demokratisierung. Zur Problematik eines Begriffs, Köln - Opladen 1970.

[2] In diesem Sinn z. B. *D. Albers,* Demokratisierung der Hochschule. Argumente zur Drittelparität, Bonn - Beuel 1968.

[3] So auch *W. Borm,* Demokratie im Bildungswesen, in: Die Deutsche Universitätszeitung vereinigt mit Hochschul-Dienst, Jg. 1970, Nr. 19, 1. Oktober-Ausgabe.

[4] Eine Erweiterung des Begriffs »Demokratie« über die Kennzeichnung politischer Ordnungsformen hinaus findet sich schon bei *C. J. Friedrich* (Hrsg.), Demokratie als Herrschafts- und Lebensform. Studien zur Politik, Veröffentlichung des Instituts für Politische Wissenschaft an der Universität Heidelberg, Band 1, Heidelberg 1959.

[5] Vgl. *W. Hennis,* Demokratisierung, a. a. O., *ders.,* Die Stunde der Studenten?, in: *W. Hennis* (Hrsg.), Die deutsche Unruhe, Hamburg 1969.

[6] So wird vielfach von studentischer Seite dem Vorwurf zu begegnen versucht, daß die Forderung nach Demokratisierung sozialer Subsysteme nicht mit konkreten Vorschlägen zu ihrer institutionellen Realisierung verbunden werde. Siehe z. B. die Veröffentlichung der Niedersächsischen Landeszentrale für Politische Bildung: Studenten zur Hochschulreform, Hannover 1968.

[7] So auch *N. Kadritzke,* Eine angemessene Forderung, in: Publik, Nr. 7, 14. Februar 1969, S. 14.

[8] Vgl. *R. Löwenthal,* Das ist die Abdankung der Demokratie, in: *H. Maier* und *M. Zöller* (Hrsg.), Gegen Elfenbeinturm und Kaderschmiede, Köln 1970.

[9] Zum Begriff siehe *W. Kaltefleiter,* Die Funktionen des Staatsoberhauptes in der parlamentarischen Demokratie, Köln - Opladen 1970, S. 14 ff.

[10] Zum Begriff der »Medien im engeren und weiteren Sinn« vgl. *R. Wildenmann* und *W. Kaltefleiter,* Funktionen der Massenmedien. Demokratische Existenz heute, Heft 12 der Schriften des Forschungsinstituts für Politische Wissenschaft der Universität zu Köln, Frankfurt am Main - Bonn 1965.

[11] Siehe dazu die bei *A. Skriver,* Schreiben und schreiben lassen, Karlsruhe 1970, abgedruckten Redaktionsstatute. Als weitere Materialsammlung in diesem Zusammenhang vgl. Deutsches Industrieinstitut (Hrsg.), Mitbestimmung. Redaktionsstatute bei Presse und Rundfunk, Heft 6/71 der Berichte des Deutschen Industrieinstituts zu Gewerkschaftsfragen, April II.

[12] *J. Seifert,* Probleme der Parteien und Verbandskontrolle von Rundfunk- und Fernsehanstalten, in: Manipulation der Meinungsbildung. Zum Problem hergestellter Öffentlichkeit, Opladen 1971, S. 141.

[13] Vgl. *R. E. Thiel,* Rundfunk und Fernsehintendanten als Herrscher, in: Die Zeit vom 19. Dezember 1969, S. 13.

[14] Vgl. hierzu besonders *A. Skriver,* Schreiben und schreiben lassen, a. a. O.

[15] Z. B. stellt das Redaktionsstatut der »Saarbrücker Zeitung« fest, daß der Chefredakteur letzte Entscheidungsinstanz in allen redaktionellen Fragen bleibt. Siehe *A. Skriver,* a. a. O., S. 83 bis 86.

[16] Dazu gehört z. B., daß Kürzungen im Redaktionsetat der Zustimmung der Redakteursversammlung bedürfen. Für eine solche Regelung siehe das Redaktionsstatut des »Stern« bei *A. Skriver,* a. a. O., S. 76. Vgl. auch entsprechende Statutentwürfe des WDR und der Deutschen Welle, beide in:

Mitbestimmung. Redaktionsstatute, a. a. O., wo etwas undifferenziert von einem »erheblichen« Gewicht der Meinungsäußerung der Redakteursversammlung im redaktionsinternen Willensbildungsprozeß gesprochen wird, besonders dann, wenn Beschlüsse mit einem bestimmten Stimmenquorum gefaßt werden.

17 Siehe z. B. § 8 des Vertragsentwurfs der dju (Deutsche Journalisten-Union) über die Zusammenarbeit von Verlegern und Redakteuren vom 8. Dezember 1970; in: Mitbestimmung, Redaktionsstatute, a. a. O. Dort auch als Beispiel das Redaktionsstatut der »Süddeutschen Zeitung«. Der im Text angesprochene Redakteurausschuß als Mitspracheorgan der Medienmitarbeiter besteht in der Regel aus 5 bis 15 Mitgliedern.

18 Siehe z. B. *M. Hättich*, Demokratie als Herrschaftsordnung. Band 7 der Veröffentlichungen des Arnold-Bergsträsser-Instituts, hrsg. von *D. Oberndörfer*, Köln - Opladen 1967.

19 Vgl. dazu die Diskussion dieser Frage bei *F. A. Hermens*, Verfassungslehre, Köln - Frankfurt - Bonn 1964, S. 6 ff.

20 *R. Löwenthal*, Hochschule für die Demokratie. Grundlinie für eine sinnvolle Hochschulreform, Köln 1971.

21 Dazu siehe z. B. *E. Fraenkel*, Die repräsentative und die plebiszitäre Komponente im demokratischen Verfassungsstaat, Tübingen 1958; *K. W. Deutsch*, Politische Kybernetik, Freiburg 1969; *M. Duverger*, Die politischen Regime, Hamburg 1960; *W. Kaltefleiter*, Die Funktionen des Staatsoberhauptes, a. a. O.

22 Eingehend dazu siehe *R. Wildenmann* und *W. Kaltefleiter*, Funktionen der Massenmedien, a. a. O. In diesem Zusammenhang auch *C. Burrichter*, Fernsehen und Demokratie, Bielefeld 1970, sowie *M. Löffler*, Der Verfassungsauftrag der Presse. Modellfall Spiegel, Karlsruhe 1963; ebenso *M. Rehbinder*, Die öffentliche Aufgabe und rechtliche Verantwortlichkeit der Presse. Berliner Abhandlungen zum Presserecht, Heft 1, Berlin 1960.

23 Vgl. z. B. *R. Zoll*, Manipulation der Meinungsbildung. Zum Problem hergestellter Öffentlichkeit, Opladen 1971.

24 Siehe die z. T. schon erwähnten Redaktionsstatute bei *A. Skriver*, a. a. O., und in der Veröffentlichung des Deutschen Industrieinstituts zur Mitbestimmung bei Presse und Rundfunk, a. a. O., wo von einem Einfluß, geschweige denn einer Einflußsteigerung der Adressaten der Medienpublikation keine Rede ist. Es erfolgt statt dessen in der Regel eine statutarische Pflichtfestlegung des einzelnen Redakteurs auf seinen Beitrag zur »Entwicklung einer beständigen demokratischen Ordnung...« So z. B. die redaktionellen Leitsätze der »Neuen Ruhr Zeitung« vom Mai 1968; in: *R. Zoll* und *E. Hennig*, Massenmedien und Meinungsbildung, München 1970, S. 268.

25 Vgl. dazu auch *R. Zoll* und *E. Hennig*, Massenmedien und Meinungsbildung. Angebot, Reichweite, Nutzung und Inhalte der Medien in der Bundesrepublik Deutschland, a. a. O.

26 Siehe in diesem Zusammenhang auch: Schlußbericht von der Kommission zur Untersuchung der Gefährdung der wirtschaftlichen Existenz von Presse-

unternehmen und der Folgen der Konzentration für die Meinungsfreiheit in der Bundesrepublik, hrsg. vom deutschen Bundestag als Drucksache VI 3122, 5. Wahlperiode.

[27] Zu ähnlichen Erkenntnissen kommt auch die »Pressekommission« des Bundestages in ihrem bereits zitierten Schlußbericht, deren Schlußfolgerungen jedoch noch einer eingehenden Diskussion bedürfen.

[28] Das Beispiel der französischen Zeitung »Le Monde« zeigt, daß nicht grundsätzlich davon ausgegangen werden kann, daß überregionale Zeitungen im allgemeinen bzw. von den Redakteuren geleitete im besonderen mit Gewinn arbeiten. Siehe dazu beispielhaft W. *Höfer*, Le Monde — Modell und Mythos. Ein Gespräch mit Jean Schwoebel über Mitbestimmung der Journalisten, in: Die Zeit, Nr. 18, 7. Mai 1967, S. 7.

[29] Siehe dazu K. H. *Grohall*, Sendungsformen und Sendungsinhalte im Hauptabendprogramm von ARD und ZDF. Zwischenergebnisse einer Untersuchung des Sozialwissenschaftlichen Forschungsinstituts der Konrad-Adenauer-Stiftung (noch unveröffentlicht). Der Autor hat die Sendungsformen und -inhalte von Sendeminuten den Einschaltquoten gegenübergestellt, wie sie von Infratam ermittelt worden sind.

[30] Siehe F. A. *Hermens*, Verfassungslehre, a. a. O., sowie auch G. *Leibholz*, Strukturprobleme der modernen Demokratie, Karlsruhe 1958; K. *Löwenstein*, Der britische Parlamentarismus. Entstehung und Gestalt, Reinbek bei Hamburg 1964; auch F. *Naschold*, Organisation und Demokratie, Stuttgart - Berlin - Köln - Mainz 1969.

[31] Eingehend dazu am Beispiel der Universität siehe R. *Löwenthal*, Hochschule für die Demokratie, a. a. O.

[32] Ausführlich dazu R. *Wildenmann* und W. *Kaltefleiter*, Funktionen der Massenmedien, a. a. O.
Diese Kurzformel umfaßt sehr unterschiedliche Darstellungsformen bei den einzelnen Medien. Diese Dimension des Problems ist Gegenstand vielfältiger Ansätze der Kommunikationsforschung. Insbesondere die Verbindung der verschiedenen Kommunikationselemente beim Fernsehen hat eine Reihe noch unbeantworteter Fragen aufgeworfen.

[33] Demgegenüber kann eingewandt werden, ein großer Teil des Programmes umfasse Sendungen, die nicht in diese politische Funktion hineinfallen, wie z. B. Unterhaltungssendungen. Schon der Versuch der Definition von Unterhaltungssendungen führt jedoch zu dem Ergebnis, daß auch in diesen Sendungen Normvorstellungen vermittelt werden, über deren politische Relevanz zwar noch keine empirisch getesteten Aussagen gemacht werden können, deren Existenz aber aus einer funktionalen Analyse nicht ausgeklammert werden kann. Insofern ist auch die unterhaltende Sendungsform politisch relevant, weil sie Beurteilungskriterien, Wertvorstellungen, Lebensformen und Bilder in unterschiedlichen Darstellungsformen vermittelt. Vgl. K. H. *Grohall*, Sendungsformen und Sendungsinhalte, a. a. O.

[34] Der bekannte Hinweis von *Aristoteles*, nach dem eine Polis nicht größer sein dürfe, als die Stimme des Herolds reiche, verdeutlicht das Problem: Die

Massenmedien geben bildhaft gesprochen der Stimme des Herolds die Reichweite für die vergrößerten Gemeinwesen.

[35] Siehe hierzu *W. Böhme* (Hrsg.), Die politischen Wirkungen von Funk und Fernsehen, Stuttgart 1970, hier besonders den Artikel von *E. K. Scheuch*, Zur Bedeutung der Massenmedien im Prozeß der politischen Meinungsbildung.

[36] Zu diesem Ergebnis, allerdings mit anderen Schlußfolgerungen, kommt auch *H. Holzer*, Gescheiterte Aufklärung? Politik, Ökonomie und Kommunikation in der Bundesrepublik Deutschland, München 1971.

[37] Vgl. *R. Wildenmann* und *W. Kaltefleiter*, Funktionen der Massenmedien, a. a. O.

[38] Vgl. *F. A. Hermens*, Medien der Massenkommunikation und Rationalität der politischen Entscheidung. Sonderdruck aus: Wissenschaft und Praxis, Köln - Opladen 1962.

[39] Vgl. z. B. *H. Holzer*, Massenkommunikation und Demokratie in der Bundesrepublik Deutschland, a. a. O.

[40] Das war mit ein Grund, daß sich die »Pressekommission« im Auftrag des deutschen Bundestages mit den Konzentrationstendenzen auf dem Zeitungsmarkt befaßt hat. Siehe den bereits zitierten Bericht.

[41] Dem steht nicht entgegen, daß formell gemäß der Mehrzahl der Redaktionsstatute »bestimmte Meinungsäußerungen ... von einem Redakteur nicht verlangt werden können«. (Grundlage Nr. 8 der redaktionellen Arbeit der »Neuen Ruhr Zeitung«, in: *R. Zoll* und *E. Hennig*, a. a. O.) Entscheidend ist hier die latente Möglichkeit informeller Sanktionen der Mehrheit.

[42] Vgl. z. B. Entwurf eines Redaktionsstatuts des WDR, in: Mitbestimmung. Redaktionsstatute, a. a. O.

[43] Vgl. dazu z. B. *A. Kern*, Gründe für den Linksdrall einiger Medien, in: Die politische Meinung, September/Oktober 1971, S. 55 ff.

[44] Vgl. dazu u. a. *H. Hammerschmidt*, Freiheit, Verantwortung und Risiko. Die Mitbestimmung in den Rundfunkanstalten, in: Fernseh-Kritik, Bd. IV, Mainz 1972, S. 43 ff.

Götz Briefs

Wirtschaft zwischen Ordnung und Anarchie

Der Sprachgebrauch kennt eine Vielzahl von Wirtschaftssystemen. Der Merkantilismus dürfte zuerst die Dignität eines Wirtschaftssystems in der Fachsprache und unter Historikern gefunden haben. Aber gerade er legt die Frage nahe, ob es sich bei ihm primär um ein Wirtschaftssystem handelte oder um ein politisches System, für das die wirtschaftlichen Maßnahmen nur Mittel zum politischen Zweck waren. Die gleiche Frage stellt sich für den Sozialismus und Kommunismus. Unter welchen Bedingungen kann eine historisch gegebene oder erstrebte Ordnung der wirtschaftlichen Dinge als Wirtschaftssystem bezeichnet werden?

Man muß auf die griechische Wurzel und den griechischen Begriff von System zurückgreifen, um hier Klarheit zu schaffen. Das Wort »System« leitet sich dem Griechischen von »synhistemi« ab; es kennzeichnet das Zusammenwirken verschiedener Elemente oder Faktoren, ohne daß diese Elemente vom Ganzen verschlungen werden; sie wahren ihre Selbständigkeit. »To systema« würde also bedeuten eine Mehrzahl von Elementen oder Faktoren, die unter Wahrung ihrer Selbständigkeit sich zu einem funktionalen Ganzen verbinden, und zwar so, daß der Effekt des Ganzen größer ist als die Summe der einzelnen Leistungen der Elemente für sich genommen. In diesem strengen Sinne verstanden, trifft der Begriff des Systems nur auf *eine* historische Gestalt der Wirtschaft zu, nämlich auf den wirtschaftlichen Liberalismus (Kapitalismus) in jener relativen Reinheit, die er im 19. Jahrhundert, vor allem in Großbritannien, entfaltete und demonstrierte. *Adam Smith* entwarf in seinem »Wealth of Nations« (1776) die große Konzeption der Wirtschaft als System; er spricht von dem »obvious and simple [oft spricht er vom ›natural‹ system of economic] liberty«. So verstanden ist die Wirtschaftsgesellschaft die Summe der individuellen Agenten, die je in Selbstbestimmung, Selbstverantwortung und nach Selbstinteressen ihre wirtschaftlichen Entscheidungen über den integrierenden Markt treffen; und zwar, was aus den Prämissen folgt, unter freiem Wettbewerb. Das so operierende System der Wirtschaft zeigt die Kriterien der Selbstorganisierung, der Selbstentfaltung und der Selbststeuerung. Pro tanto ist es autonomes System. Auf dem geldwirtschaftlich organisierten Markt spielt der wirtschaftliche Mechanismus zwischen Leistung und Gegenleistung in Geldausdruck. Hinter jeder Leistung im Prozeß steht das Motiv des Reinertrags; und zwar will es die klassische Ökonomik, daß es sich um die »Maximierung der Erträge« handelt, wenn der Prozeß seine Gleichgewichtslage und seine optimale Wirkung erzielen soll[1].

Das »natürliche System« der wirtschaftlichen Freiheit hatte seinen Ausgangspunkt in Großbritannien, verbreitete sich langsam auf dem Kontinent und nach Nordamerika, viel langsamer in den Ostraum Europas und nach Südamerika, wo noch feudale Strukturen und herkömmliche Abhängigkeiten fast bis in das frühe zwanzigste Jahrhundert reichten[2].

Dabei spielt eine entscheidende Rolle, ob Mittelklassen vorhanden sind, die Unternehmerwillen und Unternehmerbegabung haben, auf ertragreiche Neuerungen bedacht sind und Zugang zu Kreditbanken haben. Soweit die erwähnten Gebiete keinen Kapitalismus entwickelten, hatten sie auch kein Proletariat — allenfalls Pauperismus — im strengen Sinn des Wortes. Das gilt für Rußland; seine Oktober-Revolution 1917 war keine proletarische Revolution im *Marxschen* Sinne. Die Akteure dieser Revolution waren im europäischen Westen geschulte Intellektuelle und politische Ideologen, die aus dem tragischen Geschick des russischen Volkes bare Münze für ihre Revolution schlugen. Darüber unterrichtet *Fedor Stepun* aus eigener Erfahrung der vorrevolutionären Periode wie einiger Jahre seit der Revolution in seinem Buch: *Das Antlitz Rußlands im Gesicht der russischen Revolution.*

Man kann fragen, und die Frage hat Prof. *Joseph H. Kaiser* an mich gerichtet, ob die liberale Ökonomie, im obigen Sinne als »Wirtschaftssystem« verstanden, jenseits aller historischen Dynamik stehe. Das ist sicher nicht der Fall; aber ebenso unhaltbar ist die *Marxsche* These von der selbstzerstörerischen Dialektik, die dem System innewohne; selbst nach der furchtbaren Zerstörung, die der Zweite Weltkrieg in Deutschland hinterließ, gelang es unter Führung des Wirtschaftsministers Prof. *Erhard,* eine völlig zerrüttete Wirtschaft in wenigen Jahren nach liberalen Prinzipien aufzubauen, und zwar mit entsprechenden sozialen Einbauten und Daten.

Was als »deutsches Wirtschaftswunder« in der Welt bekannt wurde, war das Ergebnis einer liberalen Marktwirtschaft, die ihre sozialen Voraussetzungen hatte und darum auf die willige Mitarbeit von Arbeitern und Gewerkschaften rechnen konnte. Verglichen mit dem klassischen Liberalismus war das keine ganz reine Marktwirtschaft mehr, sondern Marktwirtschaft mit sozialen Eingrenzungen und Daten. Das deutsche Wirtschaftswunder »Soziale Marktwirtschaft« konnte also nicht mit der *Marxschen* Bezeichnung abgefertigt werden, die er von der *Smith-Ricardoschen* Konzeption hat: Letztere habe die Gesellschaft als eine »Handelskompanie« begriffen, in der jeder ein Händler sei, der auf Mehrwert durch Ausbeutung ziele. Es war für die britische Landbevölkerung beim Übergang vom Vorindustrialismus zum Freihandel und zur Industrie eine tragische Notwendigkeit, durch die Einhegung der »common lands of England« massenhaft ihre Existenz, aber auch ihre Tradition und Gemeinschaftszusammenhänge zu verlieren und damit als »Händler« ihre »Ware Arbeitskraft« den Industrien zur Verfügung stellen zu müssen; und zwar nach Aufhebung älterer sozialer Schutzgehäuse (Zünfte) und unter Abschaffung des Lohnschutzes, den die Speenhamland Acte seit 1795 gewährt hatte. Die in den kleinen Landstädten lebenden Textil-, Holz- und Eisenkleinbetriebe wurden in denselben Sog des Umschlages in den freien Wettbewerb einer werdenden Industrialisierung Großbritanniens gezogen. Ähnliche Vorgänge, besonders seit den siebziger Jahren des neunzehnten Jahrhunderts in Deutschland, wo der Übergang zur Industrie sich stark beschleunigte und wo sich wegen des Lohngefälles Hunderttausende von Menschen der preußischen Ostgebiete in die rasch wachsenden, aber für diese Zuwanderung weder sozial noch humanitär abgestimmten Großstädte gezogen fühlten. Heute ein ähnliches Phänomen, allerdings durch Gesetzgebung und staatliche Beihilfe gedämpft, in Frankreich, wo Hunderttausende von kleinen Landwirten Arbeitsgelegenheit in der Industrie finden müssen. Das russische Beispiel zeigt mit brutaler Klarheit, daß im raschen Übergang von einer Wirtschaftsgestalt zu einer neuen Not und Elend für große Teile der Bevölkerung nicht zu vermeiden sind.

Daß das »natürliche« System der wirtschaftlichen Freiheit nicht radikal »natürlich« war, zeigte sich auch bei *Smith*; er wies dem Staat gewisse Interventionen für den nationalen Selbstschutz zu, billigte z. B. die Navigationsakte und Staatsinterventionen für Erziehung usw. Ähnlich *Ricardo* im 31. Kapitel (On Machinery); es zeigte sich vor allem dann, wenn nationale Notstände der einen oder anderen Art vorlagen. Schon das Aufkommen der englischen Sozialgesetzgebung zum Schutze von Frauen und Kindern in Bergbau- und Textilindustrien, das Zehnstundentaggesetz (1848) und die Fabrikinspektion (1833) sind schwer zu vereinbaren mit der Idee der Wirtschaft als eines »natürlichen« und autonomen Systems, das in sich selbst die Tendenz zum Gleichgewicht und zur Selbststeuerung trägt. Dasselbe gilt in Hinsicht auf die Entwicklung von Gewerkschaften; sie wurden zuerst als nichtkonform zum System empfunden und gesetzlich verboten; dann stellte sich heraus, daß sie innerhalb des Systems gewisse soziale Funktionen erfüllen könnten; darum wurden sie in begrenztem Umfang gesetzlich erlaubt. In einem späteren nationalen Notstand, der großen Depression, entdeckte die New-Deal-Gesetzgebung in den USA, daß Gewerkschaften ein wirtschaftstabilisierendes Organ sein können, und so überhäufte man sie mit allerhand Privilegien und Vergünstigungen, an denen die Gewerkschaften im folgenden Hochschwung festhielten — als ihrem »sozialen Besitzstand«. Die Wirkung davon war, daß der Staat wegen starker Schädigung volkswirtschaftlicher Interessen durch eine rücksichtslose Gewerkschaftspolitik nun doch wieder die Bremse zu ziehen hatte. So waren sie sanktioniert und aktionsfähig in einem Maße, das nun wiederum den Staatseingriff verlangte, weil sie wirtschaftliche und gesellschaftliche Interessen vital zu schädigen in der Lage waren. Es ist also mit Einschränkungen zu verstehen, daß der liberale Kapitalismus »System« im Sinne einer sich selbst steuernden, selbst organisierenden und selbst entfaltenden Ökonomie sei. Innerhalb gewisser, historisch variabler Grenzen verträgt er sich mit einem sozialen Datenkranz — er mag ihn sogar verlangen.

Das Gegenstück ist der Sowjetkommunismus. In ihm ist aus ideologischem Grundsatz nichts selbststeuernd, nichts selbstorganisierend, nichts selbstentfaltend; damit nichts selbstbestimmend und selbstverantwortlich. Es ist, um *Euckens* Wort zu gebrauchen, »Kommandowirtschaft« auf totalem Umkreis. Sie hat ihren Generalstab in einer zentralen Wirtschaftsbehörde, die mit massenhaften nachgeordneten Bürokratien das weite Reich kontrolliert. Sie regulieren Löhne, Preise, Einkommen, Zinsen und Kredite und disponieren über die nationalen Hilfsquellen bis ins einzelne. Dieser riesige, mit toten Kosten überlastete Apparat lebt erstens davon, daß er Lohnkosten unter strenger Kontrolle hält und auf absoluter Arbeitsdisziplin besteht, deren Wahrung eine der wenigen Aufgaben ist, die den nominell bestehenden Gewerkschaften zustehen. Der Apparat lebt zweitens davon, daß Schwarzmärkte, Schieberwesen und gesetzwidrige Selbsthilfemaßnahmen die eingeborene irrationale Seite des Systems mildern — welcher Tatbestand andererseits seinen eigenen Beitrag zur wirtschaftlichen Unvernunft der totalen Kommandowirtschaft leisten kann. Die unheilige Allianz zwischen politischer Autokratie und ökonomischer Zwangsverwaltung hat schließlich den Punkt erreicht, wo der Protest einer neuen Intelligentsia sich meldet; vorsichtige Ermahnungen und Kritik von seiten Prof. *Libermans*, von *Trapesnikow, Kantorowitsch*, selbst des Mitglieds der Russischen Akademie *Nemtschinow* werden laut und finden Zugang in der Öffentlichkeit; daraufhin sind einige Reformen eingeführt worden, so z. B., daß staatliche Verkaufsstellen Preise unter Berücksichtigung der Nachfrage setzen; daß Staatsbetriebe Zinsen zahlen an die kreditgebende Staatsbank und sogar einen gewissen Reingewinn nachweisen sollen. Neuerdings wird fremdes Kapital eingeladen, große Unternehmen aufzubauen, so Fiat, dessen Werk schon in Gang ist; im Augenblick wird u. a. mit Ford verhandelt.

Hier möchte ich O. *von Nell-Breunings* These bestreiten, die er in einem, im übrigen verdienstvollen Aufsatz[3] vertritt, daß die Sowjetwirtschaft den gewaltigen Vorsprung in zwei Generationen einzuholen vermochte, den die westlichen Wirtschaften erst in fünf Generationen erarbeiteten. Die beste Antwort darauf findet sich in einem Aufsatz in *The Economist* vom 2. Juli 1961. Dort ein Bericht über die Unterhaltung eines russischen Kommissars mit einem fremden Diplomaten; der Russe versicherte dem Diplomaten, in nicht allzu ferner Zeit werde der Kommunismus die ganze Erde erobert haben, fügte aber hinzu, man werde ein kapitalistisches Land freilassen müssen, an dem man die Regeln für die Bildung wirtschaftlich richtiger Preise und Kosten studieren könne. Beiden Partnern des Gesprächs scheint entgangen zu sein, daß mit dieser Formel der Kommunismus als globale und operable Wirtschaftsform hoffnungslos ist. Daß die russische Produktion besonders im industriellen Sektor große Fortschritte gemacht hat, ist nicht zu leugnen; aber auch hier ist die Anwesenheit und Vorgegebenheit der liberal-kapitalistischen Umwelt das entscheidende Datum. Das russische technische Institut ENIMS bei Moskau hat einen großen Stab von technischen Experten auf allen Ebenen; es verfolgt genau die technische Literatur der westlichen Industrien, um sie für russische Zwecke verfügbar zu machen. Unterstellen wir für einen Augenblick, der Kommunismus habe die ganze Erde erobert, hätte er nicht auch noch ein Land freien technischen Forschens vonnöten und müßte er nicht auch darum ein kapitalistisches, technisch fortschrittliches Land freilassen, damit ENIMS technisch auf dem laufenden bleibe mit den westlichen Fortschritten? Es liegt gar nichts Erstaunliches in dem schnellen Aufbau der russischen Industrien; sie holten ihr technisches Knowhow rücksichtslos aus dem Westen und ersparten sich die ungeheuren Arbeiten und Kosten der westlichen technischen Forschung.

Prof. *A. Milnes* (Cambridge University) pflegte in den neunziger Jahren seinen Studenten folgende Lebensweisheit mit auf den Weg zu geben: »Wenn der Tontopf der Politik und der eherne Topf der wirtschaftlichen Dinge den Strom der Zeit entlangsegeln und zusammenstoßen, dann zerbricht immer der Tontopf.«

Das ist etwas zu dogmatisch ausgedrückt. Der Dogmatismus wäre sicher zu mildern durch den Hinweis auf den Zeitfaktor, auf das Element der Dauer; ferner würde es einer besseren Abstimmung der maßgebenden Wertsetzungen bedürfen. Schon in der klassischen Ökonomik zeigte sich eine Spannung, deren Folgen heute klarer zutage treten als früher. Es ist die Spannung zwischen der *Smithschen* Konzeption von der Wirtschaft und der von

Jeremy Bentham. Smith kam von der neo-stoischen Tradition her, was deutlich seine *Theory of Moral Sentiments* (1759) beweist. Es zeigt sich aber auch in seinem »Wohlstand der Nationen«, wo er eine Art prästabilisierter Harmonie annimmt, soweit die Bedingungen des »natürlichen« Systems der Wirtschaft gewahrt bleiben.

Anders *Bentham.* Er kommt von der neo-epikuräischen Linie her *(Gassendi, Montaigne, Pierre Bayle, d'Holbach, Lamettrie, Mandeville).* Entsprechend war für *Bentham* maßgebend die Vermeidung von Unlust (pain) und die Maximierung der Lust (pleasure, happiness). Er nahm an, Interessenkonflikte höben sich dadurch auf, daß aus Eigeninteresse jeder die Interessen des anderen in seine Nutzenkalkulation einbeziehe; damit seien echte und dauernde Interessengegensätze vermeidbar. Die Totalsumme der »happiness« ist sein Ziel. Dafür glaubt er schließlich doch den Staat als letzten Garanten verantwortlich machen zu müssen, damit die Gesamtsumme des happiness sich maximiere. So wurde ihm der Staat zum Wachhund, der Kontroll- und Interventionsrechte notwendig haben müsse; vielleicht sogar, um mit *Rousseau* zu sprechen, die Menschen zu *zwingen,* frei und glücklich zu sein.

Bei dem führenden britischen Ökonomen der Mitte des neunzehnten Jahrhunderts, also bei *John Stuart Mill,* merkt man, daß er bei allem Bestreben, streng in der Klassik zu bleiben und sie weiterzudenken, insofern von ihr abwich, als er die Gesetzmäßigkeit der Produktion bejahte, aber die Möglichkeit der Freiheit in der Verteilung offenhielt. Trotzdem konnte er sich, als Anhänger von *Malthus,* nicht entschließen, den damaligen Gewerkschaften (die nur für gelernte Berufe schon bestanden) die Chance besserer Löhne oder kürzerer Arbeitszeiten zuzugestehen. Noch in der letzten von ihm besorgten Ausgabe seiner Principles (1873) beläßt er es bei seinem alten Standpunkt. In der Mai-Nummer der *Fortnightly Review* 1871, wo er *Thorntons* Buch »On Labour« (1869) besprach, blieb er im wesentlichen bei seinem alten Standpunkt, obschon man gewisse Vorbehalte merkt. Aber aus *Mills* Schule stammt die Bewegung der sogenannten Sozialliberalen, darunter *T. H. Green* und vor allem *L. T. Hobhouse* (Liberalism, neue Auflage, Oxford Univ. Press, N. Y. 1964). Von *Green* stammt das Wort: »Jeder findet seinen Vorteil im Gemeingut.« Beide bemühten sich, die liberalen Freiheiten in die Doktrin eines »organischen« Liberalismus einzubauen, darunter das Recht von Arbeitern und anderen Gruppen, sich in Vertretung ihrer Interessen zu organisieren. Das Gemeingut ist diesen Sozialliberalen nicht das Ergebnis des Wettbewerbs unter Individuen; es wird von der »Gesellschaft« garantiert. Der Staat hat bestimmte Funktionen und Verantwortungen für die Gesellschaft und ihr Gemeingut. Das Privateigentum hat eine gesellschaftliche Basis, und das Bruttonationalprodukt hat »social origin«. Privateigentum ist »sozial« auch insofern, als es ein soziales Element sowohl in den Werten wie in den Produktionsbedingungen besitzt.

Nach *Hobhouse* stammt der größere Teil des geschaffenen Reichtums aus sozialen Quellen; in dem Umfange sollte er auch in den Koffern der Gemeinschaft angesammelt werden und für soziale Zwecke verfügbar bleiben. Erträge aus Erbschaft und Spekulation sollten scharf besteuert werden; der Staat sollte eine Art Overlordship über das Eigentum und gewisse Kontrollen über die Industrie besitzen.

Hobhouse anerkennt, daß seine Ideen eine gewisse Verwandtschaft mit sozialistischen Doktrinen hätten, aber er besteht darauf, daß sie die Werte und Grundsätze des klassischen Liberalismus einschließen und adjustieren an die Notwendigkeiten und Wandlungen seit der Ära der Königin *Viktoria* und des Premierministers *Gladstone*. Diese sozial-liberale Bewegung lief parallel dem Fabischen Sozialismus, zu dem erlauchte Namen gehörten: *G. B. Shaw, R. H. Tawney, Graham Wallace, Sidney and Beatrice Webb, Bevin;* in der Gegenwart *Richard Crossman* und *R. S. Crosland. The New Fabian Essays* (London 1952) sind Ausdruck des Fabischen Sozialismus der jüngeren Generation.

Verglichen mit *Marx*, der von der französischen Aufklärung herkam und im Modell der Französischen Revolution dachte, zeigten diese britischen Sozialliberalen wie auch der Fabische Sozialismus den Einschlag des britischen Empirismus. *David Hume* und die schottische Schule der Moralphilosophie *(Francis Hutchison,* der Lehrer von *Adam Smith*, der ihn den »never-to-be-forgotten Francis Hutchinson« nannte) hatten und behielten den Sinn für Erfahrung und Wirklichkeit und blieben somit weit entfernt vom cartesianischen Rationalismus wie von *Rousseau,* deren Ideen in der französischen Aufklärung und schließlich in der Revolution endeten. Diesem schottischen Empirismus fehlte auch jeder Einschlag der *Hegelschen* Dialektik, die bei *Marx* das dynamische Element in der Analyse des Kapitalismus war, das zum globalen Kommunismus hinführte. Es war derselbe britische Realismus und Empirismus, der *John Elliot Cairnes* (Economic Principles Newly Expounded, 1874) zur Erkenntnis brachte, daß bei guter Konjunktur die Gewerkschaften sehr wohl die Lohnebene beeinflussen könnten, nämlich indem sie sie ins Gleichgewicht mit anderen Einkommensarten und dem Preisspiegel brächten; bei schlechter Konjunktur könne die Führung ihren Mitgliedern nur empfehlen, auf der Stelle zu treten. Damit drückte *Cairnes* aus, daß die Gewerkschaften nur die Funktion abhängiger Variablen im Wirtschaftsvorgang hätten. Auf kontinentalem Raum gesehen, gilt das gleiche für die in Bewegung geratene Organisation von Handwerkern, Landwirten und, seit den siebziger Jahren, Kartellen. Auch sie waren abhängige Variable im Wirtschaftsverlauf, abgesehen von Syndikaten, deren Struktur und Politik auf Angebotsregelung und damit auch indirekte Preiskontrolle ging. Seit den neunziger Jahren entstanden solche Syndikate z. B. im deutschen Bergbau, bei Stahl, Eisen und Zement; durch die Zuteilung von Produktionsquoten und durch ein zentrales Verkaufskontor waren sie in gewissem Umfang unabhängige Variable, ähnlich wie übrigens Berufsverbände von Gewerkschaften, soweit sie den Zugang zum Gewerbe durch Begrenzung von Lehrlingsangebot kontrollierten, wie häufig in Großbritannien und USA. Daß die Gewerkschaftsbewegung zum führenden und weithin vorbildlichen Typus der Verbandsbildung wurde, hängt auch damit zusammen, daß in der Arbeiterbewegung ideologische und politische Einflüsse stark durchschlugen; so besonders in Zentraleuropa durch den Marxismus als neue Heilslehre des unterdrückten »Proletariats«.

Hier stößt man auf die grundsätzliche Frage nach dem Gesetz des Antritts dieser Verbände[4], besonders der Gewerkschaften. Was anderes konnte es sein als das Gesetz, das sie in ihrem Aktionskreis vorfanden, das Gesetz des jeweiligen Marktes also. Um ein Beispiel zu geben: Die Unternehmer orientieren ihre Lohnpolitik nach der

Marktlage; darauf antwortet die Gewerkschaft mit einer Politik der Angebotsregulierung. Der Unternehmer sagt, die Gewinne sind meine Privatsache; die Gewerkschaft antwortet, die Löhne sind unsere Privatsache. Der Arbeitgeber sagt, Geschäft ist Geschäft. Die Gewerkschaft antwortet, wir werden nach demselben Prinzip unsere Forderungen stellen. Die Gewerkschaft adoptierte also das dominante Ethos der Zeit und ihres Marktes. Damit war eine Art Gleichschaltung des Verbandsprinzips an die liberale und individualistische Konzeption gegeben. An die Stelle wettbewerbender Individuen treten nun Verbände; um so mehr, je solidarischer sie aus Arbeiterinteressen und, zunehmend auch, aus institutionellen Interessen wurden. Die ideale Sachlage für die Gewerkschaften — wie übrigens auch für Kartelle — wäre der Zwangsverband für die in ihrem abgegrenzten Job- oder Marktterritorium Beschäftigten. Die Absicht, Verbandsmitgliedschaft verbindlich zu machen, hat direkte und indirekte Wege; der indirekte Weg zeichnet sich heute deutlich ab in dem sogenannten Betriebsverfassungsgesetz, das dem Parlament in Bonn vorliegt. Der massivste Versuch, direkten Gewerkschaftszwang und die Zwangsgewerkschaft auf gesetzlicher Grundlage durchzuführen, lag vor in einer Berufungsklage des amerikanischen Gewerkschaftsbundes beim Obersten Bundesgericht in den USA (Oktobertermin 1948, case 27). Der Gewerkschaftsbund erklärte hier, das Recht der Gewerkschaft, alle Arbeitsplätze im Lande zu »regieren«, sei von derselben Art, wie die Regierung die Bürger regiere. Es wird klar ausgesprochen: Gewerkschaften sind *die Regierung* über alle Arbeitsplätze im Lande, und kein Arbeiter hat das Recht auf eine Arbeitsstelle, es sei denn, er sei Gewerkschaftsmitglied (in good-standing!). Der Gewerkschaftsbund ging so weit, zu behaupten, seine Forderung zur Zwangsmitgliedschaft aller Jobholders habe Priorität vor den verfassungsmäßigen Rechten und Freiheiten des Bürgers. Daß er mit dieser Forderung ein uraltes Feudalprinzip mit all seinen feudalen Privilegien auf die modernen Verhältnisse anwandte, nämlich das Prinzip *nulle terre sans Seigneur* (kein Grundbesitz ohne feudalen Oberherrn), das ahnten sie natürlich nicht. Man versteht die in der französischen und amerikanischen Literatur vorkommende Bezeichnung »Féodalité« für große Interessenverbände.

Die Formation von Interessenverbänden, verboten in der Frühzeit des klassischen Liberalismus in Großbritannien wie durch das *loi le Chapelier* in Frankreich 1791, durch das Kartellverbot in den USA in der Antitrust-Acte von 1890, war ein Vorgang, den keine Gesetzgebung auf die Dauer unterbinden konnte. Das Verbandswesen verbreitete sich schon im neunzehnten Jahrhundert; es erwies sich, daß die britische Gesetzgebung machtlos war, die Gewerkschaften — das waren damals vornehmlich die der gelernten Arbeiter — zu verbieten. Wenn solche Verbände da waren, lag es in der Natur der Sache, daß das von ihnen geschützte Interesse die Abwehr durch Gegenverbände hervorrief. Auf diese Tatsache stützt sich *Galbraiths* Doktrin von den »Gegenmächten«, die sich, allerdings nur bei Deflation, gegenseitig in Schach hielten. Seitdem hat sich herausgestellt, daß fast alle Berufe in Gewerkschaften oder Kartellen ihr Verbandsmuster sahen; öffentliche Beamte, Ärzte, Lehrer, Rechtsanwälte, Studenten und schließlich sogar Geistliche. So treiben innere Logik und äußere Umstände dazu, das gesellschaftliche Strukturbild tiefgehend zu ändern: das klassische Bild. von der Gesellschaft von Individuen transformierte sich in die pluralistische Gesellschaft von heute. An die Stelle des klassischen Wettbewerbsmarktes treten der Absicht und Funktion nach marktregulierende, weil auf Marktmacht beruhende oder auf sie abzielende Verbände. Das heißt nicht, daß der Wettbewerb keine Funktion mehr habe; er hat sie jetzt primär unter Verbänden; er hat sie in dem immer kleiner werdenden Sektor außerhalb der Verbandsbildung, d. h. in den stillen Wassern und toten Winkeln der Ökonomie. Er hat sie ferner unterschwellig (als Nicht-Preiswettbewerb) und schließlich selbst im Oligopol wie im internationalen Waren- und Kreditverkehr. An die Stelle des klassischen Wettbewerbs mit seiner Selbstorganisierung, Selbstentfaltung und selbststeuernden Kraft sind zunehmend Verbandsgebilde als Marktagenten getreten. Es ist Machteinsatz, der ein Element der Manipulation in das Marktgetriebe bringt, mit starken Rückwirkungen auf Produktion und Verteilung. Das gilt besonders für die Ära des vollendeten Pluralismus, weil hier fast alle Gruppen organisiert sind. Es ist die These von *Galbraith*, daß in der pluralistischen Gesellschaft der klassische Wettbewerb sozusagen fröhliche Urständ im System der Gegenmächte gefunden habe, allerdings bloß bei Deflation, nicht bei Inflation (weil dann die Gegenmächte sich zu Lasten dritter Gruppen verbünden). Hier liegt ein Kurz-schluß des *Galbraithschen Denkens* vor: er übersieht, daß bei genügend starker Deflation die Verbände vom Markt her überrollt werden; er übersieht ferner, daß Inflation in das System der Gegen-mächte eingebaut ist. In späteren Auflagen seines Buches hat er die Bedeutung der Verbände mehr nach ihrer sozialen Funktion veranschlagt.

Worauf es uns hier zunächst ankommt, ist die Feststellung: 1. daß der wirtschaftliche Prozeß seine Autonomie weithin verliert, 2. daß soziale Zwecke irgendwelcher Definition und Herkunft sich zu-nehmend an Intensität und Breite geltend machen. Das aber heißt: Der Wirtschaftsvorgang wird von ihm fremden Machtzentren und Wertsetzungen beeinflußt, eventuell dirigiert und sogar manipu-liert. Es meldet sich hier eine Art Neomerkantilismus. Die Doktrin von dem sich selbststeuernden Gleichgewicht der wirtschaftlichen Relationen verliert entsprechend an Geltung; *Joan Robinson* fer-tigt sie ab mit der Bemerkung: die Bewegung zum Gleichgewicht hin verändere schon die Daten, die dem angenommenen Gleich-gewicht zugrunde liegen; somit wird das theoretische Gleichgewicht für sie »ein schlüpfriger Aal«. Noch klarer spricht sich der frühere Vorsitzende des Wirtschaftsbeirates des amerikanischen Präsiden-ten, *Edwin Nourse*, aus. In den »Hearings on Administered Pri-ces« (1957, Bd. I) sagte er: »Die Wirtschaft ist eine lose Kombi-nation von beweglichen Teilen mit weiten Toleranzen und unsteten Wegen des Verlaufes. Sie ist abhängiger von Umständen als von äußeren Kontrollen der Gesellschaft, abhängig von Machttrieb und Kompromissen von innen her. Wirtschaft ist keine Präzi-sionsmaschinerie, und die Wirtschaftstheorie gibt uns keine Mittel des physischen Messens oder mathematischer Deduktionen von Laboratorien oder von *pilot plant demonstration,* vergleichbar den Natur- und Ingenieurwissenschaften[5]«.

Das ist kein Argument gegen das Instrumentarium der sogenannten New Economic Policy, insbesondere der Konjunkturpolitik. Na-türlich nimmt diese Politik einen gewissen Grad von Manipulierbarkeit der Konjunkturlage an, durch Geld- und Kreditregulierung und durch fiskalische Maßnahmen. Hinter diesen Maßnahmen steht als drängendes Motiv, Arbeitslosigkeit kritischen Grades zu vermeiden, inflationäre Trends unter Kontrolle zu bringen, das Bruttonationalprodukt zu steigern. Verglichen damit kam der klassische Liberalismus des neunzehnten Jahrhunderts mit dem einfachen Instrument der Zins- und Kreditpolitik der Zentralbank aus; auch stand damals die heute entfaltete pluralistische Struktur noch in ihren Kinderschuhen. Die Selbstheilungskräfte des Marktes hatten in weitem Umfang noch freies Spiel; die Sozialfrage jener Jahrzehnte war die »Arbeiterfrage«.

Die soziale Problematik war damals also noch nicht gesellschaftlich global geworden; ferner war die Demokratie noch nicht zur Weltanschauung entartet; sie war die *politische* Form der gesellschaftlichen Existenz; sie betraf die Rolle des Bürgers in der Bildung des staatlichen Willens. Es gab noch lebendige und verantwortungsbewußte Gemeinschaftsstrukturen und Gemeinschaftstraditionen mit dem sie begleitenden persönlichen und gemeinschaftlichen Ethos, die keinen Demokratismus und kein wildlaufendes Pathos des Sozialen kannten. Es gab noch nicht die rasanten Fortschritte und weite Verbreitung der industriellen Technik, denen die Gegenwart ausgesetzt ist. Der Staat des neunzehnten Jahrhunderts war eine festverankerte Größe, von Tradition umwittert und mit Hoheit ausgestattet. Institutionen wie die Familie, Nachbarschaft und andere gemeinschaftsartige Zusammenhänge waren respektiert als primäre Träger gegenseitiger Verantwortung und Hilfe. Kirche und Religion waren noch gesellschaftlich stabilisierende Realitäten; Eigentum und persönliche Freiheit waren noch die Fundamente der Gesellschaft.

Es fehlte damals also durchaus der neofeudale Einschlag, der sich in der heutigen Gesellschaft zeigt. Es gab noch keine Kurfürsten, Magnaten, Grafen und Barone[6] starker Verbände, deren »Burgen« sich nahe an die staatlichen Regierungs- und Verwaltungszentren heranschieben und die praktisch ein Vetorecht beanspruchen gegen alle Regierungsmaßnahmen, die sie für sich als schädlich empfinden.

Man begreift den tiefen Wandel, der inzwischen eingetreten ist, wenn man die höchst informative Studie von Prof. *E. Forsthoff* über den *Staat der Industriegesellschaft* liest.

Der Leser wird Anklänge an *Galbraiths* »Neue Industriegesellschaft« bemerken; so z. B., daß moderne hochkonzentrierte Industrien nicht Bedürfnisse decken, die sie am Markte vorfinden, sondern sie haben die Macht, die Bedürfnisse sich selbst zu schaffen;
daneben *Forsthoffs* Betonung der modernen Gesellschaft als »Industriegesellschaft«; der Nachdruck, der wiederholt erscheint, daß
»der technische Prozeß sich um seiner selbst willen realisiert[7]« —
eine Technik, die »dem Humanen gegenüber indifferent« sei. Die
»soziale« Realisierung, eine Notwendigkeit der ersten Phase des
Industriezeitalters, sei zum Abschluß gekommen; die »technische«
Realisierung werde heute verlangt wegen der Identifizierung des
Staates mit der neuen Technik. Das verlange einen neuen Typus
Staat; es gibt keine andere Instanz, die der Technik Grenzen
ziehen könnte. Aber: der Staat selbst besitzt keine geistige Selbstdarstellung mehr; die Technik baut geistige Traditionen und Gehalte ab, überall; damit griff sie auch an die Grundlagen des
Staates. Sie selbst hat keine geistigen Grundlagen, die für den Staat
unerläßlich wären. Alle gesellschaftlichen Gruppen sind an die
durch fortschreitende Technik vermittelte Prosperität gebunden.
Dazu genügen nicht mehr die herkömmlichen Tugenden; sie finden
ihren Ersatz in Gestalt von Loyalität, Solidarität und Anpassung.
Die moderne Staatspraxis hat Formen gebildet, die dazu dienen,
die gesellschaftliche Stabilität für staatliche Zwecke nutzbar zu
machen. Die Mentalität der modernen Industriegesellschaft ist die
an ihrem Eigeninteresse orientierte Rationalität; die Risiken dieser
Gesellschaft sind zugleich Risiken des Staates. Seine Krisenanfälligkeit hat eine neue Dimension erhalten[8].

In diesem Zusammenhang interessieren uns die Folgerungen, die
Prof. *Forsthoff* für die Relation zwischen autonomer Technik und
dem von ihr abhängigen Staat zieht. Er stellt fest, die Formel
vom sozialen Rechtsstaat (Grundgesetz Art. 20, 28, 60) habe
mächtigen Verbänden Gelegenheit gegeben, ihre Ideologie in das
Verfassungsrecht »einzuschmuggeln«, vor allem weil der Formel
kein faßbarer Gehalt zuzuschreiben ist. »So wird sie eine Leerformel und eine Banalität[9]«. Sie ist, »juristisch gesehen, sinnlos;
aber das hindert nicht, daß sie der Tummelplatz für alle möglichen
Fachfremden ist: für Theologen, Philosophen, Soziologen, Politologen, Journalisten« (und natürlich für die Funktionäre macht-

voller Verbände und ihren intellektuellen Anhang). »Die Wirkung ist die Aufhebung aller klaren Begrifflichkeit ins Gerede.« Das gleiche gilt für die fundamentalen Begriffe des Grundgesetzes, für Demokratie und Freiheit. Der liberale Freiheitsbegriff des neunzehnten Jahrhunderts ist so ins Geschiebe von Verbandsinteressen geraten, »daß dunkel bleibt, was von ihm noch übrig ist«.

Es besteht kein Anlaß, »die Tatsache zu bejubeln, daß der Staat, stärker als im neunzehnten Jahrhundert, in die Privatsphäre des einzelnen eingreift[10]«. Ein geradezu klassischer Beleg dafür ist eine USA-Senatsbill, die aber vom Präsidenten abgelehnt wurde. Hier wurde die *Bundesregierung* verantwortlich gemacht für die umfassende physische und geistige Gesundheit von Kindern, für Nahrung und sonstige Dienste einschließlich der Familienberatung, für seelisch verstörte Kinder, für Kinder- und Müttersterblichkeit und für geistige Zurückgebliebenheit von Kindern und vieles andere mehr; kurz: die Bundesregierung sollte zum *Babysitter* bestellt werden mit Kosten, die jährlich zunächst auf zwei Milliarden Dollar veranschlagt waren. *William F. Buckley jr.* bemerkt dazu, offenbar habe der Kongreß der Vereinigten Staaten noch nie etwas gehört von dem Grundsatz der Subsidiarität der katholischen Soziallehre, der »mit dem amerikanischen politischen und sozialen System wunderbar übereinstimme«. Das Prinzip sagt ganz einfach: die Regierung soll nie auf sich nehmen, was von privater Seite getan und verantwortet werden könnte.

Nach *Forsthoff* steht es ähnlich mit dem Begriff der Demokratie. Die laute Forderung nach Demokratisierung der Gesellschaft, die im Namen der Arbeiterschaft oder der Belegschaften erhoben werde, verdecke den realen Tatbestand, daß es sich um eine Parole im Machtkampf von Verbänden handelt — womit der Demokratiebegriff seiner Bedeutung entfremdet ist. »Es spricht vieles dafür, daß dieser Begriff — ein sprechendes Beispiel begrifflicher Vagabondage — ebenso degeneriert ist, wie die Forderung nach Demokratisierung der Sexualität[11].« Aus der Demokratie, die ein *politischer* Begriff ist, wird ein Weltanschauungsbegriff gemacht, der von starken Sozialgruppen sozusagen als »ihre Fundamentaltheologie« akzeptiert ist. Für starke Gruppen bedeute er ein funktionales und institutionelles Privileg, gedeckt von einer Ideologie der Demokratie. Daß dabei der letzte Rest von Hoheit des Staates auf der Strecke bleibt, ist unvermeidbar; und gerade dieses Übel hat *Forsthoff* mit Meisterschaft analysiert und herausgehoben. Die Verantwortung des Staates für Daseinsfürsorge, die weithin an Technik und wachsendes Bruttoeinkommen der Nation gebunden ist, hat die Marge der vertretbaren politischen Risiken drastisch eingeengt und sie wird es weiter tun, je mehr die Daseinsvorsorge an den technischen Fortschritt gebunden sein wird[12]. Dem Staat ist die Entscheidung darüber, was im Gemeininteresse als notwendig oder wünschenswert anzusehen ist, weithin genommen. Die vom technischen Prozeß ausgelöste »fortschrittliche Gesellschaft« setzt die Tatsachen, denen der Staat entsprechen muß; allenfalls hat er noch Einfluß auf die Prioritäten. Er interveniert in der Bundesrepublik Deutschland »in die gesellschaftlichen Abläufe« hinein; dafür aber hat sich »die Gesellschaft über die Verbände des Staates bemächtigt, in welchem Vorgang der Staat zum Schauplatz des Ringens der gesellschaftlichen Kräfte reduziert wurde[13]«.

Der Vorgang ist verständlich, weil die Demokratie, die für die Verbände offenste Form des Zuganges zu Macht und Einfluß im politischen Prozeß ist und im höchstem Maße die Möglichkeit des sozialen Aufstiegs für ehrgeizige Funktionäre auf vielen Ebenen erschließt. So wird der Staat immer mehr zur Beute derer, die Bereiche seiner Hoheit und Verantwortung für sich privatisieren, mit der Wirkung, daß sowohl die staatliche Hoheit wie die Leitidee des Demos, des Volkes, an Glanz und Gewicht verkümmern. Dafür ein Beispiel: Die Bundesregierung tritt behutsam auf in der über alle Bedeutung hochgespielten Frage der vom Gewerkschaftsbund verlangten paritätischen Mitbestimmung; sogar bei kommunalen Betrieben, die ohnehin der Aufsicht demokratisch gewählter lokaler Behörden unterstehen. Das aber ist kein Hindernis für die Gewerkschaft Öffentlicher Dienste, Transport und Verkehr (ÖTV), die Mitbestimmung als vollendete Tatsache auch auf Kommunalbetriebe auszudehnen. Nach Angaben des »DIALOG« vom 8. Juni 1971 konnte der ÖTV-Vizepräsident seine erste Bilanz vorlegen mit den Worten: »Erledigt [d. h. Mitbestimmung durch ÖTV-Vertreter in ihren kommunalen Betrieben] sind Duisburg, Wiesbaden, Kiel, Hannover, Bremerhaven, Frankfurt und Kassel.« Die ÖTV denkt nicht daran, auf die bundesrechtliche Regelung des Mitbestimmungsrechtes zu warten; sie drückt diese Mitbestimmung in Kommunalbetrieben mit Verträgen durch, vorzugsweise in SPD-regierten Städten; die ÖTV besteht auch auf der Bestellung von Arbeitsdirektoren (die natürlich aus der Gewerkschaft stammen). So baut sich von unten her eine weitere riesige Bürokratie mit Tausenden gehobener Posten auf, mit riesigen wachsenden Kosten für den Steuerzahler, der sich hier, um das Wort *Lenins* zu gebrauchen, als der »nützliche Idiot« erweist, der zahlt und zahlt und nicht weiß für was, für die Formation eines unerhört teuren, aber praktisch leerlaufenden Apparats der sogenannten demokratischen Mitbestimmung. Wie *Rüdiger von Voss*[14] bemerkt, wird der Bürger »maßgeschneidert« durch die Demokratie, Wirtschaftspolitik und alles, was damit zusammenhängt. Hier wird, nach demselben Autor, »eine Politik der praktischen Unvernunft zur Wirklichkeit«. Die moderne Gesellschaft ruft fortgesetzt nach der komplettierten Überwälzung von Lebensrisiken auf den Staat, im Namen »der Gesellschaft«. Offenbar geistert die Illusion der totalen Manipulierungsfähigkeit von Staat und Gesellschaft in deutschen Landen. Ein ähnliches Phänomen erlebte man mit dem Nationalsozialismus unseligen Angedenkens; im Demokratismus äußert sich heute eine neue nationale Erkrankung ernster Natur. Wenn der Staat seiner Hoheit verlustig und seiner Verantwortung für das Gemeinwohl enthoben und die Gesellschaft als die Summe von *pressure groups* politisiert wird, so wird im gleichen Maße die Gesellschaft zur politischen Gesellschaft, d. h. zum Staat. Ihrer pluralistischen Struktur nach könnte sie im Ernstfall alle Ventile aufreißen, die zum mindestens latenten Bürgerkrieg führen. Wenn z. B. die IG Metall über eine halbe Million Arbeiter zum Streik aufruft für wirtschaftlich unvertretbare Forderungen und damit viele andere Industrien zur Produktionseinschränkung oder Stillegung zwingt und dem Unternehmer nur *ein* Abwehrmittel bleibt, die Aussperrung; oder wenn die Dockerverbände in den USA auf Monate alle Häfen der West- und Ostküste und dann auch noch die des Mexikanischen Golfes schließen, also Einfuhr und Ausfuhr dieses riesigen Gebietes einfach zum Stillstand bringen können; wenn das nicht Anzeichen einer bürgerkriegsähnlichen Situation sind, bei der der Staat ohnmächtig ist, das Gesamtinteresse zu vertreten, was ist es dann? Wenn ferner in Großbritannien Tausende von wilden Streiks ganze exportwichtige Industrien schließen, ohne daß der Staat hier intervenieren kann[15], was anderes ist das als ein bürgerkriegsähnlicher Zustand des in moderner Technik und Daseinsvorsorge so »fortschrittlichen« Industriestaates?

Der auch in Deutschland wohlbekannte *Peter F. Drucker*[16] stellt fest: Die Regierungen waren nie so prominent wie heute und niemals so allgegenwärtig (all-pervasive); aber sind sie wirklich stark? Oder sind sie nur fett? *Drucker* findet, sie seien nur fett und aufgeschwemmt (*flabby*); sie kosten unglaublich viel, aber ihr Effekt ist in Wirklichkeit gering. *Drucker* fährt fort: Man hat die Regierung als die zentrale Einrichtung in der pluralistischen Gesellschaft nötig; man braucht ein Organ, das den Gemeinwillen und die Gemeinanschauung ausdrückt und jeder Organisation erlaubt, ihren besten Beitrag zur Gesellschaft zu erbringen und gleichzeitig gemeinsame Werte und gemeinsame Überzeugungen zu vertreten. Aber gewisse Dinge sind schwierig für eine Regierung, die ja in erster Linie eine protektive Institution ist. Regierungen sind nicht aufgeschlossen für Innovationen und schnelle Anpassung an neue Situationen; denn sie können nicht etwas beseitigen oder aufheben, das sie einmal verordnet oder eingerichtet haben. Im Moment, wo eine Regierung etwas unternimmt, wird es eingebaut und permanent, sozusagen im politischen Prozeß, »zementiert«. Als Beispiel erwähnt *Drucker* die Notstandsmaßnahmen, die die *New-Deal*-Gesetzgebung in der Depression einführte. Als die Depression zu Ende war, waren diese gesetzlichen Maßnahmen zementiert; sie wirkten sich in der folgenden Hochkonjunktur inflationistisch und mit dauernden Schäden für die Zahlungsbilanz aus.

Dem britischen Nationalökonomen Lord *Keynes* wird das Wort zugeschrieben, der Streik sei ein barbarisches Relikt aus einer lange abgeschlossenen Vergangenheit. Prof. *Daniel Villey* sprach in einem Aufsatz[17] von der »rébarbarisation de notre civilisation«. Er bemerkte[18]: »Unser Zeitalter verachtet, entwertet, verdammt geradezu alle Grundsätze; es ist grundsatzlos, geradezu grundsatzfeindlich (anti-doxaliste).« In seiner Analyse der Gründe dafür führt *Villey* aus: Der Geist der Zeit ist »barbarisch« geworden, weil er mit der klassischen Kultur gebrochen hat (und der Autor dieses Kapitels fügt hinzu: »Stolz ist er, die postchristliche Ära« eröffnet zu haben). *Villey* führt weitere Gründe der Rebarbarisierung an: die Entwicklung der Technik, die gewaltige Vermehrung ihrer Aktivität, die sich an die Gehirne wendet, in sie einbricht, sich ihrer bemächtigt und sie erschöpft — die aber nichts mit verantwortlichem Nachdenken und der Sinnfrage zu tun habe. Eine weitere Ursache der Barbarisierung sieht er in der Beschleunigung der historischen Abläufe, die dem Denken zu schwache Rhythmen der Anpassung erlaube und deren Geltung sich verflüchtigt, ehe sie sich durchgesetzt haben[19].

Schließlich bemerkt *Villey*, es habe sich eine gewisse Entmannung des Geistes (dévirilisation des esprits) eingestellt, die den Willen zum persönlichen Engagement und den Geschmack an der ernsthaften Auseinandersetzung verloren habe. Die angewandte Technik, der Empirismus, der Neutralismus, der Koexistenzialismus, die ideologische Entwaffnung, Synkretismus, Irenismus sind heute Vorwände, sich aus allen offenen Auseinandersetzungen herauszuhalten. So wertet — nach *Villey* — unser Zeitalter den Fachbetrieb (compétence) auf Kosten der intellektuellen Persönlichkeit und Redlichkeit.

Ich habe *Villey* und Dr. *Greiner* im Anschluß an Prof. *Forsthoff* zitiert, weil in den Ansichten beider Autoren einerseits eine wenn auch kritische Bestätigung *Forsthoffscher* Gedanken vorliegt, andererseits eine gewisse Einschränkung, z. B. seiner Annahme, daß der heutige Staat wie die heutige Gesellschaft einer dem Humangeist nicht verpflichteten, »neutralen« Technik verpflichtet seien. Diese These ist zu summarisch, denn es gibt große Bereiche der Technik, die die Hausfrauen (Waschmaschinen, Spülmaschinen, Tiefkühltruhen, elektrische Trockner) und viele Arbeiter von allzu vielen und vor allem schweren Arbeiten entlasten: der Bulldozer im Straßen- und Kanalbau, Baumaschinen vieler Art, technische Arbeitserleichterungen in weitem Umfang, die viel Arbeitsschwere und Monotonie mindern; vor allen Dingen registrieren wir in der Medizin die geradezu sprunghafte Ausweitung angewandter Technik; sie zeigt zum Beispiel in der Zahnmedizin, aber auch bei operativen Vorgängen durch Röntgenwesen und in vielen anderen Anwendungen den starken Einschlag des Humanen. Zu summarisch ist auch die Auffassung, daß große

Industrien keine vorhandene Nachfrage befriedigen, sondern Macht über den Verbraucher besitzen, die ihnen erlaubt, sich ihre Nachfrage selbst zu organisieren. Es sei an den Wagentyp Edsel erinnert, der die Firma Ford 450 Millionen Dollar kostete, aber beim Konsumenten einfach nicht ankam. Das ist ein Beispiel von vielen. Diese These, die auch *Galbraith* verbreitet, hat nur beschränkte Richtigkeit. Auch wäre zu betonen, daß der Staat zwar durch Vorsorgeverpflichtungen an politischem Gehalt verliert, dafür aber als Fiskus seinen grimmigen Schatten über alle westlichen Demokratien wirft — *der Januskopf des Wohlfahrtsstaates!*

Ich verweise hier — mit völliger Zustimmung — auf Prof. *Helmut Kuhns* hervorragendes Buch »Der Staat. — Eine philosophische Darstellung« (Kösel-Verlag, München). In seinem Plädoyer gegen den zur Vorsorge verpflichteten Staatszentralismus bemerkt er: »Der Ehrenpunkt und das Zentrum jener verantwortungsfreudigen Aktivität, die zugleich der Mutterboden der Initiative ist, liegt für die menschliche Person wie auch für die menschliche Gruppe in der Selbstfürsorge... Wenn der einzelne, die Kleingruppe und die Gruppen mittlerer Größe den Boden ihrer Selbstverantwortung zugunsten des staatlichen Zentralismus einbüßen, so bedeutet das nicht eine Übertragung des Impulses der Verantwortung vom Individuum oder von der subordinierten Gemeinschaft auf das große Ganze, sondern das Verstopfen einer Kraftquelle, die sich dann in den Machtkämpfen und Intrigen von Koterien, dem endemischen Übel hierarchisch gegliederter Funktionsgruppen, ein illegitimes Betätigungsfeld sucht. Das Versagen des Irrigationssystems führt zur Versumpfung.«

Das Losungswort einer Zeit, in der Demokratie zum Demokratismus entartet ist, d. h. zu einem »jener herrenlosen Hunde, genannt Weltanschauung«, die nach dem Rückzug des Christentums sich in Fülle zeigen — so *Josef Schumpeter* —, ist *sozial*. Es ist das dominante Ethos dieser im gedanklichen wie im ethischen so konfusen Zeit. Niemand kann es sich leisten, nicht sozial zu sein; nicht der Staat, nicht die Kirche, nicht der Arbeitgeber, nicht irgendeine Behörde. Unsozial zu sein ist der Ostrazismus dieser Ära — die fatale Deckung einer undefinierbaren Leerformel mit pragmatischen, durch keine Religion, durch kein Naturrecht und keine Philosophie erleuchteten Zeit.

Uns interessiert zunächst das Soziale als dominantes Ethos. Wie kommt dieser Begriff dazu, überhaupt Ethos zu werden? *F. A. Hayek* hat dazu vortreffliche Ausführungen und Analysen gemacht[20]. Das »Soziale« hat sich eingebürgert als Ersatz für den Begriff der Gerechtigkeit und für gemeinmenschliche Tugenden im gegenseitigen Verhältnis; aber in seiner Auswirkung kann das Soziale weit ab sein von Gerechtigkeit, menschlicher Güte und von Caritas; es kann geradezu eine Fülle von Ungerechtigkeit und Rücksichtslosigkeit decken. Es hat Neigung dazu insofern, als ein zum Beispiel aus Gerechtigkeitsempfinden und menschlichen Rücksichten gesetzter Akt, etwa eines Arbeitgebers, der Weihnachtsprämien, wenn auch nur ein- oder zweimal, vorsieht, dann als »soziale Forderungen« von ihm verlangt werden. Die Wirkung ist in jedem Fall die sittliche Entwertung dessen, was in menschlichen Beziehungen als gerechtes oder wohlwollendes Verhalten sich meldet und zum Ausdruck kommt. Damit geht der moralische Effekt auf die Begünstigten verloren; wo sie z. B. Anlaß hätten, Anerkennung oder Dankbarkeit für eine wohlwollende und gerechtere Behandlung zu zeigen, rückt die Forderung und möglichste Ausweitung der Begünstigung in den Vordergrund; ein Vorgang, der auch dies in sich beschließt, daß eine organisierte Gruppe ihr institutionelles Interesse gefährdet sieht, wo solche aus Gerechtigkeitsgefühl oder Wohlwollen entspringenden Begünstigungen vorliegen. Damit verliert der Bereich des Humanen und ethisch Gemeinten an Bedeutung. Der Verlust hier wächst den Trägern der organisierten Macht als Prestigegewinn zu, aber auch dafür ist ein Preis zu zahlen, weil die aufs Fordern bedachte Gruppe oder Organisation ihre Mitglieder nun aus Grundsatz zum Fordern erzieht. Hinter jeder erfüllten Forderung steht die Erwartung von mehr, was an sich schon, je nach Umständen, für die betreffende Organisation bedenklich werden kann, zumal dann, wenn sie überhaupt die wirtschaftlichen und sonstigen Auswirkungen ihrer Forderungen erwägt. Wenn der Impetus des Forderns einmal freie Bahn hat und wild läuft, kann er gerade gegen institutionelle oder personelle Interessen des Forderungsträgers ausschlagen. Unübersehbar ist auch, daß gerade erfüllte

Forderungen, — wenn tarifvertraglich zementiert — zur Apathie der Mitglieder, zumal der jüngeren Mitglieder, gegen den forderungsfreudigen Verband führen können. Darauf hat ein alter, sachkundiger amerikanischer Gewerkschaftsführer, *Sidney Lens*[21], nachdrücklich hingewiesen.

Das Soziale als dominantes Ethos hat von der Tatsache gewonnen, daß es eine »Leerformel« ist, auf die sich enttäuschte Liberale wie nachdenklich gewordene Marxisten einigen können; so wurde es zur Endmoräne der zwei im neunzehnten Jahrhundert miteinander ringenden wirtschaftlichen Weltanschauungen. Es zehrte von deren Entzauberung, die für Deutschland der aus dem britischen Exil zurückgekehrte *Eduard Bernstein* an britischer gewerkschaftlicher wie sozialpolitischer Erfahrung in seinem Buche über »Die Voraussetzungen des Sozialismus« zum Ausdruck brachte, mit der Folge, daß die damalige noch sehr marxistisch-orthodoxe SPD ihren Gewerkschaften im Mannheimer Abkommen von 1906 erlaubte, mit dem »Klassenfeind« für den Abschluß von Tarifverträgen gemeinsam an einem Tische zu sitzen.

Das Soziale als Leerformel erweist sich nützlich und überzeugend für alle möglichen Forderungen, gerechte und ungerechte, törichte und vernünftige; so deckt sie eine wachsende Fülle von Unsozialität zu: nur tritt das für die Betroffenen und ihrer Meinung nach Begünstigten nicht direkt und fühlbar zutage. In seinem Buch »Die wirtschaftliche Rolle des Staates«, bemerkte *W. A. Orton* vor langen Jahren, daß ein *time lag* zwischen sozialer Aktion und ihren Folgen für die Begünstigten vorliege; sie mögen erst auf die Dauer merken, welchen Preis sie für die bewilligten Forderungen schließlich doch zu zahlen haben — in Gestalt von Inflation, Kurzarbeit, Arbeitslosigkeit oder wachsenden Steuern. Der britische Schatzkanzler *Sir Stafford Cripps* bemerkte in seiner Parlamentsrede 1950, daß alles, was die Labour Party an sozialen Forderungen weiter erheben werde, nun von der Arbeiterschaft selbst bezahlt werden müsse; denn die Steuergesetzgebung habe nach dem Kriege die vermögenden Schichten praktisch erschöpft.

Es ist das Verdienst *Hayeks* und *Achingers,* sich analytisch mit dem Begriff des Sozialen befaßt zu haben. Zitieren wir *Hayek* aus einem in »*Kyklos*«, August 1963, veröffentlichten Aufsatz: »Es ist daher nicht verwunderlich, daß die moderne demokratische

Gesetzgebung, die sich weigert, sich allgemeinen Regeln zu unterwerfen, und versucht, jedes auftretende Problem nach seinem spezifischen Verdienst zu lösen, bisher zu einem Resultat geführt hat, das wahrscheinlich die irrationalste und desorganisierteste Ordnung der öffentlichen Angelegenheiten ist, die von menschlicher Entscheidung herausgebracht wurde.« *Achinger*[22] hat den Versuch unternommen, den Begriff des Sozialen zu definieren; er endet mit der resignierten Feststellung, sachliche und sinnvolle Kriterien des Begriffs seien nicht nachzuweisen, mit der Folge, daß hochgetürmte öffentliche und private Bürokratien die letzte Entscheidung darüber haben, was sozial sei. Dazu ein Beispiel: Gesetzliche Mindestlöhne haben die Vermutung der sozialen Gerechtigkeit für sich; aber sie können, und das gilt besonders für die Südstaaten der USA wie auch für britische Erfahrung, Arbeitslosigkeit unter den so begünstigten Gruppen in größerem Stil veranlassen; mit der weiteren Wirkung, daß Arbeiter südlicher Industrien, angezogen von den höheren Löhnen im Norden der USA, nach New York, Chicago oder anderswohin abwandern und dort eine zusätzliche Fülle sozialer Probleme fast unlösbarer Art schaffen. Auch das sei nicht übersehen, daß z. B. der amerikanische Gewerkschaftsbund seit Jahren den gesetzlichen Mindestlohn höher hinauftreibt; dann aber, um das Differential der organisierten (Tarif-)Löhne gegen den gesetzlichen Mindestlohn abzusetzen, die nördlichen Löhne hinauftreibt. Ein anderes Beispiel: Die paritätische Mitbestimmung wird als soziale und demokratische Forderung angepriesen. Wenn aber ein Unternehmen, das wegen der mangelnden Rentabilität und des wirtschaftlich nicht mehr richtigen Standorts, wie das Stahlwerk Hösch-Dortmund, versucht, sich mit der holländischen Hoogovens-Gesellschaft zu verbinden, protestiert die mitbestimmende Gewerkschaft, mit der Folge, daß am falschen Standort auf die Dauer erhebliche Arbeitslosigkeit entstehen würde. Könnte man es als »sozial« bezeichnen, daß, falls das Werk schon in Dortmund bleiben solle, dann Kosteneinsparungen zu Lasten der Arbeitnehmer nötig seien, um den Betrieb in Dortmund rentabel zu machen? Hier steht man vor einem klaren Dilemma dessen, was sozial sei. Wenn die Gewerkschaft aus »sozialen« Gründen auf dem alten Standort von Hösch besteht, dann wäre zu überlegen, ob nicht durch Kostenreduktion oder erhöhte Arbeitsleistung die Differenz zwischen dem alten und dem neuen Standort ausgeglichen werden könne. Aber das wird einfach nicht erwogen — wegen der tariflichen Zementierung der Löhne. Ein ähnlicher Fall lag 1931 bei der Zeche Johann Deimelsberg vor, wo die Firma unrentabel geworden war und vor der Wahl stand, stillzulegen oder eine von ihr vorgeschlagene und von der Belegschaft (1 500 Mann) angenommene kleine Lohnreduktion anzunehmen. Die Gewerkschaft der Bergarbeiter entschied gegen die Lohnreduktion, um die Tarife nicht zu gefährden; sie zog es vor, 1 500 Bergleute (meistens mit Familie) arbeitslos werden zu lassen.

Was ist nun in solchen Fällen »sozial« und was ist »unsozial«? Fälle ähnlicher Art lassen sich beliebig häufen. Vor der Normativität des Faktischen, in diesem Fall des dominanten Ethos, kapituliert der wirtschaftliche Tatbestand, daß in aller Regel sinnvolle und nötige soziale Fortschritte einer wirtschaftlichen Fundierung bedürfen. Je produktiver eine Gesamtwirtschaft ist, desto mehr — im echten Sinne — soziale Einrichtungen kann sie sich leisten. Das ist eine banale Feststellung, von derselben Art wie jene, die *Aristoteles* schon in der nikomachischen Ethik vor rund 2 200 Jahren machte: Ethische Grundsätze müssen sich an kontingenten Umständen und Verhältnissen orientieren, wenn sie sinnvoll und vernünftig sein wollen.

Ein Gefahrenpunkt erster Ordnung liegt vor, wenn das dominante Ethos des Sozialen sich mit einem ideologisch fundierten Demokratismus[23] begegnet. Prof. *von Nell-Breuning* bemerkte gelegentlich: Moral ist ein knappes Gut, man müsse also vernünftig und vorsichtig damit umgehen. Man hat aber bei einer Vogelschau über die Entwicklung der pluralistischen Gesellschaft und ihrer Politisierung den Eindruck, daß moralische Erwägungen (der Gerechtigkeit, menschlicher Güte und menschlichen Verständnisses, die nicht an Interessen orientiert sind) fast ihre Geltung verloren haben. Das ist begreiflich im Umfang, wie an Stelle humaner und moralischer Normen in der modernen technisierten Gesellschaft technischer Sachzwang oder organisierte Machtpositionen treten; und das zu einer Zeit, wo das *Volk* als konkrete und organisch gegliederte Einheit keine *vested interest* zu vertreten imstande ist. Was *Forsthoff* als »Daseinsvorsorge« durch den Staat versteht,

hat keine Deckung mit *vested interest* des Volkes. Die Sozialisierung des Staates durch eine mit Interessenspannung geladene Gesellschaft bedeutet nicht, daß das Volk als solches ein *vested interest* zu vertreten imstande sei.

Die intrikaten Wege, auf denen sich das Soziale zu weittragen-
den, wenn auch verdeckten Ausbeutungszwecken mißbrauchen
läßt, hat *Wolfgang Frickhöffer*[24] im einzelnen dargestellt. Er fragt,
wo liegt heute tatsächlich gewichtige Ausbeutung? Nicht beim
Privateigentum an Produktionsmitteln; in der modernen Marktwirtschaft dienen Privateigentum und Profit nicht dazu, den
Mitmenschen möglichst viel, sondern im Gegenteil ihnen möglichst
wenig abzunehmen. *Frickhöffer* findet, daß zu Buch schlagende
Ausbeutung dort vorliegt, »wo ungerechtfertigte Subventionen,
auch Sozialsubventionen, in Anspruch genommen werden. Sie liegt
dort, wo technisch überholte Arbeitsplätze künstlich aufrechterhalten werden, was erfordert, daß die Mitmenschen durch höhere
Preise und Steuern belastet werden. Ausbeutung der Verbraucher
liegt ebenfalls vor, wenn im Rahmen größerer Märkte über die
Grenzen hinweg in einzelnen Ländern Tochterfirmen, die weniger
rentabel sind, nicht stillgelegt werden. Ausbeutung liegt vor, wenn
Krankenversicherung und Kuren ohne ausreichenden Anlaß in
Anspruch genommen werden oder wenn Studenten, nur weil sie
Studenten sind, ohne Rücksicht auf persönliche Bedürftigkeit
staatliche Mittel und verbilligte Tarife erhalten. Die Steuerzahler
werden ausgebeutet, wenn Einkommensempfänger über das Be-
dürftigkeitsniveau Sozialwohnungen besetzt halten.«

Kann man die heute in der westlichen Welt vorliegende Gestalt
der Wirtschaft noch als »Wirtschaftssystem« bezeichnen? Es sieht
nach dem Gesagten nicht so aus. Wenn ihr Profil so verwaschen
ist und (wie Prof. *Clark Kerr* vom amerikanischen Arbeitsmarkt
sagt) »einen Ozean von Anarchie mit einigen kleinen Inseln wirtschaftlicher Rationalität« darstellt, kann man dann noch von
Wirtschaftssystem sprechen? Manche intellektuelle Fußkranke des
Spätmarxismus (z. B. in der von *Paul Baran, Paul Sweezy* und
dem Journalisten *Leo Huberman* herausgegebenen *Monthly Review)* vertreten die These, der Kapitalismus sei schon 1900 erledigt

und zu Ende gewesen; nur die Kriege hätten ihm noch ein künstliches Nachleben erlaubt. *Joan Robinson*[25] fertigt das ab mit der bissigen Bemerkung: »Wieder mal eine Konfusion von Logik und Ideologie.« Zitieren wir die Gegenthese von dem hervorragenden Führer der amerikanischen Textilgewerkschaft, *David Dubinsky*. Er war polnischer Immigrant und von Haus aus Marxist, blieb aber bei der sehr realistischen Überzeugung, »die Gewerkschaft benötigt den Kapitalismus wie der Fisch das Wasser«. Der Präsident des amerikanischen Gewerkschaftsbundes *George Meany* schrieb in seiner Zeitschrift *The Federationist* einen Aufsatz: »Die Gewerkschaften schauen sich den Kapitalismus an«; und sagt dort, das gegenwärtige System der Wirtschaft sei das bei weitem ertragreichste und beste System, das die Geschichte kenne. Lord *Keynes* bemerkte[26], das liberal-kapitalistische System, *when wisely managed*, sei das beste historisch bekannte System der Wirtschaft. Mit »when wisely managed« meint er: wenn Sparen und Investieren im Gleichgewicht bleiben, wenn stabile Preise und stabile Löhne zusammengehen oder wenn langsame Lohnsteigerungen nach Maßgabe des wachsenden Bruttosozialprodukts von stabilen Preisen begleitet werden. Der, wie *Schumpeter* sagt, »sozial gedämpfte Kapitalismus« beruht auf »Props[27]« nichtkapitalistischer Herkunft. Die Props, die er meinte, sind inzwischen, wie er selbst wußte, weithin verfallen. Dafür ist aber ein unerwarteter neuer »Prop« aufgetreten, der das, was heute »Kapitalismus« heißt, massiv unterbaut und gestärkt hat. *Galbraith* prägte das Wort vom »Neuen Industriestaat«. Es wurde trotz seiner mangelnden Präzision weithin akzeptiert. *Eric Vögelin*[28] unterscheidet: Industrie bedeutete im neunzehnten Jahrhundert Enklaven in einer im übrigen vorindustriellen, landwirtschaftlichen und kleingewerblichen Umwelt. Das war der einzige Typus Industrie, den *Marx* kannte und dessen Dialektik in Großbritannien er glaubte sich entfalten zu sehen in der Zerstörung landwirtschaftlicher und kleingewerblicher Existenzen, ihrer massenhaften Verwandlung in Proletariat, mit der schließlichen Wirkung des Klassengegensatzes im Kapitalismus, dessen Begleiterscheinungen die industrielle Reservearmee sei, wachsende Verelendung und zunehmende Krisenanfälligkeit, mit einer schließlichen Großkrise, in der das Proletariat die Macht ergreife und den Umschlag in den Sozialismus herbeiführe. Hier erwies sich *Marx* als einer der großen Simplifikateure, von denen *Jacob Burckhardt* sprach.

Statt dieser *Marxschen* Prognose ist, wie *Eric Vögelin* bemerkt, etwas ganz anderes eingetreten. Mit der Entfaltung der modernen Industriegesellschaft entstand ein Massenwohlstand, der *Galbraith* zu dem Wort von der »Gesellschaft des Überflusses« veranlaßte. Mit ihm entfaltete sich ein disproportional anwachsender Sektor, der Sektor der Dienstleistungsgewerbe. Das ist, nach *Vögelin*, ein radikaler Strukturwandel der Gesellschaft; was heute Industriegesellschaft heißt, ist qualitativ und quantitativ verschieden von dem, was *Marx* vorfand und analysierte — nach *Vögelin* ein »obsoletes Cliché[29]«. An Stelle der »industriellen Reservearmee« *Marxens* entstand eine von der Wohlstandsgesellschaft geförderte und gepflegte Industrie der Dienstleistungen, die, nach *Vögelin*, in den USA bereits die Hälfte des Bruttonationalproduktes darstellt. Nach den Forschungen von *Douglas*, vertreten auch von *Schumpeter, Gibrat, Bowley, Solterer* u. a., hat sich die Lohnquote über Jahrzehnte hinweg um zwei Drittel des gesamten nationalen Einkommens herum bewegt. Das hat zur Theorie von der konstanten Lohnquote geführt. Wachsendes Nationalprodukt bedeutet demnach paralleles Wachstum der Realeinkommen abhängiger Sozialschichten.

In dem stark wachsenden Sektor der Dienstleistungsgewerbe liegen Chancen eines sich selbstorganisierenden, selbstentfaltenden und selbststeuernden Sektors der modernen Industriegesellschaft. Insofern überlebt hier ein Bereich klassischer Tradition vom »simple and obvious system of economic liberty«. Er wird gefördert von Produktivitätszunahme, Lohnsteigerungen und Lohnnebenleistungen; das Resultat ist die Existenz eines breiten mittelständischen Sektors in den nichtselbständigen Schichten.

Das ist das eine; das andere ist dies, daß dieselbe Industriegesellschaft mit ihren Forderungen an den Vorsorgestaat und ·die wirtschaftlichen Unternehmungen unzweifelhaft einen inflationären Trend auslöst, der schon fast ein ganzes Menschenalter lang andauert und trotz vieler Bemühungen nicht unter Kontrolle gebracht werden konnte. Die Chicago-Schule, repräsentiert von Prof. *Milton Friedman*, besteht darauf, Inflation sei ausschließlich ein monetäres Phänomen; immer sei die liquiditätssteigernde

Zentralbank der schuldige Teil. Streng begrifflich gesehen hat *Friedman* recht; denn es handelt sich bei Inflation immer um eine Aufblähung des Geldumlaufs, der den bestehenden Kosten- und Preisspiegel aufwärtstreibt. Damit bleibt *Friedman* bei dem Kausalfaktor stehen, den *Aristoteles* die *causa materialis* nannte. Er verpaßt aber, was *Aristoteles* die *causa efficiens* nennt, ebenso wie die *causa finalis*. Schließlich hat eine Zentralbank Gründe für die Steigerung der Liquidität, z. B. um einen kritischen Grad von Arbeitslosigkeit zu reduzieren oder tarifmäßig erhöhte Löhne oder firmenmäßig erhöhte Preise zu finanzieren, eventuell um eine Rezession zu vermeiden. In aller Regel tut das die Zentralbank nie, ohne dringende gesamtwirtschaftliche Gründe zu haben, nie, ohne unter politischem Zwang zu stehen. Indem *Friedman* die *causa efficiens* außer Betracht läßt, verliert sein Argument seine Beweiskraft — gerade an der entscheidenden Stelle.

Es steckt ein guter Teil Euphorie in diesem inflationären Trend; die Frage, ob »ein wenig Inflation gut sei oder schlecht«, ist wirtschaftlich gesehen längst noch nicht entschieden. Prof. *H. Slichters'* Idee, daß etwa 2% tragbar seien, hat viele, auch ernsthafte Anhänger. In jedem Fall verdeckt und zugleich veranlaßt der inflationäre Trend ein gutes Maß wirtschaftlicher Irrationalität, das großen Teils aus der unheiligen Allianz zwischen Demokratismus und dem undefinierbaren Sozialen sich ergeben muß. Gerade dieser inflationäre Trend entwickelt in manchen sozialen Gruppen den Habitus steigender Erwartungen, der den Möglichkeiten einer nichtinflationären Stabilität vorausläuft. Ein an Inflation genährter Euphorismus kann immer nur kurzfristig sein, vor allem dann, wenn der Trend sich aus sich selbst verstärkt — durch die Erwartung von Verbrauchern und Investitoren, daß es so weitergeht und man sozusagen mit der Inflation leben könne. Das Gleichgewicht von Sparen und Investitionen, das Lord *Keynes* so sehr beschäftigte, ist bei Inflation als Trend schwer zu wahren.

Die Frage, ob und wieweit das heutige Wirtschaftsprofil der noch freien industriellen Welt als »Wirtschaftssystem« anzusprechen ist, kann nicht kategorisch mit ja oder nein beantwortet werden. Daß ein starker neomerkantilistischer Einschlag vorhanden ist, ist nicht zu leugnen; fraglich bleibt bloß, *ob und wie weit die Prosperität und das Wachstum des Bruttoeinkommens diesem neomerkantilen Einfluß verdankt* wird oder *den noch aktiven Elementen wirtschaftlicher Selbstorganisierung, Selbstentfaltung und Selbststeuerung.* Daß die soziale Potenz einer freiheitlichen Ordnung der Wirtschaft größer ist als diejenige irgendeiner kollektiven Zwangsordnung, ist erwiesen vor aller Weltöffentlichkeit durch die Wirtschaftspolitik Prof. *L. Erhards,* ebenso wie durch den Aufstieg eines an Umfang und Bedeutung wachsenden Sektors der Dienstleistungen[30].

Fußnoten

[1] Die Formel von der Maximierung der Erträge, wie sie in der klassischen Wirtschaftstheorie herkömmlich ist, wäre besser durch eine andere zu ersetzen, nämlich durch die Formel, daß die Marktagenten Kosten in Schach und Proportion halten. Das ist primär die privatwirtschaftliche Verantwortung der Unternehmer und Manager, die aber gleichzeitig von größter volkswirtschaftlicher Tragweite ist. Diese neue Formel vermeidet die emotionale Reaktion, die mit der herkömmlichen Formel der Maximierung geht. Die Gewerkschaften können sich bei dieser Formel nicht darauf berufen, daß auch sie ihre Erträge maximieren müssen im Dienste eines volkswirtschaftlichen Gleichgewichts. Als Interessenvertreter einer Schicht, die auf periodisch anfallende und begrenzte Einkommen angewiesen ist, und zwar die breiteste Konsumentenschicht, deren Anteil am Bruttosozialprodukt um zwei Drittel kreist, könnten sie allenfalls unter besonders günstigen Umständen der Ansiedlung in sehr produktiven Industrien ein *institutionelles* Interesse dabei haben, Lohn plus Nebenkosten zu maximieren; aber in Hinsicht auf weite Verbraucherkreise würde die Formel von der Kontrolle der Kosten auch für sie gelten. Soweit und solange günstig placierte Gewerkschaften das Prinzip der Maximierung ihrer Erträge vertreten, ergibt sich innerhalb der Gewerkschaftsbewegung als Ganzes eine Interessenspannung; die in fortschrittlichen Industrien angesiedelten Verbände können Tarifverträge durchsetzen, die für die in weniger produktiven Industrien ansässigen Gewerkschaften nicht erreichbar sind. Den letzteren also entgehen mögliche Preissenkungen der produktiveren Industrien, oder sie zahlen inflationäre Preiserhöhungen.

[2] *Marx* erhob bedenkenlos die Begleiterscheinungen eines Systems im Übergang zur historischen Gesetzmäßigkeit: Die Geschichte der Menschheit reduzierte er auf Geschichte von Klassenkämpfen. Deren Wurzel fand er in der Ursünde des »Falles« aus dem Urkommunismus ins Privateigentum, dessen »selbstzerstörerische Dialektik« schließlich die proletarische Weltrevolution hervorrufen werde und damit die Emanzipation der ganzen Menschheit in einem globalen Kommunismus herbeiführe. Die *Marxsche* Arbeitswerttheorie

und die darauf aufbauende Doktrin der Ausbeutung der Arbeit durch das Kapital wurde durch die Marginaltheorie der österreichischen Schule *(Karl Menger, von Boehm-Bawerk* und *von Wieser)*, ebenso in England von *Stanley Jevons*, als unhaltbar nachgewiesen. Von dieser bedeutsamen Wendung der Theorie konnte *Marx* keinerlei Notiz nehmen, denn der grundlegende Band I des »Kapitals« war schon 1867 veröffentlicht; also drei Jahre vor *Karl Mengers* »Grundsätze« und vor *Stanley Jevons* »Principles«. *Engels* hat später nur einige wenige negative Fußnoten. Wie ist das zu erklären? Es handelte sich für *Marx* um das mühsam in Jahrzehnten erarbeitete Lebenswerk, das in der schließlichen Emanzipation der Menschheit seine Erfüllung finden werde. Kurz, es handelt sich für ihn um eine echte Glaubensentscheidung, in der er als Prophet, der dialektische Materialismus als Schlüssel zu allen gesellschaftlichen Rätseln, sein großes Werk, das »Kapital«, der Koran war. Ich entnehme diese Bezeichnung *Jules Monerods* Buch »La sociologie du Communisme«; dort bezeichnet er den Kommunismus als den neuen Islam, komplett mit Prophet, Koran und Allahs Erleuchtung — die von *Marx* adoptierte *Hegelsche* Dialektik —, allerdings in materialistischer *(Feuerbachscher)* Aufmachung. So ist es durchaus verständlich, daß für *Marx* die neue Schule der Marginaltheorie als bare Häresie kein Anlaß war, seine Ideologie und Analyse des Kapitals umzudenken und der Beachtung für wert zu finden. Es ist kaum anzunehmen, daß *Marx Stanley Jevons'* Buch nicht gekannt habe; es erschien, wie *Karl Mengers* »Grundsätze«, 1870, aber in London, wo *Marx* seit 1849 lebte. Es ist wahrscheinlich, daß er *Jevons'* Buch kannte; aber wer quittiert schon seinen in Jahrzehnten erarbeiteten und der Meinung nach »wissenschaftlich« gesicherten Glauben wegen eines häretischen Buches?

[3] *O. von Nell-Breuning*, Wettbewerbsgesellschaft, in: Stimmen der Zeit, Dezember 1970.

[4] Vgl. *H. J. Kaiser*, Die Repräsentation organisierter Interessen, Berlin 1956: »Die Interessengruppen verfolgen mit unpolitischen und politischen Mitteln — einschließlich der Beeinflussung oder Herbeiführung staatlicher Entscheidungen — die Wahrung ihrer partikulären Interessen, ohne aber jemals Verantwortung für die Ausübung der staatlichen Macht zu tragen.« Im Gegensatz zu *R. A. Nisbet*, The Quest for Community, New York 1953, aber in Übereinstimmung mit *Tocqueville*, stellt *Kaiser* fest, daß jeder Pluralismus sich letzten Endes mit dem Anarchismus berühre. Was wird dabei aus der persönlichen Freiheit? Im Gegensatz zu *Laski*, der in dem »Desintegrationsprozeß« der pluralistischen Gesellschaft auf eine unzerstörbare letzte Einheit, die Einzelperson, zurückgriff, fragt *Kaiser* mit Recht, wo die Gewähr dafür liege, daß die Verbände die Hüter der persönlichen Freiheit seien.

[5] In einem Aufsatz der »American Economic Review«, März 1971, äußerte der Vater der Input-Output-Theorie, *W. Leontief*, kritische Bedenken über den Mathematizismus unter amerikanischen Ökonomen; er bezeichnet es geradezu als »dishonest«, abstrakte mathematische Formeln als Ergebnis fein

gesponnener algebraischer Gleichungen zu präsentieren, die den Eindruck höchster Gelehrsamkeit machen sollen, aber an der Wirklichkeit vorbeigehen oder keinen Beitrag zu ihrer Erleuchtung bieten. Aus Erwägungen mehr oder weniger ethischer Art kritisiert *K. E. Boulding* in seiner Präsidialadresse vor der American Economic Society 1969 den Mathematizismus, der sich in jüngeren Kreisen amerikanischer Ökonomen breitmache. Eine ernsthafte Warnung vor überreizten Ansprüchen und Erwartungen der mathematischen Methode findet sich auch in der Abschiedsadresse von Prof. *Erich Schneider,* Kiel.

6 Darauf wies meines Wissens zuerst *Aubrey Jones,* Chef der Britischen Nationalen Einkommenskommission, hin. Er bezeichnete die Partner der großen Tarifverträge als »Barone«, vergleichbar den Feudalherrn, die nach der Schlacht von Runnymede (1215) dem König Johann die Magna Carta ihre Rechte und Freiheiten aufnötigten.

7 *E. Forsthoff,* Der Staat der Industriegesellschaft, München 1971, S. 41.

8 Man begreift von hier aus die tiefe Zäsur, die die heutige Welt von der griechischen Klassik trennt. Prof. *Wolfgang Schadewaldt* hat sich in einem Beitrag zur Festschrift für einen französischen Kollegen mit der Haltung der klassischen griechischen Welt zur Technik beschäftigt. Man kannte damals schon die Gesetze der Statik; man kannte die Kraft des Dampfes und genügend Mathematik, wie sie für moderne Technik grundlegend ist. Was, so fragt *Schadewaldt,* hinderte die Griechen daran, industrielle Technik zu entwickeln? Sie fanden die Technik gut für nur drei Anwendungsgebiete: für die Verehrung der Götter, für die Verteidigung der Polis und für deren Verschönerung. Diese Möglichkeiten auszunutzen für industrielle und Konsumzwecke, erschien ihnen als gegen den Willen der Götter. Nach *Schadewaldt* ist Symbol dafür die Gorgonenschlange um das Haupt der Athene Erganè im Erechtheion auf der Akropolis.

9 E. Forsthoff, a. a. O., S. 68.

10 Ebenda, S. 69.

11 Ebenda, S. 69.

12 Ebenda, S. 79.

13 Ebenda, S. 119.

14 In: Die Entscheidung, 1. September 1971, S. 18.

15 Premierminister *Heath* hat inzwischen ein neues Gewerkschaftsstatut durchgesetzt, das ihm die Macht des Eingriffes gibt — falls es nicht von den Gewerkschaften sabotiert wird.

16 The Age of Discontinuity, New York und Evanston 1968, S. 212.

17 Revue d'Economie politique, Paris, August 1964.

18 Ebenda, S. 4 bis 5.

19 Damit trifft *Villey* denselben Punkt, den *Dr. Franz Greiner* in seiner ausgezeichneten Studie »Die Kirche in der modernen Bildungsgesellschaft« (Hochland, November/Dezember 1971) behandelt: Die Kirche muß der modernen Bildungsgesellschaft immer die Sinnfrage stellen; sie muß zum Überdenken und Prüfen auffordern, was von all den konkreten Planungen und Programmen letztlich dem *Menschen dient.*

[20] *F. A. Hayek,* Was ist und was heißt sozial?, in: Masse und Demokratie, Rentsch-Verlag, 1957.

[21] In seinem Buch »The Crisis of American Labor«, New York 1959.

[22] In seinem Aufsatz »Sozialer Fortschritt — ein Unbegriff«, in: Sozialer Fortschritt, Heft 10, Oktober 1959.

[23] Demokratismus äußert sich heute in der Forderung nach Demokratisierung aller Lebensgebiete ohne Rücksicht auf die Tatsache, daß die vital und spirituell fundamentalen Gemeinschaftsformen menschlicher Existenz denaturiert, d. h. um ihre wesenhafte Verantwortung und um ihren grundlegenden Wert für das Leben der Gesellschaft gebracht werden. Ist es abwegig zu behaupten, daß dieser Demokratismus den unfundierten, dafür um so arroganteren Anspruch erhebt, Ersatz für die religiös-sittliche Fundierung der Gesellschaft zu sein? Und lauert hier nicht die Gefahr, daß die Freiheit und Personwürde des Menschen, deren Ausdruck im öffentlichen Wesen die Demokratie ist, im Demokratismus ihrer dialekt. Verneinung ausgesetzt sei?

[24] In einem Rundbrief der Aktionsgemeinschaft Soziale Marktwirtschaft vom 25. November 1971.

[25] In: Economic Philosophy, New York 1964, S. 79.

[26] In seinen Essays »On Persuasion«, S. 321.

[27] »Props« wurden im deutschen Bergbau »Stempel« genannt, die das Hangende tragen.

[28] Die Wandlungen der modernen Industriegesellschaft; in: Die Aussprache, Organ der Arbeitsgemeinschaft selbständiger Unternehmer, Bonn 1963.

[29] Vgl. auch das bei *Forsthoff* (S. 48) gegebene Zitat aus *Raymond Aron* (in: Fortschritt ohne Ende, 1970, S. 31): »Nichts gleicht der kapitalistischen Gesellschaft, wie sie *Marx* kurz vor der großen Umwälzung beschrieben hat, weniger als die industrielle Gesellschaft des Westens zu Beginn des letzten Drittels des zwanzigsten Jahrhunderts.«

[30] *Shonfield,* Modern Capitalism: The Changing Balance of Private and Public Power, 1967, sieht im *planning* das *pattern* der Zukunft. Er bemüht sich, das »deutsche Wirtschaftswunder« herzuleiten aus Planungselementen; dabei beseitigt er die klare Differenz zwischen dem französischen Planungssystem und der deutschen sozialen Marktwirtschaft, welch letztere ihm natürlich ein Dorn im Auge war, weil er an Planning glaubt. Im übrigen behält er den Ausdruck »Kapitalismus« bei, weil gewisse Elemente der liberalen Ökonomie noch überleben, aber auch weil »kein besseres Wort zur Verfügung« stand. Diese positive Haltung zur Planwirtschaft gewann er aus dem Studium der französischen Planung, die in den mittleren sechziger Jahren vor allem im Ausland hohe Reputation besaß. *De Gaulle* wird das Wort zugeschrieben, die gute Meinung vom Planen sei eine Art »ausländischer Mythos«; *S. Drouin* (in: Le Monde vom 22. April 1969): »On ne parle plus beaucoup du plan«; *Vera Lutz* und selbst französische Autoren wie z. B. *Bauchet* (La Mystique du Plan) haben inzwischen die Mystik des Plans kritisch entschleiert. Für das heutige Profil der Wirtschaft ist die *Shonfieldsche* Auffassung teils Semantik, teils falsche Interpretation der Wirklichkeit.

Bernhard Hagemeyer

Sozialer Dialog – Konzertierte Aktion, gesellschaftspolitische Instrumente für eine wirtschaftsdemokratische Ordnung?

Die freiheitliche Demokratie als politische Grundlage unserer wirtschaftlichen und sozialen Ordnung ist ihren Voraussetzungen nach pluralistischer Art. Sie bejaht die Koexistenz verschiedener Wertordnungen und die Freiheit der Gruppierung, sofern sie mit der staatlichen Rechtsordnung und mit der Verfassung vereinbar ist. Ausdruck politischer und wirtschaftlicher Freiheitsrechte sind unter anderem jene Substrukturen – *Montesquieu* spricht von »corps intermédiaire« –, die im intermediären Raum zwischen Staat und Individuum wirken und, als »Quasi-Personen« *(Götz Briefs)*, das Grundprinzip der individuellen Handlungsfreiheit für sich in Anspruch nehmen können.

Gesellschaftsordnungen dieser Art sind – mehr als andere Ordnungsformen – offen für den Einbruch der Substrukturen in die staatspolitische Sphäre. Ob diese Offenheit ihre Stärke oder Schwäche ist, wird sich erst im historischen Prozeß erweisen können und hängt in besonderem Maße davon ab, inwieweit eine weitere Voraussetzung des gesellschaftlichen Pluralismus erfüllt wird. Diese besteht im Einheitswillen der Gesamtgesellschaft und in der Unterordnung der Sonderinteressen der Substrukturen unter diesem Gesamtwillen. Mit anderen Worten, der gesellschaftliche Pluralismus wird bedingt durch eine Ordnung, die eine Freiheit der Gruppierung nach Interessen und Überzeugungen kennt, die aber auch bei der Austragung von Interessen- und Überzeugungskonflikten durch eine Bindung an Inhalt und Regeln dieser Ordnung gekennzeichnet ist.

Eine Offenheit wird sich unter Erfüllung der Voraussetzungen nicht als eine Schwäche der Gesellschaftsordnung herausstellen können; sie wird sich aber immer dann als ordnungssprengend erweisen, wenn in den gesellschaftlichen Substrukturen der Einheitswille und der Wille zur Unterordnung der Sonderinteressen unter das Gesamtinteresse nicht vorliegen und unbekannt sind, wenn aus staatspolitischer Betrachtung pluralistische Sonderinteressen Vorrang vor dem Allgemeininteresse genießen. Die Folge wäre eine Korrumpierung der Gesellschaft auf Grund des materiellen Charakters der Gruppenansprüche sowie eine Überbeanspruchung der Parlamente, der Exekutive und der Bürokratie mit Sonderaufgaben und Sonderwünschen. Die Abwehr von Gruppenforderungen hat die ständige Zunahme der Staatstätigkeit zur Folge mit der weiteren Konsequenz der Abnahme der politischen Stärke und Macht. *Götz Briefs* betont im Anschluß an *Hans Morgenthau:* »Der Rückzug der öffentlichen Gewalt vor der Expansion der ›Privat-Regierungen‹, wie sie bei machtvollen Verbänden vorliegen, manifestiert sich deutlich darin, daß sie ihre fundamentale Funktion nicht mehr erfüllen kann: die Funktion, das öffentliche Interesse und besonders den öffentlichen Frieden gegen Gewaltakte, Streik und physische Gewalt der Privatregierungen zu verteidigen[1].«

Ein derart geschwächter Staat provoziert in der Bevölkerung den Ruf nach der Autorität eines starken Staates oder einer starken politischen Figur mit der weiteren möglichen Konsequenz, daß dieser weite Bereiche der individuellen Daseinsvorsorge an sich zu ziehen beginnt und zu einer von oben induzierten Politisierung weiter Bereiche des sozialen Lebens beiträgt. Diese Konsequenz muß in der Tat als eine Gefahr für die bestehende Ordnung betrachtet werden; denn sie gerät in zunehmenden Widerspruch zu jener freiheitlichen Demokratie, die den gesellschaftlichen Pluralismus bejaht und ihre Voraussetzungen schafft.

Werden aber die Substrukturen — und im Zusammenhang mit dem hier zu erörternden Thema die wirtschafts- und gesellschaftspolitisch aktiven Interessenverbände — in ihren Bemühungen, auf staatliche Entscheidungen Einfluß zu nehmen, sich freiwillig Beschränkungen auferlegen? Werden sie ihre Rolle in Staat, Wirtschaft und Gesellschaft sowie die sich daraus ergebende Abgrenzung ihrer Handlungsspielräume aus der Einsicht akzeptieren, daß jener gezeigte Widerspruch weder ihrem eigenen noch dem Wohle der Gesamtgesellschaft dienlich ist? Kann auf der anderen Seite der Staat die grundgesetzlich fixierte Gestaltung unserer Gesellschaftsordnung mit allen ihm legitim zur Verfügung stehenden Mitteln erhalten und sich gegen die Macht der vordrängenden Interessenverbände verteidigen? Oder aber gibt es ein System der Zusammenarbeit zwischen staatlichen Instanzen und autonomen Gruppen, das zur Lösung der zwischen beiden Seiten bestehenden natürlichen Konflikten beitragen kann? Mit anderen Worten, kann in einer pluralistischen Gesellschaft, wie *Ludwig Erhard* 1965 in einer Regierungserklärung zum Ausdruck brachte, »der verständnisvolle Ausgleich ein gutes Mittel demokratischer Politik« sein[2]?

Angeboten hatte sich zunächst der »Soziale Dialog«, der mit den Interessenverbänden der Wirtschaft vom damaligen Wirtschaftsminister *Ludwig Erhard* geführt wurde[3]. Zum anderen schlug der »Sachverständigenrat zur Begutachtung der gesamtwirtschaftlichen Entwicklung« eine »Konzertierte Aktion« vor[4], um, ebenso wie der Soziale Dialog, eine derartige Abstimmung zur Überbrückung der Antinomien zwischen den staatlichen und nichtstaatlichen Bereichen herbeizuführen. Beide sind der Versuch einer Lösungsfindung in einer dialogischen Machtstruktur, in der Macht und Machtausübung auf einer partnerschaftlichen Machtstruktur ruhen[5].

Ob der Soziale Dialog und die Konzertierte Aktion vereinbar sind mit der bestehenden Wirtschaftsordnung der Sozialen Marktwirtschaft, sei hier nicht in erster Linie Gegenstand der Untersuchung[6]; wohl aber soll der Verdacht überprüft werden, ob auf dem Weg, ein marktwirtschaftskonformes System zur Lösung der natürlichen wirtschaftlichen und gesellschaftlichen Konflikte zwischen staatlichen und nichtstaatlichen Bereichen zu finden, nicht *gleichzeitig* ein *anderer* Weg beschritten wird, an dessen Ende eine wirtschaftsdemokratische Ordnung liegt. Dieser Verdacht liegt insofern nahe, als der Soziale Dialog als Vorläufer zur Konzertierten Aktion und diese wiederum als erster Ansatzpunkt zur bewußten Herbeiführung einer Wirtschaftsdemokratie interpretiert wird. Im Bericht des Deutschen Industrieinstituts heißt es dazu: »Während die Konzertierte Aktion im Sinne des Sachverständigenrates von der Bundesregierung Erhard abgelehnt wurde, sprach man sich für ein intensives und umfassendes Gespräch mit den Repräsentanten der Tarifpartner (›Sozialer Dialog‹) aus. Der Soziale Dialog muß als Versuch, eine Einheitsfront gegen die

schleichende Inflation zu bilden, verstanden werden ... Trotz des
Scheiterns ... kann man ihn als Vorläufer der Konzertierten Aktion bezeichnen[7].« *Watrin*, der allerdings keine direkte Verbindung
zwischen Sozialem Dialog und Konzertierter Aktion herstellt,
schreibt zur Konzertierten Aktion: »Die geistigen Wurzeln [der
Demokratisierungsforderung; der Verf.] sind zahlreich und reichen keineswegs nur in das radikaldemokratische Lager, das die
Demokratisierung gegenwärtig besonders nachhaltig propagiert.
Hier lassen sich, was die neueren Erörterungen angeht, die Vorschläge des Sachverständigenrates zur Konzertierten Aktion als
Ausgangspunkt lokalisieren. Sie entstammen Orientierungen, deren Selbstverständnis so geschaffen ist, daß hier wahrscheinlich
nicht nur jede Nachbarschaft zu radikaldemokratischen Strömungen und dem mit ihnen verbundenen politischen Messianismus[8]
auf Befragen a limine ablehnen, sondern auch jede Verwandtschaft mit wirtschaftsdemokratischen Gedanken abstreiten würden. Dennoch läßt es sich nicht leugnen, daß die gern als konjunkturpolitisches Novum ausgegebene Konzertierte Aktion wichtige Elemente der wirtschaftsdemokratischen Konzeption enthält[9].«

Die Idee der Wirtschaftsdemokratie[10] rückte unmittelbar nach
dem Ersten Weltkrieg in den Vordergrund gewerkschaftlichen Interesses, als in den vom Nürnberger Kongreß verabschiedeten
»Richtlinien über die künftige Wirksamkeit der Gewerkschaften«
eine stärkere Beteiligung der Arbeitnehmer an gesamtwirtschaftlichen Entscheidungen gefordert wurde. In den Richtlinien heißt
es: »Das Mitbestimmungsrecht der Arbeiter muß bei der gesamten
Produktion, von Einzelbetrieben beginnend bis in die höchsten
Spitzen der zentralen Wirtschaftsorganisation, verwirklicht werden.« Mit diesen »Richtlinien« wurden auf dem Nürnberger
ADGB-Kongreß die Auseinandersetzungen über Form und Möglichkeiten der Einflußnahme der Gewerkschaften auf die öffentlich-rechtlichen Körperschaften begonnen und auf den Kongres-
sen in Leipzig und Breslau fortgesetzt. Auf dem Breslauer Kongreß (1925) legte der Bundesvorstand ein »Programm der Demokratisierung der Wirtschaft« vor, in dem die Verwirklichung der
Mitbestimmung der Arbeitnehmer und die Errichtung paritätisch

besetzter überbetrieblicher Mitbestimmungsorgane[11] gefordert wurde. Die von *Fritz Naphtali* schließlich herausgegebene Programmschrift »Wirtschaftsdemokratie«[12] (1928) galt »als erste geschlossene gewerkschaftliche Konzeption, die Wege zu einer schrittweisen demokratischen Gestaltung des Wirtschaftslebens aufzeigte[13]«. Wirtschaftsdemokratie wird bei *Naphtali* unmißverständlich als ein Schritt zur Verwirklichung des Sozialismus verstanden. Wenngleich die beiden Zentralgedanken »über die politische Demokratie hinaus zur Wirtschaftsdemokratie« und »über die Wirtschaftsdemokratie zum Sozialismus« unterschiedlich deutlich herausgestellt werden, ist der erste Gedanke[14] im Hinblick auf die aktuelle Diskussion ausschlaggebend und insofern von besonderer Bedeutung, als drei Gesichtspunkte klar zum Ausdruck kommen: einmal, die Wirtschaftsdemokratie setzt eine *Demokratisierung der Wirtschaftsführung* voraus, zweitens, eine Wirtschaftsdemokratie schließt die *Demokratisierung des Arbeitsverhältnisses* ein, und schließlich drittens, Demokratisierung der Wirtschaft ist eng verbunden mit einer *Demokratisierung des Bildungswesens*. In bezug auf den ersten Gesichtspunkt gewinnt die von uns aufgeworfene Frage, inwieweit Sozialer Dialog und Konzertierte Aktion gesellschaftspolitische Instrumente für die Herstellung einer wirtschaftsdemokratischen Ordnung sind, das besondere Interesse[15].

Welcher ursprüngliche Weg, so ist zu fragen, sollte mit dem Sozialen Dialog und der Konzertierten Aktion gegangen werden? Die wirtschaftstheoretischen Begründungen zur Veranstaltung eines Sozialen Dialogs sowie zur Institutionalisierung der Konzertierten Aktion durch das Stabilitätsgesetz waren von dem Bemühen gekennzeichnet, allen am Wirtschaftsgeschehen beteiligten Gesellschaftsgruppen und Öffentlichen Körperschaften ein Verhalten nahezulegen, welches die wirtschaftspolitischen Zielsetzungen nicht gefährdet. Die inflationäre Entwicklung war nur der *äußere* Anlaß, dieses Verhalten zu fordern; gegenseitige Information und der Appell spielten dabei eine wesentliche Rolle[16]. In der Neuen Wirtschaftspolitik wurde die Konzertierte Aktion schließlich zu einem Instrument der Wirtschaftspolitik.

Der *tiefere* Grund zum Sozialen Dialog wie zur Konzertierten Aktion lag *weniger in wirtschaftspolitischen* als *vielmehr in ge-*

sellschaftstheoretischen Überlegungen. Der Sachverständigenrat beispielsweise betrachtet in seinen Gutachten[17] das ungeduldige Drängen der Gruppen und Körperschaften in Staat und Gesellschaft sowie die — wie er sich ausdrückte — »funktionslosen Verteilungskämpfe« als die eigentlichen Ursachen der inflatorischen und deflatorischen Erscheinungen des Wirtschaftsablaufes; funktionslos deshalb, weil die Einkommensverteilung mittelfristig durch Marktkräfte determiniert sei und durch lohnpolitische Aktivitäten der Gewerkschaften oder durch Kostenüberwälzung der Arbeitgeber nur vorübergehend geändert werden könnten. Es bedürfe deshalb der Einrichtung einer Konzertierten Aktion, damit niemand das Gesamtproblem nur unter partiellen Aspekten sehe, damit das Informationsniveau aller Gruppen und Körperschaften in glaubwürdiger Weise gehoben würde. Jedem Beteiligten soll durch die Konzertierte Aktion klarwerden, welche Vorteile die Zurückstellung kurzfristiger Interessengegensätze zugunsten eines mittelfristigen Interessenausgleichs für alle bringen kann[18].

Zur gleichen Zeit, als der Sachverständigenrat diesen seinen Vorschlag unterbreitete, hatte *Ludwig Erhard* seine Konzeption des Sozialen Dialogs in den Rahmen der von ihm entwickelten »Formierten Gesellschaft« eingefügt. Seine Aufforderungen zum Dialog waren bestimmt von einem gesellschaftlichen Leitbild, in dem Gesellschaft »ihrem Wesen nach kooperativ, d. h. auf ein Zusammenwirken aller Gruppen und Klassen ausgerichtet« ist. Gesellschaft formiert sich nicht durch autoritären Zwang, sondern aus der Einsicht, daß »jenseits der Gruppeninteressen und der daraus resultierenden Meinungsverschiedenheiten ... unsere Gesellschaft als Ganzes in der Lage sein [muß], ... ihre Solidarität über Partikularinteressen zu stellen und im Bewußtsein der Abhängigkeit aller von allen eine Soziale Ordnung hohen Grades zu errichten[19]«.

Diese Dialoge — unabhängig zunächst davon, ob in loser Form oder in straffer Gestalt durchgeführt — galten in erster Linie dem Versuch, eine »Abstimmung der Verhaltensweisen im Rahmen einer umfassenden wirtschaftlichen Konzeption« *(Sachverständigenrat)*, eine »Integration der Spannungen« *(Erhard)*, und weniger dem Versuch, einen allgemein gültigen Wertkonsensus zwischen den Wirtschaftsträgern hinsichtlich der zu erfolgenden Wirtschafts- und Gesellschaftspolitik herbeizuführen oder gar zu erzwingen. Eine derartige Interpretation, die letztlich Konflikte in ihrem Ursprung beseitigen wollte und ihre Nützlichkeit leugnen müßte, stünde im Gegensatz zum Wettbewerbsgedanken, dem Grundprinzip der Sozialen Marktwirtschaft, ebenso wie zum Parlamentarismus und all jenen Entscheidungsmechanismen, die Bestandteil einer freiheitlichen und demokratischen Form der politischen, wirtschaftlichen und gesellschaftlichen Ordnung sind. Interessengegensätze, wie sie notwendigerweise bestehen müssen, aber »sind nicht mehr Elemente des Zerfalls ihrer Einheit, sondern werden immer mehr Motor eines permanenten Interessenausgleiches unter dem Gesichtspunkt des allgemeinen Wohls« *(Erhard)*[20].

Ludwig Erhard trifft sich hier mit *Alfred Müller-Armack,* der in seinem Aufsatz »Das Gesellschaftspolitische Leitbild der Sozialen Marktwirtschaft«[21] unter anderem schreibt: »Soziale Marktwirtschaft ist keine Philosophie über das Wertfundament unserer Gesellschaft. Dies überläßt sie dem vom Religiösen oder Philosophischen her urteilenden Normensystem. Sie ist vielmehr ein irenischer Ordnungsgedanke, eine strategische Idee innerhalb des Konfliktes verschiedener Zielsituationen. Sie ist eine Stilformel, durch die versucht wird, die wesentlichen Ziele unserer freien Gesellschaft zu einem neuen, bisher in der Geschichte noch nicht realisierten, praktischen Ausgleich zu bringen.

Die Erfahrung hat gezeigt, daß dieses fast selbstverständlich anmutende Ziel eines sehr subtilen Ordnungsdenkens bedarf. Die Soziale Marktwirtschaft ist so eine Integrationsformel, durch die versucht wird, die wesentlichen Kräfte unserer heutigen Gesellschaft in eine echte Kooperation zu führen. Die Spannungssituation unserer Gesellschaft kann nicht als eine statische Spannung angesehen werden, der durch eine einmalige Zuordnung von Marktwirtschaft und sozialer Sicherung entsprochen werden könnte. Der Spannungs- und Konfliktzustand unserer Gesellschaft unterliegt selbstverständlich dem geschichtlichen Wechsel und verlangt, daß die jeweiligen strategischen Formeln dieses irenischen Ausgleichs immer wieder neu gesucht werden müssen, um ihrer Aufgabe gewachsen zu sein. Soziale Marktwirtschaft ist so eine Strategie im gesellschaftlichen Raum; ob sie gelingt und ihr Ziel erreicht, wird nie exakt entschieden werden können, sondern bestätigt sich nur im dauernden Prozeß der Lösung jener internen Konflikte unserer Gesellschaft, die wir als Realität hinzunehmen haben.«

Erhard weiß sich hier auch mit *Wilhelm Röpke* einig, daß Marktwirtschaft als unablässige Voraussetzung zwar notwendig, aber nicht ausreichend sein kann; denn »Jenseits von Angebot und Nachfrage« *(Röpke)* und »jenseits von Gruppeninteressen« *(Erhard)* harren gesellschaftspolitische Aufgaben, die sich nicht allein in Vollbeschäftigung, Geldwertstabilität und Wachstumsraten des Sozialproduktes erschöpfen. Ebenso berührt *Erhard* aufs engste jene — wie *Alexander Rüstow* formulierte — »Vitalsituation«, in der die Träger einer Gesellschaftsordnung dieser nicht nur als Beobachter, sondern als echte Teilhaber gegenüberstehen. Daraus erklärt sich *Erhards* Verhältnis zu den Verbänden und ihrer verantwortungsvollen Rolle für die Gesellschaft. Die Gesellschaft »bedarf wohl der Mitarbeit der Verbände und ihres Sachverstandes zur Bewältigung der eigenen Aufgaben und zur Erreichung ihrer Ziele. Ihre subjektiven Vorstellungen haben sich aber den Erfordernissen der Gemeinschaft ein- oder auch unterzuordnen; d. h., sie dürfen den Staat — mit welchen Mitteln auch immer — nicht beherrschen wollen[22].«

Auf der Grundlage dieser gesellschaftstheoretischen Grundvorstellung mochte der Soziale Dialog in der Lage gewesen sein, eine Zusammenarbeit zwischen den staatlichen Instanzen und autonomen Gruppen zu ermöglichen. Ebenso könnte die Konzertierte Aktion in ihrer strafferen Gestalt des Dialogs zu einer heilsamen Relativierung der mit Unnachgiebigkeit verfochtenen Verbandsstandpunkte führen und den Blick für das richtig verstandene gemeinsame Interesse weiten. Die Bedingungen aber, die zu einer erfolgreichen Durchführung beitragen, liegen in der notwendigen Bereitschaft, Partikularinteressen hinter Gesamtinteressen zu stellen; diese Bereitschaft zum Tragen zu bringen, muß als der eigentliche Weg des Sozialen Dialogs und der Konzertierten Aktion bezeichnet werden. Als solche entsprechen sie den Voraussetzungen unserer pluralistischen Gesellschaftsordnung. Informationen, gedanklicher Austausch sowie partnerschaftliches Gespräch können aber nicht mehr als Hilfestellungen sein, um die conditio sine qua non zu erfüllen; die Notwendigkeit der Einsicht als solche können sie nicht ersetzen.

Es bleibt die Frage, ob damit nicht eine Bedingung an den Erfolg eines Dialogs geknüpft ist, die von vornherein von den Wirtschaftsverbänden aus ihrer Organisierung wirtschaftlicher Gruppeninteressen und der mit ihr verbundenen subjektiven Zielsetzung gar nicht erfüllt werden kann. Die Frage stellen heißt die gesellschaftstheoretischen Zielsetzungen und gesellschaftspolitischen Instrumente der Verbände untersuchen. Da hier aber nicht der Raum sein kann für eine Darlegung der Gesellschaftstheorie und der Gesellschaftspolitik aller Verbände — es kann hier verwiesen werden auf die Untersuchungen zur Verbandsthematik von *Josua Werner*[23] —, auf der anderen Seite aber an wesentlichen Zielsetzungen und politischen Instrumenten der Verbände nicht vorbeigegangen werden kann, sei es erlaubt, im Hinblick auf die wirtschaftsdemokratischen Vorstellungen der Gewerkschaften eine Einschränkung auf den gewerkschaftlichen Spitzenverband DGB zu machen und dessen starke Akzentuierung in der gesellschaftstheoretischen Konzeption und gesellschaftspolitischen Zielsetzung hervorzuheben. Dabei spielt das Instrument »Konzertierte Aktion« eine wesentliche Rolle; es gehört, da es Gesetz geworden ist, »zu den normierten Formen der Verbandsaktivität[24]«. Die besondere Berücksichtigung des DGB erhält aber auch deshalb ihre Berechtigung, weil im DGB mit Nachdruck ganz bestimmte gewerkschaftliche Aufgaben herausgestellt werden, die in der Gewerkschaftstheorie unter dem Begriff der Ordnungsfunktion — neuerdings Gestaltungsfunktion — zusammengefaßt und in der aktuellen Diskussion als Aufhebung des gesellschaftlichen Status quo interpretiert werden[25].

Die Faktoren, die aus gewerkschaftlicher Sicht das Gesellschaftsbild ausmachen, gewinnen im Hinblick auf den gesellschaftstheoretischen Hintergrund des Sozialen Dialogs und der Konzertierten Aktion eine besondere Bedeutung. Gingen der Sachverständigenrat und stärker noch *Ludwig Erhard* in ihren Überlegungen aus von einem gesellschaftlichen Integrationsmodell (»Integration der Spannungen«) und folgerten sie aus ihm eine — bei dem einen mehr, bei dem anderen weniger stark ausgeprägte — wirtschaftspolitische Orientierung des Dialogs, so ist die Basis, von der die Gewerkschaften den Dialog her verstehen, eine andere. Ihr sogenanntes »kritisches« Gesellschaftsbild ist geprägt von dem Modell einer antagonistischen Zwei-Klassen-Gesellschaft. »Wie schon im frühen industriellen Kapitalismus, kennt auch die kapitalistische Gesellschaft unserer Zeit im wesentlichen diese beiden Klassen von Menschen: die über industrielles Eigentum verfügende gesellschaftlich herrschende Klasse und die Klasse derjenigen, denen ihre gesellschaftliche Stellung durch die Tatsache zugewiesen wird, daß sie darauf angewiesen sind, ihre Arbeitskraft zu verkaufen[26].« Damit wird die gewerkschaftliche Gesellschaftsanalyse, wie der DGB-Vorsitzende *Vetter* sich ausdrückte, »heute wie vor hundert Jahren« gekennzeichnet von »demselben Tatbestand der sozialen Unterlegenheit und Abhängigkeit des Arbeitnehmers«, wenn dieser »seine Arbeitskraft verkaufen [muß], um den für sich selbst und seine Familie notwendigen Lebensunterhalt zu decken[27]«.

Dieses Gesellschaftsbild ist in der Tat nicht neu[28]. In seiner gewerkschaftlichen Programmschrift »Wirtschaftsdemokratie« kommt *Naphtali* zu dem gleichen analytischen Ergebnis. Auf der einen Seite steht das kapitalistische Bürgertum mit wirtschaftlicher Freiheit als Ungebundenheit in der unternehmerischen Initiative, verfügt über die persönlich freien Arbeitskräfte, die durch wirtschaftlichen Zwang auf die Lohnarbeit angewiesen sind, und ist ferner ausgestattet mit einem Mindestmaß an politischen Rechten und Beteiligungen an der Staatsmacht. Auf der anderen Seite steht eine Arbeiterschaft ohne politische Gleichberechtigung, ohne politische Freiheit und politische Macht[29].

Diese Position ist Ausdruck einer naiven Soziallehre, die von sogenannten sozialen Ganzheiten, wie Gruppen, Nationen, Klassen usw., ausgeht. Sie übersieht dabei völlig, daß diese sogenannten sozialen Ganzheiten, wie etwa die vom DGB und von *Naphtali* genannten beiden Klassen, in sehr hohem Grade Postulate populärer Soziallehren und nicht empirische Objekte sind. Tatsächlich sind die Symbole einer Art idealen Objektes, dessen Existenz von theoretischen Annahmen abhängt[30].

Dennoch glaubt der DGB, aus dieser naiven Soziallehre für sich eine Gestaltungsfunktion ableiten zu können. Diese wird umschrieben als die eigentlich emanzipatorische Aufgabe der Gewerkschaften, »als politische Bewegung[31] die gesellschaftlichen Bedingungen der Abhängigkeit und Unterprivilegierung der Arbeitnehmerschaft aufzuheben[32]«; d. h., es geht, wie *Vetter* an anderer

Stelle deutlich unterstreicht und *Kaltenborn* mehrfach hervorhebt, um die Veränderung des gesellschaftlichen Status quo, der Umgestaltung der spätkapitalistischen Herrschaftsordnung. Es ist der Versuch zu unternehmen, »diese Gesellschaft mit all ihren Abhängigkeiten, Zwängen und undurchsichtigen Machtverhältnissen von Grund auf zu verändern« *(Vetter).*

Die ursprünglich in der Gewerkschaftstheorie herausgearbeitete *Ordnungsfunktion* wird von *Vetter* nicht unerheblich überschritten. Wenngleich sie niemals nur zu verstehen war als die Regelung von Lohn- und Arbeitsbedingungen, sondern, wie *J. Seifert* ausführt, als eine »Umstrukturierung der Gewerkschaften von Selbsthilfe- und Widerstandsorganisationen zu einem Instrument zur besseren Erfassung und Einordnung der Arbeitnehmer im Rahmen einer den Status quo der Machtverteilung aufrechterhaltenden öffentlichen Wirtschaftspolitik[33]«, scheint *Vetter* diese »systemstabilisierende Ordnungsfunktion« *(Hennig)* zugunsten eines autonomen politischen Kampfes zur Überwindung des Status quo aufgegeben zu haben. *Vetter* befindet sich in einer ihm nicht unbekannten Nähe sozialistisch orientierter Sozialwissenschaftler, die seit langem bedauern, daß sich die Gewerkschaften in der Vergangenheit darauf beschränkt haben, lediglich ihre ursprüngliche Ordnungsfunktion zu erfüllen. Nach ihrer Meinung sollte die systemstabilisierende Funktion aufgegeben werden mit dem Ziel, eine Umgestaltung der spätkapitalistischen Herrschaftsordnung herbeizuführen[34].

Dieser aktuelle Wandel in der gewerkschaftlichen Ordnungsfunktion verdient festgehalten zu werden; denn aus ihm wird deutlich, daß die Gewerkschaften nicht mehr »relativ unabhängige Variable im System« *(Götz Briefs)* sein wollen. Als relativ unabhängige Variable bezeichnet *Briefs* die Verbände, die grundsätzlich nicht das System selbst aufheben wollen[35]. So fand denn auch die gewerkschaftliche Politik gemäß ihrer ursprünglichen Ordnungsfunktion bisher ihre Grenze an den Bedingungen und Voraussetzungen einer funktionierenden Marktwirtschaft — wollten sie diese aufheben, würden sie sich selbst damit aufheben. Der derzeit stattfindende Wandel aber verschiebt die Akzentuierung und läßt Charakteristika solcher Verbände hervortreten, die nach *Briefs* »grundsätzlich die Marktwirtschaft, das liberal-kapitalistische

System, durch ein Gegensystem ersetzen wollen, das sich in aller Regel als gesellschaftswirtschaftliches System präsentiert, als kommunistisch, sozialistisch, syndikalistisch, gildensozialistisch usw.[36]«.

Die »neue« Ordnungsfunktion — neben anderen spricht *Kaltenborn* von *»Gestaltungsfunktion«* — wird besonders deutlich in der Strategie, die *Kaltenborn* zur Verwirklichung gewerkschaftlicher Vorstellungen anbietet: »Die Realisierung gewerkschaftlicher Vorstellungen, die auf Aufhebung des gesellschaftlichen Status quo zielen, [vermag] wegen der relativen Geschlossenheit der Abwehr bei beiden Adressaten, sowohl der staatlichen Ordnung als auch des ökonomisch herrschenden Gegners, nur dann erfolgreich zu sein, wenn sie auf die Strategie der Mobilisierung gesellschaftlichen Drucks abzielt[37].« Aus der »relativ« unabhängigen Variablen ist der Wunsch nach absolut unabhängigen Variablen erwachsen.

Das gewerkschaftliche Gesellschaftsbild sowie die aus ihm entwickelte Gestaltungsfunktion bringen es mit sich, daß der DGB in der Konzertierten Aktion nicht nur kurzfristige, konjunkturelle Probleme, sondern insbesondere Reformvorhaben und langfristige Planungen zur Diskussion gestellt wissen wollte, die zu den Determinanten der Lebenslangen der Arbeitnehmer gehören, aber durch die traditionelle Tarifpolitik nicht direkt beeinflußbar sind[38]. Konzertierte Aktion sollte nicht ein wirtschaftspolitisches Instrument für eine »konzertierte Verteilungs- und Gesellschaftspolitik« — »nicht Stabilitätsmittel, sondern Instrument zur Veränderung des Status quo sein[39]«.

Aus der Beobachtung der Abwicklung der einzelnen Veranstaltungen sowie aus der Diskussion um die Konzertierte Aktion ist festzuhalten, daß der Einsicht in die Unvereinbarkeit von rücksichtsloser Durchsetzung eigener Interessen auf Kosten anderer Partner zunächst die Einsicht in die Notwendigkeit einer neuen Interpretation der Konzertierten Aktion gefolgt ist. Die Interpretationen zeigen starke Gemeinsamkeiten mit den gewerkschaftlichen Zielvorstellungen. Die wohl beachtenswerteste Neuinterpretation liefert *J. Klaus*[40], ausgehend von den Arbeitshypothesen, daß einmal die gegenwärtige wirtschaftspolitische Situation unbefriedigend sei, zum anderen, daß die Wirtschaftspolitik sich gegenüber der Entwicklung der Gesellschaft im Rückstand befinde, und daß drittens das gegenwärtige System keine Gewähr dafür biete, den aus den Zielvorstellungen der staatlichen Wirtschaftspolitik und denen der Sozialpartner resultierenden Konflikt zu lösen oder zu vermeiden. Letztlich, so *Klaus*, weise das bestehende System mangelnde Rationalität auf; eine Wirtschaftspolitik gelte als rational, »die planmäßig auf die Verwirklichung eines umfassenden, wohldurchdachten und in sich ausgewogenen Zielsystems gerichtet ist und dabei den höchsten Erfolgsgrad erreicht, der unter den jeweiligen Umständen möglich ist« *(Klaus* in Anlehnung an *Giersch)*. Das aber könne nur dann sein, wenn den Abstimmungserfordernissen einer wirtschaftspolitischen Globalsteuerung Rechnung getragen werde. Diese wiederum würden erforderlich einmal aus dem Pluralismus der gesellschaftlichen Gruppen, zum anderen aus dem Pluralismus der Steuerungsinstanzen — *Klaus* nennt hier die Sozialpartner im Hinblick auf die makroökonomische Relevanz der Lohnpolitik, die Bundesbank im Hinblick auf eine an der Geldwertstabilität orientierte Geldpolitik und die Regierung in bezug auf eine zielgerechte, im Sinne des § 1 des Stabilitätsgesetzes verlangte Wirtschaftspolitik —, und drittens würden sie erforderlich sein aus dem Pluralismus der gesamtwirtschaftlichen Zielsetzungen; mit anderen Worten, es geht um eine echte Koordination von Fiskal-, Geld- und Lohnpolitik, um die Koordinierung der Trägerinstanzen Staat, Bundesbank und Sozialpartner.

Der Punkt, an dem *Klaus* die ursprüngliche Konzeption des Sachverständigenrates zur Konzertierten Aktion verläßt, beginnt mit der Frage nach der Interpretation der Koordinierung. In der Konzeption des Rates wird Koordination nur soweit für notwendig erachtet, wie die Zurückstellung kurzfristiger Interessengegensätze zugunsten eines mittelfristigen Interessenausgleiches Vorteile für alle bringen kann[42]; dabei ist der Informationsaustausch der wesentliche Bestandteil des kooperativen Zusammenwirkens. Nach *Klaus* aber ergibt sich in einem freiheitlichen System »eine wirksame Koordinierung von Teilbereichen der Wirtschaftspolitik... erst dann, wenn gesichert ist, daß autonome Instanzen kooperativ *gemeinsam* Entscheidungen über die zu verfolgende Politik fällen und gemeinsam für deren Durchführung einstehen[43]«. *Klaus* möchte deshalb die Konzertierte Aktion als »institutionelle Gestaltung des

Abstimmungsprozesses« verstanden wissen, in der echte Entscheidungen gemeinsam getroffen werden. Ohne wirtschaftliche politische Entscheidungen, schreibt *Klaus*, »ist die Bezeichnung ›Konzertierte Aktion‹ eine erhebliche Übertreibung«, denn eine koordinierte Politik sei dann nur das Produkt des Zufalls und schwerlich einer »Aktion« anzurechnen[44].

Klaus weiß um das sich stellende Problem, wenn privatrechtliche Instanzen bei Entscheidungen über eine koordinierte Geld-, Fiskal- und Lohnpolitik gleichberechtigt mitwirken, mitbestimmen und mitentscheiden. Er sieht dieses Problem dadurch gelöst, daß vom Parlament ein gesamtwirtschaftlicher Zielkatalog vorgegeben wird und auf dieser Basis in der Konzertierten Aktion Details ausgearbeitet werden, die allen Beteiligten akzeptabel erscheinen. *Klaus* hält diesen Prozeß in einem Gremium für möglich, dessen Mitglieder für den betreffenden Entscheidungsprozeß auf gleicher Stufe stehen; d. h., autonome Sozialpartner und Regierung erarbeiten »gemeinsam sowohl die Grundlinie einer Lohnpolitik, die mit dem wirtschaftspolitischen Programm der Regierung konsistent ist, als auch Maßnahmenbündel der Regierung, die nicht von der interessengerichteten Tarifpolitik der Sozialpartner durchkreuzt werden[45]«.

Diese Interpretation der Konzertierten Aktion beinhaltet kein Zurückstellen von Partikularinteressen hinter das Gesamtinteresse; vielmehr beinhaltet sie in ihrer letzten Konsequenz die *Mitbestimmung der Regierung bei den Abschlüssen in der Tarifauseinandersetzung sowie die Mitbestimmung der Sozialpartner in der Wirtschafts- und Gesellschaftspolitik.* So sieht denn auch *Watrin* in dieser neuen Interpretation die eigentlichen Ansätze der Demokratisierung der Wirtschaft. »Hier lassen sich, was die neueren Erörterungen angeht, die Vorschläge des Sachverständigenrates zur Konzertierten Aktion als Ausgangspunkt [zur Demokratisierung; der Verf.] lokalisieren[46].«

Klaus' Vorschlag, allgemeine Entscheidungsbefugnisse allen Partnern einer Konzertierten Aktion zuzubilligen, muß vor dem Hintergrund des »kritischen« Gesellschaftsbildes der Gewerkschaft und ihrer Gestaltungsfunktion gesehen werden; denn sie bietet ihr die Möglichkeit, mit Hilfe der Konzertierten Aktion ihre gesellschaftsverändernde Gestaltungsfunktion wahrzunehmen und diese selbst in »eine Kampfarena für die Veränderung unserer gesellschaftlichen Landschaft« *(Karl Schiller)* zu verändern. Mit anderen Worten, die Konzertierte Aktion legt in ihrer neuen Interpretation den Weg frei für eine Überwindung der bestehenden Wirtschafts- und Gesellschaftsordnung. Damit aber ist die Überwindung des Status quo, die »eigentlich emanzipatorische Aufgabe der Gewerkschaften«, nicht vollzogen, wenngleich *Schiller* bereits die Mitentscheidungsbefugnis selbst als »eine Änderung der Struktur unserer Gesellschaft« betrachtet[47].

Wann aber sind die Bedingungen, die an eine Aufhebung der Abhängigkeit und Unterprivilegierung geknüpft sind, aus gewerkschaftlicher Sicht erfüllt? Wäre die Konzeption von *Klaus* Realität, könnte die Forderung der Gewerkschaft nach gesamtwirtschaftlicher Mitbestimmung als ihr entsprechend angesehen werden. Sie hätte in allen wichtigen Entscheidungen der Wirtschafts- und Gesellschaftspolitik mitzuwirken und könnte auch — wie *Vetter* sagte — »notfalls an den Parteien vorbei« die Verwirklichung eigener gesellschaftspolitischer Vorstellungen erzwingen. Die Konzertierte Aktion wäre aus gewerkschaftlicher Sicht ein gesellschaftspolitisches Instrument und könnte zur Erfüllung gewerkschaftlicher Aufgaben angesetzt werden. Die Hoffnungen aber, die an die Konzertierte Aktion geknüpft worden sind, haben sich bisher als nicht erfüllt herausgestellt. Es ist deshalb verständlich, wenn immer wieder — und das seit *Naphtali* — vorgeschlagen wird, einen Wirtschafts- und Sozialrat zu gründen[48], um schließlich doch zur Erfüllung selbst gestellter Bedingungen zu gelangen. Aus den aktuellen Vorschlägen wird nicht ganz deutlich, ob ein Bundeswirtschafts- und Sozialrat an die Stelle der Konzertierten Aktion treten oder diese aber in der zu schaffenden öffentlich-rechtlichen Körperschaft aufgehen soll[49]; es ist dieses zwar mehr als ein Streit um semantische Feinheiten, wenngleich nicht von so entscheidender Bedeutung, als daß darüber die enge Verbindung zwischen den älteren und neueren gewerkschaftlichen Vorstellungen von der Ordnung unserer Gesellschaft und Wirtschaft in Vergessenheit geraten sollten; denn inhaltlich stimmen die Forderungen *Naphtalis* zur Gründung eines Reichswirtschaftsrates überein mit den Forderungen des DGB zur Gründung eines Bundeswirtschafts-

und Sozialrates. *Naphtali* erhebt die Forderung, dem Reichswirtschaftsrat alle sozial- und wirtschaftspolitischen Gesetzesentwürfe sowie das Initiativrecht bei wichtigen Entscheidungen zuzugestehen, um daraus die Hoffnung zu schöpfen, die gewerkschaftlichen Ideen wirksam und erfolgreich auch nach außen hin vertreten und ein Mitbestimmungsrecht an der Wirtschaftsgestaltung erobern zu können[50]. Nach dem Willen des DGB soll dem Bundeswirtschafts- und Sozialrat ebenso ein umfassendes Informations-, Beratungs- und Initiativrecht in der Gesetzgebung zugestanden werden. Im Rahmen seiner Aufgaben und formalen Zuständigkeitsabgrenzungen, so steht es in der DGB-Entschließung, ist mit dem Rat »die gesamte Wirtschafts- und Sozialpolitik, soweit davon die Belange der Arbeitnehmer berührt werden« (Abs. III, 1), zuzusprechen; darüber hinaus sind sowohl Bundesregierung, Bundesminister und Bundesbehörden verpflichtet, vor dem Wirtschafts- und Sozialrat zur umfassenden Erörterung der gewünschten Fragen zu erscheinen, als auch den Rat »zu informieren und ihm gleichzeitig Gelegenheit zur Stellungnahme zu geben, wenn rechtliche Regelungen vorbereitet werden, deren Gegenstand in den Zuständigkeitsbereich des Bundeswirtschafts- und Sozialrates fällt« (Abs. III, 16, 2). Diesem Anspruch auf weitgehendste Kontrolle des staatlichen Apparates schließt sich »das Recht der Gesetzesinitiative gegenüber den gesetzgebenden Körperschaften« an (III, 17).

Mit diesen Vorschlägen schließt sich der Kreis der Forderungen. Aus ihm werden die theoretischen Ansätze für eine praktische Erfüllung gewerkschaftlicher Aufgaben sowie die Bedingungen für eine wirtschaftsdemokratische Ordnung deutlich. Das Ziel »Wirtschaftsdemokratie« bleibt unverändert, wenngleich die Wege unterschiedlich sind. Auf Grund des Absolutheitsanspruches, der mit der Forderung nach gesamtwirtschaftlicher Mitbestimmung jederzeit erhoben worden ist, muß aus der Retrospektive der *Soziale Dialog* und aus der aktuellen Beobachtung die *Konzertierte Aktion* als Mittel zum Zweck angesehen werden. Der ursprünglich mit der Konzertierten Aktion beabsichtigte Versuch, soziale und ökonomische Fragen institutionell unter dem Gesichtspunkt der gesellschaftlichen Integration zu betrachten, sollte unter subjektiver und verbandsegoistischer Auslegung benutzt werden, die Gesellschaft nach syndikalistischen Vorstellungen umzugestalten. Einer Institutionalisierung des Sozialen Dialoges stellte sich *Ludwig Erhard* entgegen und verhinderte damit, den Sozialen Dialog zu einem einseitigen gesellschaftspolitischen Instrument zur Herbeiführung einer wirtschaftsdemokratischen Ordnung zu machen; die Entwicklung über den Gang der zukünftigen Gestaltung der Konzertierten Aktion als Instrument der Gesellschaftspolitik ist dagegen noch nicht abgeschlossen. Es kommt entscheidend auf die Stärke des Staates an, ob er sich der gewerkschaftlichen Forderung zur Wehr setzen kann und will.

Fußnoten

1 *Götz Briefs*, Staat und Wirtschaft im Zeitalter der Interessenverbände, in: Laissez-Faire-Pluralismus. Demokratie und Wirtschaft des gegenwärtigen Zeitalters, hrsg. von *Götz Briefs* unter Mitarbeit von *Bender, Zebot, Rüstow*, Berlin 1966, S. 88.
Vgl. ferner zum gesellschaftlichen Pluralismus Kardinal *Franz König*, Grenzen des gesellschaftlichen Pluralismus. Um die Zukunft der Demokratie, in: Gesellschaftspolitische Kommentare, 19. Jg., Nr. 8, 1972, S. 85 f.

2 *Ludwig Erhard*, Regierungserklärung vom 10. November 1965, in: Die Formierte Gesellschaft. Ludwig Erhards Gedanken zur politischen Ordnung Deutschlands, Presse- und Informationsamt der Bundesregierung (Hrsg.), Bonn o. J., S. 33.

3 Die Aufforderungen *Erhards* zum Sozialen Dialog und der Versuch, in ihm eine freiwillige Abstimmung zwischen Wirtschafts- und Tarifpolitik herbeizuführen, reichen bis in das Jahr 1956 zurück. Damals hatte der wissenschaftliche Beirat beim Bundeswirtschaftsministerium empfohlen, durch die Vorlage eines Wirtschaftsprogramms den Tarifpartnern Informationen zu bieten, aus denen die Zusammenhänge zwischen Lohnpolitik und volkswirtschaftlichem Gesamtprozeß deutlich würden. 1960 wurde erstmals mit dem sogenannten *Blessing*-Gutachten der Deutschen Bundesbank den Tarifpartnern eine Leitlinie für ihre Politik gegeben. 1962 und 1963 veröffentlichte die Bundesregierung Wirtschaftsberichte, in denen im Zusammenhang mit Prognosen auf die Verantwortung der Tarifpartner für Konjunktur und Stabilität hingewiesen wurde.

4 Vgl. die Jahresgutachten des Sachverständigenrates zur Begutachtung der gesamtwirtschaftlichen Entwicklung 1969/70, TZ 242, und 1967/68, TZ 246.

5 Nach Meinung von *Reichel* beruht das von *Ludwig Erhard* entworfene Konzept einer »Formierten Gesellschaft« auf einer derartigen Struktur.

Herbert Reichel, Formierte Gesellschaft und Information der Bürger, in: Kommentar zur Politik, Folge 1, Januar 1966.
Die dialogische Machtstruktur ist durch die Neue Wirtschaftspolitik besonders deutlich geworden, in der es als ihr wesentliches Element um eine echte Koordination von Fiskal-, Geld- und Lohnpolitik, um die Koordination der Wirtschaftsträger Staat, Bundesbank und Sozialpartner geht. *J. Klaus* spricht von »dreistrahliger Globalsteuerung«. *Joachim Klaus,* Der Wandel ordnungspolitischer Vorstellungen durch Globalsteuerung und Konzertierte Aktion, in: Zeitschrift für Nationalökonomie, Heft 29, 1969, S. 390.
Demgegenüber spricht *Schiller* von einer »gruppenhaft organisierten Wirtschaftsgesellschaft«, in: Konjunkturpolitik auf dem Wege zu einer Affluent Society, Kiel 1968, S. 72, und *J. Werner* betont, daß der »wirtschaftspolitische Machtgewinn der Wirtschaftsverbände zu einer engen Verflechtung zwischen ihnen und dem Staat geführt [hat], in welcher die Wirtschaftsverbände zwar durchaus auch als Gebende, in erster Linie aber als Nehmende erscheinen«. *Josua Werner,* Funktionswandel der Wirtschaftsverbände durch die Konzertierte Aktion?, in: Konzertierte Aktion. Kritische Beiträge zu einem Experiment, hrsg. von *Erich Hoppmann,* Frankfurt am Main 1971, S. 186.

[6] Aus der Fülle der Literatur, die sich mit dem Thema Konzertierte Aktion und Wirtschaftsordnung beschäftigt, sei besonders hervorgehoben: *Kurt Biedenkopf,* Ordnungspolitische Probleme der neuen Wirtschaftspolitik, in: Jahrbuch für Sozialwissenschaften, Bd. 19 (1968), S. 308 bis 331, sowie *ders.,* Wirtschaftsordnung ist Rechtsordnung, in: Zum Dialog, Nr. 18, Juli 1969, S. 7. *Biedenkopf* weist überzeugend nach, daß die Neue Wirtschaftspolitik insbesondere durch die in der Konzertierten Aktion manifestierte *institutionelle* Kooperation von Staat und organisierten Gruppen in Widerspruch zu den Grundsätzen der Sozialen Marktwirtschaft steht.

[7] Konzertierte Aktion — Bericht über die Erfahrungen seit ihrem Bestehen, in: Berichte des Deutschen Industrieinstituts zur Wirtschaftspolitik, 4. Jg., Nr. 6, 1970, S. 4; vgl. auch *E. Tuchfeldt,* Konzertierte Aktion. Zu einem bemerkenswerten Buch über die westdeutschen Erfahrungen mit Einkommenspolitik, in: NZZ vom 11. Juni 1972, Nr. 667, S. 19.

[8] *Watrin* zitiert in diesem Zusammenhang *J. L. Talmon,* Die Ursprünge der totalitären Demokratie, Köln - Opladen 1961, S. 8 f.

[9] *Christian Watrin,* Die Demokratisierung der Wirtschaftspolitik in der Bundesrepublik Deutschland, in: Demokratie und Mitbestimmung, *Utz - Streithofen* (Hrsg.), Stuttgart 1971, S. 125.

[10] *Fritz Naphtali* nennt als den eigentlichen Ursprung wirtschaftsdemokratischer Vorstellungen die 1897 von *Sidney Webb* geforderte Gesellschaftsordnung der »Industrial Democracy« und begründet die relativ späte Entwicklung dieses Gedankengutes in Deutschland damit, daß die Idee der Wirtschaftsdemokratie nur dann in einem Lande lebendig werden kann, wenn die Arbeiterschaft bereits bestimmte Erfahrungen in der politischen

Demokratie besitzt. *Fritz Naphtali,* Wirtschaftsdemokratie. Ihr Wesen, Weg und Ziel, Berlin 1928, S. 6.

11 Im gewerkschaftlichen Sprachgebrauch wird heute noch gern das Beiwort »überbetrieblich« gebraucht, da es, wie *Katterle* hervorhebt, »offen« ist; d. h., es »deutet nur an, daß die überbetriebliche Mitbestimmung oberhalb der Betriebe ansetzt, legt aber noch nicht die Bereiche der Einflußnahme fest. Dies geschieht durch die Bezeichnung *gesamtwirtschaftliche* Mitbestimmung, die neuerdings häufiger verwendet wird.« Diese Bezeichnung hat nach *Katterle* den Nachteil, »daß sie lediglich auf den gesamtwirtschaftlichen Aspekt hinweist, der nur einen Ausschnitt der überbetrieblichen Mitbestimmung bezeichnet«. *Siegfried Katterle,* Aufgaben überbetrieblicher Mitbestimmung, in: Gewerkschaftliche Monatshefte, Nr. 10, 22. Jg., Oktober 1971, S. 603.

12 *Fritz Naphtali,* Wirtschaftsdemokratie, a. a. O.

13 *Otto Brenner,* Einführung zur Neuauflage der Programmschrift von Naphtali, Frankfurt am Main 1966, S. 10.

14 Der zweite Gedanke, »Über die Wirtschaftsdemokratie zum Sozialismus«, läßt eine genaue Umschreibung dessen, was unter »Sozialismus« zu verstehen ist, vermissen. Gelegentlich erweckt *Naphtali* den Eindruck, als sei — wie *Franz Böhm* in seiner auch heute noch beachtenswerten Auseinandersetzung mit dem wirtschaftlichen Mitbestimmungsrecht hervorhebt — Wirtschaftsdemokratie lediglich eine andere Methode der Verwirklichung des Sozialismus, nämlich die Ersetzung der gewaltsamen Revolution und der Diktatur des Proletariats durch eine Art kalter Revolution auf dem Umweg über die Vervollkommnung der Demokratie. Dennoch scheint *Naphtali* an dem Postulat der vollen Sozialisierung aller Produktionsmittel nicht mehr festzuhalten. Vgl. *Franz Böhm,* Das wirtschaftliche Mitbestimmungsrecht der Arbeiter im Betrieb, in: ORDO, Jahrbuch für die Ordnung von Wirtschaft und Gesellschaft, Bd. 4, 1951, S. 44 f.

15 Zu den beiden anderen Gesichtspunkten vgl. die in diesem Band erschienenen Aufsätze von *Kurt Biedenkopf, James A. Buchanan* (USA) und *Werner Heldmann.*

16 Allein durch die Art der Information und der Appelle kann eine Unterscheidung zwischen Sozialem Dialog und Konzertierter Aktion getroffen werden; diese besteht darin, daß die Information bei der Konzertierten Aktion quantitativen Charakter hat. *Tuchtfeldt* spricht von »quantifizierten Moral-Suasion-Appellen«, wobei es letztlich — und im Vergleich der »Seelenmassage« *Ludwig Erhards* — ziemlich »belanglos [sei], ob die Instrumentalisierung von Information mit oder ohne Zahlen« erfolge. Die Distanz zu den früheren Maßhalte-Appellen sei dadurch geringer geworden, daß »die Regierung unter dem Druck der Sozialpartner sogar [vorübergehend] auf die Vorlage der gesetzlich vorgeschriebenen ›Orientierungsdaten‹ verzichtet« habe. *Egon Tuchtfeldt,* Moral Suasion in der Wirtschaftspolitik, in: Konzertierte Aktion, a. a. O., S. 22.

17 Vgl. hierzu die Gutachten des Sachverständigenrates von 1964/65, TZ 248; 1965/66, TZ 194; 1967/68, TZ 373; 1969/70, TZ 70.

[18] Vgl. hierzu die Gutachten des Sachverständigenrates von 1969/70, TZ 242, und 1967/68, TZ 246.

[19] *Ludwig Erhard,* Interview mit dem Generalanzeiger für Bonn und Umgebung sowie ein Interview mit dem WDR, abgedruckt in: Formierte Gesellschaft, a. a. O., S. 15 bzw. S. 25 f.

[20] Die Formierte Gesellschaft, a. a. O., S. 32.
Vgl. hierzu auch jene Vertreter des Pluralismusgedankens, die darauf hinweisen, daß neben dem konfliktgeladenen, kontroversen Sektor ein Konsensusbereich besteht, ein Kern nichtstrittiger und ordnungspolitischer Maßstäbe, der die gesellschaftliche Ordnung ausmacht und letztlich zusammenhält. Vgl. hierzu insbesondere *G. Colm,* Zum Begriff des Allgemeinwohls, in: Soziale Verantwortung, Festschrift für Götz Briefs zum 80. Geburtstag, Berlin 1968, sowie *F. A. Hermens,* Staat, Interessen, Ideologien und politische Willensbildung, Köln - Opladen 1968, besonders S. 164 ff. Dieses Gesellschaftsbild berührt sehr stark den Integrations- und Konfliktcharakter in einer Gesellschaft. *Helmut Schelsky* schreibt dazu: »Integration und Konflikt konstituieren nicht zwei verschiedene, in sich jeweils geschlossene Strukturen unserer Gesellschaft, sondern sie treten in jeder strukturwichtigen Beziehung der sozialen Verfassung gemeinsam und in jeweils spezifischer Weise in Erscheinung.« *Helmut Schelsky,* Die Bedeutung des Klassenbegriffes für die Analyse unserer Gesellschaft, in: Jahrbuch für Sozialwissenschaft, Bd. 12, 1961, S. 260, zitiert bei *Rudolf Tartler,* Georg Simmels Beitrag zur Integrations- und Konflikttheorie der Gesellschaft, in: Jahrbuch für Sozialwissenschaft, Bd. 16, 1965, S. 5 f. *Dahrendorf* dagegen geht von einer »Doppelgesichtigkeit der Sozialstruktur« aus und will dieser mit einer jeweils in sich geschlossenen Theorie, einer Integrationstheorie und einer Konflikttheorie, begegnen. *R. Dahrendorf,* Gesellschaft und Freiheit. Zur soziologischen Analyse der Gegenwart, München 1961, S. 124 f., zitiert bei *R. Tartler,* Georg Simmels Beitrag, a. a. O., S. 5.

[21] In: *ders.,* Wirtschaftsordnung, Freiburg 1966, S. 300.

[22] *Ludwig Erhard,* 14. Bundesparteitag der CDU in Bonn, 22. März 1966.

[23] *Josua Werner,* Die Wirtschaftsverbände in der Marktwirtschaft, St. Galler Wirtschaftswissenschaftliche Forschungen, Bd. 12, Zürich - St. Gallen 1957; *ders.,* Die Wirtschaftsverbände als Träger von Ordnungsfunktionen, in: Probleme der Willensbildung und der wirtschaftlichen Führung, hrsg. von *H. J. Seraphim,* Schriften des Vereins für Socialpolitik, N. F., Bd. 19, Berlin 1959; *ders.,* Funktionswandel der Wirtschaftsverbände, a. a. O.

[24] *Josua Werner,* Funktionswandel der Wirtschaftsverbände, a. a. O., S. 187.

[25] *Wilhelm Kaltenborn,* Über die Notwendigkeit gesamtwirtschaftlicher Mitbestimmung. Bemerkungen zum Verhältnis von Staat und Gesellschaft, in: Gewerkschaftliche Monatshefte, Nr. 9, 1971, S. 521 ff.
Heinz O. Vetter, Gedanken zur Satzungs- und Gewerkschaftsreform, Deutscher Gewerkschaftsbund (Hrsg.), o. O., o. J.; vgl. auch das Grundsatzreferat des neuen IG-Metall-Vorsitzenden *Eugen Loderer* anläßlich seiner Wahl zum Nachfolger von Otto Brenner im Juni 1972.

[26] *Wilhelm Kaltenborn,* Über die Notwendigkeit, a. a. O., S. 525.

[27] *Heinz O. Vetter,* Gedanken, a. a. O., S. 9 f.

[28] Vgl. zu den gesellschaftskritischen Analysen *Heinrich B. Streithofen,* Gesellschaftskritik und die Forderung nach »Demokratisierung aller Lebensbereiche«, in diesem Band der Schriftenreihe der Ludwig-Erhard-Stiftung.

[29] *Fritz Naphtali,* Wirtschaftsdemokratie, a. a. O., Neue Auflage, Frankfurt am Main 1966, S. 13 f.

[30] *Karl R. Popper,* Prognose und Prophetie in den Sozialwissenschaften, in: Logik der Sozialwissenschaften, hrsg. von *E. Topitsch,* 7. Auflage, Köln 1971, S. 119.

[31] Es muß mit Interesse festgehalten werden, daß sich die Gewerkschaft als politische Bewegung versteht. *Kaltenborn* schließt die Parteien »als Vehikel der gesellschaftspolitisch relevanten Ziele gewerkschaftlichen Kampfes aus«. *Kaltenborn,* a. a. O., S. 528.
Vgl. hierzu auch das Fernsehinterview »Zur Person«, das *G. Gaus* mit *Vetter* führte und in der FAZ wiedergegeben wurde. »Notfalls auch an den Parteien vorbei«, FAZ vom 6. Dezember 1971, Nr. 282.

[32] *Heinz O. Vetter,* Gedanken, a. a. O., S. 8.

[33] *J. Seifert,* Gegenmacht in der Verfassungsordnung, in: Festschrift für Otto Brenner, hrsg. von *P. v. Oertzen,* Frankfurt am Main 1967, S. 87.

[34] *E. Schmidt,* Ordnungsfaktor oder Gegenmacht. Die politische Rolle der Gewerkschaften, Frankfurt am Main 1971, S. 170; vgl. hierzu auch den Aufsatz von *Hermann Adam,* Konzertierte Aktion, politische Willensbildung und Tarifautonomie in der Bundesrepublik, in: WWI-Mitteilungen, Nr. 2/3, 25. Jg., 1972, S. 61 bis 71.

[35] *Götz Briefs,* Staat und Wirtschaft, a. a. O., S. 8.

[36] Ebenda.

[37] *Wilhelm Kaltenborn,* Über die Notwendigkeit, a. a. O., S. 528.

[38] Es zeigte sich in den Sitzungen der Konzertierten Aktion, daß die Gewerkschaften mit ihrer Forderung, die Gesprächsthemen auf gesellschaftspolitische Themen auszuweiten, nicht durchgekommen sind. Es sei dahingestellt, ob Minister *Schiller* eine Lösung dadurch herbeigeführt hat, indem er die Beratung kontroverser gesellschaftspolitischer Fragen in Ausschüssen behandeln ließ. Inzwischen hat sich gezeigt, daß die Gewerkschaften mit dieser Form nicht einverstanden sind (vgl. den DGB-Kongreß in Berlin, Juni 1972) und deshalb die Konzertierte Aktion überhaupt in Frage stellen wollen. Der Nachfolger *Schillers* im Wirtschafts- und Finanzministerium, *Helmut Schmidt,* dagegen erklärte unmittelbar nach seinem Amtsantritt gegenüber dpa (13. Juli 1972) sein Verständnis für die von den Gewerkschaften erhobene Forderung, den Themenkreis der Konzertierten Aktion um den Bereich der Gesellschaftspolitik zu erweitern.

[39] *Hermann Adam,* Konzertierte Aktion. Konzeptionen, gesellschaftstheoretischer Hintergrund und Grenzen eines neuen Steuerungsinstrumentes, in: WWI-Mitteilungen, Heft 7, 1971, S. 205.

[40] *Joachim Klaus,* Der Wandel ordnungspolitischer Vorstellungen durch

Globalsteuerung und Konzertierte Aktion, a. a. O.; *ders.*, Konzeption für die Zukunft, in: Der Volkswirt, Nr. 3, vom 17. Januar 1969; *ders.* und *H. J. Falk*, Geldpolitik und Globalsteuerung, in: Kredit und Kapital, 2. Jg., 1969, Heft 2, S. 160 ff.

[41] *J. Klaus*, Der Wandel, a. a. O., S. 386, und *H. Giersch*, Allgemeine Wirtschaftspolitik, Wiesbaden 1960, S. 22.

[42] Gutachten des Sachverständigenrates 1969/70, TZ 242, und 1967/68, TZ 246.

[43] *Joachim Klaus*, Der Wandel, a. a. O., S. 396.

[44] *Ders.*, Konzeption für die Zukunft, a. a. O., S. 29; vgl. hierzu auch die Ausführungen von *Klaus* in: Lohnpolitik und Einkommensverteilung, Schriften des Vereins für Socialpolitik, N. F., Bd. 51, Berlin 1969, S. 99 bis 136.

[45] *Ders.*, a. a. O., S. 29.

[46] *Christian Watrin*, Die Demokratisierung, a. a. O., S. 125; *Watrin* umschreibt diese Entwicklung, die zur Einbeziehung gesellschaftlicher Kräfte, besonders von Wirtschaftsverbänden, in die staatliche Sphäre führt, mit »Verstaatlichung der Gesellschaft« und versteht Demokratisierung als »Beteiligung von Verbänden an der staatlichen Wirtschaftspolitik«. Ebenda, Fußnote 1.

[47] *Karl Schiller*, Reden zur Wirtschaftspolitik, Bd. 5, S. 160.

[48] Der heutige Vorschlag des DGB sieht die Gründung eines Bundeswirtschafts- und Sozialrates (BWSR) vor. Vgl. hierzu den einstimmig gefaßten Beschluß des Bundesausschusses des DGB vom 3. März 1971: Mitbestimmung im gesamtwirtschaftlichen Bereich, Abschnitt III, in: Gewerkschaftliche Monatshefte, Nr. 9, 1971, S. 569 ff.

[49] »So können Verfahren wie die ›Konzertierte Aktion‹ ... in den Rat einbezogen oder daneben errichtet werden.« Vgl.: Wir verzichten nicht auf Mitentscheidung. Neue Konzeptionen des DGB für eine Mitbestimmung im gesamtwirtschaftlichen Bereich, in: Welt der Arbeit vom 14. Februar 1969. *Wallraff* sieht die Konzentrierte Aktion als eine Vorstufe zu einer neuen Spielart eines Wirtschafts- und Sozialrates an. *H. J. Wallraff*, Die Konzertierte Aktion — Analyse ihrer Leitideen, in: Gewerkschaftliche Monatshefte, Nr. 6, 1969, S. 347.

[50] *F. Naphtali*, Wirtschaftsdemokratie, a. a. O.

Kurt Brüss

Interessenverbände und staatliche Wirtschaftspolitik – zur Problematik der Demokratisierung der Wirtschaftspolitik in einer marktwirtschaftlichen Ordnung

Die Demokratisierungsdiskussion der vergangenen Jahre in der Bundesrepublik Deutschland kreiste letzten Endes immer wieder um ein Problem: Ist die Demokratie nur als politische Organisationsform des Staates[1] – nach bestimmten Kriterien und Prinzipien – zu verstehen, oder ist sie eine Lebensform, eine Geisteshaltung, die sich nicht nur auf die staatliche Sphäre beschränken darf, sondern alle gesellschaftlichen Teilbereiche umfassen muß[2]?

Versucht man den sich aus der zweiten Definition ableitenden, umstrittenen universellen Geltungsanspruch, der in der Forderung nach »Demokratisierung aller Lebensbereiche« seinen propagandistischen Ausdruck findet, zu operationalisieren, so stößt man auf nicht unerhebliche Schwierigkeiten. Zwar soll die Demokratisierung der Gesellschaft die politische Demokratie, die ihre Verwirklichung im parlamentarischen System findet, abstützen[3], sie dürfe jedoch nicht, so wird argumentiert, auf eine bloße Übertragung »staatsdemokratischer Elemente« und somit auf eine Parlamentarisierung der Gesellschaft hinauslaufen. Vielmehr »wäre zu überlegen, jeweils genuine Formen von Demokratie im Sinne von Mitwirkungschancen und Mitberatungselementen für die einzelnen Teilbereiche zu finden . . .[4]«

Folgt man dieser allgemeinen Definition, *läßt sich als konkreter Ansatz zur Demokratisierung der deutschen Wirtschaftspolitik,* also jenem Gebiet der staatlichen Tätigkeit, die »auf möglichst rationale Weise die mehr oder minder planvollen Dispositionen der Wirtschaftssubjekte über Geld, Geldwerte oder sonst knappe Mittel – die Aufstellung und Vollzug ihrer Wirtschaftspläne – zu beeinflussen und damit einen Bereich des gesellschaftlichen Geschehens zu lenken[5]« versucht, *die Konzertierte Aktion lokalisieren.* Es bedarf vielleicht einer besonderen Erwähnung, daß sie

Überlegungen entstammt, die keineswegs auf eine ordnungspolitische Neuorientierung im Sinne wirtschaftsdemokratischer Vorstellungen gerichtet waren, sondern prozeßpolitische Ziele verfolgten.
Der Begriff »Konzertierte Aktion« wurde vom Sachverständigenrat zur Begutachtung der gesamtwirtschaftlichen Entwicklung
geprägt[6]. Er kennzeichnete sie als einen »gesellschaftspolitischen
Akkord«, eine »Stabilisierung ohne Stabilisierungskrise« und als
einen »neuen contrat social[7]«, so daß andere, an die letztere Bezeichnung anknüpfend, sie nicht zu Unrecht mit dem »contrat
social« und den radikaldemokratischen Vorstellungen *J. J. Rousseaus* verglichen[8]. Der Sachverständigenrat setzte damit eine *ordnungspolitische* Diskussion in Gang, in deren Verlauf erneut um
die Frage nach den Grundlagen der gegenwärtigen, in der Bundesrepublik Deutschland verwirklichten Wirtschafts- und Gesellschaftsordnung gestritten wurde[9].

Die »konzertierte Stabilisierungsaktion«, so wie sie zum ersten
Mal im zweiten Jahresgutachten des Sachverständigenrates zur
Begutachtung der gesamtwirtschaftlichen Entwicklung entworfen
wurde, war eigentlich nur als *konjunkturpolitisches* Instrument zur
Bekämpfung der Preisauftriebstendenzen gedacht und wurde als
ein Weg zur Stabilisierung »ohne deflatorische Begleiterscheinungen[10]« empfohlen. Sie erhielt jedoch dadurch, daß durch sie den
organisierten Interessenverbänden die Gelegenheit gegeben wurde,
»permanent die Vorbereitung der Wirtschafts- und Finanzpolitik
des Staates zu beeinflussen und an dieser Vorformung der Politik
gleichberechtigt mitzuwirken[11]«, konstitutive wirtschaftsdemokratische Elemente[12]. Parallelen lassen sich nicht nur zu den gewerkschaftlichen Forderungen nach »gesamtwirtschaftlicher Mitbestimmung[13]« und zu dem Gesetzentwurf über die Einrichtung eines
Bundeswirtschafts- und Sozialrates einiger CDU-Bundestagsabge-
ordneter ziehen[14]. *Karl Schiller* selbst bestätigte diesen Zusammenhang: »Als ich vor einigen Monaten bei einer Pressekonferenz
sagte, die Konzertierte Aktion gebe den autonomen Gruppen,
Gewerkschaften und Unternehmerverbänden die Gelegenheit, an
der Vorbereitung der Wirtschaftspolitik mitzuwirken, sagte ein
cleverer Journalist: ›Dann sind doch Sie, Herr Schiller, der erste
mitbestimmte Minister der Bundesrepublik.‹ Ich sagte daraufhin zu
diesem Journalisten: ›Ich fühle mich ganz wohl dabei‹[15].«

Ob die von *Karl Schiller* an anderer Stelle behauptete, durch die Konzertierte Aktion bereits bewirkte »Veränderung des gesellschaftlichen Bewußtseins[16]« auch zu einer Veränderung des »Seins«, d. h. zu einer ordnungspolitischen Neuorientierung, führt, soll an anderer Stelle in diesem Sammelband* behandelt werden. Im folgenden soll nur die prozeßpolitische Adäquanz dieses neuen Steuerungsinstruments untersucht werden.

I. Die Konzeption des Sachverständigenrates zur Begutachtung der gesamtwirtschaftlichen Entwicklung

Anders als die Theorie der liberalen Demokratie, die den Wirtschaftsverbänden erlaubt, ihre partikulären Interessen wahrzunehmen, ohne dabei einen Konsensus mit den Vorstellungen der Regierung anzustreben, sollten nach den Vorstellungen des Sachverständigenrates die Zielsetzungen der autonomen Gruppen mit denen der Regierung abgestimmt und somit in den Dienst gesamtwirtschaftlicher Überlegungen gestellt werden. »Der Preis, den sie für diese Mitarbeit in Gestalt der Beschränkung ihrer privaten Autonomie bezahlen, soll durch das Recht aufgehoben werden, die staatliche Wirtschaftspolitik mitzuberaten und eventuell mitzubestimmen[17].«

Der Sachverständigenrat zur Begutachtung der gesamtwirtschaftlichen Entwicklung ging bei der Konzipierung der Konzertierten Aktion von der Annahme aus, daß die wirtschaftliche Lage der Bundesrepublik Deutschland im Jahre 1965 durch ein labiles inflatorisches Gleichgewicht gekennzeichnet sei[18]. Von den in der ökonomischen Theorie verwandten Hypothesen zur Erklärung der Veränderungen des Geldwertes[19], wie etwa der Quantitätstheorie, der Einkommenstheorie oder der Theorie des internationalen Preiszusammenhangs, bediente sich der Sachverständigenrat der angebotsorientierten Variante der Einkommenstheorie. Danach entspricht die Entlohnung der Produktionsfaktoren tendenziell nicht den Knappheitsverhältnissen auf den Faktormärk-

* Vgl. dazu den Beitrag von *B. Hagemeyer* in diesem Band.

ten, sondern erfolgt »durch autonome Festsetzung unter Einsatz von Marktmacht[20]«.

Zu den bekanntesten dieser Inflationshypothesen gehören die »wage-push-inflation« und die »profit-push-inflation«. Sie erklären die Preissteigerungen damit, daß die Arbeitnehmer Lohnerhöhungen und die Unternehmer Gewinnaufschläge durchsetzen können, die über dem realen Wirtschaftswachstum liegen. *A. Bosch* und *R. Veit* gehen sogar so weit, daraus zu folgern, daß es keine Stabilitätspolitik der Zentralbank mehr gäbe, sondern daß »das Schicksal des Geldwertes in die Hände der Tarifpartner gelegt [sei], ohne daß diese offiziell die Verantwortung dafür [trügen][21]«.

Dementsprechend sah der Sachverständigenrat die inflatorische Entwicklung als die Folge »ungeduldigen Drängens vieler Gruppen und Körperschaften in Gesellschaft und Staat, mangelnden Widerstands der verantwortlichen Instanzen, vor allem in Wahljahren, und ungenügender automatischer Sicherungen im Ordnungssystem von Gesellschaft und Staat[22]«. Aus diesem Erklärungsansatz leitete der Sachverständigenrat seine therapeutischen Vorschläge ab. Er griff dabei wieder Vorstellungen auf, die er in Anlehnung an das von *Solow* und *Samuelson* modifizierte Phillips-Theorem[23] bereits in seinem ersten Jahresgutachten entwickelt hatte. Danach könne bei Vollbeschäftigung und gleichzeitiger schleichender Inflation die Geldwertstabilität kurzfristig und ohne direkte Eingriffe in die Preis- und Lohnbildung nur auf Kosten sinkender Investitionen und zunehmender Arbeitslosigkeit wiederhergestellt werden. Soll das vermieden werden, müsse man »nach anderen Möglichkeiten suchen, die Vollbeschäftigung und Geldwertstabilität gegen die Gefahren zu sichern, die nunmehr von den Vorhaben der Sozialpartner ausgehen können. Die einzige, die mit unserer Wirtschaftsordnung vereinbar ist — eine andere sehen wir nicht —, liegt in der Aufklärung über jene lohnpolitischen Bedingungen, unter denen ohne Beschränkung der tarifpolitischen Autonomie der Sozialpartner Geldwertstabilität ohne Arbeitslosigkeit — oder Vollbeschäftigung ohne Inflation — möglich ist[24].«

Was hier erst vage angekündigt wird, wird ausführlich im Zweiten Jahresgutachten dargelegt. Der Sachverständigenrat ist dort der Meinung, daß eine Stabilisierung des Geldwertes »ohne deflatorische Begleiterscheinungen erreichbar ist, wenn sie wirklich gewollt wird und wenn die gesellschaftlichen Kräfte systematisch auf dieses Ziel hingelenkt werden[25]«. Es bedürfe dazu jedoch einer »Abstimmung der Verhaltensweisen im Rahmen einer umfassenden wirtschaftspolitischen Konzeption[26]«. In dieser konzertierten, d. h. gleichzeitigen und gemeinsamen Verhaltensabstimmung sollten Bund, Länder und Gemeinden die Steigerung ihrer Ausgaben, die Bundesbank im Zusammenwirken mit den Geschäftsbanken die Expansion des Kreditvolumens zur Finanzierung der Privatinvestitionen und die Sozialpartner die Zunahme der tariflichen Stundenverdienste im gesamtwirtschaftlichen Durchschnitt im Rahmen der Zunahme des realen Sozialproduktes bzw. des Produktivitätsfortschritts zuzüglich einer Marge von zwei Prozentpunkten halten[27]. Darüber hinaus müsse die Bundesregierung dazu beitragen, »daß das Mißtrauen im Verhältnis der Beteiligten zueinander ... systematisch abgebaut wird und einem zukunftsbezogenen Vertrauensverhältnis Platz macht[28]«. Nur so könne erreicht werden, »daß diejenigen, die Macht und Verantwortung für die Inlandsnachfrage haben, sich auf Leitlinien stabilitätskonformen Verhaltens einigen[29]«.

Der Sachverständigenrat sah für das Jahr 1966 eine besonders gute Gelegenheit für den Beginn seiner neuen Stabilisierungskonzeption, da »die Einkommensverteilung und die Streuung der Gewinne annähernd so sind, wie sie bei Geldwertstabilität wären, also keine große Einkommensgruppe auf die Dauer damit rechnen kann, aus der Preissteigerung mehr als nur einen scheinbaren Vorteil zu ziehen[30]«. Jede Gruppe könne daher »ohne wirkliche Nachteile an einem Stabilisierungsvorhaben mitwirken ..., sofern sich die wichtigsten anderen Gruppen zur gleichen Zeit im gleichen Maße daran beteiligen[31]«.

Schien es zunächst, als handelte es sich bei dem Vorschlag des Sachverständigenrates um eine situationsbedingte, einmalige konjunkturpolitische Maßnahme, tauchte sie in den Gutachten der folgenden Jahre immer wieder auf[32]. Wurde sie im Jahresgutachten 1966 noch als eine »gesellschaftspolitische Chance, den Preis für die Preisstabilität zu senken[33]«, dargestellt, erschien sie im Jahresgutachten 1967 als Basis »einer vorausschauenden Wirtschaftspolitik aus einem Guß[34]«. Die Sozialpartner sollten laufend über die zukünftige Fiskal-, Kredit- und Wirtschaftspolitik unterrichtet werden und zusammen mit den Trägern der staatlichen Wirtschaftspolitik Orientierungsdaten für eine preisniveauneutrale, wachstumsfördernde und die Vollbeschäftigung garantierende Lohnpolitik erarbeiten[35].

Der Sachverständigenrat ließ sich dabei von den im Düsseldorfer Grundsatzprogramm des Deutschen Gewerkschaftsbundes vom November 1963 niedergelegten Vorstellungen leiten[36]. Danach sollte ein »Nationalbudget« unter Mitbeteiligung des Deutschen Gewerkschaftsbundes entworfen werden, in dem die Zielsetzungen für die Entwicklung der Volkswirtschaft in einem bestimmten Zeitraum festgelegt und für die Organe der staatlichen Wirtschaftspolitik für verbindlich erklärt werden. Den nichtstaatlichen Wirtschaftsbereichen dagegen sollten sie lediglich als Orientierungsdaten und Entscheidungshilfen dienen.

Es erscheint somit logisch, daß der Sachverständigenrat in der Nichtbeachtung seiner Vorschläge den eigentlichen Grund für die wirtschaftliche Stagnation in den Jahren 1966/67 sah. Unter diesem Aspekt »ergibt sich für die Rezession, soweit sie über eine normale Konjunkturberuhigung hinausging, eine Erklärung grundsätzlicher Art: Der Grund liegt im Fehlen einer planvollen Koordination von Kredit- und Fiskalpolitik und im Fehlen einer wirksamen Verhaltensabstimmung zwischen den staatlichen Instanzen auf der einen und den nichtstaatlichen auf der anderen Seite[37].«

Mit dem Jahresgutachten 1969 bahnt sich eine differenziertere Betrachtung der Konzertierten Aktion an. Nachdem der Sachverständigenrat nur noch das Scheitern der Konzertierten Aktion bei dem Versuch, den Konjunkturverlauf zu verstetigen, konstatieren kann[38], sieht er ihre Aufgabe nun darin, die Einkommensentwicklung unter Kontrolle zu halten. Es gehe »um nicht weniger als um einen Friedensschluß vor einem möglichen Verteilungskampf, der es gestattet, das reale Volkseinkommen in der absehbaren Zukunft auf möglichst hohem Niveau zu sichern[39]«.

Ein entscheidender Wandel vollzieht sich jedoch erst mit dem Jahresgutachten 1970. Hier erscheint die Konzertierte Aktion nicht mehr als ein Forum der gegenseitigen Verhaltensabstimmung, sondern nur noch als Treffpunkt, auf dem die Vertreter des Staates und der autonomen Gruppen ihre Vorstellungen über die zukünftige wirtschaftliche Entwicklung darlegen und begründen[40]. Durch diese Gesprächsrunde sollen keine Leitlinien mehr für das Verhalten der Marktpartner erarbeitet werden. Sie solle vielmehr nur dazu dienen, »den Streit entgegengesetzter Interessen zu entkrampfen und auf diese Weise allseits die Bedingungen für ein Verhalten, das marktgerecht über den Tag hinaus ist, verbessern[41]«.

In diesem Zusammenhang vertritt der Sachverständigenrat die Meinung, daß die staatlichen Instanzen *allein* in der Lage seien, den inflatorischen Kräften entgegenzuwirken[42]. Sie könnten mit der Kreditpolitik, der Finanzpolitik und der Währungspolitik die Nachfrage so steuern, daß sie nicht das reale Produktionswachstum übersteigt. Da sie aber dem Ziel der Vollbeschäftigung ebenso verpflichtet seien wie dem der Geldwertstabilität, könnten sie ihre Stärke nicht voll ausnutzen[43].

Die Schwäche der staatlichen Instanzen sei aber die Stärke der autonomen Gruppen. Da es nicht selbstverständlich sei, daß diese sich stabilitätskonform verhielten, sei es Aufgabe der Wirtschaftspolitik, zu verhindern, »daß das legitime partikulare Interesse der Gruppen in Widerspruch zum gesamtwirtschaftlichen Interesse gerät[44]«.

Soll die Stabilisierung des Preisniveaus bei Vollbeschäftigung erreicht werden, müsse die staatliche Wirtschaftspolitik darauf gerichtet sein, eine Koordination des Verhaltens der Marktparteien herbeizuführen. »Die beste Art der staatlichen Koordinationshilfe ist die glaubwürdige Darstellung dessen, was sich die staatlichen Instanzen für einen begrenzten Zeitraum zum Ziele setzen und welche Politik sie zur Sicherung dieses Ziels vorhaben[45].«

Welches sind nun die Gründe, die den Sachverständigenrat zu der Einsicht bewogen haben, daß eine Kooperation von Staat und autonomen Gruppen kein geeignetes Instrument für eine effektive Konjunktursteuerung ist? Der Sachverständigenrat räumt ein, daß er von falschen Annahmen über das Verhalten der autonomen Gruppen ausgegangen ist: »Daß diese [die autonomen Gruppen, der Verf.] Rücksicht auf Stabilität nehmen, ist nicht selbstverständlich. Die sozialen Spannungen, die dem Verteilungskampf zugrunde liegen, widerstreben der Zurückhaltung, die stabilitätskonformes Verhalten verlangt. Die Hoffnung auf einen Gewinn zu Lasten Dritter begünstigt daher eine Koalition der autonomen Gruppen gegen eine konsequente Stabilisierungspolitik. In diesem Fall führt eine Wirtschaftspolitik, die stabilitätskonformes Verhalten der Marktparteien zu marktgerechtem Verhalten macht, nicht zu Geldwertstabilität bei Vollbeschäftigung; zwei Ziele also, denen die Regierung gleichermaßen verpflichtet ist, geraten zueinander in Konkurrenz.

Oftmals werden allerdings die sozialen Spannungen verschärft durch konjunkturelle Fehlentwicklungen, für die der Staat die Verantwortung trägt. In diesen Fällen ist es schwer, den autonomen Gruppen einen Mißbrauch ihrer Macht vorzuwerfen, wenn sie sich einem Appell an ihre gesamtwirtschaftliche Verantwortung versagen und einen Gewinn auch dort suchen, wo der Markt ihn nur für kurze Zeit gewährt[46].«

Das vom Sachverständigenrat entwickelte Konzept einer wirtschaftspolitischen Kooperation von Staat und autonomen Gruppen scheiterte an seinen wirklichkeitsfremden Annahmen. Gemeinsame Ziele konnten nicht formuliert werden. Die Präferenzstrukturen und Interessenlagen der Teilnehmer an der Konzertierten Aktion waren zu unterschiedlich, als daß sie freiwillig aufeinander abgestimmt und in den Dienst gesamtwirtschaftlicher Erfordernisse hätten gestellt werden können[47]. Während jedoch der Sachverständigenrat diese Mängel erkannt hat, ist eine modifizierte Einstellung der Bundesregierung zu ihrem Konzept der »orientierenden Einkommenspolitik der leichten Hand[48]«, wie Bundesminister *K. Schiller* die Konzertierte Aktion einmal charakterisierte, bisher nicht zu beobachten.

II. Die Konzertierte Aktion als konstitutives Element der Neuen Wirtschaftspolitik

Nachdem der Vorschlag einer Konzertierten Aktion zur Überwindung der inflationären Entwicklung in der vom Sachverständigenrat zur Begutachtung der gesamtwirtschaftlichen Entwicklung ursprünglich vorgelegten Form von der Bundesregierung unter *Ludwig Erhard* abgelehnt worden war, wurde er von der Großen

Koalition wieder aufgegriffen. Bereits in seiner Regierungserklärung am 13. Dezember 1966 verkündete Bundeskanzler *Kiesinger* dazu: »Der Spielraum der Expansion hängt entscheidend von dem Erfolg einer freiwilligen und gemeinsamen Aktion der Gewerkschaften und Unternehmerverbände zu einem stabilitätsgerechten Verhalten im Aufschwung ab. Die Bundesregierung wird deshalb durch ihr Beispiel und Vorangehen eine solche Konzertierte Aktion unterstützen und hierzu sofort die notwendigen Initiativen ergreifen[49].«

Hierbei fällt bereits auf, daß anders als der Sachverständigenrat, der von einer gemeinsamen Verhaltensänderung nicht nur der Tarifpartner, sondern aller am Wirtschaftsleben Beteiligten zur Wiederherstellung der Geldwertstabilität sprach, die damalige Bundesregierung in der Konzertierten Aktion ein Instrument zur lohnpolitischen Absicherung ihrer auf Expansion gerichteten Wirtschafts- und Finanzpolitik sah. Konnte man diese modifizierte Zielsetzung noch aus der gewandelten konjunkturellen Lage erklären, so wurde doch spätestens mit der Verabschiedung des »Gesetzes zur Förderung des Stabilität und des Wachstums der Wirtschaft« ersichtlich, daß die Bundesregierung, und hier vor allem Bundeswirtschaftsminister *Karl Schiller,* die Konzertierte Aktion als ein allgemeines, nicht an eine bestimmte Situation gebundenes Instrument zur Steuerung der Konjunktur betrachtete.

Mit der Institutionalisierung der Konzertierten Aktion als einer auf Dauer angelegten und in regelmäßigen Abständen tagenden Veranstaltung ging Bundeswirtschaftsminister *Schiller* auch über den vom Stabilitätsgesetz gezogenen Rahmen hinaus. § 3 des Gesetzes zur Förderung der Stabilität und des Wachstums der Wirtschaft (StWG) bestimmt:

»(1) Im Falle der Gefährdung eines der Ziele des § 1[50] stellt die Bundesregierung Orientierungsdaten für ein gleichzeitiges, aufeinander abgestimmtes Verhalten (Konzertierte Aktion) der Gebietskörperschaften[51], der Gewerkschaften und der Unternehmerverbände zur Erreichung der Ziele des § 1 zur Verfügung. Diese Orientierungsdaten enthalten insbesondere eine Darstellung der gesamtwirtschaftlichen Zusammenhänge im Hinblick auf die gegebene Situation.

(2) Der Bundesminister für Wirtschaft hat die Orientierungsdaten auf Verlangen eines der Beteiligten zu erläutern.«

Abb. 1: Zum Lohndrift in der Bundesrepublik Deutschland

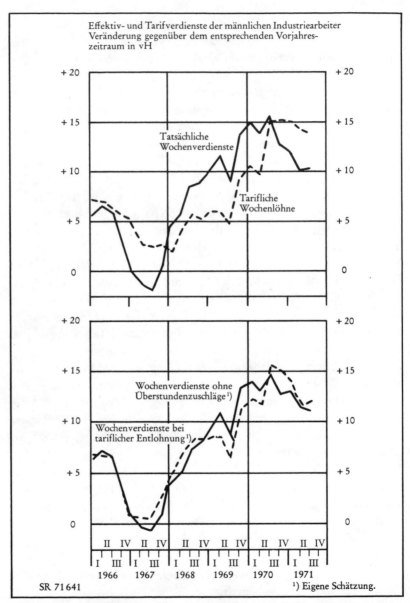

Effektiv- und Tarifverdienste der männlichen Industriearbeiter
Veränderung gegenüber dem entsprechenden Vorjahres-
zeitraum in vH

Quelle: Jahresgutachten 1971 des Sachverständigenrates zur Begutachtung der gesamtwirtschaftlichen Entwicklung, Bundestagsdrucksache VI/2847, S. 34.

Hieraus ist eindeutig zu schließen, daß die gesetzliche Verpflichtung nur für den Fall einer Gefährdung der gesamtwirtschaftlichen Ziele gilt. Geht man allerdings mit O. *Schlecht* davon aus, daß auf Grund der zwischen den Zielen Geldwertstabilität, Wachstum, Vollbeschäftigung und außenwirtschaftliches Gleichgewicht bestehenden Konfliktmöglichkeiten ihre gleichzeitige Realisierung in einer offenen Wirtschaft kaum erreichbar ist, ließe sich *Schillers* Entscheidung, die Konzertierte Aktion zu einer Dauereinrichtung zu machen, rechtfertigen[52]. Aufgabe der so verstandenen Konzertierten Aktion wäre es, das im § 1 des Stabilitätsgesetzes definierte Idealziel in einem permanenten Dialog zwischen den staatlichen Instanzen und den autonomen Gruppen der Gesellschaft annähernd zu erreichen.

Verfolgt man aber den Verlauf der Konzertierten Aktion[53], so zeigt sich, daß sich die in sie gesetzten Hoffnungen nur zum Teil erfüllt haben. Zwar soll sie dazu beigetragen haben, den konjunkturellen Aufschwung einzuleiten[54], sie versagte jedoch offensichtlich, als es darum ging, die überschäumende Konjunktur zu bremsen. Es muß ihre Verfechter enttäuschen, daß gerade die makroökonomischen Größen, wie Löhne und Preise, die am ehesten im Einflußbereich der Konzertierten Aktion lagen, wesentlich zu der Konjunkturüberhitzung beigetragen haben (vgl. hierzu Abb. 1, 2, 3, 4). Welches sind die Gründe für diese unbefriedigende Entwicklung? Begnügt man sich nicht mit dem Hinweis, daß die zunehmende Geldentwertung der letzten Jahre in der Bundesrepublik Deutschland durch Inflationsübertragungen aus dem Ausland zu erklären ist, muß man die fundamentalen Grundsätze dieses einkommenspolitischen Konzepts auf ihre logische Konsistenz hin überprüfen und fragen, ob die Konzertierte Aktion überhaupt zu einer konjunkturgerechten Verhaltensabstimmung beitragen kann.

Die Konzeption der Konzertierten Aktion als Bestandteil der Neuen Wirtschaftspolitik, die nach *K. Schiller* den »Übergang von der inaktiven Phase zur aufgeklärten Phase der Marktwirtschaft[55]« markiert, ist nur verständlich, wenn man den ihr zugrunde liegenden wirtschafts- und gesellschaftstheoretischen Erklärungsansatz betrachtet, den *K. Schiller J. K. Galbraith*[56] entliehen hat und der sich nicht ganz mit dem des Sachverständigenrates zur Begut-

Abb. 2: Lohnkosten in der Industrie[1])

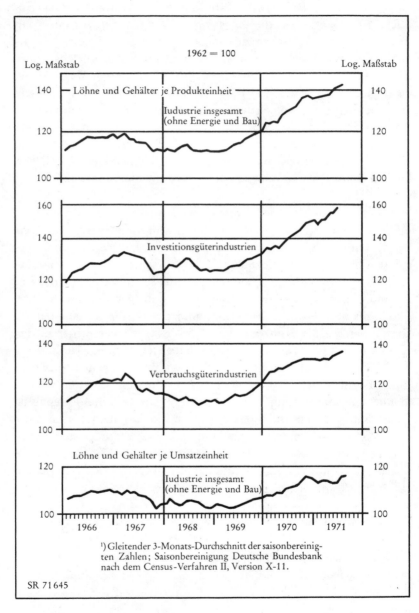

$$1962 = 100$$

Log. Maßstab   Log. Maßstab

Löhne und Gehälter je Produkteinheit

Iudustrie insgesamt (ohne Energie und Bau)

Investitionsgüterindustrien

Verbrauchsgüterindustrien

Löhne und Gehälter je Umsatzeinheit

Iudustrie insgesamt (ohne Energie und Bau)

1966   1967   1968   1969   1970   1971

[1]) Gleitender 3-Monats-Durchschnitt der saisonbereinig-
ten Zahlen; Saisonbereinigung Deutsche Bundesbank
nach dem Census-Verfahren II, Version X-11.

SR 71 645

Quelle: Jahresgutachten 1971, a. a. O., S. 34.

Abb. 3: Preisindex für die Lebenshaltung[1])

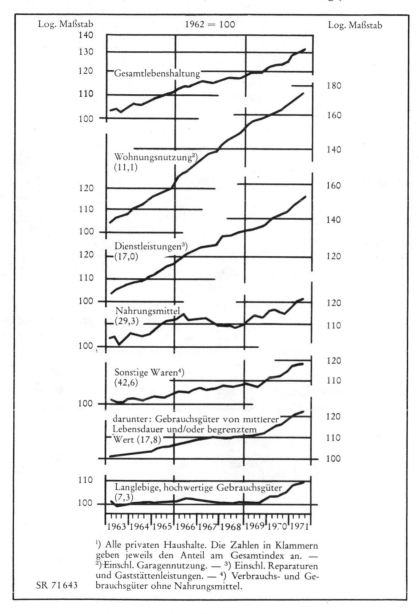

SR 71 643

[1]) Alle privaten Haushalte. Die Zahlen in Klammern geben jeweils den Anteil am Gesamtindex an. — [2]) Einschl. Garagennutzung. — [3]) Einschl. Reparaturen und Gaststättenleistungen. — [4]) Verbrauchs- und Gebrauchsgüter ohne Nahrungsmittel.

Quelle: Jahresgutachten 1971, a. a. O., S. 42.

achtung der gesamtwirtschaftlichen Entwicklung deckt. Danach müsse heute Konjunkturpolitik in einer Zeit betrieben werden, die durch den Übergang zu einer »expansiven, mobilen, flexiblen, sensiblen und hoch technisierten Gesellschaft[57]« gekennzeichnet sei. Die klassischen Instrumente der Geld- und Finanzpolitik reichten dazu aber nicht mehr aus. Notwendig sei vielmehr ihre Weiterentwicklung »zu einem System der Globalsteuerung im Sinne einer langfristig orientierten, aber zugleich konjunkturpolitisch flexiblen Wirtschafts- und Finanzpolitik aus einem Guß[58]«. Jedoch auch die so verstandene moderne Prozeßpolitik, deren »Werkzeugkasten« im Gesetz zur Förderung der Stabilität und des Wachstums der Wirtschaft rechtlich fixiert sei, könne die volkswirtschaftlichen Kreislaufgrößen (»Makrogrößen«) nur dann konjunkturgerecht beeinflussen, wenn sie von den lohnpolitischen Entscheidungen der Tarifpartner nicht konterkariert werde[59]. Eine an den volkswirtschaftlichen Notwendigkeiten orientierte Lohnpolitik könne aber nicht gegen die Tarifpartner durchgesetzt werden, sondern nur in einem konkreten »Zusammenspiel von staatlicher Wirtschaftspolitik und den autonomen Gruppen[60]«. Hier setze die Konzertierte Aktion an, die, um es mit *H. Tietmeyer* zu formulieren, »als ein Versuch einer freiwilligen Integration der den gesamtwirtschaftlichen Verlauf beeinflussenden Wirtschafts- und Finanzpolitik der verschiedenen Ebenen des Staats mit den autonomen, vor allem lohnpolitischen Entscheidungen der großen ogranisierten Wirtschafts- und Sozialverbände unter der Stabsführung der Bundesregierung konzipiert [sei][61].«

Bundesminister *K. Schiller* wie auch die anderen Verfechter der Konzertierten Aktion[62] begründen die Integration der autonomen Gruppen in den wirtschaftspolitischen Entscheidungsprozeß des Staates damit, daß die heutige Wirtschaftsgesellschaft nicht mehr als eine reine Privatgesellschaft oder als eine atomistische Wettbewerbsgesellschaft nach dem Walrasianischen Modell[63] zu begreifen sei. Wir lebten heute nicht mehr in einer Welt des Biedermeier, wo wirtschaftliche Individuen und Einzelfirmen miteinander konkurrierten, sondern »in einer Welt der großen Verbände, und zwar auf der Unternehmerseite wie auf der Arbeitnehmerseite[64]«. Diese seien Ausdruck unserer heutigen gruppenhaft aggregierten Gesellschaft. Wer zu diesen organisierten Gruppen in ein grund-

Abb. 4: Entwicklung der Verbraucherpreise in konjunkturellen Abschwungphasen[1])

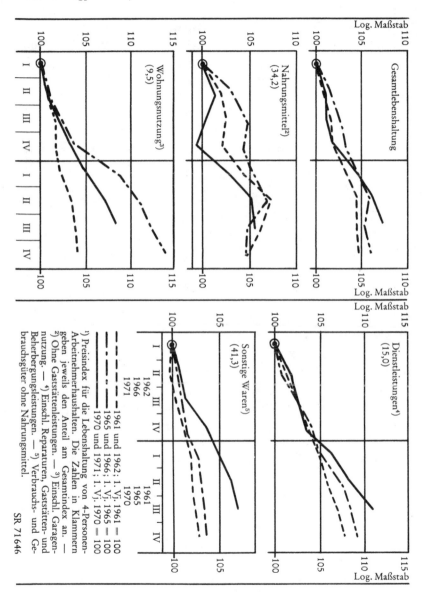

sätzlich negatives Verhältnis gerate, könne die Gesellschaft nicht mehr regieren.

In dieser gruppenhaft organisierten Gesellschaft hätten Oligopole und organisierte Interessenverbände auch Zugang zu Makrodezisionen, wenn sie sie nicht selbst usurpierten[65]. Die Konzertierte Aktion versuche die Macht der organisierten Gruppen in »ordnungspolitisch legitimen Schranken[66]« zu halten und sie in Übereinstimmung mit den marktwirtschaftlichen Grundsätzen zu kanalisieren. Sie bejahe die Existenz der organisierten Gruppen in unserer freiheitlichen Gesellschaft, denn mit ihr sei eine flexible Methode gefunden worden, um den autonomen Gruppen in der Gesellschaft eine Mitwirkung an der Verformung der Wirtschaftspolitik zu ermöglichen[67].

Ob nun aber der Wirtschaftsprozeß überhaupt als das Ergebnis der *Entscheidungen von Gruppen* verstanden werden kann, soll hier nur kurz gestreift werden, da weiter unten ausführlicher darauf eingegangen werden muß. *K. R. Popper* weist die Konzeption, soziale Ganzheiten, wie etwa Gruppen und Klassen, als empirische und demgemäß auch handelnde Objekte zu betrachten, als naiv zurück. Sie seien vielmehr »in sehr hohem Grade Postulate populärer Soziallehren und nicht empirische Objekte[68].« Als *empirische Objekte* ließen sich zwar die *einzelnen, da versammelten Menschen* auffassen, aber es sei völlig falsch, solche empirischen Gruppen durch eine Namensgebung zu Einheiten zu erheben. Diese Bezeichnungen seien »Symbole einer Art idealen Objektes, dessen Existenz von den theoretischen Annahmen abhängt[69]«. *K. R. Popper* bezeichnet den Glauben an die empirische Existenz sozialer Kollektive als *naiven Kollektivismus* und unterstützt damit die Forderung *J. St. Mills,* die Analyse sozialer Phänomene als die der Handlungen und Beziehungen von Individuen, und nicht von Gruppen, durchzuführen.

Kann somit die Realitätsbezogenheit der Annahme einer im wesentlichen gruppenhaft aggregierten und handelnden Gesellschaft zumindest mit einem Fragezeichen versehen werden — ohne daß dabei die Existenz organisierter Interessenverbände verleugnet werden soll —, müssen sich auch ihre wirtschaftspolitischen Implikationen als problematisch darstellen. Rationale Wirtschaftspolitik scheint für die Verfechter der Konzertierten Aktion zu bedeuten, die Volkswirtschaft als Ganzes auf einen bestimmten Zielkomplex, wie er zum Beispiel in § 1 StWG definiert ist, auszurichten. Die Volkswirtschaft wird nicht mehr als ein Wirkungsgefüge verstanden, das die Pläne der einzelnen Wirtschaftssubjekte aufeinander abstimmt und zum Ausgleich bringt, sondern als eine zweckgerichtete Organisation. In dieser, von *K. R. Popper* als holistisch[70] bezeichneten Konzeption, besteht die Aufgabe der Wirtschaftspolitik darin, für die gesamte Volkswirtschaft eine einheitliche Präferenzskala aufzustellen und die Bedingungen für ihre allgemeine Anerkennung zu schaffen. Sind aber in einer freiheitlich-pluralistischen Wirtschaftsordnung nicht alle für den Wirtschaftsablauf relevanten Entscheidungen in der Hand des Staates konzentriert, bleibt nur der Weg einer freiwilligen ex-ante-Abstimmung zwischen den staatlichen und den nichtstaatlichen Entscheidungsträgern[71].

Was die praktische Politik anbetrifft, so ergeben sich daraus für die Einstellung des Staates zu den Verbänden, deren Dezisionen als allein prozeßpolitisch relevant angesehen werden, folgende Konsequenzen: Die Träger der staatlichen Wirtschaftspolitik müssen sich um eine Koordination ihrer Politik mit den globalen Entscheidungen der autonomen Gruppen bemühen[72]. Zudem muß sichergestellt werden, daß das makroökonomisch »richtige« Verhalten auch zu entsprechenden mikroökonomischen Entscheidungen führt.

Nach Bundesminister *K. Schiller* konnte mit der Konzertierten Aktion nicht nur das Koordinations-, sondern auch das Übertragungsproblem gelöst werden. »Mit dieser Konzertierten Aktion . . . hat . . . der Gesetzgeber ›Ja‹ gesagt zu diesen autonomen organisierten Gruppen. Sie haben in unserer modernen Gesellschaft eine Funktion. Negiert man sie . . ., dann werden [sie] . . . geradezu übermächtig. Bezieht man sie ein, so werden sie nützlich. Mit der Konzertierten Aktion haben wir eine Transmissionseinrichtung gefunden, um bestimmte Verhaltensweisen auf die von Verbänden vertretenen Teile der Wirtschaft zu übertragen[73].«

Beruhen schon die Hypothesen über den den Wirtschaftsablauf determinierenden Entscheidungsprozeß auf unsicheren Annahmen, so übersteigt auch das Ziel einer umfassenden Verhaltensabstimmung bei weitem die Leistungsfähigkeit der praktischen Wirtschaftspolitik. Es setzt eine Machbarkeit oder, um es mit *Ludwig Erhard* zu formulieren, eine »Rechenhaftigkeit« des Wirtschaftsprozesses und eine Manipulierbarkeit der Verhaltensweisen voraus, wie sie aber von der Wirklichkeit nicht bestätigt werden. Das der Konzertierten Aktion zugrunde liegende holistische Konzept muß daher in letzter Konsequenz als utopisch bezeichnet werden[74].

Diese These wird erhärtet, wenn man die Frage nach den Grundannahmen für die Existenzberechtigung der Konzertierten Aktion stellt. Für Bundesminister *K. Schiller* war die Konzertierte Aktion »ein Tisch der kollektiven Vernunft. Kollektive Vernunft ist ein Wort, das noch aus alter Zeit, von *Hegel* und seinem großen Schüler kommt. Ich glaube an die kollektive Vernunft, und so sehe ich auch die Konzertierte Aktion als einen kleinen Baustein für die Welt, in der die *kollektive Vernunft mehr herrscht als heutzutage*[75].« Die Kennzeichnung der Konzertierten Aktion als »kollektive Vernunft« findet sich immer wieder. *K. Schiller* bezieht sich hierbei ausdrücklich auf *Hegel* und bestätigt somit selbst die Verwandtschaft seines eigenen methodologischen Ansatzpunkts und dem *Hegels*.

Für *G. W. F. Hegel* stellte sich ebenso wie für *Platon* und *Aristoteles* der Staat als ein Organismus dar. Mit der Frage konfrontiert, wer in diesem Staat herrschen solle, hatte als erster *J. J. Rousseau* geantwortet, nicht der Fürst, der Wille eines einzelnen also, solle regieren, sondern der Wille aller. Auf diese Weise wurde er zur Erfindung des Volkswillens, des kollektiven Willens oder des »allgemeinen Willens«, wie er es nannte, geführt[76]. *G. W. F. Hegel* folgte hier *J. J. Rousseau*. Er versah den Staat »mit einem bewußten und denkenden Wesen, seiner ›Vernunft‹ oder seinem ›Geist‹. Dieser Geist, ›*dessen wahres Wesen Tätigkeit ist*‹..., ist zur gleichen Zeit der kollektive Volksgeist[77].«

Diesem »methodologischen Kollektivismus[78]« hat vor allem *J. St. Mill* sehr heftig widersprochen. Er hat in sehr eindeutiger Weise gezeigt, daß das wirtschaftliche und soziale Geschehen nicht als die Manifestation eines allgemeinen Willens, eines Nationalgeistes oder Gruppengeistes verstanden werden kann, sondern das Resultat der Entscheidungen von Individuen ist. Die Gesetze des gesellschaftlichen Geschehens seien »die Gesetze der individuellen menschlichen Natur. Menschen, die zusammengebracht werden, verwandeln sich nicht in eine Substanz anderer Art...[79]« *J. St. Mill* weigert sich im Gegensatz zu Kollektivismus und Holismus, einen allgemeinen Willen anzuerkennen. Er beharrt darauf, »daß es möglich sein muß, das ›Verhalten‹ und die ›Handlungen‹ von Kollektiven wie Staaten und Sozialgruppen auf das Verhalten und die Handlungen menschlicher Individuen zu reduzieren[80]«.

Ist es somit höchst umstritten, ob überhaupt von der Existenz einer »kollektiven Vernunft« im eigentlichen Sinne des Wortes ausgegangen werden kann, bleibt zu fragen, ob die Einrichtung der Konzertierten Aktion insofern »vernünftig« ist, als sie eine zweckrationale Verhaltensabstimmung der Träger der staatlichen Wirtschaftspolitik mit den Vertretern der organisierten Interessenverbände ermöglicht.

Die Verfechter der Konzertierten Aktion gehen davon aus, daß eine wirtschaftspolitische Kooperation möglich ist, wenn nur das gemeinsame Interesse aller an bestimmten gesamtwirtschaftlichen Zielsetzungen verständlich gemacht werde. In der gegenseitigen Information und Kommunikation liege daher auch die Hauptaufgabe der Konzertierten Aktion. Würden gesamtwirtschaftliche Zusammenhänge dargelegt, Sachzwänge aufgedeckt und die allseitigen Vorteile konjunkturgerechten Verhaltens vernunftmäßig einsichtig gemacht, könnten »die konkreten Entscheidungen in Kenntnis der gesamtwirtschaftlichen Ziele und Möglichkeiten getroffen [werden][81]«. Konflikte würden auf das »sachlich Notwendige eingegrenzt und die Entscheidungen rationaler gemacht werden[82]«. Den Grund dafür sieht Bundesminister *K. Schiller* darin, daß »in jeder Veranstaltung tatsächlich ein gesellschaftlicher Integrationsprozeß [stattfindet]. Denn, um es ganz kurz auf eine Formel zu bringen: Rationale Kommunikation und Information integrieren ganz notwendigerweise[83].«

Nun beruht aber nach *E. Heuß* die Funktionsfähigkeit der Marktwirtschaft nicht darauf, daß sie »an den Altruismus oder an andere dem einzelnen Menschen übergeordnete Werte appelliert, sondern nüchtern auf das Selbstinteresse der Betreffenden abstellt[84]«. Und für *E. Tuchtfeldt* ist sogar ein »aufeinander abgestimmtes Verhalten« grundsätzlich marktwidrig, »weil es den Such- und Informationsprozeß der Marktteilnehmer im Wettbewerb verringert oder ausschaltet[85]«.

Aber abgesehen von diesen grundsätzlichen Einwänden stellt sich die Frage, ob bei rationalem Verhalten der Teilnehmer der Konzertierten Aktion eine wirtschaftspolitische Kooperation überhaupt möglich ist oder ob sie nicht »im Konflikt mit fundamentalen Erklärungsprinzipien der Wirtschaftstheorie steht[86]«.

K. J. Arrow[87] hat als erster gezeigt, daß aus individuellen Präferenzordnungen keine kollektive Präferenzordnung abgeleitet werden kann. Auf das Beispiel der Konzertierten Aktion angewandt, bedeutet das folgendes: Der Einfachheit halber wird unterstellt, daß nur der Staat (St.), die Gewerkschaften (Ge.) und die Unternehmerverbände (Un.) an der Konzertierten Aktion teilnähmen. Jeder der Teilnehmer habe eine präzise Vorstellung über die Rangfolge der gesamtwirtschaftlichen Ziele. Bei dem Staat stehe an erster Stelle die Geldwertstabilität (G), an zweiter Stelle die Vollbeschäftigung (V) und an dritter Stelle das Wachstum (W). Für die Gewerkschaften sei das primäre Ziel die Vollbeschäftigung, dann komme das Wachstum und dann erst Geldwertstabilität. Die Unternehmerverbände seien zuallererst an Wachstum, dann an Geldwertstabilität und dann erst an Vollbeschäftigung interessiert. Die unterschiedlichen individuellen Präferenzordnungen lassen sich wie folgt in einem Schema zusammenfassen:

	1.	2.	3.
St.:	G	V	W
Ge.:	V	W	G
Un.:	W	G	V

Für die kollektive Präferenzordnung gelte nun, daß sie positiv an den individuellen Rangordnungen gebunden sein muß und daß sie nicht durch Zwang einem der Teilnehmer aufgezwungen werden darf.

Soll nun entschieden werden, ob dem Wachstum gegenüber der Geldwertstabilität die Priorität eingeräumt werden soll, so findet sich dafür bei den Gewerkschaften und den Unternehmerverbänden eine Mehrheit. Bei der Entscheidung zwischen der Alternative Geldwertstabilität oder Vollbeschäftigung ergibt sich eine Mehrheit für die Geldwertstabilität, nämlich im Staat und in den Unternehmerverbänden. Um nun der Forderung der Transitivität zu genügen, müßte auch die Mehrheit dem Wachstum gegenüber der Vollbeschäftigung die Priorität einräumen. In Wirklichkeit jedoch zieht eine Mehrheit, nämlich die Gewerkschaften und der Staat, dem Wachstum die Vollbeschäftigung vor. Die Teilnehmer der Konzertierten Aktion verhalten sich somit in diesem Fall irrational. *K. J. Arrow* hat damit den Beweis erbracht, daß bei den oben genannten Bedingungen, deren Gültigkeit auch für die Konzertierte Aktion angenommen werden kann, keine Regel gefunden werden kann, um aus den individuellen Präferenzordnungen eine kollektive Präferenzordnung *in eindeutiger Weise* abzuleiten, die von der Mehrheit getragen wird. Eine *freiwillige* Abstimmung ist nur dann möglich, wenn in etwa homogene Präferenzstrukturen vorgefunden werden.

Für die Verfechter der Konzertierten Aktion scheint Rationalität zu bedeuten, daß das gemeinsame Interesse aller, zum Beispiel an der Geldwertstabilität, impliziert, daß auch alle durch ihr Handeln zur Förderung dieses Zieles beitragen. Es scheint im Eigeninteresse eines jeden zu liegen, sich rational so zu verhalten, daß dieses Ziel erreicht wird. *M. Olson*[88] hat nun aber gezeigt, daß diese Folgerung logisch falsch ist. Aus der Tatsache, daß es für alle Teilnehmer an der Konzertierten Aktion vorteilhaft wäre, wenn die Geldwertstabilität erreicht würde, könne nicht gefolgert werden, daß sie ihr Handeln auf die Erreichung dieses Zieles richteten, selbst wenn sie völlig rational im Eigeninteresse handelten. Selbst wenn die Teilnehmer an der Konzertierten Aktion Vorteile daraus zögen, wenn sie sich für das gemeinsame Ziel einsetzten, würden sie doch nicht freiwillig tätig werden, um das gemeinsame Interesse zu verwirklichen. »Die Vorstellung, daß Gruppen von Individuen so handeln, daß sie ihre gemeinsamen oder Gruppeninteressen erreichen, ist keineswegs eine logische Folge der Annahme, daß die einzelnen in einer Gruppe rational ihre individuellen Interessen verfolgen, sondern ist im Gegenteil mit dieser Annahme unvereinbar[89].«

M. Olson begründet diese Schlußfolgerung damit, daß vom Konsum eines Kollektivgutes, wie z. B. Geldwertstabilität, niemand ausgeschlossen werden könne. Werde das Ziel Geldwertstabilität erreicht, könne niemandem der Vorteil vorenthalten werden. Es gehöre zum Wesen eines Kollektivgutes, daß es unteilbar sei und allen zugute komme. Wenn die Mitglieder rational danach strebten, ihre persönliche Wohlfahrt zu maximieren, würden sie nicht so handeln, daß das gemeinsame Ziel erreicht wird, sofern sie nicht dazu gezwungen würden. Der einzelne verhielte sich durchaus rational, wenn er zwar von dem Kollektivgut profitiert, sich aber nicht an den Kosten zur Erstellung dieses Gutes beteiligt. *M. Olson* vergleicht das einzelne Mitglied einer Gruppe mit einer Unternehmung auf einem Markt mit vollständiger Konkurrenz. »Seine eigenen Anstrengungen werden keinen merklichen Einfluß auf die Situation seiner Organisation haben; er selbst jedoch kann sich jeder Verbesserung erfreuen, die von den anderen herbeigeführt wurde, gleichgültig, ob er zur Unterstützung seiner Organisation beigetragen hat oder nicht[90].«

Auf die Konzertierte Aktion übertragen bedeutet das, daß sich die einzelnen Teilnehmer durchaus rational verhalten, wenn sie zwar von dem Kollektivgut »Geldwertstabilität« als dem gemeinsamen Ziel profitieren, sich aber nicht an den Kosten in Form von Lohn- und Gewinneinbußen beteiligen. Wenn also das Verhalten der einzelnen Teilnehmer rational ist, kann von einem rationalen, d. h. hier zieladäquaten, »Verhalten« der Gruppe »Konzertierte Aktion« keine Rede sein.

Diese von *M. Olson* aufgedeckte »Logik des kollektiven Handelns« wird durch die Erfahrung bestätigt. In der Stagnationsphase herrschte zwischen Bundesregierung und den Tarifpartnern weitgehende Einigung. Das primäre Interesse aller Beteiligten war auf die Wiederankurbelung der Konjunktur gerichtet. Die Marktchancen ließen ohnehin Lohn- und Preissteigerungen nicht zu, so daß »Kosten« für das konjunkturelle Wohlverhalten in Form von Lohn- und Gewinneinbußen nicht zu befürchten waren. Die Interessengegensätze entstanden erst mit dem Konjunkturaufschwung und verschärften sich immer mehr, je länger die Hochkonjunktur anhielt[91]. Eine Konzertierte Stabilisierungsaktion ließ sich nicht mehr verwirklichen. Ein stabilitätskonformes Verhalten wäre mit erheblichen Einkommenseinbußen verbunden, so daß eine Zurückhaltung im Verteilungskampf nicht zu erwarten war.

Auch die Bundesregierung versäumte es, durch eine konsequente

Konjunkturpolitik die Preisauftriebstendenzen zu dämpfen. Sie beschränkte sich auf Appelle an das Wohlverhalten der Tarifpartner und versuchte somit, die Verantwortung für die Preisstabilität auf die Tarifpartner abzuwälzen und sich für ihre eigene konjunkturpolitische Abstinenz zu exkulpieren.

Hier stellt sich nun die Frage, ob sich eine demokratisch gewählte Regierung überhaupt »rational« verhält, wenn sie ihre wirtschaftspolitische Aktivität in erster Linie auf die Erreichung oder Beibehaltung der Geldwertstabilität richtet. Erklärt man mit A. *Downs*[92] als das Ziel einer demokratisch gewählten Regierung, nicht das vermeintliche Gemeinwohl zu wahren, sondern bei der nächsten Wahl die auf sie abgegebenen Stimmen zu maximieren — eine Modellannahme, die gar nicht so wirklichkeitsfremd sein dürfte —, so ist das Eintreten der Regierung für eine konsequente Stabilisierungspolitik nur dann rational, wenn gewährleistet ist, daß sie durch dieses Ziel die Wahl gewinnen kann. Rangieren davor aber bei den Wählern andere Ziele, die in Konflikt zu der Geldwertstabilität stehen, dann verhält sich die Regierung durchaus rational, wenn sie diesen Zielen gegenüber der Preisstabilität den Vorrang einräumt.

Kann aber in der Zukunft auf die Stabilität des Preisniveaus wegen ihrer fundamentalen Bedeutung für Wirtschaft und Gesellschaft nicht verzichtet werden, ergeben sich für die zukünftige Konjunkturpolitik folgende Konsequenzen:

Da mit einem konjunkturadäquaten Verhalten der Teilnehmer an der Konzertierten Aktion nicht gerechnet werden kann, wenn die privaten »Kosten«, die ein derartiges Verhalten erfordern, den gesellschaftlichen Nutzen übersteigen, bleibt nur die Wahl, der Regierung allein die Sorge für die Geldwertstabilität zu überantworten. Eine praktikable Möglichkeit sieht *Chr. Watrin*. Er fordert »die Kosten der Nichtbeachtung der Geldwertstabilität im parlamentarischen System [dadurch] wirksam zu erhöhen, ... daß die Regierung die alleinige Verantwortung für die Erreichung des Zieles trägt und [daß] man ihr die Möglichkeit abschneidet, sich mit der legalen Einwirkung von Verbänden, etwa im Rahmen einer demokratisierten Wirtschaftspolitik, zu exkulpieren[93]«.

Fußnoten

[1] Unter »Staat« sollen hier die mit hoheitlichen Rechten ausgestatteten Gebietskörperschaften, also Bund, Länder und Gemeinden, verstanden werden.

[2] Vgl. hierzu B. *Heck,* Demokratie oder Demokratisierte? Eine notwendige Auseinandersetzung, in: Die politische Meinung, Heft 3, 1969, S. 11 ff., und W. *Brandt,* Die Alternative, in: Die Neue Gesellschaft, Sonderheft, Mai 1969, S. 3 f., und den Beitrag von W. *Dettling* in diesem Band.

[3] Vgl. hierzu: Demokratisierung — Colloquium über einen umstrittenen Begriff, in: Aus Politik und Zeitgeschehen, Beilage zur Wochenzeitung DAS PARLAMENT, Nr. B 18/71 vom 1. Mai 1971, S. 7.

[4] Ebenda, S. 8. Vgl. hierzu auch: F. *Naphtali,* Wirtschaftsdemokratie. Ihr Wesen, Weg und Ziel, wieder veröffentlicht mit einem Vorwort von *Ludwig Rosenberg* und einer Einführung von *Otto Brenner,* 4. Aufl., Frankfurt am Main 1966, S. 137; K. *Ballerstedt,* Zum Programm des DGB für eine gesamtwirtschaftliche Mitbestimmung, in: Gewerkschaftliche Monatshefte, 22. Jg., Nr. 9, September 1971, S. 514; Mitbestimmung im gesamtwirtschaftlichen Bereich — verabschiedet einstimmig vom Bundesausschuß des DGB am 3. März 1971, in: Gewerkschaftliche Monatshefte, 22. Jg., Nr. 9, September 1971, S. 569 ff.; *Chr. Watrin,* Die Demokratisierung der Wirtschaftspolitik in der Bundesrepublik Deutschland, in: Demokratie und Mitbestimmung, hrsg. von A. F. *Utz* und H. B. *Streithofen,* 2. Aufl., Stuttgart 1971, S. 124.

[5] G. *Gäfgen,* Allgemeine Wirtschaftspolitik, in: Kompendium der Volkswirtschaftslehre, hrsg. von W. *Ehrlicher* u. a., Bd. 2, Göttingen 1968, S. 119.

[6] Vgl. Zweites Jahresgutachten des Sachverständigenrates zur Begutachtung der gesamtwirtschaftlichen Entwicklung, Bundestagsdrucksache V/123, S. 6, Ziffer 18.

[7] Ebenda, S. 6, Ziffer 18.

[8] Vgl. H. G. *Naumann,* Der neue »contrat social«, in: Junge Republik, hrsg. von M. *Hereth,* München - Wien 1966, S. 153 ff.; H. J. *Wallraff,* Die Konzertierte Aktion — Analyse ihrer Leitideen, in: Gewerkschaftliche Monatshefte, 20. Jg., Nr. 6, Juni 1969, S. 339. Siehe dazu auch *Bolko von Oetinger,* Die Demokratietheorie Carl Schmitts und J. J. Rousseaus, in: Herrschaftsmodelle und ihre Verwirklichung, hrsg. vom Institut für Begabtenförderung der Konrad-Adenauer-Stiftung, Mainz 1971, S. 9 ff.

[9] Vgl. K. H. *Biedenkopf,* Ordnungspolitische Probleme der neuen Wirtschaftspolitik, in: Jahrbuch für Sozialwissenschaft, Bd. 19 (1968), S. 321 ff., sowie *ders.,* Rechtsfragen der Konzertierten Aktion, in: Der Betriebsberater, Heft 25 vom 10. September 1968, S. 1005 ff. Vgl. dazu auch K. *Schiller,* Wirtschaftspolitische Zwischenbilanz. Rede vor dem Wirtschaftsbeirat der SPD im Landesverband Bayern am 28. Juni 1968 in München, in: Reden zur Wirtschaftspolitik, BMWI-Texte, Bd. 4, S. 215 ff. Vgl. *Karl-Joseph Gördel* und *Maria Melitta Schöpf,* Antwort auf Biedenkopf, in: Der Volks-

wirt, Jg. 22, Nr. 31 vom 2. August 1968, S. 23 ff. — *Otto Schlecht,* Konzertierte Aktion als Instrument der Wirtschaftspolitik, Walter-Eucken-Institut: Vorträge und Aufsätze, Heft 21, Tübingen 1968, S. 15 ff.; *J. Klaus,* Der Wandel ordnungspolitischer Vorstellungen durch Globalsteuerung und Konzertierte Aktion, in: Zeitschrift für Nationalökonomie, Bd. 29 (1969), S. 385 ff.; *ders.,* Lohnpolitik und Einkommensverteilung, hrsg. von *H. Arndt,* Schriften des Vereins für Socialpolitik, N. F., Bd. 51, Berlin 1969, S. 99 ff.; *ders.,* Konzeption für die Zukunft, in: Der Volkswirt, 23. Jg., Nr. 3, vom 17. Januar 1969, S. 28 ff.

10 Vgl. Zweites Jahresgutachten des Sachverständigenrates, a. a. O., S. 108, Ziffer 187.

11 *K. Schiller,* An die Arbeitnehmer. Rede vor dem 9. Ordentlichen Gewerkschaftstag der IG Metall am 7. September 1968, in: Reden zur Wirtschaftspolitik, BMWI-Texte, Bd. 5, S. 68. Vgl. auch *ders.,* Ein Jahr neue deutsche Wirtschaftspolitik. Rede vor der Industrie- und Handelskammer, Hagen am 13. Dezember 1967, in: Reden zur Wirtschaftspolitik, BMWI-Texte, Bd. 3, S. 94.

12 Vgl. auch *Chr. Watrin:* Die Demokratisierung der Wirtschaftspolitik in der Bundesrepublik Deutschland, a. a. O., S. 125, der unter Demokratisierung die »Beteiligung von Verbänden an der Staatl. Wirtschaftspolitik« versteht. *Götz Briefs* spricht in diesem Zusammenhang von Demokratismus; vgl. *Götz Briefs,* Staat und Wirtschaft im Zeitalter der Interessenverbände, in: Laissez-faire-Pluralismus. Demokratie und Wirtschaft des gegenwärtigen Zeitalters, hrsg. von *Götz Briefs,* Berlin 1966, S. 80, 82 f., 138, 317. Siehe hierzu auch: *H. Willgerodt,* Demokratisierung der Wirtschaft und die Freiheit des einzelnen, in: Wirtschaftspolitische Chronik, hrsg. vom Institut für Wirtschaftspolitik an der Universität zu Köln, Heft 1/1970, S. 22 ff.

13 Vgl. Mitbestimmung im gesamtwirtschaftlichen Bereich — verabschiedet einstimmig vom Bundesausschuß des DGB am 3. März 1971; a. a. O., S. 569 ff.

14 Vgl. Deutscher Bundestag, 6. Wahlperiode, Drucksache VI/2514. Entwurf eines Gesetzes über die Errichtung eines Bundeswirtschafts- und Sozialrates. Antrag der Abgeordneten *Dichgans, Blank, Dr. Becker, Dr. Unland, Russe* und Genossen.

15 *K. Schiller,* An die Arbeitnehmer. Rede vor dem 9. Ordentlichen Gewerkschaftstag der IG-Metall in München am 7. September 1968; a. a. O., S. 68.

16 *K. Schiller,* Konjunkturpolitik auf dem Wege zu einer Affluent Society. Vortrag gehalten im Institut für Weltwirtschaft an der Universität Kiel am 26. Januar 1968, in: Reden zur Wirtschaftspolitik, BMWI-Texte, Bd. 3, S. 155.

17 *Chr. Watrin,* Die Demokratisierung der Wirtschaftspolitik in der Bundesrepublik Deutschland, a. a. O., S. 226. Siehe dazu auch *J. Werner,* Funktionswandel der Wirtschaftsverbände durch die Konzertierte Aktion? in: Konzertierte Aktion — kritische Beiträge zu einem Experiment, hrsg. von *E. Hoppmann,* Frankfurt am Main 1971, S. 179 ff.

[18] Zweites Jahresgutachten des Sachverständigenrates zur Begutachtung der gesamtwirtschaftlichen Entwicklung, a. a. O., S. 107, Ziffer 183.

[19] Vgl. hierzu: *M. Bronfenbrenner* — *F. Holzman*, Survey of Inflation Theory, The American Economic Review, 53 (1963), S. 593 bis 661; *H. G. Johnson*, Ein Überblick über die Inflationstheorie, in: Beiträge zur Geldtheorie und Geldpolitik, Berlin 1969, S. 115 bis 154; *R. J. Ball* — *P. Doyle* (Ed.), Inflation. Selected Readings, London 1969; *W. Ehrlicher*, Geldtheorie, in: Kompendium der Volkswirtschaftslehre, Bd. 2, a. a. O., S. 1 ff.

[20] *W. Ehrlicher*, Geldtheorie, a. a. O., S. 44. Vgl. hierzu auch *A. Bosch* — *R. Veit*, Theorie der Geldpolitik, Wirtschaftswissenschaftliche und wirtschaftsrechtliche Untersuchungen des Walter-Eucken-Instituts, Bd. 3, Tübingen 1966, S. 2 f.

[21] *A. Bosch* — *R. Veit*, Theorie der Geldpolitik, a. a. O., S. 3.

[22] Zweites Jahresgutachten des Sachverständigenrates zur Begutachtung der gesamtwirtschaftlichen Entwicklung, a. a. O., S. 107, Ziffer 185. Vgl. hierzu auch *H. Giersch*, Lohnpolitik und Geldwertstabilität. Kieler Vorträge, gehalten im Institut für Weltwirtschaft an der Universität Kiel, Neue Folge, Nr. 50, Kiel 1967, S. 4 f.; *H. Tietmeyer*, »Konzertierte Aktion« — Konzept, Praxis und Erfahrungen, in: Kredit und Kapital, Bd. 2, 1969, S. 182 f.

[23] *A. W. Phillips*, The Relation Between Unemployment and the Rate of Change of Money Wages in the United Kingdom, 1861—1957, Economica, London, November 1958, S. 283 ff.
Die ursprüngliche Phillips-Kurve (vgl. Abb. 5) stellt den Zusammenhang zwischen der Arbeitslosenrate und der Veränderung der Geldlöhne in Großbritannien dar, aus der Phillips später die Beziehung zwischen Arbeitslosenrate und dem prozentualen Anstieg der Preise ableitete (vgl. Abb. 6). *P. A. Samuelson* und *R. M. Solow* entwickelten daraus die Hypothese von der Trade-off-Inflation, wonach die Ziele Vollbeschäftigung und Preisstabilität in einer Volkswirtschaft nicht gleichzeitig erreicht werden können. Sei das primäre Ziel der Wirtschaftspolitik die Vollbeschäftigung, müsse dabei eine schleichende Inflation in Kauf genommen werden. Vgl. *P. A. Samuelson* — *R. M. Solow*, Analytical Aspects of Anti-Inflation Policy, The American Economic Review, Pap. and Proc, 50 (1960), S. 177 bis 194; *P. A. Samuelson*, Economics. 8. ed., New York 1970, S. 810.

[24] Jahresgutachten 1964 des Sachverständigenrates zur Begutachtung der gesamtwirtschaftlichen Entwicklung, Bundestagsdrucksache IV/2890, S. 113 f., Ziffer 248.

[25] Zweites Jahresgutachten des Sachverständigenrates zur Begutachtung der gesamtwirtschaftlichen Entwicklung, a. a. O., S. 108, Ziffer 187.

[26] Ebenda, Ziffer 187.

[27] Ebenda, Ziffer 190.

[28] Ebenda, S. 110, Ziffer 192.

[29] Ebenda, S. 111, Ziffer 192.

[30] Ebenda, S. 108, Ziffer 188.

Abb. 5: Die ursprüngliche Phillipskurve

Arbeitslosigkeit und Lohnänderungen im Vereinigten Königreich 1861-1913

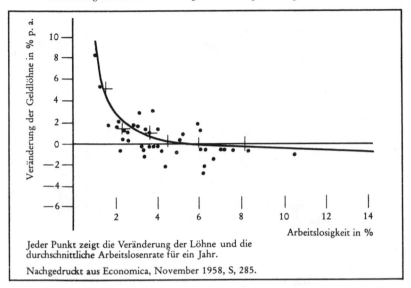

Jeder Punkt zeigt die Veränderung der Löhne und die
durchschnittliche Arbeitslosenrate für ein Jahr.

Nachgedruckt aus Economica, November 1958, S, 285.

Abb. 6: Lohn- und Preiskurven: die Phillips-Version

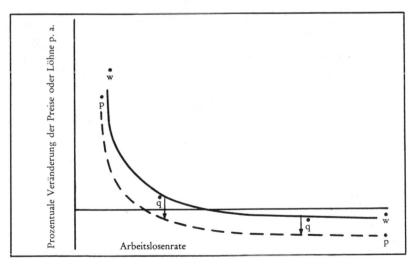

($\dot{w}$ Veränderung der Löhne pro Beschäftigungsstunde
$\dot{q}$ Anstieg im Output pro Beschäftigungsstunde
$\dot{p}$ Veränderung des Angebotspreises pro Produktionseinheit)

[31] Ebenda, Ziffer 188.

[32] Vgl. Jahresgutachten 1966, Bundestagsdrucksache V/1160, Ziffer 241 ff., Ziffer 268 ff.; Jahresgutachten 1967, Bundestagsdrucksache V/2310, Ziffer 224, 246, 276; Jahresgutachten 1968, Bundestagsdrucksache V/3550, Ziffer 183, 187, 278; Jahresgutachten 1969, Bundestagsdrucksache VI/100, Ziffer 215 ff., 241; Jahresgutachten 1970, Bundestagsdrucksache VI/1470, Ziffer 189, 231 f.

[33] Jahresgutachten 1966, a. a. O., S. 134, Ziffer 241.

[34] Jahresgutachten 1967, a. a. O., S. 126, Ziffer 275.

[35] Ebenda, S. 126, Ziffer 276.

[36] Ebenda, S. 136 ff., Ziffer 312 ff.; Jahresgutachten 1968, a. a. O., S. 56, Ziffer 183.

[37] Jahresgutachten 1967, a. a. O., S. 115, Ziffer 232. Vgl. hierzu auch Jahresgutachten 1969, S. 79, Ziffer 241 f.

[38] Jahresgutachten 1969, a. a. O., S. 79, Ziffer 241. Vgl. auch Jahresgutachten 1970, a. a. O., S. 64, Ziffer 189.

[39] Ebenda, S. 73, Ziffer 215.

[40] Jahresgutachten 1970, a. a. O., S. 71, Ziffer 231.

[41] Ebenda, S. 72 f., Ziffer 231.

[42] Ebenda, S. 68, Ziffer 211.

[43] Ebenda, S. 68, Ziffer 213.

[44] Ebenda, S. 69, Ziffer 214.

[45] Sondergutachten des Sachverständigenrates zur Begutachtung der gesamtwirtschaftlichen Entwicklung vom 24. Mai 1971, Bundestagsdrucksache VI/2847, S. 150, Ziffer 40.

[46] Jahresgutachten 1970, a. a. O., S. 68 f., Ziffer 214.

[47] Nähere Ausführungen dazu vgl. folgenden Abschnitt.

[48] *K. Schiller*, Preisstabilität durch globale Steuerung der Marktwirtschaft, Walter-Eucken-Institut — Vorträge und Aufsätze, Nr. 15, Tübingen 1966, S. 18.

[49] Sitzungsprotokolle des deutschen Bundestages, 5. Wahlperiode, 80. Sitzung am 13. Dezember 1966, S. 3661.
Vgl. hierzu auch *K. Schiller*, Preisstabilität und globale Steuerung der Wirtschaft, Walter-Eucken-Institut — Vorträge und Aufsätze, Nr. 15, Tübingen 1966, S. 18 f.

[50] § 1 des Gesetzes zur Förderung der Stabilität und des Wachstums der Wirtschaft lautet: »Bund und Länder haben bei ihren wirtschafts- und finanzpolitischen Maßnahmen die Erfordernisse des gesamtwirtschaftlichen Gleichgewichts zu beachten. Die Maßnahmen sind so zu treffen, daß sie im Rahmen der marktwirtschaftlichen Ordnung gleichzeitig zur Stabilität des Preisniveaus, zu einem hohen Beschäftigungsstand und außenwirtschaftlichem Gleichgewicht bei stetigem und angemessenem Wirtschaftswachstum beitragen.«

[51] Bei den Gesprächen im Rahmen der Konzertierten Aktion sind Vertreter der Länder und Gemeinden nicht vertreten. Bund, Länder und Gemeinden

stimmen ihr Verhalten in dem neben der Konzertierten Aktion geschaffenen Konjunkturrat für die öffentliche Hand und im Finanzplanungsrat ab.

52 Vgl. O. *Schlecht*, Konzertierte Aktion als Instrument der Wirtschaftspolitik, a. a. O., S. 17.

53 Vgl. hier im einzelnen *J. Beyfuß*, Konzertierte Aktion — Bericht über die Erfahrungen seit ihrem Bestehen, Berichte des Deutschen Industrieinstituts zur Wirtschaftspolitik, Jg. 6, Nr. 6, S. 19 ff.

54 *K. Schiller*, Wirtschaftspolitische Zwischenbilanz, a. a. O., S. 216.

55 *K. Schiller*, Rationale Zusammenarbeit mündiger Menschen. Rede vor der Versammlung der Wirtschaftsvereinigung Eisen- und Stahlindustrie in Essen am 11. Mai 1967, in: Reden zur Wirtschaftspolitik, BMWI-Texte Bd. 1, S. 137.

56 Vgl. *J. K. Galbraith*, The Affluent Society (deutsch: Gesellschaft im Überfluß), München - Zürich 1968.

57 *K. Schiller*, Konjunkturpolitik auf dem Wege zu einer Affluent Society. Rede im Institut für Weltwirtschaft an der Universität Kiel am 26. Januar 1968, in: Reden zur Wirtschaftspolitik, BMWI-Texte Bd. 3, S. 148.

58 *K. Schiller*, Marktwirtschaft mit Globalsteuerung. Rede im Schweizerischen Institut für Auslandsforschung in Zürich am 6. Februar 1967, in: Reden zur Wirtschaftspolitik, BMWI-Texte Bd. 1, S. 50.

59 Die Problematik der außenwirtschaftlichen Absicherung soll unberücksichtigt bleiben.

60 *K. Schiller*, Die Gans und die goldenen Eier. Rede zur Eröffnung der Internationalen Frankfurter Frühjahrsmesse am 26. Februar 1967, in: Reden zur Wirtschaftspolitik, BMWI-Texte Bd. 1, S. 86.

61 *H. Tietmeyer*, »Konzertierte Aktion« — Konzept, Praxis und Erfahrungen, a. a. O., S. 187.

62 Vgl. hierzu z. B. O. *Schlecht*, Konzertierte Aktion als Instrument der Wirtschaftspolitik, a. a. O., S. 21; *J. Klaus*, Der Wandel ordnungspolitischer Vorstellungen durch Globalsteuerung und Konzertierte Aktion, a. a. O., S. 385 ff.; *H. Tietmeyer*, »Konzertierte Aktion« — Konzept, Praxis und Erfahrungen, a. a. O., S. 191.

63 *K. Schiller*, Konjunkturpolitik auf dem Wege zu einer Affluent Society, a. a. O., S. 157.

64 *K. Schiller*, Wirtschaftspolitische Zwischenbilanz, a. a. O., S. 216.

65 *K. Schiller*, Konjunkturpolitik auf dem Wege zu einer Affluent Society, a. a. O., S. 157.

66 O. *Schlecht*, Konzertierte Aktion als Instrument der Wirtschaftspolitik, a. a. O., S. 21.

67 *K. Schiller*, Konjunkturpolitik auf dem Wege zu einer Affluent Society, a. a. O., S. 156.

68 *K. R. Popper*, Prognose und Prophetie in den Sozialwissenschaften, in: Logik der Sozialwissenschaften, hrsg. von *E. Topitsch*, 7. Aufl., Köln - Berlin 1971, S. 119.

69 Ebenda, S. 119.

[70] *K. R. Popper*, Das Elend des Historizismus, dritte, verbesserte Auflage, Tübingen 1971, S. 61 ff.

[71] *K. Schiller*, Konjunkturpolitik auf dem Wege zu einer Affluent Society, a. a. O., S. 149.

[72] *Ders.*, Marktwirtschaft mit Globalsteuerung, a. a. O., S. 53.

[73] *Ders.*, Wirtschaftspolitische Zwischenbilanz, a. a. O., S. 216.

[74] *K. R. Popper*, Das Elend des Historizismus, a. a. O., S. 64.

[75] *K. Schiller*, An die Arbeitnehmer, a. a. O., S. 69 (Sperrung vom Verf.).

[76] *K. R. Popper*, Falsche Propheten — Hegel, Marx und die Folgen, 2. Aufl., Bern - München 1970, S. 67.

[77] Ebenda, S. 48.

[78] Ebenda, S. 115.

[79] Zitiert bei *K. R. Popper*, Falsche Propheten, a. a. O., S. 115.

[80] Ebenda, S. 115.

[81] *O. Schlecht*, Die Konzertierte Aktion als Instrument der Wirtschaftspolitik, a. a. O., S. 19.

[82] Ebenda, S. 19.

[83] *K. Schiller*, Konjunkturpolitik auf dem Wege zu einer Affluent Society, a. a. O., S. 157.

[84] *E. Heuß*, Makroökonomie und Stabilitätsgesetz, in: Konzertierte Aktion, a. a. O., S. 114.

[85] *E. Tuchtfeldt*, Moral Suasion in der Wirtschaftspolitik, in: Konzertierte Aktion, a. a. O., S. 62.

[86] *Chr. Watrin*, Geldwertstabilität, Konzertierte Aktion und autonome Gruppen, in: Konzertierte Aktion, a. a. O., S. 217.

[87] *K. J. Arrow*, Social Choice and Individual Values, 2. Aufl., New York 1963.

[88] *M. Olson*, Die Logik des kollektiven Handelns, Tübingen 1968.

[89] Ebenda, S. 2.

[90] Ebenda, S. 15.

[91] Vgl. hierzu *J. Molsberger*, Zwischenbilanz der Konzertierten Aktion, in: ORDO, Jahrbuch für die Ordnung von Wirtschaft und Gesellschaft, Bd. XXI (1970), S. 178 ff.

[92] *A. Downs*, Ökonomische Theorie der Demokratie, Tübingen 1968, S. 24 ff.

[93] *Chr. Watrin*, Die Konzertierte Aktion — ein Mittel zur konjunkturgerechten Verhaltenssteuerung der Wirtschaftsverbände, Tagungsbeiträge der Politischen Akademie Eichholz der Konrad-Adenauer-Stiftung, Nr. 4/71, S. 62.

Kurt H. Biedenkopf

Demokratisierung in Betrieb und Unternehmen

Seit der Begründung der Forderung nach Mitbestimmung der Arbeitnehmer im Unternehmen durch Rückgriff auf den Begriff der Wirtschaftsdemokratie gehört die Vorstellung von der Demokratisierung des Unternehmens zum begrifflichen Kernbestand der Mitbestimmungsdiskussion. Die Demokratie als Staatsform dürfe vor den Fabriktoren nicht haltmachen, haben deutsche Gewerkschaftsführer immer von neuem betont. Die Demokratisierung der Wirtschaft und ihrer Unternehmen haben nicht nur *Naphtali* in seiner Arbeit »Wirtschaftsdemokratie«, sondern auch *Max Weber, Renner* und *Kelsen* als notwendige Ergänzung der politischen Demokratie verlangt. Die Forderung nach Demokratisierung ist, wie *Schwerdtfeger*[1] kürzlich feststellte, die zentrale Parole in den meisten Äußerungen zugunsten der unternehmerischen Mitbestimmung. Der demokratisch verfaßten staatlichen Ordnung soll eine ebenso ausgestaltete Wirtschaftsordnung zur Seite gestellt werden. *Otto Brenner* hat in der Festschrift für *Abendroth* Mitbestimmung und Wirtschaftsdemokratie als weitgehend synonyme Begriffe bezeichnet[2].

I.

1. Der Allgegenwart des Begriffes Demokratisierung entsprechen sein Pathos ebenso wie sein geringer greifbarer Gehalt. In einem bemerkenswerten Essay ist *Wilhelm Hennis*[3] dem Phänomen der Verbreitung und Vieldeutigkeit, aber auch der Problematik dieses Begriffes nachgegangen. Im gängigen Sprachgebrauch unterscheidet er drei Bereiche, in denen der Begriff Demokratisierung mit jeweils unterschiedlichem Inhalt gebraucht wird: den Bereich der Parole, den Bereich der »Herrschaftsverhältnisse« oder »Machtverhält-

nisse« und den Bereich, in dem Demokratisierung als Prozeß der Aufhebung von Herrschaft überhaupt, jedenfalls der Herrschaft von Menschen über Menschen, verstanden wird.

Hennis bemerkt, daß der Begriff Demokratisierung im Bereich der Parole »als synonym für mehr Liberalität, Offenheit, besseres Betriebsklima« Verwendung findet[4]. Der Begriff ist hier nicht viel mehr als eine »sich anbietende Sprachhülse«, die geeignet ist, jede beliebige Demokratie — besser demokratische, freiheitlich bezogene Aussage — zu transportieren.

Wichtiger für unseren Gegenstand ist der zweite Verwendungsbereich des Begriffes. In ihm werden, wie *Hennis* feststellt, die zu demokratisierenden »Strukturen« nicht mehr »primär unter dem Gesichtspunkt ihrer gesellschaftlichen Aufgaben . . ., sondern unter dem Aspekt ihrer Herrschaftsverhältnisse betrachtet«, die man unter Abstraktion vom Zweck der Herrschaft in Analogie zum modernen Politikverständnis, kurz als Machtverhältnisse versteht[5]. Ziel der Demokratisierung in diesem begrifflichen Verwendungsbereich ist nicht die Abschaffung der Herrschaftsverhältnisse im jeweils anvisierten Bereich, »sondern eben eine Demokratisierung im Sinne der politischen Demokratie«. Es geht, mit anderen Worten, um die »demokratische Legitimation« der Herrschaft, die nach Auffassung der Befürworter einer Demokratisierung der jeweiligen Machtstruktur auf Grund der vorhandenen gesetzlichen Regelungen oder gesellschaftlichen Bedingungen keiner ausreichenden Kontrolle unterliegt.

Legitimation wird dabei ebenfalls unter Rückgriff auf den Vorgang der Legitimation im Sinne der politischen Demokratie, d. h. als Ableitung der Befugnis zur Ausübung von Herrschaft, aus der Zustimmung der »Herrschaftsunterworfenen« verstanden. Unabhängig von der jeweiligen gesellschaftlichen Aufgabe des sozialen oder gesellschaftlichen Vorganges werden damit jene Prinzipien der Machtkontrolle und der Machtverteilung angewendet, die im Bereich der politischen Macht die demokratisch legitimierten sind[6].

Im dritten Verwendungsbereich schließlich versteht sich die Forderung nach Demokratisierung nicht mehr als »Herstellung einer demokratischen Herrschaftsweise, sondern als ein Prozeß, in dessen Folge Herrschaft überhaupt abgeschafft wird[7]«. In diesem Sprachgebrauch wird das demokratische Prinzip der Gleichheit radikal genommen und unter Demokratisierung die Beseitigung jeder Ungleichheit verstanden, auch solcher, die aus demokratisch legitimierter Herrschaft erwächst.

2. Die Mitbestimmungsdiskussion und damit die Forderung nach Demokratisierung im Betrieb und Unternehmen beschränkt sich, jedenfalls soweit sie bisher politisch relevant geworden ist, auf den ersten und zweiten Verwendungsbereich des Begriffes. Die Forderung nach Beseitigung aller Herrschaftsstrukturen im Unternehmen ist bisher weder von den Gewerkschaften noch von den politischen Parteien ernsthaft erhoben worden. Das bedeutet allerdings nicht, daß die der Führungsstruktur des Unternehmens immanente Hierarchie in ihrem jeweiligen Umfange als notwendig anerkannt und damit akzeptiert wird. Die Forderung nach Abschaffung der Herrschaftsverhältnisse — vor allem im Bereich der Universitäten mit politischer Relevanz erhoben — wirkt insoweit auf das Unternehmen und den Betrieb zurück, als sie zu Lasten der gegebenen Führungs- und Entscheidungskompetenzen die sachliche Rechtfertigung ihrer Notwendigkeit begründet.

Daß Führung im Sinne der Ausübung von Planungs- und Entscheidungskompetenz auf der Grundlage oder im Rahmen einer Organisation mit hierarchischer Struktur, einer Struktur also, in der Weisungsrechte und Durchführungspflichten bestehen, in der es Vorgesetzte und Untergebene gibt, Personen, die anordnen, und andere, die das Angeordnete ausführen — ohne daß die Ansichten beider über den Inhalt der Anordnung notwendigerweise übereinstimmen müssen —, daß Führung und damit Ausübung von Herrschaft in diesem Sinne eine notwendige Bedingung des Unternehmens ist, wird nicht mehr als selbstverständlich und damit als Datum akzeptiert, sondern bedarf der Begründung. Von der Rationalität dieser Begründung hängt es ab, ob und mit welchem Erfolg die Forderung nach Demokratisierung im dritten, von *Hennis* beschriebenen Sinne auch gegenüber den Unternehmen und ihren Betrieben erhoben wird.

Die Existenz hierarchisch gestaffelter Entscheidungskompetenzen im Unternehmen begründet sich vor allem aus der Planmäßigkeit der Veranstaltung Unternehmen, d. h. aus der Notwendigkeit, den Prozeß der Produktion als arbeitsteilige, auf die geplante Befriedigung eines Bedarfs an Gütern oder Dienstleistungen gerichtete Veranstaltung zu organisieren. In ihrem Bericht zur Mitbestimmung der Arbeitnehmer im Unternehmen hat die Sachverständigenkommission der Bundesregierung erklärt, daß auf die Ausübung von Leitungsgewalt zur Koordination, Steuerung und Ausrichtung des arbeitsteiligen Produktionsprozesses im Unternehmen nicht verzichtet werden kann, die Notwendigkeit von Führung im Unternehmen also vorausgesetzt werden muß[8].

Die theoretische Alternative zur hierarchischen Koordination der Arbeitsteilung im Unternehmen ist die marktrationale Kooperation der Beteiligten. Auch sie ist, wie die Märkte für Güter und Dienstleistungen zeigen, in der Lage, arbeitsteilige Systeme zu steuern, und zwar prinzipiell ohne Inanspruchnahme hierarchischer Planungs- und Lenkungskompetenz. Voraussetzung ist allerdings die Existenz von Preisen als Maßstab für die Knappheit der Güter und Dienstleistungen und damit als Lenkungsmechanismus. Aus der modernen Betriebswirtschaftslehre wissen wir, daß die Anwendung marktrationaler Kooperationsformen im Unternehmen keineswegs unmöglich ist. Nicht nur die Divisionalisierung und die Errichtung von Profitzentren oder die wirtschaftliche Ausgliederung unternehmerischer Teilaufgaben (Spezialforschung, Werbung, Personalbeschaffung, Ingenieurwesen), sondern auch die Dezentralisation von Entscheidungs- und Planungskompetenz bedeuten die potentielle Ablösung planrationaler durch marktrationale Koordination von Einzelleistungen. Doch das Unternehmen als zweckorientierte Veranstaltung setzt dieser Ablösung Grenzen. Die Einheitlichkeit des Zweckes, der das Unternehmen definiert, darf nicht gefährdet werden. Andernfalls löst sich das Unternehmen in zwei oder mehrere zweckautonome, d. h. durch unterschiedliche Zwecke definierte, Einheiten auf. Dies ist ein keineswegs undenkbarer, wenn auch zur Zeit seltener und ohne Preisgabe des Unternehmens als sozialem Zweckverband auch nur in engen Grenzen möglicher Vorgang.

Vor allem aber scheitert die herrschaftsfreie Unternehmensorganisation im Sinne der Demokratisierung als der tendenziellen Beseitigung aller Herrschaftsverhältnisse an der Unmöglichkeit, für alle arbeitsteiligen Einzelleistungen im Unternehmen Märkte zu schaffen, über die die Leistungen bewertet und koordiniert werden können. Zwar gibt es mit der Verbesserung der Kommunikationsmittel auch hier neuartige Entwicklungen. Durch die geringe Mobilität der Arbeitnehmer, das Bedürfnis ihrer Freistellung vom unmittelbaren Unternehmerrisiko und die Notwendigkeit geplanter Koordination vieler Einzelleistungen zu handelsfähigen Gütern sind solchen Entwicklungen jedoch enge Grenzen gezogen. Die Notwendigkeit unternehmerisch geplanter Koordination von Teilleistungen mit dem Ziel der Bedarfsbefriedigung durch Produktion von Gütern und Dienstleistungen macht somit die Existenz hierarchisch gegliederter Führungsstrukturen im Unternehmen unerläßlich.

Diese Begründung für die Notwendigkeit von »Herrschaftsstrukturen« in Unternehmen und Betrieb verzichtet zunächst darauf, die Notwendigkeit von Führungs- und Entscheidungskompetenz damit zu begründen, daß ohne solche Kompetenz unternehmerische Verantwortung nicht übernommen werden kann. Dies aus zwei Gründen: Einmal ist die unternehmerische Verantwortung im Sinne wirksamer Sanktionen, im Sinne eines sich realisierenden Risikos von Fehlentscheidungen zu Lasten der mit der Entscheidungskompetenz betrauten Personen nicht in allen Unternehmen plausibel nachweisbar. Die ökonomische Sicherung der Unternehmensleitung oder die Grenzen praktischer Kontrolle bei Publikumsgesellschaften ebenso wie die öffentliche Absicherung von Großunternehmen in bestimmten Bereichen haben viel dazu beigetragen, das Risiko der Unternehmensleitung auf die Gefahr zu reduzieren, vom Zugang zur aktiven Leitungskompetenz ausgeschlossen zu werden — und auch dies nur in begrenztem Umfange. Zum zweiten ließe sich die Verantwortung unternehmerischer Tätigkeit im Sinne der wirtschaftlichen Folgen von Fehlentscheidungen oder -entwicklungen theoretisch auch auf alle Mitarbeiter im Unternehmen und damit auf einen in sich herrschaftsfreien Verbund von Einzelpersonen ausdehnen. Eine solche Kollektivierung der Verantwortung zum Zwecke der wirtschaftlichen Motivation aller Mitarbeiter gehört zu den Grundlagen der neuen Wirtschaftsordnung, die *Ota Šik* in der ČSSR verwirklichen wollte, ohne allerdings auf die hierarchische Gliederung der solcherart konzipierten Unternehmen zu verzichten.

3. Mit der zweckimmanenten Begründung der Notwendigkeit einer hierarchischen Organisation von Entscheidungskompetenz im Unternehmen und Betrieb verbleibt für die inhaltliche Ausfüllung der Forderung nach Demokratisierung im wesentlichen der zweite begriffliche Verwendungsbereich im Sinne der von *Hennis* entwickelten Systematik. Mit der Frage, ob es zweckmäßig sei, im Zusammenhang mit der Begründung der Arbeitnehmermitbestimmung im Unternehmen von »Demokratisierung« zu sprechen, hat sich die Mitbestimmungskommission ebenfalls beschäftigt[9]. Der Kommission scheint es zwar zulässig, wenn vielleicht aus begrifflichen Gründen auch nicht immer zweckmäßig, »im Zusammenhang mit der privatrechtlichen Bewältigung der Autoritätsbeziehungen im Unternehmen von ›Demokratisierung‹ zu sprechen«. Soweit mit »Demokratisierung der Wirtschaft« die Grundsätze der Selbstbestimmung, der Achtung vor der Würde des Menschen und der Ausgleich oder der Abbau einseitiger Machtstellungen durch Kooperation der Beteiligten und die Mitwirkung an Entscheidungen durch die von der Entscheidung Betroffenen verstanden werden, ist die Formel von der Demokratisierung der Wirtschaft nach Auffassung der Kommission verwendbar. Sie verweist insoweit auf die allen vergleichbaren Vorgängen gemeinsame, wertbezogene Entscheidung.

Aus der Forderung der Verwirklichung der Menschenwürde durch die Rechtsordnung resultiert nach Ansicht der Kommission als konkrete Anforderung an die Organisation des Unternehmens die weitestmögliche Beobachtung des Prinzips der »Teilnahme« im Sinne der Ermöglichung einer unmittelbaren oder mittelbaren Mitwirkung der Betroffenen bei Entscheidungen, die sie betreffen. »Mitbestimmung in diesem Sinne trägt zur Verwirklichung einer freiheitlichen demokratischen Ordnung in der Wirtschaft bei, ohne daß sich allerdings damit die Forderung nach der Sicherung einer freiheitlichen Wirtschaftsordnung erschöpft[10].«

Soweit jedoch mit »Demokratisierung« Vorstellungen von direkter unmittelbarer Demokratie verbunden werden, sind sie in den Augen der Kommission bei allen größeren rational arbeitenden Organisationen, also auch bei der Führung von Unternehmen einer Größenordnung, die für eine institutionelle Mitbestimmung in Frage kommen, undurchführbar und illusionär. »Das gleiche

gilt nach bisherigen Erfahrungen für Rätesysteme in Marktwirt-
schaften[11].«

Die Mitbestimmungskommission begründet deshalb die Notwendigkeit der Mitbestimmung auch nicht aus einem allgemeinen
»Demokratisierungs-Gebot«, sondern aus dem Umstand, daß die
Unterwerfung unter eine allgemeine unternehmerische Planungskompetenz und das Direktionsrecht des Arbeitgebers dem Arbeits-
verhältnis aus tatsächlichen Gründen immanent ist, eine rechtliche
Ordnung des Arbeitsverhältnisses somit strukturelle Gegebenheiten vorfindet, die mit den rechtlichen Mitteln der freiwilligen
Kooperation, d. h. im Wege der Vertragsfreiheit allein, nicht
bewältigt werden können. »Ebensowenig wie für den Abschluß
oder den Nichtabschluß des Arbeitsvertrages kann der Arbeitnehmer auch für die Unterwerfung unter die Planungskompetenz
des Unternehmens und ein Weisungsrecht des Arbeitgebers auf
seine ›Freiheit‹ verwiesen werden, Verträge zu schließen oder ihren
Abschluß zu verweigern. An einer solchen gleichberechtigten Freiheit fehlt es in beiden Fällen und damit auch an der vollen Verwirklichung des den Vertrag kennzeichnenden Konsensualprin-
zips.« Der wirtschaftliche Zwang zum Abschluß eines Arbeitsvertrages setzt sich vielmehr in der Notwendigkeit fort, der Planungs-
zuständigkeit des Unternehmens und damit der Existenz und Ausübung von Befehlsbefugnissen zuzustimmen. Diese Befugnisse sind
somit nicht das Resultat gegenseitiger Übereinstimmung der Ver-
tragsparteien, sondern bestehen unabhängig von dieser.

Die Notwendigkeit einer Mitbestimmung der Arbeitnehmer
resultiert nach Auffassung der Kommission aus dem Umstand,
daß die aus der Organisation des Unternehmens resultierende
Abhängigkeit des Arbeitnehmers nicht mit den gleichen rechtlichen
Mitteln gebunden werden kann, die zur Kompensation der allgemeinen wirtschaftlichen Abhängigkeit des Arbeitnehmers zur
Verfügung stehen. Die spezielle Abhängigkeit, die sich für den
Arbeitnehmer aus seiner Eingliederung in die Organisation Unternehmen und seiner Unterordnung unter die Planungs-, Leitungs-
und Organisationsgewalt der Unternehmensorgane ergibt, kann
nach Ansicht der Kommission weder durch kollektive Verein-
barung noch durch gesetzliche Bindung ausreichend kompensiert
werden. Weder Tarifvertrag noch Betriebsvereinbarung noch ge-

setzliche Schutznormen können in dem Maße zur Kontrolle der Leitungskompetenz des Unternehmens gegenüber den Arbeitnehmern beitragen, wie es »von der Wertgebundenheit aller Leitungsgewalt gefordert wird. Vielmehr zeigt sich, daß die aus den besonderen organisatorischen Bedingungen des Unternehmens resultierende Abhängigkeit der Arbeitnehmer bei prinzipieller Beibehaltung des Arbeitsvertrages und damit bei Verzicht auf eine echte gesellschafts- und genossenschaftsrechtliche Ausgestaltung des Arbeitsverhältnisses nur durch institutionelle ›Teilnahme‹ der Arbeitnehmer an der Handhabung der Leitungsgewalt zureichend gebunden werden kann[12].«

Die Mitbestimmungskommission grenzt dieses Ergebnis ihrer Überlegungen ausdrücklich von der allgemeinen Forderung nach Demokratisierung des Unternehmens im Sinne der Übertragung politischer Legitimationsmechanismen auf den sozialen Verband Unternehmen ab. Der Zusammenhang zwischen einer wertbezogenen Ausgestaltung der Stellung der Arbeitnehmer im Unternehmen und ihrer institutionellen Mitbestimmung zeige, daß sich das Prinzip Mitbestimmung bereits aus einer richtig verstandenen Anwendung privatrechtlicher Grundsätze ergebe und dem sozialen Charakter des Prinzips durch Institute des Privatrechts Ausdruck verliehen werden könne. »Mitbestimmung ist somit kein auf den unmittelbar staatlichen Bereich, auf die Organisation öffentlich-rechtlicher Verbände beschränkter Grundsatz mit der Folge, daß seine Anwendung auf privatrechtliche Veranstaltungen diese zu öffentlich-rechtlichen Veranstaltungen macht... Diese Feststellung ist nicht nur unter dem allgemeinen Gesichtspunkt des Verhältnisses von privatem und öffentlichem Recht, sondern vor allem deshalb relevant, weil sie deutlich macht, daß auch die zutreffende Anwendung und die Interpretation privatrechtlicher Institutionen zur freien und demokratischen Gestaltung wichtiger Lebensbeziehungen beitragen kann[13].«

Für eine solche Unterscheidung sprechen nach Auffassung der Kommission auch die Folgen, die mit einer ungeprüften Anwendung staatsrechtlicher Ordnungsvorstellungen auf das Unternehmen verbunden sind. Die Kommission begründet in diesem Zusammenhang, warum sie die Übertragung staatsrechtlicher Organisationsprinzipien auf das Unternehmen für unzulässig hält:

»Die Anwendung solcher Ordnungsvorstellungen auf die Rechtsbeziehungen im Unternehmen unterstellt, daß das Unternehmen als soziales Gebilde dem staatlichen Verband vergleichbar ist. Sie sieht das Unternehmen an sich und ignoriert den für die zutreffende Organisation des Unternehmens entscheidenden Umstand der äußeren Abhängigkeiten und Interpendenzen, die das wirtschaftliche Leben des Unternehmens kennzeichnen. Das Unternehmen ist kein ›contrat social‹ en miniature, sondern selbständig organisierter und durch die Autonomie unternehmerischer Handlungsfreiheit gekennzeichneter Teil eines größeren wirtschaftlichen Zusammenhanges. Diesem Umstand tragen die wirtschaftsrechtlichen Rechtsinstitute, nicht aber die staatsrechtlichen Ordnungsvorstellungen Rechnung, welche von der Souveränität des staatlichen Verbandes ausgehen und denen solche Interdependenzen fremd sind. Auch aus diesem Grund ist bei der Übertragung staatsrechlicher Ordnungsgedanken auf die Gestaltung der Rechtsbeziehungen im Unternehmen Vorsicht geboten[14].«

II.

Die Forderung nach Demokratisierung des Unternehmens im Sinne der Legitimation unternehmensimmanenter Herrschaftsverhältnisse bezieht sich im wesentlichen auf drei Problemkreise: die Beziehungen des Arbeitnehmers zum Arbeitgeber im betrieblichen Bereich, die Legitimation der Unternehmensleitung und die Kontrolle der wirtschaftlichen Macht des Unternehmens.

1. Von diesen Bereichen ist der der konkreten Beziehungen des Arbeitnehmers zum Arbeitgeber der in der politischen Auseinandersetzung um die Demokratisierung des Unternehmens unter Verwirklichung von Wirtschaftsdemokratie am wenigsten konkret behandelte. Dies erklärt sich nicht nur aus der Allgemeinheit der Demokratisierungsforderung, sondern auch durch den Umstand, daß von allen Teilbeziehungen innerhalb des Unternehmensverbandes und zwischen dem Unternehmen und seiner Umwelt das Rechtsverhältnis zwischen Arbeitnehmer und Arbeitgeber neben dem gesellschaftsrechtlichen Verband der Eigentümer gesetzlich am ausführlichsten geregelt ist.

Hinzu tritt, daß der Arbeitsplatz als Ort der Verwirklichung der individualrechtlichen Beziehung zwischen Arbeitnehmer und Arbeitgeber für allgemeine Demokratisierungsforderungen weniger geeignet erscheint als der soziale Verband Unternehmen selbst. Soweit eine Verbesserung der rechtlichen Stellung des Arbeitnehmers im Bezugssystem betrieblicher Kooperation und Abhängigkeit möglich ist, ist diesem Bedürfnis im übrigen durch das neue Betriebsverfassungsgesetz, insbesondere durch die §§ 81 ff., Rechnung getragen.

Abgesehen davon bietet der Betrieb im Unterschied zum Unternehmen vor allem deshalb geringere Ansatzpunkte für die Übertragung demokratischer Ordnungsvorstellungen, weil der Betrieb eindeutig in das Planungs- und Entscheidungssystem des Unternehmens eingeordnet ist und damit für eine mit Demokratisierung geforderte »Partizipation« an Herrschaftsbefugnissen nur geringe Ansatzpunkte bietet. Auf diesen für die Mitbestimmungsdiskussion wesentlichen Unterschied hat auch die Mitbestimmungskommission in ihrem Bericht hingewiesen. Im Zusammenhang mit der Analyse der Leitungs- und Direktionsbefugnisse im Unternehmen unterscheidet sie zwischen der unternehmerischen Verfügung über das dem Unternehmen zur Verfügung stehende Arbeitskräftepotential einerseits und dem Weisungs- und Direktionsrecht gegenüber dem einzelnen Arbeitnehmer andererseits. Von beiden betrifft die unternehmerische Entscheidung — jedenfalls in der Regel — nicht die Verfügung über die Arbeitskraft eines bestimmten Arbeitnehmers, sondern definiert die Ziele und legt den unternehmerischen Plan fest, nach dem Einzelanweisungen sinnvollerweise erst ergehen können.

Diese Einzelanweisung als betriebsbezogene »Verfügung« über die Arbeitskraft des Arbeitnehmers beruht somit auf der unternehmerischen »Verfügung« über das Arbeitskräftepotential des Unternehmens, über den Produktionsfaktor Arbeit[15]. Den unterschiedlichen Funktionen der unternehmerischen Verfügung über Arbeitskraft und dem Weisungs- und Direktionsrecht entsprechen die unterschiedlichen Funktionen der sozialen Gebilde Unternehmen und Betrieb. Der Betrieb definiert sich nach Auffassung der Kommission durch den vorgegebenen Produktionsauftrag und durch die an der Erfüllung dieses Auftrages orientierte Produktionsleistung. Für den Verband Unternehmen ist die an wirtschaftlicher Zweckrationalität orientierte unternehmerische Planung, d. h. die Feststellung der wirtschaftlichen Ziele selbst, konstitutiv. Das Unternehmen »ist der Ort der unternehmerischen Freiheit zur Planung und damit der Träger unternehmerischer Autonomie[16]«. Der Betrieb unterscheidet sich vom Unternehmen vor allem durch die fehlende Autonomie. Soweit im Betrieb selbst Planungsentscheidungen getroffen werden, geschieht dies nicht in Ausübung autonomer Planungskompetenz, sondern im Rahmen eines Ermessens, das den betrieblichen Organen durch die Unternehmensleitung eingeräumt wird, deren Planung der Betrieb mit verwirklicht.

Fehlt es dem Betrieb als »Teilkörperschaft« des Unternehmens jedoch an selbständiger Planungs- und Entscheidungskompetenz im Sinne unternehmerischer Autonomie, so fehlen damit auch wichtige Ansatzpunkte für die Verwirklichung einer Forderung nach Demokratisierung, insbesondere aber für die Verwirklichung der Forderung nach Legitimation von Herrschaft. Denn wo Entscheidungskompetenzen sich offenbar von einer übergeordneten Planungs- und Entscheidungskompetenz ableiten, sind nicht diese, sondern ist jene Ziel der Legitimationsansprüche, die mit dem Begriff Demokratisierung im Unternehmen verbunden werden.

2. Damit ist der zweite Zielbereich der Forderung nach Demokratisierung der Unternehmen angesprochen: die Legitimation der Unternehmensleitung. In der Mitbestimmungsdiskussion wird auf die Legitimation der Unternehmensleitung in unterschiedlicher Weise abgehoben. Soweit sie im Zusammenhang mit der Forderung nach mehr Demokratie gesehen wird, wird die Legitimation der Unternehmensleitung durch die »beteiligten Gruppen« vor allem im Rahmen der Verwirklichung einer Unternehmensverfassung erwartet. Der Legitimationsbegriff wird hier als rechtspolitisches Argument für Mitbestimmung und Unternehmensverfassung eingeführt, und zwar in dem Sinne, daß die Handhabung der der Unternehmensleitung zustehenden ökonomischen und gesellschaftlichen Kompetenzen einer Rechtfertigung bedürfe, die nur durch »Kapital und Arbeit« in überzeugender Weise verschafft werden könne.

Die Mitbestimmungskommission hat sich gegen den solcherart begründeten Anspruch auf Legitimation der Unternehmensleitung ausgesprochen. In einem marktwirtschaftlichen System mit privater Verfügungsgewalt über die eigene Arbeitskraft, über Kapital, Boden und technisches Wissen besteht nach ihrer Auffassung die oberste Aufgabe des Unternehmens und seiner Leitung darin, die Produktionsfaktoren zum Zwecke der Güterproduktion wirtschaftlich zu kombinieren. Diese Aufgabe wird dem Unternehmen und seiner Leitung nicht durch eine öffentliche Instanz gestellt, sondern sie wird von den Unternehmern selbst gewählt, weil dies in ihrem persönlichen — nicht unbedingt nur wirtschaftlichen — Interesse liegt[17]. Der gesellschaftliche Sinn frei gewählter Unternehmertätigkeit besteht nach Auffassung der Kommission darin, daß dabei gleichwohl unter dem Einfluß ausreichenden Wettbewerbs und anderer regulierender Bedingungen ein öffentliches Interesse von hohem Rang wahrgenommen wird, nämlich das Interesse an einer optimalen Güterversorgung der Verbraucher. Im wirtschaftlichen, nicht rechtlichen Sinne legitimiert der Markt die Tätigkeit des Unternehmens und seiner Leitung. Daß es sich dabei um die primäre gesellschaftliche Legitimation des Unternehmens und seiner Leitung handelt, ergibt sich aus der Tatsache, daß das Unternehmen bei Dauerverlusten nur mit Hilfe von Subventionen in der bisherigen Form fortbestehen könnte.

Andere gesellschaftliche Legitimationen sind — so die Mitbestimmungskommission — in der Marktwirtschaft auf den Gestaltungsspielraum beschränkt, den der vom Markt ausgehende Zwang zur wirtschaftlichen Produktion frei läßt. Einerseits ist dieser Spielraum nicht so weit, daß eine beliebige Gestaltung des Prozesses der unternehmerischen Willensbildung und der inneren Betriebsorganisation möglich wäre. Eine gesellschaftspolitische Reform des Unternehmens, die darauf abzielen würde, die im Unternehmen Zusammenwirkenden vom Sachzwang der wirtschaftlichen Produktion zu entbinden, wäre nicht nur für ein marktwirtschaftliches System, sondern auch für jede andere Wirtschaftsordnung katastrophal.

Andererseits sieht die Kommission, nicht nur bei marktbeherrschenden und marktstarken Unternehmen, sondern auch bei höherem Wettbewerbsgrad, Möglichkeiten einer Mitbestimmung bei der Verteilung von Zuständigkeiten, Mitspracherechten und Lasten innerhalb des Unternehmens. Da die innerbetriebliche Organisation nicht starr durch den Markt determiniert ist, ist es möglich, dabei diejenige Form zu wählen, die bei Wahrung des Wirtschaftlichkeitszieles den gesellschaftlich-sozialen Zielvorstellungen am besten entspricht. »In diesem Zusammenhang erscheint der Kommission das Ziel unabweisbar, die Arbeitnehmer besser im Unternehmen zu integrieren. Die Beteiligung von Vertretern der Arbeitnehmer im Aufsichtsrat kann hierzu beitragen. Dadurch wird die Unternehmensleitung auch durch die Vertreter der Arbeitnehmer sozial bestätigt und beeinflußt. Die Kommission hält dies deswegen für erforderlich, weil ihr die ökonomische Legitimation der Unternehmensleitung über den Arbeitsmarkt, vor allem bei größeren Unternehmen, nicht ausreichend erscheint. Umfang und Ausgestaltung der ergänzenden sozialen Legitimation durch Mitbestimmung müssen die Rangordnung der Unternehmensziele beachten und Widersprüche zwischen der Produktionsaufgabe des Unternehmens und gesellschaftspolitischen Anforderungen anderer Art so klein wie möglich halten[18].« Damit bringt die Kommission zum Ausdruck, daß von einer Legitimation im Sinne der Rechtfertigung unternehmerischer Planungs- und Entscheidungskompetenz und der damit verbundenen Herrschaftsverhältnisse nur insoweit gesprochen werden kann, als die Zweckrationalität der Veranstaltung Unternehmen und ihrer Einordnung in das marktwirtschaftliche Bezugssystem einen auf die innere Organisation des Unternehmens bezogenen Gestaltungsspielraum läßt. Von der Möglichkeit »demokratischer Legitimation« durch die betroffenen Gruppen im Sinne einer primären Begründung der Berechtigung, unternehmerische Entscheidungs- und Planungskompetenz auszuüben, kann dagegen in einer marktwirtschaftlichen Ordnung keine Rede sein. Die Forderung nach Demokratisierung geht, soweit damit die Legitimation von Herrschaftsverhältnissen gemeint ist, von der für jede arbeitsteilige Wirtschaft unhaltbaren Vorstellung aus, daß es sich ja beim Unternehmen um einen in sich geschlossenen, vor allem jedoch durch sich selbst gerechtfertigten sozialen Verband handele, der als solcher über die Fähigkeit verfüge, sich »selbst« zu legitimieren.

III.

1. Im Mittelpunkt der Demokratisierungsforderungen, soweit sie sich auf die wirtschaftliche Unternehmung beziehen, steht jedoch das Problem der Machtkontrolle. Ausgangspunkt für die Forderung nach Demokratisierung in diesem Zusammenhang ist die Überlegung, daß große Unternehmen mit beträchtlichem Einfluß auf ihre wirtschaftliche, soziale und politische Umwelt gesellschaftspolitische Relevanz haben[19]. Wegen dieser Relevanz werden sie nicht nur als private Veranstaltungen, sondern zugleich als »tragende Säulen der modernen Wirtschaft und — gesellschaftspolitisch, nicht im Rechtssinne — öffentliche Institutionen« angesehen[20].

Aus diesem Umstand wird, ähnlich wie im Zusammenhang mit der Legitimationsfrage, der Schluß gezogen, daß das Unternehmen mit gesellschaftspolitischer Relevanz eine innere Ordnung erhalten müsse, die seinem Charakter als öffentliche Institution entspricht: eine Unternehmensverfassung. Von ihrer Verwirklichung wird neben der demokratischen Legitimation der Unternehmensleitung vor allem die Bindung der wirtschaftlichen Macht und die Durchsetzung des öffentlichen Interesses gegenüber dem wirtschaftlichen Eigeninteresse des Unternehmens erwartet[21]. Der Deutsche Gewerkschaftsbund zählt beides, sowohl die »Mitbestimmung der Arbeitnehmer und ihrer Gewerkschaften« als auch die »Demokratisierung und Neuordnung der Unternehmensverfassung«, zu den Mitteln, die den Mißbrauch wirtschaftlicher Macht verhindern und eine soziale Gestaltung der Gesellschaft sichern[22]. Die SPD betont zur Begründung ihres Gesetzentwurfes über die Unternehmensverfassung in Unternehmen und Konzernen, es sei sittlich nicht zu rechtfertigen, daß der Bürger fähig sei, darüber zu bestimmen, welche Partei regieren und welche wirtschaftspolitischen Ziele eine Regierung verfolgen solle, daß er aber andererseits auf die Führung seines Unternehmens keinen Einfluß haben dürfe. »Die Führung eines Großunternehmens entscheidet über Lebensbedingungen von Tausenden von Menschen, sie fällt also in Wahrheit nicht nur privatrechtliche, sondern ebenso gesellschaftspolitische Entscheidungen. Das Privateigentum kann nicht allein zu derartigen Entscheidungen privilegiert bleiben; vielmehr müssen vor allem auch diejenigen mitwirken können, die von den gesellschaftspolitischen Entscheidungen betroffen werden[23].«

2. Kennzeichnend für alle Forderungen nach Demokratisierung der Wirtschaft durch Reform der rechtlichen Ordnung des Unternehmens ist die Annahme, daß sich das Großunternehmen nicht durch externe Kontrolle und Beeinflussung, sondern nur durch eine Änderung seiner inneren Organisation in eine freiheitliche Wirtschaftsordnung integrieren lasse. Diese Annahme wiederum geht von der Überlegung aus, daß das Unternehmen als gesellschaftlich relevante wirtschaftliche Veranstaltung zugleich als ein interessenpluralistischer Herrschaftsverband angesehen werden müsse, seine innere soziologische Struktur also mit der Gesamtgesellschaft im Prinzip vergleichbar sei.

Ausführlich werden diese Grundgedanken der Unternehmensverfassung in dem Bericht erläutert, den eine Gruppe von Wissenschaftlern unter dem Vorsitz von *Otto Kunze* unter dem Titel »Unternehmensverfassung als gesellschaftspolitische Forderung« erstattet hat[24]. Der Bericht geht davon aus, daß die Macht der Unternehmensleitung in den Größtunternehmen sich nicht nur innerhalb des Herrschaftsverbandes Unternehmen und damit gegenüber den Arbeitnehmern auswirke, sondern auch alle anderen Interessengruppen betreffe, die ihr unterliegen oder von ihr berührt werden: Eigentümer, Geschäftspartner und die Allgemeinheit. Im geltenden Unternehmensrecht komme dieser Umstand nicht zum Ausdruck. Der Inadäquanz von rechtlicher und wirtschafts-soziologischer Struktur des Unternehmens sei der am meisten ins Auge fallende Unterschied zwischen dem geltenden Unternehmensrecht und der Unternehmenswirklichkeit. Die Reform habe deshalb in erster Linie bei dieser Inadäquanz anzusetzen. Die Überlegung zu der Frage, wie die Grundnormen einer freiheitlichen Gesellschaft auf das Größtunternehmen anzuwenden sind, habe mithin davon auszugehen, daß das Unternehmen ein interessenpluralistischer Herrschaftsverband sei[25].

Aus dieser Feststellung wird im Zusammenhang mit der Notwendigkeit der Legitimation gesellschaftspolitisch relevanter Macht die Schlußfolgerung gezogen, daß alle »Machtbetroffenen« an der

Legitimation der Unternehmensleitung mitzuwirken haben. »Das Bestellungs- und das Kontrollorgan müssen interessenpluralistisch zusammengesetzt sein. Damit ist die organisatorische Struktur des Größtunternehmens im Grundsatz festgelegt[26].« »Alle Interessengruppen des Unternehmensverbandes und nicht nur die Eigentümer an der Bestellung und Abberufung der Unternehmensleitung zu beteiligen, ist ... die Konsequenz der Grundnormen, nach der in der freiheitlichen Gesellschaft die Machthaber durch die Machtbetroffenen legitimiert werden müssen. Wenn ein Sozialgebilde die Grenzen der gesellschaftspolitischen Relevanz überschreitet, unterliegt es dieser Grundnorm[27].« Der Sinn einer an solchen Grundnormen orientierten Ordnung der großen Unternehmen ist es, »die beiden Interessen im Unternehmen und das Unternehmen in die Gesamtgesellschaft zu integrieren[28]«.

3. Die Berechtigung der Annahme, daß die Verwirklichung der Unternehmensverfassung der Demokratisierung der Wirtschaft im Sinne einer freiheitlicheren Gestaltung ihrer inneren Ordnung diene, steht und fällt mit der Antwort auf die Frage, ob die Anerkennung des interessenpluralistischen Charakters des Unternehmensverbandes und seine Berücksichtigung bei der Zusammensetzung der Unternehmensorgane wirklich geeignet ist, der gesellschaftlichen Relevanz des Unternehmens im Sinne einer Integration in die Gesamtheit zu entsprechen, d. h., die Funktionen der Institutionen zu ersetzen, von denen bei Abwesenheit wirtschaftlicher Macht die Integration des Unternehmens in die Gesamtwirtschaft erwartet wird. Es geht mit anderen Worten um die Frage, ob die für die Unternehmensverfassung kennzeichnende Repräsentation der unterschiedlichen wirtschaftlichen, von der Machtstellung des Unternehmens betroffenen Interessen in die Organe des Unternehmens Wirkungen entfaltet, die denen der marktwirtschaftlichen Integrations- und Kontrollmechanismen vergleichbar sind.

Ausgangspunkt ist wiederum die Prämisse, die Macht des Herrschaftsverbandes Unternehmen äußere sich sowohl nach außen, d. h. gegenüber seinen Marktpartnern, wie nach »innen«, d. h. gegenüber den Arbeitnehmern. Ist die Annahme von der Substituierbarkeit externer Kontrollen durch interessenpluralistische Repräsentationen im Unternehmen zutreffend, so müßte folglich sowohl die nach außen als auch nach innen gerichtete Macht des Unternehmens durch die Unternehmensverfassung gebunden werden und damit ihre freiheitsgefährdeten Momente verlieren.

Die Mitbestimmungskommission hat sich in ihren Untersuchungen zur Mitbestimmung im Unternehmen mit beiden Problemen befaßt. Was die Beziehungen des Unternehmens zum Markt betrifft, ist sie den Auswirkungen sowohl der Mitbestimmung der Arbeitnehmer als auch der Vertretung des öffentlichen Interesses in den Kontrollorganen des Unternehmens auf die Marktbeziehungen des Unternehmens nachgegangen. Im Rahmen ihrer Anhörungen hat sie die Frage untersucht, ob und in welcher Weise die Mitbestimmung im Montanbereich zu einer Kontrolle wirtschaftlicher Macht der betroffenen Unternehmen geführt habe. Als Ergebnis hat sie festgestellt, daß die Mitbestimmung der Arbeitnehmer in den Unternehmensorganen bisher nicht geeignet war, einen möglichen Mißbrauch wirtschaftlicher Macht durch Großunternehmen zu verhindern[29]. Insbesondere die Einstellung der Arbeitnehmervertreter zu den Konzentrationsvorgängen in der Stahlindustrie habe deutlich gemacht, daß sich die Arbeitnehmervertreter in den Aufsichtsräten bei der Beurteilung des Problems »Wirtschaftliche Macht« im wesentlichen von den gleichen Gesichtspunkten leiten lassen wie die Unternehmensleitungen. Zwar hätten die Gewerkschaftsvertreter und die Arbeitnehmervertreter in den Aufsichtsräten der beteiligten Gesellschaft erkannt, daß mit der Rekonzentration in der Stahlindustrie das Problem der Entstehung wirtschaftlicher Machtstellungen verbunden sei. Sämtliche zum Problem befragten Arbeitnehmer waren jedoch der Auffassung, daß ein Mißbrauch eventueller wirtschaftlicher Machtpositionen nicht zu befürchten sei und im übrigen sowohl ein unternehmenspolitisches als auch ein gesamtwirtschaftliches Interesse an möglichst starken und wettbewerbsfähigen Unternehmen bestehe.

Ebensowenig wie die Verhinderung eines Mißbrauchs wirtschaftlicher Macht spielte in der Nachkriegszeit auch die Verhinderung eines politischen Mißbrauchs der wirtschaftlichen Machtstellung der Unternehmen eine praktische Rolle. Von Gewerkschafts- und Arbeitnehmervertretern in den Aufsichtsräten der Montanindustrie wurde der Möglichkeit eines politischen Mißbrauchs der wirtschaftlichen Stellung der Montanunternehmen keine praktische Bedeutung mehr zugemessen. Die Kommission sah gerade in der Klärung dieser Frage ein wichtiges Ergebnis ihrer Anhörungen[30].

Vor diesem Hintergrund gelangt sie ihm Rahmen ihrer eigenen Erwägungen zu dem Ergebnis, daß die Mitbestimmung der Arbeitnehmer im Unternehmen ungeachtet ihrer Vereinbarkeit mit den Grundsätzen der marktwirtschaftlichen Ordnung dazu beitragen könne, das im Unternehmen angelegte Bestreben zu verstärken, sich der Lenkung durch Signale des Marktes zu entziehen. Während das Verhältnis von Anteilseignern und Arbeitnehmervertretern im Unternehmen selbst vor allem durch die Interessenlage des Arbeitsverhältnisses bestimmt ist, tendieren Unternehmensleitung und Arbeitnehmervertreter bei der Beurteilung externer Einwirkungen auf die Unternehmensplanung eher zur Übereinstimmung. Beide sind nicht nur an hohen Investitionen, sondern allgemein an »geordneten Märkten« und an »vernünftigen Preisen« interessiert. Beide neigen — nach Ansicht der Kommission — zu unternehmensbezogenen Beurteilungen äußerer Einflüsse und zur Abwehr solcher Einflüsse oder Verhaltenszwänge, wenn sie das eigene Unternehmen gefährden und den Interessen der Arbeitnehmer des Unternehmens in zureichendem Maße entsprochen ist[31].

Die Mitbestimmung der Arbeitnehmer fördert somit in den mitbestimmenden Unternehmensorganen die Kumulation von Arbeitnehmerinteresse und Interessen der Unternehmensleitung und trägt damit zu einer Verselbständigung des Unternehmens gegenüber externen Steuerungseinflüssen bei. Die Kommission sah in dieser Tendenz solange keinen Widerspruch zum marktwirtschaftlichen Prinzip, als die Mitbestimmung der Arbeitnehmer das Unternehmen nicht gegenüber den Signalen des Marktes und der staatlichen Wirtschaftspolitik immunisierte. Angesichts der starken Einflüsse der Märkte auf die langfristige Unternehmensentwicklung, vor allem an internationalen Märkten, hielt sie die Gefahr einer durch Mitbestimmung hervorgerufenen oder verstärkten Immunisierung des Unternehmens gegenüber externen Steuerungen nicht für sehr groß. Die Tendenz zur Interessenkumulation bei der Gestaltung des Verhältnisses des Unternehmens zum Markt ließ es nach ihrer Ansicht jedoch unwahrscheinlich erscheinen, daß die Mitbestimmung der Arbeitnehmer dazu beitragen könne, Wettbewerbsbeschränkungen entgegenzuwirken. Insbesondere konnte sich die Kommission nicht der Ansicht anschließen, daß die Mitbestimmung der Arbeitnehmer im Unternehmen wettbewerbsbeschränkende Konzentrationen und damit der Ausbildung von Marktmacht entgegenwirke. So habe sich gezeigt, daß die Vertreter der Arbeitnehmer in den Unternehmensorganen Konzentrationsvorgängen innerhalb der betroffenen Industrie dann wohlwollend gegenüberstehen, wenn sie sich vom Konzentrationsvorgang eine Stärkung des Unternehmens und einen Zuwachs von Marktkontrolle erwarten und der »Mitbestimmungsbesitzstand« durch die Konzentrationen nicht beeinträchtigt wird. Die unternehmenspolitische und wirtschaftliche Zweckmäßigkeit von Konzentrationsvorgängen wurde — wie die Anhörungen zeigten — von den Vertretern der Arbeitnehmer im wesentlichen nach den gleichen Gesichtspunkten beurteilt wie von der Unternehmensleitung und den Anteilseignervertretern. Die Beurteilung der Marktstellung des Unternehmens durch »Kapital« und »Arbeit« stimmte tendenziell überein. Fälle, in denen die Vertreter der Arbeitnehmer in den Unternehmensorganen geplanten Konzentrationsvorgängen mit dem Hinweis auf die Auswirkung der Konzentration auf den marktwirtschaftlichen Prozeß entgegengetreten wären, sind nicht bekanntgeworden.

Deshalb kann von der institutionellen Mitbestimmung der Arbeitnehmer auch nicht erwartet werden, daß sie zur Kontrolle wirtschaftlicher Macht des Unternehmens in seinen Märkten beiträgt. Eine solche Wirkung der institutionellen Mitbestimmung läßt sich auf Grund der Anhörungen der Kommission nicht nachweisen. Sie würde auch dem gemeinsamen Interesse widersprechen, das Unternehmensleitung und Arbeitnehmer in den Unternehmensorganen an einer vollen Ausschöpfung der Marktstellung zur Stärkung des Unternehmens und damit zur Sicherung der Arbeitsplätze haben. Gerade das Problem der Kontrolle wirtschaftlicher Macht gegenüber Anbietern und Abnehmern zeigt, daß die unternehmenspolitische Beurteilung der Beziehungen des Unternehmens zum Markt bei angemessenem Interessenausgleich zwischen Arbeitnehmern und Arbeitgebern im übrigen von den Arbeitnehmern im wesentlichen nach den gleichen Gesichtspunkten vorgenommen wird wie von der Unternehmensleitung.

Wohl aus diesem Grund hat die Kommission keine Beispiele dafür finden können, »daß der Gesichtspunkt der Kontrolle wirtschaftlicher, aber auch politischer Macht der Unternehmen in der Mitbestimmungspraxis der letzten beiden Jahrzehnte irgendeine Rolle gespielt hätte. Es wäre auch zu fragen, ob es Aufgabe der Arbeitnehmervertreter im Aufsichtsrat sein sollte, eine solche Kontrolle auszuüben. Hierzu wären allgemeine Gesetze oder spezielle Behörden mit politischem Auftrag nach Ansicht der Kommission besser geeignet. Der Gedanke einer Kontrolle wirtschaftlicher Macht vermag nach Auffassung der Kommission die institutionelle Mitbestimmung nicht zu begründen[32].«

4. Im Zusammenhang mit der Kontrolle wirtschaftlicher Macht durch Mitbestimmung hat sich die Sachverständigenkommission auch mit der Frage befaßt, ob der öffentlichen Relevanz der Großunternehmen durch die Mitbestimmung der Arbeitnehmer Rechnung getragen werden muß. Auch diese Ansicht beruht nach Auffassung der Kommission auf der Annahme, die Mitbestimmung der Arbeitnehmer sei geeignet, die fehlende externe Kontrolle der Unternehmen mit marktwirtschaftlichen Mitteln auszugleichen und damit als Instrument der Kontrolle wirtschaftlicher Macht zu wirken.

Die Kommission äußert in diesem Zusammenhang die Auffassung, daß der unzweifelhaft gegebenen öffentlichen Bedeutung größerer Unternehmen nicht allein dadurch Rechnung getragen werden könne, daß solche Unternehmen aus diesem Grunde als öffentliche Veranstaltungen angesehen werden. »Die rechtliche und organisatorische Behandlung des großen Unternehmens als ›öffentliche Veranstaltung‹ ist nach Auffassung der Kommission nicht der einzige und im Rahmen einer marktwirtschaftlichen Ordnung nicht der angemessene Weg, der öffentlichen Bedeutung solcher Unternehmungen Rechnung zu tragen. Die Ansicht, die den Rückgriff auf öffentlich-rechtliche Organisationsformen zur Bewältigung der öffentlichen Bedeutung großer Unternehmen für den einzigen gangbaren Weg hält, diesem Problem gerecht zu werden, übersieht, daß auch die Privatrechtsordnung eine öffentliche

Veranstaltung ist, mit deren Hilfe dem öffentlichen Interesse an
bestimmten wirtschaftlichen Verhaltensweisen Rechnung getragen werden kann[33].« In diesem Zusammenhang verweist die Kommission auf die Mißbrauchskontrolle, das allgemeine Diskrimi-
nierungsverbot und eine der Marktmacht des Unternehmens
entsprechend restriktive Interpretation privatrechtlicher Befugnisse.

Mit ihren Feststellungen zum Verhältnis der Mitbestimmung zur
Kontrolle wirtschaftlicher Macht erteilt die Sachverständigenkommission der Vorstellung eine Absage, die Mitbestimmung der
Arbeitnehmer in einem interessenpluralistisch konzipierten Unter-
nehmensorgan sei geeignet, die externe Kontrolle des Unternehmens zu ersetzen, das Unternehmen durch Veränderung der unternehmerischen Legitimationsprozesse in die Gesamtwirtschaft zu
integrieren. Sie macht sich damit die Erkenntnis zu eigen, daß der
zwischen Eigentümer und Arbeitnehmer im Unternehmensverband
bestehende Interessengegensatz, von dem die machtneutralisierende
Wirkung ausgehen soll, zwar im »Inneren« des Unternehmens,
nicht aber im Bereich seiner Außenbeziehungen besteht. Wenn es
für die Richtigkeit dieser Beobachtung noch einer Bestätigung be-
durft hätte, so wäre sie durch die Entwicklung des Ruhrkohleberg-
baues, insbesondere durch die Geschichte der Ruhrkohleneinheits-
gesellschaft, geliefert worden. Wenn im Hinblick auf die Würdi-
gung dieser Geschichte Übereinstimmung besteht, so in der Feststellung, daß sich die Interessen der Anteilseigner der Kohlezechen
und der Arbeitnehmer und ihrer Gewerkschaft im Verhältnis der
Unternehmen zum Markt und zum Staat stets entsprochen haben,
also nicht divergierend oder gar im neutralisierenden Sinne entgegengesetzt waren. Das Produzenteninteresse wurde von den Beteiligten durchweg im gleichen Sinn interpretiert; der Interessenplu-
ralismus, von dessen Repräsentation die Anhänger der Unternehmensverfassung die Integration des Unternehmens in die Gesamtwirtschaft erwarten, bestand nur innerhalb des Unternehmens,
d. h. bezüglich der Distribution der Ergebnisse der Unterneh-
menstätigkeit und ihrer Risiken. Das Interesse an der Verringerung
des Risikos durch seine Überwälzung auf den Markt oder die Allgemeinheit war dagegen nicht nur materiell gleichgerichtet, sondern wurde häufig auch in der gleichen Weise begründet. So zeigt

sich, daß der in jeder Wirtschaft bestehende Konflikt zwischen dem Interesse des Produzenten an optimaler Verwertung der von ihm angebotenen Leistung und dem Interesse des Konsumenten an der Aufrechterhaltung seiner Freiheit, den Charakter des Angebots durch freies Konsumverhalten zu bestimmen, durch die Unternehmensverfassung nicht verändert, sondern allenfalls zu Lasten des Marktes verschärft wird. Die Mitbestimmung der Arbeitnehmer in den Unternehmensorganen ist somit nicht geeignet, externe Kontrollen wirtschaftlicher Macht zu substituieren und damit der Demokratisierung vermachteter Märkte zu dienen.

5. Die Verfechter einer interessenpluralistischen Unternehmensverfassung erwarten diese Wirkung allerdings nicht allein von der Repräsentation der Arbeitnehmerinteressen in den Unternehmensorganen, sondern von der Mitwirkung der weiteren Vertreter, die die zusätzlich, von der Macht des Unternehmens betroffenen Interessen zur Geltung bringen und damit die Unternehmensleitung auch insoweit legitimieren sollen[34]. Die Funktion dieser weiteren Mitglieder besteht somit in der Vertretung der weiteren, außerhalb des eigentlichen Unternehmens liegender Interessen, die sich im allgemeinen Sinne als die relevanten Drittinteressierten eines nicht mehr abgrenzbaren Bereichs und damit als die öffentlichen Interessen definieren lassen.

Eine Vertretung des öffentlichen Interesses in den Kontrollorganen gesellschaftspolitisch relevanter Unternehmen gehört zum Grundbestand unternehmensverfassungsrechtlicher Vorstellungen. Ihre Forderung beruht auf der Annahme, daß die institutionelle Repräsentation des öffentlichen Interesses im Unternehmen das Unternehmensverhalten auf das Allgemeinwohl hin korrigiert. Der Widerspruch zwischen einzelwirtschaftlichem Interesse und Gesamtinteresse, der wegen der Marktmacht des Unternehmens nicht über den Markt aufgelöst werden kann, soll damit gewissermaßen im Rahmen des Unternehmensverbandes überwunden werden. Von den Vertretern des öffentlichen Interesses im Aufsichtsrat wird erwartet, daß sie die unzureichende externe Kontrolle durch den Markt und die staatliche Gesetzgebung und Verwaltung durch interne Einwirkung auf den Willensbildungsprozeß des Unternehmens ersetzen, zumindest jedoch ergänzen. Dabei wird an die Beachtung öffentlicher Anliegen wie der Reinhaltung der Luft, der Verringerung der Wasserverschmutzung, aber auch der Respektierung wichtiger wirtschaftsrechtlicher Ordnungsgrundsätze gedacht. Der Vertreter des öffentlichen Interesses soll »die Allgemeinheit«, aber auch die Interessen von Lieferanten und Abnehmern des Unternehmens im Unternehmen vertreten und auf diese Weise eine angemessene Berücksichtigung der Interessen dieser »Allgemeinheit« sicherstellen.

Die Sachverständigenkommission, die sich auch mit diesem Problem befaßt hat, hat sich nicht in der Lage gesehen, der Annahme zu folgen, daß Vertreter des öffentlichen Interesses mit solchen Funktionen im Aufsichtsrat erforderlich sind und zur Rationalität unternehmerischen Handelns beitragen können[35]. Auch heute schon gibt es in zahlreichen Aufsichtsräten Personen, die in erster Linie allgemeinere Überlegungen und Gesichtspunkte in den Willensbildungsprozeß des Unternehmens einbringen und insoweit als Stimme eines, wenn auch subjektiv ermittelten öffentlichen Interesses dienen. Einer Institutionalisierung einer solchen Stimme stehen aber nach Auffassung der Kommission erhebliche Bedenken entgegen. Einmal ist es schwierig, den objektiven Inhalt des öffentlichen Interesses zuverlässig zu ermitteln. In einer Wirtschaftsordnung, die der Meinungsbildung durch eine große Zahl unabhängiger Einzelurteile den Vorzug vor der hoheitlichen Definition des öffentlichen Wohls gibt, ist die Beauftragung einzelner mit der Vertretung des öffentlichen Interesses ein Widerspruch. Tatsächlich ist damit zu rechnen, daß der Vertreter des öffentlichen Wohls diesen Widerspruch dadurch aufhebt, daß er sein Urteil ebenfalls an den Interessen des Unternehmens orientiert. Die Folge ist, daß die institutionalisierte Vertretung des öffentlichen Wohls die Wirkungen der Anstrengungen schwächt, die die staatlichen Organe unternehmen, um das öffentliche Wohl gegenüber dem Unternehmen zur Geltung zu bringen.

Die Sachverständigenkommission hat sich deshalb gegen eine institutionelle Vertretung des öffentlichen Interesses im Aufsichtsrat ausgesprochen. Sie war der Meinung, daß es in erster Linie Aufgabe der Märkte und der staatlichen Aufsicht sei, dem öffentlichen Interesse Geltung zu verschaffen. Die Märkte für Güter, Dienstleistungen und Kapital seien auch der zutreffende Ort für die Geltendmachung der Interessen, die Lieferanten, Arbeitnehmer und Kreditgeber gegenüber dem Unternehmen haben. Soweit die Marktmechanismen zur Durchsetzung solcher Interessen gegenüber Großunternehmen an Wirkung verlören, könnten sie nicht durch die Fiktion der Präsenz des öffentlichen Interesses oder durch eine ohnehin zweifelhafte legitimierte Repräsentanz von Lieferanten und Abnehmern im Unternehmen, sondern nur durch entsprechend wirksame staatliche Kompetenzen kompensiert werden[36].

6. Wenn die Orientierung der Zusammensetzung der Kontrollorgane im Unternehmen an der interessenpluralistischen Struktur des Unternehmens nicht geeignet ist, externe Kontrollen der wirtschaftlichen Macht des Unternehmens zu ersetzen, so bedeutet dies, daß die Einführung der Unternehmensverfassung keinen selbständigen Beitrag zum Problem der Kontrolle wirtschaftlicher Macht leisten kann. Sie dient somit nicht der Demokratisierung der Wirtschaft, wenn man unter Demokratisierung als Zielsetzung die kontinuierliche Anstrengung versteht, die Märkte offenzuhalten und ihrer Vermachtung entgegenzuwirken.

Eine Reform des Unternehmensrechts mit dem Ziel der Verwirklichung einer Unternehmensverfassung ist somit nicht geeignet, zur Lösung des Problems der Kontrolle wirtschaftlicher Macht beizutragen. Eher muß das Gegenteil erwartet werden.

Von der Unternehmensverfassung erwarten ihre Befürworter, daß sie sich nicht nur nicht als Schranke für die wirtschaftliche Betätigung der Größtunternehmen auswirkt, sondern sogar deren Wirtschaftlichkeit und Rentabilität erhöht. »Mit einem Gesetz über die Unternehmensverfassung von Größtunternehmen werden diese gesellschaftspolitisch anerkannt. Das nimmt ihnen den Charakter eines Fremdkörpers in der freiheitlich-demokratischen Gesellschaft, integriert sie in diese und macht sie legitim[37].« Wenn es auch nicht so gemeint ist: Die gesetzliche Bestätigung der Legitimation des Größtunternehmens bedeutet im Ergebnis die gesetzliche Bestätigung seiner ökonomischen Interessen und damit des Produzenteninteresses. Die Unternehmensverfassung wird in der Tat Hemmungen und Hindernisse aus dem Weg räumen, die die Wirtschaftlichkeit und Rentabilität der Großunternehmen beeinträchtigen. Aber die einzelwirtschaftliche Effektivität wird nicht deshalb höher sein, weil auf unerfindliche Art gewährleistet ist, daß in die Errechnung der »optimalen Produktivität« die »unausweichliche Korrespondenz zwischen ökonomischer Leistung und gesellschaftlicher Ausgewogenheit« mit einkalkuliert ist[38]. Sie wird effektiv sein, weil die Integration der Interessenpluralität im Unternehmen auf das Produktionsinteresse dessen Durchsetzungskraft gegenüber dem Markt stärkt und damit unternehmerisches Risiko verringert. Die Idee der Unternehmensverfassung überhöht die Autonomie des Unternehmens durch organisatorische Auflösung der die Autonomie domestizierenden Interessengegensätze im Unternehmen. Da diese gegenläufigen Interessen in organisierter Form handeln und dies zur Verwirklichung ihrer Repräsentation auch müssen, werden durch die Unternehmensverfassung organisierte Interessen im Unternehmen integriert und diesem Prozeß die Fähigkeit zur Legitimation wirtschaftlicher Macht zugesprochen. Es gibt keinen demokratischen Staat, der, des kontrollierenden Gleichgewichts divergierender Interessenpluralismen beraubt, eine derartig legitimierte marktbeherrschende Autonomie politisch domestizieren könnte.

Für die Forderung nach Demokratisierung des Unternehmens mit dem Ziel der wirksamen Kontrolle wirtschaftlicher Macht bedeutet dies, daß die Herrschaftschancen des Unternehmens im Markt durch Mitbestimmung nicht im Sinne einer politischen Kontrolle gebunden, sondern — vom Markt her gesehen — allenfalls vergrößert werden. Was sich ändert, ist die Organisation der Ausübung solcher Herrschaftschancen im Unternehmen selbst: Sie wird im ständestaatlichen Sinne pluralistisch konzipiert und begründet damit zugleich neue, von Organisationen beanspruchte Mitwirkungsbesitzstände, die sich jeder Gefährdung oder Beeinträchtigung ihrer Voraussetzungen mit Entschiedenheit entgegenstellen werden.

So führt die Verwirklichung der Forderung nach Demokratisierung im Unternehmen nicht zu weniger Herrschaft oder zu politisch legitimierter Herrschaft, sondern zu einer Redistribution vorhandener Herrschaftschancen unter den organisierten sozialen Gruppen. Das eigentliche Ziel der Forderung, dem sie ihre allgemeine Zustimmung verdankt, wird damit verfehlt.

Fußnoten

[1] Unternehmerische Mitbestimmung der Arbeitnehmer und Grundgesetz, 1972, S. 69.

[2] Ebenda, S. 67.

[3] »Demokratisierung«, in: Demokratisches System und politische Praxis der Bundesrepublik, für Theodor Eschenburg, München 1971, S. 68 ff.

[4] Ebenda, S. 72.

[5] Ebenda, S. 73.

[6] Ebenda, S. 74.

[7] Ebenda, S. 76.

[8] Mitbestimmung im Unternehmen, Bericht der Sachverständigenkommission, Kohlhammer, 1970, S. 108 ff.

[9] Bericht, S. 115 f.

[10] Bericht, S. 116.

[11] Bericht, S. 116.

[12] Bericht, S. 114.

[13] Bericht, S. 115.

[14] Bericht, S. 115.

[15] Bericht, S. 106.

[16] Bericht, S. 107.

[17] Bericht, S. 135.

[18] Bericht, S. 135.

[19] *Kunze*, Interdependenzen von Politik und Wirtschaft, Festgabe für G. v. Eynern, S. 192.

[20] Ebenda.

[21] Siehe statt vieler: *von Nell-Breuning*, Mitbestimmung, 1968, S. 69 ff.; dasselbe in: Das Unternehmen in der Rechtsordnung, Festgabe für H. Kronstein, S. 47 ff.

[22] Grundsatzprogramm vom 22. November 1963 (Düsseldorf), Wirtschaftspolitische Grundsätze III, 6.

[23] Gesetzentwürfe über die Unternehmensverfassung in Großunternehmen usw., herausgegeben vom Vorstand der SPD, 1968, S. 3.

[24] Unternehmensverfassung als gesellschaftspolitische Forderung. Ein Bericht, erstattet von *Boettcher, Hax, Kunze, Nell-Breuning, Ortlieb, Preller*, 1968, S. 93.

[25] Unternehmensverfassung, a. a. O., S. 88.

[26] Ebenda, S. 90.

[27] Ebenda, S. 91.

[28] Ebenda, S. 93.

[29] Bericht der Sachverständigenkommission, Kohlhammer, 1970, S. 96.

[30] Bericht, S. 96 ff.

[31] Bericht, S. 158.

[32] Bericht, S. 160.

33 Bericht, S. 160.
34 Unternehmensverfassung, a. a. O., Anm. 24, S. 91.
35 Bericht, S. 191.
36 Bericht, S. 192.
37 *Biedenkopf*, Auswirkungen der Unternehmensverfassung auf die Grenzen der Tarifautonomie, Festgabe für H. Kronstein, S. 86.
38 Unternehmensverfassung, a. a. O., N. 24, S. 86.

Werner Heldmann

Demokratisierung der Bildung – Ende der Demokratie? Möglichkeiten und Grenzen des politischen Auftrags der Demokratisierung von Schule und Hochschule

I. *Situation*

Das kritische Bewußtsein bei Schülern und Studenten

»Die Schüler sind in unserer Gesellschaft eine verhältnismäßig rechtlose, unterdrückte und von nichtdemokratisch kontrollierten Instanzen abhängige Gruppe. Abhängig sind sie von der Schule, die keinen demokratischen Geist atmet, und vom Elternhaus, das uns Schülern gegenüber alle Repressalien in der Hand hat. Wenn Jugendliche von 17, 18 oder 19 Jahren reglementiert werden, ist das nicht Erziehung, sondern Unterdrückung. Die hierbei auftretenden Autoritätskonflikte entsprechen nicht — wie man uns weismachen will — dem ewigen und deshalb unveränderlichen Gegensatz zwischen Jugendlichen und Erwachsenen, sondern sie sind vielmehr die Auseinandersetzung unbefangener Jugend, die sich nicht bankrotten Überlieferungen und der herrschenden Doppelmoral anpassen will, und einer Generation, die politisch versagt hat und deren Bewußtsein sich offenbar nicht geändert hat. Dies zeigt sich zum Beispiel in der Reaktion auf unartikulierten unpolitischen Protest wie Beat, lange Haare und Gammler und noch viel deutlicher im Vorgehen gegen politischen Protest. Wir finden uns nicht damit ab, uns in der Schule mit überkommenen pädagogischen Mitteln als Rohmaterial verarbeiten zu lassen[1].« Dieser Gründungsaufruf des Unabhängigen Sozialistischen Schülerbundes Göttingen vom 17. Februar 1967 wie auch der Aufstand der Schüler und Studenten in Europa sind keine peripheren Ereignisse; sie sind — unbeschadet aller Unterschiede in Paris, Rom, Prag, Warschau, Berlin, Madrid und Zagreb — Ausdruck einer neuen

Bewußtseinslage, die überkommene Maßstäbe hinter sich läßt und doch nicht ohne Maßstab ist. Die Radikalität dieser Bewegung liegt weniger in dem stilisierten Outsider-Gusto ihrer Exponenten, weniger in den Barrikaden aus gefällten Bäumen, ausgebrannten Autos und aufgetürmten Pflastersteinen — ihre Radikalität liegt in dem bewußten und prononcierten Abstreifen aller hergebrachten Verbindlichkeiten, in dem kritischen Befragen bisher fragloser Voraussetzungen, in der gezielten Methode der umfassenden Kritik aller politischen und gesellschaftlichen Gegebenheiten.

Dies mag als Bürgerschreck wirken; doch ist es mehr als ein Schüler- oder Studentenulk alter Schule. Es ist die Radikalität eines Fragens, das die Grundsätze der Tradition europäischer Aufklärung ernst nimmt, nach denen Politik und Moral einen gemeinsamen Nenner haben. Kritische Rationalität heißt dann nicht mehr, aber auch nicht weniger; daß es keine gesellschaftliche Institution, keine administrative Entscheidung, keine staatliche Autorität gibt, die sich der kritischen Frage nach ihren Voraussetzungen, ihrem Selbstverständnis und ihrer Legitimation entziehen kann. Unter diesem Aspekt bedeutet Demokratisierung die Mobilisierung eines kritischen öffentlichen Bewußtseins. Diese Schüler- und Studentengeneration gibt sich nicht mehr mit der Rolle des »Mannes vom Lande« in *Kafkas* Parabel »Vor dem Gesetz« zufrieden. Dieser Mann begehrte sein Leben lang Einlaß in das Gesetz, wird aber immer wieder vom Türhüter zurückgewiesen. Erst am Ende seines Lebens stellt dieser Mann die entscheidende Frage, warum er vor das Gesetz beschieden sei. Die lapidare Antwort des Türhüters lautet: »Hier konnte niemand sonst Einlaß erhalten, denn dieser Eingang war nur für dich bestimmt. Ich gehe jetzt und schließe ihn[2].« Die kritische Schüler- und Studentengeneration unserer Tage nimmt diesen Skopos der Parabel ernst. Sie durchstößt die Vordergründigkeiten, die verdeckten Abhängigkeiten und die usurpierten Machtansprüche der »Prozeß«-Behörden — anders gesagt: der Instanzen der sekundären Systeme jeglicher politischer und gesellschaftlicher Provenienz — und verlangt einsichtige Antworten. Die Reaktion der Gesellschaft auf diesen Protest der Schüler und Studenten zeigt eine weite Skala, in der oftmals die Äußerungen des Ärgers und der Vorwurf anarchistischer und staatsgefährdender Umtriebe überwiegen. Doch die Herausfor-

derung der Schüler und Studenten ist politischer Natur, und Reaktionen des Unmuts sind keine politischen Antworten. Sie sind
darüber hinaus auch ein Zeichen mangelnder Reflexion der gegenwärtigen Situation.

Was heißt das? Die Bildungspolitik der letzten Jahre orientierte
alle ihre Maßnahmen am Leitbild der sozialen Bildungsgesellschaft.
Deren Kennzeichen sind:

○ die Emanzipation des Menschen durch Bildung im Sinne einer
»zweiten Aufklärung«,

○ die Wahrung der demokratischen Rechtsordnung und einer
freiheitlichen Gesellschaftsstruktur durch kritische Teilhabe aller
an den politischen und gesellschaftlichen Prozessen sowie

○ die Sicherung der wissenschaftlich-technologischen und wirtschaftlichen Entwicklung durch qualifizierte Mitarbeit und Mitbeteiligung aller.

Das entscheidende gesellschafts- wie auch bildungspolitische Mittel
zur Verwirklichung der sozialen Bildungsgesellschaft ist die Demokratisierung der Bildung. Die soziale Bildungsgesellschaft wird
getragen und verantwortet von dem mündigen Staatsbürger. Mündigkeit des Menschen meint hier die Befreiung des Menschen zu
sich selbst durch Bildung, und d. h. zugleich auch Befreiung von
den Repressionen, mittels derer das sekundäre System offen oder
verdeckt den Menschen manipuliert. Diese Befreiung ist das Ergebnis eines kritischen Fragens und Verhaltens und ist damit zu
einem nicht geringen Teil dem politischen Auftrag unserer Schulen und Hochschulen überantwortet.

Eine Kritik der Protestbewegung der Schüler und Studenten,
die einen verbindlichen Dialog ablehnt, statt dessen unreflektiert
von radikalen und randalierenden Minderheiten spricht und sich
in dem Ruf nach Ruhe und Ordnung erschöpft, denaturiert daher
den Staat in die Pose einer »Nachtwächterrolle«. Diese Kritiker
handeln zudem inkonsequent, weil sie die Ergebnisse von gesell-
schafts- und bildungspolitischen Maßnahmen nicht wahrhaben
wollen, die sie selbst in den vergangenen Jahren gefordert und
eingeleitet haben. Geht es doch schließlich um die Grundlegung
gerade jenes Bewußtseins, das den einzelnen zum kritischen Befragen seiner eigenen Situation und der etablierten gesellschaft-

lichen Institutionen herausfordert. Dies wird immer dringlicher, und zwar in dem Maße, wie die gesellschaftlichen Zwänge immer stärker und undurchsichtiger werden und zugleich die Institutionalisierung der gesamten gesellschaftlichen Wirklichkeit immer unausweichlicher zu werden scheint. Das Gefüge jener Interdependenzen, das die familiäre Situation, die moderne Arbeitswirklichkeit, die gesellschaftlichen Interessengruppierungen und das politische Handeln gleichermaßen umschließt, verlangt vom einzelnen ein Engagement im Sinne der »öffentlichen Tugenden«, damit die Welt als Ganzes menschenwürdig bleibt[3].

Demokratisierung der Bildung, verstanden als der politische Auftrag von Schule und Hochschule, führt daher mit Notwendigkeit zu Dialog und Aktion. Sie bedeutet nicht das Ende der Demokratie, solange der Dialog aller gesellschaftlichen Gruppen offen geführt wird. Dieser Dialog zwingt dazu, daß jeder seine politischen Vorstellungen offen darlegen und kritisch befragen lassen muß. Das gilt für das sogenannte Establishment ebenso wie für die Schüler und Studenten. Nur so ist es möglich, daß die politischen Bedingungen und die gesellschaftlichen Verhältnisse durchsichtig werden, daß sie der Kontrolle offen sind, daß sie dem kritischen Bewußtsein des mündigen Staatsbürgers standhalten. Nichts anderes meint Demokratisierung. Und wer wollte zweifeln, daß hier noch einiges im argen liegt und daß die Schüler und Studenten dies deutlich gemacht haben.

Das Versagen der Bildungspolitik

Der Protest der Schüler und Studenten hat jedoch darüber hinaus noch einen speziellen bildungspolitischen Akzent. Hierauf muß zunächst eingegangen werden, um der gesamten Fragestellung der Demokratisierung den notwendigen sachlichen und zugleich aktuellen Hintergrund zu geben. Der Aufstand der Studenten in Paris im Jahre 1968 hat diesen bildungspolitischen Akzent mit aller Schärfe hervortreten lassen. Frankreich hatte bisher immer als ein Musterbeispiel progressiver Bildungspolitik gegolten. In der Tat sind die Studentenzahlen in den verflossenen sechziger Jahren von rund 150 000 auf 600 000 gestiegen. Mit dieser Expansion haben in verstärktem Maße auch die Gesellschaftsschichten einen Zugang zu weiterführenden Bildungswegen gefunden, die bislang von diesen Wegen ausgeschlossen waren. Nun stellt sich aber heraus, daß für diese mächtig angestiegenen Studentenzahlen nicht genügend Studienplätze vorhanden sind und daß in zahlreichen Studiengängen die Studenten nach dem Abschlußexamen keine entsprechenden Arbeitsmöglichkeiten finden. Das muß zu sozialer Unrast und zu Radikalismus führen. Will man dieser Situation dadurch Herr werden, daß man den Zugang zum Studium durch rigorose Eingangsprüfungen drastisch beschränkt, wird der Unmut der Schüler und Studenten noch radikalere Formen annehmen. Zeigt sich doch in diesen Maßnahmen die Unaufrichtigkeit einer Bildungspolitik, die zunächst unter der Devise sozialer Gerechtigkeit und gleicher Bildungschancen für alle die Tore weiterführender Bildung öffnete, dann aber neue Barrieren errichtet, von denen gerade die scheitern, denen man weiterführende Bildungsmöglichkeiten versprochen hatte.

Demokratisierung der Bildung bedeutet unter diesen Gegebenheiten mit Notwendigkeit das Ende der Demokratie. Eine Bildungspolitik, deren planerische Konzeption lediglich eine undifferenzierte quantitative Ausweitung der Abiturientenzahlen im Auge hat, folgt einem gesellschaftspolitischen Konzept, das bereits *Tocqueville* als jene omnipotente Staatsgewalt charakterisiert hat, die den einzelnen unter der Devise Freiheit, Gleichheit und Gerechtigkeit politisch entmündigt. Eine Gesellschaft, die den Prinzipien des sozialen Rechtsstaates verpflichtet ist und daher in der Entscheidung des einzelnen einen unveräußerlichen Bestandteil ihrer Rechtsordnung sieht, kann nicht — von einem falschverstandenen Gleichheitsprinzip her — viele Jugendliche undifferenziert zur Hochschulreife führen, dann aber administrativ entscheiden, was, wo und wie der einzelne studieren soll. Diese administrativen Einweisungen in Studienplätze sind in totalitären Staaten möglich, sie sind dort Bestandteil des politischen Systems und der gesellschaftlichen Realität. Der Aufstand in Paris, aber auch die Unruhe unter den Schülern und Studenten in Deutschland zeigen demgegenüber, daß eine freie Gesellschaft in ihrem gesellschafts- und bildungspolitischen Instrumentarium konsequent sein muß. Die Entwicklung der letzten Jahre bestätigt die Richtigkeit dieses Ansatzes. Während der Wissenschaftsrat (1964) für das Jahr 1980 ca. 380 000 Studenten vorausschätzte, muß nach neuesten Erhebungen des Wissenschaftsrates (1970) mit ca. 600 000 Studenten (ohne Fachhochschulen) gerechnet werden[4]. Die gegenwärtigen Kapazitäten unserer wissenschaftlichen Hochschulen sind aber auf eine solche Expansion nicht eingestellt. Es bestehen vielmehr in einigen wichtigen Disziplinen (z. B. Elektrotechnik, Wirtschafts- und Sozialwissenschaften, Rechtswissenschaft, Bauingenieurwesen, Architektur, philosophisch-philologische Fächer, Allgemeine Medizin, Zahnmedizin, Mathematik, Naturwissenschaft) jetzt schon erhebliche Unterkapazitäten. Ferner muß berücksichtigt werden, daß die Neueinrichtung eines Studienplatzes mit Einschluß aller anteilig entstehenden Nebenkosten (z. B. Mensa, Sportanlagen, Kulturzentren, Bibliotheken) allein in den natur- und ingenieurwissenschaftlichen Disziplinen ca. 150 000 DM kostet[5]. Daraus folgt, der Ausbau der wissenschaftlichen Hochschulen kann bis zum Jahre 1980 in personeller, sachlicher und organisatorischer Hinsicht nicht in dem geforderten Maße erfolgen. Die finanziellen Möglichkeiten der öffentlichen Hand sind nicht unbegrenzt.

Angesichts dieser Sachlage besteht die Gefahr, daß die im Gefolge der Demokratisierung der Bildung einsetzende Bildungsexpansion zu einem innenpolitischen Problem wird. Wenn in Zukunft Tausende von Abiturienten an den wissenschaftlichen Hochschulen keinen Studienplatz finden, muß dies notwendigerweise zu Enttäuschung, Verbitterung und Radikalismus führen. Die Demokratisierung der Bildung kann somit zugleich das Ende der Demokratie bedeuten. Die Antwort auf diese Herausforderung kann weder Resignation noch Repression sein. Eine Beschneidung der finanziellen Ausbaumittel, ein Abstoppen der Bildungsexpansion und die generelle Einführung von Studienbeschränkungen sind keine politischen Antworten. Sie sind bildungspolitisch und gesellschaftspolitisch gleichermaßen verhängnisvoll. Es muß vielmehr gefragt werden, ob unser ganzes Bildungs- und Ausbildungssystem noch die nötige Transparenz besitzt, um den differenzierten Ansprüchen des einzelnen wie der Gesellschaft gerecht zu werden.

Grundzüge eines modernen Bildungswesens

Die moderne Gesellschaft begreift sich auf der Grundlage sozialer Gerechtigkeit als eine stark differenzierte Leistungsgesellschaft. Als »Wissenschaftskultur« ist sie von den Merkmalen der technischen Zivilisation und der steigenden Verwissenschaftlichung aller Lebensbereiche nachdrücklich geprägt[6]. Das Bildungswesen kann diesen gesellschaftlichen und politischen Bedingungen nur gerecht werden, wenn es auf allen Stufen vielfältig differenziert ist.

Demokratisierung der Bildung, konkretisiert in der gesellschaftspolitischen Forderung nach Gleichheit der Bildungschancen, darf somit weder zu einer Uniformierung der Bildungswege noch zu einer institutionellen Vereinheitlichung des Bildungswesens führen. Ein differenziertes Bildungswesen zieht die sachgerechten Konsequenzen aus der Einsicht in das dynamische Beziehungsgefüge von Gesellschaft, Bildung, Schule und Hochschule. Der Demokratisierung und Differenzierung des Bildungswesens auf der Grundlage sozialer Gerechtigkeit und gleicher Bildungschancen für alle liegt die anthropologische und gesellschaftspolitische Überzeugung zugrunde, daß der einzelne nicht restlos verfügbar und verplanbar ist. Der einzelne muß instand gesetzt werden, seine Fähigkeiten optimal zu entwickeln, sie in die Gesellschaft einzubringen und diese damit zugleich zu verändern. An Stelle des Glaubens an eine abstrakte gesellschaftliche Utopie mit all ihren moralisierenden Verabsolutierungen haben das Verständnis und das Engagement für eine Gesellschaft zu stehen, deren Strukturen stetigem Wandel unterliegen. Demokratisierung der Bildung bedeutet unter den Bedingungen des freiheitlichen und sozialen Rechtsstaates,

○ daß allen Menschen gleiche Bildungschancen eingeräumt werden,
○ daß aber zugleich unter Wahrung dieses Anspruchs jedem einzelnen das Recht auf die ihm gemäße Bildung nicht vorenthalten werden darf,
○ daß schließlich jeder einzelne darauf verpflichtet ist, seine Kräfte und Fähigkeiten voll einzusetzen.

Daraus folgt, daß in einem differenzierten Schul- und Hochschulwesen das »Bürgerrecht auf Bildung« nicht lediglich ein verfassungsrechtliches Postulat darstellt, sondern für jeden einzelnen seine Verwirklichung findet — auch unter Berücksichtigung bildungsökonomischer und bildungsorganisatorischer Gesichtspunkte. Damit sind die Forderungen abgesteckt, denen ein modernes Bildungswesen genügen muß:

○ ein ausreichend differenziertes Bildungswesen muß dem in allen Bevölkerungskreisen verstärkt erwachten Bildungsbedürfnis entsprechen;

○ ein breites System qualifizierter Bildungsabschlüsse, die von allen Schulformen her erreicht werden können, muß den differenzierten Ansprüchen des einzelnen und der Gesellschaft gerecht werden;

○ den Wünschen und Erwartungen des einzelnen hinsichtlich seines Bildungsweges muß im Rahmen des gesamtgesellschaftlichen Bedarfs optimal entsprochen werden;

○ die Arbeit aller Bildungseinrichtungen muß für den einzelnen wie auch für die Gesellschaft in höchstem Maße effektiv erfolgen;

○ die Kapazität aller Bildungseinrichtungen muß dem allgemeinen Bedarf entsprechen.

Für die Differenzierung der Aufgaben im Hochschulbereich bietet sich das Modell eines großen Verbundsystems an, das in einem Kern die wissenschaftlichen Hochschulen aller Richtungen zusammenfaßt, um den sich ein Kranz von Fachhochschulen schließt[7]. Dieses Modell hat den Vorteil, daß

○ die überkommene Struktur der deutschen wissenschaftlichen Hochschulen (Universität) in modifizierter Weise erhalten bleibt,

○ der Gefahr begegnet wird, daß von den wissenschaftlichen Hochschulen die Forschung in außeruniversitäre Spezialinstitute abwandert und die Lehre auf ein Fachhochschulniveau absinkt,

○ den finanziellen Möglichkeiten der öffentlichen Hand entsprochen wird.

Dieser Differenzierung des Hochschulbereichs und der damit gegebenen Neuordnung der akademischen Studien kann das Sekundarschulwesen folgerichtig zugeordnet werden; denn eine Lenkung der Studierenden im Hochschulbereich ist weitgehend nur durch Berechtigungen möglich, die mit bestimmten differenzierten Schulabschlüssen im Rahmen eines großen schulischen Verbundsystems gegeben sind. Von besonderer Bedeutung sind hierbei die vom Deutschen Bildungsrat in dem »Strukturplan für das Bildungswesen« vorgeschlagenen Abschlüsse Abitur I und Abitur II am Ende der Sekundarstufe I und Sekundarstufe II, die sowohl von der Hauptschule, der Realschule und dem Gymnasium als auch dem berufsbildenden Schulwesen her erreicht werden können[8]. Mit der Gleichordnung von Hauptschule, Realschule, Gymnasium und berufsbildendem Schulwesen wird schulorganisatorisch die begabungstheoretische Forderung einer weitgehenden Differenzierung des unterrichtlichen Anbots mit der bildungs- wie auch gesellschaftspolitischen Forderung nach der Gleichheit der Bildungschancen optimal vermittelt. Alle schulischen Bildungswege eines vielfach gegliederten Schulwesens enden somit in einem differenzierten Hochschulsystem, das wissenschaftliche Hochschulen und Fachhochschulen umfaßt und angemessene Übergangsmöglichkeiten zwischen diesen Institutionen vorsieht. Demokratisierung der Bildung bedeutet unter diesen bildungspolitischen Aspekten und bildungsorganisatorischen Gegebenheiten nicht mit Notwendigkeit das Ende der Demokratie. Sie dient vielmehr der Erhaltung und Festigung der Demokratie, in dem das Mögliche erfüllt, aber nicht das Unmögliche versprochen wird.

II. Bildung – Politik – Gesellschaft

Die unpolitische Komponente und die Gesellschaftsferne des überkommenen Bildungsverständnisses

Die Forderung nach Demokratisierung der Bildung schließt eine Frage von erheblicher sozialpolitischer Bedeutung ein. Es wird nicht allein eine verstärkte Transparenz der Bildungsprozesse selbst wie auch der institutionellen Verfassung von Schule und Hochschule gefordert. Diese Forderung zielt letztlich auf die Öffnung der Bildungsinstitutionen für alle Teile der Bevölkerung.

Ausgelöst wird dieser Anspruch u. a. auf Grund einer Neueinschätzung des Phänomens der Begabung. An Stelle eines vornehmlich statisch-genetisch verstandenen Begabungsbegriffs tritt die Kennzeichnung der Begabung als eines dynamischen Potentials, dessen Struktur überhaupt erst im Kontext mit bestimmten sozialen Daten zureichend erfaßt werden kann[9]. Die Begabung wird im Zusammenhang sozialer Interaktionsprozesse gesehen; die sozialen Randbedingungen im Bildungsprozeß gilt es zu erhalten. Diese Randbedingungen bestimmen oftmals in entscheidender Weise positiv wie negativ den Erfolg der Bildungsarbeit, wobei ihre Einflüsse teils offen zutage treten, teils jedoch verdeckt wirksam werden. Hierzu gehören im Blick auf die Funktion von Schule und Hochschule u. a. die Bildungsabstinenz bestimmter Gesellschaftsschichten, der Einfluß von Sprachbarrieren, die Möglichkeiten und Grenzen frühkindlicher Erziehung in der Familie für die späteren Sozialisationsprozesse, die pädagogisch und soziologisch bedeutsamen Aspekte der Intimsphäre der Kleinfamilie, die Rollenstruktur familiärer und außerfamiliärer Gruppenbeziehungen, die Schichtenkongruenz familiärer Erziehungsstile, die Leitbildfunktion von bestimmten Bildungsvorstellungen, die Mittelschichtenstruktur weiterführender schulischer Bildungsarbeit, der Zusammenhang von Sozialstatus und Zukunftsplanung bzw. Zukunftssicherung. Es kommt somit darauf an, die Voraussetzungen offenzulegen, die erfüllt sein müssen, wenn die Gleichheit der Bildungschancen nicht nur ein Verfassungspostulat bleiben, sondern Verfassungsrealität werden soll.

Bei der Diskussion um die Erfassung und Förderung aller Begabungen als Kernfrage der Demokratisierung der Bildung werden immer wieder die Arbeiterschaft, die Landbevölkerung und die Mädchen als die Bevölkerungsgruppen genannt, die in alle Förderungsmaßnahmen nicht ausreichend genug einbezogen worden sind[10]. Neben Unterlassungen und organisatorischen Unzulänglichkeiten, die teils schon behoben sind oder noch abgestellt werden müssen, sind es aber auch Vorurteile und Haltungen, die in diesen Bevölkerungskreisen selbst angelegt sind und eine weitreichende Begabungsförderung erschweren. Wie oft geschieht es, daß begabten Kindern von seiten der Eltern der Weg zu einer weiterführenden Schule verstellt wird. Wo liegen die Gründe dieses Zauderns und dieser Bildungsferne in manchen Kreisen unserer Bevölkerung? Diese Gründe haben oftmals ihren Ansatzpunkt in dem überlieferten Bildungsverständnis, das die bürgerliche Welt des neunzehnten Jahrhunderts kennzeichnete und bis heute noch weithin als verbindlich angesehen wird, obgleich die Voraussetzungen dieses Verständnisses sich gewandelt haben.

Dem Bürgertum des neunzehnten Jahrhunderts war es gelungen, die Schranken zu durchbrechen, in die es im achtzehnten Jahrhundert in gewisser Hinsicht eingeschlossen war. Dieser Durchbruch geschah mittels der alles ergreifenden und umwandelnden Macht der industriellen Revolution, die ein Werk bürgerlichen Planens und Handelns war. Zwischen die tragenden Schichten der Gesellschaft des achtzehnten Jahrhunderts — dem Adel und dem gebildeten Bürger — schob sich nun langsam, aber unaufhaltsam eine neue Schicht: die des planenden Wirtschafters, der die technischen Möglichkeiten der Dampfmaschine und des Elektromotors in industrielle Produktionsweisen und finanzielle Macht umwandelte. Das Selbstbewußtsein dieser Menschen wurde getragen von der unbegrenzten Macht, die die Verfügung über die Produktionsmittel ihnen in die Hand gab. Dies war nicht die Bewegung und Geisteshaltung einzelner. Die industrielle Entwicklung mit ihrer weiten Verästelung schuf eine neue breite Gesellschaftsschicht, deren Vorhandensein nicht zu übersehen und deren Anspruch nicht zu umgehen war. Gemessen an der Gesellschaft des achtzehnten Jahrhunderts konnte diese Schicht weder auf die Tradition des Adels noch auf das Bildungsbewußtsein des gelehrten Bürgertums zurückgreifen. Und doch verfügte sie über eine Macht, die unabsehbar war, und die sie zugleich von dem vierten Stand — der Arbeiterschaft — trennte, der ihr diese Macht durch seine Arbeit verschaffte. Was lag daher näher, daß im Laufe der Zeit das Industriebürgertum einerseits, der Adel und das gebildete Bürgertum andererseits enger zusammenrückten, so daß sich um die Mitte des neunzehnten Jahrhunderts eine sozial-politische Konstellation der Gesellschaft abzeichnete, die das neunzehnte und — wie wir heute wissen — auch das zwanzigste Jahrhundert nachhaltig bestimmt hat.

Diese neue Gesellschaft begründete sich in der Abhebung vom vierten Stand und artikulierte ihr Selbstverständnis in der Identität von Besitz und Bildung, die fortan die Grenzlinie zeichnete, welche die Gesellschaft in zwei Klassen teilte. Bildung wurde im Selbstverständnis der bürgerlichen Gesellschaft zu einem Attribut des Besitzes. Bildungsgeschichtlich ist hierbei jedoch von überragender, aber nicht allgemein akzeptierter Bedeutung, daß die vom achtzehnten Jahrhundert herkommende große Bildungstradition, die im Anfang des neunzehnten Jahrhunderts ihre bis heute nicht überholte Selbstdarstellung gefunden hat — es sei u. a. nur an *Pestalozzi, Humboldt, Schleiermacher* erinnert —, von der bürgerlichen Gesellschaft usurpiert wurde. Damit verlor die Bildung ihre verpflichtenden anthropologischen Voraussetzungen, die sie als Menschenbildung auswiesen. Diese Ausgrenzung der Bildung vollzieht sich institutionell in der Besonderung des alten Gymnasiums zu einer Standesschule mit eigenen Vorschulen[11]. Gleichzeitig erfolgt die Abwertung der Mittelschule; sie führen als sogenannte Bürgerschulen sozialpolitisch ein Schattendasein, da ihre Abschlußzeugnisse keine sonderliche Bedeutung hatten.

Es zeigt sich, daß mittels der Bildung standespolitische Schranken errichtet wurden, daß Bürgertum und Arbeiterschaft nicht nur in getrennten Bereichen lebten, sondern daß sie auch einen unterschiedlichen Bildungsanspruch hatten und daß hierfür nicht die Unterschiedlichkeit der Fähigkeit und des Leistungswillens maßgebend waren, sondern die Klassengebundenheit des einzelnen. Die Sozialkritik von *Tocqueville,* die Gesellschaftsanalyse von *Marx,* aber auch die sozialethischen und sozialkritischen Akzente in der Literatur des neunzehnten Jahrhunderts (u. a. *Büchner, Hauptmann*) haben diese neue Situation bewußt gemacht. Dies gilt es in aller Deutlichkeit zu sehen und in seiner geschichtlichen Wirksamkeit zu beachten. Denn mit dem Begriff der Klasse taucht erstmalig in der Geschichte eine sozialpolitische Kategorie auf, welche die Welt in ein Entweder-Oder trennt, in Freund und Feind, in Ausbeuter und Ausgebeutete, in Besitzende und Besitzlose, in Gebildete und Ungebildete. Es war dieser Gesellschaft nicht möglich, sich in einem großen Entwurf als Einheit zu begreifen, weil sie sich selbst der politischen Voraussetzungen dazu beraubt hatte: der Bildung[12].

Statt dessen wurde die Bildung im Selbstverständnis der bürgerlichen Gesellschaft zu höherer Standesbildung eingegrenzt; ihre

Attribute waren esoterischer und ästhetischer Art[13]. Damit hat das Bildungsverständnis jener Zeit von den damaligen gesellschaftlichen Voraussetzungen her jene falsch akzentuierte Alternative von Bildung und Ausbildung mit begründet, die heute die bildungstheoretische und bildungspolitische Diskussion so verwirrt und in der Verkennung *Humboldts* grandiose Urständ feiert. Denn die Bildung hatte im Verständnis jener Zeit nichts mehr mit dem Leben, mit den Formen der Weltbewältigung zu tun. Sie erschöpfte sich in absoluter Wissenschaftlichkeit oder wurde zum schönen Schein, den einer der wenigen Sehenden und Wissenden in diesem so gebildeten und wissenschaftlichen Jahrhundert — nämlich *Friedrich Nietzsche* — in unnachahmlicher Weise als Bildungsphilisterei demaskiert hat[14]. Diese Verkürzung des Bildungsverständnisses gilt es zu erkennen, denn sie wirkt in umgekehrter Weise in den Vorbehalten mancher Bevölkerungsschichten gegenüber der Bildung heute noch nach. Im Bewußtsein dieser Schichten ist noch die falsche Vorstellung einer Identität von Wissenschaft, höherer Standesbildung und entsprechender Gesellschaftsschicht weit verbreitet. Man vergleiche nur das Urteil eines Arbeiters über die Höhere Schule: »Das ist was für Höhere, was für Reiche, man wird mal studieren, Arzt oder so[15].« Es ist daher an der Zeit, daß in unserer Gesellschaft jener bildungssoziologische Modernitätsrückstand überwunden wird, der die Bildung und die entsprechenden Bildungsinstitutionen nach Strukturmerkmalen wertet, die entweder einer ständischen Gesellschaftsgliederung oder der Klassengesellschaft entnommen sind.

Die politische Dimension der Bildung und ihr Gesellschaftsbezug

Die Forderung nach Demokratisierung der Bildung samt den institutionellen Konsequenzen für Schule und Hochschule, die Bildung als ein Politikum sui generis begreift, ist nicht denkbar ohne Rückbindung an die gegenwärtige gesellschaftliche Verfassung und Praxis sowie deren künftige Möglichkeiten. Diese Zuordnung von Schule, Hochschule und Gesellschaft im Blick auf die jetzigen Gegebenheiten und künftigen Entwicklungen braucht nicht unbedingt als Ausdruck eines modischen Aktualismus oder Modernismus verstanden zu werden, der gebannt auf die Gegenwart und die

Zukunft blickt, darüber aber die konkreten Fragen und Aufgaben vergißt. Wenn auch nicht bestritten sein soll, daß in der bildungspolitischen Diskussion heute oftmals solche Einseitigkeiten vorherrschen, so darf doch jene grundlegende politische Zuordnung von Schule, Hochschule und Gesellschaft nicht übersehen werden, die von altersher bestimmend war und die Schule und Hochschule in ihrer öffentlichen Funktion begründete.

Wie sieht aber die Gesellschaft von morgen aus? Mehr noch: Wie ist ihr politisches Selbstverständnis beschaffen, das den Geist aller gesellschaftlichen Institutionen und damit auch der Schule und Hochschule bestimmt. Dieses gesellschaftspolitische Selbstverständnis — in seiner negativen wie auch positiven Konsequenz — ist bereits vor rund 120 Jahren beschrieben worden. In *Alexis de Tocquevilles* »Demokratie in Amerika« sind jene beiden Modelle vorweggenommen, welche die Möglichkeiten und die Grenzen der modernen Demokratie aufzeigen. Während auf der einen Seite die gesellschaftlichen Kräfte in freier Verantwortung und gegenseitiger Achtung die staatliche Ordnung als ihr eigenes Werk verstehen, das getragen wird vom Engagement jedes einzelnen, der Sachgerechtigkeit aller gemeinsamen Verbindlichkeiten und korporativen Vielfalt gesellschaftlicher Macht- und Gruppenverhältnisse, wird auf der anderen Seite das Bild einer zentralistischen Staatsgewalt beschworen, die in ihrer universalen Mächtigkeit den einzelnen zum reibungslosen Funktionieren in genau berechneten und vorgeschriebenen Bahnen zwingt. Beide Möglichkeiten aber — und das ist die erregende Konsequenz der *Tocquevilleschen* Analyse — gehen auf den bestimmenden Grundsatz demokratischer Staats- und Gesellschaftsverfassung zurück: die égalité des conditions[16].

Mit dieser Gleichheit der Bedingungen tritt in der politischen Theorie und Wirklichkeit Europas und damit der Welt ein neues geschichtliches Prinzip in Erscheinung, das die überkommenen ständischen Ordnungsstrukturen aufhebt. Jedem einzelnen als Person werden unabhängig von Geburt, Geschlecht, Herkommen und Stand die gleichen Möglichkeiten bzw. die gleichen Chancen als Bedingungen seiner persönlichen, politischen und gesellschaftlichen Lebensgestaltung — d. h. seiner Freiheit — zugesprochen[17]. Wird diese Chance falsch genutzt, wird die Gleichheit der Bedingungen undifferenziert gesehen und gewertet, dann entsteht jene Diktatur der unterschiedslosen Gleichmacherei, deren Wurzeln ideologischer Natur sind und deren Konsequenzen die politische Entmündigung des einzelnen bedeuten, so wie sie *Tocqueville* beschrieben hat. Wird diese Chance dagegen recht verstanden, führt sie zu einer Differenzierung im Denken, d. h. zu sachgerechtem Denken, das in der politischen und gesellschaftlichen Wirklichkeit die Freiheit des einzelnen begründet und sichert. Damit dies geschehen kann, ist nach *Tocqueville* eines notwendig: »Ich dagegen behaupte, daß es nur ein wirksames Mittel gibt, die Schäden zu bekämpfen, die die Gleichheit anrichten kann: die politische Freiheit[18].«

Nichts anderes meint die pädagogische Reflexion des achtzehnten Jahrhunderts, wenn sie vom »persönlichen Stand« des Menschen handelt[19]. *Pestalozzi* spricht in diesem Zusammenhang von der »Individuallage« des Menschen, und *Humboldt* konzipiert in der vergleichenden Anthropologie die Bildung als die Wechselwirkung von Ich und Welt. Bildung wird hier von ihrem anthropologischen Ansatz her zugleich als ein politischer und sozialer Prozeß verstanden[20]. Erst vor diesem Hintergrund war es möglich, die Schule als »Werkstätte des gemeinen Wesens« zu bestimmen. Als im Jahre 1778 der Stendaler Rektor *Friedrich Rudolph Walther* seine Schüler zur Universität entließ, nahm er die Gelegenheit wahr, von seinen Schülern und der versammelten Schulöffentlichkeit den zeitgemäßen Auftrag von Schule und Bildung darzulegen: »Es würde meiner Einsicht nach, ein solcher Jüngling, der nie seine Freyheit auf eine vernünftige Weise brauchen gelernt, ein unbrauchbares Mitglied für die menschliche Gesellschaft seyn; nie würde er sich selbst regieren können; nie würde er frey handeln können. Immer würde er in allem, was er vornähme, wie ein Kind von einem andern am Gängelband müssen geführt werden: und wehe dem Staate, in welchem die meisten Mitglieder, mechanischen Maschinen gleich, von anderen erst müssen in Bewegung gesetzt werden! *Freyheit* ist die Seele der menschlichen Gesellschaft: aber eine durch Vernunft und Politik eingeschränkte Freyheit[21].« Wenn auch nicht bestritten sein soll, daß diese Gedanken in der sozialen Wirklichkeit der Zeit nicht ihre volle Entsprechung fanden, so bleibt doch der grundsätzliche Ansatz dieser Aussage gültig. Die

Geschichte des pädagogischen Bewußtseins im achtzehnten Jahrhundert ist in ausgeprägter Weise Sozialgeschichte. Die vielfältigen
Anregungen und Impulse, die in diesem Jahrhundert gegeben worden sind und die angesichts der gesellschaftlichen Bedingungen
der Zeit nur teilweise verwirklicht werden konnten, sind im neunzehnten Jahrhundert nicht weitergeführt worden. Sie stellen sich
aber in unserer Zeit als Problem in voller Schärfe. Denn es sind
im achtzehnten Jahrhundert vom Grundsatz her Fragen und Aufgaben durchdacht worden, die im Blick auf die gesellschaftlichen
Bedingungen unserer Zeit gesehen und gelöst werden müssen.

In der modernen Industriegesellschaft treten an Stelle von Besitz
und Herkommen der Umfang und die Intensität der Bildung als
bedeutende gesellschaftspolitische Kriterien in den Vordergrund.
Soziale Sicherheit ist nur dann gewährleistet, wenn jeder junge
Mensch über ein hinlängliches Maß an grundlegender Bildung und
spezieller Ausbildung verfügt, um sich auf die stetig fortschreitenden Entwicklungsprozesse im Bereich von Beruf, Politik und
Gesellschaft einstellen bzw. diese Prozesse kritisch befragen zu
können. Dem Bildungswesen von der vorschulischen Erziehung
über die Primar- und Sekundarschulstufe, die Hochschule bis hin
zur Erwachsenenbildung wächst somit aus der Sicht des einzelnen
und der Gesellschaft eine zentrale Bedeutung zu. Das Hineinwachsen des einzelnen in seine je eigene Daseinsform wie auch die
vielfältigen Bereiche seiner gesellschaftlichen und beruflichen Stellung ist heute jedoch nur noch auf dem Wege einer früh ein-
setzenden, systematisch betriebenen und institutionell geordneten
Bildungsarbeit möglich. Dieser Prozeß kann nicht der Beliebigkeit
des einzelnen und den zufällig gegebenen Bedingungen des familiären Milieus allein überantwortet werden, sondern muß von der
Gesellschaft insgesamt für alle jungen Menschen politisch verantwortet werden. Die Fragen der Bildung werden so zu einem Politikum sui generis und bestimmen nachhaltig die Infrastruktur einer
Gesellschaft. Das Bildungswesen als Stätte der Sozialisation, Enkul-
turation und Professionalisierung des jungen Menschen stellt damit
eines der bedeutendsten Subsysteme der Gesellschaft dar, dessen
Entwicklung und Ausbau eine zentrale Gemeinschaftsaufgabe von
weitreichender gesellschaftspolitischer Bedeutung ist[22]. Daß dieser
sachliche Zusammenhang von Bildung, Politik und Gesellschaft

seit jeher das Thema einer fortschrittlichen Pädagogik gewesen ist, mag abschließend noch einmal eine Stimme des achtzehnten Jahrhunderts (des Altonaer Rektors *Johann Jacob Dusch* im Jahre 1771) verdeutlichen: »Man muß doch gestehen, daß der Unterschied unendlich sei, wenn er gleich weniger ins Auge fällt ..., ob man die Stelle, die man in der Welt und in der bürgerlichen Gesellschaft einnimmt, mit Kenntnis und Ausübung aller daran haftenden Pflichten ausfülle oder ob man meisterhaft die Künste und Handgriffe seines Gewerbes verstehe, und den meisten Vorteil zu machen wisse. Man muß doch einräumen, daß jeder Mann, außer der kleinen bald gelernten Lection, und der Mechanik seiner äußerlichen Beschäftigung, einen viel wichtigeren Vorrat für unerwartete Fälle; daß jeder Mann geübte Seelenkräfte, erworbene Fähigkeiten, geschwind und richtig zu denken, schnell und wohl zu wählen, plötzliche und glückliche Entschlüsse zu fassen; durchdachte Grundsätze, rechtschaffene Gesinnungen, und einen Schatz von weltlichen, moralischen, und theologischen Erkenntnissen unentbehrlich zu seinem Beruf mitbringen müsse. Und wer weiß ein anderes Mittel, diese zu erwerben, als frühzeitig angefangene und mit Eifer und Anstrengung fortgesetzte Beschäftigung und Übung der Seelenkräfte[23]?«

Politik und Wissenschaft als Strukturelemente der modernen Gesellschaft

Die Demokratisierung der Bildung und die damit gesetzten Konsequenzen für Schule und Hochschule sind Teil jenes umfassenden Demokratisierungsprozesses, der auf alle Bereiche unserer gesellschaftlichen Wirklichkeit zielt. Das bisher für die demokratisch gewählten politischen Repräsentanzgremien geltende Prinzip soll auf alle gesellschaftlichen und staatlichen Bereiche übertragen werden. Dahinter steht die berechtigte Forderung, den einzelnen stärker in den Vollzug aller ihn betreffenden Maßnahmen und Entscheidungen einzuschalten und damit eine größere Transparenz aller dieser Vollzüge sicherzustellen. Dies ist ein Objektivierungsprozeß von erheblicher gesellschaftspolitischer Bedeutung. Im Blick auf diesen Objektivierungsprozeß der gesellschaftlichen Vollzüge stellt sich die Frage nach dem Zusammenhang von Politik und

Wissenschaft, und zwar angesichts der Bedingungen der gegenwärtigen gesellschaftlichen Verfassung. Demokratisierung verstanden als der Prozeß umfassender Objektivierung der gesamten gesellschaftlichen Wirklichkeit ist ohne die Elemente politischer und wissenschaftlicher Aufklärung nicht möglich[24]. Die Komplexität der gesellschaftlichen Wirklichkeit hat zur Folge, daß Politik heute nicht mehr möglich ist ohne wissenschaftliche Beratung und Absicherung — und wissenschaftliche Aussagen, sofern sie auf die Gesellschaft in dem breiten Spektrum aller ihrer Bereiche und Institutionen zielen, eine politische Valenz haben. Politik hat es immer mit der Bewältigung konkret anstehender Herausforderungen zu tun. Diese Bewältigung darf nicht ohne Rückbindung an bestimmte Grundsätze geschehen. Die Schwere des politischen Geschäftes liegt aber darin, jenen neuralgischen Punkt zu finden, der die Gewähr dafür bietet, daß die politische Entscheidung in ihrem sachlichen Gehalt der konkreten Herausforderung gerecht wird und zugleich leitenden Prinzipien verpflichtet bleibt.

Gesamtgesellschaftlich relevante Fragen sind heute in den meisten Fällen politisch kontrovers. Die moderne Gesellschaft ist gekennzeichnet durch eine Pluralität tragender weltanschaulicher Überzeugungen. Der freiheitliche Rechtsstaat ist der verfassungsrechtliche Rahmen und die Garantie dieser Pluralität. Die Organe der repräsentativen Demokratie sind der Ort, an dem die Pluralität weltanschaulicher Überzeugungen in den politischen Gruppierungen in Erscheinung tritt und sich in politische Aktion umsetzt. Alle Fragen, welche die Gesellschaft insgesamt betreffen, müssen daher in den Entscheidungsgremien der repräsentativen Demokratie nach den Verfahrensgrundsätzen des demokratischen Rechtsstaates politisch entschieden werden. Im Blick auf diesen grundlegenden Tatbestand ist es heute vielfach üblich geworden, auf die wissenschaftliche Beratung verstärkt zurückzugreifen. Politische Entscheidungen werden wissenschaftlich begründet, und die politische Auseinandersetzung bedient sich des wissenschaftlichen Argumentes. Die wissenschaftliche Beratung wird in diesem Zusammenhang ihrem wissenschaftspolitischen Auftrag, d. h. der kritischen Funktion der Wissenschaft gegenüber der Gesellschaft, gerecht, wenn zu den anstehenden kontroversen Fragen gutachterlich die verschiedenen Lösungsmöglichkeiten in ihren Vorteilen und Nachteilen aufgezeigt werden. Ein Gremium, das ein Gutachten vorlegt, in dem lediglich die Vorteile *einer* Regelung dargelegt werden, und dies mit dem Anspruch, das sei die einzig mögliche wissenschaftliche Lösung, überschreitet wissenschaftspolitisch seine Kompetenz. Denn eine einseitige Festlegung ist bereits Ausdruck einer bestimmten politischen Vorentscheidung.

Mit dieser Vereinseitigung der wissenschaftlichen Aussage als Folge verschleierter politischer Vorentscheidungen geht zur Zeit unter dem Generalthema der Demokratisierung der gesellschaftlichen Praxis vor allem im Bereich des Bildungswesens zugleich eine Fetischisierung des Wissenschaftsbegriffes Hand in Hand. Es sei nur an die Kontroversen über die integrierte und differenzierte Gesamtschule und die integrierte Gesamthochschule erinnert. Es greift eine Wissenschaftsgläubigkeit Platz, die nicht mehr fähig und willens ist, die Voraussetzungen und Ergebnisse ihres eigenen wissenschaftlichen Tuns kritisch zu reflektieren. Wissenschaft verstanden als das auf Einsicht und Nachprüfbarkeit gründende Vorgehen, welches die Aufklärung des Menschen mit dem Ziel seiner Emanzipation, d. h. die Befreiung von allen Zwängen, allen Vorurteilen und aller Bevormundung, bewirken soll, um die »Verbesserung aller menschlichen Verhältnisse« zu ermöglichen, wird angesichts dieser ideologischen Einseitigkeiten selbst zum Dogma, indem ihre Aussagen einseitige Auslegungen und bewußte Verkürzungen enthalten. Damit wird aber weder der Wissenschaft noch der Politik gedient, in dem jene ihre Sachbezogenheit, diese aber ihre Glaubwürdigkeit verliert.

Befreiung des Menschen durch Wissenschaft bedeutet vielmehr angesichts der gesellschaftlichen Bedingungen unserer Zeit: Transparenz der Entscheidungsketten, Demokratisierung aller gesellschaftlichen Bereiche, Mitbestimmungs- und Mitgestaltungsrecht des einzelnen, Kooperation, Verantwortungsfähigkeit und Verantwortungsbereitschaft aller. Mit diesen Forderungen, die erst vom Boden unserer rechtsstaatlichen gesellschaftlichen Verfassung her verständlich sind, zieht die moderne Gesellschaft selbst in dreifacher Hinsicht Konsequenzen aus ihrer abendländischen Geschichte[25]:
○ Mit dem Christentum ist der Gedanke der Freiheit in unsere geschichtliche Welt eingetreten. Zugleich ist im Christentum dem

Menschen die Pflicht auferlegt worden, die Herrschaft über die Natur anzutreten und für die Verbesserung aller menschlichen Verhältnisse besorgt zu sein. Dazu ist ihm Vernunft gegeben.

○ In der Aufklärung ist das Prinzip der radikalen Verwissenschaftlichung aller Lebensbereiche zu einer weltgeschichtlichen Kategorie geworden. Die Wissenschaft ist in ihrem Anspruch total, in ihrer Anwendung universell und in ihrer Wirkung progressiv. Die Totalität, Universalität, Rationalität, Progressivität und Mobilität der modernen Welt als einer »Wissenschaftskultur« haben hier ihre Wurzeln. Zugleich kennt die Wissenschaft keine ständischen Grenzen; vor ihr sind alle Menschen gleich: Demokratisierung und politische Freiheit sind die bestimmenden Merkmale.

○ Mit der industriellen Revolution setzt schließlich der große Versuch ein, die Menschheit im ganzen von den natürlichen Zwängen zu befreien und eine humane Ökumene zu schaffen. Hierzu bedarf es der Technik und Wirtschaft. Die technische Zivilisation befindet sich von ihren Voraussetzungen und ihren Zielen her in einem ständigen Prozeß der Wandlung; ihre Strukturen müssen von der Wissenschaft her durchschaubar sein und durch Politik verändert werden können. Prognose und Programm sind die Themen.

Von diesen drei Voraussetzungen her ergibt sich: Die moderne Gesellschaft ist von ihrem Ansatz her durch Offenheit gekennzeichnet. Sie muß ihre eigene Zukunft ständig im Auge haben; dazu bedarf es Modellen, Alternativen, Impulsen und vor allem der Kreativität des Menschen. In dieser Gesellschaft führen die Institutionen, d. h. auch die Schule und Hochschule, kein Eigendasein. Sie sind nicht Selbstzweck und haben auch nicht der Stabilisierung der Verhältnisse zu dienen.

Damit wächst jedem einzelnen eine schwere Aufgabe zu. Vom einzelnen her hat die Korrektur des Systems auszugehen. Mitbestimmung, Demokratisierung, Kooperation, Transparenz der Entscheidungsprozesse u. a. m. sind die Mittel, um die Korrektur des Systems zum Wohle des Gemeinwesens voranzutreiben. Hierbei gilt es darauf zu achten, daß nicht unter dem Vorwand dieser an sich berechtigten Forderung ein Konkurrenzkampf hemmungslos angestachelter Gruppeninteressen ausbricht, der zur Anarchie führt.

Soll dies nicht geschehen, muß von allen Beteiligten ein gewisses Maß an Einsicht in die vielschichtigen Verflechtungen vorausgesetzt werden, die innerhalb des breiten Spektrums unserer gesellschaftlichen Bereiche gegeben sind[26]. Hier helfen keine sogenannten »lupenreinen Lösungen« oder naive Vorschläge, die »Revolutionen nach Maß« empfehlen. Es geht vielmehr darum, diese Interdependenzen im einzelnen sachlich zu analysieren und die angemessenen Kompromisse zu finden.

Vor diesem Hintergrund stellt sich die Frage nach der Autorität. In der gegenwärtigen Diskussion um die Fragen der Demokratisierung wird häufig in verkürzter Weise Autorität mit autoritärem Verhalten gleichgesetzt. Autorität und Demokratisierung sowie Emanzipation des Menschen durch Bildung werden als einander ausschließende Gegensätze gesehen. Vor allem im Bereich von Schule und Hochschule wird unter der Devise einer umfassenden Mitbestimmung der Autorität der Kampf angesagt. Hier gilt es jedoch zu bedenken, daß Schule und Hochschule ihren Beitrag in dem allgemeinen Demokratisierungsprozeß unserer gesellschaftlichen Institutionen nur dann sachgerecht leisten können, wenn dies von seiten der Lehrer, Schüler, Eltern, Studenten und Professoren in der nötigen inneren Freiheit geschieht. Interessengegensätze müssen anerkannt werden, und aufbrechende Konflikte dürfen nicht harmonisierend entschärft werden, sondern müssen ausgetragen werden. Dazu gilt es die angemessenen Formen eines sachbezogenen Kräftespiels zu entwickeln. Demokratisierung wird dann zur Farce, wenn sie sich in bloßer Institutionalisierung und Formalisierung demokratischer Verhaltensmuster erschöpft bzw. wenn sie alle Gegensätze unter dem Begriff der Partnerschaft verharmlost oder wenn sie gar lediglich die Rechte und Pflichten des einzelnen kodifiziert und sonst alles beim alten läßt. Das Unbehagen entzündet sich in Schule und Hochschule oftmals an der unterschiedlichen Bestimmung und Auslegung der Rollen, die Schüler, Eltern, Lehrer, Studenten und Professoren wahrnehmen. Dies gilt es bewußt zu machen, denn diesen Verschiedenheiten entsprechen unterschiedliche Verständnisweisen und Verhaltensformen. Nur so wird der Gefahr begegnet werden, daß sich die jeweils unterschiedliche Rollenfunktion im Bewußtsein des einzelnen verfestigt und der Dialog zwischen den einzelnen Gruppen verhindert wird. Die Notwendigkeit der Einsicht in die Komplexität der einzelnen Rollen und ihrer Funktionen ist die entscheidende Voraussetzung eines sinnvollen Zusammenlebens zwischen Schülern, Eltern, Lehrern bzw. Studenten und Professoren, darüber hinaus aber auch zugleich des Miteinanderauskommens in den größeren Zusammenhängen von Staat und Gesellschaft.

Die Frage nach der Demokratisierung von Schule und Hochschule weitet sich somit aus zu einem neuen Verständnis von Autorität. An Stelle einer Autorität, die von oben dekretiert, hat eine herausgeforderte Autorität zu treten, d. h. eine befragte Autorität, die alle jene vorgenannten Zusammenhänge sieht und vorweg als die Bedingungen des eigenen Handelns und Entscheidens anerkennt: Sie muß sich legitimieren

○ durch ein großes Maß an Einsicht,
○ durch vorbildliches Verhalten,
○ durch Sachkompetenz,
○ durch die Bereitschaft, sich überprüfen zu lassen und in dieser Überprüfung zu bestehen,
○ durch Verständnisoffenheit gegenüber neuen und plötzlich auftretenden Fragen und Aufgaben,
○ durch Anerkennung der Gleichberechtigung aller,
○ durch die Fähigkeit, verschiedene Modelle und Rollen in ihrer Funktionalität zu erkennen und deren Berechtigung einzusehen,
○ durch die Bereitschaft, mit allen zu kooperieren.

Herausgeforderte Autorität entspricht in dieser Verfassung der Signatur unserer Zeit, nach der es unterschiedliche, aber gleichwertige Formen der Verwirklichung substantieller Aufgaben gibt. Daraus folgt, daß alle wesentlichen Grundfragen von verschiedenen Ausgangspositionen her kritisch angegangen werden können. Autorität gibt es innerhalb dieser gesellschaftlichen Verfassung insoweit, und jede Entscheidung ist nur so lange gültig und glaubwürdig, wie sie für andere Haltungen und Entscheidungen offenbleibt. Nichts anderes ist mit dem Begriff der pluralistischen Gesellschaft gemeint, nämlich eine Gesellschaftsverfassung, die sich von der Pluralität begründeter weltanschaulicher Grundüberzeugungen her versteht und sie mittels Kommunikation und Partizipation — d. h. der Demokratisierung aller Bereiche der Gesellschaft — aushält. Die Aufgabe der Wissenschaft besteht darin, in sachbezogener Analyse die einzelnen Modelle und Lösungsmöglichkeiten aufzuzeigen, um für die politische Entscheidung sowie das Verhalten des einzelnen die Hilfen bereitzustellen, die diese Entscheidung glaubwürdig machen.

III. Schule

Der politische Auftrag der Schule

Die Bestimmung des politischen Auftrags der Schule im Rahmen des vorgenannten Verständnisses von Demokratisierung muß vornehmlich das Verhältnis von Schule und Gesellschaft in den Blick nehmen. Dies scheint angesichts von Tendenzen, die heute die bildungspolitische Diskussion nachhaltig beeinflussen, dringend geboten. Der Schule ist weder mit einer gesellschaftlich motivierten Funktionalisierung und Instrumentalisierung noch einer gesellschaftsfeindlichen Ästhetisierung ihres Bildungsauftrages gedient. Während umgekehrt der Gesellschaft weder eine vollkommen hörige Schule noch eine die Gesellschaft ablehnende und um sich selbst kreisende Schule zum Vorteil gereicht. So gesehen ist die Schule nicht allein ein Schonraum der Jugend, ein geschlossener Bezirk erzieherischen Wirkens, der auf Grund jugend- und entwicklungspsychologisch bedingter Voraussetzungen neben oder gar über der Zeit steht. Sie hat vielmehr ihren Ort in dieser Welt und Zeit; hier muß sie sich bewähren. Dies hat Konsequenzen. Ihr Ort liegt innerhalb jenes großen Spannungsfeldes, das auf der einen Seite den in theologischen und metaphysischen Voraussetzungen begründeten und anthropologisch als Menschenbildung verstandenen Bildungsauftrag der Schule und auf der anderen Seite die berechtigten Ausbildungsansprüche der Gesellschaft umfaßt. Es ist ein Spannungsfeld, in dem erzieherische Verpflichtungen und sozialpolitische Forderungen, pädagogisch-psychologische Gesichtspunkte und unterrichtsfachliche Aufgaben, begabungsfördernde Maßnahmen und milieubedingte Schwierigkeiten aufeinandertreffen, sich oftmals bekämpfen und manchmal sogar ausschließen.

Darüber zu klagen oder gar zu verzweifeln ist müßig, weil es einem Aufstand gegen die geschichtliche Entwicklung gleichkäme. Denn die Schule ist in einem langsamen, aber kontinuierlich währenden Entwicklungsgang aus dem »Pflanzgarten Gottes« über die »Werkstätte des gemeinen Wesens« zur »Veranstaltung des Staates« geworden. Diese Entwicklung hob im siebzehnten Jahrhundert an und ist am Ende des achtzehnten Jahrhunderts mit dem Preußischen Landrecht von 1794 grundsätzlich fixiert worden[27]. Aus ihr geht die Schule eindeutig und unüberholbar als eine gesellschaftliche Institution hervor, so daß sie heute zu Recht verschiedentlich als eine »Veranstaltung der Gesellschaft« definiert wird[28]. Sie nimmt an den Wandlungen der Gesellschaft teil und ist somit einem Prozeß ausgeliefert, dessen Ablauf aber — und das wird nur allzuoft von der Schule selbst nicht beachtet — von den Menschen, die sich der Schule und der Gesellschaft gegenüber verantwortlich wissen, gesteuert werden kann. Bei ihnen liegt es, ob die gesellschaftlich notwendigen Prozesse für die Gesellschaft selbst, aber auch für die Schule, in einem revolutionären Umbruch, einer reaktionären Verfestigung oder einer evolutionären Vermittlung enden. Die Verantwortung der Schule gegenüber der Gesellschaft, ihr politischer Auftrag — wie man ihn heute sehen muß —, ist in zweifacher Hinsicht zu bestimmen: sie bildet den jungen Menschen einerseits im Blick auf die Gesellschaft aus, und sie legt andererseits im Bildungsprozeß selbst beim jungen Menschen jene Voraussetzungen, die in der Gesellschaft als solche nicht aufgehen und diese damit verändern. Die Schule als Institution der Gesellschaft steht somit zugleich neben der Gesellschaft. Darin ist jene paradoxe Doppelheit von Zeitgebundenheit und Unzeitgemäßheit der Schule begründet, an der sich viele stoßen, weil sie sich aller totalen gesellschaftlichen Planung entzieht und doch für die Gesellschaft nicht ohne Sinn und Plan ist. Man muß daher den politischen Auftrag der Schule in seiner gesellschaftlichen und pädagogischen Relevanz sehen.

Die Schule ist somit als gesellschaftliche Institution für die Gesellschaft selbst eine ständige Herausforderung, weil sie deutlich macht, daß Freiheit nur da möglich ist, wo der einzelne zu sich selbst geführt wird und die gesellschaftliche Tätigkeit des einzelnen ihren Sinn nicht allein von der Gesellschaft her erhält.

Mit der Schule ist, so gesehen, in der Gesellschaft selbst der Spielraum von Freiheit angelegt. Die Ordnung der menschlichen Verhältnisse, die Stabilität der politischen Ordnung, die Erhaltung der Wohlstandsgesellschaft sind daher nicht allein von ökonomischen und finanziellen Bedingungen abhängig, sondern letztlich von der Bildung des einzelnen, d. h. der Arbeit der Schule. Auf die komplexen Bedingungen der politischen, gesellschaftlichen und beruflichen Wirklichkeit muß die Schule Bezug nehmen und die jungen Menschen zu diesen vielfältigen Strukturen hinführen und sie in die Möglichkeiten der Freiheit, die diese Strukturen eröffnen, einführen. Will die Schule diesen Aufgaben entsprechen, muß sie in ihrer organisatorischen Gestaltung differenziert sein, müssen die didaktischen und methodischen Ansätze der einzelnen Schulformen auf die Welt von heute bezogen sein, um die Welt von morgen sachgerecht vorzubereiten, muß die sozialpolitische Funktion der Schule den tragenden politischen Überzeugungen unserer gesellschaftlichen Wirklichkeit entsprechen.

Damit stellt sich von der gesellschaftspolitischen Ortsbestimmung der Schule her die Frage nach dem pädagogischen Auftrag der Schule in unserer Zeit. Bildung muß heute als ein komplexer und permanenter Prozeß gesehen werden, dessen Voraussetzungen in der Schule so weitgehend gelegt werden müssen, daß die spätere Weiterbildung hieran ansetzen kann; denn die persönliche, politische und gesellschaftliche Verantwortung des einzelnen wird angesichts der komplizierten Systeme und Apparaturen der Arbeitswelt wie auch des zunehmend abstrakter werdenden Beziehungsgeflechtes innerhalb der modernen gesellschaftlichen Wirklichkeit immer bedeutsamer. Diesen Bedingungen kann nur der junge Mensch entsprechen, der umfassend gebildet ist, auf breiten Grundlagen aufbaut und damit sich in seinen Leistungen spezialisieren kann, nicht aber sich spezialistisch in sich verschließt und somit unpolitisch denkt und handelt.

Schließlich muß noch auf eine Gliederungstendenz verwiesen werden, die in der Gesellschaftsstruktur unserer Zeit immer stärker in Erscheinung tritt. Während die schichtenspezifischen Unterscheidungsmerkmale einer Klassengesellschaft früherer Zeiten langsam abgebaut werden und sich zugunsten einer breitauslagernden Mittelstandsgesellschaft verschieben, zeichnen sich innerhalb dieser

Gesellschaftsstruktur immer stärker die Besonderheiten einer vertikalen Mobilität ab, die u. a. an die unterschiedlichen Funktionen gebunden ist, die der einzelne in der Arbeitswelt wahrnimmt. Auf diese Mobilität ist das vielfach gegliederte Schulwesen in der Bundesrepublik Deutschland angelegt, dessen pädagogische und gesellschaftliche Intentionen *Wilhelm Dilthey* bereits vor ca. 100 Jahren folgendermaßen umschrieb: »Es vollzieht sich also in der Geschichte des Unterrichtswesens extensiv eine Ausbreitung auf alle Glieder der europäischen Gesellschaft und inhaltlich eine Spezialisierung der zuerst ganz homogenen Bildungsanstalten in ein kompliziertes System derselben. Und gerade die Gegenwart ist bemüht, diese Spezialisierung aufs Äußerste zu steigern und in einen rationalen Zusammenhang zu bringen[29]«. Dieser Mobilität kann nur derjenige entsprechen, der ausgehend von umfassenden Grundlagen die nötige Beweglichkeit besitzt, sich auf die Wandlungen der komplexen politischen, gesellschaftlichen und beruflichen Lebensbedingungen einzustellen und sie mitzugestalten. Hierzu dienen nicht eine früh einsetzende fachspezifische Ausbildung, sondern eine Grundbildung, die von ihren elementaren, fundamentalen und exemplarischen Voraussetzungen her in kategorialer Weise Wissen, Verstehen, Handeln, und das bedeutet nicht weniger als Freiheit und Verantwortung, begründen[30]. Bildung ist unter den Bedingungen der heutigen Zeit- und Gesellschaftsstruktur zugleich personaler, sozialer und politischer Natur. »Der moderne Gebildete unterscheidet sich« — nach *Walter Dirks* — »vom Ungebildeten dadurch, daß er in ständiger Bemühung um Verständnis seiner selbst lebt, vom bloß stattlich Informierten dadurch, daß er dem Unverstehbaren standhält[31].«

Konsequenzen für die Schule

Die Forderung nach Demokratisierung der Bildung hat für die Schule in mehrfacher Hinsicht Konsequenzen (u. a. Unterrichtsgestaltung, Bildungswerbung, Mitbestimmung). Die Gestaltung des Unterrichts ist heute und in Zukunft für alle Schulformen ein Problem eigener Art. Dies hat letztlich seinen Grund in der Forderung nach vermehrter und verbesserter Bildung für alle Jugendlichen, die für Möglichkeiten und Chancen besserer Bildung aufzuschließen sind. Dies geschieht jedoch nicht, wenn die Maßnahmen schulischer Auslese aufrechterhalten werden, die in früheren Zeiten unter anderen gesellschaftlichen Voraussetzungen üblich und möglich waren. Die Begabungsförderung wird somit zu dem entscheidenden und herausfordernden Kriterium über die Art und Weise schulischer Bildungsarbeit. Die Bedingungen, unter denen sich die Arbeit der Schule vollzieht, müssen daher durch empirischpädagogische Forschungen geklärt und einsichtig gemacht werden, damit der Erziehungsvorgang und die pädagogische Grundsatzdiskussion nicht von den Zufälligkeiten subjektiver Meinungen oder ideologischer Vorurteile bestimmt wird. Ziel dieser Forschungen muß es sein, den Unterrichtsvorgang selbst bewußt zu machen und damit die didaktisch-methodischen Voraussetzungen sichtbar zu machen, aus denen die entsprechenden Konsequenzen für die Unterrichtsgestaltung in den einzelnen Schulformen gezogen werden können[32]. Hierzu zählen insbesondere: Lockerung des Systems der starren Jahrgangsklassen, Möglichkeit des Nachversetzens, Einführung des Epochenunterrichts und von Blockstunden, Bildung von Fächerschwerpunkten und Leistungs- sowie Neigungsgruppen, verstärktes Üben und Nachbereiten im Rahmen des Unterrichts, Verbesserung der Beurteilungsmaßstäbe für Schulleistungen und die Erprobung der Möglichkeiten eines polytechnischen Unterrichts. Es sind dies alles Fragestellungen, die im »Strukturplan für das Bildungswesen« des Deutschen Bildungsrates angesprochen sind[33].

Die Demokratisierung der Bildung verlangt ferner den Abbau aller jener Hindernisse und Vorurteile, die in der Öffentlichkeit gegenüber den Fragen und Aufgaben der Bildung noch vorherrschen und die Arbeit der Schule oftmals erschweren. Eine intensive Bildungswerbung, verbunden mit finanziellen Maßnahmen eines familiären Lastenausgleichs, muß in allen Bevölkerungskreisen Verständnis für die Besonderheit des erzieherischen Auftrags in unserer Gesellschaft wecken und die Bedingungen schulischer Arbeit in unserer Zeit einsichtig machen. Vor allem den Eltern müssen die verschiedentlichen Bildungsmöglichkeiten ihrer Kinder aufgezeigt werden. Sie müssen begreifen, daß eine bessere, wenn auch verlängerte Schulbildung dem Kinde selbst und damit der Gesellschaft zum Vorteil gereicht. Hierbei ist von besonderer Bedeutung, daß Schülern und Eltern bei auftretenden Schulschwierigkeiten rechtzeitig und ausreichend Unterstützung von seiten der Schule zukommt. Zweck dieser Hilfe muß es sein, falscher Entmutigung vorzubeugen und die Bereitschaft zu stärken, momentane schulische Schwierigkeiten im Blick auf das Ziel schulischer Arbeit durchzustehen. Die Devise »Mehr Bildung für alle« ist so lange eine irreale Forderung, wie es nicht gelingt, die Jugendlichen aller Gesellschaftsschichten für weitergehende schulische Anforderungen aufzuschließen. Die Identität von Elternhaus und Schule als einer Bedingung schulischer Arbeit ist heute nicht mehr in vollem Umfang gültig. Darauf muß sich die Schule einstellen, wenn sie der Forderung gerecht werden will, allen Jugendlichen gleiche Bildungschancen zu eröffnen. Die »sozio-kulturellen Determinanten des Lernens« sind daher in der schulischen Arbeit verstärkt zu beachten[34]. In diesem Zusammenhang kommt der Ganztagsschule eine besondere Bedeutung zu. Sie erfüllt hinsichtlich einer optimalen und individuellen Begabungsförderung vor allem in jenen Bevölkerungskreisen, die bisher einem weiterführenden Schulausbildungsweg fernstanden, eine wichtige sozial- und bildungspolitische Aufgabe[35].

Wenn die Schule im Sinne der Schultheorie des siebzehnten und achtzehnten Jahrhunderts als »Werkstätte des gemeinen Wesens« verstanden wird, dann kommt den Eltern und Schülern ein Mitspracherecht zu. Dies gilt heute um so mehr, da die Schule die Stätte ist, in der in grundlegender Weise Sozialchancen vermittelt werden. Die Eltern und Schüler müssen daher Gesprächspartner werden, damit sie die Schule als ihre eigene Sache begreifen. Die Schule ist keine fraglos geltende und bestimmende Institution; sie muß ihren Auftrag einsichtig machen. Die Schule hat hierbei eine funktionale Autorität, indem sie die Kommunikation mit Eltern und Schülern sucht und ihre Leistungsanforderungen nicht als Leistungsvorschriften deklariert, sondern als Konsequenz ihres anthropologischen und gesellschaftlichen Auftrages versteht. Die Schule ist dann weder eine isolierte pädagogische Provinz noch ein Spielball individueller oder gruppeninterner Interessen. Jegliche Einseitigkeit verkürzt den Anspruch der Schule gegenüber den Eltern und den Schülern wie auch umgekehrt der Eltern und Schüler gegenüber der Schule. Aufgabe aller Beteiligten ist es, in den verschiedenen Situationen den von der Sache her notwendigen Anspruch deutlich zu machen. Autorität wird in der Begründung und Durchsetzung dieses Sachanspruchs gewonnen. Alle geplanten Gesetze über die Mitbestimmung in der Schule sollten dies in Rechnung stellen.

Auf seiten der Lehrer kommt es im Rahmen dieser Demokratisierungsprozesse auf die rechte Einsicht in die Funktionalität ihrer Rolle an. Einseitige Solidarisierungen gegen die Schüler oder mit den Schülern helfen hier wenig weiter. Jede Einseitigkeit provoziert in dialektischem Umschlag neue Einseitigkeiten. Dies gilt auch für verkürzte Modellvorstellungen über das Verhältnis Lehrer und Schüler. Dem enthusiastischen Modell, in dem der Lehrer der Meister und der Schüler der Jünger ist, steht das positivistische Modell gegenüber, das vom Arbeitszwang des Lehrers und vom Schulzwang des Schülers spricht. Beide Modelle werden pervertiert, wenn in bestimmten Situationen zur Motivation pädagogischen Handelns die Elemente des einen Modells herangezogen werden, obwohl die des anderen Modells gemeint sind (z. B. Leistungsverpflichtungen vom pädagogischen Ethos her motivieren oder pädagogische Hilfen von Effektivitätszwängen her begründen). Hier wird Pädagogik zur »repressiven Toleranz«; sie dient der Verschleierung. Befragte Autorität wird statt dessen die Bedingungen des jeweiligen Handelns aufzeigen und damit die in den Sachanforderungen steckenden Konflikte benennen und austragen.

Dies setzt jedoch voraus, daß der Lehrer in den Prozeß der demokratischen Bewußtseinsbildung, der auf die Institution Schule abzielt, als Person und als Beamter voll miteinbezogen wird. Es ist dem Lehrer nicht zumutbar, seine Schüler in jene Bewußtseinslagen und Verhaltensformen einzuüben, die eine demokratische Gesellschaftsordnung bestimmen sollen, ihn zugleich aber in seinen dienstlichen Belangen einer veralteten hierarchischen Schulaufsicht zu unterstellen, deren Leitungsbefugnisse einseitig von »oben« nach »unten« gehen und die Mitsprache des Lehrers ausschließen. Dieser Antagonismus von Verhaltenszwängen muß notwendigerweise beim Lehrer — je nach seiner Veranlagung — zu innerer Unsicherheit, zu autoritärer Verhärtung oder zu beißendem Sarkasmus führen. Damit ist die Demokratisierung der Bildung in

ihrem erzieherischen und politischen Gehalt von Beginn an gescheitert. Man kann die Demokratisierung als eine erzieherische
Aufgabe nicht Menschen übertragen, die man zuvor zu »Staats-
dienern« degradiert hat.

Damit stellt sich schließlich die Frage nach dem Verhältnis von
Schule und Schulverwaltung im Rahmen der neuen Leitlinien, die
mit der Forderung nach Demokratisierung der Bildung gesteckt
sind. Die Schule ist heute noch weitgehend in einen großdimensio-
nierten Verwaltungsprozeß eingeschlossen, dessen etatistische Enge
pädagogisches Handeln in seinen innovativen Möglichkeiten beschneidet[36]. Diese sind aber angesichts der personalen, sachlichen
politischen und gesellschaftlichen Herausforderungen unserer Zeit
eminent wichtig, weil es darum geht, durch die Bildungsarbeit der
Schule in unserer Gesellschaft kreative Kräfte freizusetzen, die
gewährleisten, daß mit dem gesellschaftlichen Fortschritt zugleich
die Bedingungen einer menschenwürdigen Gesellschaft geschaffen
werden. Diese Aufgabe fällt der Schule heute auf Grund ihrer
institutionellen Verfassung schwer. Es muß der Abbau der hierarchischen Schulverwaltungs- und Schulaufsichtsstruktur gefordert
werden, die ordnungspolitisch dem Obrigkeitsstaat des neunzehnten Jahrhunderts und sozialpolitisch seiner Ständegliederung entspricht. An Stelle dessen hat eine »gemischte Bürokratiestruktur«,
wie es die moderne Organisationssoziologie nennt, zu treten, die
einer weitgehenden Professionalisierung des Lehrerberufes gerecht
wird[37].

Die Demokratisierung der Schulverwaltung ist Voraussetzung
der Demokratisierung der Bildung. Der Prozeß der pädagogischen
Meinungs- und Willensbildung, dessen Ergebnis sich in Gesetzen,
Erlassen, Verordnungen und Anweisungen niederschlagen soll, muß
sich zugleich von »oben« nach »unten« und von »unten« nach
»oben« vollziehen. Alle schulfachlichen, schulorganisatorischen
und schulverwaltungsmäßigen Entscheidungen müssen daher hinsichtlich ihrer Voraussetzungen und Intentionen transparent sein[38].
Dies bedeutet: Verlagerung größerer Entscheidungsbefugnisse an
die Schulen selbst sowie Beteiligung aller (Lehrer, Schüler und
Eltern) an der Gestaltung des Schullebens. Mitbestimmung in der
Schule, d. h. Einbeziehung aller Gruppen in die Entscheidungsprozesse und Gestaltungsvorgänge des Schullebens, setzt eine Neu-

bestimmung der Institution Schule voraus. Sie ist nicht mehr reine Unterrichtsanstalt, sondern wird als ein Sozietatum verstanden, das allen Beteiligten ein verpflichtendes Maß sachlicher und sozialer Verbindlichkeit auferlegt[39]. Wenn Bildung des einzelnen heute mehr ist als ein unverbindliches Dekor, nämlich Hinführung zu geistiger, moralischer und politischer Mündigkeit, zu sozialer Verantwortungsbereitschaft, zu beruflicher Mobilität bedeutet, wenn Bildung zugleich Emanzipation und Engagement bewirken soll, dann muß die Schule hier die ersten, aber nachdrücklichen Impulse geben. Sie muß die »öffentlichen Tugenden« einüben, sie muß jene offenen und verborgenen Interdependenzen bewußt machen, die unser öffentliches und privates Leben bestimmen. Unter diesen Bedingungen ist Schule ein Ort der politischen Kommunikation im Rahmen der gesetzlichen Bestimmungen, die von den politischen Repräsentativgremien unserer Verfassung vorgegeben sind. Die Schule wird ihrem anthropologischen, politischen und gesellschaftlichen Auftrag aber nicht gerecht, wenn sie im Stile eines politisierten Rätesystems die Bedingungen ihrer Arbeit der jeweilig wechselnden Interessen zufällig sich formierender Gruppen anpassen muß. Geschieht dies, nimmt sie — jedoch unter anderen Voraussetzungen — wiederum die Konturen einer pädagogischen Provinz an, die es gerade zu überwinden gilt.

IV. Hochschule

Der politische Auftrag der Hochschule

Die Frage nach dem politischen Auftrag der Hochschule schließt zugleich die Frage nach der Stellung der Wissenschaft in der Gesellschaft mit ein, und zwar in der besonderen Hinsicht, daß der Anspruch auf Demokratisierung aller Bereiche der gesellschaftlichen Praxis — der Kern aller innenpolitischen Reformmaßnahmen — in seiner Bedeutung für die Struktur und Organisation von Wissenschaft gesehen werden muß. Im Rahmen dieses umfassenden Reformkonzeptes kommt der Hochschulreform eine besondere Bedeutung zu. So sind in Bund und Ländern in der letzten Zeit

von den Parteien und Regierungen eine Reihe von Hochschul-
gesetzentwürfen vorgelegt worden. Die ständig steigende Zahl der
Entwürfe läßt darauf schließen, daß ein allgemeiner Wettlauf um
zeitliche Prioritäten und öffentliche Zustimmung eingesetzt hat.
In der Tat ist diese Unruhe bei den zuständigen Gremien der Legislative und Exekutive, aber auch in der breiten interessierten
Öffentlichkeit nur zu verständlich. Die Veröffentlichungen des
Wissenschaftsrates haben die personellen, sachlichen, organisatorischen und finanziellen Probleme deutlich gemacht, die sich aus
der stetig wachsenden Anzahl der Studienbewerber ergeben. Diese
Gegebenheiten mögen zwar zu einem erheblichen Teil die Hektik
erklären, die im Augenblick die Diskussion um die Hochschulreform bestimmt. So berechtigt und heilsam diese Unruhe auch sein
mag, es sollte dabei nicht vergessen werden, daß alle Eingriffe in
das höchste differenzierte Gefüge der Hochschulen auf ihre Konsequenzen hin überdacht werden müssen[40].

Die Erörterung der Probleme der Hochschulreform im Rahmen
der umfassenden Fragestellung der Demokratisierung bedarf jedoch noch einer grundsätzlichen Vorbemerkung, vor deren Hintergrund diese Erörterung überhaupt erst zureichend erfolgen
kann. Der Stand der Diskussion wie auch die Intention mancher
Beiträge zur Hochschulreform lassen den Eindruck aufkommen,
daß man einzig von der Reform der Hochschulverfassung und der
Hochschulverwaltung die Lösung aller Schwierigkeiten erwartet.
Dies wird sich jedoch dann als ein gefährlicher Trugschluß erweisen, wenn nicht zugleich mit den Reformmaßnahmen die drängen-
den quantitativen Probleme gelöst werden. Die Erhöhung der Anzahl der Studienplätze, der Ausbau der Institute und der Bibliotheken, die Vermehrung der Anzahl der Arbeits- und Laborplätze,
der Ausbau bestehender Hochschulen wie auch die Gründung
neuer Hochschulen müssen vordringlich vorangetrieben werden.
Dies muß unabhängig vom Umfang und Ergebnis einer zu erwartenden Hochschulreform geschehen. Denn Reformen schaffen weder Bücher noch Arbeitsplätze, sie garantieren wohl deren optimale Nutzung; doch müssen diese erst vorhanden sein.

Die gegenwärtigen Schwierigkeiten im Bereich der Hochschule
sind zu einem erheblichen Teil die Konsequenz gesellschaftlicher
Entwicklungsprozesse: z. B. der erhöhte Bedarf an wissenschaft-

lich ausgebildetem Nachwuchs, der rapide Anstieg der Abiturientenzahlen, die in Deutschland gegebene Gleichsetzung von Abiturient und Student, die zunehmende Verwissenschaftlichung aller Lebensbereiche. Auf diese neuen Gegebenheiten muß sich die Hochschule einstellen. Sie kann dies mit den institutionellen und organisatorischen Möglichkeiten, die ihr auf Grund ihrer überkommenen Verfassungsstruktur gegeben sind. Hierbei werden sich im Rahmen dieser Struktur gewisse Modifikationen als notwendig erweisen. Es darf jedoch nicht verschwiegen werden, daß der Hochschule die Umstellung auf diese neuen Gegebenheiten noch nicht restlos gelungen ist. Dies erklärt zu einem Teil die berechtigte Kritik in weiten Kreisen der Öffentlichkeit. Ausgangspunkt dieser Kritik sind in den meisten Fällen konkret erfahrene Unzulänglichkeiten, die sich inzwischen zu gewissen Stereotypen entwickelt haben. Diese sind u. a. Vernachlässigung der Ausbildungsaufgaben, keine inhaltlich umgrenzten Studien- und Prüfungsordnungen, Selbstherrlichkeit von Institutsdirektoren, Belastung der Hochschullehrer durch Gutachtertätigkeiten oder Vortragstätigkeit unter Zurücksetzung der Lehrverpflichtungen, Vernachlässigung der Forschungsaufgaben durch Überbeanspruchung in einer Vielzahl außeruniversitärer Beratungsgremien, Ausnutzung von Assistenten und Hilfskräften, Verwendung der vom Staat bestellten personellen und sachlichen Hilfsmittel für Auftragsforschung. Diese Unzulänglichkeiten belasten in der Tat das Ansehen und die Funktionsfähigkeit der Hochschule[41]. In dem Maße aber, wie die Arbeit und das Verhalten unserer gesellschaftlichen und staatlichen Institutionen in das kritische Interesse der Öffentlichkeit einbezogen werden, müssen diese Unzulänglichkeiten zu einem Politikum werden.

Angesichts dieser Situation bedarf der Begriff der Autonomie einer Klärung. Die Stellung der Hochschule im Gesamtgefüge der Gesellschaft hat sich verändert, nachdem die Wissenschaft selbst zum Motor der gesellschaftlichen Entwicklungsprozesse geworden ist. Darin ist der politische Auftrag der Hochschule beschlossen. Die radikale Verwissenschaftlichung und Funktionalisierung aller staatlichen und gesellschaftlichen Aufgabenbereiche bis hin zu den privaten Belangen des einzelnen hat zur Folge, daß bei allen wissenschaftlichen Erkenntnissen und Entdeckungen in einem umfassenden Reflexionsprozeß zweierlei Fragestellungen mit bedacht werden müssen. Zum einen muß gesehen werden, inwieweit der wissenschaftliche Fortschritt auf die gesellschaftlichen Bedingungen wirkt und sie verändert, und zum anderen muß berücksichtigt werden, inwieweit die gesellschaftlichen Implikationen die wissenschaftliche Theorie selbst wiederum modifizieren. Diese Interdependenz von Wissenschaft und Gesellschaft gilt es bewußt zu machen. Man kann dies auch Politisierung nennen, wenn darunter die Verantwortung für das Schicksal der res publica verstanden wird. Vor diesem Hintergrund ergibt sich eine neue Bestimmung des Begriffs der Autonomie von Wissenschaft und Forschung. Die Wissenschaft sowie die Hochschule als der institutionelle Rahmen moderner Wissenschaftsorganisation sind gleichsam der Ort in der Gesellschaft, an dem die kritische Reflexion der gesamten gesellschaftlichen Wirklichkeit als eine permanente Aufgabe begriffen wird und in der wissenschaftliche Arbeit der einzelnen Disziplinen ständig erfolgt. Die Wissenschaft verdeutlicht an sich selbst die Notwendigkeit einer durchgehenden kritischen Überprüfung ihrer eigenen Voraussetzungen, die als solche wiederum die Bedingung für die Entwicklung neuer wissenschaftlicher Erkenntnisse, Methoden und Verfahren ist. Diese wissenschaftsethische Verpflichtung zur Kritik gewährt der Wissenschaft die notwendige sachbezogene Mobilität, gibt ihr den Elan zu schöpferischer Produktivität und Kreativität, vermittelt ihr die Offenheit des Erkenntnis- und Erfahrungshorizontes.

Diese Bestimmungen gelten aber nicht nur für die Wissenschaft, sie sind zugleich von konstitutiver Bedeutung für die moderne Gesellschaft selbst. In der kritischen Reflexion der Wissenschaft werden die Kriterien für die Bewältigung der Probleme bereitgestellt, denen sich die gesellschaftliche Theorie und Praxis gegenüber sieht. Der zivilisatorische Fortschritt, die industrielle Entwicklung, das wirtschaftliche Wachstum, die Sicherung der Zukunft, die Bewältigung der Ernährungsprobleme in allen Weltteilen, die gesellschaftliche und wirtschaftliche Emanzipation der Dritten Welt, die Hebung des allgemeinen Bildungsstandes der Weltbevölkerung — um nur einige wichtige Aufgabenbereiche anzusprechen — sind für die Existenz der modernen Gesellschaft, die Zukunft des freiheitlichen Rechtsstaates und die Stabilität der politischen Ordnung von entscheidender Bedeutung. Diese Aufgaben lassen sich nur mit Hilfe der Wissenschaft, ihres Instrumentariums, ihrer Verfahren und der kritischen Rationalität ihres Erkenntnisansatzes zureichend bewältigen. Die Autonomie der Wissenschaft bedeutet daher unter diesen Gegebenheiten nicht die Aussparung eines gesellschaftsfernen »Arkadien des schönen Geistes«. Die Autonomie ist vielmehr Bedingung dafür, daß die Wissenschaft ihre kritische Funktion der Gesellschaft gegenüber wahrnehmen kann[42].

Nichts anderes meint die im Grundgesetz Artikel 5 Absatz 3 garantierte Freiheit von Wissenschaft, Forschung und Lehre und die ihr zugeordnete Autonomie der Hochschule. Die moderne Gesellschaft, sofern sie sich von den Voraussetzungen des freiheitlichen Rechtsstaates her versteht, bedarf dieser kritischen Kontrolle ihrer Institutionen, Verfahren und Modalitäten. Der erzieherische und politische Auftrag der Hochschule, der die Lehrenden und Lernenden gleichermaßen betrifft, zielt auf die Grundlegung eines kritischen Bewußtseins, das den einzelnen zu einem von Einsicht und differenzierendem Abwägen geleiteten Befragen der eigenen Situation und der etablierten gesellschaftlichen Institutionen herausfordert. Die Freiheit und Autonomie der Hochschule ist institutionell der Ort in der Gesellschaft, wo diese kritische Funktion als sie selbst in Erscheinung tritt. Eine Einschränkung dieser Autonomie bedeutet somit mehr als den Abbau von überholten Rechten alter Ordinarienherrlichkeit, sie kann auch nicht als eine Verwaltungsvereinfachung verharmlost werden, sie ist vielmehr der Versuch, die Bedingungen der modernen Gesellschaft als einer Wissenschaftskultur samt ihren rechtsstaatlichen Grundlagen in der Substanz zu verändern. Daraus folgt: Die Hochschule darf somit nicht zum Tummelplatz gesellschaftlicher Antagonismen werden und im Gefolge des gesellschaftlichen Pluralismus der Manipulation bestimmter Interessengruppen bzw. einem gesellschaftlichen Proporz ausgeliefert werden. Soll dies unterbleiben, müssen die Hochschulgesetze dem in der Autonomie begründeten wissenschaftspolitischen Mandat der Hochschule entsprechen.

Konsequenzen für die Hochschule

Die Demokratisierung im Bereich der Hochschule hat unter den Beteiligten (Hochschullehrern, wissenschaftliches Personal, Studenten, nichtwissenschaftliches Personal) in den letzten Jahren eine Polarisierung der Fronten hervorgerufen, die verschiedentlich zur Funktionsunfähigkeit der Hochschule geführt hat[43]. Die Verfassungsgarantie der Autonomie dient oftmals als Vorwand, prononcierte Gruppeninteressen, die teils von erheblicher gesellschaftspolitischer Konsequenz sind und daher öffentlich diskutiert werden müßten, dieser öffentlichen Kritik zu entziehen und sie als hochschulinterne Angelegenheit zu verschleiern. Während diese internen Auseinandersetzungen die Funktionsfähigkeit der Hochschulen lähmen, werden zugleich mit dem Hinweis auf die Autonomie der Hochschulen die Einflußmöglichkeiten der Öffentlichkeit, d. h. der Rechts- und Fachaufsicht des Staates, radikal beschnitten. Diese Antagonismen im Begriff der Hochschulautonomie gilt es bewußt zu machen. Auch die Hochschule untersteht der Rechtsaufsicht des Staates. Das Parlament erläßt die entscheidenden gesetzlichen Regelungen, es beschließt fernerhin die Haushaltsmittel und genehmigt die Sonderausgaben für den Ausbau bestehender Institute und die Neugründung von Hochschulen. Die gesellschaftlichen Gruppen sind in den parlamentarischen Gremien gemäß dem Prinzip der politischen Repräsentanzen an diesen Beratungen und Entscheidungen beteiligt. Die Hochschule ist daher ständig verpflichtet, ihre Forderungen und Aufgaben vor der Öffentlichkeit zu vertreten. Demokratisierung der Hochschule und Politisierung der Hochschulgremien kann daher nicht bedeuten, daß der politische Auftrag der repräsentativ gewählten parlamentarischen Entscheidungsgremien sowie der von diesen Gremien legitimierten staatlichen Aufsichtsinstanzen im Bereich der Hochschule keine Geltung hat. Die Autonomie der Hochschule und die Rechtsaufsicht des Staates bieten vielmehr gleichermaßen die Gewähr, daß an den Hochschulen die Freiheit des Forschens, des Lehrens und des Lernens gewährleistet ist. Autonomie und Rechtsaufsicht schließen einander nicht aus, sondern ergänzen einander zwecks Sicherung der Grundrechtsgarantie von Artikel 5 GG. Vor diesem Hintergrund sind die Konsequenzen für die Hochschule unter dem Gesichtspunkt der Demokratisierung zu bedenken (u. a. Autonomie, Hochschulselbstverwaltung, funktionsgerechte Beteiligung, Rätesystem, Einheitsverwaltung, Präsidialsystem, Studienregelungen)[44].

Die Hochschule als eine Körperschaft des öffentlichen Rechtes übernimmt bei der Wahrnehmung ihrer wissenschaftspolitischen Aufgaben gegenüber der Gesellschaft eine bestimmte Teilfunktion. Diese Teilfunktion erfordert ihre eigene Sach- und Verwaltungsstruktur. Die Autonomie der Hochschule ist die Gewähr dafür, daß diese eigene Sach- und Verwaltungsstruktur ihrem Auftrag optimal gerecht werden kann. Entscheidungen innerhalb dieses Strukturgefüges, die Forschungsmodalitäten, Haushaltsangelegenheiten, Personalfragen und Lehraufgaben betreffen, sind ihrer Natur nach Sachentscheidungen, die von den Mitgliedern der Korporation gefällt werden müssen. Diese Sachentscheidungen — und dies muß gegenüber einer anderen extremen Forderung betont werden — können jedoch nicht von Kuratorien gefällt werden, in denen die Mehrheitsverhältnisse dem Gesichtspunkt des gesellschaftlichen Proporzes, d. h. der politischen und gesellschaftlichen Repräsentanz, unterliegen. In vielen Kreisen erscheint heute die Autonomie der Hochschule als der Stein des Anstoßes. Man vermutet, daß alle Hochschulprobleme sich leichter lösen ließen, wenn die Autonomie der Hochschule eingeschränkt würde. Die gesellschaftlichen Gruppen sollten zur Beratung und Entscheidung aller hochschulinternen Belange mit herangezogen werden; denn es gehe nicht an, daß die Hochschule in der Gesellschaft ein Eigenleben führe, da sie gegenüber der Gesellschaft bestimmte Verpflichtungen zu erfüllen habe (z. B. Bereitstellung von Forschungsergebnissen, Ausbildung des wissenschaftlichen Nachwuchses). Die kritische Funktion der Wissenschaft gegenüber der Gesellschaft wird unter diesem Anspruch jedoch zur Farce, wenn mittels der Verfahrensmodalitäten gesellschaftlicher Repräsentanzgremien die Gesellschaft die Bedingungen ihrer Kritik selbst bestimmt und modifiziert. Es zeigen sich hier verfassungsrechtlich Grenzen des Repräsentanzprinzips, die heute unter dem Begriff der Inkompatibilität diskutiert werden.

Die Hochschule bedarf zur Ordnung ihrer Angelegenheiten einer eigenen Verwaltungsstruktur. Diese besteht darin, daß die

Mitglieder der Korporation wesentliche Aufgaben selbst wahrnehmen, wobei ihnen spezielle Verwaltungsfachkräfte zur Seite stehen. Die Unabhängigkeit der Wissenschaft wie auch die kritische Funktion der Wissenschaft gegenüber der Gesellschaft sind nur zu wahren, wenn die Bedingungen und die verwaltungstechnischen Voraussetzungen der wissenschaftlichen Arbeit von der Hochschule selbst, d. h. in gemeinsamer Verantwortung aller Mitglieder der Korporation, die an dem Fortgang von Wissenschaft, Forschung und Lehre beteiligt sind, entschieden und geregelt werden. Die Hochschulselbstverwaltung ist die angemessene Form einer Sachverwaltung, die vornehmlich als Wissenschaftsverwaltung verstanden werden muß. Die Sonderstellung der Hochschulselbstverwaltung gegenüber der allgemeinen Verwaltung gründet in der Autonomie der Wissenschaft. Wenn man diese Voraussetzungen negiert, wird die Hochschule zu einer Verwaltungsbehörde. Sie ist dann dem Aufbau der allgemeinen Verwaltung einzugliedern, d. h., sie ist gegenüber vorgesetzten Behörden weisungsgebunden und alle Sachentscheidungen können auf dem Dienstweg bestätigt, korrigiert oder aufgehoben werden. Die bisher geübte allgemeine Rechtsaufsicht bei den obersten Landesbehörden, den Kultusministerien, wird dann zur Weisungsbefugnis einer vorgesetzten Verwaltungsbehörde, die Hochschulselbstverwaltung verliert ihre Autonomie, und der Wissenschaft wie auch der Hochschule wird das im Grundgesetz verankerte wissenschaftspolitische Mandat entzogen.

Die Hochschule als eine Körperschaft des öffentlichen Rechtes setzt sich aus den Mitgliedern der Korporation zusammen; es sind dies die Professoren, die wissenschaftlichen Mitarbeiter und die Studenten. Die Hochschulselbstverwaltung umfaßt die Entscheidungsgremien (Konvent, Fachbereichskonferenz) und die Exekutivgremien (Rektorat, Senat und Fachbereich). Die Zusammensetzung dieser Gremien erfolgt nach Sachgesichtspunkten, nicht aber dem Prinzip der repräsentativen Demokratie. Hierbei ist der besonderen dienstrechtlichen Stellung und der damit gegebenen Verantwortung der Lebenszeitbeamten Rechnung zu tragen. Die generelle Forderung nach der Drittelparität z. B. ist Ausdruck eines rein formalisierten Demokratieverständnisses. In allen Gremien sollte die Zusammensetzung entsprechend den sachlichen Anforderungen einer Wissenschaftsverwaltung von den zu behandelnden Gegenständen her zu bestimmen sein. Für die Entscheidungsgremien (Konvent, Fachbereichskonferenz) sollte der Anteil der stimmberechtigten Mitglieder 4 (Professoren) : 2 (wissenschaftliche Mitarbeiter) : 1 (Studenten) betragen. In der Kommission für Studienfragen, deren Vorsitz durchaus einem Studenten zu übertragen ist, sollte dagegen der Anteil der stimmberechtigten Mitglieder 4 (Studenten) : 2 (wissenschaftliche Mitarbeiter) : 3 (Professoren) und in der Kommission für Forschungsfragen 5 (Professoren) : 2 (wissenschaftliche Mitarbeiter) : 1 (Studenten) ausmachen. Bei der Wahl zu diesen Gremien ist für alle Gruppen ein bestimmtes Quorum der Wahlbeteiligung festzusetzen. Der vorgenannte Anteilsschlüssel gilt nur unter der Voraussetzung, daß in jeder Gruppe mindestens 50% der Wahlberechtigten sich an der Wahl beteiligt haben. Liegt bei einer Gruppe die Wahlbeteiligung unter 50%, verringert sich die Zahl der Sitze dieser Gruppe in den Gremien entsprechend. Damit soll verhindert werden, daß aktive radikale Minderheiten die jeweiligen Gruppen majorisieren. Völlig unberechtigt erscheint die Beteiligung der Angestellten und Bediensteten der Hochschule an den Entscheidungen der Legislativ- und Exekutivgremien. Die Wahrnehmung der arbeitsrechtlichen und persönlichen Angelegenheiten dieser Personengruppe erfolgt über den Betriebs- bzw. Personalrat und die großen berufsständischen Interessenvertretungen entsprechend den in den anderen Bereichen des öffentlichen Dienstes üblichen Formen. Eine Mitbestimmung in den Fragen der Forschung, der Lehre und des Haushalts ist ausgeschlossen; diese Personengruppe zählt nicht zu den Mitgliedern der Korporation. Es liegt die Vermutung nahe, daß in der Durchsetzung des Mitbestimmungsrechtes für diese Personengruppe ein Präzedenzfall für die generelle Forderung nach Mitbestimmung in anderen gesellschaftlichen Bereichen geschaffen werden soll.

In der Diskussion über die Zusammensetzung der Exekutiv- und Entscheidungsgremien der Hochschule wird häufig an Stelle der funktionsgerechten Beteiligung aller Mitglieder der Korporation eine totale Umstrukturierung im Sinne eines Rätesystems verlangt. Die gesellschaftspolitischen Grenzen und die sachlichen Unzulänglichkeiten dieses Systems sind offensichtlich. Forschung und Lehre an der Hochschule folgen unbeschadet der gesellschaftlichen

Implikationen, die mit ihnen gesetzt sind, ihrem eigenen Sachzwang. Dies setzt Kontinuität voraus. Die Voraussetzungen von Forschung und Lehre können daher nicht von Bedingungen abhängig gemacht werden, die teils außerhalb des wissenschaftlichen Sachzusammenhanges liegen, teils auf unkontrollierbare und ständig wechselnde Gruppenvorstellungen zurückgehen und schließlich den sozialrevolutionären Klischees und Utopien vom permanenten Klassenkampf zu entsprechen haben. Der Autonomie der Wissenschaften wie auch der Demokratisierung der Hochschule wird weder mit den Mitteln des organisierten Klassenkampfes noch mit der verschwommenen Idee einer verharmlosten Partnerschaft in gebührender Weise Rechnung getragen. An Stelle dessen hat die funktionsgerechte Beteiligung aller Mitglieder der Korporation in den Exekutiv- und Entscheidungsgremien zu stehen. Die Arbeit dieser Gremien setzt ein bestimmtes Maß gegenseitigen Vertrauens voraus, ohne dabei die Gegensätzlichkeiten zu vertuschen, welche die Professoren, Assistenten und Studenten als je eigene Personengruppe kennzeichnen.

Die gegenwärtig an vielen Hochschulen bestehende Trennung zwischen der akademischen Verwaltung und der Wirtschaftsverwaltung ist durch eine Einheitsverwaltung abzulösen. Hierbei liegen die verwaltungstechnischen Aufgaben in der Hand des Kanzlers, der als leitender Verwaltungsbeamter dem Rektor untersteht. Das oberste Exekutivgremium der Hochschule, das Rektorat, sollte sich aus dem Rektor, mehreren Prorektoren und dem Kanzler zusammensetzen. Um der Arbeit des Rektorats die nötige Kontinuität und Effektivität zu sichern, sind mehrjährige Amtszeiten vorzusehen. Der Rektor wird aus dem Kreis der Prorektoren gewählt. Während seiner mehrjährigen Amtszeit ist er von seinen akademischen Verpflichtungen weitgehend entbunden. Dieses Organisationsmodell des Rektorats als eines Kollegialorgans, das sich aus den Angehörigen der Hochschule zusammensetzt, entspricht den Grundsätzen der Hochschulselbstverwaltung und erfüllt zugleich die Erwartungen, die an eine moderne Sachverwaltung zu stellen sind. Das Rektorat ist dem heute vielfach empfohlenen Präsidialsystem vorzuziehen. Der Hinweis auf ausländische Erfahrungen mit dem Präsidialsystem trägt nicht wesentlich zur Klärung der anstehenden Fragen bei. Hierbei sollte u. a. berücksichtigt werden, daß die ausländischen Hochschulen in ihrem Aufbau anders strukturiert sind und teils den Charakter von Stiftungen haben. Dies gibt dem Präsidenten eine andere Funktion und Rechtsstellung im Gesamtsystem der Hochschule. Die deutschen Vorschläge zur Präsidialverfassung sehen vor, daß der Präsident auf acht bis zwölf Jahre oder auf Lebenszeit bestellt wird. Der Präsident wird daher in den wenigsten Fällen ein Angehöriger der Hochschule sein. Bedeutet doch die Wahl zum Präsidenten, daß auf Jahre hin bzw. auf Lebenszeit alle Forschungs- und Lehrtätigkeit aufgegeben werden muß. Es wird daher auch zu Recht empfohlen, einen Verwaltungsfachmann bzw. eine Persönlichkeit des öffentlichen Lebens in dieses Amt zu berufen. Damit droht die Gefahr, daß das Präsidialamt sich aus der Kollegialverfassung löst, die alle Hochschulorgane bestimmt, und sich zu einer Exekutivinstanz im Sinne einer autonomen Verwaltungsbehörde verselbständigt oder zu einem Instrument wird, mittels dessen die Ministerialbürokratie unmittelbar in die Hochschulen hineinregiert. Manche Hochschulgesetzentwürfe sehen eine Verstärkung der Stellung des Präsidenten vor. Er ist nicht mehr wie der Rektor primus inter pares. Daß mit der Präsidialverfassung zugleich eine unsachgemäße Politisierung der Hochschule möglich ist, sei nur am Rande erwähnt.

Die Unruhe der Studenten entzündet sich oftmals angesichts der verwirrenden Fülle des wenig systematisierten und koordinierten Lehrangebots der Hochschulen. Demokratisierung meint hier Mitgestaltung und Mitbestimmung bei der Erarbeitung von Studienregelungen, die den Einstieg ins Studium erleichtern und die zur Zeit kaum vorhanden sind. Angesichts der sachlichen und methodischen Spezialisierung innerhalb eines jeden Fachbereichs wird die Vermittlung der Fachwissenschaft selbst zu einer genuin wissenschaftlichen Frage. Die Tradierung der Geschichte der einzelnen Wissenschaftsdisziplinen, die Vermittlung der wissenschaftstheoretischen Ansätze sowie die Einführung in die Strukturen der einzelnen Fachdisziplin stellen eine spezifisch wissenschaftsdidaktische Frage und Aufgabe dar. Hierbei kommt es darauf an, wissenschaftsdidaktisch jene Vermittlungsprozesse einzuleiten, die einerseits den Zugang zu den jeweiligen Fachdisziplinen erschließen, andererseits im Zusammenhang mit sozialwissenschaftlichen

Fragestellungen den gesellschaftlichen Bezug herstellen und schließlich die politische Dimension wissenschaftlichen Tuns deutlich werden lassen. Alle Überlegungen zur Neuordnung der Studien, zur vielbeschworenen Hochschuldidaktik, zur Reform des Lehrbetriebes, zur Überprüfung der Ausbildungs- und Prüfungsordnungen, zur Neugliederung der Lehrkörperstruktur haben hier ihren wissenschaftstheoretischen Ansatz. Studienregelungen in Verbindung mit inhaltlich präzisierten Studiencurricula verpflichten gleichermaßen Lehrende wie Lernende. Für alle Beteiligten gewinnt damit die Hochschule jene innere Transparenz, die heute noch weitgehend fehlt und bei den Studenten eine Unsicherheit bewirkt, die häufig in Aggressivität umschlägt[45].

Die Diskussion um die Hochschulreform im Rahmen der Demokratisierung der Hochschule enthält neben ihren pragmatischen Aspekten eine grundsätzliche Komponente. Die Art und Weise, wie die anstehenden Fragen der Hochschulreform gelöst werden, ist ein Indiz dafür, inwieweit die Gesellschaft bereit ist, die verfassungsrechtlich gesicherte Autonomie von Institutionen anzuerkennen. Zum einen geht es darum, jene Paradoxie auszuhalten, daß es Bereiche gibt, die für das Bestehen der Gesellschaft lebensnotwendig sind — die Wissenschaft und mit ihr verbunden die Hochschule — und die zugleich dem Zugriff der Gesellschaft auf weite Strecken entzogen sind. Zum anderen gilt es zu bedenken, daß die Hochschule kein gesellschaftspolitisches Ghetto darstellt; sie ist kein herrschaftsfreier Raum außerhalb der Gesellschaft, in der jedoch unter der Hand Formen von Herrschaft praktiziert werden, die sich der öffentlichen Kontrolle entziehen und zugleich die Überwindung der freiheitlichen Gesellschaftsordnung langfristig zum Ziele haben. Dies alles mag denen ein Ärgernis sein, für die die Gesellschaft — so oder so — ein Absolutum ist, dem nur durch »lupenreine Lösungen« entsprochen werden kann. Nur so ist gewährleistet, daß der politische Auftrag der Demokratisierung der Hochschule den Prinzipien des freiheitlich-demokratischen Rechtsstaates gerecht wird, nicht aber das Ende der Demokratie vorbereitet[46].

Fußnoten

[1] *H.-J. Haug — H. Maessen,* Was wollen die Schüler? Politik im Klassenzimmer, Frankfurt am Main 1969, S. 22 f.; Kinderkreuzzug oder Beginnt die Revolution in der Schule?, hrsg. von *G. Amendt,* Hamburg 1968.

[2] *F. Kafka,* Erzählungen, Frankfurt am Main o. J., S. 160.

[3] *G. Rohrmoser,* Emanzipation und Freiheit, München 1970, S. 9 ff., 284 ff.

[4] Wissenschaftsrat, Abiturienten und Studenten. Entwicklung und Vorausschätzung der Zahlen 1950 bis 1980, Bonn 1964, S. 25, Tab. 6; *ders.,* Empfehlungen zur Struktur und zum Ausbau des Bildungswesens im Hochschulbereich nach 1970, Bonn 1970, 3. Bd., S. 110.

[5] Wissenschaftsrat, Empfehlungen, a. a. O., 1. Bd., S. 159.

[6] *E. Fink,* Technische Bildung als Selbsterkenntnis, in: VDI-Zeitschrift, Bd. 104, 1963, Nr. 15, S. 679 ff.

[7] *W. Flitner,* Hochschulreife und Gymnasium, Heidelberg 1959, S. 20 ff.

[8] Deutscher Bildungsrat, Strukturplan für das Bildungswesen, Bonn 1970, S. 147 ff., 159 ff.

[9] Hierzu grundlegend und zusammenfassend: Deutscher Bildungsrat, Gutachten und Studien der Bildungskommission, Heft 4, Begabung und Lernen. Ergebnisse und Folgerungen neuer Forschungen, hrsg. von *H. Roth,* 2. Aufl., Stuttgart 1969; *H.-R. Lückert* u. a., Begabungsforschung und Bildungsförderung als Gegenwartsaufgabe, München - Basel 1969.

[10] *F. Hess — F. Latscha — W. Schneider,* Die Ungleichheit der Bildungschancen, Olten - Freiburg im Breisgau 1966; *H. Peisert,* Soziale Lage und Bildungschancen in Deutschland, München 1967.

[11] Circularverfügung des Unterrichtsministeriums vom 24. Oktober 1827, in: *L. Wiese,* Verordnungen und Gesetze für die höheren Schulen in Preußen, Berlin 1867/68, 1. Bd., S. 25; ferner der Ladenbergsche Unterrichtsgesetzentwurf von 1850 (§ 111 über Vorschulen), in: *L. Froese,* Deutsche Schulgesetzgebung (1763—1952), Weinheim o. J., S. 65.

[12] *F. Paulsen,* Geschichte des gelehrten Unterrichts auf den deutschen Schulen und Universitäten vom Ausgang des Mittelalters bis zur Gegenwart, 2. Aufl., Berlin 1896/97, 2. Bd., S. 389 f.

[13] *C. Menze,* Der Übergang von der ästhetisch-politischen zur literarischmusischen Bildung. Erörterungen über den Wandel des Bildungsdenkens zu Beginn des 19. Jahrhunderts, in: Vierteljahresschrift für Wissenschaftliche Pädagogik, Nr. 47, 1971, Heft 1, S. 1 ff.

[14] *F. Nietzsche,* Sämtliche Werke, Stuttgart 1964, 2. Bd., S. 1 ff., 391 ff.

[15] *J. Hitpass,* Einstellungen der Industriearbeiterschaft zu höherer Bildung, Ratingen 1965, S. 50.

[16] *A. de Tocqueville,* Das Zeitalter der Gleichheit. Eine Auswahl aus dem Gesamtwerk, hrsg. von *S. Landshut,* Stuttgart 1954, S. 97 ff., 104 ff.

[17] *K.-H. Volkmann-Schluck,* Möglichkeit und Gefährdung der Freiheit in der Demokratie, in: Philosophie und politische Bildung an den höheren Schulen, hrsg. von *H. Holzapfel,* Düsseldorf 1960, S. 17 ff.

384

[18] *A. de Tocqueville*, a. a. O., S. 58.
[19] *W. Roessler*, Die Entstehung des modernen Erziehungswesens in Deutschland, Stuttgart 1961, S. 182 ff.
[20] *C. Menze*, Wilhelm von Humboldt. Lehre und Bild vom Menschen, Ratingen 1965; *ders.*, Artikel »Bildung«, in: Handbuch pädagogischer Grundbegriffe, München 1970, 1. Bd., S. 134 ff.
[21] *F. R. Walther*, Über die eingebildete akademische Freyheit und ihren Einfluß auf die Schulen, Stendal 1778, S. 8.
[22] *H. P. Widmaier* u. a., Zur Strategie der Bildungspolitik, Bern 1968; Zeitschrift für Pädagogik, 9. Beiheft, Erziehungswissenschaft, Bildungspolitik, Schulreform. Bericht über den Kongreß der Deutschen Gesellschaft für Erziehungswissenschaft vom 12. bis 15. April 1970 in Berlin, hrsg. von *H. Scheuerl*, Weinheim - Basel - Berlin 1971.
[23] *J. J. Dusch*, Gelehrte Erziehungsinstitute ein Bedürfnis für Nichtstudierende so gut als für Studierende, Altona 1771, S. 9.
[24] *J. Habermas*, Verwissenschaftlichte Politik und öffentliche Meinung, in: Humanität und politische Verantwortung, hrsg. von *R. Reich*, Zürich 1964, S. 54 ff.
[25] *J. Ritter*, Metaphysik und Politik, Studien zu Aristoteles und Hegel, Frankfurt am Main 1969, S. 183 ff.
[26] *H. J. Heydorn*, Über den Widerspruch von Bildung und Herrschaft, Frankfurt am Main 1970.
[27] *H. Lange*, Schulbau und Schulverfassung der frühen Neuzeit. Zur Entstehung und Problematik des modernen Schulwesens, Weinheim - Berlin 1967, S. 179 ff.
[28] *R.-P. Calliess*, Kirche und Schule in der Demokratie, in: Zeitschrift für evangelisches Kirchenrecht, Nr. 14, 1968, Heft 1/2, S. 58 ff.
[29] *W. Dilthey*, Schriften zur Pädagogik, hrsg. von *H.-H. Groothoff — U. Hermann*, Paderborn 1971, S. 14.
[30] *W. Klafki*, Das pädagogische Problem des Elementaren und die Theorie der kategorialen Bildung, 4. Aufl., Weinheim 1964, S. 291 ff.; *ders.*, Studien zur Bildungstheorie und Didaktik, Weinheim 1964.
[31] *W. Dirks*, Das gesellschaftspolitische Engagement der deutschen Katholiken seit 1945, in: Frankfurter Hefte, Nr. 19, 1964, Heft 11, S. 770.
[32] In diesem Zusammenhang gehören die in jüngster Zeit in den Vordergrund des wissenschaftlichen Interesses getretenen Fragen der Curriculumrevision; hierzu zusammenfassend: *K. Frey*, Theorie des Curriculums, Weinheim - Berlin - Basel 1971.
[33] Deutscher Bildungsrat, Strukturplan, a. a. O., S. 33 ff.
[34] *B. Bernstein*, Sozio-kulturelle Determinanten des Lernens. Mit besonderer Berücksichtigung der Rolle der Sprache, in: Kölner Zeitschrift für Soziologie und Sozialpsychologie, 4. Sonderheft, Soziologie der Schule, hrsg. von *P. Heintz*, 3. Aufl., Köln - Opladen 1965, S. 52 ff.; *K. A. Wiederhold*, Kindersprache und Sozialstatus, Ratingen - Wuppertal - Kastellaun 1971.
[35] *J. Lohmann*, Das Problem der Ganztagsschule, Ratingen 1965.

385

36 *H. Becker,* Qualität und Quantität. Grundfragen der Bildungspolitik, 2. Aufl., Freiburg im Breisgau 1968; *H. Rumpf,* Schuladministration und Lernorganisation. Vorschlag zur theoretischen Strukturierung eines ungeklärten Verhältnisses, in: Die Deutsche Schule, Nr. 63, 1971, Heft 3, S. 134 ff.

37 *K. W. Döring,* Lehrverhalten und Lehrerberuf. Zur Professionalisierung erzieherischen Verhaltens, Weinheim 1970.

38 *P. Fürstenau,* Neuere Entwicklungen der Bürokratieforschung und das Schulwesen, in: Neue Sammlung, Nr. 7, 1967, Heft 6, S. 511 ff.

39 *J. Flügge — H. Quaritsch,* Schulmündigkeit und Schulvertrag, Bad Heilbrunn 1971.

40 Hierzu die kritische Bestandsaufnahme von *H. Schelsky,* Abschied von der Hochschulpolitik oder Die Universität im Fadenkreuz des Versagens, Bielefeld 1969.

41 Besonders *H. Schelsky,* a. a. O., S. 16 ff., 36 ff.

42 *W. Hofmann,* Universität, Ideologie, Gesellschaft. Beiträge zur Wissenschaftssoziologie, Frankfurt am Main 1968, S. 9 ff., 35 ff.

43 *R. Löwenthal,* Hochschulreform in der Demokratie. Grundlinien für eine sinnvolle Hochschulreform, Köln 1971.

44 Siehe hierzu den Bericht der Landesrektorenkonferenz des Landes Nordrhein-Westfalen »Zur Organisation der Hochschulselbstverwaltung« vom 2. Mai 1968.

45 *W. Richter,* Didaktik als Aufgabe der Universität, Heft 8 der Gutachten und Studien der Bildungskommission des Deutschen Bildungsrates, Stuttgart 1969.

46 Für die Disparatheit der Standpunkte in allen diesen Fragen vgl. den Sammelband: Studenten in Opposition. Beiträge zur Soziologie der Hochschule, hrsg. von *H. Baier,* Bielefeld 1968.

JAMES M. BUCHANAN

Social Choice and Freedom of Inquiry: The Internal and External Institutions for Decision–Making in Higher Education

I. The Academic Marketplace

Effectively competitive organization is the central characteristic feature of higher education in the United States. This statement holds despite the fact that major financial support for higher education is provided through governmental channels. The "state" colleges and universities are heavily supported by funds raised through the imposition of taxes on citizens by state governments. The "private" colleges and universities are indirectly supported by the tax deductibility of contributions by private donors. Both state and private institutions have, in addition, come to depend on direct subventions from the federal or central government, and notably in the decade of the 1960's. These subventions, in the form of general-purpose or special-purpose aids, are financed from central government tax collections.

This governmental financing of higher education is a dominant feature in the United States scene, and this alone makes the industry quite different from the ideal-type competitive model in which financial returns accrue from direct sales those who consume the products. For higher education to meet the requirements for this model, students, as buyers or consumers (or their families) would be charged the full costs of providing educational services; tuition would cover total outlays. Presently in the United States, direct tuition charges cover only a relatively small share of total costs, even in the "private" institutions. Students, as direct consumers, bear a major cost in foregone earnings, but the explicit outlays are largely made by collectivities, directly or indirectly.[1]

This absence of effectively competitive buying of higher educational services has important consequences, some of which we shall discuss. But the absence of full competition in buying does not prevent the presence of effective competition on the selling or organizational side of the market. And it is on the industrial organization of higher education that I want to concentrate here. This organization is effectively competitive in the following sense. There are many separate producers, separate "firms" (colleges and universities), each one of which retains control over its own internal production process. Each "firm" can modify its own quantity and quality of product, and entry into the industry is not overtly restricted. Stating this in an obverse way, we can say that there is no centralized decision-maker or authority which imposes external controls on the internal processes of production in the separate institutions.

Cartel-like controls are not wholly absent from the American scene. National and regional accreditation agencies exist and these agencies limit to some extent the freedom of institutions to differentiate their products. Similarly, the academic equivalent of a national labor union, the American Association of University Professors, attempts to force separate units into conformity on certain matters relating to internal personnel arrangements. Any reasonable assessment must, however, assign such cartel-like devices relatively little overall significance. The powers of control are extremely limited, and the actual rules imposed are subject to breakdown at any time. Institutions abide by the rules voluntarily primarily because there is little advantage to be gained from departures from them. This is merely another way of saying that the rules do little to inhibit genuine competition.

There is, however, an ominous threat to effective competitive organization that hovers at the edge of the American higher educational scene. Unless it is somehow countered, the industry's traditionally competitive structure may be destroyed. This industrial structure evolved as a natural outgrowth of the federal political structure rather than as a result of explicitly chosen social policy. Both the collective financing and the collective control of institutions of higher learning were initiated at the state level of government, not at the central government level. And since there are fifty states, and since persons in their roles both as teachers-scholars-scientists and as students have been and are allowed freedom of migration among states, the industrial organization of higher education necessarily became competitive to a large degree. As noted above, however, a dramatic increase in central government financial support occurred in the 1960's. At the same time, centralized controls were extended to many categories of educational process. Federal government bureaucrats now dictate certain procedural details about the internal workings of colleges and universities with the threat of withdrawing federal financial support in cases of noncompliance. Even where no federal financial aid is granted (and there are only a handful of such institutions), central government controls remain through the highly questionable interference of a reformist federal judiciary. As and if federal financial support increases, and unless the federal judiciary practices self-restraint, effective competition among separate university systems may disappear in this century.

Neither a precise empirical description nor an accurate prediction of future developments in the structure of United States higher education is necessary for my purpose here. Within the limits indicated, and at least for the early 1970's, this industry is organized competitively. The specific question to be addressed in this part of the paper is: What are the implications of competitive organization of the national structure for internal organizational norms or standards, and, in turn, what are the implications of internal organizational arrangements for the maintenance of traditional standards of free scientific inquiry? A subsidiary and important aspect of this larger and more inclusive question involves the effects of increasing "democratization" within single university units on scholarship in its widest sense. To what extent does the increase in faculty and/or student control over internal university matters relating to procedures, curriculum, and evaluation undermine the principles for academic or scientific freedom?

It is important to relate such questions as these to the whole industrial setting, to the *national* organizational of the higher education industry. I shall argue that so long as effective competition among many separate and independent producing units can be maintained, the internal organization of a particular unit or units *does not matter*. In an effectively competitive education industry, producing widely differentiated products under a large set of individualized brand names, we should predict differences among the separate units in procedures, in curriculum, and in evaluation. More importantly, we should also predict differences among units in the internal rules for making decisions on these matters. That is to say, we should predict that the effective "constitutional orders" of universities would be different from one unit to another. This should be predicted despite the superficial appearances of similarity which are at least partially induced by the cartel-like agencies referred to above.

Although we need not attempt exhaustive classification, the several forms of internal decision-making may be listed. Some American institutions of higher learning are organized on essentially hierarchical principles, with strong central administrations exerting effective controls over the whole internal process. A more familiar pattern of control is that exercised by an elite, a small group of key administration and faculty personnel. In situations of this nature, universities are effectively subject to rule-by-committee. Still other educational institutions exist with no apparent decision structure at all, or with a decision structure that is exceedingly complex. (I shall discuss this model of a university in some detail in Part II.) Faculty democracy nominally controls many American universities and colleges, but this form of internal control effectively works in relatively few institutions. In the 1960's, in what seems to have been overly enthusiastic response to militant student pressures, university and college decision structures were modified in the direction of greater "democratization." In some cases, student participation was explicitly introduced, with formal student representation on many established university-wide committees and boards. In more extreme cases, clerical or non-academic personnel were given formal participatory roles in basic decision-structures.

It is extremely difficult, if not impossible, to array each of these "constitutional orders" of a university against meaningful efficiency criteria. The reason is, of course, the absence of an agreed-on and acceptable objective function. Different analysts would hold different subjective criteria. In my own personal judgment, hierarchical internal organization of a university has much to recommend it. I should support this model, however, only within the context of a competitively organized total educational industry. The single most important feature of competitive organization is its provision of alternatives. Hence, the potential for personal exploitation of individuals under any internal process is constrained by the presence of alternative opportunities. This is the basis of the earlier statement that the internal order of a university does not matter in a competitive industry. This is a relatively elementary point but it seems to have been widely misunderstood by many of those who argue on both sides of the debate about enhanced faculty and/or faculty-student participation in university decision-making.

The point may be illustrated by an example. Consider a university scholar-scientist who finds himself in an institution that has introduced dramatic changes in its internal decision structure. Let us suppose that student representation on policy committees has been introduced, along with increased representation of non-tenured faculty (and perhaps even nonacademic staff personnel). The scholar-scientist observes traditional standards for promotions and appointments being discarded. He observes curriculum changes that he thinks will undermine the legitimacy of his discipline. He observes the approval and acceptance of institutional and behavioral procedures that he considers to be violative of sound educational principles. (We could, of course, think of the same results as having been produced by the dictates of a central administration, by a majority of a faculty, by a ruling university elite, or by external authorities.)

The question is: Is the academic freedom of the established scholar-scientist damaged? Are his standards for scientific inquiry and independent teaching threatened by the changes in the constitutional order of his university? The answer to these, and similar, questions must be affirmative but only to the extent that effective alternatives do not exist. If competition does, in fact, describe the whole structure of the industry, the scholar-scientist has available to him alternative research and teaching opportunities. He may shift to another institution that embodies an internal decision structure which is more congenial to him and which is more in accord with his objectives for a university. Unless he is unique in his attitudes, such institutions will exist in the differentiated complex that encompasses the whole industry. So long as alternatives exist, the damage to scientific integrity wrought by changes in the constitutional order of a particular institution is not a cause for concern in some overall social sense.

The costs of exercising alternative employment options are not zero. The scientist who feels threatened by the internal changes in rules suffers cost when he shifts to another institution. His potential willingness to bear such cost is, however, the normal price that he should expect to pay for his independence. This cost becomes a social concern only if overt barriers are placed in the way of exercising options through such devices as unvested pension rights, cartel agreements prohibiting interuniversity personnel transfers, and others.

I have concentrated on the effects of the competitive industrial structure on the position of the scholar-teacher. The situation that confronts the student or prospective student in the United States is somewhat different. For obvious reasons, the student is more mobile and the personal costs of exercising institutional and locational options are much lower than those of his faculty counterpart. On the other hand, because the student himself does not bear the explicit costs of the education that he secures, he may find himself locked into specific institutional systems. The student in California who expects to be financed by the California taxpayer must rely on the competitive structure within California to provide him with relevant alternatives. Binding cartel-like controls are much more likely to characterize multi-unit systems within each state than the inclusive national structure. This effect on student mobility would not, of course, be present under a flexible voucher scheme, but this scheme has not gone beyond the discussion stage.

I have analyzed the American educational system as if it were a competitive industry in which the single units, the universities or colleges, are treated as if they were single firms. To the extent that this model describes reality, individual participants have alternatives, and, for this reason, the effects of change in internal constitutional order should not be significant. There is a counterpart to this which can be used to derive testable hypotheses. If participants (teachers-scholars-scientists) recognize the presence of competitive alternatives, they will not devote personal time and effort to influence internal university processes. American experience seems to corroborate the competitive hypothesis. The outstanding scholars and scientists, the maintenance of scientific independence for whom has social value, rarely engage in internal university affairs in an active sense. Furthermore, members of this group do not seek advancement within the university hierarchy through quasi-administrative posts and perquisites.

The principle to be stressed is the close link between competitive structure and scientific independence. In the American setting, every change that reduces the competitiveness of the national system of higher education through enforcement of cartel agreements, through federal government financing and control, or through still other devices, reduces the independence of science. If competitiveness among separate institutions and among separate systems can be retained and strengthened, there is basically no need for concern about specific within-university "reforms."

II. The University as Collectivity

Competition among separate institutions of higher learning in a national system is never wholly absent. Nonetheless, the European organizational structure is sufficiently different from the American in this respect to warrant analysis and evaluation in terms of a contrasting polar model. Institutions within a national system do not compete actively for scientists, and the mobility of scholars among the separate institutions is much less than that which is observed in the United States. This result stems, in part, from the imposition of uniform or quasi-uniform compensation scales and from imposed similarities in internal organization. Competitiveness on the American pattern does not seem to be a distinctive feature. We shall, therefore, examine the university decision structure, the constitutional order, on the assumption that participants have little or no effective alternatives available to them within the educational industry.

Modern science was made possible only after the scholar was

freed from the shackles of medieval church dogma. Ideally, the postmedieval university professor is free to follow truth where it may lead, and students are educated in observing and in participating in this truth-seeking role. Academic or scientific freedom is best defined in terms of this ideal. But does this imply that heresy is impossible? Does the freedom to follow truth encompass freedom to espouse folly? Does academic freedom *from* externally-imposed dogma extend to freedom *to* espouse the professor's own dogma on the world outside? It has rarely been necessary to address these questions directly because, until the middle of this century, scholars participating in a university community implicitly accepted a complex set of rules. The effective constitutional order of the university remained largely unwritten and it was best represented by this set of rules, commonly accepted by all members of the community. Indeed the mark of a member of academia has been adherence to these rules.

In this traditional, and historically accurate, setting the constitution of the university was never explicitly selected by anyone, whether this be government, administration, faculty or student body. The effective constitution emerged slowly in an evolutionary process of development. Nor did this order change dramatically over time. The university was among the most stable of modern social institutions. Predictability was an important descriptive characteristic. There were established and relatively unchanging rules for making rules; there were established criteria for making institutional judgments about appointments and promotions; the curriculum was modified slowly if at all.

This essential conservatism of the internal university structure allowed the individual scientist or scholar to get on with his business of discovery and the education of youth in the processes of discovery. He had little or no direct and immediate concern with the constitution of his university community, as such, because he was insured against dramatic shift. This highly favorable climate for academic independence and scholarship was shattered when the rules for changing the rules within the university began to be questioned, that is, when the constitution itself came to be an issue for explicit decision. The previously existing security for the scientist was replaced by vulnerability.

In a noncompetitive setting, the scholar-scientist must abide by the set of rules under which his own university is organized and operates, whether or not these are congenial to him. His interest in the internal rules describing his university is, therefore, likely to be much more intense than that demonstrated by his American counterpart. In addition, and perhaps equally important, the scholar-scientist must seek advancement within the hierarchy of the institution and not elsewhere. Strategy for career prospects become quite different as between the two models, with the reward to genuine scientific independence being much greater in the competitive national structure. In the latter, the aspiring young scientist has strong motivation for critical attacks on the work of senior scientists, even colleagues in the same institution. By contrast, in the European or noncompetitive setting, this sort of motivation is absent, and indeed may be strongly negative. The young scientist ist inhibited from effective criticism because of his direct dependence on advancement within a noncompetitive structure.

Once it is acknowledged that a university's traditions are unworthy of respect merely because they are traditional, that is to say, once a "liberal" attitude becomes universal, the individual scientist or scholar necessarily acquires some interest in the internal structure of his institution, which will now lack predictability. Constitutional issues concerning definition of an electorate, voting weights and rules, representation on legislative bodies, participation in policy committees—all of these will come to enter the direct concern of the individual member of the university community. Simple principles of opportunity cost suggest that the effect is to reduce effort aimed at advancing the frontiers of knowledge and at educating others for this advance. The integrity and independence of the producing scientist is curtailed to the degree that he finds it necessary to participate directly in the sometime grubby quarrels internal to academia. The fact that he may be allowed to participate in the rules finally chosen may be of little compensating value.

Participatory Democracy and Personal Freedom.—The personal value of *participation* in democratic decision-making, as such, warrants specific discussion. Consider the position of the individual scholar as a participating member of a university decision-making body. Along with his peers, the individual is allowed to determine the internal working rules of the institution. Does this participation insure to the individual that his personal academic and scientific independence will be maintained? The answer is obvious. If the rules to be chosen collectively are general rules, designed to be applicable to all members of the university community, the individual may find himself restricted in any of several ways. Democratic decision-making, as such, does nothing to protect individual scientists from the imposition of rules that will inhibit freedom of inquiry. Full participation may, of course, create a willingness to acquiesce in and abide by the decisions that are made, even for those whose actions are most severely restricted. But the scholar who is prevented from pursuing his preferred direction of inquiry by the dictates of a democratically-chosen assembly finds himself in a position that is, at best, only marginally different from the scholar whose freedom is similarly restricted by the imposition of authoritarian orders. The marginal difference may be significant in certain instances. Under democratic decision structures, rules may be changed by convincing a sufficient number of choosers, and the individual scientist may find it advantageous to invest time and effort in forestalling adverse decisions. But even this contrast should not be overdrawn. Authorities in nondemocratic structures are also subject to argument and persuasion, and the investment of time and effort here may be equally or even more productive than in the democratic model. The rights to participate in the selection of internal rules provide, at best, only a shadow of the freedom which the individual who has effective institutional alternatives possesses.

The Range and Extension of Internal Rules.—In a noncompetitive national university system where individuals do not have effective alternatives within the system, the range and extent of the internal rules of an university may be much more important for the maintenance of scientific integrity than the formal procedures through which rules are made. Relatively complete freedom of inquiry is possible in an university that is under authoritarian control, provided the sphere of this control is itself restricted. By comparison, scientific freedom may be severely hampered in a university described as being under full participatory democracy, provided that the internal controls are not limited. As suggested earlier, respect for established tradition tends to limit extensions of controls over the independence of scholars. However, to the extent that the confusion between participation and protection exists, increasing democratization will tend to reduce this independence.

Conceived in some ideal sense, we may think of a university as a genuine "community of scholars" characterized by an interaction system that produces spontaneous order from the private behavior of individuals and voluntary groups. In this conception, there is little or no centralized decision-making involved, and it matters little whether the minimal decisions necessary are taken democratically or not. The practicing scientist may be quite willing to trade off direct participation in rule-making for more restricted limits on the areas of university life that are subjected to collectively-chosen rules.

Constitutional Democracy and Participation.—The producing research scholar need not be concerned greatly about the increasing "democratization" of the university's internal decision structure if he is assured that the "democracy" will operate only on the fringes of his professional or scientific interests. He may be quite willing to allow student participation in decisions on matters relating to nonscientific aspects of academic life so long as he remains confident that the extended "democratization" does not encompass matters that vitally affect his professional independence.

The point to be stressed is that these two issues cannot be and should not be separated. The issue concerning who shall participate depends directly on the scope and range of the decision process. This relationship has never been properly understood by "liberal" proponents of democracy despite its central importance. Indeed it can be argued that this relationship is the essence of *constitutional democracy.*[2] One way of putting this is to say that so long as the university operates as genuine constitutional democracy in its inner workings, with a constitution that effectively defines the range over which rules changes can be made, the potential for damage to scientific independence through changes in the electorate is automatically restricted.

Quite a different conclusion is forthcoming, however, if the university does not operate as a constitutional democracy either explicitly or through adherence to established traditions. If there are no areas or aspects of academia that are inviolate, if "anything goes" becomes the appropriate guideline for internal decision-making in the university, scholarly independence and integrity are, of course, highly vulnerable. In this setting, the question as to *who* shall participate does assume importance. Here the individual scholar has a direct interest in restricting the electorate to like-minded cohorts.

Student Participation.—As noted, the claims of the student for a more effective voice in the determination of policy cannot be reasonably assessed independently of the constitutional order. In a noncompetitive setting where the student has no alternatives, he finds himself expected to adhere to a set of internal rules that he had no part in making. He demands a voice; he seeks full participation. These demands are understandable when we consider the larger follies of our time. In a society where the principle of "adherence to law," as such, is not transmitted through family, school, and church, and where "law" is erroneously conceived to be an instrument of reform rather than restraint, there is nothing mysterious about the students' behavior. The academic "liberal," who scoffs at constitutional process in the political sphere, can hardly call upon the demanding student to respect such process in the smaller community of the university. In the modern American scene, the liberal professor who supported the Warren court's effective destruction of constitutional limits in so many areas of political life simply cannot respond effectively to the student who argues that traditional constitutional process in the university is no different from that in the polity generally.[3] The liberal professor who tries to make this argument deserves no respect from the student.

Under appropriately defined constitutional constraints, the student may be allowed a more comprehensive participation in the day-to-day operating decisions of a university than he might have enjoyed in earlier periods. However, to allow such participation without constitutional limits is to invite destruction of the academic community. Students are not competent to evaluate faculty performance in research and teaching; students are not competent to determine proper curricula; students are not competent to assess their own working standards. To move toward reorganization of an university on the assumption that students are competent in these several respects is to accept the demise of academia, for better or for worse as the case may be.

III. Democratization and Politicization

"Democratization" of a university's internal decision structure and "politicization" of the university, as an institution, or of its members, are sharply distinct. I have discussed the former in terms of the potential threat it offers to the integrity and independence of scholarship and teaching, and my emphasis has been on constitutional limits. Politicization is something quite different, and the threat it poses to academic independence is perhaps much more serious. Universities everywhere are now under increasing pressures to engage themselves and their members actively in the promotion of national policy, to become agencies of social reform, to take specific stands on specific issues. To argue that this is any part of the appropriate role of the university is, of course, to misconceive its whole meaning in social order. This has been widely recognized and discussed, and I shall not belabor the principle here.

One aspect does, however, have a direct bearing on the maintenance of scientific integrity. The politicization of university scholarship cannot take place except through the activity of individual participants. Scholars and scientists who depart from standards of academic independence from and of politics should not be allowed to hide behind the cloak of "academic freedom." The whole notion of academic or scientific freedom is perverted when it is used to protect scholars who have wandered from academe. This should be recognized. Furthermore, individual actions by those who politicize themselves impose costs on all those scientists-scholars who abide by the unwritten codes of conduct which define the university. Since they deliberately violate precepts of scientific and scholarly integrity the politicizing academicians should be, and indeed must be, either removed from the university setting or controlled within it. Policy directed toward this end, whether it be externally or internally implemented, serves the cause for independent scientific inquiry rather than the reverse. After the near-insanity of the late 1960's, American academia seems on the way to recognizing belatedly that academic responsibility is a necessary prerequisite to academic freedom.

IV. Public Finance and Freedom of Inquiry

The student pays only a share of the total costs of higher education, either in America or in Europe. The financing of the industry depends heavily on governments, on the willingness of the public to bear, through taxes, a major part of the costs. This fact of public finance has important implications for the whole set of issues summarized under the rubric of "academic freedom." To what extent does public finance necessarily embody public control? And, if public control is implied, how can this be exercised while preserving the independence and integrity of scholarship? Is there an inherent contradiction between the free pursuit of truth, the post-Enlightenment scientific ideal, and the coercion of taxpayers involved in financing such pursuit?

These questions have not been satisfactorily answered. One distinction must be emphasized at the outset. Directly interpreted, the freedom of the scholar-scientist-student to pursue truth in accordance with his own vision is freedom *from* interference by the external forces of society, by government. There is nothing in this principle, as such, which implies freedom *to* secure financial succor from the government, and hence from the public. This much seems evident, although it is often overlooked. Accepting this, however, the more significant question becomes: If the collectivity, through its governmental processes, sees fit to support science, scholarship, and higher education financially, does it relinquish its right to control the uses of its revenues? Different principles come into conflict here. The traditional principle of control imbedded in sound finance clashes with that of academic or scientific freedom.

The result has been an assemblage of compromises based on no well articulated principles. The logic for public (governmental) support for higher education has never been clarified. It will be useful to examine this in some detail. What are the reasons for the financing of the university, in whole or in part?

Exploration and Discovery as a Public Good.—First and foremost, it is widely recognized that the discoveries made possible by science have economic and social value. National product grows more rapidly as a result, and despite all the modern hysteria to the contrary, the quality of life is dramatically improved by technological advance. Hence, there is a genuine "public interest" in scientific progress. Private or commercial motivations may not be sufficient to support a socially desirable level of exploration in pure science because of the "publicness" of new knowledge. On this argument, a case can be made out for collective support of a free-ranging scientific effort, with individual scientists working at the frontiers of knowledge, either independently or through co-ordinated team efforts, and without centralized direction. The university setting can be defended as the most appropriate location for this effort, especially when it is also recognized that any continuing process of exploration and discovery requires the replenishing of the supply of scientists, who must themselves be trained.

On this logical basis, the freedom of individual scientists to explore where their own private visions may lead them is indeed a part of the "good" that is being supported. Since the very interest of the public, the reason for its financial support, lies in the furtherance of discovery, as such, and since that which may be discovered is, by definition, unknown, it follows directly that science should be organized with maximum individual freedom.[4] In this model any attempt on the part of the government, acting as an agent for the public, to control scientific activity could only reduce the social productivity of the initial investment.

Several important qualifications must be introduced, however, before an extension of this logic to the support of publicly-financed but freely-organized scholarship in all of higher education is considered. Firstly, the "exploration and discovery" argument can be applied fully only to a relatively small number of active research scientists in any country. The defense of their freedom from public controls, even if the are publicly supported, cannot be used as a blanket cover for comparable freedom of the great majority of scientists whose roles are primarily not in research but in education. Secondly, and perhaps more importantly, the "exploration and discovery" argument can only with some difficulty be extended beyond the hard sciences. What is the measurable social value of scholarship in the humanities and the social sciences?

This is not to suggest that no such value exists. But the differences in kind must be acknowledged. The vital issues in the humanities and in the social sciences are not amenable to *scientific* solution; they are not *scientific* problems, in the strict sense of this term, and confusion is compounded if they are treated as such.[5] The problems here are not solved by discovery, but by intelligent social choice, by agreement on fundamental values, by the attainment of reasoned consensus. The relevant alternatives have been discussed by all ages since the early Greeks.

The Intergenerational Transmission of "Constitutional" Values.— For the humanities, the arts, the social sciences—an alternative basis for collective or public support must be found. This may be described as the intergenerational transmission of a cultural value heritage. There is a genuine "public interest" in this transmission process, and governmental financial support for the institutions of higher learning, either directly or indirectly, may be defended on grounds similar to those advanced earlier with respect to "exploration and discovery."

This is not to suggest that a society's values remain unchanged through time, or that there is a general interest in the maintenance of purely static values. Indoctrination in a specifically and narrowly defined set of values need not be the objective here. Indeed, one of the avowed purposes of the educational process, of "liberal" education, may be the development of individual capacities to examine values critically and dispassionately. *Within limits,* however, and the limits are all-important. The educational process may encourage critical inquiry into values but only within a set of precepts or rules which, in themselves, constitute more comprehensive values of the society. The public may find the transmission of these more comprehensive or "constitutional" values worthy of financial support. (It must, of course, be recognized that the distinctions between what I have here called the "constitutional" values of a society and the more specific values are difficult to make.)

Temporal stability in the valuation process, in the preservation and maintenance of respect for constitutional values, in the basic ethical principles for interpersonal adjustments—this stability must represent a social value if an argument for public financial support of scholarship and higher education in the humanities is to have validity. If there are no values, no elements of the cultural heritage, worthy of transmission to subsequent generations, if all is "up for grabs," there can be no justification of collective or governmental financing of the higher educational process, as such, beyond the pure sciences. Why should the taxpaying citizens be called upon to finance the education of young men and woman in the "liberal arts" if there is no value content in this heterogeneous package? There can be no demonstrable social benefit, in either an economic or a noneconomic dimension, from the exposure of youth to an intellectual environment that is genuinely value-free. And, of course, the social benefit may actually become negative if this environment becomes perverted so as to promote an undermining of the very constitutional values that the public deems worthy of transmission.

If a "public interest" in transmitting the constitutional values of the culture is acknowledged, public control is a necessary accompaniment, at least to the extent of insuring that the values in question are, in fact, those which are transmitted. The argument for the freedom of the individual scholar to pursue his own goals relevant to the pure sciences (based as it is on the free exploration and discovery of the unknown) is not applicable here. In a sense, this argument is turned on its head. To the extent that the values to be transmitted are known, control is necessary. If they are not known, there can be no general or public interest. Freedom of the individual scholars to go whence they may without limits explicitly violates the purpose of the public's investment.

This is not to suggest that public or governmental controls over higher educational and higher learning processes in the universities need be narrowly confining. Within the appropriately-defined limits, the scholar-teacher-student should be encouraged to engage in wide-ranging speculative thinking, unchallenged and un-hampered by public guidelines. That public controls can overreach themselves is not, however, evidence that there is no logic in controls, as such. The limits are all important here, whereas for the pure sciences no such limits exist, at least in the context of the exploration and discovery logic. Normatively, we may say that the scholar-teacher-student should be allowed freedom to pursue truth where it may lead, provided only that the pursuit itself is organized within the comprehensive or constitutional value set that is worthy of transmission.

The logical analysis here is closely akin to that discussed earlier in the relationship between the constitutional range of internal university decision structures and the rules through which allow-able decisions are to be made. The public has an interest in insuring that a minimal but important set of values are transmitted inter-generationally, an interest that it presumably expressed or revealed through its financial support for the universities. To the extent that scholarship and teaching within the universities is confined within what we have called this "constitutional value" set, within the broad cultural heritage or tradition deemed worthy of trans-mission, there may be subsidiary reasons of social efficiency which dictate maximal individual freedom. Control must be sufficient, however, to insure that the constitutional values are respected. Control need not, of course, be explicitly exercised if practicing scholars and teachers and students voluntarily adhere to the limits implied. If, however, individual scholars or groups of scholars go beyond the appropriately-defined limits, any defense of "aca-demic freedom" for them vanishes. It is, for example, indefensible that professors like *Herbert Marcuse* should have been able to secure public or governmental support and, at the same time, should have been able to remain beyond the control of the col-lectivity (California) in their (his) explicit espousal of non-constitutional value structures.

The threat to academic freedom posed by politicization of the university was examined briefly at an earlier point. There is a direct relationship between this politicization and the control over scholarship which becomes legitimate under the "transmission of values" rubric. To the extent that individual scholars-teachersstudents depart from the traditionally-defined limits, the argument for the imposition of collective controls over their activities is strengthened. It is, of course, always difficult to define appropriate limits here, and attempts at collective controls may be harmful rather than beneficial. As emphasized in Part I, competitiveness in the organization of the whole industry can be a mitigating influence. *Blunderbuss* attempts to control academia in one state can provide protection against comparable errors in other jurisdictions. The principle of collective control cannot, however, be denied.

Thornton Read, in an unpublished manuscript, refers to the modern academic intelligentsia as the "secular clergy" whose role is one of preserving, defending, and transmitting its own dogma. My analysis is consistent with *Read's* interpretation. In the "liberal arts," cultural value transmission provides the only basis for the collective financing of the higher learning process. If, however, the values (as dogma) which are actually observed to be transmitted are not those which serve the needs of the citizens in the large, this is evidence of a breakdown in control. Essentially, this is what we may be witnessing, at least in the United States in 1971. Collectively-motivated invasions of the domain of "academic freedom" become the predictable result.

It is especially important that the scenario be recognized by practicing scholars. They simple cannot expect to continue to have their cake (financial support from the public) and eat it too (failure to transmit the aspects of the cultural heritage that is positively valued by the body politic). To the extent that faculties allow the universities to become the centers of revolutionary and quasi-revolutionary reform movements, they must accept the consequences for the continuance of governmental support and/or for expanded external controls. In this context, the "public interest" may be furthered by eliminating or reducing "public bad" through withdrawal of funds if external controls prove impossible to implement. Only in modern academia can fools be found who think that the taxpaying public will, and should, honor the "principle of academic freedom" to the extent of continuing to pay for the promulgation of values which may undermine society's foundations.

Footnotes

1   For an analysis that contrasts the existing structure with a fully competitive one, see *James M. Buchanan* and Nicos *E. Devletoglou,* Academia in Anarchy (New York: Basic Books, 1970).

2   For an elaboration in general terms, see *James M. Buchanan* and *Gordon Tullock,* The Calculus of Consent (Ann Arbor: University of Michigan Press, 1962).

3   For an elaboration of the argument of this paragraph, see my, " Student Revolts, Academic Liberalism, And Constitutional Attitudes," Social Research, 35 (Winter 1968), 666—680.

4   This is a short statement of the defense of scientific freedom of inquiry made by *Michael Polanyi.* See, his, Science, Faith, and Society, with a New Introduction (Chicago: Phoenix Books, 1964).

5   This is the important point that has been emphasized by *Frank H. Knight* in several of his works. See, for example, his, Intelligence and Democratic Action (Cambridge: Harvard University Press, 1960).

Hans Maier und Ulrich Matz

Grenzen der Demokratisierung
Ein »politisches Mandat« für die
Jugendverbände?*

Einem »Zug der Zeit sich fügend«, haben nun auch die Jugendverbände — oder doch einige unter ihnen — in der Bundesrepublik begonnen, das sogenannte »politische Mandat« für sich zu entdecken. Wer die letzten Vollversammlungen des Bundesjugendrings verfolgt hat, konnte beobachten, wie die neue Doktrin sich in diesem Kreis wie ein Ölfleck ausgebreitet hat — »unaufhaltsam« angesichts der schwachen und unsicheren Reaktionen der Öffentlichkeit. Damit scheint sich die Tendenz der Total-Demokratisierung in gesellschaftliche Bereiche auszudehnen, die — einstweilen — gar nicht die ideologischen Voraussetzungen für einen solchen Anspruch mitbringen. Man weiß es nicht besser, oder man hat nicht den Mut, mit guten Argumenten im Namen der Demokratie gegen die totale Demokratie, im Namen der Freiheit gegen die totale Freiheit (die das Ende der Freiheit wäre) aufzutreten. Immer noch ist unser Verhältnis zur Politik verkrampft: Wo die überkommene Apolitie überwunden zu sein scheint, da drohen wir in eine angeblich demokratische »Politisierung« zu stürzen, die, wenn sie sich durchsetzen sollte, der Politik — diesmal durch einen Sturm von links — den Atem nehmen wird. Eine Verteidigung der Politik gegen ihre vermeintlichen Freunde wird unter diesen Umständen zum dringenden Gebot.

1. Die Forderung nach einem politischen Mandat für Jugendverbände deutet — wie immer man sich dazu stellt — auf ein verändertes Verhältnis der organisierten Jugend zum Staat und zur Gesellschaft hin. An die Stelle der Distanz ist ein Verhältnis der Nähe getreten, an die Stelle des bündischen Rückzugs von der

---

* Wiederabdruck mit freundlicher Genehmigung der Verfasser.

Gesellschaft das Bemühen um Einfluß, Mitspielen, organisatorische Verbindung. Typisch hierfür ist schon der Wandel der Terminologie vom *Bund* zur *Jugendorganisation* und zum *Jugendverband*, der in den letzten zwanzig Jahren, meist unbeachtet, vor sich ging; aber auch das Selbstverständnis der Jugendverbände, ihr »inneres Gefüge«, hat sich verändert.

So nahm die Jugendbewegung in Deutschland auf dem Hohen Meißner ihren Ausgang von der »Idee der inneren Wahrhaftigkeit«: die Jugend stellte sich in einen deutlichen Gegensatz »zu all den Verlogenheiten des modernen Gesellschafts- und auch des Staatslebens« *(Ernst Thrasolt)*. Der apolitische, ja antipolitische Zug war unverkennbar. Es ist bezeichnend, daß in dem jüngst erschienenen Standardwerk von *Franz Henrich* über die »Bünde katholischer Jugendbewegung« (1968) die Stichworte »Politik« und »Staat« ganz fehlen (nur »Kritik am Staatsleben« taucht auf). Im Politischen hatte die ältere Jugendbewegung ihr Defizit.

Das wurde nach dem Zweiten Weltkrieg anders. Das Politische wurde jetzt stärker in die Aktivitäten der Jugendbünde einbezogen. Man bekannte sich zum demokratischen Staat. Bezeichnend sind die folgenden Sätze etwa aus der Bundesordnung der Katholischen Jugend: »Der Bund steht bereit zum Dienst am Volke. Er bejaht und fördert die Zusammenarbeit der Jugendorganisationen Deutschlands, arbeitet mit an der Ausgestaltung des Jugendrechts und der Jugendhilfe, tritt ein für die Sicherung der bürgerlichen Grundrechte und der demokratischen Lebensordnung, hilft mit bei der Schaffung einer neuen Sozialordnung und der Einheit Deutschlands in Frieden und Freiheit.« Der neue Zusammenhang von Jugendorganisation und Gesellschaft reichte bis ins Politische hinein: Während in Weimar wenig Verbindung herrschte zwischen Bünden und demokratischen Parteien, entwickelten sich jetzt zahlreiche personelle und sachliche Verbindungen. Viele Jugendführer gingen in die Politik. In Gestalt des Bundesjugendplans und anderer Förderungsmaßnahmen nahm sich der Staat der Jugendverbände an.

2. Der Wandel von der alten Jugendbewegung mit ihrem »Pathos der Distanz« zur heutigen Gesellschaftsnähe der Jugendverbände

ist nicht zufällig. Mit der fortschreitenden Differenzierung der Industriegesellschaft hat sich die Jugend innerhalb der Gesellschaft als eine — nahezu autonome — Teilkultur *(F. H. Tenbruck)* zu verselbständigen begonnen; Familie und Gemeinde verlieren ihre formative Kraft, zumindest ihre Monopolstellung im Erziehungsprozeß; Erziehung vollzieht sich heute auf dem Hintergrund eines Sinn- und Wertpluralismus, der die Einweisung in vorgeprägte Verhaltensmuster nur noch in stetig kleiner werdenden Teilbereichen gestattet.

Die Selbstorganisation der Jugend in Verbänden ist eine Reaktion auf diesen Vorgang, und sie entspricht zugleich einer gesellschaftlichen Notwendigkeit: je diffuser das Phänomen Jugend wird, desto dringlicher und unentbehrlicher wird seine soziale Darstellung, seine Repräsentation gegenüber Staat und Gesellschaft in Gestalt von Gruppen und Verbänden. Das Pathos der Distanz mit seinen personalistischen Zügen und seinen Ausbruchsphänomenen — Vaterhaß, Familienhaß — war nur so lange sinnvoll, als »Jugendbewegung« den Charakter individualistischen Protests gegen eine Gesellschaft trug, die im ganzen die Aufgabe der formativen Einweisung in die bestehende Kultur am Jugendlichen noch erfüllte. Mit dem Augenblick jedoch, in dem die Jugend im ganzen den Prozeß der Emanzipation durchlaufen hat, kann der staatsferne und -freie »Bund« nicht mehr die repräsentative Sozialfigur sein; an seine Stelle treten zweckrationale Organisationen, schließlich Verbände.

3. Die Forderung nach einem »politischen Mandat« hat in dieser Situation einen ambivalenten Charakter. Einerseits wäre sie nicht denkbar ohne den vorangegangenen Prozeß der Verflechtung der Jugendverbände mit Staat und Gesellschaft, ohne die Überwindung der alten Distanz von der Öffentlichkeit. Andererseits machen die Verfechter des »politischen Mandats« kein Hehl aus ihrer Absicht, das »politische Mandat« — falls es ihnen eingeräumt würde — in einer gänzlich anderen Richtung zu entwickeln und zu gebrauchen, als es der bisherigen Linie der Jugendpolitik im Rahmen des Grundgesetzes entspricht. Gelegentlich dringen in den Begründungen für ein »politisches Mandat« sogar Töne der Kritik und Distanz gegenüber unserem Staatswesen mit solcher Stärke

durch, daß man versucht ist, an eine Renaissance der alten apoliti-
schen Jugendbewegung zu denken. Der Wille, die etablierte
Öffentlichkeit der Bundesrepublik von innen umzuformen und zu
revolutionieren, ist unverkennbar. Eine Pseudomorphose der überlieferten Öffentlichkeitsdistanz der Jugendbewegung? In jedem
Fall sind an dieser Stelle einige kritische Überlegungen zur verfassungspolitischen Beurteilung eines »politischen Mandats« von
Jugendverbänden angezeigt.

4. Auf ein »politisches Mandat«, wie es sich die von linksextremi-
stischen Studenten geführte Studentenschaft anmaßt, können sich
die Jugendverbände in keiner Hinsicht berufen.

Als erstes ist festzuhalten, daß die Verwendung des Wortes
»Mandat« in diesem Zusammenhang überhaupt mißbräuchlich ist.
Die studentische Linke versteht selbst darunter nicht ein Mandat
im üblichen Sinn eines Auftrags von Y an X, für Y zu handeln
(in diesem Sinne hat der nachgeordnete Beamte von seinem
Behördenchef, der Mandatarstaat vom Völkerbund, der parlamentarische Abgeordnete vom Volk ein Mandat); sie argumentiert vielmehr rein wissenschaftstheoretisch; nach ihrer Ansicht
sind wissenschaftliche Theorie und Praxis derart »dialektisch vermittelt«, daß sich aus der Natur der Wissenschaft selbst ein politischer »Auftrag« an alle am »Wissenschaftsprozeß Beteiligten«
ergibt. Diese Theorie unterliegt an sich schon schwersten Bedenken; denn sie erkennt der Wissenschaft eine nur scheinbar noch
wissenschaftliche Tätigkeit zu (so sprechen etwa *Leibfried — Preuß*,
in: Deutsche Universitätszeitung, Heft 8/9, 1968, S. 8, These VIII,
vage von einer »Öffentlichkeit, in der auf den lebenspraktischen
Horizont ... der Wissenschaft reflektiert wird«), während es sich
in Wahrheit bereits um die — Autorität und Gewißheitsanspruch
der Wissenschaft mißbrauchende — politische Aktion handelt,
wenn (a. a. O., These IX) zugegeben wird: »Im Gegensatz zum
unmittelbaren wissenschaftlichen Arbeiten — Forschen, Lehren
oder Lernen —, das einer Mediatisierung nicht fähig ist, ist die auf
Vermittlung von Theorie und Praxis gerichtete Öffentlichkeit, die
sich aus dem gesellschaftskritischen Aspekt der Wissenschaft ergibt, nicht notwendig unmittelbar; als Medium praktisch werdender Theorie kann sie nach politischen Formprinzipien strukturiert

werden ...« Diese Art des politischen »Mandats« ist darüber
hinaus bekanntlich eindeutig verfassungswidrig, wenn es von
Zwangskörperschaften beansprucht wird, die als solche den rechtsstaatlichen Prinzipien des öffentlichen Rechts unterliegen.

Jedoch, diese Argumente gegen das »politische Mandat« berühren unser Problem genausowenig, wie sich andererseits Verbände,
die nicht wissenschaftlichen Zwecken dienen, auf die Argumentation der studentischen Linken berufen können; denn diese geht
eben von einem Sonderstatus und einer spezifischen Funktion der
Wissenschaft oder der Wissenschaft betreibenden Institutionen
aus. Die Frage muß daher völlig neu gestellt werden: In welcher
Weise dürfen oder sollen ganz allgemein nichtstaatliche Verbände,
insbesondere Jugendverbände, politisch tätig werden? In dieser
Form zielt die Frage auf die Grundlagen politischer Ordnung
überhaupt und ist damit von viel grundsätzlicherer und allgemei-
nerer Natur als die bisherige Diskussion um das »politische
Mandat« der Studentenschaft.

Geht man davon aus, daß Jugendorganisationen tatsächlich in
den Bereich der Verbände gehören — eine Prämisse, die wir noch
genauer betrachten müssen —, dann ist zunächst nach dem Ort
der Verbände in einer demokratischen Verfassungsstruktur zu
fragen. Die Antwort setzt eine — wenigstens vorläufige — Klärung
der Begriffe »Politik« und »Demokratie« voraus.

5. Man kann Politik ganz allgemein als jene Art sozialen Handelns verstehen, die sich unmittelbar auf die Ordnung *aller* möglichen Lebenszwecke oder -bedürfnisse (die religiösen ausgenom-
men) in dem als Staat bezeichneten Gemeinwesen richtet. Das
spezifisch politische Handeln muß sich also stets mit Rücksicht auf
die Gesamtheit der menschlichen Lebenszwecke (die man als »Gemeinwohl« apostrophieren kann) vollziehen. Daraus folgt umgekehrt, daß alle jene Handlungsbezüge und damit sozialen Gebilde
nichtpolitisch sind, die sich auf partikulare, begrenzte Lebenszwecke richten. Solche Zwecke werden gewöhnlich »Interessen«
genannt und haben ihren vom politischen Bereich unterschiedenen
gesellschaftlichen Ort in den verschiedensten Vereinigungen, angefangen beim privaten Liebhaberverein bis hin zum mächtigen
»Verband mit öffentlicher Bedeutung« *(H. Krüger).*

Dagegen wird man vielleicht einwenden, daß jedes Interesse Teil der Gesamtheit aller Lebenszwecke und »daher« auch politisch sei. Diese Behauptung ist aber nicht schlüssig; Interessen sind nicht einfach »daher«, sondern nur »insoweit« auch politisch. Das heißt, daß die Organisation, die sich auf die Befriedigung eines begrenzten Zwecks richtet, zwar infolge der Begrenztheit ihres Zwecks nicht politisch ist, daß sie aber in dem durch ihren Zweck begrenzten Maße politisch handeln darf und soll, nämlich um ihren spezifischen Zweck in der Totalität der Zwecke zur Geltung zu bringen (»Interessenvertretung«). Man wird vielleicht den Einwand aufrechterhalten und sagen, daß die reale Einheit der Lebenszwecke (»des Lebens«) hier formalistisch aufgespalten und — wirklichkeitsfremd — soziologisch geschiedenen Einheiten zugewiesen werde. Das sei ein bloßes Postulat, ein unbegründetes obendrein; denn *wenn* der Mensch ein politisches Wesen sei, dann sei er es in allen seinen Lebensäußerungen stets und unentrinnbar, und es gebe folglich keinen unpolitischen sozialen Bereich.

Dem ist aber entgegenzuhalten: Aus der politischen Natur des Menschen folgt zwar, daß alle menschlichen Lebensäußerungen einen politischen Bezug haben, kraft dessen übrigens eine Omnikompetenz zum Ordnen (nicht zum »Manipulieren«!) für die politische Herrschaftsgewalt besteht. Daraus ergibt sich aber nicht umgekehrt eine politische Kompetenz aller Sozialgebilde. Eine Vereinigung, die sich die spezifisch politische Aufgabe, die Totalität der Zwecke zu bedenken und zu verfolgen, satzungsmäßig, d. h. prinzipiell, zumutet, sprengt ihre durch besondere Zwecke konstituierte Form und müßte notwendig zum politischen Gemeinwesen werden; institutionell würde sie dann ein Teil des Regierungssystems und gewänne damit nicht nur Einfluß auf die Leitung des Staates, sondern unterläge auch in gleicher Weise der Notwendigkeit der Leitung von »oben«. Verfassungssoziologisch würde das im Prinzip die Aufhebung aller relativ selbständigen (freien) Sozialgebilde im totalen Staat bedeuten. Diese Folgerung mag auf den ersten Blick übertrieben erscheinen. Es handelt sich ja bei unseren Verbänden um frei gebildete Vereinigungen, und daher scheint die Freiheit durch die Möglichkeit des freien Austritts aus dem Verband genügend gesichert, so daß politisches und soziales »Mandat« in einem Verband durchaus koexistieren könn-

ten. Das ist jedoch eine Täuschung. Den Anspruch auf das
»politische Mandat« müßten natürlich mit dem ersten *alle* Verbände erheben. Der Austritt würde daher, insofern das Individuum
seine Lebenszwecke nur in der Sozialität verfolgen kann, nur
Eintritt in einen anderen Verband bedeuten, der wiederum demselben politischen System angeschlossen wäre. Um es drastisch zu
sagen: das Hobby des Kaninchenzüchtens wäre fortan nicht mehr
zu betreiben ohne ein Bekenntnis für oder gegen die Wieder-
vereinigung. Solch unmittelbare Ubiquität des Politischen ist aber
das Charakteristikum des totalen Staates. Dieser ist — empirisch
nachweisbar — nicht eigentlich möglich: Er muß schließlich zwar
partikulare Sozialeinheiten als systemwidrig bekämpfen und versuchen, sie seiner total planenden Leitung zu unterstellen; aber er
kann ihre Bildung und Existenz doch nie völlig unterdrücken.
Daran läßt sich erkennen, daß ein Leben der reinen politischen
Totalität gar nicht gelebt werden kann; vielmehr ist Bedingung
der Möglichkeit von Politik die (logisch vorausgehende) Verfolgung partikularer Lebenszwecke in partikularen sozialen Verbindungen, mit denen die Politik sich auseinandersetzen und die sie
in der Auseinandersetzung ordnen muß, die sie aber nicht ersetzen
kann. Theoretisch formuliert: Die politische Natur des Menschen
ist nicht kongruent mit der sozialen Natur, vielmehr sind deren
eigenständige Ausformungen (Familie, Verein, Verband usw.) das
»Material«, dessen Zusammenordnung und Formung die politische
Natur verlangt.

6. Die Demokratie beruht auf der Anerkennung dieser Identität
von freiheitlicher und politischer Ordnung. Demokratische Ordnung bedeutet keineswegs (mindestens nicht nach dem Verständnis
des Grundgesetzes), daß in ihr alle sozialen Zwecke und Gebilde
politisch werden, es also keinen von Politik eximierten Raum
mehr gibt. Das würde ja, soziologisch, voraussetzen, daß 1. alle
alles tun können; 2. alle alles verstehen; 3. politische Entscheidungen sich in einem Prozeß universaler Teilnahme in horizontalen
Assoziationsformen, nicht in Stufung nach Kompetenzen, vollziehen (Rätedemokratie). Die verfassungsstaatliche Demokratie
grenzt aber gerade den Bereich der Herrschaft, also der politischen Entscheidungskompetenz im engeren Sinn, besonders scharf

ab, um ihn kontrollierbar zu machen. Keineswegs ist sie eine politische Form, in der »alle« herrschen; sie ist vielmehr dadurch charakterisiert, daß das Volk in ihr die Regierenden kontrolliert und die Herrschaftsausübung an rechtsstaatliche Verfahren bindet.

Von hier gesehen, gilt für den politischen Prozeß in der Demokratie ein Doppeltes: Einerseits ist die rechtsstaatliche Formung des Entscheidungsprozesses nötig, und zwar in immer stärkerem Maße, je näher dieser Prozeß an die Zentren der staatlichen Willensbildung herankommt. Andererseits aber gilt ebenso, daß dieser Entscheidungsprozeß, wenn er nicht zur Isolierung der politischen Institutionen führen soll, in einen »permanenten, offenen und freien, nicht institutionell gebundenen Dialog mit den gesellschaftlichen Kräften eingebettet sein« muß *(M. Hättich)*. Hier liegt die Bedeutung der freien sozialen Gruppen und der Verbände innerhalb der Demokratie.

Sieht man den politischen Prozeß in der Demokratie als rechtsstaatlich organisierte (und damit kontrollierbare) Herrschaft in den verfassungsmäßig vorgesehenen Organisationen — eine Herrschaftsorganisation, die in den vorpolitischen, sozialen Raum hinein offen ist und sich in der Auseinandersetzung mit den gesellschaftlichen Kräften ständig erneuert und integriert, dann wird deutlich, daß hier die Verbände eine spezifische und nicht beliebige Rolle spielen. Wären sie alle politisch (im präzisen Sinn unmittelbarer Teilhabe an der Herrschaftsgewalt), so bliebe für die politische Gewalt nichts mehr übrig: die sozialen Kräfte würden unmittelbar aufeinanderprallen, wobei sich notwendig die Macht der stärksten durchsetzen müßte. »Herrschaft der Verbände« in diesem Sinne würde den Staat als Ordnungsträger, als ausschließlichen Inhaber »legitimer Gewalt« *(M. Weber)*, zerstören und illusorisch machen, damit aber zugleich auch die Möglichkeit der Kontrolle durch den Staatsbürger eliminieren. Umgekehrt wäre ein Staatsapparat, der nicht für Diskussion und Integration der gesellschaftlichen Kräfte offen ist, rasch abgekapselt und daher ohne wirkliche Entscheidungsmacht: er könnte nur an ein abstraktes Gemeinwohl appellieren, das sich jedoch nicht mehr konkret — im Hinblick auf die tatsächlich existierende Sozialität — definieren ließe.

Eine Sozialisation der staatlichen Entscheidungsstrukturen (das

ist meist der Kern dessen, was heute unter dem Stichwort »Demokratisierung« gefordert wird) ist daher für die rechtsstaatliche
Demokratie ebenso tödlich wie eine Totalpolitisierung des sozialen
Bereichs. Weder die Herrschaft der Verbände noch die Vergesellschaftung der Staatsmacht sind gangbare Wege für die Fortentwicklung unserer Demokratie. Ein Verlust der notwendigen »Balancen« *(Haurion)* in diesem Bereich würde vielmehr unweigerlich zur Zerstörung der verfaßten Demokratie führen.

7. Hieraus ergibt sich für das »politische Mandat« der Verbände:
Beansprucht grundsätzlich jeder soziale Verband ein »politisches
Mandat«, d. h., betrachtet er sich als Ausformung der politischen
und nicht der Sozialnatur des Menschen, so führt das zur Auflösung der komplexen und damit freiheitlichen Sozialstruktur des
politischen Gemeinwesens in einem rein politischen Körper. Um
die Komplexität und Freiheitlichkeit des menschlichen Lebens in
der soziopolitischen Struktur zum Ausdruck zu bringen, müssen
aber Organisationen gebildet werden, deren *Spezialität* es ist, das
allgemeine »politische Mandat«, das der Mensch als *animal politi-
cum* hat, zur Wirksamkeit zu bringen.

Diese Aussage ist nicht soziologisch-deskriptiv zu verstehen,
sie nimmt allerdings ihren Ausgang von der Beobachtung des
sozialen Lebens und ist insofern ebenso »deskriptiv« wie »normativ«. Daher ist der Hinweis darauf, daß das »Leben über die
Stränge schlägt« (Fälle aus der politischen Praxis wären etwa die
Gewerkschaften, die Studentenschaft, Jugendverbände), hier irrelevant: es ist gerade Aufgabe der Wissenschaft, »die Stränge zu
ziehen«, um das »Über-die-Stränge-Schlagen des Lebens« überhaupt erkennbar zu machen. Nicht aber ist es ihre Aufgabe, ihrerseits über die Stränge zu schlagen.

8. Gibt es aber nicht dennoch einzelne Verbandstypen, die kraft ihrer
besonderen Natur — analog der Wissenschaft im neomarxistischen
Verständnis — ein »politisches Mandat« haben? Könnte nicht insbesondere ein Jugendverband als Ausdruck der geschichtlich gewordenen sozialen Verselbständigung der Jugend von solch einer umfassenden Zwecksetzung sein, da »die Jugend« keine sozusagen
vertikale Partikulierung der Lebenszwecke intendiert, sondern eher

eine »horizontale« Präsentation des Menschseins in seinem vollen
Umfang (während einer bestimmten biographischen Phase) ist?

Auch diese Frage muß verneint werden. Selbst wenn man »die
Jugend« als eine Art Stand oder Klasse begreift, darf man sie nicht
als einen *politischen* Stand ansehen; denn als *ein* Stand im Unterschied zu anderen stellt er gerade nicht die Totalität menschlichen
Lebens dar, er ist vielmehr ein partikulares Phänomen: Der junge
Mensch ist nicht der ganze Mensch, schon gar nicht, wie heute so
gerne propagiert, der paradigmatische.

Allerdings zeigt die Jugend und zeigen damit potentiell auch
ihre Verbände dessenungeachtet eine Tendenz zu einer Allgemeinheit, die anderen auf konkrete Zwecke gerichteten Verbänden abgeht. Jugendlichkeit konstituiert keine besondere soziale Funktion
oder Rolle; außer einer: der Rolle des Lernenden im weitesten Sinn.
Der *pädagogische* Zweck ist in der Tat ein (im Verhältnis zum politischen: relativ) umfassender Zweck, er umfaßt insbesondere auch
die politische Seite menschlichen Lebens. Aber damit tritt die Politik nicht als Handeln in die Kompetenz eines Jugendverbandes,
sondern nur als Gegenstand der Pädagogik (politische Bildung).

9. Dagegen wird gern eingewandt, daß »politische Bildung ohne
Engagement nicht möglich« sei, »politische Bildung und politisches
Handeln eng verbunden sein müssen«. Darin liegt jedoch eine
demagogische Verquickung säuberlich zu scheidender Elemente.
Das Wort »Engagement« insbesondere vernebelt das Problem, ob
(praktisches) Wissen nur im und durch Handeln erworben wird
oder ob die Qualität des Handelns von einem logisch voraus-
gehenden Wissen abhängt. Es ist zuzugeben: Politische Praxis
bedarf einer spezifischen, der »Lebenserfahrung« entsprechenden
Erfahrung, die nur im Vollzug der Praxis erworben werden kann.
Der Erwerb von Erfahrung kann aber nur Sache des individuellen
Lebens sein.

Politische Bildung als institutionalisierter Lehr- und Lernvor-
gang muß auf die Vermittlung jenes Wissens beschränkt bleiben,
das durch Lehren weitergegeben werden kann: allgemeine Tatsachen (dazu gehören auch die etwaigen »normativen« Elemente
politischen Lebens) in bezug auf den Sinn und die historisch-
soziologischen Umstände politischen Handelns. Damit bleibt

politische Bildung ein theoretischer Vorgang, freilich einer, der zu praktischen Konsequenzen (Haltungen, Urteilen, Entscheidungen) führt (»Praktische Theorie«).

Entscheidend ist, daß der Übergang von der praktischen Theorie zu »praktischen Konsequenzen« nur vom Individuum als Person vollzogen werden kann (Gewissen), während die »Theorie« (d. h. die wissenschaftliche Darstellung politischer Verhältnisse ebenso wie die philosophische Theorie) als Betrachtung eines allen in prinzipiell gleicher Weise gegebenen Gegenstandes in kollektiver Bemühung vollzogen werden kann. Der kollektive Übergang von der Theorie zur Praxis ist dagegen unmenschlicher Kollektivismus. Kollektives (politisches) Handeln ist nur legitim, wenn es auf individueller, aber gleichartiger Entscheidung beruht, die sich ihrerseits nicht zwingend aus einer theoretischen Bemühung ableiten läßt. Deshalb sollten politische Bildung und politisches Handeln grundsätzlich verschiedenen Organisationen vorbehalten bleiben.

10. Ein allgemein-politisches »Mandat«, das auf unmittelbare Teilhabe am demokratischen Entscheidungsprozeß zielt, ist abzulehnen. Ein solches »Mandat« kann *per definitionem* nicht Primärzweck eines Verbandes sein, der ein soziales Interesse repräsentiert. Die Inanspruchnahme eines allgemein-politischen »Mandates« durch Verbände müßte zu einer Politisierung des dem Politischen vorgeordneten, mit ihm korrespondierenden gesellschaftlichen Raumes führen und damit die zur demokratischen Kontrolle unentbehrliche Institutionalisierung des politischen Entscheidungsprozesses zugunsten einer totalen Staatsförmigkeit der Gesellschaft auflösen.

11. Bisher geübte gewohnheitsrechtliche Formen eines politischen »Mandats« in Jugendverbänden stellen keine Legitimation für ein solches »Mandat« dar. Sie sind unter dem Gesichtspunkt zu prüfen, ob der Verband damit im Rahmen seines Verbandszwecks — der durchaus die Politik berührende Interessen einschließen kann — geblieben ist oder grundsätzlich auf Teilhabe am politischen Entscheidungsprozeß (Herrschaft der Verbände) abzielte; im letzten Fall sind sie eindeutig abzulehnen.

12. Angesichts der grundsätzlichen Problematik eines allgemein-politischen »Mandats« für Verbände ist auch die Berufung auf eine demokratische Legitimierung durch die Angehörigen des Verbandes (etwa durch Hauptversammlungen) ohne Belang.

13. Von der Wahrnehmung eines allgemein-politischen »Mandats« grundsätzlich zu unterscheiden ist die Wahrnehmung von Verbandsinteressen im Rahmen des definierten Verbandszweckes. Sie ist nicht nur unproblematisch, sondern im Interesse der Diskussion und Integration der Partikularinteressen in das Gemeinwohl dringend geboten. Innerhalb dieses Rahmens kann der Verband auch politische Ziele verfolgen, sofern diese nicht zum — das ursprüngliche Verbandsinteresse aufsaugenden — Primärzweck werden und sofern die Mittelbarkeit der Einflußnahme gegenüber den formalisierten Institutionen der Politik gewahrt bleibt. Ob diese Einflußnahme besser auf Grund einer repräsentativen oder einer plebiszitären Struktur des Verbands geschieht, ist eine sekundäre Frage der Zweckmäßigkeit.

14. Das bedeutet, daß sowohl staatsbürgerliche Erziehung, politische Bildung wie auch Mitwirkung an Jugendrecht und Jugendhilfe, kurz alles, was zur Vertretung der Interessen der Jugend in der Öffentlichkeit nötig ist, zu den Aufgaben und Verpflichtungen des Jugendverbandes gehören. Sie lassen sich jedoch zweckmäßiger aus der staatsbürgerlichen Verantwortung der einzelnen Verbandsmitglieder und der öffentlichen Verantwortung des Verbandes legitimieren als aus einem ihm imputierten allgemein-politischen »Mandat«. Jede Äußerung zu politischen Tagesfragen, die darüber hinausgeht, sollte unter dem Gesichtspunkt geprüft werden, ob sie innerhalb des Rahmens gesellschaftlicher Interessenvertretung sinnvoll und notwendig ist, ob sie dem Zusammenhalt des Verbandsganzen dient oder belastend und sprengend wirkt und ob sie die Freiheit dissentierender Gruppen sichert. Bezüglich der politischen Bildungsarbeit ist zu betonen, daß Bildung sich an den einzelnen wendet und verschiedene Wege der Umsetzung in politisches Handeln offenhalten muß; wo nur der Weg in die kollektive Aktion angestrebt wird, handelt es sich nicht um Bildung, sondern um Propaganda und politische Indoktrinierung.

HANS MAIER

Vom Ghetto der Emanzipation
Kritik der »demokratisierten« Kirche*

Wer, wie der Verfasser, schon Jahre vor der heutigen Konjunktur einer »Aneignung der Demokratie« durch die Kirche das Wort geredet hat[1] (und dabei im katholischen Bereich nicht immer auf Zustimmung stieß), den muß die heutige Diskussion um die »Demokratisierung der Kirche« zunächst in freudige Verwirrung stürzen. Scheint doch alles, was Jahre hindurch in kleinen Kreisen, fernab kirchlicher Politik und Amtsübung, erörtert und erwogen wurde, heute plötzlich Allgemeingut der kirchlichen Diskussion zu sein. Wo man gestern noch mit Herzklopfen anpochte, fällt man heute durch offene Türen. »Demokratie« ist zum unbestrittenen Programm kirchlicher Entwicklung im Zeichen des Fortschritts geworden — self-evident wie die ersten Erklärungen der Menschenrechte. Selbst konservative Amtsträger, gestern noch abweisend-zugeknöpft, geben sich heute gelassen-radikal. »Demokratisierung« steht nun einmal auf der theologischen Tagesordnung. Und kaum, daß man den kirchlichen Progressiven mit Vorschlägen noch so radikaler Art — Wahl von Bischöfen und Pfarrern durch das Kirchenvolk, Abstimmung über Glaubensfragen — noch imponieren könnte, gibt es doch, wie Werner Post es kürzlich formuliert hat, auf die Frage »Wieweit ist eine Demokratisierung in der Kirche möglich?« nur die Antwort: unbegrenzt[2].

Aber weiß man, was das eigentlich ist, das hier auf die Kirche übertragen werden soll, die Demokratie? Weiß man es theologisch? Nein, man weiß es nicht. Denn die theologische Demokratiediskussion und -rezeption der letzten Jahre beschränkt sich, von wenigen Ausnahmen abgesehen, ganz auf eine geschichtsphilosophische Rechtfertigungslehre am Leitfaden der Begriffe Freiheit, Auto-

---

* Wiederabdruck mit freundlicher Genehmigung des Verfassers.

nomie, Emanzipation — sie sagt aber wenig darüber aus, was Demokratie ist, wie sie funktioniert, wie sie gehandhabt werden muß, um eine gute, menschenwürdige Ordnung zu sein. Mit Recht bemerkt *Karl Rahner*, mit dem Titel »Demokratie in der Kirche« sei »nicht nur die offene und schwierige Frage gestellt, ob so etwas wie Demokratie in der Kirche möglich und wünschenswert oder vielleicht sogar schon in einem gewissen Umfang gegeben sei, sondern auch das Problem, was denn Demokratie in sich selbst sei, unabhängig von der Kirche, und was sie wünschenswert mache«. Er fährt fort: »Es ist selbstverständlich, daß wir diese zweite Frage hier nicht beantworten können, obwohl wir uns bewußt sind, daß das eigentliche Thema unserer Überlegungen, also Demokratie gerade in der Kirche, sehr von der Beantwortung der anderen Frage abhängt, die hier nicht gegeben werden kann, und darum alle unsere Überlegungen unter diesem methodischen Mangel leiden werden[3].«

Wer sich auf die Frage »Kirche und Demokratie« einläßt, dem stellt sich also eine dreifache Aufgabe. Er muß erstens die Rezeption einer geschichtsphilosophisch verengten und vereinseitigten Demokratietheorie kritisch auflösen, er muß den Ausweg suchen aus dem Ghetto der Emanzipation (I). Er muß zweitens die von *Rahner* richtig gestellte (von ihm jedoch ausgesparte) Aufgabe angehen: zu sagen, was reale Demokratie ist, wie sie funktioniert, wie ihre Ordnung beschaffen ist (II). Und er muß drittens aus der Betrachtung der existierenden Demokratie und ihrer Theorie Folgerungen ziehen für die Kirche — nicht für eine »demokratisierte« Kirche, die das weltliche Gemeinwesen nachäfft, wohl aber für eine Kirche, die ihrer Tradition getreu, in die jeweilige Zeit hineingeht, ohne sich in ihr zu verlieren (III).

I. Zur theologischen Rezeption der Demokratie

Die theologische Beschäftigung mit der Demokratie stand lange unter einem schlechten Stern. Dies gilt sowohl für die Frühphase des Zusammenstoßes der Kirche mit der revolutionären Demokratie[4] wie für die spätere behutsame Annäherung im Zeichen der politischen und sozialen Enzykliken *Leos XIII.* — Also im Grunde für das ganze neunzehnte Jahrhundert. Daß sich für die Kirche ein Paktieren mit der »Demokratie« *Rousseaus* und der Jakobiner verbot, ist klar: ließ diese doch, befangen in der Vorstellung eines allverfügenden Volkswillens, keinen Raum für eine Glaubensgemeinschaft als selbständige soziale Größe. Und mit der pluralistischen, seit dem achtzehnten Jahrhundert parteistaatlich domestizierten Demokratie britischen Stils war die Kirche nie in Berührung gekommen. So stand die Beziehung von Kirche und Demokratie zunächst für fast ein Jahrhundert im Zeichen wechselseitiger Ablehnung und Abstoßung. Und als dann unter *Leo XIII.* die Wende eintrat, blieb die theologische Rezeption in folgenreicher Weise auf den rein sozialen Bereich beschränkt: theoretisch wurde zwar im Rahmen der Lehre von der ethischen Indifferenz der Staatsformen auch die Demokratie als gute politische Ordnung anerkannt, praktisch aber sah man ihr Anwendungsfeld vorwiegend im Sozialen, wo nicht im Sozial-Caritativen[5]. Von daher erklärt sich, daß zumal die katholische Theologie und Staatslehre nur einen sozialen, nicht aber einen politischen Begriff der Demokratie entwickelt hat und daß sie seit dem neunzehnten Jahrhundert eine spezifische Anfälligkeit gegenüber Tendenzen der »gesellschaftlichen« und geschichtsphilosophischen Spiritualisierung dieses politischen Ordnungsbegriffs zeigt. Demokratie als propagandistisch-optimistische Formel politischer Weltbefreiung und -erlösung (*Wilsons* to make the world safe for democracy) einerseits, die gesellschaftlich-ökonomische »Fundamentaldemokratisierung« (*K. Mannheim*) andererseits: das ist der Horizont, vor dem — zu später Stunde und im Niedergang der politischen Theorie — die Theologie sich mit dem Problem der Demokratie in Welt und Kirche zu beschäftigen beginnt.

Die Folgen dieser verspäteten und verengten Rezeption, lange unsichtbar, beginnen heute deutlich zu werden. Hilflos stehen die Kirchen jener Tendenz zur Ausweitung und ideologischen Potenzierung des Demokratiebegriffs gegenüber, die sich im Schlagwort der »Demokratisierung« ausdrückt. Da sie sich lange entweder gegen die Demokratie gestellt oder das Problem verdrängt oder vernachlässigt haben, ist der Nachholbedarf ungeheuer, und so werden mit den richtigen auch die falschen Demokratietheorien konsumiert. Und da man über eine »Kernbereichslehre« der (politischen) Demokratie nicht verfügt, fällt es schwer, die Forderungen nach Demokratisierung *aller* Gesellschaftsbereiche als das zu durchschauen, was sie ist: ein im Kern totalitäres Konzept. So verbindet sich ein nicht ganz unberechtigtes schlechtes Gewissen und eine in der Intention begrüßenswerte Öffnung zur Welt hin mit einer bedenklichen theologischen Tendenz zur Spiritualisierung politischer Sachverhalte. Das Ergebnis ist, daß manche theologische Strömung sich heute eilfertig zur Überhöhung ungeprüft übernommener radikaldemokratischer, sozialistischer, kurz: emanzipativer Demokratiemodelle herbeiläßt, so daß Worte wie Freiheit, Autonomie, Emanzipation einen beinahe religiösen Unterton gewinnen, während andererseits die *politische* Demokratie im theologischen Denken in immer abstraktere Ferne entgleitet.

Es handelt sich bei diesen Versuchen, sich des Themas Demokratie zu bemächtigen, nicht mehr um die alten moralistischen, naturrechtlichen, kasuistischen Annäherungen, wie sie etwa im katholischen Denken in sehr respektabler Weise die neuscholastische Tradition unternommen hat[6]. Davon ist heute kaum noch die Rede. Zwar ist der schmal gewordene akademische Bereich christlicher Gesellschaftslehre fast das einzige Feld, in dem etwa in Deutschland die Auseinandersetzung mit der Demokratie als politischer Ordnungsform noch weitergeführt worden ist — von *August Pieper* und *Tischleder* über *Gundlach* bis zu den neueren Arbeiten von *Walter, Rief* und *Roos*[7]. Aber das wird man heute wohl als überlebte christlich-humanitäre Erbschaft und als »katholischen Nestgeruch« abtun[8]. Wen kümmert schon Demokratie als politische Ordnungsform, wo Demokratie als Emanzipation, Autonomie, Freiheitsgeschehen auf der Tagesordnung steht? In jener Vorhut der Theologie jedenfalls, die heute das Ohr der Öffentlichkeit hat, sind Bemühungen um eine Theorie der Demokratie (oder wenigstens der Wille, in diesem Punkt von anderen Wissenschaften zu lernen) nur schwach verbreitet. Um so größer ist die Bereitschaft zur puren, ungefilterten Übernahme von Meinungen über Demokratie und zur Einbettung von Demokratietheorien in populäre Geschichtsphilosophien.

So diskutieren Theologen wie *Jürgen Moltmann* oder *Johann Baptist Metz* das Problem der Demokratie heute vorwiegend im Kontext einer modernen Freiheits- und Emanzipationsgeschichte[9].

Sie beginnt für *Metz* mit der Aufklärung, in der die alte Einheit von Religion und Gesellschaft zerstört wird, und sie setzt sich fort in dem politischen Versuch, die gesellschaftlichen Voraussetzungen für einen öffentlichen Gebrauch der Vernunft zu schaffen und alle Institutionen — auch die Kirche — in einer »zweiten Reflexion« auf die Freiheit des Menschen hinzuorientieren. »Ein neues Verhältnis von Theorie und Praxis, von Wissen und Moral, von Reflexion und Revolution ist wirksam, das auch das theologische Bewußtsein bestimmen muß, wenn dieses nicht auf eine frühere vorkritische Stufe des Bewußtseins zurückfallen soll. Die praktische und — im weitesten Sinne des Wortes — politische Vernunft muß künftig an allen kritischen Reflexionen der Theologie beteiligt sein[10].« Noch weiter spannt *Moltmann* in seinem Entwurf einer christlichen Freiheitsgeschichte den Bogen: Hier geht Freiheit als dialektischer Einschlag, sichtbar in den Emanationen der Revolution, durch die gesamte neuere Geschichte hindurch — ein zunächst binnenchristliches Geschehen, das dann in den Menschen- und Bürgerrechten säkular wird, »denn das Reich der Freiheit ist universal«. Perversionen der Freiheit leiten jeweils über zur nächsten revolutionären Stufe. So wird die bürgerliche Revolution in der marxistischen aufgehoben, diese wieder in nachmarxistischen Revolutionen relativiert — und dies alles »auf der Linie der umfassenden eschatologischen Freiheitshoffnung[11]«. Demokratie ist bei *Moltmann* wie auch bei anderen theologischen Autoren eine Chiffre für ein den einzelnen Menschen übersteigendes Freiheitsgeschehen. Sie ist ein Bewegungsbegriff, kein Strukturbegriff. Der Leser muß sich auf eine quasi *Hegelsche* Geschichtskonstruktion einlassen, um mit diesen Theologen über Freiheit und Demokratie überhaupt diskutieren zu können; würde er *Burckhardts* skeptischen Satz ins Feld führen, wir seien nicht eingeweiht in die Zwecke der ewigen Weisheit, so würde man ihn wohl als unfromm schelten[12].

Bringt uns ein soziologisch geschulter Theologe wie *Harry Hoefnagels* aus diesem ebenso radikalen wie radikal-ermüdenden *progressus ad infinitum* heraus? In der Tat ist er der einzige theologische Autor, der sich in jüngster Zeit zum Problem der »Demokratisierung« geäußert hat, ohne sich einfach einer revolutionstheologisch verkleideten Andacht zur Geschichte zu überlassen[13]

Fast als einziger versucht er, Demokratie als politischen Ordnungsbegriff zu fassen. Sie besteht für ihn darin, »daß den vergesellschafteten Menschen Einfluß auf die Ausübung der Autorität gewährt wird, und zwar in dem Maße, als sie fähig sind, die damit verbundene Verantwortlichkeit zu tragen«. Entscheidungen müssen den Regierten gegenüber verantwortet werden, diese müssen sich frei dazu äußern können. Demokratie »impliziert daher notwendig die die Autoritätsausübung kontrollierbar machende Öffentlichkeit der Amtsführung und das Recht der freien Meinungsäußerung. Sie funktioniert nur, wenn sich der Prozeß der öffentlichen Meinungsbildung entwickeln kann[14].« Dem allem kann man zustimmen — auch dem Satz, daß in der Demokratie die Maßnahmen der Autorität der öffentlichen Diskussion unterworfen sind und daß sie in der Auseinandersetzung mit der öffentlichen Meinung gerechtfertigt werden müssen. Aber *wie* das geschehen soll, ob durch Plebiszit, repräsentative Formen, Rätedemokratien Blocksystem, das wird leider nicht untersucht. Vielmehr werden die Formprobleme, das Juridische (ähnlich wie bei *Karl Rahner*) mit einer unwilligen Geste weggeschoben — ebenso wie die Theorien, die sich an der Faktizität »des heutigen, sich demokratisch nennenden Staates« orientieren; Demokratie wird wesentlich als »Denkansatz« einer demokratischen Bewegung, als idée-force verstanden. Daß gerade in den *Formen* der — oft hauchdünne — Unterschied zwischen freiheitlichen und unfreiheitlichen Gestaltungen dieser Staatsform liegt (worüber uns nicht nur die letzten Jahre belehrt haben), kommt kaum in den Blick.

Der unfreiwillige Bundesgenosse dieses Anti-Institutionen-Affekts ist ein ultrakonkreter Realismus in Sachen der individuellen, emanzipativen Freiheit. Er stellt sich mit dialektischer Notwendigkeit ein als Bodensatz der spiritualisierten Demokratie und der demokratisierten Kirche. Verdunsten auf der einen Seite Amt, Institutionen, »Herrschaft über Menschen« bis zur Unkenntlichkeit, so wird die individuelle Freiheit verräumlicht und verzeitlicht wie nur je im Denken des liberalen Besitzbürgers. Die frühliberale Rede von den »Freiheitsräumen« klingt als progressive Fanfare leitmotivisch durch die theologische Diskussion. So definiert *Karl Rahner* Demokratie als jene Gestalt der Gesellschaft, »in der entsprechend den sonstigen geistigen, kulturellen und gesellschaftlichen

Voraussetzungen der Mitglieder dieser Gesellschaft ein möglichst großer Freiheitsraum für die einzelnen Glieder dieser Gesellschaft und eine möglichst weitgehende aktive Beteiligung aller Glieder dieser Gesellschaft an deren Leben und Entscheidungen gewährleistet wird[15]«. Und die Berliner Evangelische Studentengemeinde will in ihren 1969 veröffentlichten Thesen als »Instrument der Befreiungsbewegung Gottes« auf den »Abbau von unlegitimierter und ausbeutender Herrschaft und Gewalt und auf Aufbau von Institutionen dringen, die ein Maximum von Räumen und Zeiten der Freiheit ermöglichen und verwirklichen[16]«. Woher die verräumlichte emanzipative Freiheit in einer enger werdenden Welt kommen soll, verraten die Erfinder nicht; sie reproduzieren einfach frühliberale, heute schlicht reaktionäre Schlagworte. Selten fehlt als Entschuldigung der Hinweis, es handele sich bei der beanspruchten Freiheit um »Freiheit für die anderen«, doch auch dieser Topos ist nicht neu — ihn trug schon der Bourgeois der Zeit *Louis Philippes* in seinem Ideologiengepäck.

Fazit: Die theologische Rezeption der Demokratie beschränkt sich mindestens im deutschen Sprachraum bis zur Stunde noch fast ganz auf geschichtsphilosophische Präludien und vage Versuche einer Ideenlehre der Demokratie. An die Realität existierender Demokratie reicht sie oder will sie nicht heran. Einen politischen Ordnungsbegriff von Demokratie hat sie nicht aufzuweisen. Ein gestörtes Institutionsbewußtsein läßt sie Demokratie nur aus der verengten Perspektive individueller Emanzipation und personeller Autonomie sehen — in einer frühliberalen Perspektive also, in der Freiheit vornehmlich als naturhaftes Ausgegrenztsein aus der potentiellen All-Verfügung des Staates erschien. Daß Freiheit — auch individuelle — heute der planmäßigen gesellschaftlichen Organisation und Institutionalisierung bedarf, daß sie im dichten Sozialgeflecht einer Industriegesellschaft nicht mehr etwas Naturhaftes ist wie im Pionierzeitalter von Manufaktur und *frontier,* kommt kaum in den Blick. So ereignet sich, ähnlich wie in der »kritischen Theorie« (nur auf geringerem Niveau), das Seltsame, daß ein emanzipativ verengter Freiheitsbegriff just als Therapie derjenigen sozialen Lage angeboten wird, die er schaffen half, und daß die *Rousseausche* Demokratietheorie eben in dem Augenblick erneut das Reich theologischer Ideen bevölkert, in dem die Wirklichkeit der modernen Demokratie von ihr Abschied genommen hat.

II. *Reflexion auf die existierende Demokratie*

Die moderne Demokratie hat mit jenem Bild, das die kirchliche Demokratiediskussion sich von ihr macht, nur wenig zu tun. Sie läßt sich in ein abstrakt-theoretisches Modell nicht fassen. Denn sie ist ein kompliziertes und nur historisch-soziologisch erklärbares Compositum vieler Formelemente, und in ihr wirken noch viele andere Einschläge und Bauprinzipien als nur die in der theologischen Diskussion unaufhörlich genannten der Volkssouveränität, der Emanzipation, der Gleichheit und der unmittelbar-egalitären Teilhabe.

Vor allem erscheint diese Demokratie in der Realität keineswegs als triumphaler Endpunkt einer siegreichen voranschreitenden Ideenbewegung, wie es die heute herrschende Lehre will. Sie ist vielmehr ein sehr verletzliches, auch historisch auf Ausgleich, Kompromiß, politische Zwischenlagen angewiesenes Gebilde von geringer natürlicher Lebenserwartung — leicht nach der Seite des Anarchischen oder Diktatorischen umschlagend, stetiger Institutionalisierung bedürftig. Eine schlichte Statistik kann den Theoretiker darüber belehren, daß die Demokratie sich in der großen Krise der späten zwanziger und frühen dreißiger Jahre in Europa nur in ihren alten réduits — Schweiz, Holland, Skandinavien — unangefochten zu halten vermochte und daß ihre Krisenanfälligkeit mit der erneuten Ausweitung ihres Geltungsbereiches nach dem Zweiten Weltkrieg eher zu- als abgenommen hat. Das ist natürlich kein Einwand gegen die Demokratie, deren hoher moralisch-politischer Anspruch schon *Rousseau* das Wort entlockte, sie sei eine Staatsform mehr für die Götter als die Menschen; es ist aber ein Einwand gegen die Auffassung, diese Demokratie werde uns einfach per Weltgeist, Produktionsprozeß und »Freiheitsgeschichte« quasi automatisch ins Haus geliefert. Ebenso wie die konkreten Freiheiten des einzelnen ist sie nichts Selbstverständliches, sondern muß aufgebaut, organisiert, vor Verfall bewahrt, gegen ihre Feinde verteidigt werden; und die Meinung, sie sei mit dem historischen Prozeß schon gegeben in einer Art von »historical inevitability«, ist eher geeignet, sie zu schwächen, als sie zu stärken. Ähnlich steht es mit einer anderen Lieblingsvorstellung der herrschenden Lehre, daß nämlich Demokratie ihren Ausgang nehme von individueller Emanzipation, vom Autonomieverlangen der einzelnen. Gewiß ist damit *ein* historischer Ausgangspunkt (keineswegs der einzige) moderner Demokratie richtig bezeichnet. Aber im Einschlag der treibenden Kräfte und Bewegungen hat dieses Motiv heute eher an Stärke verloren. Kann man übersehen, daß die individuelle Emanzipation, obwohl sie ungeheure Kräfte des Aufstiegswillens entbinden half, in ihrer Blindheit für die konkrete Sozialität des Menschen gerade jene große soziale Krise ausgelöst hat, die die Demokratie an den Rand des Scheiterns brachte? Ist nicht die moderne Sozialbewegung und Sozialgesetzgebung eine einzige Korrektur jener Emanzipation gewesen, deren naturrechtlicher Ausgang die Position persönlicher Unverpflichtetheit des Menschen gegenüber dem Mitmenschen war? Es gehört zu den gespenstischen Zügen unserer Zeit, daß im Reigen der Formeln und Therapien für unsere Probleme jene emanzipative Freiheit wieder auftaucht, deren historisches Versagen doch vor aller Augen liegt, jene Auffassung, in der Freiheit verwechselt wird mit Sichbefreien (was ein der Freiheit nur äußeres Moment ist). Muß man für den theologischen Hausgebrauch noch einmal wiederholen, was längst offenkundig ist: daß Freiheit für den in der Menge isolierten einzelnen heute weniger in der Bewahrung einer — oft nur in bescheidenen Ansätzen vorhandenen — räumlichen Freiheitssphäre besteht als vielmehr in der Teilhabe an staatlichen Leistungen, am Fortschritt der Produktion und an den wachsenden Möglichkeiten des Konsums, daß daher das Freiheitsstreben des modernen Menschen gar nicht mehr in Richtung einer Entstaatlichung wirkt, sondern vielmehr in Richtung einer Belastung des Staates mit neuen zusätzlichen Aufgaben?

Freilich, auch dafür hat man eine Formel gefunden. Denn fröhlich und ohne logische Bedenken erheben die Verfechter individueller Freiheitsräume im gleichen Atemzug die Forderung nach »Partizipation«. Nun ist Beteiligung der Bürger an politischen Entscheidungen gewiß ein Wesensmerkmal der Demokratie. Aber hätte man nicht wenigstens einen Gedanken darauf verschwenden müssen, daß beides sich doch gegenseitig schwächt, wenn nicht ausschließt: die Kultivierung von (staatsfreien) Freiheitsräumen auf der einen, die Empfehlung größerer politischer Teilnahme auf der anderen Seite? Wer Freiheit emanzipativ versteht, kann im Grunde nur eine unpolitische Freiheit wollen — sei es nun Freiheit im »grünen Gemütswinkel« *(Lessing),* im anarchistischen »Ohne mich« oder in der Leberecht-Hühnchen-Idylle weltabgewandter Beschaulichkeit. Wer dagegen auf politische Beteiligung hinauswill, muß sich und anderen Abstriche von der idyllischen Freiheit zumuten: schon der Wahlakt kann den Sonntagsausflug kosten. Im Gegenüber von Emanzipation und Partizipation steckt der alte Gegensatz von bourgeoiser und politischer Freiheit, der die Problematik der realen (und speziell deutschen) Freiheitsgeschichte ausmacht; und es ist doch wohl Schwarmgeisterei, wenn uns bedeutet wird, der Gegensatz sei gar keiner und man könne beides, Partizipation und Emanzipation, zur gleichen Zeit haben.

Indes, hinter dieser These steckt nichts anderes als jene emphatische Autonomievorstellung des aufklärerischen Naturrechts, die den Staat — der doch aus der Bedürftigkeit des Menschen erwachsen ist — auf Schutz und Hegung eines autark-unbedürftigen naturfreien Menschen festlegen möchte. Oft widerlegt, von den Verhältnissen desavouiert, taucht dieser Gedanke gleichwohl immer wieder an den Wegbiegungen der politischen Geschichte auf — am stärksten wohl in unserer Zeit, wo komplexe Gesellschaftsgebilde den einzelnen die Abhängigkeit von allen und das Schrumpfen des »beherrschten Lebensraums« *(E. Forsthoff)* drastisch fühlen lassen, eben dadurch aber den Traum nach autarker Selbst- und Sinnbestimmung um so mächtiger entbinden. Gerade manche Richtungen moderner Theologie neigen dazu, diesen Vorgang mit ihren Denk- und Auslegungsmitteln zu deuten, nämlich als Exodus des Menschen aus dem, was man, mit einer gefährlich vereinfachenden Formel, »das Bestehende« nennt und wofür der Staat das naheliegende Beispiel ist. Die Formeln des »Exodus« *(Moltmann),* der »Gesellschaftskritik« *(K. Rahner),* der »kritisch-befreienden« Aufgabe der Kirche *(Metz)* umschreiben nichts anderes als dieses »Pathos der Distanz«. Ob sich darin nicht eine neue und viel gefährlichere »Privatisierung« des Glaubens ankündigt als jene, die man in den Gestalten des *Kierkegaardschen* Einzelnen und der Existentialtheologie bekämpft? Denn daß man nicht zugleich für den konkreten Nächsten, für das politisch *hic et nunc* Erreichbare sorgen und gleichzeitig alles Bestehende hoffnungsfroh im Feuer der Eschatologie untergehen lassen kann, ist klar[17].

Fast wagt man es nicht mehr, gegenüber dieser theologischen Nachhut profaner Institutions-, Demokratie- und Parlamentskritik an einige simple Sachverhalte zu erinnern, die für die existierende Demokratie konstitutiv sind. Da ist erstens die Tatsache, daß diese Demokratie heute so wenig wie jemals im *Rousseauschen* Sinne Volksherrschaft im Sinne einer stetigen Artikulation des Volkswillens ist. Wollte man Übereinstimmung aller zur Voraussetzung für das Sprechen im Namen des Ganzen und die politische Entscheidung machen, so überschritte man schon in kleinen Gesellschaften — Familie, Gruppe, Verband — die Grenzen des real Möglichen. Wenn aber das Entscheidungsverfahren nicht Einstimmigkeit vorsehen kann, wenn es also den Volkswillen im technisch-operationalen Sinn nicht gibt, dann schließt politische Demokratie notwendig Herrschaftsvorgänge ein. »Die anderen Möglichkeiten bedeuten niemals weniger, sondern nur mehr Herrschaft. So etwa, wenn das Entscheidungsverfahren selbst von einem Teil der Gemeinschaft, und sei es die Mehrheit, diktiert wird; oder wenn das Verbleiben in der Einheit auch gegen den Willen der einzelnen erzwungen werden kann ... Die Theorie der herrschaftslosen Ordnung setzt somit den Nachweis nicht nur der gelegentlichen, sondern der dauernden Möglichkeit oder Tatsächlichkeit der Einstimmigkeit voraus. Wenn sie diesen Nachweis nicht erbringt, bleibt sie Utopie[18].«

Die Folgerung aus dieser ersten These ist eine zweite: Da die plebiszitäre Vorstellung eines einheitlichen Volkswillens eine Fiktion ist, ist jede politische Entscheidung in Demokratien an eine Vertrauensrelation zwischen den gewählten Amtsinhabern und den Wählern gebunden — mag man nun »Vertrauen« im wertgefüllten Sinn des angelsächsischen *trust* oder im technischen einer Vorkehrung zur Reduktion von Komplexität verstehen. Das heißt: Das repräsentative Element ist nicht einfach eine durch äußere Umstände (Größe der Gesellschaft, Flächenstaat, Minderheiten) erzwungene Zutat oder gar eine temporäre Notlösung für die Zeit, in der der Volkswille (oder wie man heute sagt: das politische Bewußtsein) noch nicht allgemein artikuliert und verbreitet ist. Es ist vielmehr Wesenselement der Demokratie (auch der direkten Demokratie!) schlechthin. Von hier aus gesehen, werden dann die Formen und Verfahren wichtig, in denen diese Vertrauensrelation nicht nur ideell, sondern auch real und institutionell gesichert werden kann — was wiederum auf die Wichtigkeit des heute so gering geschätzten formalen Elements in der Demokratie verweist.

Ein drittes: Demokratie bedeutet keineswegs (mindestens nicht nach dem Verständnis unseres Grundgesetzes), daß in ihr alle sozialen Zwecke und Gebilde politisch werden, es also keinen von Politik eximierten Raum mehr gibt. Das würde ja, soziologisch gesprochen, voraussetzen, daß 1. alle alles tun können; 2. alle alles verstehen; 3. politische Entscheidungen sich in einem Prozeß universaler Teilnahme in horizontalen Assoziationsformen, nicht in Stufung nach Kompetenzen, vollziehen (also in Form der Rätedemokratie). Die verfassungsstaatliche Demokratie grenzt aber gerade den Bereich der Herrschaft, also der politischen Entscheidungskompetenz im engeren Sinn, besonders scharf von anderen Bereichen ab — um ihn nämlich kontrollierbar zu machen. Keineswegs ist sie eine politische Form, in der »alle« herrschen, sie ist vielmehr dadurch charakterisiert, daß das Volk in ihr die Regierenden kontrolliert und die Herrschaftsausübung an rechtsstaatliche Verfahren bindet.

Von hier gesehen, gilt für den politischen Prozeß in der Demokratie ein Doppeltes: Einerseits ist eine rechtsstaatliche Formung des Entscheidungsprozesses notwendig, und zwar um so mehr, je näher dieser Prozeß an die Zentren der staatlichen Willensbildung herankommt. Anderseits gilt aber ebenso, daß dieser Entscheidungsprozeß, wenn er nicht zur Isolierung der politischen Institutionen führen soll, in einen Dialog mit den gesellschaftlichen Kräften eingebettet sein muß[19]. Hier liegt die Bedeutung der freien sozialen Gruppen, der öffentlichen Meinung, der Verbände innerhalb der Demokratie. Hier liegt auch die Bedeutung der Kirche.

Sieht man den politischen Prozeß in der Demokratie so: als rechtsstaatlich organisierte (und damit kontrollierbare) Herrschaft in den verfassungsmäßig vorgesehenen Organisationen, als eine Herrschaftsorganisation, die in den vorpolitischen, sozialen Raum hinein offen ist und sich in der Auseinandersetzung mit den gesellschaftlichen Kräften ständig erneuert und integriert — dann wird deutlich, daß in ihr die vorpolitischen Organisationen (auch die Kirchen!) eine spezifische und nicht beliebige Rolle spielen.

Wären sie politisch (im präzisen Sinn unmittelbarer Teilhabe an der Herrschaftsgewalt), so bliebe für die politische Gewalt nichts mehr übrig: die sozialen Kräfte würden unmittelbar aufeinanderprallen, wobei sich notwendig die Macht der stärksten durchsetzen würde. »Herrschaft der Verbände« in diesem Sinn würde den Staat als Ordnungsträger, als ausschließlichen Inhaber »legitimer Gewalt« *(Max Weber)* illusorisch machen und zerstören, damit aber zugleich auch die Möglichkeit der Kontrolle durch den Staatsbürger eliminieren. Umgekehrt wäre ein Staatsapparat, der nicht für Diskussion und Integration der gesellschaftlichen Kräfte offen ist, rasch abgekapselt und ohne reale Entscheidungsmacht: Er könnte nur an ein abstraktes Gemeinwohl appellieren, das sich jedoch nicht mehr konkret — im Hinblick auf die tatsächlich existierende Sozialität — definieren ließe.

Das heißt aber: Eine Sozialisation der staatlichen Entscheidungsstrukturen (und das ist meist der Kern dessen, was heute unter dem Stichwort »Demokratisierung« gefordert wird) ist für die rechtsstaatliche Demokratie ebenso tödlich wie eine Totalpolitisierung der sozialen Bereiche. Weder die Herrschaft der Verbände noch die Vergesellschaftung der Staatsmacht sind gangbare Wege für die Fortentwicklung demokratischer Institutionen. Beides würde die »Balancen« (M. Haurion) der verfaßten Demokratie zerstören. So unpopulär es ist: Wem an der Demokratie liegt, der muß gegen die undifferenzierte Demokratisierung Stellung nehmen — so wie der, der die Freiheit will, die totale Freiheit bekämpfen muß, die das Ende der Freiheit wäre[20].

III. Kirchliche Analogien

Ich höre, nach diesen nur flüchtigen »kritischen Gängen«, schon den ungeduldigen Ruf: Wo bleibt das Positive? Fragen wir also in Kürze, welche kirchlichen Analogien ein kritisch gereinigter und an der Realität gemessener Demokratiebegriff nahelegt.

Für eine kirchliche Demokratisierung lautet die heute gängige Argumentation: Wer außen ist, kann auf die Dauer innen nicht herausgehalten werden. Der Christ und Bürger, der in einer politischen Demokratie lebt, stößt sich am Anblick einer Kirche, die so etwas wie eine halb-absolute Monarchie — mit effizienter Verwaltung, aber geringer Partizipation des Bürgers — zu sein scheint[21]. Dem Kern dieses Arguments ist recht zu geben, denn immer hat sich die Kirche in ihrer Geschichte die Lebensformen ihrer Umwelt angeeignet und anverwandelt; gerade ihre Leistungen für die Gesellschaft und Kultur beruhen auf dieser Nähe zur jeweiligen Zeit und Sozialität.

Doch wer die Analogie will, muß sich auch beim Wort nehmen lassen. Einmal vorausgesetzt, die Kirche sei ebenso ein Herrschaftsverband wie der Staat (was freilich im strengen Sinn weder *de jure* noch *de facto* zutrifft), dann müßte sich das obige Argument auch so formulieren lassen: Was selbst im Politischen und in der modernen Demokratie nicht vorkommt und nicht möglich ist — die Einstimmigkeit als Modus der Entscheidung, die repräsentations-, ja herrschaftslose Demokratie —, das kann erst recht nicht in kirchliche Demokratiemodelle übernommen werden. Macht man sich nämlich klar, daß heutige Demokratie verfassungsstaatliche und nicht totalitäre Demokratie ist, daß es dem demokratischen Souverän keineswegs freisteht, über alles zu befinden, daß es auch gerade in der Demokratie Dinge gibt, über die nicht abgestimmt werden kann, dann verliert die Analogie zwischen politischer und kirchlicher Demokratie das Gewaltsame und Abschreckende, das sie heute zweifellos für viele Kirchenglieder hat, dann braucht man auch das apologetische Gegenargument von der Wesensverschiedenheit kirchlicher und politischer Strukturen — das prinzipiell bedeutsam bleibt — nicht zu überziehen. Das Problem wäre dann gewissermaßen zwischen zwei notwendigen Abgrenzungen in der Mitte zu lokalisieren: 1. gibt es kein quasidemokratisches Homogenitätsangebot, wonach Kirche und Staat im wörtlich gleichen Sinne (demokratisch) verfaßt sein müßten. (Die das Gegenteil behaupten, argumentieren in Wahrheit volks- und reichskirchlich, »konstantinisch«-theokratisch.) 2. gibt es aber ebensowenig ein Argument gegen die »analoge« Übernahme einzelner demokratischer Formelemente, vorausgesetzt, daß sie geeignet sind, der Kirche bei der Erfüllung ihres Auftrages in der heutigen Welt zu helfen. Mit anderen Worten: Es gibt kein Argument zugunsten einer theologischen »Symphonisierung« von Kirche und Staat, keinen

Gleichschaltungszwang. Aber es gibt Analogiemöglichkeiten in der äußeren Verfassung von Staat und Kirche, politischer und kirchlicher Ordnung, und sie sollten in Ruhe erörtert und erprobt werden.

Solche Analogiemöglichkeiten (auch negativer Art) sehe ich vor allem in vier Bereichen: der kirchlichen Grundverfassung; dem Rechtsstaatsprinzip; der Gewaltengliederung; der Mitwirkung der Laien. Sie seien im folgenden, ohne nähere Ausführung, kurz skizziert[22]. Ich weise darauf hin, daß im strengen Sinn nur der vierte Bereich etwas mit »Demokratisierung« zu tun hat, allein man mag dem ausufernden Sprachgebrauch das Zugeständnis machen, daß auch die anderen Bereiche für unser Problem nicht ohne Bedeutung sind.

1. Moderne Demokratie (selbst östliche, gelenkte, autoritäre) pflegt einen beträchtlichen Teil politischer Fundamentalregeln des Gemeinwesens dem Streit der Parteien, dem politischen Prozeß zu entziehen. Ein Bereich des politischen Konsensus wird als *bloc des idées incontestables* aus der Entscheidungssphäre ausgegrenzt — bei uns besonders eindrücklich in der Rechtsfigur des »unabänderlichen Verfassungsrechts[23]«. Hier liegt eine — zunächst negative — Analogie zur Struktur der Kirche vor. Ihre Grundgestalt ist der Glaube an Jesus Christus und die aus der gläubigen Nachfolge fließende Einheit der Kirchenglieder. Wie im Staat, geht es bei dieser Grundgestalt um die Bewahrung der fundamentalen Identität der Gemeinschaft — um das, was vorhanden sein muß, damit wir von Familien, Staaten, Kirchen sprechen können. Dieser Grundbestand kann nicht Gegenstand demokratischer Mehrheitsentscheidungen sein, er kann nicht einem Dauerplebiszit der *volonté de tous* unterworfen werden; ein kirchliches Grundgesetz, wie es manche befürworten, könnte nur den Sinn haben, ihn der Sphäre des Strittigen, Umkämpften zu entziehen und ihn zu verstetigen — in Analogie zur verfassungsstaatlichen Einhegung der politischen Demokratie. Denn Glaube und Dogma sind, analog gesprochen, die Verfassungssubstanz der Kirche. Sie gehören zum »unabänderlichen Verfassungsrecht«.

Aber ein Einwand: Gibt es nicht auch in diesem Bereich Wandel und Änderung? Spricht man nicht heute, anders als zur Zeit des Modernistenstreits, ganz unbefangen von einer Entwicklung der Dogmen? Nun, genau gesehen, reicht die negative Analogie zur staatlichen Verfassung auch in diesen Bereich hinein: Es gibt in der Kirche wie in den weltlichen Verfassungen den Verfassungswandel (den stillen und die ausdrückliche Revision): Artikel werden weniger wichtig, treten zurück, andere werden plötzlich beachtet; die Akzente verlagern sich, und es setzen neue Interpretationen ein. Auch die kirchliche Grundverfassung hat im Sinne Bagehots *efficient parts* und *dignified parts*. Doch die Analogie hat zwei Grenzen: einmal ist eine Totalrevision der Kirchenverfassung nicht denkbar; zum anderen hat die Kirche keinen *pouvoir constituant*. Weder Papst noch Konzil, noch beide können die *ecclesia semper reformanda* schlechterdings neu schaffen. Man könnte einwenden, daß dies auch eine weltliche Verfassung nicht tun kann, daß auch der Konvent »Frankreich« nicht einfach neu schaffen konnte (schließlich ist er an diesem hybriden Versuch gescheitert). Aber es ist kein Zweifel, daß im Politischen die Verfügung über bestehende und neue Ordnungen erheblich weiter geht und weiter gehen muß als in der Kirche. Einer völligen Gleichsetzung des Verfassungswandels im politischen Bereich und der Dogmenentwicklung in der Kirche steht ja das entgegen, was man — wiederum mit einem Bild — den Stiftungscharakter der Kirche nennt: die Unverfügbarkeit des von Christus hinterlassenen Auftrags und Testaments. Insofern ist der Grundcharakter der Kirche unwandelbar, die Grundgestalt kann nicht geändert werden. »Einer ist euer Meister, Christus.«

2. In den Bereich der positiven Analogien kommen wir mit dem Prinzip der Rechtsstaatlichkeit — Rechtsstaatlichkeit verstanden im allgemeinsten und formalsten Sinn der Berechenbarkeit, Kalkulierbarkeit des Rechts (und damit auch der Rechtssicherheit). Das alles gibt es gewiß auch in der Kirche, die ja ein Recht lange vor dem modernen Staat besaß. Aber es herrscht wohl Einigkeit darüber, daß dieses Kirchenrecht in vielen Punkten revisionsbedürftig geworden ist, daß es nicht ganz der Vision entspricht, die etwa die Kirchenkonstitution des Konzils mit etwas breitem Pinsel von der Kirche gemalt hat.

Und hier sind gewiß einige Forderungen derer, die nach Demokratisierung in der Kirche rufen, berechtigt, etwa die Forderung nach einer innerkirchlichen Verwaltungsgerichtsbarkeit und der Gedanke eines stärkeren Individualrechtsschutzes. Man muß ja leider sagen, daß das Kirchenrecht in bezug auf diesen Individualrechtsschutzes (etwa des Pfarrers, der unter Umständen bei einer Absetzung gar nicht gehört zu werden braucht) bisher noch unter dem Standard des weltlichen Rechts liegt. Daß hier etwas geändert werden muß, will man der Flucht in die Öffentlichkeit vorbeugen, ist jedem Einsichtigen klar. Die Angleichung kirchlicher Normen an das rechtsstaatliche Niveau der weltlichen Gesellschaft ist eine dringende Aufgabe. Doch sollte man sich hüten, das Allheilmittel in einer »Demokratisierung« derart zu sehen, daß gegen »autoritäre Entscheidungen« des Amtes die Macht kirchlicher Räte oder irgendwelcher Solidaritäts- und Verbandsgruppen aufgeboten wird. Rechtsstaatlichkeit bedeutet vielmehr: klare Kompetenzordnung, um das oft anarchische Neben- und Gegeneinander alter und neuer »Mächte« in der Kirche abzufangen und der sich rasch verbreitenden Vorstellung entgegenzuwirken, Pfarrer, Kapläne, Bischöfe und Räte seien so etwas wie Tarifparteien, die in Arbeitskämpfen um Macht und Einfluß konkurrierten.

3. Ein dritter Bezirk ist die Gewaltengliederung. Auch hier kann man gewiß nicht einfach das politische Prinzip in die Kirchen übertragen, zumal da die praktischen Ausgestaltungen vielfältig und nicht unumstritten sind. Aber einige analoge Anwendungen drängen sich auf. Ich erinnere nur an zwei Dinge: einmal geht ja die Kirche immer noch von einer (sonst im weltlichen Bereich überall zurückgedrängten) Gewalteinheit aus. Der Rechtsbegriff kirchlicher Gesetzgebungs- und Verwaltungshoheit — jurisdictio — umfaßt Exekutive und Judikative. Zum anderen liegt die Legislativgewalt noch immer beim Papst. Der Papst kann das kirchliche Recht — zumindest ist das noch geltende Auffassung — souverän ändern. Er ist freilich, solange es gilt, an dieses Recht gebunden; aber faktisch ist er noch immer der oberste Gesetzgeber, wenn auch die Bischofssynode inzwischen als reguläre Einrichtung (jedoch nur in beratender Funktion) institutionalisiert wurde. Hier werden sich wohl im Laufe der nächsten Jahre, ohne

daß der Primat in Frage gestellt wird, kollegiale Beispruchsrechte der Bischofssynode entwickeln — und dieser Prozeß könnte weiter unten, auf der Ebene der Ordinarien, seine Fortsetzung finden.

Das ist das eine Problem. Das andere Problem besteht darin, daß der kirchliche Gewaltbegriff einer Neudefinition bedarf[24]. Hier gehen die Bemühungen dahin, den Begriff der »heiligen Gewalt«, der gestifteten Gewalt und der verliehenen Ordinationsgewalt, schärfer abzuheben von der Gewaltausübung in der Kirche überhaupt. Um ein Beispiel zu nennen: Die Regierung eines Bistums ist sicher ein Akt geistlicher Gewalt. Es wäre undenkbar, daß ein Laie das täte. Kirchliche Amtsverantwortung ist gebunden an die Weihe, an das Amt im eigentlichen Sinn. Aber diese heilige Gewalt ist nicht vonnöten für die kirchlichen Finanzen, für Dinge der kirchlichen Caritas, für kirchliche Soziallehre und Sozialpolitik, für das Presse- und Nachrichtenwesen.

Ich würde also eine zweifache Richtung sehen, in der sich ein Prozeß der Demokratisierung sinnvoll entwickeln könnte: einmal eine deutlichere Scheidung der bis jetzt noch einheitlichen Gewalten der Gesetzgebung, der Exekutive, der Judikative (Stichwort: kirchliche Verwaltungsgerichte unabhängig von der Exekutive; Hineinwachsen der Laien in die Teilhabe an der kirchlichen Gesetzgebung) und zum anderen eine deutlichere Scheidung zwischen der heiligen Gewalt, die unaufgebbar ist und mit dem Stiftungscharakter zusammenhängt, und jeder anderen politischen Gewalt in der Kirche.

4. Am weitesten ist der Prozeß der »Demokratisierung« wohl im Bereich der sogenannten Räte vorangeschritten. Die »Synodalisierung« auf Pfarrei-, Dekanats- und Diözesanebene ist in vollem Gang. In ersten euphorischen Erklärungen sprach man von einer Erneuerung der altchristlichen Synodalstruktur der Kirche; inzwischen hat man freilich erkannt, daß die neuen Institutionen nicht nur ein potentieller demokratischer Zuwachs sind, sondern auch Probleme mit sich bringen[25].

Das eine Problem liegt darin, daß die rechtliche Stellung dieser Organe bis heute nicht zufriedenstellend geklärt ist. Es ist nicht klar, inwieweit sie — die vielfach Formen des überlieferten Laienapostolats übernommen haben — integrierende Bestandteile des kirchlichen Amtes sein oder in einer mehr selbständig-beratenden Rolle neben ihm stehen sollen. Wichtiger ist eine zweite Frage: ob es nämlich neben ihnen ein freies, ins Soziale und Politische reichendes Laienapostolat in Zukunft überhaupt noch geben wird. Schon jetzt zeigt sich, daß der Verbandskatholizismus — vom politischen und sozialen Katholizismus nicht zu reden — durch die neuen Formen allmählich mediatisiert und schließlich ausgelaugt wird. An die Stelle weltlicher Aktivität aus dem Glauben tritt die geistliche Teilnahme der Laien an einer demokratisierten Kirche. Die Folge ist eine gewaltige Inversion der kirchlichen Kräfte: der Kirche werden gerade die in die Welt ausstrahlenden Energien genommen, die geschichtlich an die »Handlungsverteilung« von Klerikern und Laien und an die Existenz eines selbständigen Laienstandes geknüpft waren.

Ist mein Bild zu negativ? Ich fürchte, nein. Kommt das Positive über der Kritik zu kurz? Ich glaube nicht. Wer sich heute an das Problem Demokratie in der Kirche herantastet, muß, will er nicht Schlagworte aufsammeln, erst einmal Kritik der herrschenden Lehren betreiben. Denn an unkritischen Demokratisierungskonzepten fehlt es nicht. Ich gebe aber die Hoffnung nicht auf, daß die Theologen sich des Problems der Demokratie noch in anderer Weise annehmen werden als in jener heute dominierenden Art, die sie zu Mitläufern und Nachbetern modischer Gesellschafts- und Geschichtstheorien von kurzem Atem macht. Einige neue Ansätze sind bereits erkennbar[26]. Einstweilen bleibt es in der Kirche in »dürftiger Zeit« Aufgabe sowohl der ungeliebten Historiker wie der vielgelobten, aber wenig gelesenen Sozialwissenschaftler, Fragen zu stellen, Zweifel anzumelden und die Skepsis gegenüber vorschnellen ideologischen Lösungen wachzuhalten — jene heilende Skepsis, die die Nachbarin des Glaubens ist.

438

Fußnoten

1 Meine einschlägigen Arbeiten sind zusammengefaßt in dem Bändchen: Der Christ in der Demokratie, Winfried-Verlag, Augsburg 1968.

2 W. Post, Wieweit ist eine Demokratisierung der Kirche möglich?, in: Demokratisierung der Kirche. Bericht und Referate vom Hochschulring des Bundes Neudeutschland, 1969, S. 9 ff., 22.

3 K. Rahner, Demokratie in der Kirche?, in: Stimmen der Zeit, Nr. 182, 1968, S. 1 ff.

4 Vgl. H. Maier, Revolution und Kirche, Freiburg, 1965; J. Rief, Zum Demokratieverständnis der Kirche, in: Jahrbuch für christliche Sozialwissenschaften, Nr. 10, 1969, S. 45 ff.

5 Kennzeichnend ist die Umschreibung des Begriffs »christliche Demokratie« durch Leo XIII. als »actio benefica in populum christiana« (Enzyklika »Graves de communi«, 1901).

6 Vgl. etwa J. Giers, Demokratie im Urteil des sozialethischen und sozialtheologischen Denkens in Deutschland, in: Jahrbuch für christliche Sozialwissenschaften, Nr. 10, 1969, S. 77 ff.

7 W. Walter, Die sozialethische Definition der Demokratie (Studia Friburgensia, N. F., Bd. 31), Freiburg (Schweiz) 1962; J. Rief, a. a. O., und, am gleichen Ort, L. Roos, Freiheit — Gleichheit — Brüderlichkeit. Formale Prinzipien und materiale Gehalte in der Demokratie, S. 7 ff.

8 So W. Dirks in: Frankfurter Hefte, 2/1970, S. 111, mit Bezug auf die »alten Herren der Görres-Gesellschaft«.

9 Vgl. etwa den jüngsten Stand der Diskussion in: Metz — Moltmann — Oelmüller, Kirche im Prozeß der Aufklärung, München - Mainz 1970.

10 J. B. Metz, Zur Theologie der Welt, Mainz - München 1968, S. 103 f.

11 J. Moltmann, Christentum als Religion der Freiheit, in: Schöpfertum und Freiheit in einer humanen Gesellschaft (Marienbader Protokolle der Paulus-Gesellschaft), Wien - Frankfurt am Main - Zürich 1969, S. 150 ff., 163 f.

12 So bemerkt etwa J. Moltmann zu den Einwänden von R. Spaemann, er könne in diesen Ausführungen gegen die politische Theologie »keine spezifisch christlichen Wendungen entdecken« (Kirche im Prozeß der Aufklärung, a. a. O., S. 19, Anm. 20), wobei er hinzufügt, er respektiere Spaemanns religiöse Einstellung ebenso »wie den Atheismus marxistischer Partner«. Die Arroganz dieses Diktums ist bemerkenswert. Seit wann entscheiden Theologen, wer ein Christ ist?

13 H. Hoefnagels, Demokratisierung der kirchlichen Autorität, Freiburg im Breisgau 1969.

14 Ebenda, S. 86 f.

15 K. Rahner, a. a. O., S. 1.

16 K. B. Hasselmann, Politische Gemeinde. Ein kirchliches Handlungsmodell am Beispiel der Evangelischen Studentengemeinde an der Freien Universität Berlin, Hamburg 1969, S. 164.

[17] Hierzu *K. Lehmann*, Die »politische Theologie«: Theologische Legitimation und gegenwärtige Aporie, in: *H. Peukert* (Hrsg.), Diskussion zur »politischen Theologie«, München 1969, S. 185 ff., besonders S. 195 ff., 200 ff.

[18] *M. Hättich*, Demokratie als Herrschaftsordnung, Köln - Opladen 1967, S. 42 f.

[19] Ebenda, S. 133 ff.; vgl. auch *H. Sartori*, Democrazia e definizioni, Bologna 1957, S. 121 ff.; *H. Maier — U. Matz*, Grenzen der Demokratisierung, in: Die politische Meinung, 1969/2, S. 42 ff.

[20] Vgl. *R. Aron*, Essai sur les libertés, Paris 1965; *U. Matz*, »Demokratisierung« statt Hochschulreform?, in: Zeitschrift für Politik, Nr. 16, 1969, S. 183 ff.; *W. Hennis*, Demokratisierung. Zur Problematik eines Begriffs, Köln - Opladen 1970.

[21] So vor allem *Hoefnagels* in seinem in Anm. 13 zitierten Buch.

[22] Näheres in meinem Aufsatz »Demokratie in der Kirche«, in: Geschichte in Wissenschaft und Unterricht, 1969/11—12 (Felix Messerschmid zum 65. Geburtstag), S. 656 ff. Zum Grundsätzlichen auch *C. Bauer*, Bild der Kirche — Abbild der Gesellschaft (1956); jetzt in *Bauer*, Deutscher Katholizismus. Entwicklungslinien und Profile, Frankfurt am Main 1964, S. 9 ff.

[23] Vgl. *H. Ehmke*, Grenzen der Verfassungsänderung, Berlin 1953; *H. Peters*, Entwicklungstendenzen der Demokratie in Deutschland seit 1949, in: Festgabe für Z. Giacometti, Zürich 1953; *K. von Beyme*, Die verfassungsgebende Gewalt des Volkes, Tübingen 1968.

[24] Hierzu die abwägende Diskussion bei *M. Kaiser*, Kann die Kirche demokratisiert werden?, in: Lebendiges Zeugnis, 1/1969, S. 3 ff., 10 f.

[25] Vgl. hierzu die Vorträge von *W. Kasper* und *H. Maier* (Zentralkomitee der deutschen Katholiken, Berichte und Dokumente, Nr. 3, 1969); sowie *Klaus Hemmerle*, Zur Entwicklung der nachkonziliaren Räte in der Bundesrepublik. Theologische Reflexionen und praktische Erfahrungen (1970, noch unveröffentlicht).

[26] Vgl. den schon erwähnten Aufsatz von *M. Kaiser* (Anm. 24) sowie *J. Ratzinger*, Demokratie in der Kirche?, Limburg 1970.

Anhang

Der »andere« Aspekt der Demokratisierung:
Die Forderung nach Einführung
demokratischer Grundrechte in totalitären
Herrschaftssystemen

GÖTZ BRIEFS

Zum sowjetischen Wirtschafts- und Gesellschaftssystem

Dem französischen Dichter *Paul Valéry* wird das Wort zugeschrieben: zwei Gefahren bedrohen die Welt, die Ordnung und die Unordnung. Die Wahrheit dieses Wortes ist in dieser Phase der Geschichte mit Händen zu greifen. Während die westlichen Staaten in einem offensichtlichen Zustand politischer und sozialer Gärung sich befinden, stehen die kommunistischen Länder, in erster Linie die Sowjetunion, als Beispiel geordneter Verhältnisse; die sowjetische Propaganda betont mit Genugtuung und mit hohen Erwartungen für das kommunistische System, die westliche Welt sei zunehmend der Verrottung ausgesetzt, zeige interne Spannungen und Unruhen im Gegensatz zu den stabilen Verhältnissen des Kommunismus. Führende Persönlichkeiten der Sowjetunion berechnen schon die Zeit, wo die kommunistische Wirtschaft den Standard der westlichen Welt, auch den der USA, erreicht und überholt haben wird. Man glaubt das Risiko einer atomaren Explosion gar nicht laufen zu müssen, weil der Westen wegen seiner Unstabilität und Unordnung von der Sowjetunion überrollt werde. Man brauche nur Geduld zu haben. Vielleicht hatte *Lenin* recht, wenn er sagte, die »westlichen Länder werden uns noch den Strick verkaufen, an dem wir sie aufhängen«.

Man weiß seit *Aristoteles,* daß der Staat zum schlechten Staat werden kann, wenn er die bürgerlichen Freiheiten mißachtet und verletzt, aber auch wenn die Bürger diese Freiheiten mißbrauchen. Kann der Kommunismus als eine gute Ordnung im Sinn des *Aristoteles* und der westlichen Zivilisation bezeichnet werden? Oder ist er wesenhaft eine schlechte Ordnung des staatlichen und gesellschaftlichen Verhältnisses?

Es ist eine kollektive Zwangsordnung, die ideologisch, mehr und mehr aber auch zur Verteidigung der herrschenden Klasse, alle bürgerlichen Rechte und persönlichen Freiheiten negiert. Nicht umsonst bezeichnete *Lenin* persönliche Freiheit und Eigentum als »bürgerliche Vorurteile«. Das Zwangskollektiv in Gestalt des Staates, der von der Kommunistischen Partei beherrscht wird, gewinnt duch Verneinung der bürgerlichen und persönlichen Freiheit einen ideologisch und praktisch rund herum gefestigten Stand. Die Partei, die den Staat im Griff hat und zum Instrument des Terrors und totaler Kontrolle benutzt, ist damit zur absoluten Person geworden, die die Personenrechte des Menschen und Bürgers für sich reklamiert. Aber Freiheit und Vernunft besitzt nur die menschliche Person. Kein Kollektiv hat sie.

Hier liegt das Protón pseudós, die Urlüge aller totalitären Gewalten. Sie beanspruchen für sich das totale Recht der Ordnung des Gesamtdaseins bis in die Intima des persönlichen Lebens. Aber das bedingt, daß sie im weitesten Umfange Entscheidungsmacht und Kontrollfunktionen an eine Fülle von allgegenwärtigen Bürokratien, abhängig in all ihren Stufen von der absoluten Zentrale, d. h. der Kommunistischen Partei, delegiert. Jedes einzelne Mitglied dieser tiefgestaffelten Bürokratien ist abhängig in Zuständigkeit, Einkommen und Privilegien von der absolut regierenden Partei. Die entsprechende, alles umfassende Verwaltung dieser Art Gesellschaft kann nicht ohne allgegenwärtige Bürokratien existieren.

Da sich die Sowjetunion aus ideologischen wie politischen Gründen entschlossen hat, sich zum Industriestaat auszubauen — mit dem gleichzeitigen Unternehmen, auch die Landwirtschaft industriell umzufunktionieren, so formiert sich zwangsläufig neben Verwaltungs- und Kontrollbürokratie eine technokratische Schicht, die in der Entwicklung und Führung von gewaltig geforderten Industrieunternehmen unvermeidlich das entscheidende Wissen und die entscheidende Macht ist.

Was wird unter diesen Umständen aus der »Diktatur des Proletariats«, die, nach *Marx,* in der großen Krise des Spätkapitalismus die Betriebe erobert und führt? Nachdem, wie *Lenin* überzeugt war, die Betriebsführung (Management) vom Kapitalismus schon so entwickelt war, daß sie praktisch nur eine Art Buchhaltungskunde sei, könnte sie auch dem letzten Arbeiter zugemutet werden. *Lenin* hatte daher zunächst den Arbeitern die industriellen Betriebe zur Selbstführung und Selbstverwaltung zugesprochen — mit der

Wirkung, daß sie alles, auch das, was niet- und nagelfest war, abmontierten und auf dem Markt verkauften. Diese Demontage von Betrieben hat *Lenin* schnell veranlaßt, den Arbeitern den Betrieb aus der Hand zu nehmen und die »Neue Ökonomische Politik« einzuführen. So ist statt der kapitalistischen Herrschaftsklasse nicht das Proletariat zur Macht gekommen, sondern eine ungeheure Bürokratie mit allen denkbaren Schattierungen von Rang, Einkommen und Privilegien, aber abhängig von der politischen und wirtschaftlichen Zentrale, d. h. von der regierenden Partei. Neben dieser Verwaltungsbürokratie entwickelte sich eine gewaltige Technokratie, die in Unternehmungen und Betrieben die tatsächliche Macht ausübt: eine *Expertokratie.*

Ergebnis: Der Kommunismus in Aktion hat die kapitalistische Klassenstruktur beseitigt, *aber aus dem Sachzwang heraus an ihrer Stelle eine neue Klassenstruktur entwickelt,* komplett mit Herrschaftsbefugnissen über den arbeitenden Menschen, der nach wie vor im Lohnverhältnis steht und immer noch ausgebeutet wird von den Bürokratien und den Technokraten, die beide, wie *Gilles Martinet*[1] sagt, »vom Schweiß der Arbeiter leben«. Er stellt fest, daß die Masse der Arbeiter »sehr schlecht lebt«. Der Fächer der Löhne, der zunächst 1—3, je nach Arbeiterkategorie, betrug, stieg auf 1—8, dann auf 1—10, und wenn man die Prämien für »Stachanow-Arbeiter« und »Udarniks« einrechnet, 1—20. Aber die höheren Löhne sind die Ausnahmen; es bleibt dabei, daß der Arbeiter »très mal« lebt (S. 64). Im Gegensatz dazu stiegen die Einkommen und Privilegien der herrschenden Gruppe, aber auch die der führenden bürokratischen und technischen Stäbe gewaltig an. *Martinet* charakterisiert die herrschende Schicht als eine Haute Bourgeosie, die sich im Kommunismus formiert hat und auf entsprechend großem Fuße lebt (S. 60).

Die Existenz einer neuen herrschenden Klasse wird von einigen Autoren bestritten mit dem Argument, diese Klasse sei nicht fundiert im Privateigentum, wie das im Kapitalismus der Fall sei. *Martinet* entgegnet: Die Beobachtung trifft zu, aber sie ist oberflächlich. Das Entscheidende ist nicht die juristische Tatsache, daß diese Schicht nicht vom Privateigentum an Produktionsmitteln

[1] Vgl. *Gilles Martinet:* Les Cinq Communismes, Ed. du Seuil, Paris 1971.

lebt — die ja dem Staat gehören —, sondern daß neue Formen der Ausbeutung und des Mehrwerts zum Sondervorteil privilegierter Gruppen verfügbar sind. Bürokratie und Technokratie sind in ihren Spitzen mitprivilegiert, haben aber keinen Anteil an der Macht. Ihre hohen Gehälter und großen Privilegien genießen sie unter der Bedingung, daß sie dem Parteiapparat gehorchen. Sie sind also, wie *Martinet* (S. 62) bemerkt, etwas Ähnliches wie die Clienten im alten Rom. Die Allmacht, die die herrschende Schicht für sich reklamiert, rechtfertigt sie damit, daß sie die Wissenschaft des Marxismus-Leninismus besitzt, daher alle Probleme zu lösen imstande ist, welche Lösungen ohne weiteres als gerecht und im Interesse des Volkes betrachtet werden (S. 58).

In ähnlicher Weise analysiert und kritisiert *Martinet* die vielgerühmte Autosuggestion der Unternehmen und Betriebe durch die jugoslawische Arbeiterschaft. Praktisch haben auch hier die Bürokraten und Technokraten Entscheidung und Kontrolle in der Hand. Den Betriebsräten verbleibt nur, ja oder nein zu sagen, und sie wissen, auf welcher Seite ihr Brot gebuttert ist. Neben der Sowjetunion und Jugoslawien untersucht *Martinet* China, die Tschechoslowakei und Kuba, mit ähnlich negativem Resultat. Der Kommunismus ist nun seit über 50 Jahren auf dem Prüfstand; es zeigen sich deutliche Anzeichen, daß er außerstande war zu halten, was er versprochen hat. Als Belege für diese Enttäuschung sei verwiesen auf eine wachsende Anzahl weiterer kritischer Studien, unter ihnen *Serge Mallet*, Pouvoir ouvrier, bureaucratie ou démocratie ouvrier (Edition Anthropos, Paris 1971), ferner *F. Bohn* und *M. A. Burnier*, Classe ouvrière et revolution (Edition Anthropos, du Seuil, Paris 1971), und *Marc Paillet*, Marx contre Marx, Denoël, Paris 1971).

Es wurde vorhin bemerkt, die Sowjetunion habe ihren Ehrgeiz auch darin gesehen, die Landwirtschaft des Landes kollektiv umzufunktionieren und eine Industrie aus ihr zu machen. Vor dem Umsturz war Rußland ein Land gewaltiger Exporte landwirtschaftlicher Produkte. Seit Jahren nun kauft die Sowjetunion Getreide von den Vereinigten Staaten, von Kanada und Australien. Neben dem kollektivierten Sektor der Landwirtschaft der Sowjetunion besteht ein kleiner Sektor — 5% der gesamten Agrarfläche — zur freien Bewirtschaftung und freiem Marktverkauf den

Mitgliedern der großen Kolchosen zur Verfügung. Landwirtschaftliche Sachverständige, wie die Professoren *Karl Brandt* (Stanford) und *Konstantin von Dietze* (Freiburg im Breisgau), haben aus persönlicher Erfahrung festgestellt, daß diese kleinen Quasi-Privatbetriebe der Landwirtschaft mit äußerster Sorgfalt gepflegt und bearbeitet werden, während das Kolchosenland schlecht bewirtschaftet wird und — verglichen mit dem Privatsektor — schlechte Erträge zeigt. Nach Angaben von *Martinet* (S. 80 und 85) produziert der Privatsektor der Landwirtschaft, wo der Bauer noch sein Quasi-Land bewirtschaftet und zum Markte bringt, fast 50% des Gesamtverbrauchs an Fleisch, Milch, Früchten und Kartoffeln.

Er schildert (S. 80 bis 87) auch die vielen Bestechungen, Betrugsfälle und Diebstähle, die sich in Landwirtschaft und Industrie finden. Dazu nötigt auch die von *Martinet* (S. 80) dargestellte Taktik, unbrauchbare Industrieprodukte, die in staatlichen Depots gelagert werden, in der Statistik trotzdem aufzuführen. Man rechnet dort, wo Rubel mehr Eindruck machen, mit Rubel, da, wo Tonnen mehr Eindruck machen, mit Tonnen. Ein klassischer Fall liegt vor bei Flachglas, wo der offizielle Plan mit Flächen rechnet und nicht mit Tonnen. Die Flachglas produzierenden Betriebe machen nun das Glas äußerst dünn, um *hohe Leistung zu präsentieren*; der Effekt ist ein unerhörter Prozentsatz von Bruch (ca. 40%), der in der Statistik munter als Produktionsleistung von Glas verbucht wird.

Das gleiche zeigt sich in der Stahlproduktion: »One important reason for the large steel consumption is the waste of metal, partly because heaviness of the product may actually favor plan fulfillment and, second, because a lack of cost consciousness leads to the squandering of steel in the production process« *(Herbert Block)*.

Es sei nicht vergessen, daß *Martinet* Marxist ist und als solcher spricht. Er besteht darauf, Ausbeutung des Proletariats im großen Stile existiere im Sowjetsystem; der Mehrwert gehe nicht an Privateigentümer, sondern an den Staat; die Kommunistische Partei aber habe sich des Staates bemächtigt und ist zum Staate geworden (S. 74). Menschliche Würde und Freiheit sind den Massen der Arbeiterschaft vorenthalten, aber ähnlich, wie früher die Kapitalisten, bietet man jetzt den Arbeitern »peu d'information mais beaucoup de religion«.

R. A. Medwedew, A. D. Sacharow, W. F. Turtschin

Offener Brief an die sowjetische Führungsspitze*

An das Zentralkomitee der KPdSU, L. I. Breschnew
An den Ministerrat der UdSSR, A. N. Kossygin
An das Präsidium des Obersten Sowjets der UdSSR,
N. W. Podgorny

Hochverehrte Genossen,

Wir wenden uns an Sie in einer Frage von größter Wichtigkeit. Unser Land erreichte viel in der Entwicklung der Produktion, in Erziehung und Kultur, bei der hauptsächlichen Verbesserung der Lebensbedingungen der Werktätigen, bei der Schaffung neuer sozialer Beziehungen zwischen den Menschen. Diese Errungenschaften haben historische Bedeutung; sie haben einen tiefen Einfluß auf die Lage in der ganzen Welt ausgeübt und eine feste Basis für den weiteren Aufbau des Kommunismus geschaffen. Aber es gibt auch ernste *Schwierigkeiten* und Fehler.

In diesem Brief wird ein Standpunkt dargelegt und entwickelt, der kurz in folgenden Thesen zusammengefaßt werden kann:

1. Es ist heute eine dringende Notwendigkeit, eine Reihe von Maßnahmen für die weitere *Demokratisierung* des gesellschaft-

---

* Im März des Jahres 1970 haben die Professoren *A. D. Sacharow, W. F. Turtschin* und *R. A. Medwedew* einen Brief an die sowjetische Führungsspitze gerichtet, in dem sie eine breit angelegte Demokratisierung der sowjetischen Wirtschafts- und Gesellschaftsordnung fordern. Dieser Brief ist nun im Westen bekanntgeworden. Wir veröffentlichen im folgenden dieses Dokument im Wortlaut, um einen Vergleich mit den in der Bundesrepublik Deutschland erhobenen Demokratisierungsforderungen zu ermöglichen. Die Übersetzung stellte uns die »Neue Zürcher Zeitung« freundlicherweise zur Verfügung.

lichen Lebens unseres Landes zu treffen. Diese Notwendigkeit entspringt, zum Teil, aus dem engen Zusammenhang von Problemen der techno-ökonomischen Entwicklung und der wissenschaftlichen Verwaltungsmethoden mit den Fragen der Informationsfreiheit, der Publizität und des Wettbewerbs. Diese Notwendigkeit entspringt auch aus anderen innen- und außenpolitischen Problemen.

2. Die Demokratisierung soll zur Aufrechterhaltung und Stärkung der sowjetischen sozialistischen Ordnung, der sozialistischen Wirtschaftsstruktur, unserer gesellschaftlichen und kulturellen Errungenschaften und der sozialistischen Ideologie beitragen.

3. Die Demokratisierung, die unter Führung der KPdSU in Zusammenarbeit mit allen Gesellschaftsschichten durchgeführt wird, soll die *leitende Rolle der Partei* im wirtschaftlichen, politischen und kulturellen Leben der Gesellschaft erhalten und festigen.

4. Die Demokratisierung soll *schrittweise* durchgeführt werden, um mögliche Komplikationen und Fehlschläge zu vermeiden. Gleichzeitig soll sie gründlich und tiefgreifend sein und konsequent sowie auf Grund eines sorgfältig ausgearbeiteten Programms durchgeführt werden. Ohne eine gründliche Demokratisierung wird unsere Gesellschaft nicht die sich aufdrängenden Probleme lösen und sich nicht normal entwickeln können.

Es gibt Gründe zur Annahme, daß der in diesen Thesen ausgedrückte Standpunkt in gewissem Grade von einem *bedeutenden Teil* der sowjetischen Intelligenz und der Avantgarde der Arbeiterklasse geteilt wird. Dieser Standpunkt spiegelt sich auch in den Meinungen der Studenten und der Arbeiterjugend sowie in zahlreichen Diskussionen kleiner Zirkel. Aber wir halten es für zweckmäßig, diesen Standpunkt zusammenhängend in Form eines Briefes darzulegen, um eine umfassende und offene Diskussion der wichtigsten Probleme anzuregen. Wir bemühen uns um eine positive und konstruktive Einstellung, die für die Führung von Partei und Staat *annehmbar* ist und Mißverständnisse und unbegründete Befürchtungen entkräften soll.

Im Laufe der vergangenen Dekade tauchten in der Wirtschaft unseres Landes bedrohliche Zeichen von *Unstimmigkeiten* und der

Stagnation auf, wobei die Wurzeln dieser Schwierigkeiten weiter in frühere Perioden zurückreichen und grundsätzlichen Charakter haben. Ständig sinkt das Wachstumstempo des Volkseinkommens. Es wächst das Mißverhältnis zwischen den für eine normale Entwicklung benötigten und dem tatsächlichen Einsatz neuer Produktionskapazitäten. Es gibt zahlreiche Beweise für Fehler bei der Festlegung der technischen und ökonomischen Politik für Industrie und Landwirtschaft sowie für unzulässige Verschleppung von Entscheidungen über unaufschiebbare Probleme.

Defekte im System der Planung, der Rechnungsführung und des Anreizes führen oft zu Gegensätzen zwischen lokalen und nationalen Interessen. Als Folge davon werden Reserven zur Entwicklung der Produktion nicht aufgedeckt und ungenügend ausgenutzt und dadurch der technische Fortschritt verlangsamt. Aus diesen Gründen werden natürliche Reichtümer ungestraft und ohne Kontrolle zerstört: Abholzung von Wäldern, Verschmutzung des Wassers, Überschwemmung wertvollen Ackerlandes, Erosion und Versalzung fruchtbaren Bodens usw. Allgemein bekannt ist die chronisch ernste Lage der *Landwirtschaft,* besonders in der Viehzucht. Das Realeinkommen der Bevölkerung hat in den letzten Jahren kaum noch zugenommen; Ernährung, medizinische Betreuung und die Dienstleistungen auf allen Lebensgebieten verbesserten sich nur langsam und unterschiedlich in den verschiedenen Landesteilen. Der Umfang mangelhafter Ware nimmt zu. Im Lande gibt es deutliche Zeichen einer *Inflation.*

Ganz besonders alarmierend für die Zukunft unseres Landes ist die Verlangsamung der Entwicklung des *Erziehungswesens:* unsere Gesamtausgaben für Erziehung sind dreimal geringer als in Amerika, und sie nehmen nur langsam zu. Auf tragische Weise nimmt der Alkoholismus überhand, und bereits taucht die Gefahr der Rauschgifte bei uns auf. In vielen Gegenden des Landes nimmt die *Kriminalität* zu. In einer Reihe von Orten sind Symptome der Korruption festzustellen. In der Arbeit wissenschaftlicher und wissenschaftlich-technischer Organisationen tritt immer mehr Bürokratismus, Amtsbeschränktheit, formalistische Einstellung zu ihren Aufgaben und Fehlen von Initiative zutage.

Ein entscheidender Erfolgsmaßstab beim Vergleich ökonomischer Systeme ist bekanntlich die *Arbeitsproduktivität.* Und gerade da-

mit ist es am schlechtesten bestellt. Nach wie vor ist die Arbeitsproduktivität bei uns um ein Mehrfaches niedriger als in den kapitalistischen Ländern, und ihr Wachstum hat sich stark verlangsamt.
Diese Lage ist besonders beunruhigend, wenn man sie mit der in
den wichtigsten kapitalistischen Ländern, besonders in Amerika,
vergleicht. Durch die Einführung von Elementen staatlicher Planung und Intervention in ihrer Wirtschaft haben diese Länder
die verheerenden Krisen überwunden, die früher die kapitalistische
Wirtschaft heimgesucht hatten. Die umfassende Einführung von
Automation und Computertechnik förderte ein rasches Wachstum
der Arbeitsproduktivität und erlaubte die Überwindung gewisser
sozialer Schwierigkeiten und Widersprüche, zum Beispiel durch
Einführung von Arbeitslosenunterstützung, von Arbeitszeitverkür-
zung usw.

Wenn wir unsere Wirtschaft mit der Amerikas vergleichen,
müssen wir feststellen, daß wir nicht nur quantitativ, sondern auch
— was noch schlimmer ist — *qualitativ* im Rückstand sind. Je neuer
und revolutionärer ein Wirtschaftszweig ist, desto größer ist bei
ihm der Abstand zwischen Amerika und uns. Wir übertreffen zwar
Amerika in Kohlenförderung, sind jedoch in der Produktion von
Erdöl, Gas und Elektrizität zurückgeblieben; wir sind um das
Zehnfache in der Chemie und unendlich weit in der Computertechnik zurück. Gerade dieser Rückstand ist ganz besonders entscheidend, da der Einsatz elektronischer Rechenmaschinen in der
Volkswirtschaft von entscheidender Bedeutung ist und den Produktionsprozeß und die ganze Kultur radikal verändern kann.
Diese Entwicklung wird richtig als *zweite industrielle Revolution*
bezeichnet. Übrigens ist der Umfang unseres Computerparks hun-
dertmal kleiner als in Amerika, und was den Einsatz von Com-
putern in der Volkswirtschaft anbelangt, ist der Abstand so groß,
daß er gar nicht mehr zu messen ist. Wir leben in einem *andern
Zeitalter*.

Im Bereich der *wissenschaftlichen und technischen Erfindungen*
ist die Situation auch nicht viel besser. Hier ist ein Vorsprung für
uns nicht in Sicht, eher umgekehrt. Am Ende der fünfziger Jahre
war unser Land das erste der Welt, das einen Sputnik abschoß
und einen Menschen in den Weltraum sandte. Ende der sechziger
Jahre haben wir den Vorsprung auf diesem Gebiet, wie auch auf

vielen anderen Gebieten, verloren. Die ersten Menschen, die auf dem Mond landeten, waren *Amerikaner*. Diese Tatsache ist nur eine Bestätigung für den bestehenden und wachsenden Abstand zwischen uns und den westlichen Ländern auf der breiten Front der wissenschaftlichen und technologischen Arbeit.

In den zwanziger und dreißiger Jahren hat die kapitalistische Welt eine Periode von Krisen und Depressionen durchgemacht, während wir damals die durch die Revolution angefachte nationale Energie nutzten und in unerhörtem Tempo unsere Industrie schufen. Damals wurde die Lösung ausgegeben: Amerika einholen und überholen! Und in den folgenden Jahrzehnten haben wir tatsächlich aufgeholt. Dann änderte sich dieses Verhältnis. Es begann die zweite industrielle Revolution, und jetzt, Anfang der siebziger Jahre, müssen wir feststellen, daß wir Amerika nicht eingeholt haben und wir immer mehr zurückbleiben.

Warum das? Warum waren wir nicht die Pioniere der zweiten industriellen Revolution, und warum waren wir nicht fähig, diese Revolution gleichzeitig mit den kapitalistischen Ländern zu beginnen? Bietet unsere sozialistische Gesellschaftsordnung wirklich schlechtere Bedingungen als die kapitalistische für die Entwicklung der Produktionskräfte, und wird im wirtschaftlichen Wettbewerb zwischen Sozialismus und Kapitalismus wirklich der Kapitalismus den Sieg davontragen?

Natürlich nicht! Die Wurzel unserer Schwierigkeiten liegt nicht in der sozialistischen Ordnung, sondern umgekehrt in jenen Besonderheiten und Verhältnissen unseres Lebens, die dem Sozialismus zuwiderlaufen und ihm feindlich sind. Diese Wurzel liegt in den *antidemokratischen Traditionen* und Normen des gesellschaftlichen Lebens, die in der *stalinistischen Zeit* entstanden sind und die bis heute noch nicht völlig liquidiert worden sind. Zwangsmaßnahmen außerhalb der Wirtschaft, Begrenzung des Informationsaustauschs und der Gedankenfreiheit und alle anderen antidemokratischen Entstellungen des Sozialismus unter *Stalin* betrachtet man bei uns als den unvermeidlichen Preis für den Industrialisierungsprozeß. Man nimmt an, daß sie keinen nachteiligen Einfluß auf die Wirtschaft des Landes ausgeübt haben, auch wenn sie Folgen im politischen und militärischen Bereich und für das Schicksal breiter Bevölkerungsschichten und ganzer Nationalitäten hatten. Wir lassen die Frage offen, ob diese Beurteilung der früheren Etappen in der Entwicklung der sozialistischen Volkswirtschaft zutrifft; die Verlangsamung der industriellen Entwicklung in den Vorkriegsjahren läßt eher das Gegenteil vermuten. Fest steht jedoch, daß mit dem Beginn der zweiten industriellen Revolution diese Erscheinungen zu einem entscheidenden ökonomischen Faktor und zu einem Hemmschuh für die Entwicklung der Produktionskräfte unseres Landes geworden sind. Infolge der Ausdehnung und Komplexität des Wirtschaftssystems rücken die Fragen der *Organisation* und der *Verwaltung* in den Vordergrund. Diese Fragen können nicht mehr durch eine oder mehrere Personen gelöst werden, die an der Macht sind und »alles wissen«. Sie verlangen vielmehr die schöpferische Teilnahme von Millionen Menschen auf allen Ebenen des Wirtschaftssystems sowie einen breiten Austausch von Informationen und Ideen. Dadurch unterscheidet sich die moderne Wirtschaft von der des alten Orient.

Indessen stößt der Austausch von Information und Ideen in unserem Land auf unüberwindliche *Hindernisse*. Wahrheitsgetreue Information über unsere Mängel und negative Erscheinungen werden unter dem Vorwand geheimgehalten, daß sie »von feindlicher Propaganda ausgenützt werden könnte«. Der Austausch von Informationen mit dem Ausland wird beschränkt aus Angst vor dem »Eindringen feindlicher Ideologie«. Theoretische Entwürfe und praktische Vorschläge, die gewissen Leuten als zu kühn erscheinen, werden aus Angst vor einer »Unterminierung der Fundamente« diskussionslos im Keime erstickt. Es gibt bei uns unverholenes Mißtrauen gegenüber schöpferischen Denkern und kritischen, aktiven Persönlichkeiten. Unter diesen Bedingungen entsteht ein Klima, das nicht den Aufstieg jener fördert, die sich durch hohe berufliche Qualitäten und Hingabe an die Sache auszeichnen, sondern jener, die mit Worten ihre Treue zur Partei bekunden, in Wirklichkeit aber nur ihre *eigenen Interessen* verfolgen oder passive Befehlsempfänger sind.

Die Beschränkung des freien Meinungsaustausches erschwert nicht nur eine Kontrolle der Führung und lähmt die Initiative des Volkes, sondern beschneidet selbst den mittleren Kadern Rechte und Information und macht aus ihnen *passive Bürokraten*. Selbst Spitzenbeamte erhalten nur unvollständige und manipulierte

Informationen und sind der effektiven Verwendung ihrer Vollmachten beraubt.

Die Wirtschaftsreform von 1965 ist ein wichtiger und nützlicher Anfang zur Lösung der kardinalen Probleme unseres Wirtschaftslebens. Wir sind jedoch überzeugt, daß zur Lösung aller ihrer Aufgaben wirtschaftliche Maßnahmen *allein* nicht genügen. Außerdem können diese wirtschaftlichen Maßnahmen ohne gleichzeitige Reformen von Verwaltung, Information und Publizistik nicht richtig wirksam werden.

Das gleiche gilt auch für andere vielversprechende Ansätze, wie die Reorganisation der Betriebe als komplexe Produktionseinheiten mit selbständiger Betriebsführung, Rechnungslegung und Personalpolitik.

Welches der konkreten wirtschaftlichen Probleme wir auch herausgreifen, es drängt sich der Schluß auf, daß eine befriedigende Lösung nur durch ein *wissenschaftliches Herangehen* an die Grundprobleme der sozialistischen Wirtschaft zu finden ist, wie denjenigen der Mitsprache im Verwaltungssystem, der Preisbildung beim Fehlen des freien Marktes, der allgemeinen Aufgaben der Planung und andere. Man spricht bei uns gegenwärtig viel von der Notwendigkeit des wissenschaftlichen Herangehens an die Probleme der Verwaltung und Organisation. Das ist ohne Zweifel richtig. Nur durch ein wissenschaftliches Herangehen können die aufgetauchten Schwierigkeiten bewältigt und die Möglichkeiten einer nichtkapitalistischen Wirtschaftsordnung für die Leitung des wirtschaftlichen und technischen Fortschritts genützt werden. Aber das wissenschaftliche Herangehen setzt vollständige Information, vorurteilsfreie Denkweise und *schöpferische Freiheit* voraus. Solange solche Bedingungen nicht bestehen, nicht nur für ein paar Personen, sondern für die Massen, wird die Diskussion über wissenschaftliche Verwaltung bei uns leeres Gerede bleiben.

Unsere Wirtschaft läßt sich mit dem Verkehr an einer Straßenkreuzung vergleichen. Solange es nur wenige Autos gab, wurde der Verkehrspolizist leicht mit seiner Aufgabe fertig, und alles lief reibungslos. Jetzt aber nimmt der Fluß der Autos ständig zu, und Verkehrsstockungen mehren sich. Was ist in einer solchen Situation zu tun? Man kann die Autofahrer bestrafen und die Polizisten auswechseln, doch dies kann die Situation auch nicht verbessern.

Die einzig mögliche Lösung ist eine *Verbreiterung der Straßen-kreuzung.* Die Hindernisse, die eine Entwicklung unserer Wirtschaft aufhalten, liegen außerhalb von ihr im politischen und gesellschaftlichen Bereich, und alle Reformen, die diese Hindernisse nicht beseitigen, sind von vornherein zum Scheitern verurteilt.

Die Überreste der stalinistischen Ära wirkten sich negativ auf die Wirtschaft aus, direkt durch Verhinderung eines wissenschaftlichen Herangehens an die Probleme von Organisation und Verwaltung, indirekt durch eine allgemeine Senkung des schöpferischen Potentials in allen Berufen. Unter den Bedingungen der zweiten industriellen Revolution erhält jedoch die schöpferische Arbeit eine immer größere Bedeutung für die Volkswirtschaft.

In diesem Zusammenhang muß man auch über die gegenseitigen Beziehungen zwischen Staat und Intelligenz sprechen. Informations- und Schaffensfreiheit sind für die Intelligenz *Voraussetzung* ihrer Tätigkeit und ihrer gesellschaftlichen Funktion. Das Streben der Intelligenz nach Erweiterung dieser Freiheiten ist legitim und natürlich. Der Staat aber versucht dieses Streben durch alle möglichen Restriktionen zu unterdrücken, wie administrativen Druck, Entlassungen und sogar gerichtliche Verfolgung. Dies erzeugt Spannungen, gegenseitiges Mißtrauen sowie völliges Unverständnis und verunmöglicht eine fruchtbare Zusammenarbeit zwischen dem Partei- und Staatsapparat und den aktivsten, für die Gesellschaft wertvollsten Schichten der Intelligenz. Unter den Bedingungen der modernen Industriegesellschaft, in der die Rolle der Intelligenz immer wichtiger wird, kann ein solcher Zwiespalt nicht anders als *Selbstmord* bezeichnet werden.

Ein großer Teil der Intelligenz und der Jugend begreift die Notwendigkeit der Demokratisierung und eines behutsamen und schrittweisen Vorgehens bei ihrer Durchführung, aber sie können nicht antidemokratische Maßnahmen begreifen und rechtfertigen. Wie kann man rechtfertigen, daß Menschen in Gefängnisse, Lager und Irrenhäuser gesteckt werden, nur weil sie Opposition machten, die sich völlig legal im Bereich der Ideen und Überzeugungen abspielte? In zahlreichen Fällen handelt es sich nicht einmal um Opposition, sondern bloß um Streben nach Information oder um mutige und vorurteilslose Diskussion wichtiger gesellschaftlicher Fragen. Es ist völlig unzulässig, einen Schriftsteller wegen seiner Werke einzusperren. Man kann auch solche absurde und schädliche Schritte nicht begreifen und rechtfertigen wie den Ausschluß des bedeutendsten und populärsten sowjetischen Dichters (= *Solschenizyn, die Red.*), der in all seinen Werken zutiefst patriotisch und humanistisch ist, aus dem sowjetischen Schriftstellerverband oder die Zerschlagung der Redaktion von »Novy Mir«, die um sich die fortschrittlichsten Kräfte der marxistisch-leninistischen Richtung vereinigt hatte!

Es ist deshalb notwendig, auch wieder von *ideologischen Fragen* zu sprechen. Die Demokratisierung und eine Fülle von Information und Wettbewerb werden unserem ideologischen Leben — Gesellschaftswissenschaften, Kunst und Propaganda — wieder einen dynamischen und schöpferischen Inhalt geben und den bürokratischen, rituellen, dogmatischen, pompösen, heuchlerischen und mittelmäßigen Stil liquidieren, der heute darin vorherrscht. Der Kurs auf Demokratisierung wird den Zwiespalt zwischen dem Partei- und Staatsapparat und der Intelligenz beseitigen. An die Stelle des gegenseitigen Unverständnisses wird eine *enge Zusammenarbeit* treten. Der Kurs auf Demokratisierung wird eine Welle des Enthusiasmus erzeugen, wie es ihn in den zwanziger Jahren gab. Die besten intellektuellen Kräfte des Landes werden für die Lösung der wirtschaftlichen und sozialen Probleme mobilisiert werden.

Die Einleitung der Demokratisierung ist ein *schwieriger Prozeß.* Ihr normaler Ablauf könnte auf der einen Seite durch individualistische und antisozialistische Kräfte bedroht werden, auf der anderen Seite durch Anhänger einer »Stärkung der Macht« und Demagogen *faschistischen* Typs, die zur Erreichung ihrer Ziele die ökonomischen Schwierigkeiten unseres Landes, das gegenseitige Unverständnis zwischen Partei- und Staatsapparat und Intelligenz sowie die in gewissen Kreisen unserer Gesellschaft vorhandenen spießbürgerlichen und nationalistischen Tendenzen ausnützen könnten. Wir müssen uns dabei aber völlig im klaren sein, daß es für unser Land *keinen anderen Ausweg* gibt und wir diese schwierige Aufgabe lösen müssen.

Die Einführung der Demokratisierung unter Initiative und Kontrolle der höchsten Organe wird ermöglichen, diesen Prozeß planmäßig durchzuführen und alle Ebenen des Partei- und Staatsapparats auf einen neuen Arbeitsstil umzustellen, der sich vom bisherigen durch größere *Offenheit* und *freiere Diskussion* aller Probleme unterscheidet. Ohne Zweifel wird die Mehrheit der Funktionäre, die ja in einem modernen und hochentwickelten Land aufgewachsen und erzogen worden sind, sich auf diesen neuen Arbeitsstil umstellen und rasch dessen Vorteile erkennen können. Die Aussiebung einer kleinen Zahl von Unfähigen wird die Sache nur erleichtern.

Wir schlagen in dem folgenden *Programmentwurf* eine Reihe von Maßnahmen vor, die im Laufe von vier, fünf Jahren verwirklicht werden könnten:

1. *Erklärung* der höchsten Partei- und Staatsorgane über die Notwendigkeit einer weiteren Demokratisierung und über Zeitablauf und Methoden ihrer Einführung. Veröffentlichung in der Presse von Artikeln, in denen die Probleme der Demokratisierung diskutiert werden.

2. Begrenzte *Verbreitung von Informationen* über die Lage des Landes und von theoretischen Arbeiten über gesellschaftliche Probleme, über die eine allseitige Diskussion noch nicht erwünscht ist, in Parteiorganen, Betrieben und Verwaltungsbehörden. Stufenweise Erweiterung des Zugangs zu diesen Materialien bis zur völligen Aufhebung der Begrenzung.

3. Breitangelegte Organisation von Industrieorganisationen, die über eine weitreichende *Autonomie* in den Fragen der Produktionsplanung, der technologischen Prozesse, der Materialversorgung und des Absatzes, der Finanzen und des Personals verfügen. Erweiterung dieser Rechte auf kleinere Produktionseinheiten. Wissenschaftliche Festsetzung und intensive Erforschung von Form und Ausmaß der staatlichen Lenkung.

4. Beendigung der Störung *ausländischer Radiosendungen*. Freier Verkauf ausländischer Bücher und Zeitungen. Beitritt unseres Landes zur internationalen Urheberrechtskonvention. Stufenweise Erleichterung und Erweiterung innerhalb von drei bis vier Jahren des internationalen Tourismus nach allen Seiten, Erleichterung des Briefwechsels und andere Maßnahmen zur Intensivierung inter-

nationaler Kontakte, vor allem zu den Mitgliedsländern des Comecon.

5. Eröffnung eines Instituts zur *Erforschung der öffentlichen Meinung.* Anfangs begrenzte, später vollständige Veröffentlichung von Forschungsergebnissen über die Einstellung der Bevölkerung zu verschiedenen innen- und außenpolitischen Fragen und anderer soziologischer Materialien.

6. *Amnestie* für politische Häftlinge, Verfügung der Veröffentlichungspflicht für Protokolle von allen politischen Prozessen. Gesellschaftliche Kontrolle in allen Gefängnissen, Lagern und psychiatrischen Kliniken.

7. Einführung von Maßnahmen zur Verbesserung der Funktion der *Gerichte* und der Staatsanwaltschaften sowie Absicherung ihrer Unabhängigkeit von Exekutive, lokalen Einflüssen, Vorurteilen und Beziehungen.

8. Verzicht auf Eintragung der Nationalität in Pässen und amtlichen Formularen. *Einheitliches Paßsystem* für die Einwohner von Städten und Dörfern. Stufenweise Aufhebung des Systems amtlicher Paßvermerke, die gleichlaufend mit der Überwindung von wirtschaftlichen und kulturellen Ungleichheiten in den verschiedenen Landesteilen durchgeführt werden soll.

9. Reform des *Erziehungssystems.* Erhöhung der Kredite für Primar- und Mittelschulen. Verbesserung der materiellen Lage der Lehrer, ihrer Selbständigkeit und ihres Rechts auf Experimente.

10. Annahme eines Gesetzes über *Presse* und *Information.* Zulassung neuer Presseorgane für gesellschaftliche Organisationen und Gruppen von Bürgern. Völlige *Abschaffung der Vorzensur* in jeglicher Form.

11. Verbesserung der *Ausbildung leitender Kader,* die moderne Verwaltungstechnik beherrschen sollen. Einführung einer Praktikantenzeit. Verbesserung der Information für leitende Kader aller Stufen, ihres Rechts auf Selbständigkeit, Experimente, freie Meinungsäußerung und deren Umsetzung in die Praxis.

12. Schrittweise Einführung der Praxis, an jedem Ort *mehrere Kandidaten* für die Wahlen von Partei- und Sowjetorganen auf allen Ebenen aufzustellen, auch bei indirekten Wahlen.

13. *Erweiterung der Rechte* der Sowjetorgane. Erweiterung der Rechte und der Verantwortung des Obersten Sowjets der UdSSR.

14. Wiederherstellung der Rechte der unter *Stalin* deportierten Nationalitäten und ihrer nationalen Autonomie sowie Erlaubnis zur Rückkehr an ihre angestammten Wohnsitze.

15. Maßnahmen zur Vergrößerung der Veröffentlichung der Arbeit leitender Organe, soweit dies die Staatsinteressen zulassen. Einsetzung von wissenschaftlichen Beratungsorganen bei den leitenden Organen auf allen Ebenen, denen hochqualifizierte Spezialisten der verschiedenen Fachgebiete angehören sollen.

Dieser Plan ist natürlich als ein *Entwurf* und Vorschlag zu betrachten. Es ist auch klar, daß er durch Pläne für wirtschaftliche und soziale Maßnahmen *ergänzt* werden muß, die von Fachleuten auszuarbeiten sind. Wir betonen außerdem, daß die Demokratisierung nicht allein von sich aus alle wirtschaftlichen Probleme zu lösen vermag, sie kann nur günstigere Voraussetzungen für ihre Lösung schaffen. Aber ohne Schaffung dieser Voraussetzungen können die wirtschaftlichen und technischen Probleme nicht gelöst werden. Von unseren ausländischen Genossen kann man den Vergleich der Sowjetunion mit einem starken Lastauto hören, dessen Fahrer mit einem Fuß mit aller Kraft auf das Gaspedal tritt, mit dem anderen gleichzeitig auf die Bremse. Die Zeit ist gekommen, die Bremse vernünftiger zu gebrauchen!

Der vorgelegte Plan zeigt nach unserer Meinung die Möglichkeit auf, ein Demokratisierungsprogramm zu entwerfen, das für Partei und Staat *annehmbar* ist und annähernd die Forderung nach Befriedigung der Bedürfnisse der Entwicklung des Landes erfüllt. Selbstverständlich werden eine breite Diskussion, gründliche wissenschaftliche, soziologische, wirtschaftliche und politologische Forschungen sowie die Praxis des Lebens Korrekturen und Ergänzung bringen. Wichtig ist aber vor allem, wie der Mathematiker sagt, das »Theorem der möglichen Lösungen« aufzustellen.

Man muß auch die *internationalen Auswirkungen* eines solchen Demokratisierungsprogramms in unserem Land ins Auge fassen. Nichts kann unser internationales Ansehen und die kommunistischen Kräfte in der Welt derart stärken wie eine Demokratisierung, die zu einer Beschleunigung des technischen und wirtschaftlichen Fortschritts im ersten sozialistischen Land der Welt führen würde.

Die Möglichkeiten der friedlichen Koexistenz und der internationalen Zusammenarbeit würden dadurch unzweifelhaft verbessert, die Kräfte des Friedens und des sozialen Fortschritts gestärkt, die Anziehungskraft der kommunistischen Ideologie würde zunehmen und unsere internationale Lage sicherer werden. Selbstverständlich wäre es auch sehr wichtig, die moralische und materielle Position der Sowjetunion in Beziehung zu China zu stärken und die Voraussetzungen dafür zu schaffen, um indirekt, durch unser Vorbild und unsere technische und wirtschaftliche Hilfe, auf die Lage in diesem Land im Interesse der beiden Völker einzuwirken.

Eine Reihe richtiger und notwendiger außenpolitischer Aktionen unserer Regierung werden nicht in gebührender Weise verstanden, da die Bürger darüber nur *unvollständig* informiert werden. Früher gab es sogar Fälle ungenauer und tendenziöser Information, die das Vertrauen natürlich keineswegs förderten. Eines dieser Beispiele ist die Wirtschaftshilfe an Entwicklungsländer. Vor 50 Jahren leisteten die Arbeiter des kriegszerstörten Europa Hilfe an die Verhungernden im Wolgagebiet. Die Sowjetmenschen sind nicht egoistischer und hartherziger. Aber sie müssen davon überzeugt werden, daß unsere Ressourcen für wirkliche Hilfeleistungen und zur Lösung wichtiger Aufgaben benützt werden und nicht für den Bau pompöser Sportstadien oder für den Kauf amerikanischer Automobile für lokale Beamte. Die Situation der heutigen Welt, die Fähigkeiten und Aufgaben unseres Landes verlangen eine breite Beteiligung an der Wirtschaftshilfe für Entwicklungsländer in Zusammenarbeit mit anderen Ländern. Damit die öffentliche Meinung ein richtiges Verständnis für diese Fragen erhält, genügen nicht verbale Appelle, sondern es braucht *Erklärung* und Belehrung und dafür wieder volle Information und Demokratisierung.

Die sowjetische Außenpolitik ist in ihrer Grundorientierung eine Politik des Friedens und der Zusammenarbeit. Unvollständige Informiertheit erzeugt jedoch *Unruhe* und Spannungen. In der Vergangenheit gab es gewisse negative Erscheinungen in der sowjetischen Außenpolitik, wie Zeichen von Messianismus und übertriebenen Ehrgeizes, die den Schluß nahelegen, daß nicht nur der Imperialismus schuld an internationalen Spannungen war. Alle diese negativen Erscheinungen in der sowjetischen Außenpolitik sind eng mit den Problemen der Demokratisierung verknüpft, und dies in doppelter Weise.

Eine Quelle der verbreiteten Beunruhigung ist das Fehlen einer demokratischen Diskussion von solchen Fragen wie die Waffenhilfe an andere Länder, zum Beispiel an Nigeria, wo ein blutiger Krieg geführt wurde, über dessen Ursprung und Verlauf das sowjetische Publikum nur wenig weiß. Wir beurteilen die Resolution des Sicherheitsrates der Vereinten Nationen zum israelisch-arabischen Konflikt als richtig und vernünftig, nur als zuwenig konkret in einzelnen Punkten. Jedoch beunruhigt die Frage, ob unsere Position nicht über dieses Dokument hinausgeht und etwas *einseitig* ist. Ist unsere Position zum Status von Westberlin realistisch? Ist es immer realistisch, ungeachtet der Schwierigkeiten in den sowjetisch-chinesischen Beziehungen und der ernsten Schwierigkeiten in der wirtschaftlich-technischen Entwicklung, unseren Einfluß auf Gebiete fern unserer Grenze auszudehnen? Eine solche »dynamische« Politik mag vielleicht notwendig sein, sie sollte aber nicht nur mit den Grundprinzipien, sondern auch mit den *realen Möglichkeiten* unseres Landes übereinstimmen.

Wir sind überzeugt, die einzig realistische Politik im Zeitalter der Atomwaffen ist der Kurs auf Intensivierung der *internationalen Zusammenarbeit*, auf beharrliches Suchen nach möglicher Annäherung im wissenschaftlich-technischen, wirtschaftlichen, kulturellen und ideologischen Bereich, auf Verzicht, prinzipiellen Verzicht auf Massenvernichtungswaffen.

Wir drücken bei dieser Gelegenheit unsere Meinung über die Zweckmäßigkeit einseitiger oder gemeinsamer Erklärungen der Atommächte aus, in denen sie darauf verzichten, als erste Massenvernichtungswaffen einzusetzen.

Die Demokratisierung wird das bessere Verständnis für Außenpolitik in der öffentlichen Meinung fördern und aus dieser Politik alle negativen Bestandteile entfernen helfen. Dies wird in der Folge auch einen »Trumpf« in den Händen der Gegner einer Demokratisierung zum Verschwinden bringen.

Was steht unserem Lande bevor, falls es nicht den Kurs auf eine Demokratisierung nimmt?

Es wird im Laufe der zweiten industriellen Revolution hinter die kapitalistischen Länder zurückfallen und schrittweise zu einer *zweitklassigen Provinzmacht* werden (die Geschichte kennt entsprechende Beispiele); die wirtschaftlichen Schwierigkeiten werden weiter zunehmen; die Beziehungen zwischen Partei- und Staatsapparat und Intelligenz werden noch angespannter werden; ein Bruch zwischen »Links« und »Rechts« droht; die nationale Frage wird sich verschärfen, und in den Unionsrepubliken wird die von unten ausgehende Bewegung für Demokratisierung immer mehr nationalistische Züge annehmen. Diese Aussichten sind noch bedrohlicher, wenn man die Gefahr eines chinesischen totalitären Nationalismus in Rechnung stellt (die wir in langer historischer Sicht als vorübergehend, in den nächsten Jahren aber als äußerst ernst betrachten müssen). Gegen diese Gefahr können wir uns nur behaupten, wenn wir den bestehenden wirtschaftlichen und technischen Abstand gegenüber China vergrößern oder zumindest behalten, die Zahl unserer Freunde in aller Welt vermehren und dem chinesischen Volk als Alternative *Zusammenarbeit* und *Hilfe* anbieten. Dies drängt sich auf, wenn man das zahlenmäßige Übergewicht dieses potentiellen Gegners, seinen militanten Nationalismus, die Ausdehnung unserer Grenzen und die geringe Besiedlung im Fernen Osten in Rechnung stellt. Wirtschaftlicher Stillstand, Absinken des Entwicklungstempos und Festhalten an einer unrealistischen und überambitiösen Außenpolitik auf allen Kontinenten könnten für unser Land katastrophale Folgen haben.

Hochverehrte Genossen!

Es gibt keinen anderen Ausweg aus den Schwierigkeiten, in denen sich unser Land befindet, als einen Kurs auf *Demokratisierung,* der von der KPdSU nach einem sorgfältig ausgearbeiteten Plan durchgeführt wird. Ein Umschwung nach rechts, das heißt ein Sieg der auf ein strengeres Administrieren, ein »Anziehen der Schraube« gerichteten Tendenzen, kann die Probleme nicht lösen, er würde sie nur bis zum Extrem vervielfachen und unser Land in eine tragische Sackgasse führen. Ein passives Abwarten würde schließlich das gleiche Resultat haben. Heute gibt es für uns noch die Möglichkeit, den richtigen Weg einzuschlagen und die dringend nötigen Reformen durchzuführen. In einigen Jahren könnte es *zu spät* sein. Es ist nötig, diese Lage im Maßstab des ganzen Landes zu erkennen. Es ist die Pflicht eines jeden, der die Ursachen dieser Schwierigkeiten und den Weg zu ihrer Überwindung erkannt hat, diesen Weg auch seinen Mitbürgern zu zeigen. Die Erkenntnis der Notwendigkeit und der Möglichkeit einer schrittweisen Demokratisierung ist der erste Schritt auf dem Wege zu ihrer Verwirklichung.

19. März 1970   *A. D. Sacharow*
                                                 W. F. Turtschin
                                                 R. A. Medwedew

Namensregister

Sachregister

478